제6판

新 재무행정론

박영희 · 김종희

다 산 출 판 사

제6판 머리말

글로벌 금융위기 이후 세계경제는 침체에서 벗어나지 못하고 있고, 남부유럽의 재정위기는 아직 해결 조짐이 보이지 않고 있다. 우리나라 경제와 밀접한 중국 경제도 성장세가 둔화되고 있다. 경기부양을 위해 일부 국가에서는 양적완화정책으로 재정지출을 늘리고, 이제는 마이너스금리정책까지 동원하고 있다. 우리나라 경제도 수출 부진과 내수 침체에서 벗어나지 못하고 있다. 이러한 부분을 제6판 후반부에서 보완하였다.

그동안 행정안전부가 다시 행정자치부로 바뀌었고 인사혁신처와 국민안전처가 신설되어 관련부분을 수정하였다. 각종 통계표는 상당부분 생략하고 그 대신 각주에서 최신의 것으로 요약 · 설명하였다.

통합재정의 내용을 이해하기 쉽게 다시 정리하였고, 세출구조와 국고금 관리를 보완하였다. FTA, 공적자금, 우리나라의 국가채무 현황 등은 대폭 수정 · 보완하였다. 미국 연방정부의 재정적자 현황과 기준금리, 주요 선진국의 양적완화정책에 따른 각국의 대응도 최신의 자료를 활용하여 비교적 상세하게 설명하였다.

그리고 제18장으로 되어 있던 것을 통합 · 조정하여 제15장으로 압축하였다.

이 책에는 전문적인 용어가 상당수 있어 학부 학생들이 이해하기에는 다소 어려움이 있을 수 있다. 제14장(재정정책과 예산정책), 제15장(조달행정)은 이 분야를 좀 더 깊이 공부하고 싶은 학생들을 위한 것이다.

미흡한 부분은 앞으로도 수정 · 보완하고자 한다. 제6판을 출판해 주신 다산출판사의 강희일 사장님과 직원 여러분께 감사드린다.

2017년 1월

박영희 · 김종희 씀

제5판 머리말

그동안 재무행정과 관련된 법률과 제도, 통계 등이 바뀌어 이를 반영하지 않을 수 없게 되었다. 개정하면서 문장을 가능한 한 이해하기 쉽게 하려고 노력하였다. 전문적인 용어에 대한 이해를 돕기 위하여 각주에서 자세히 설명하였다.

기존의 내용을 대폭 보완 내지 수정한 부분은 통합재정, 기금, 책임운영기관, 예비타당성조사제도, 미국과 영국의 예산과정, 미국의 재정적자관리, 근로소득장려세제, 남부유럽의 재정위기, 자유무역협정, 환율, 가계부채, 국가채무 현황과 관리, 조달행정 등이다. 그리고 기존에 다루지 않았던 디지털예산회계시스템, 각국의 회계검사기관, 기초연금제도 등을 새롭게 추가하였다.

글로벌 금융위기 이후 남유럽은 재정위기에서 벗어나기 위해 긴축재정으로 몸살을 앓고 있고 그 여파가 글로벌 경제를 어렵게 만들고 있고, 미국 등 선진국들의 양적완화정책으로 풀려난 돈이 신흥국으로 유입되면서 환율과 수출에 영향을 미치고 있다.

우리나라도 부동산 경기침체, 높은 실업률, 과도한 가계부채, 수출위주의 경제성장 등 해결해야 할 문제가 산적해 있다. 박근혜 정부는 경기부양을 위해 재정지출을 늘리고 있다. 이러한 상황을 고려하여 경제발전의 주요 변수에 관하여 비교적 상세하게 다루었다.

미흡한 부분이나 잘못된 부분은 앞으로 계속 수정 및 보완하고자 한다. 신재무행정론의 제5판을 출간하도록 허락하신 다산출판사의 강희일 사장님과 교정하느라 수고하신 양선용 부장님과 직원 여러분께 감사드린다.

2014년 8월

박영희 · 김종희 씀

제4판 머리말

신재무행정론을 개정한 지 3년이 지났다. 그동안 재무행정 관련 제도와 법률이 많이 바뀌었고, 추가 내지 보완할 내용이 상당수 발생하여 다시 개정할 수밖에 없게 되었다. 기존의 기업예산회계법이 정부기업예산법으로 전면 개편되었고, 책임운영기관의 설치 운영에 관한 법률 등의 내용이 바뀌어 이를 반영하였다.

예산관련 각종 통계를 최신 자료로 교체하였고, 아울러 학생들이 공부하기에 다소 어려웠던 내용은 삭제하고 비교적 쉬운 내용으로 보완하였다. 전문적 용어는 주로 각주에서 상세하게 소개함으로써 공부하는 데 도움을 주고자 하였다.

기금운용 및 평가, 책임운영기관의 예산 및 평가, 발생주의회계와 국제회계기준, 주민참여예산제와 성인지예산제 부분을 대폭 수정하였다. 양곡관리사업, 사전예산제, 조세지출예산서, 자유무역협정, 글로벌 불균형, 기축통화, 공적개발원조, 가계부채, 조세피난처, 국유재산 등의 내용을 보완 내지 추가하였다.

글로벌 금융위기의 진원지였던 미국의 경제전망을 소개하였고, 세계경제가 침체되면서 각국의 재정위기에 관한 내용, 특히 남유럽의 재정위기 원인과 대응방안, 그리고 우리나라 현 정부의 예산정책과 세계경제 동향을 추가하였다.

앞으로도 미흡하거나 바뀌는 내용을 지속적으로 수정 및 보완하고자 한다. 개정판이 출간되기까지 수고해 주신 다산출판사의 강희일 사장님과 직원 여러분께 감사드린다.

2012년 2월

박영희 · 김종희 씀

제3판 머리말

2006년 2월 20일에 재무행정론을 개정하였으나 그 후 재무행정 관련법률과 제도가 많이 바뀌었다. 「예산회계법」과 「기금관리기본법」이 폐지(2006.10.4.)되고 2006년 10월 4일에 「국가재정법」이 제정되었다. 그리고 「정부투자기관관리기본법」과 「정부산하기관관리기본법」이 폐지(2007.1.19.)되고 2007년 1월 19일에 「공공기관의 운영에 관한 법률」이 제정되었다. 2007년 10월 17일에는 국가회계의 처리기준과 재무보고서의 작성 등에 관하여 규정한 「국가회계법」이 제정되었다. 2008년 2월 29일에는 기획예산처와 재정경제부가 통합되어 기획재정부로, 그리고 재정운용실은 예산실로 변경되었다.

재정운용의 효율성을 도모하기 위하여 국가재정운용계획의 수립, 성과관리제도, 예산총액배분 및 자율편성제도 등이 도입되었다. 국가채무관리계획을 수립하여 국회에 제출하도록 하였다. 예산과 결산의 분리 심의를 위하여 회계연도 개시 120일 전까지 국회에 제출하던 결산을 5월 31일까지 제출하도록 하였다. 추가경정예산의 편성사유를 제한하였다.

국내외 경제상황이 빠르게 변하고 있다. 자유무역협정(FTA)이 동시 다발적으로 추진되고 있고, 유가가 급등하고 미국 달러에 대한 원화의 환율이 크게 하락하는 등 경제발전의 변수들이 크게 요동치고 있다.

저소득 취업가구의 근로의욕을 북돋워 주기 위하여 근로소득지원세제(EITC)가 도입되었으며, 공공기관에 대한 평가가 강화되었다.

이러한 제도적 · 법률적 변화의 내용을 개정판에서 수정 및 보완하였다. 그리고 빈번하게 바뀌고 있을 뿐만 아니라 학부생들이 공부하기에 비교적 어렵게 느끼는 조세체계와 세제개편 부분을 삭제하고, 그 대신 경제발전의 주요 변수를 정리하여 보완하였다. 재무행정에 관한 전문적 용어는 각주에서 상세하게 다루되, 오래된 통계나 지나치게 상세한 부분은 가능한 한 줄였다. 앞으로도 미흡하거나 추가해야 할 내용은 지속적으로 수정 및 보완하고자 한다.

개정판을 출판해 주신 다산출판사의 강희일 사장님과 직원 여러분에게 감사드린다.

2008년 8월

박영희 · 김종희 씀

제2판 머리말

「新재무행정론」이 2004년에 출판된 후 정부의 조직과 제도, 관련법률 및 조세정책이 많이 바뀌었다. 그에 따라 관련 내용을 수정 · 보완하였고, 각종 통계도 최근 자료로 교체하였다.

우리나라 중앙예산기관이었던 기획예산처 예산실이 재정기획실 및 기금정책국과 통합되어 재정운용실로 개편되었고, 거시정책기능은 재정전략실에서 담당하게 되었다. 예산정보화를 위한 각종 시스템이 구축되었고, 재정개혁의 일환으로 디지털예산회계제도의 구축 기반도 마련되었다.

그동안 수출이 경제성장을 이끌어 왔으나 내수시장은 침체에서 벗어나지 못하고 있다. 이에 정부는 팽창예산정책으로 국면전환을 시도하고 있다. 성장보다 복지 · 분배에 치중하고 있는 것이다.

국가채무와 적자국채의 발행규모가 크게 증가하고 있고, 관리대상수지의 적자폭도 국제적인 재정건전성 기준(GDP의 1%)을 넘어섰다.

이번 개정판에서는 최근의 예산정책 및 재정정책에 관한 내용을 보완하면서 비교적 자세하게 다루었다.

또한 정부는 근로소득보전제의 도입을 추진하고 있으며, 부동산 관련세제를 대폭 개편하였다. 부동산투기를 근절시키기 위한 각종 대책에 이어 2005년에는 이른바 '8.31 부동산대책'이 발표되고 관련법률도 개정되었다. 이에 관한 내용을 개정판에서 수정 또는 보완하였다.

개정판에서는 행정학, 특히 재무행정을 공부하는 데 있어 이해하고 있어야 할 전문적 용어를 각주에서 좀 더 상세하게 설명하였다.

부족한 부분은 앞으로 독자들의 조언을 겸허하게 수렴하면서 지속적으로 보완하고자 한다.

개정판을 흔쾌히 출판해 주신 다산출판사의 강희일 사장님과 직원 여러분의 노고에 감사드린다.

2006년 2월

朴英熙 · 金鍾熙 씀

머리말

행정기능의 확대에 따라 국가예산의 규모가 급격히 팽창하고 있고, 예산이 GDP에서 차지하는 비중도 날로 증가하고 있다. 예산은 국민경제의 최대 변수로 작용하고 있는 것이다.

근대적 예산제도가 성립된 후 예산의 주요 기능이 통제 → 관리 → 계획 → 감축으로 전환되고, 그 각각에 적합한 예산제도가 등장하였다.

버크헤드(Burkhead)의 재무행정론(*Government Budgeting*)이 1956년에 출판된 이래, 그리고 우리나라에서는 유훈 교수의 「재무행정론」이 1963년에 출판된 이래 재무행정에 관한 저서들이 다수 출판되고 있다.

본서는 행정학도와 수험생들에게 도움이 되고 재무행정 기본서로서의 기능을 할 수 있도록 재무행정의 다양한 분야를 비교적 상세하게 소개하였다. 최근에 제정되거나 설립된 「국고금관리법」과 「정부산하기관관리기본법」, 국회예산정책처, 그리고 전자조달체계, 예산의 부처자율편성방식, 발생주의회계, 공적자금 등에 관하여 언급하였다.

이 책은 여섯 편으로 구성되어 있다. 제Ⅰ편(서론)에서는 재무행정의 기초로서 예산의 개념, 예산에 관한 법률 및 재무행정조직을 다루었다.

제Ⅱ편(예산의 기능과 종류)에서는 예산의 기능 · 원칙 · 종류를, 제Ⅲ편(예산과정)에서는 예산과정을, 제Ⅳ편(예산개혁)에서는 예산결정이론 · 예산개혁 · 영기준예산제를 다루었다. 그리고 제Ⅴ편(조세론)에서는 조세총론 · 조세각론 · 조세체계를, 제Ⅵ편(국민경제와 예산)에서는 기획과 예산, 재정정책과 공적자금, 경제개발계획과 예산, 예산정책 및 구매행정을 소개하였다.

보충설명을 필요로 하는 부분은 각주로 처리하고, 근거자료는 참고문헌에서 일괄하여 소개하였다.

행정학도와 수험생 그리고 예산담당 실무자들에게 조금이라도 도움이 되기를 바란다. 본서의 오류나 부족한 점은 독자들의 비판과 지적을 겸허하게 수렴하여 보완하고자 한다. 끝으로 본서를 출판해 주신 다산출판사의 강희일 사장님과 직원 여러분의 노고에 깊이 감사드린다.

2004년 8월

朴英熙 · 金鍾熙 씀

차 례

제 I 편 서 론

제 II 편 예산의 기능과 종류

제 V 편 국민경제와 예산

PART

I

서 론

제1장 재무행정의 연구영역

제1절 예산과 국가의 살림

1. 예산은 국가살림의 수단

모든 조직체는 예산을 필요로 한다. 가정살림을 위하여 돈이 필요하듯이 국가살림을 위해서도 막대한 예산이 필요하다. 따라서 예산(豫算)은 국가의 살림수단이라고 할 수 있다(Lee and Johnson, 1989: 2).

그렇기 때문에 고대국가의 형성 때부터 국가의 예산은 존재하였으며, 예산이 학문의 독립적인 연구대상이 된 것은 19세기부터다. 그때까지는 작은 정부가 좋은 정부라고 보았기 때문에 국가의 예산규모가 그렇게 크지 않았다. 군주시대에 있어 백성들은 예산을 어디에 사용하는가에는 별로 관심이 없었고 오직 과세권(課稅權)이 군주의 전유물이 아니라 국민의 대표기관으로부터 나와야 한다는 데에만 관심을 쏟았다.

현대에 들어오면서 국가가 수행하여야 할 업무가 대폭 늘어나게 되었고 그것을 뒷받침할 예산도 천문학적으로 늘어났다. 대부분의 국가들은, 계획하고 있는 사업을 모두 수행할 수 있는 예산을 확보하는 데 항상 어려움을 겪고 있다.

이러한 상황에서 국가의 예산을 능률적 · 효과적으로 사용하는 방안을 찾고자 하는 것이 현대 재무행정론의 중심적인 연구과제다.

예산(budget)이라는 용어의 정의를 내리고 예산과정을 이해하는 일은 쉬운 일이 아니다. 예산이 돈(자금)과 관련되는 것은 확실하지만, 단순히 돈 그 자체만을 의미하는 것은 아니다.

예산은 정부가 수행하는 사업들과 그것들을 집행하기 위한 돈과 관련된다. 특히 재원이 부족한 시대에서의 예산은 정부가 수행하는 사업과 그것을 뒷받침할 자금뿐만 아니라 정부가 수행하고자 하는 많은 사업 중에서 조달할 수 있는 재원의 한도 안에서 대상사업을 취사선택해야 할 예산배정의 결정문제와 관련이 깊다.

이러한 맥락에서 볼 때, 국가의 예산은 가계(家計)의 예산처럼 그렇게 간단하게 끝나는 일이 아니며 일련의 복잡한 과정들로 이루어진다는 것을 알 수 있다.

미국에서는 예산을 일반적으로는 'budget'이라고 표현하지만, 학술적으로는 '과정'이라는 뜻을 함축하고 있는 'budgeting'이라고 한다.

예산은 국가살림의 중요한 수단이고 국민의 세금과 관련되기 때문에 민주주의국가에서는 입법부와 행정부가 함께 참여하고 상호 견제하는 복잡한 정치적 · 행정적 과정을 거쳐 이루어진다.

국가의 재정권(fiscal powers)은 통치권(sovereignty) 중에서도 특히 국민의 이해와 직결되는 중요한 권한이다. 그리하여 민주주의국가에서는 조세부과권, 예산지출권, 차입권 등의 재정권을 어느 한 기관에 전담시키지 않고 입법부와 행정부에 분담시키고 있다. 즉 재정에 관한 중요한 결정은 국민의 대표기관인 입법부가 수행하고, 계획과 집행은 행정부가 맡도록 하고 있다.

하나의 예산이 시작되어 끝나는 모든 과정을 예산과정(budget process *or* budget cycles)이라고 한다. 예산과정은 예산안의 편성, 예산의 심의, 예산의 집행, 결산과 회계검사로 이루어진다. 이러한 네 과정 중에서 예산안의 편성과 집행은 행정부가 맡고, 예산의 심의와 회계검사는 입법부가 맡는 것이 세계적인 경향이다.

예산과정을 달리 표현하면, 국가의 자원을 누가 얼마나 부담하고 얼마나 배분받는가 하는 것을 결정하는 공식적인 절차라고 할 수 있다. 그렇기 때문에 예산과정은 현대국가에 와서 정부 내에서 연출되는 가장 중요하고 치열한 게임(game)이라고 표현하는 사람도 있다(Wildavsky, 1978: 301).

예산과정의 핵심은, 예를 들면 전국의 초등학교의 학급당 학생정원을 40명에서 30명으로 줄이려는 계획과 같이 국가의 구체적인 사업목표들을 선정하고, 그것들을 달성하기 위한 수단(means)을 결정하는 체계(system)라고 할 수 있다(Lee and Johnson, 1989: 1).

2. 예산규모의 증가

고전학파의 경제이론에 의하면, 국가의 지출은 적을수록 좋다는 것이다(Smith, 1937:

653~668). 과거에는 국가의 일반적 행정업무의 범위를 벗어나서 경기를 부양시키고 경제를 규제하며 많은 공기업을 설립하는 것과 같은 일은 결코 정당화될 수 없었다.

국가는 안으로 사회질서를 유지하고 밖으로는 외적만 막으면 되었고, 경제에 간섭하거나 사회보장을 제공할 필요가 없었다. 경제는 민간부문에 맡기는 것이 경제발전의 지름길이었고, 가계는 스스로 자기살림을 책임져야 하였다.

따라서 작은 정부가 좋은 정부로 인식되던 당시에는 국가예산의 규모가 GNP(최근에는 GDP) 중에서 차지하는 비중이 크지 않았다. 그러나 행정기능이 확대되고 강화된 현대국가, 즉 복지국가시대에 이르러서는 그 비중이 급격히 팽창하였다.

자본주의 경제가 '보이지 않는 손(invisible hand)'에 의하여 자동적으로 운영된다는 고전학파의 자유방임적 경제이론이 1930년의 세계 경제공황을 극복할 수 없었기 때문에 결국 작은 정부가 큰 정부로, 그리고 오늘날에는 거대한 정부로 변모하게 된 것이다.

한편 개발도상국들은 특히 공업화를 추진하기 위하여 정부가 경제계획을 세우고 정부예산으로 기간산업과 사회간접자본을 건설하는 등 경제발전을 주도하였기 때문에 예산규모는 팽창을 거듭하게 되었다. 우리나라도 산업화 초기에 국내에 축적된 자본이 부족하였기 때문에 돈을 찍어내고 대규모의 외자(外資)를 도입하여 적자예산을 편성하여 사용하지 않을 수 없었다.

이러한 개발전략은 영국 · 미국 · 프랑스 등 선진국들이 산업혁명 이후 민간자본과 기업인들의 창의력에 의하여 공업화를 이룩한 것과는 대조적이었다.

독일의 경제학자 바그너(Adolph Wagner)는 1883년에 국가활동증가의 법칙(law of ever increasing state activity)과 그에 따른 예산지출증가의 법칙(law of increasing public expenditure)을 제시한 일이 있다(차병권, 1990: 165~166 ; Eckstein, 1973: 6).

그러나 바그너의 법칙은 어디까지나 자유방임주의(laissez faire)에 입각한 경험적 법칙에 불과하고, 20세기 중반 이후 현재까지의 예산팽창현상은 케인스의 수정자본주의적인 경제혁명에 그 이론적 기초를 두고 있다고 볼 수 있다.

3. 예산은 국민경제의 최대변수

예산은 1년간의 정부의 기본계획을 담은 서류인 동시에 국민경제에 가장 큰 영향을 미치는 변수가 되었다.

국가의 예산이 팽창을 거듭하게 된 이론적 배경은 1930년대의 세계 경제공황 시기에 나타난 케인스의 수정자본주의이론이다. 사기업이 제공하기 어려운 교육 · 국방 · 사회보장과 같은 점증하는 공공재(public goods)를 제공할 책임이 국가에 부여되었고,[1] 나아가서 경제불황을 타개하기 위하여 국가가 적자재원을 마련하여 공공토목사업 등을 벌여 실업자를 구제하고 수요를 창출하지 않으면 안 되었기 때문이다.

케인스는 소비와 투자를 자극하기 위하여 정부에 더 많은 역할을 부여해야 한다고 주장하였다. 그는 "현존 경제체제가 전면적인 괴멸을 면할 수 있는 실질적인 수단으로서, 그리고 개인적인 창의력을 성공적으로 발휘하게 하는 조건으로서 그것을 옹호한다."고 선언하였다(Keynes, 1936: 380).

그리고 공업화 과정에서 기업활동의 결과로 인한 물과 공기의 오염 등은 사회적 비용을 초래한다. 이러한 공해는 정부가 통제하지 않으면 안 되는 과제이므로 정부예산을 증대시키는 또 하나의 요인으로 작용하였다(Lee and Johnson, 1989: 22). 즉 케인스학파에서는 사적시장의 실패(private market failure) 때문에 공공부문(public sector)이 증가하게 되었다고 보았다.

케인스 이후의 거시경제학에 의하면, 국가예산에 반영되는 조세내용과 지출내역은 그해의 경제성장률, 실업률 및 화폐가치에 직접적이고 절대적으로 영향을 미친다고 한다. 따라서 국가예산은 조세를 부담하는 국민에게 중요한 의미가 있다.

한편 1970년대 중반부터 세계적인 스태그플레이션(stagflation)을 겪으면서, 경제학계는 케인스 이론에 입각한 지속적인 국가예산규모의 증대가 경제안정을 가져온 것이 아니라 오히려 영구적인 적자예산과 인플레이션, 그리고 공공부문의 팽창만을 가져왔다고 비판하기 시작하였다.[2] 즉 적자예산으로부터 과거의 균형예산으로 다시 되돌아가야 한다는 것이다.

그리하여 작은 정부를 표방하는 공급측면의 경제학(supply-side economics)이 대두되었고, 일부 선진국에서는 1980년대에 세율을 낮추고 사회보장지출을 줄이는 예산정책을 채택하였다. 그러나 좋은 결과는 얻지 못하였다.

서민에게 혜택을 주는 사회보장지출 등을 삭감하려는 일부 국가의 이러한 예산정책하에서, 과연 국가의 예산규모를 얼마나 줄일 수 있을 것인가 하는 것은 의문이다. 아무튼

---

1 공공재를 collective goods and services라고도 하며, 이에 관하여는 다음을 참조하기 바람. Wayland D. Gardner, *Government Finance: National, State and Local*(Englewood Cliffs, New Jersey : Prentice-Hall, Inc., 1978), pp.14~24.

2 케인스 학파의 예산이론을 비판한 책은 다음과 같다. James M. Buchanan and Richard E. Wagner, *Democracy in Deficit: The Political Legacy of Lord Keynes*(New York: Harcourt, Brace, 1977) ; 이필우 역, 「케인스적 思考의 遺産」(건국대학교 출판부, 1981).

예산이 국민경제의 최대의 변수로서 오랫동안 작용하리라는 것은 의심할 여지가 없다.

제2절 재무행정의 연구영역

1. 버크헤드시대의 연구영역

1887년에 윌슨(Woodrow Wilson)의 유명한 논문인 "The Study of Administration"이 발표되고, 1926년에는 화이트(Leonard D. White)에 의하여 처음으로 「행정학개론」(*Introduction to the Study of Public Administration*)이 간행되었다.

그 후 재무행정(財務行政)의 주요 관심분야는 한정된 자원을 적절히 배분하고 지출의 효과를 높이며 이를 통제하는 것이었다(Caiden, 1985: 497).

이 책에서는 재무행정의 연구영역을 버크헤드시대와 프로그램중심시대로 구분하여 고찰한다.

재무행정이 독립된 학문(discipline)으로 성립된 시기는 제2차 대전 전후이고, 1956년에 버크헤드(Jesse Burkhead)에 의하여 *Government Budgeting*이 간행된 것이 결정적인 계기가 되었다.[3] 그의 책은 현대에 와서 재무행정의 고전(classic)으로 평가받고 있다(Lehan, 1983: 13).

버크헤드 이전에도 버크(Arthur E. Buck)를 비롯한 몇몇 학자들에 의하여 재무행정을 다룬 저서들이 출판되었지만,[4] 체계와 내용을 완전히 갖춘 단행본은 아니었다. 행정학개론서에서 재무행정분야를 하나의 장으로 다루었을 뿐이다.

즉 화이트는 재무행정의 연구영역을 예산의 편성과 심의, 예산의 집행, 회계의 기록과 검사로 보았고,[5] 디목(Marshall E. Dimock)은 예산 · 회계 · 감사 · 구매의 4개 영역을

3 재무행정을 Public Budgeting, Public Financial Administration 또는 Government Budgeting이라고 표현한다.

4 린치(Thomas D. Lynch)는 1929년에 발행된 버크의 *Public Budgeting*(New York: Harper and Row, 1929)을 미국에서 간행된 최초의 재무행정론 교과서로 보고 있다.

5 화이트는 재정의 영역 중에서 수입론과 지출론을 행정학의 연구대상에서 제외하였다. 다시 말하면 재정수입의 원천, 정부에 의한 수입의 분배, 그리고 사회적 · 경제적 효과 등의 문제는 재무행정의 입장에서 볼 때 그 관심의 대상이 되지 않는다고 하였다.

들었다(유훈, 2003 : 7).

그러나 이러한 연구영역만으로 재무행정이 학문으로 성립하기에는 미흡한 것이었다. 다만 버크헤드의 재무행정론이 나오기 한 해 전인 1955년에 스미시즈(Arthur Smithies)에 의하여 출판된 *The Budgetary Process in the United States*는 재무행정을 학문으로 정착시키는 데 크게 기여하였다.

이렇게 볼 때 재무행정의 독자적인 연구영역은 역시 버크헤드를 비롯한 미국의 재무행정 전공의 학자들에 의하여 정립되었다고 인정하는 데는 큰 무리가 없을 것 같다.

버크헤드의 재무행정론은 예산과 현대정부, 예산의 분류, 예산의 과정, 예산의 특수문제의 4장으로 구성되어 있다.

예산과 현대정부를 다룬 장에서는 예산제도의 발달, 정부의 경제적 성격 및 예산정책 등을 기술하였다.

예산의 분류를 다룬 장에서는 기능별 분류 등 여러 분류방법과 성과주의예산제 및 자본예산제를 기술하였고, 예산의 과정을 다룬 장에서는 예산안의 편성 · 심의 · 집행 및 회계검사의 네 과정을 기술하였다. 그리고 예산의 특수문제를 다룬 마지막 장에서는 세입의 추계, 공기업의 예산, 균형예산 및 경제발전과 예산의 관계를 기술하였다.

그러나 세입예산에 관해서는 세입추계만을 간단히 다루고, 조세부문은 전혀 언급하지 않았다.

2. 프로그램중심시대의 연구영역

행정학의 연구영역이 시간의 흐름에 따라 확대된 것과 마찬가지로 재무행정의 연구영역도 버크헤드 이후 계속 확대되어 왔다.[6]

프로그램중심시대의 연구영역에 관하여는, 이미 고전으로 일컬어지고 있는 논문으로서 1966년에 발표된 시크(Allen Schick)의 "The Road to PPB : The Stages of Budget Reform"그리고 1979년에 간행된 린치(Thomas D. Lynch)의 *Public Budgeting in America*에 의거하여 고찰한다.

시크에 의하면, 시민혁명으로부터 시작되어 1920년경에 완성된 근대적 예산제도의 발달과정에서는 예산의 통제기능이 주 기능으로 작용하였고, 1930년대 이후에는 관리

6 믹셀(John L. Mikesell)은 재무행정의 관리적 측면만을 강조한 화이트, 그리고 그보다는 연구대상을 다소 넓게 잡은 디목과는 견해를 달리하여 재무행정론을 크게 3개 편(예산론, 세입론, 공채관리 및 자금관리)으로 나누어 다루었다(Mikesell, 1995).

기능, 1960년대 이후에는 계획기능이 각각 주 기능으로 등장하게 되었다. 예산의 주 기능의 변천에 따라 새로운 예산이론이 등장하고 예산개혁이 이루어졌다.

정부가 수행하고자 하는 사업, 즉 프로그램과는 관계가 없는 통제만을 목적으로 하여 예산을 인건비 · 연료비 등으로 분류했던 품목중심의 예산을 정부의 기능(functions) · 활동(activities) 또는 개발사업(projects) 중심으로 분류하여 운용해야 예산의 능률을 높일 수 있다는 것이 프로그램 예산론자들의 논리였다(U. S. Commission on Organization of the Executive Branch of the Government, 1949: 8).

예산의 주 기능이 관리기능에서 계획기능으로 변화됨에 따라 1960년대 초부터 계획예산제에 관한 예산이론이 대두하였다. 계획 수립과 프로그램구조의 작성, 프로그램과 예산편성의 연결, 그리고 프로그램분석의 분야들이 새롭게 각광을 받았다.

한정된 재원의 범위에서 프로그램들을 취사선택하는 예산결정이론, 즉 예산의 효과를 제고하기 위한 이론이 크게 발전하였다.

1970년대에 석유파동 등을 계기로 세계가 자원난과 불황을 맞이하게 되고 그 결과 예산의 감축기능이 주 기능으로 등장하면서 긴축예산을 추구하려는 이론들이 개발되기 시작하였다. 즉 영기준예산제에 관한 연구가 일어나기 시작하였다.

린치의 저서(*Public Budgeting in America*)는 이러한 프로그램중심의 연구 외에 채무관리와 예산행태에 관한 분야를 추가하였다.

미국을 중심으로 한 재무행정의 연구영역을 종합하면 다음과 같다.[7] 버크헤드시대에서는 예산의 기능 · 분류 등의 기본이론과 예산의 과정, 그리고 예산의 특수문제로서 예산과 국민경제, 공기업의 예산 및 예산정책 등을 연구영역으로 하였다.

한편 프로그램중심시대에서는 계획과 프로그램구조의 작성, 프로그램분석, 예산결정이론 및 긴축예산을 구현하기 위한 이론들이 재무행정의 핵심적인 연구영역으로 부각되었다.

버크헤드시대까지의 재무행정이 근대적 예산제도의 정착과 재무행정의 학문적 독립에 기여하였다면, 프로그램중심시대에서는 예산기능의 변화에 따른 예산개혁이론과 예산의 효과를 높이려는 데 연구의 초점을 두었다는 특징을 갖고 있다.

7 선진국 중에서 시민혁명과 산업혁명을 최초로 겪은 영국에서 근대적 예산제도가 1920년대 초에 성립되었으나, 그 이후에는 미국 학계가 예산이론의 발전을 주도하였다.

3. 한국 재무행정의 연구영역

한국에서 최초의 재무행정에 관한 단행본은 1963년에 간행된 유훈 교수의 「재무행정론」이다. 이 책은 한국의 대학들에서 오랫동안 재무행정론의 주 교재로 사용되었고, 그동안 여러 차례 개정되었는데, 제1편은 서론, 제2편은 예산과정, 제3편은 예산개혁, 제4편은 국민경제와 예산, 제5편은 구매행정과 계약, 제6편은 재산관리로 구성되었다.

그리고 이응근 교수는 계획예산제(PPB)를 소개한 「예산개혁론」을 1970년에 간행하였고, 1972년에는 박문옥 교수가 「재무행정론」을 간행하였다.

한국방송통신대학의 교과서로 유훈 교수와 강신택 교수가 공동으로 「재무행정론」(Ⅰ·Ⅱ)을 간행하였다.

1974년에는 박영희 교수에 의하여 「북한재정연구」가 간행됨으로써 국내 학계에서도 사회주의권의 예산제도에 관하여 관심을 갖기 시작하였다. 그 후 1980년대부터 재무행정에 관한 책들이 지속적으로 출판되고 있다.

4. 재무행정과 인접학문

재무행정을 공부하기 위해서는 정치학·경제학·회계학·행태과학·재정학의 주요 개념들을 이해하고 있어야 한다. 국가예산에 관한 연구영역이 넓어 사회과학에 속하는 여러 학문들이 각기 예산의 일부를 연구하고 있기 때문이다.

정치학은 예산담당자로 하여금 정부와 공공정책의 결정과정의 본질을 이해하는 데 도움을 주고, 경제학은 예산의 효율성에 관한 이론과 분석수단을 제공한다.

회계학은 수입지출의 기록을 정확하게 하는 방법을 제공하고, 행태과학은 예산담당자로 하여금 인간의 행태(行態)를 이해하는 데 도움을 준다.

재정학은 재무행정을 공부하는 초보자들에게 예산의 수입측면을 이해하는 데 유용한 개념들을 제공한다(Lynch, 1979: 7).

그리고 행정학의 각론들은 재무행정의 인접학문들에서 얻은 지식과 정보를 종합하고 체계화하여 자기 것으로 소화하는 데 도움을 준다.

재무행정을 공부하는 사람은 여러 학문적 배경을 가지고 있어야 복잡한 예산문제를 이해할 수 있다.

최근에는 예산을 전반적으로 연구할 단일학문이 대두되어야 한다는 주장도 대두되고 있다(Caiden, 1985).

제3절 재무행정의 접근방법

1. 행정연구와 바른 가치관

행정이란 본래 역사가 가장 오래되고 파급효과가 큰 인간행태(human behaviour)와 관련된다. 행정은 삶의 질을 좌우한다. 행정을 잘하면 인간을 풍부하고 자유롭고 문명하게 만들지만, 잘못하면 오히려 파괴하고 비인간화하게 하고 퇴화시킬 수도 있다(Hodgkinson, 1978: 9). 그래서 바른 행정을 하기 위해서는 바른 가치관(value)과 적절한 접근방법을 가져야 한다.

사이먼(Herbert A. Simon)은 "행정가(行政家)는 무대 위의 배우와 같이 가치중립적이어야 결정된 정책을 훌륭하게 집행할 수 있다."고 주장한 일이 있는데(Simon, 1965), 정책결정 자체는 가치의 내재를 배제할 수 없는 것이다. 바른 가치관 밑에서 바른 접근방법이 나올 수 있기 때문에 바른 학문을 위해서 적절한 접근방법이 필요한 것이다.

재무행정을 연구하는 접근방법도 예외가 될 수 없다. 미국 랜드연구소(The RAND Corporation)와 미국 국방성이 그렇게 계획적이고 합리적인 예산제라고 찬양했던 계획예산제에 의하여 처음 치른 전쟁이 월남전이었다. 그 결과는 실패로 끝났으며 계획예산제도 역시 종언을 고하고 말았다.[8] 아마도 PPBS 연구자들은 예산에 관한 연구에 있어서 가치문제를 소홀히 취급했던 것으로 보여진다.

음미(吟味)하지 않은 인생은 살맛이 덜 나는 것과 마찬가지로 음미하지 않은 가치관은 지닐 의미가 없을 것이다(Hodgkinson, 1978: 101).

---

8 PPB와 월남전에 관하여는 박영희, "미국에 있어서 예산개혁의 전개과정,"「연구논총」, 제7집(건국대학교 행정대학원, 1979), pp.12~13 참조.

2. 재무행정의 접근방법

본서를 쓰는 데 주로 사용된 접근방법(approach)은 법률적 · 제도적 접근방법(judicial-institutional approach)이다. 아울러 행태적인 접근방법으로 예산과정에 참여하는 사람들의 예산행태도 분석하였다. 논리의 전개를 뒷받침하기 위하여 많은 예산관련 통계자료를 이용하였다.

접근방법이란 연구방향을 정하여 주는 '문제와 자료의 선정기준'이라고 할 수 있다. 행정현상을 연구함에 있어서 지금까지 수많은 접근방법이 사용되어 왔는데, 국내외에서 간행된 행정학 저서들에 소개된 접근방법만 해도 그 수를 헤아릴 수 없어 마치 정글에 들어가 헤매는 느낌이라고 안해균 교수는 지적하였다(안해균, 1992: 70). 이 지적은 설익은 접근방법의 난립이 행정현상의 연구에 큰 도움이 되지 못한다는 뜻으로 해석된다.

이 책은 많은 사회과학 접근방법 중에서 앞에서 설명한 전통적인 접근방법을 사용하였으나, 저자 나름의 연구초점에 입각하여 예산에 관한 문제를 인식하고 그에 따라 자료를 선정하고 분석하였다.

여러 행정현상 중에서 재무행정에 관한 문제를 다룬 이 책의 학문적 위치(locus)와 연구의 초점(focus)에 관하여(Henry, 1975: 378~379) 또한 밝혀둔다.

재무행정의 이론과 실제에 관한 학문적 위치에 있어서는, 한국의 자료를 기본으로 하였으며, 비교연구와 독자의 이해를 돕기 위하여 미국 · 영국의 이론과 실제를 소개하였다.

그리고 재무행정의 이론과 실제에 관한 학문적 초점은 예산기능의 변화에 두었다. 즉 예산기능의 변화에 초점을 맞추어 예산의 개념, 예산의 분류, 예산과정 및 예산개혁 등의 여러 문제를 분석하였다.

시크는 예산의 세 기능(통제 · 관리 · 계획)을 주장하면서 예산개혁과 예산기능의 연관관계를 정립하였다(Schick, 1966).

그 후 세계적인 경기후퇴로 예산적자가 누적되자 예산환경은 급격하게 변화되었다. 국가의 예산은 순조롭게 증가만 하는 것이 아니라 감축되는 경우도 있다는 것이 입증된 것이다.[9] 여기에 근거하여 저자는 시크의 예산의 세 기능 외에 감축기능(cutback function)을 제시하였다.

이 책은 네 가지 예산기능의 변화에 초점을 맞추면서 예산에 관한 여러 문제를 분석하였다.

---

9 세계 경제공황이 본격화된 1931년도 미국 연방정부의 세입은 전년도보다 23%나 급격히 감소한 일이 있다(Brundage, 1970: 19~22).

사칸스키는 예산의 중요성에 관하여 "돈(money)이 정부를 움직이는 혈액(血液)이라면 예산과정(budgeting)은 그 심장(心臟)"이라고 실감나게 표현하였다(Sharkansky, 1982: 137).

제2장 예산의 개념과 관련법률

제1절 예산의 개념

1. 전통적인 예산개념

경제행위의 주체들, 즉 가계(家計)·기업(企業)·국가(國家)는 각기 자신의 예산을 갖고 있으나 경제행위의 목적이 서로 다르기 때문에 예산의 개념 역시 서로 같을 수 없다.

사적예산(private budget)과 공적예산(public budget)은 모두 조직체의 목표를 정하고 그것을 성취하기 위한 여러 수단을 설명한다는 점에서는 공통점이 있다. 그러나 사적예산(私的豫算)의 주종을 이루는 사기업의 예산은 그 추구하는 목표가 최대의 이윤을 얻기 위한 것이고, 공적예산(公的豫算)은 공공의 복지증진을 위하여 존재한다(Lee and Johnson, 1989: 2).

예산의 개념은 예산기능의 변화에 따라 지난 1세기 동안 시대적으로 변화되어 왔다. 독일의 경제학자 바그너(Adolph Wagner)는, 일찍이 "예산은 숫자적인 개관(概觀)"이라고 정의하였다(유훈, 2003: 23). 이러한 개념 정의는 예산규모가 크지 않았고 근대적인 예산제도가 확립되지 않았던 시기에 통제기능만을 고려하였던 것이다. 이와 비슷하게 정의한 학자들도 많다.[1]

근대적 예산제도가 성립되었으나 케인스(Keynes) 이론이 나오기 전인 1920년대 말의 예산개념은 예산의 관리적 기능을 중심으로 하였다. 즉 미국의 재무행정학자인 버크는 "예산이란 국가의 재정정책이 수립되고 채택되며 집행되는 과정"이라고 정의하였다

---

1 예컨대 스타인(L.V. Stein)은 "회계적인 표현", 헤켈(M.V. Heckel)은 "숫자적인 진술(陳述)과 추계(推計)", 스톰(R. Stourm)은 "수지(收支)의 승인", 골드세이드(Goldscheid)는 "모든 이데올로기의 분식(扮飾)을 벗어던진 국가의 골격"이라고 정의하였다.

(Buck, 1929: 5~6). 그는 또한 예산이 네 과정으로 분명하게 구분되어 있음을 강조하였다.

2. 현대적인 예산개념

예산의 기능이 통제중심에서 관리중심을 거쳐 계획중심으로 변화됨에 따라 예산의 개념도 그 강조하는 점이 달라졌다.

시크는 "예산이란 계획된 목표들을 성취할 수 있도록 자금지출을 체계적으로 연관시키는 과정"이라고 정의하였다(Schick, 1966: 243). 이러한 개념은 계획적 자금지출을 강조하였으나 자금수입에 대하여는 언급하지 않았다는 약점이 있다.

그 후 세입과 세출을 동시에 강조하는 개념들이 등장하게 되었다. 디목(Marshall E. Dimock and Gladys O. Dimock)은 "예산이란 다음 1년 동안에 정부가 어떤 사업에 얼마를 지출할 것인가를 나타내는 문서이며, 수입과 지출의 균형을 어떻게 이룩할 것인가를 예견하는 문서이며, 또한 이러한 조치들이 과거와 미래에 어떻게 연관되는가를 보여주는 문서"라고 정의하였다. 이때부터 수입에 대해서도 관심을 보이기 시작하였다.

영국의 Collins 경제학사전은 "예산이란 한 회계연도의 계획된 세입과 세출에 관한 재정기록(financial statement)"이라고 정의하였다(Christopher Pass and Bryans Lowes, 1993: 45~46).

린치는 "예산이란 일정기간 국가의 목표를 성취하는 데 필요한 여러 사업(program)들을 수행하기 위한 자금계획으로서, 전후 연도의 수요를 감안하면서 소요자원과 가용자원의 추계(推計)를 포함하는 것이어야 한다."고 하였다(Lynch, 1979: 5). 이 개념은 예산이 1년 단위로 편성되지만, 한 해의 예산은 자원의 효과적인 활용을 위하여 중장기계획에 입각하여 편성되는 것임을 강조하고 있다.

미국의 행정학자 윌다브스키(Aaron B. Wildavsky)는 "예산은 정책을 돈으로 환산한 것이다."라고 간략하게 표현하였다.

예산개념의 변천과정을 종합하여 보면, 초기에는 공공자금으로 무엇을 구입하는가(things to be bought)에, 그 다음에는 무엇을 이룩하는가(things to be done)에, 그리고 현대에 와서는 어떤 목표를 성취하는가(goals to be achieved)에 초점을 두고 있음을 알 수 있다.[2]

---

2 예산개념의 변천에 관하여는 다음을 참조하기 바람. Robert T. Golembiewski and Jack Rabin, eds., *Public Budgeting and Finance*(New York: Marcel Dekker, Inc., 1983).

공공부문에서의 예산은 정부의 수입지출에 관한 예정적 계획이며, 그 실질적 내용은 예산연도에 있어서 정부의 정책이념과 사업계획을 구체화하는 일련의 과정이라고 할 수 있다.

협의의 정부예산은 예산총칙 · 세입세출예산 · 계속비 · 명시이월비 · 국고채무부담행위 등을 그 내용으로 한다. 다만 흔히 예산규모라고 하면 세입세출예산을 말하고, 실제로 이 부분이 가장 중요하며 예산의 본체를 이룬다.

요약하면 예산은 한 회계연도에 있어서 세입과 세출의 예정적 계산이라고 할 수 있다. 예산은 정부가 수행해야 할 재정활동의 지침 내지 사업계획의 윤곽을 나타낸다. 이것은 한 나라의 경제적 · 정치적 세력의 상대적 역학관계를 반영시키는 것이며, 국민의 경제활동에 영향을 미치는 수단인 것이다.

실질적 의미의 예산은 1회계연도에 있어서의 수입지출의 예정액으로서 1년간 국가재정계획의 계량적 표시라고 할 수 있다.

1년간의 국가재정활동의 계획을 일정한 형태에 따라 세입세출의 형식으로 표시하여 국회에 제출되는 예산서를 형식적 의미의 예산이라고 한다. 여기에는 실질적 의미의 예산 외에 계속비, 국고채무부담행위, 일시차입금의 한도, 재정증권의 발행한도에 관한 것들이 포함된다.

3. 예산이 함축하는 뜻

예산서에는 많은 표(table)와 그림(chart)이 실려 있다. 여기에 나타난 수치들은 예산의 단면을 나타낼 뿐이고 예산이 함축하고 있는 뜻을 모두 나타내는 것은 아니다.

예산의 개념 정의에서 보았듯이 예산이란 국가의 의도의 표현이며 사업수행을 통제하는 도구이다. 따라서 자금이 일단 지출되면 그것은 계획과 대비된다. 예산의 집행은 무수한 수입과 지출을 의미하는데, 예산 내의 모든 수입(收入)을 세입(歲入), 모든 지출(支出)을 세출(歲出)이라고 한다.

예산은 정부가 수행하고자 하는 사업에 각각 얼마를 지출할 것인가를 나열하거나 그것들을 뒷받침할 재원을 어떻게 조달할 것인가를 단순히 기록하는 문서만은 아니다. 예산은 다음과 같은 내용을 함축하고 있다(Schultze, 1972: 1~2).

첫째, 예산규모와 재원조달방법은 국가 전체의 생산 · 고용 · 인플레이션 등에 영향을 미친다.

둘째, 예산은 자원배분의 수단으로서 공공수요와 민간수요, 국방비와 국내소비의 배분비율을 결정한다.

셋째, 세입을 충당하기 위하여 조세에 관한 결정을 내림으로써 국민 각 계층 간의 조세부담률을 결정한다.

넷째, 예산은 공공정책의 모든 국면을 실질적으로 점검하는 종합적인 수단이다. 예산이 국민경제의 활동수단에 미치는 가장 중요한 요인은 세입과 세출의 차이, 즉 적자와 흑자의 크기이다.

제2절 예산과 재정

1. 재정의 의의

재정은 고대국가가 처음 형성되었을 때부터 존재하였다. 예산(budget)과 재정(public finance)은 다른 개념이다. 재정도 정부가 조달하여 사용하는 자금을 의미하지만, 예산보다 더 넓은 개념이다.

재정은 정부가 공공사업에 필요한 재원을 조달하고 그 재원을 사용하는 모든 경제활동을 말한다.[3] 경제주체는 가계 · 기업 · 정부로 구분할 수 있는데, 그중 정부는 조세수입 등을 기반으로 공공재와 공공서비스를 제공하기 위하여 지출활동을 한다. 정부가 수행하는 경제활동을 총칭하여 재정이라고 한다.

우리나라의 재정체계는 그 운용주체에 따라 중앙재정(중앙정부 재정)과 지방재정(지방자치단체 재정)으로 구분되고, 중앙재정은 다시 예산(일반회계예산과 특별회계예산)과 기금으로 구분된다. 지방재정은 일반재정(일반회계예산과 특별회계예산 및 기금)과 교육재정

3 재정(public finance)이라는 말은 중세 라틴어에서 유래했는데, 본래 '법정 판결로 결정한 벌금(fine)'을 의미하였다. 그 후 독일에서는 고리대금업자에게 화폐를 지불한다는 의미로, 15세기 프랑스에서는 국왕의 조세징수 청부인을 지칭하는 말로 사용되었다. 근대 이후부터는 주로 공공기관의 자금과 관련하여 쓰였다. 예산(budget)은 가죽 가방을 의미하는 고대 프랑스어(bougette)에서 유래했다. 근대적 예산제도를 처음 정립한 영국에서 재무성장관이 예산서류를 넣고 다니는 가방을 지칭하다가, 1732년경에는 '예산을 제안한다(opening the budget)'는 뜻으로 바뀌었다.

(교육비특별회계)으로 구분된다. 재정에 공기업의 경제활동을 합쳐 공공부문(public sector)이라고 한다. 이를 좀 더 구체적으로 살펴보면 첫째, 운용주체에 따라 분류할 경우 중앙재정은 중앙정부를 단위로 이루어지는 재정활동(일반회계예산과 특별회계예산)을 의미하고, 지방재정은 지방자치단체의 재정활동(일반회계예산과 특별회계예산) 및 지방교육재정(교육비특별회계)을 의미한다.

둘째, 재정은 그 운용수단에 따라 예산과 기금으로 구분할 수 있는데, 그중 예산의 실질적 의미는 국가의 재정수요와 소요재원을 추정하여 작성한 한 회계연도의 세입 · 세출에 대한 예정적 계산서를 말한다. 형식적 의미의 예산은 관련법률에 의거하여 정부가 편성하고 국회가 심의 · 의결을 거쳐 확정된 다음 회계연도의 국가재정의 계획을 말한다.

기금은 국가가 특정한 목적을 위하여 특정한 자금을 신축적으로 운용할 필요가 있을 때 예산과 별개로 운영하는 것을 말한다. 과거에는 국회의 심의 · 의결대상에서 제외되어 예산과 구분하였으나, 현재는 예산 및 결산과 마찬가지로 국회의 심의 · 의결을 거쳐 확정됨으로써 재정운용수단으로서 예산과의 차이가 없어졌다.

재정의 기능은 일찍이 머스그레이브(R. Musgrave, 1959)가 효율적 자원배분, 소득 재분배, 경기 안정화로 구분하였다.

① **자원배분** : 공공재는 소비의 비경합성과 비배제성으로 인해 시장에만 맡기면 효율적인 공급과 배분이 이루어지기 어렵기 때문에 정부가 자원배분에 개입한다.[4]

시장경제체제에서는 기본적으로 자원배분을 시장에 맡기는데, 시장이 제 기능을 하지 못하는 경우, 즉 시장실패(market failure)의 경우 시장에서 공공재나 외부효과가 있는 재화가 사회적으로 필요한 양보다 과소하게 공급될 수 있다. 이때 정부는 시장에 개입하여 자원의 효율적 배분을 위한 조정역할을 한다. 보조금 지급을 통해 바람직한 수준으로 시장활동을 조정한다.

② **소득 재분배** : 자원이 시장에서 효율적으로 배분되더라도 그것이 국민의 소득까지 공정하게 분배된다는 보장은 없다. 소득이 지나치게 불평등하게 분배되면 빈곤층이 늘어나고 범죄가 발생하기 때문에 정부가 개입하여 조세제도와 사회보장지출을 통해 소득의 재분배 기능을 수행한다. 우선 세입 측면에서 소득세 · 상속세 · 증여세 등에 누진세율을 적용하여 고소득자에게 많은 세금을 부담시키고, 또 세출 측면에서는 기초생활보

4 소비의 비경합성은 한 사람이 혜택을 본다고 하여 다른 사람에게 돌아가는 혜택이 줄지 않는다는 것을, 비배제성(또는 배제불가능성)은 서비스의 대가를 지불하지 않더라도 소비대상에서 배제할 수 없는 특성을 말한다.

그림 2-1 중앙정부의 재정체계

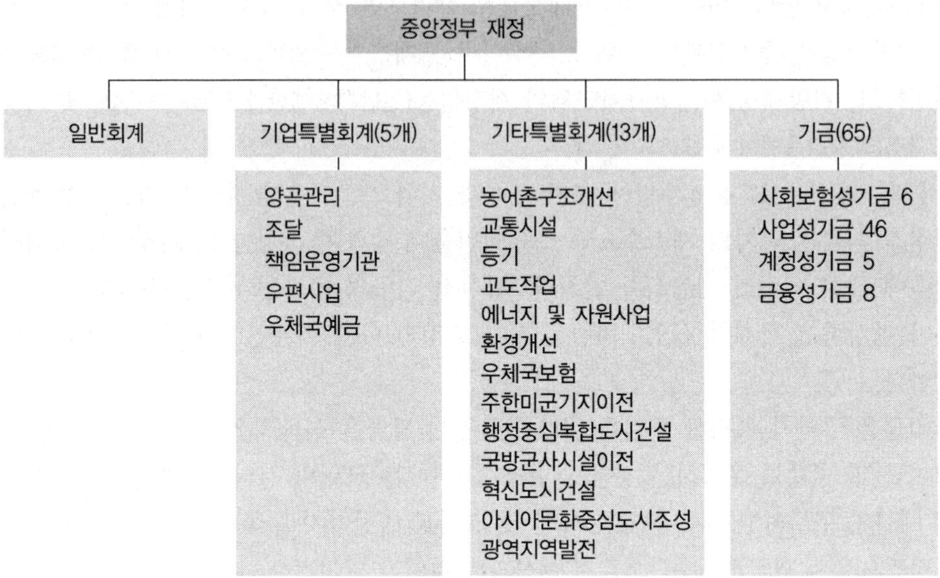

자료 : NABO, 「대한민국 재정 2016」(2016.3.14.), p.15.

장제도나 기초연금제도 등을 통해 사회적 취약계층을 지원한다.

③ 경기 안정화 : 정부는 총수요(가계소비, 기업투자, 정부지출, 순수출 등의 합)를 조절하여 경제를 안정시킨다. 총수요가 부족하여 경기침체가 우려되면 세수를 줄여 민간수요를 늘리거나 직접 정부지출을 늘려 부족한 총수요를 늘린다. 반대로 총수요가 넘쳐 인플레이션이 우려되면 세수를 늘리거나 정부지출을 줄여 총수요를 억제한다. 한편 정부가 개입하지 않더라도 총수요가 급증하면 이를 억제하고 부족하면 보충하는 내재적인 제도적 장치, 즉 재정의 자동안정장치(bilt-in stabilizer)가 있다. 예컨대 호황일 때는 소득세율을 높여 가계소비를 억제하고, 불황일 때는 소득세율을 낮춰 가계소비가 늘어나게 한다. 정부는 통화금융정책이나 재정정책을 통해 경제의 안정화를 도모한다.

2. 공공재와 재정

공공재(public goods)는 국민의 공공욕구를 충족시켜 주는 국방 · 치안 · 도로 · 치수(治水) 등과 같은 서비스를 말한다. 공공재는 배제의 원칙(exclusion principle)이 적용되는 사적재(private goods)와 달리 비경합성(non-rival in consumption)을 가지고 있기 때문에 시장에서 공급되지 않는다.[5]

공공재(公共財)는 수혜받는 개인이 그 대가를 지불하려 하지 않고 또 공평하게 부담시키기도 어렵기 때문에 주로 조세수입으로 생산 · 공급한다. 공공재는 어떤 사람이 재화나 서비스의 편익을 누린다고 해서 다른 사람이 누릴 수 있는 편익이 감소하지 않는다. 그래서 시장원리에 의해서는 공공재 공급이 이루어지지 않는다.

인간의 개인생활에 있어서의 사적욕구를 국민 개개인이 충족시키는 것과 마찬가지로 인간의 공동생활에도 공공욕구가 있는데, 이러한 공공욕구는 국가와 지방자치단체가 충족시키지 않으면 안 된다.

공공욕구는 사회 공동의 힘이 아니면 충족시킬 수 없거나 또는 개인의 힘만으로는 충분히 충족시킬 수 없는 욕구로서, 누구에게나 필요한 것이다. 예컨대 자연재해나 외적으로부터의 방어와 같은 것들이다.

공공욕구의 충족에 필요한 재화나 용역이라도 민간부문이 생산할 수 있지만, 주로 정부가 직접 생산하는 경우가 많다. 공공욕구를 충족시키기 위하여 필요한 재화와 용역을 공권력에 의하여 강제적으로 획득하고 관리하며, 또 이를 사용하는 일정한 경제질서를 재정이라고 한다.

3. 공공재와 예산

공공재는 순공공재(pure public goods)와 준공공재(quasi-public goods)로 나눌 수 있다(Gardner, 1978: 19~20). 순공공재(純公共財)는 재화의 소비로부터 얻는 편익이나 효용이 국민 개개인에게 분할될 수 없는 집단재(예: 국방 · 치안 등)를 말한다. 이것은 무상수혜(無償受惠)라는 특징이 있어서 보편적으로 일반회계예산으로 제공한다.

준공공재(準公共財)는 그 소비의 편익이 분할될 수 있고 그 소비를 부분적으로 배제시킬 수 있는 집단재(예: 교육 · 철도 등)를 말한다. 이것은 편익이 분할되는 정도만큼 무상수혜가 제한되므로 특별회계예산이나 정부기금에서 제공한다. 준공공재를 구입하는 국민은 최소한의 대가를 요금이나 가격으로 지불하지 않으면 안 된다. 재정이 여러 개의

---

5 사적재(私的財)는 사적욕구를 충족시켜 주는 것으로서 개인의 힘으로 충족시킬 수 있는 의 · 식 · 주 등에 관한 것이다. 공공재와 사적재의 중간재를 혼합재라고 한다. 혼합재(混合財)는 대학교육과 같이 그 재화와 서비스의 공급은 사회적인 편익도 있으나 개인에게도 수혜가 되기 때문에 일부는 공공성이 인정되는 것이다. 사적재의 공급은 원칙적으로 공공부문의 역할범위에서 벗어난다.

예산으로 구성되는 이유가 바로 여기에 있다.

공공재는 비경합성(non-rivalry)과 비배제성(non-exclusiveness)이 있어 무임승차(free rider)의 문제가 발생하고, 그래서 시장의 가격기구를 통해서는 사회가 요구하는 최적 수준의 재화나 서비스를 공급하기 어렵다. 공공재적 성격을 가진 재화나 서비스는 지속적으로 공급되어야 한다. 예컨대 국방서비스가 간헐적으로 이루어진다면 국가보안에 문제가 발생한다. 이처럼 공공재는 사회가 꼭 필요한 재화임에도 아무도 비용을 지불하려고 하지 않기 때문에 과소공급(under-supply)되는 문제를 초래한다.

애덤 스미스(Adam Smith)는 일찍이 폭력으로부터 사회를 보호하고 외부의 침입을 방지하고, 가능한 한 사회의 모든 구성원들에 대해 불평등과 억압을 배제시키는 기본적인 기능 외에는 이른바 '보이지 않는 손(invisible hand)'에 의해 사회문제를 해결해 나가도록 해야 한다고 하였다. 그러나 사회문제 중 민간의 자율적인 노력으로 해결이 되지 않는 영역이 존재하기 때문에 모든 사회문제가 시장에서의 가격을 통해 해결될 수 없고, 시장의 교환 메커니즘이 오히려 불평등과 같은 사회문제를 심화시키는 경우도 있을 수 있다. 정부의 민간에 대한 개입근거로서 지적되는 시장 메커니즘의 결함을 바로 시장실패(market failure)라고 한다.

경제학에서의 효율성은 다른 사람의 후생(厚生)을 감소시키지 않으면서 스스로 최고의 후생수준을 누릴 수 있는 자원배분 상태를 의미한다. 이론적으로 시장이 완전하다면 경제주체 간 자유로운 경쟁이 보장될 때 효율성은 자동적으로 달성되겠지만 현실의 시장은 독과점, 비대칭 정보, 불공정 경쟁이 일어난다. 그래서 시장에 의한 자원배분의 효율성이 확보되지 못하는데, 이러한 상태를 시장실패라고 한다. 시장실패는 정부의 시장개입을 정당화시키기도 한다. 시장실패의 경우 민간의 자율적인 의사결정을 통해서는 최적의 효율성을 달성할 수 없기 때문에 정부가 나서서 이를 해결해 주어야 한다는 논리다.

제3절 국가재정법

1. 국가재정법

1) 재정법과 예산회계법

「재정법」은 우리나라 최초의 국가재정운용의 기본법으로서 1951년 9월 24일 제정되었는데, 이로써 우리나라에도 근대적인 예산제도가 확립되었다고 할 수 있다. 이 법은 재정의 민주화 원칙, 건전재정의 원칙, 재정통제의 강화 등을 규정하였으나, 당시 일본의 「재정법과 「회계법」을 그대로 모방하였다.

「예산회계법」은 통제에 중점을 두었던 「재정법」의 결함을 시정하기 위하여 1961년 12월 17일에 제정되었다. 이 법은 국가의 예산과 회계 및 이에 관련된 사항의 기본에 관하여 규정하였다.

「재정법」은 행정기관과 공기업의 예산을 모두 규제하였으나 「예산회계법」은 별도로 2개의 자법(子法), 즉 「기업예산회계법」과 「정부투자기관관리기본법」을 만들어 공기업의 예산을 규제하도록 하였다. 그러나 「국가재정법」이 제정되면서 「예산회계법」과 「기금관리기본법」은 2006년 10월 4일에 폐지되었다.

2) 국가재정법

「국가재정법」은 예산의 편성 · 집행에 관한 사항뿐 아니라 국가재정운용 전반에 걸친 사항을 규정하고 있다. 재무행정 관련법 체계 중에서 「국가재정법」은 국가재정운용에 있어 가장 직접적이고 중요한 역할을 한다.

「국가재정법」은 국가재정운용의 기본법으로서 기존의 「예산회계법」과 「기금관리기본법」을 통합하여 2006년 10월 4일에 제정(시행은 2007.1.1.)되었다. 1961년에 제정된 「예산회계법」은 그동안 여러 차례 부분적인 개정이 이루어져 왔으나 재정여건 변화에 따른 새로운 재정운용방식을 법적으로 뒷받침하는 데 한계가 있었고, 1991년에 제정된 「기금관리기본법」은 예산과 함께 재정의 또 다른 한 부분인 기금에 대하여 별도로 규정하고 있었다.

「국가재정법」은 국가재정운용계획, 성과관리제도, 총액배분자율편성제도 등을 통하여 재정의 효율성(效率性)을 도모하고, 재정정보의 공표 확대 및 조세지출예산제의 도입 등으로 재정의 투명성(透明性)을 제고하며, 추가경정예산편성 요건의 강화 및 국가채무관리계획의 수립 등을 통하여 재정의 건전성(健全性)을 확보하려는 데 그 목적을 두고 있다.

이 법의 제정으로 나라살림 방식이 단년도의 통제 · 투입위주에서 자율 · 성과중심으로 바뀌게 되었다. 나라살림을 효율적으로 운용하기 위하여 도입한 국가재정운용계획, 총액배분자율편성(Top-down), 성과관리제도, 디지털예산회계시스템 등 4대 재정혁신을 법제화한 셈이다. 이 법의 주요 내용은 다음과 같다.

(1) 재정운용의 효율성 제고

첫째, 정부는 재정운용의 효율화와 건전화를 위하여 매년 해당 연도를 포함한 5회계연도 이상의 기간의 국가재정운용계획을 수립하고 회계연도 개시 120일 전까지 국회에 제출해야 한다.

둘째, 각 중앙관서의 장은 매년 1월 31일까지 5회계연도 이상의 중기사업계획서를 기획재정부장관에게 제출하도록 하는 한편, 기획재정부장관은 다음 연도의 예산안편성지침을 4월 30일까지 통보하도록 하되 예산안편성지침에 중앙관서별 지출한도를 포함할 수 있도록 하였다.

셋째, 국가재정의 효율적인 운용을 위하여 일반회계와 특별회계 및 기금 사이의 칸막이를 없애고 회계 및 기금의 목적에 지장을 주지 않는 범위 내에서 상호 간 전입과 전출을 통해 여유자금을 사용할 수 있도록 하였다.

넷째, 대규모사업에 대한 총사업비관리제도를 도입하여 각 중앙관서의 장으로 하여금 그 사업규모, 총사업비 및 사업기간에 대하여 미리 기획재정부장관과 협의하도록 하고, 기획재정부장관은 대규모사업에 대하여 예비타당성조사를 실시하고, 그 총사업비가 일정규모 이상 증가하는 경우 타당성 재조사를 실시하도록 하였다.

다섯째, 회계연도 개시 120일 전(9월 2일)까지 국회에 제출하던 국가결산보고서를 다음 연도 5월 31일까지 제출하도록 하였다.

(2) 재정의 건전성 유지

첫째, 국가재정의 건전성을 제고하기 위하여 추가경정예산의 편성사유를 전쟁이나 대규모 자연재해가 발생한 때, 경기침체, 대량실업 등 대내외 여건의 중대한 변화가 발생하였거나 발생할 우려가 있는 때, 법령에 따라 국가가 지급해야 하는 지출이 발생하거나 증가하는 때 등으로 한정시켰다.

둘째, 세입세출의 결산상 잉여금 중 이월액을 공제한 금액인 세계잉여금은 교부금 정산 후 잔액의 30% 이상을 공적자금 상환에 우선 사용하고, 이를 뺀 나머지의 30% 이상을 기존의 국가채무를 상환하는 데 사용해야 하며, 이런 후에도 잔액이 있을 때에 추가경정예산편성에 사용할 수 있도록 하였다.

셋째, 국가채무에 대한 체계적인 관리를 위하여 기획재정부장관으로 하여금 매년 국채 · 차입금의 상환실적 및 상환계획, 채무의 증감에 대한 전망 등을 포함하는 국가채무관리계획을 수립하여 회계연도 120일 전까지 국회에 제출하도록 하였다.

넷째, 기획재정부장관으로 하여금 조세감면 등의 재정지원의 추정금액을 기능별 · 세목별로 작성한 조세지출예산서를 예산안과 함께 국회에 제출하도록 하되, 이를 2011 회계연도 예산안부터 적용하도록 하였다.

(3) 재정의 투명성 제고

첫째, 예산과 결산, 통합재정수지 등 국가와 지방자치단체의 중요한 재정정보를 정부로 하여금 매년 1회 이상 공표(인터넷이나 인쇄물)하도록 하여 재정활동의 투명성을 제고하였다.

둘째, 일반국민은 누구나 불법적인 재정지출에 대해 관계부처 장관(예산낭비신고센터)에게 시정을 요구할 수 있게 함으로써 나라살림에 대한 국민의 참여를 늘리고 재정의 투명성이 제고될 수 있도록 하였다. 시정요구에 대한 처리결과 예산절약 등에 기여한 경우 시정요구를 한 자에게 예산성과금을 지급할 수 있도록 하였다.

(4) 그 밖의 제도개선

첫째, 성인지예산제(性認知豫算制)를 신설하였다. 예산이 여성과 남성에게 미치는 영향을 분석한 성인지예산서와, 여성과 남성이 동등하게 예산의 수혜를 받고 예산이 성 차별을 개선하는 방향으로 집행되는가를 평가하는 성인지결산서를 예산안과 결산안 첨부서류로 국회에 제출하도록 하고, 이를 2010회계연도의 예산안 · 결산안부터 적용하도록 하였다.

둘째, 사용 목적이 지정되지 않은 일반예비비의 규모를 일반회계 예산총액의 1% 이내로 하여 그 한도를 설정하고, 이를 공무원의 보수 인상을 위한 인건비 충당에 사용할 수 없도록 하였다.

셋째, 국가의 현물출자, 외국차관의 전대(轉貸)와 국가연구개발사업의 개발성과물 사용에 따른 기술료 등에 대하여 예산총계주의원칙의 예외를 인정하여 예산에 계상하지 아니하도록 하되, 기술료의 수입지출 내역에 대해서는 국회 예산결산특별위원회에 보고하도록 하였다.

넷째, 기금운용계획 변경 때 국회에 제출하지 아니하고 자율적으로 변경할 수 있는 주요 항목 지출금액의 범위를 비금융성기금은 현행 30%에서 20% 이하로, 금융성기금은 현행 50%에서 30% 이하로 축소하였다.

2. 국고금관리법

1) 국고금관리법의 제정

「국고금관리법」(國庫金管理法)은 2002년 12월 30일에 제정되었다.[6] 그 내용의 대부분은 예산집행에 관한 내용을 당시의 「예산회계법」에서 분리한 것이다. 제정 이유는 다음과 같다.

- 국가재정의 관리체계를 일원화
- 납입고지서의 전자송달제도를 도입
- 국고금관리의 절차를 정보화 환경에 맞도록 관련 프로그램을 개발하는 등 국가재정의 실시간 관리기반을 조성
- 국고수표발행제도를 폐지하여 지출업무를 전자화
- 일상경비 및 도급경비를 관서운영경비로 통합하여 지출체계를 단순화하고 그 투명성을 제고
- 국고금관리업무의 문제점을 보완하여 효율적이고 투명한 국고금관리의 제도적 장치를 마련

6 국고(national treasury)는 국가가 소유하는 화폐를 보관하고, 수입지출을 관리하는 기관을 말하며, 국고금(國庫金)은 국고에 속하는 현금을 말한다.

국고은행(國庫銀行)은 국고금을 관리하는 은행으로, 나라에 따라서는 별도의 은행에서 담당하기도 하는데, 우리나라에서는 중앙은행인 한국은행에서 담당하고 있다. 한국은행은 점포수가 적어 국민들의 편의를 위하여 시중은행의 점포를 국고대리점으로 지정하여 수납할 수 있도록 하고 있다.

국고대리점(國庫代理店)은 국고업무를 취급할 수 있도록 대리점계약을 체결한 금융기관 점포를 말한다.

국고수납대리점(國庫收納代理店)은 금융기관의 영업점 중에서 한국은행이 국고금의 수납에 관한 사무만을 대행할 수 있도록 지정한 것을 말한다. 따라서 납세자는 금융기관 어느 점포(외국은행과 한국수출입은행은 제외)에 가더라도 세금납부가 가능하다. 국고대리점은 국고의 수납과 지출 업무를 모두 취급할 수 있으나, 국고수납대리점은 국고금의 수납업무만을 취급할 수 있다.

국고금수납점(國庫金收納店)은 「은행법」상의 금융기관은 아니지만 국고금수납업무를 할 수 있도록 지정된 농업협동조합, 수산업협동조합, 축산업협동조합을 말한다. 2005년 7월 1일부터는 신용협동조합, 상호저축은행, 새마을금고 중에서도 은행보증을 받아 안정성이 확보되었다고 판단되면 세금과 범칙금 등 국고금을 수납할 수 있게 되었다.

2) 국고금관리법의 주요 내용

「국고금관리법」의 주요 내용은 다음과 같다.

첫째, 적용범위는 일반회계 · 특별회계 및 중앙관서의 장이 관리 · 운용하는 기금으로 하되, 기금의 공공성, 설치목적, 재원조달방법 등에 비추어 국고금으로 관리하는 것이 적절하지 않은 것은 대통령령으로 제외시킬 수 있도록 하였다.

둘째, 수입징수관은 금융기관 등으로 하여금 납세의무자 등의 신청에 따라 납입고지서를 전자송달하도록 하였다.

셋째, 국고수표제도가 폐지되고 계좌이체제도가 도입됨에 따라 지출관이 국고금의 지급사무를 수탁하여 처리하는 자에게 계좌이체를 하는 것을 지출행위로 보도록 하며, 정보통신 장애 등 계좌이체가 불가능할 때 예외적으로 현금 등을 지급할 수 있도록 하였다.

넷째, 종래의 일상경비 및 도급경비를 관서운영경비로 통합하고, 관서운영경비의 집행에 있어서는 정부구매카드를 사용하도록 하여 집행의 투명성을 높이고, 불가피한 경우 현금 등을 지급할 수 있도록 하였다. 국내여비뿐만 아니라 외국인에게 지급하는 국외여비에 대하여도 현금으로 지급할 수 있도록 하였다.

다섯째, 지출한도액 통지제도를 폐지하고, 중앙관서의 장은 기획재정부장관으로부터 통지받은 자금계획에 따라 자율적으로 지출업무를 수행하도록 하였다.

여섯째, 국고금출납사무를 수행하는 한국은행과 금고은행은 감사원 검사와 손해배상의 책임을 지도록 하였다.

일곱째, 기획재정부장관은 국고금관리업무를 원활히 수행하기 위하여 정보통신매체 및 프로그램 등을 개발하여 중앙관서의 장이 사용하게 할 수 있도록 하되, 중앙관서의 장도 기획재정부장관 및 감사원과의 협의를 거쳐 국고금관리업무를 처리하는 프로그램 등을 개발할 수 있도록 하였다.

여덟째, 국고금의 원활한 수급조절 및 자금조달 비용의 절감을 위하여 일반회계와 특별회계 중 자금운용의 독립성이 강한 기업특별회계, 우체국보험특별회계 및 책임운영기관특별회계를 제외한 특별회계를 통합계정의 대상으로 하였다.

아홉째, 국고금운용의 유연성 제고 및 국채시장을 활성화시키기 위하여 국고금 통합계정의 자금을 예치 또는 단기 대여할 수 있는 금융기관의 범위에 증권회사 및 증권금융회사를 포함시켰다.

3. 국가회계법

1) 국가회계법의 제정

우리나라의 「국가회계법」은 국가회계의 투명성과 신뢰성을 높이고 재정에 관한 유용한 정보를 생산 · 제공하기 위하여 정부부문에 복식부기와 발생주의 회계를 도입하는 근거를 마련하고, 국가회계기준과 결산보고서의 작성 등에 관한 사항을 정하기 위하여 제정(2007.10.17.)되었다.

과거의 「예산회계법」이 제정(1961년)된 이후 국가회계 및 결산의 근간을 이루었던 단식부기와 현금주의 회계는 이해가 쉽고 예산집행을 통제하기 쉽지만, 자산 · 부채 · 현금수지 등이 각각의 대장으로 관리되어 회계 및 결산의 신뢰성이 낮고 재정정보의 종합성 · 체계성이 미흡하였다.

「국가회계법」이 제정됨으로써 일반회계 · 특별회계 · 기금에 통일된 회계기준을 적용하고, 따로 관리되던 자산 · 부채 · 현금수지 등의 재정정보를 통합한 보고서를 작성함으로써 회계 · 기금 · 기관 간의 비교 가능성을 높이고 전체적인 재정상태와 운영결과를 체계적으로 파악할 수 있게 되었다.

「국가회계법」의 적용범위는 일반회계, 특별회계, 기금이다(국가회계법 제3조). 이 법은 신뢰할 수 있도록 객관적인 자료와 증빙에 의하여 공정하게 처리되어야 하고, 재정활동의 내용과 그 성과를 쉽게 파악할 수 있도록 충분한 정보를 제공하고 간단 명료하게 처리되어야 한다. 이를 국가회계의 원칙이라고 한다(국가회계법 제4조).

2) 국가회계법의 주요 내용

「국가회계법」은 국가회계 및 이와 관련되는 기본적인 사항을 정하여 국가회계를 투명하게 처리하고, 재정에 관한 유용하고 적정한 정보를 생산하여 제공하는 것을 그 목적으로 한다(국가회계법 제1조).

첫째, 중앙관서의 장은 그 소관에 속하는 회계업무를 총괄적으로 수행하기 위하여 회계책임관을 임명하고, 회계책임관은 소속 중앙관서의 내부통제 등 회계업무에 관한 사항과 소속 중앙관서의 회계, 결산 및 분석에 관한 사항 등을 담당한다(국가회계법 제7조).

둘째, 기획재정부에 국가회계제도심의위원회를 설치하고,[7] 이 위원회로 하여금 국가

7 국가회계제도심의위원회는 위원장(기획재정부장관이 지명하는 기획재정부차관) 1인을 포함한 15인 이내의 위원으로 구성하는데, 위원은 감사원과 행정자치부 등 관계부처 3급 공무원 또는 고위공무원단에 속하는 일

의 회계제도와 그 운영, 국가회계의 처리 또는 결산 관련 법령의 제정 · 개정 및 폐지, 국가와 지방자치단체 및 공공기관 간 회계제도의 연계 등을 심의하도록 하였다.

셋째, 중앙관서의 장과 기금관리주체는 회계업무 처리의 적정(適正)을 기하고, 재정상태 및 재정운영의 내용을 명백히 하기 위하여 국가회계기준을 마련하였다. 즉 국가의 재정활동에서 발생하는 경제적 거래 등은 그 발생 사실에 따라 복식부기 방식으로 회계처리하는 데 필요한 기준을 마련하였다.

넷째, 결산보고서(과거에는 재무보고서)의 작성 및 제출 절차를 마련하였다. 즉 중앙관서의 장은 회계연도마다 그 소관에 속하는 일반회계 · 특별회계 및 기금을 통합한 결산보고서(즉 중앙관서결산보고서)를 작성해야 한다. 중앙관서의 장이 아닌 기금관리주체는 회계연도마다 기금에 관한 결산보고서(즉 기금결산보고서)를 작성하여 소관 중앙관서의 장에게 제출해야 한다. 이 경우 기금운용규모 등을 고려하여 대통령령으로 정하는 기준에 해당하는 기금은 기금결산보고서에 회계법인의 감사보고서를 첨부해야 한다. 기획재정부장관은 회계연도마다 중앙관서결산보고서를 통합하여 국가의 결산보고서(즉 국가결산보고서)를 작성한 후 국무회의의 심의를 거쳐 대통령의 승인을 받아야 한다(국가회계법 제13조). 결산보고서는 결산개요, 세입세출결산, 재무제표(재정상태표, 재정운영표, 순자산변동표), 성과보고서 등으로 구성된다(국가회계법 제14조).[8]

반직 공무원과 회계업무에 학식과 경험이 풍부한 사람 중에서 기획재정부장관이 임명 또는 위촉한다(국가회계법 제8조).

8 결산개요는 결산의 내용을 요약하여 예산 및 기금의 집행 결과, 재정의 운영 내용과 재무상태를 분명하게 파악할 수 있도록 작성해야 하고, 세입세출결산은 세입세출예산 또는 기금운용계획과 같은 구분에 따라 그 집행결과를 종합하여 작성해야 한다. 세입세출결산(기금의 수입지출결산은 제외)의 부속서류는 계속비 결산명세서, 총액계상 사업집행명세서, 수입대체경비 사용명세서, 이월명세서, 명시이월비 집행명세서, 정부기업특별회계 회전자금운용명세서, 성인지 결산서, 예비금 사용명세서, 현물출자명세서, 재정증권의 발행 및 한국은행 일시차입금의 운용명세서, 그 밖에 대통령령으로 정하는 서류 등이다. 기금의 수입지출결산에는 재원조성실적표, 성인지 기금결산서, 그 밖에 대통령령으로 정하는 서류를 첨부해야 한다(국가회계법 제15조의 2). 재무제표에는 국가채무관리보고서, 국가채권현재액보고서, 그 밖에 대통령령으로 정하는 서류를 첨부해야 하고, 국가결산보고서의 세입세출결산에는 그 외에도 통합재정수지표와 통합계정자금 운용 및 수익금사용명세서를 첨부해야 한다.

표 2-1 국가회계와 기업회계의 비교

구분	국가회계	기업회계
목적	• 양질의 행정서비스 제공 : 당기순이익보다 행정서비스별 원가 산출 및 평가가 중요 • 수익과 비용의 불일치 : 조세 등 법에서 정한 강제적 수익과 보조금 등 대부분 국가가 일방적으로 지출하는 비용	• 영리추구(이윤극대화) : 기업의 수익과 비용, 당기순이익을 체계적으로 나타낸 손익계산서가 중요 • 수익과 비용의 연계 : 수익창출을 위한 비용 투입
통제	• 수입, 비용, 국유재산관리, 채무관리 등 모든 부문에서 법적 통제를 받음	• 모든 기업활동에서 법적 통제는 없음
회계정보의 이용자	• 국가회계의 정보이용자는 국민이고 국가와 간접적으로 관련	• 기업회계의 정보이용자는 주주와 채권자이고 기업과 직접적으로 관련
자산의 특수성	• 공공용자산, 전비품(戰備品), 문화재 등 행정서비스를 제공하는 재산도 자산에 포함	• 미래의 경제적 이익을 창출하는 재산만을 자산으로 규정

자료 : 한국행정학회 전자사전 신규용어(2010.8.2.).

4. 정부기업예산법

1) 정부기업예산법의 제정

예산에 관한 최초의 기본법은 1951년에 제정된 「재정법」이었는데, 이 법이 1961년에 「예산회계법」으로 바뀌었고, 이에 근거하여 별도로 「기업예산회계법」과 「정부투자기관예산회계법」이 제정되었다.

그 후 「예산회계법」은 2006년에 「기금관리기본법」과 통합되어 「국가재정법」이 되었다. 「정부투자기관예산회계법」은 1973년에 제정된 「정부투자기관관리법」과 통합되어 1983년에 「정부투자기관관리기본법」으로 바뀌었다가, 2003년에 제정된 「정부산하기관관리기본법」과 더불어 2007년에 제정된 「공공기관 운영에 관한 법률」로 통합되었다.

「기업예산회계법」은 2009년에 「정부기업예산법」으로 전면 개정되었다. 이에 따라 특별회계의 예산에 관하여는 「정부기업예산법」에 규정된 것을 제외하고는 「국가재정법」을 적용하고, 특별회계의 수입 및 지출 등 국고금의 관리에 관하여는 「정부기업예산법」에 규정된 것을 제외하고는 「국고금관리법」을 적용한다.

「정부기업예산법」은 정부기업별로 특별회계를 설치하고, 그 예산 등의 운용에 관한 사항을 규정함으로써 정부기업의 경영을 합리화하고 운영의 투명성을 제고함을 목적으로 한다(정부기업예산법 제1조). 정부기업이란 기업형태로 운영하는 우편사업, 우체국예금사업, 양곡관리사업 및 조달사업을 말한다(정부기업예산법 제2조).

2) 정부기업예산법의 주요 내용

관계 중앙관서의 장이 특별회계의 예산을 요구할 때에는 추가로 ㉠ 해당 연도의 사업계획 및 자금계획서, ㉡ 전년도 및 해당 연도의 추정재정운영표 및 추정재정상태표, ㉢ 전전년도 재정운영표, 재정상태표 및 그 부속서류, ㉣ 재고의 증감명세서 등을 첨부해야 한다(정부기업예산법 제17조).

특별회계는 그 사업에 필요한 시설의 건설 또는 개량이나 그 사업 운영을 위하여 부득이한 때에는 자금을 차입할 수 있고, 또 그 지출에 있어서 자금이 일시적으로 부족할 때에는 일시차입을 할 수 있다.

특별회계는 세입세출 외에 사업의 운영에 필요한 자금(즉 회전자금)을 보유할 수 있는데, 회전자금을 보유하여 운용하려면 관계 중앙관서의 장은 매년 1월 31일까지 회전자금의 규모와 용도 등이 포함된 운용계획을 작성하여 기획재정부장관의 승인을 받아야 한다(정부기업예산법 시행령 제5조).

다른 회계 및 기금으로부터 자금을 전입하거나 다른 회계 및 기금으로 자금을 전출하는 경우에는 예산총칙에 반영해야 한다(정부기업예산법 제11~14조).

특별회계는 그 사업을 합리적으로 운영하기 위하여 수요의 증가로 인한 예산초과수입 또는 초과할 것이 예측되는 수입(즉 초과수입)을 그 초과수입에 직접적으로 관련되는 비용에 사용할 수 있다. 이를 '수입금 마련 지출'이라고 한다. 관계 중앙관서의 장이 초과수입금을 사용하려는 때에는 그 이유 및 금액을 명시한 명세서를 기획재정부장관에게 제출해야 하고, 기획재정부장관은 그 명세서를 심사하여 국무회의의 심의를 거쳐 대통령의 승인을 받아야 한다(정부기업예산법 제19조).

특별회계는 매 회계연도의 결산 결과, 이익이 생겼을 때에는 이를 적립금 및 잉여금으로 적립하고, 결손이 생겼을 때에는 적립금 및 잉여금 중에서 결손을 정리한다. 다만 필요하다고 인정하여 국무회의의 심의를 거쳐 대통령의 승인을 받아 결산의 결과 생긴 적립금 및 잉여금의 전부 또는 일부를 일반회계에 전입할 수 있다(정부기업예산법 제21조).

3) 양곡관리사업

(1) 양곡관리사업의 운영

정부관리양곡은 정부가 민간으로부터 매입하거나 외국으로부터 수입하는 등의 방법으로 취득하여 관리하는 양곡을 말한다(양곡관리법 제2조).[9]

농림축산식품부장관은 매년 정부관리양곡의 수급계획(즉 양곡수급계획)을 세워야 하고, 그 계획의 운용에 필요한 양곡을 생산자 또는 소유자로부터 매입할 수 있으며, 매입약정을 체결하여 양곡을 매입하는 때에는 예산의 범위에서 그 매입약정금액의 일부를 미리 지급할 수 있다(양곡관리법 제3~4조).

양곡의 매입가격과 매입량은 농림축산식품부장관이 국무회의의 심의를 거친 후 대통령의 승인을 받아 결정하고, 정부관리양곡은 국가기관용, 가공용, 공공용, 일반판매용 등에 따라 판매한다(양곡관리법 제5, 9조).

그리고 농림축산식품부장관은 국민 식량을 안정적으로 확보하기 위하여 공공비축미곡을 비축 · 운용해야 하는데, 이때 매입 · 판매가격은 매입 · 판매지역의 당시 시장가격으로 한다. 또 양곡의 수급조절을 위하여 필요하다고 인정하면 양곡을 수입하거나 수출할 수 있다(양곡관리법 제10~11조).[10]

농림축산식품부장관은 양곡의 출하(出荷) 및 가격을 조절하기 위하여 필요하다고 인정하면 농업협동조합 등에게 양곡을 매입하고 판매하게 할 수 있고, 양곡의 수급관리를 위하여 매입량 외의 일정량에 대하여 정부매입가격과 산지가격(産地價格)의 차액을 양곡을 매입하는 자에게 지급할 수 있다(양곡관리법 제16조).

부채의 정리 및 양곡증권의 관리 등에 관한 사업을 하기 위하여 양곡증권정리기금을 설치하는데, 그 재원은 종전의 「양곡증권법」에 따라 기금으로 조성된 자금, 공공자금관리기금으로부터의 예수금, 정부의 회계로부터 받는 자금, 출연금, 기금의 결산상 잉여금 등으로 조성한다(양곡관리법 제25조). 양곡증권정리기금은 농림축산식품부장관이 운용 · 관리하는데, 부채의 상환이나 기금의 운용에 필요한 비용에 사용하며, 기금의 운용상 일시적으로 자금이 부족할 경우에는 기금의 부담으로 정부의 회계, 다른 기금 또는 한국은행으로부터 기금 운용에 필요한 자금을 일시차입할 수 있다(양곡관리법 제25조의 3~5).

---

9 양곡이란 미곡(米穀), 맥류(麥類), 그 밖에 대통령령으로 정하는 곡류(穀類), 서류(薯類)와 이를 원료로 한 분쇄물(粉碎物), 가루, 전분류(澱粉類), 그 밖에 이에 준하는 것으로서 대통령령이 정하는 것을 말한다.

10 공공비축미곡이란 미곡 부족으로 인한 수급불안과 천재지변 등의 비상시에 대비하기 위하여 정부가 민간으로부터 시장가격에 매입하여 비축하는 미곡을 말한다.

양곡관리특별회계의 세입은 ㉠ 양곡관리사업 수입, ㉡ 다른 회계 및 기금으로부터의 전입금, ㉢ 차입금, ㉣ 전년도 이월금, ㉤ 그 밖에 양곡관리사업과 관련된 수입금으로 한다. 세출은 ㉠ 양곡관리사업의 관리 · 운영에 필요한 경비, ㉡ 다른 회계 및 기금으로의 전출금, ㉢ 차입금의 상환금 및 이자, ㉣ 그 밖에 양곡관리사업과 관련된 지출 등이다(정부기업예산법 제7조). 양곡관리특별회계는 양곡의 매입자금과 양곡관리를 위한 관리비를 대행기관(농업협동조합)에 선지급(先支給)할 수 있다(정부기업예산법 제12조 및 동법 시행령 제4조).

(2) 쌀소득등보전직접지불제

과거에 정부가 시가보다 비싸게 수매하던 추곡수매제도가 2005년부터 폐지되고 그 대신 쌀소득등보전직접지불제가 도입(2005년)되었다. 이것은 쌀 시장 개방 확대에 따른 농가의 소득 안정을 위해 정부가 실제 벼농사를 짓는 사람에게 쌀값 하락분의 일부를 지급하는 보조금이다.

쌀소득등보전직접지불제란 OECD의 정의에 의하면 공공기관의 예산으로부터 직접적으로 개별 농민을 지원하는 것으로 농민의 소득을 증대시키는 모든 지불을 의미한다. 즉 가격정책이나 생산기반 조성 지원, 기술개발 등과 같이 지원의 효과가 간접적이거나 집단적인 것이 아니라 특정 요건을 갖춘 농가에게 개별적으로 지원하는 방식을 말한다.

쌀소득등보전직접지불제는 크게 세 가지로 구분할 수 있다. 즉 농작물의 생산량 및 가격의 변동과 상관없이 논농업에 종사하는 농업인(영농조합법인 및 농업회사법인 포함)에게 지급하는 고정직접지불금, 논농업으로 이용되는 농지에서 쌀을 생산하는 농업인 등에게 해당 연도에 생산한 쌀의 수확기 평균가격이 목표가격에 미달하는 경우에 지급하는 변동직접지불금, 그리고 정부가 시장에서 쌀을 사들여 보관하는 쌀격리 등으로 나눌 수 있다.[11]

---

11 그동안 고정직접지불금으로 보전해 왔는데, 매년 쌀이 초과 생산되어 보전비 부담이 계속 증가해 왔다. 2005~2015년까지 9.6조원이 지급되었다. 2015년부터는 변동직접지불금으로 지급하고 있다. 변동직접지불금은 수확기(10월~1월)의 평균 쌀값이 한 가마니(80㎏)당 17만 7000원으로 형성되면 정부가 고시한 목표가격 18만 8000원과의 차액(1만 1000원)의 85%(9350원)를 보전해 주는 제도다.

우리나라 연간 쌀 소비량은 지난 10년간(2005~2014년) 23% 감소한 데 비하여 쌀 재배면적은 같은 기간 16% 감소하였다. 쌀이 매년 초과 생산되면서 농가의 쌀 소득도 계속 감소하였다. 쌀농사로 벌어들인 돈을 측정하는 지표인 쌀 소득률은 2000년 60.8%에서 2010년 52.8%로 감소하였다. 1000원어치 쌀을 팔았을 때 노동비용 등을 제외하고 벌어들인 소득이 608원에서 528원으로 줄었다는 의미다. 같은 기간 쌀 소득률은 다른 작물에 비해서도 낮은 수준이었다(가을배추는 75.5%, 사과 61.9%, 가을감자 58.3%, 고구마 56.4%). 여기에서 논농업이란 지목(地目)과 상관없이 논으로 이용되는 농지에서 벼, 연근, 미나리, 왕골 등의 식물을 재배하는 농업을 말한다. 목표가격은 농업인 등에게 변동직접지불금을 지급하기 위하여 쌀의 평

농림축산식품부장관은 농업인 등의 소득안정을 위하여 농업인 등에게 소득보조금(즉 쌀소득등보전직접지불금)을 매년 지급해야 하고, 농업인 등의 소득안정에 관한 사항을 심의하기 위하여 농림축산식품부장관 소속으로 농가소득안정심의위원회를 둔다.[12]

정부는 소득보조금의 지급에 필요한 재원을 확보하고 효율적으로 관리하기 위하여 쌀소득보전변동직접지불기금을 설치하는데, 그 재원은 정부의 출연금, 양곡관리사업에 의한 수입이익금, 기금의 운용수익금, 금융기관이나 다른 기금 또는 회계로부터 들여온 차입금 등으로 조성한다. 이 기금은 농림축산식품부장관이 관리 · 운용(관련 법인에 위탁 가능)하는데, 매년 기금운용계획안을 수립해야 한다(쌀소득보전법 제17~21조).

그런데 쌀소득등보전직불금은 토지를 많이 소유한 사람일수록 많이 받는 불합리한 구조를 갖고 있다. 신청만 하면 받을 수 있는 '눈먼 돈'이라는 인식이 확산되면서 다양한 편법이 동원되고 있다. 자신이 소유한 실제 농지면적보다 100배나 넓은 면적을 경작하고 있다고 허위보고한 경우, 공장용지에 대해 직불금을 신청한 경우, 동일한 농지에 여러 사람이 중복 신청해 지급받은 경우도 있었다.

이러한 편법이 난무하면서 실제 농민들은 피해를 보고 있다. 일부 농지 소유자들은 자신의 땅을 빌려 농사를 짓고 있는 소작인(小作人)들이 직불금 신청을 하지 못하도록 압력을 가하고, 임대인이 직불금을 대신 받아가기도 했다.

농지 소유자의 주민등록지에서도 직불금 신청이 가능하도록 한 것이 편법을 부추겼다. 도심에 거주하는 사람이 거리낌 없이 지방 농지에 대한 직불금 신청을 할 수 있었다. 농지는 스스로 경작하지 않으면 농지법 위반으로 일정규모 이상은 소유 자체가 불법이 된다. 그런데 농지를 빌려 대리 경작하는 농민이 직불금을 신청하면 농지 소유자가 경작하지 않은 사실을 스스로 밝히는 셈이 된다.[13] 그래서 농지 소유자들은 자신들이 직불금을 수령하고 경작자들이 직불금을 받지 못하게 하고 있다. 직불금을 지급하기 전에 주민자치센터 등에서는 농지가 위치한 동네 이장 등을 통해 자경 여부를 확인한다.

균 수확기 가격 등을 고려하여 농림축산식품부장관이 정하여 고시하는 기준가격으로 국회의 동의로 확정된다. 목표가격은 2013년산부터 2017년산까지는 쌀 80kg당 188,000원으로 고정하며, 5년 단위로 변경해야 한다(쌀소득 등의 보전에 관한 법률 제2, 10조, 이하 쌀소득보전법이라 함).

12 그 구성은 위원장(농림축산식품부장관) 1명과 부위원장(위촉위원 중 호선) 1명을 포함한 21명 이내의 위원으로 구성한다. 위원은 기획재정부차관, 산업통상자원부차관, 행정자치부차관, 농림축산식품부차관, 그리고 농림축산식품부장관이 위촉하는 농업인단체의 대표 5명 이내와 소비자단체의 대표 및 언론인 5명 이내 및 농업과 경제에 대한 학식이 풍부한 사람 5명 이내로 한다. 위촉위원의 임기는 3년(연임 가능)으로 한다. 그리고 농가소득안정심의위원회의 업무를 수행하기 위하여 농림축산식품부에 농가소득안정추진단을 둔다(쌀소득보전법 제15~16조).

13 농지를 소유만 하고 농사를 짓지 않으면 농지를 팔 때 양도세를 중과하게 되거나, 1년 내에 농지처분 명령을 받게 된다. 직불금을 타면 이런 상황에서 실제 농사를 지었다는 근거가 된다.

그러나 땅을 빌려 농사짓는 농민들이 소작을 잃게 될 것을 우려해 신고를 꺼려 단속이 어렵다. 부정한 신청에 대한 처벌이 가벼운 것도 도덕적 해이를 부추긴다. 부당 신청 적발 시 처벌은 직불금을 회수하거나 3년간 신청자격을 제한하는 것뿐이었다.

개정(2009.3.2.)된 「쌀소득보전법」의 주요 내용은 농촌지역 이외 거주자에 대해서는 농업을 주업으로 하는지 확인 후 자격을 인정하도록 하였다. 그리고 거짓이나 그 밖의 부정한 방법으로 직불금을 등록 · 수령한 자에 대해 5년 이내 범위에서 등록을 제한하는 것에 덧붙여 부당이득금 및 가산금을 부과하고 1년 이하의 징역 또는 1000만원 이하의 벌금을 부과하도록 하였다(중앙공무원교육원, 학습용 행정사례 교안 : 쌀소득등보전직접지불제도 운영 사례, 2009).

5. 공공기관의 운영에 관한 법률

1) 공공기관운영법의 제정

공공기관의 자율책임경영체제 확립을 통해 공공기관의 서비스 증진에 기여할 수 있도록 하기 위하여 공공기관의 범위 설정과 유형구분 및 평가 · 감독시스템 등 공공기관의 운영에 관하여 필요한 사항을 정하기 위하여 「공공기관의 운영에 관한 법률(이하 공공기관운영법이라 함)」을 2007년 1월 19일에 제정하였다.

이로써 1983년 12월 31일에 제정된 「정부투자기관관리기본법」과 2003년 12월 31일에 제정된 「정부산하기관관리기본법」은 폐지되고 이 법에 통합되었다.

2) 공공기관운영법의 주요 내용

첫째, 공공기관을 지정하였다.[14] 공공기관의 운영을 위한 기본적인 체계를 마련하기

14 기획재정부장관은 국가와 지방자치단체가 아닌 법인 · 단체 또는 기관으로서 다음 각 호의 어느 하나에 해당하는 기관을 공공기관으로 지정할 수 있다. 1. 다른 법률에 따라 직접 설립되고 정부가 출연한 기관, 2. 정부지원액이 총수입액의 1/2을 초과하는 기관, 3. 정부가 50/100 이상의 지분을 가지고 있거나 30/100 이상의 지분을 가지고 임원 임명권 행사를 통하여 해당 기관의 정책결정에 사실상 지배력을 확보하고 있는 기관, 4. 정부와 제1호 내지 제3호의 어느 하나에 해당하는 기관이 합하여 50/100 이상의 지분을 가지고 있거나 30/100 이상의 지분을 가지고 임원 임명권 행사를 통하여 해당 기관의 정책결정에 사실상 지배력을 확보하고 있는 기관, 5. 제1호 내지 제4호의 어느 하나에 해당하는 기관이 단독으로 또는 두 개 이상의 기관이 합하여 50/100 이상의 지분을 가지고 있거나 30/100 이상의 지분을 가지고 임원 임명권 행사를 통하여 해당 기관의 정책결정에 사실상 지배력을 확보하고 있는 기관, 6. 제1호 내지 제4호의 어느 하나에 해당하는 기관이 설립하고, 정부 또는 설립 기관이 출연한 기관 등이다.

위하여 법률에 따라 직접 설립되고 정부가 출연하였거나 정부로부터 재정적 지원을 받은 기관 등을 공공기관으로 지정하고, 직원의 정원이 50인 이상인 공공기관 중에서 공기업과 준정부기관을 지정하되 자체수입액이 총수입액의 1/2 이상인 공공기관 중에서 공기업(시장형과 준시장형)을 지정하고 공기업이 아닌 공공기관 중에서 준정부기관(기금관리형과 위탁집행형)을 지정하도록 하였다.

둘째, 공공기관운영위원회의 설치 및 구성에 관하여 규정하였다. 공공기관의 지정 및 구분에 관한 사항 등을 심의 · 의결하기 위하여 기획재정부장관 소속하에 공공기관 운영위원회를 두고, 위원장, 부위원장, 관계부처의 차관급 공무원과 대통령이 위촉하는 민간위원을 포함하여 20인 이내의 위원으로 구성하도록 하되 민간위원의 수는 위원정수의 과반수가 되도록 하였다.

셋째, 공공기관에 대한 경영공시를 의무화하였다. 공공기관의 투명한 운영을 도모하기 위하여 공공기관은 경영목표 및 운영계획, 결산서, 임원현황 등에 관한 사항을 인터넷 홈페이지를 통하여 공시하도록 하고, 이와 별도로 기획재정부장관은 각 공공기관의 주요 경영공시사항을 표준화하여 통합 · 공시할 수 있도록 하였다.

넷째, 공기업 및 준정부기관의 이사회(기관장을 포함한 15인 이내의 이사로 구성)를 설치하도록 하였다. 공기업 및 준정부기관의 경영목표와 예산 및 운영계획 등에 관한 사항을 심의 · 의결하기 위하여 이사회를 두도록 하고, 이사회는 기관장이 법령 등 위반행위나 직무를 게을리한 경우 주무기관의 장에게 기관장의 해임 등 필요한 조치를 요청할 수 있도록 하였다.

다섯째, 공기업 및 준정부기관의 임원의 임면절차를 규정하였다. 공기업 및 준정부기관 임원 임면의 객관성과 공정성을 확보하기 위하여 공기업의 장은 비상임이사 등으로 구성되는 임원추천위원회가 복수로 추천하여 공공기관운영위원회의 심의 · 의결을 거친 사람 중에서 주무기관의 장의 제청으로 대통령이 임명하도록 하였다.[15] 그리고 준

그러나 기획재정부장관은 구성원 상호 간의 상호부조, 복리증진, 권익향상 또는 영업질서 유지 등을 목적으로 설립된 기관, 지방자치단체가 설립하고 그 운영에 관여하는 기관, 한국방송공사와 한국교육방송공사를 공공기관으로 지정할 수 없다. 기획재정부장관은 매 회계연도 개시 후 1개월 이내에 공공기관을 새로 지정하거나, 지정을 해제하거나, 구분을 변경하여 지정한다(공공기관운영법 제4, 6조).

15 임원추천위원회는 그 공기업 · 준정부기관의 비상임이사와 이사회가 선임한 위원으로 구성하는데, 이사회가 선임하는 위원의 정수는 임원추천위원회 위원 정수의 1/2 미만으로 한다. 다만 임원추천위원회 구성 당시 비상임이사가 1명인 경우에는 이사회가 선임하는 위원의 정수를 1/2로 할 수 있다. 위원장은 임원추천위원회 위원인 공기업 · 준정부기관의 비상임이사 중에서 임원추천위원회 위원의 호선으로 선출한다. 다만 임원추천위원회 구성 당시 비상임이사가 없는 경우에는 이사회가 선임한 외부위원으로 임원추천위원회를 구성하고, 위원장은 외부위원 중에서 호선으로 선출한다(공공기관운영법 제29조).

정부기관의 장은 임원추천위원회가 복수로 추천한 사람 중에서 주무기관의 장이 임명하도록 하고, 그 밖에 비상임이사 및 감사의 임명도 임원추천위원회의 추천 및 공공기관운영위원회의 심의 · 의결을 거치도록 하였다.

여섯째, 공기업 및 준정부기관의 경영실적 평가를 규정하였다. 공기업 및 준정부기관의 경영효율을 높이기 위하여 기획재정부장관은 경영목표 및 공기업과 준정부기관이 제출한 경영실적보고서 등을 기초로 공기업 및 준정부기관의 경영실적을 평가하고, 평가 결과 경영실적이 부진한 경우 그 기관장 또는 상임이사의 해임을 건의하거나 요구할 수 있도록 하였다.

6. 국가를 당사자로 하는 계약에 관한 법률

1) 국가계약법의 제정

「국가를 당사자로 하는 계약에 관한 법률(이하 국가계약법이라 함)」은 정부조달시장의 개방에 따라 정부조달협정의 차질 없는 이행과 계약업무의 원활한 수행을 도모하기 위하여 정부조달협정 및 국제규범을 반영하여 공정하고 효율적인 정부계약에 관한 제도를 마련하기 위하여 1995년 1월 5일에 제정되었다.

그 후 「국가계약법」은 여러 차례 개정되었는데, 2006년 10월 4일에는 「예산회계법」과 「기금관리기본법」이 「국가재정법」으로 통합됨에 따라 그 내용의 일부가 개정되었다.

2) 국가계약법의 주요 내용

첫째, 국제입찰에 의하고자 하는 정부조달의 범위를 정하고, 정부조달협정 적용대상이 아닌 계약일 경우에도 발주관서가 필요하다고 인정하는 때에는 국제입찰에 의할 수 있도록 하였다.

둘째, 정부조달협정의 적용을 받는 계약은 발주관서가 입찰에 참가하려는 자의 국적이나 물품의 생산지를 부당하게 제한하는 특약이나 조건을 정할 수 없도록 하였다.

셋째, 계약은 일반공개경쟁입찰을 원칙으로 하고, 대통령령에서 정하는 바에 따라 제한경쟁입찰, 지명경쟁입찰을 실시하거나 수의계약을 체결할 수 있도록 하였다.

넷째, 정부조달협정의 내용에 따라 충분한 계약이행능력이 있는 자 중 최저가입찰자 또는 가장 유리한 조건을 제시한 자를 낙찰자로 하고, 계약의 성질 · 규모 등을 고려하여 대통령령에서 별도의 기준을 정한 경우에는 그 기준에 가장 적합한 자를 낙찰자로 하도록 하였다.

다섯째, 대통령령으로 규정되어 있는 특례조달분쟁심의위원회를 국제계약분쟁조정위원회로 대체하기 위하여 그 법적 근거를 명시하였다.

7. 국회법과 감사원법

1) 국회법

우리나라의 「국회법」(國會法)은 1948년 10월 2일에 제정된 후 여러 차례 개정되었는데, 그에 따라 국회의 예산심의절차도 몇 차례 바뀌었다.

현재는 예산안이 국회에 제출되면 3단계(예비심사 → 종합심사 → 본회의심사)에 걸쳐서 심사된다. 예비심사는 각 상임위원회가 맡으며, 종합심사는 예산결산특별위원회가 담당한다(국회법 제45조 및 제84조).

예산결산특별위원회가 예산안을 종합심사하고 그 심사가 끝난 다음에 국회 본회의의 회의에 부친다.

2) 감사원법

「감사원법」(監査院法)은 과거의 「심계원법」과 「감찰위원회법」을 통합하여 1963년 3월 5일에 제정되었다.

정부수립 당시 「헌법」에 의하여 국가의 수입지출에 대한 결산검사를 담당하는 심계원이 설치(1948.9.4.~1963.8.19.)되었고, 「정부조직법」에 의하여 공무원에 대한 감찰을 담당하는 감찰위원회가 설치(1948.8.28.~1955.2.16.)됨으로써 감사제도가 그 틀을 갖추게 되었다. 감찰위원회는 사정위원회(1956.11.2.~1960.8.31.)로, 그리고 다시 감찰위원회(1961.1.14.~1963.3.19.)로 그 명칭이 변경되었다가 심계원과 통합(1963.3.20.)되어 감사원을 설치한 후 오늘에 이르고 있다.

감사원은 감사위원 전원으로 구성된 감사위원회의를 두고 있다. 감사원장은 국회의 동의를 얻어 대통령이 임명하며, 감사위원회의의 의장이 된다.

한국의 회계검사기관인 감사원은 대통령 소속하에 두고 있다.[16]

16 국가의 세입세출의 결산, 국가 및 법률이 정한 단체의 회계검사와 행정기관 및 공무원의 직무에 관한 감찰

한국의 감사원은 국가의 세입세출의 결산검사와 「감사원법」과 다른 법률에 정하는 회계를 상시 검사 · 감독하여 그 적정을 기하고, 행정기관 및 공무원의 직무를 감찰(監察)하여 행정운영의 개선향상을 기한다(감사원법 제20조).

감사원은 회계검사의 결과에 의하여 국가의 세입세출의 결산을 확인한다(감사원법 제21조).

감사원은 세입세출의 결산을 매년 검사(檢查)하여 대통령과 다음 연도의 국회에 그 결과를 보고하여야 한다(헌법 제99조).

8. 책임운영기관의 설치 · 운영에 관한 법률

행정운영의 효율성과 행정서비스의 질적 향상을 도모하기 위하여 정부조직 중 사업적 · 집행적 성질의 사무를 수행하는 기관은 그 운영의 독립성과 자율성을 보장하고, 운영성과에 따라 책임을 묻거나 보상을 할 수 있도록 조직 · 인사 · 예산회계 등에 관한 특례를 정하기 위하여 「책임운영기관의 설치 · 운영에 관한 법률(이하 책임운영기관법이라 함)」이 제정(1999.1.29.)되었다.

책임운영기관은 기관의 지위에 따라 소속책임운영기관(중앙행정기관의 소속 기관)과 중앙책임운영기관(정부조직법에 따른 청)으로 구분되고, 기관의 사무성격에 따라 조사연구형 책임운영기관, 교육훈련형 책임운영기관, 문화형 책임운영기관, 의료형 책임운영기관, 시설관리형 책임운영기관 등으로 구분된다(책임운영기관법 제2조). 이 법의 주요 내용은 다음과 같다.

첫째, 책임운영기관은 소속 중앙행정기관 또는 국무총리가 부여한 사업목표를 달성하는 데 필요한 기관운영의 독립성과 자율성이 보장된다. 행정자치부장관은 5년 단위로 책임운영기관의 관리 및 운영 전반에 관한 기본계획(즉 중기관리계획)을 수립해야 하고, 중기관리계획에 따라 책임운영기관의 운영 및 평가 등에 관한 연도별 운영지침을 수립해야 한다(책임운영기관법 제3조의 2).

둘째, 책임운영기관은 주된 사무가 사업적 · 집행적 성질의 행정서비스를 제공하고 성과측정 기준의 개발과 성과측정이 가능한 사무 또는 재정수입을 자체 확보할 수 있는 사무를 대상으로 행정자치부장관이 기획재정부 및 해당 중앙행정기관의 장과 협의하여 책임운영기관을 설치하거나 해제할 수 있고, 중앙행정기관의 장은 책임운영기관의 설치

을 하기 위하여 대통령 소속하에 감사원을 둔다(헌법 제97조).

또는 해제를 행정자치부장관에게 요청할 수 있다(책임운영기관법 제4조).

셋째, 책임운영에 필요한 자율적 인력관리가 가능하도록 하기 위하여 중앙행정기관의 장에게 소속책임운영기관 소속공무원에 대한 임용권을 위임하고, 중앙행정기관의 장은 그 임용권의 일부를 기관장에게 위임할 수 있도록 하였다. 기관장은 사업평가 결과에 따라 소속기관별 · 하부조직별 또는 개인별로 상여금을 차등 지급할 수 있도록 하였다(책임운영기관법 제18, 25조).

넷째, 책임운영기관에 예산편성 및 집행의 자율성을 부여하기 위하여 책임운영기관 특별회계를 두도록 하였다(책임운영기관법 제27조).

제3장 재무행정조직

제1절 재무행정조직의 체계

1. 중앙예산기관

예산안을 편성하고 예산을 집행하는 정부조직도 수직적인 조직과 수평적인 조직으로 구분할 수 있다. 예산안 편성의 경우 모든 부처(수평적 조직)의 과(課) 또는 팀(team) 단위에서 편성작업이 시작되어 상위조직으로 올라가면서 조정되고 통합되어(수직적 조직) 국가 전체의 예산안이 완성된다.

최상위의 예산안 편성기관을 중앙예산기관(central budget office)이라고 한다. 중앙예산기관은 정부의 재정정책 및 경제정책에 의거하여 매년 각 부처의 사업계획과 예산요구를 사정(査定)하고 조정하여 예산안을 편성한 후 국회에 제출하며, 정부 각 기관의 예산집행을 감독한다.

중앙예산기관(中央豫算機關)의 위치는 대체로 내각책임제 국가에 있어서는 재무성에, 대통령중심제 국가에 있어서는 대통령에 소속시키고 있다.[1]

개발도상국에 있어서는 국가계획과 예산을 일치시켜 개발속도를 높이기 위하여 중앙예산기관이 국가기획기관에 소속시키는 경우도 있다(안해균, 1992: 491). 한국의 중앙예산기관은 현재 기획재정부로 국무총리 소속하에 두고 있다.

---

1 중앙예산기관의 위치를 다음과 같이 나누기도 한다. ㉠ 행정수반 직속형으로서 행정수반의 참모기관으로 직속시키는 유형이다. 1970년의 미국의 관리예산처(OMB), 필리핀의 예산위원회가 이에 해당된다. ㉡ 재무부형으로서 예산이 세입 · 금융 · 재정 · 조세 등과 밀접하다고 하여 중앙부처의 하나인 재무부에 설치하는 유형이다. 영국 · 일본 · 프랑스 · 한국(1955~61년까지 재무부)이 여기에 해당된다. ㉢ 중간형으로서 행정수반형도 아니고 재무부형도 아닌 특정기관에 소속시키는 유형이다. 캐나다의 내각예산국, 한국(1948년부터 1955년까지 기획처)이 여기에 해당된다.

2. 수입지출의 총괄기관

예산이 성립된 다음, 예산의 집행은 행정조직들에 의하여 수행된다. 예산을 집행하는 수직적 조직 중에서 세입예산에 있어서 수입을, 그리고 세출예산에 있어서 지출을 국가 전체로서 총괄하는 기관을 수입지출총괄기관이라고 한다.

어떤 나라에서나 중앙예산기관과 수입지출총괄기관은 행정부의 예산기능을 수행할 때 중추적인 역할을 담당한다.

대체로 대통령중심제 국가에 있어서는 중앙예산기관과 수입지출총괄기관이 분리되어 있으나, 내각책임제 국가와 사회주의 국가들[2]은 수입과 지출의 두 기능을 하나의 기관에 통합시켜 놓고 있다.

대통령중심제 국가 중에서 미국은 관리예산처와 재무성으로 분리하고 있으며, 프랑스도 예산성과 재무성으로 분리하고 있다.

내각책임제 국가 중에서 영국은 재무성에 두 가지 기능이 통합되어 있고, 일본이나 독일도 마찬가지로 재무성에 통합되어 있다.

한국은 대통령중심제 국가이면서도 1994년 말부터 두 가지 기능이 재정경제원에 통합되었다가 1998년부터 대통령 직속의 기획예산위원회가 설치되면서 기형적인 형태를 한동안 갖고 있었다. 그러나 이에 대한 문제가 나타나 다시 1999년에 기획예산위원회와 예산청을 통합하여 기획예산처를 신설하였다. 이로써 대통령중심제 국가의 일반적 형태를 갖추게 되었다. 즉 기획예산처는 중앙예산기관의 역할을, 재정경제부는 수입지출총괄기관의 역할을 담당하였다.

2008년 기획예산처와 재정경제부가 통합되었고, 현재는 기획재정부가 중앙예산기관과 수입지출총괄기관의 역할을 담당하고 있다.

3. 중앙은행

중앙은행[3]은 정부의 재정대행기관(fiscal agent)으로서 국고금의 출납업무를 대행한다

---

2 사회주의 국가의 재무행정조직에 관하여는 다음을 참조하기 바람. 박영희, 「북한재정연구」(서울: 건국대학교출판부, 1974), pp.21~22.

3 중앙은행(central bank)이라는 말은 1873년 「이코노미스트」(경제잡지) 편집장이던 배젓(Walter Bagehot)이 처음 사용하였다. 그는 은행권을 독점적으로 발행하던 잉글랜드은행이 영국의 수도인 런던에 본점이 있다는 의미로 잉글랜드은행을 central bank라고 하였다.

(한국은행법 제4장 제5절 참조). 한국은행은 우리나라의 중앙은행이고 국고금(國庫金)의 예수기관(預受機關)이다.

국고금의 출납업무는 정부가 직접 담당할 수도 있고 중앙은행에 국고금을 예치하게 하여 그 출납업무를 대행하도록 하기도 하는데, 한국을 비롯하여 대부분의 나라들은 후자를 택하고 있다.[4]

중앙은행이 수납한 정부의 수입은 한국은행 본점의 정부예금계정으로 매일 집중되고, 정부의 지출은 한국은행 본점의 정부예금계정으로부터 인출 · 지급된다. 다른 나라의 중앙은행도 이와 같은 기능을 수행한다.

그리고 중앙은행은 공개시장조작을 한다.[5] 공개시장조작(open market operation)이란 중앙은행이 단기금융시장이나 채권시장과 같은 공개시장에서 금융기관을 상대로 국공채 등 증권을 사고팔아 이들 기관의 자금사정을 변화시키고 이를 통하여 통화량과 단기 시장금리를 조절하는 정책수단을 말한다.

중앙은행이 통화량을 결정하는 가장 중요한 기준은 물가안정이다. 경제성장에 따라 늘어나는 생산물을 거래하려면 더 많은 통화량이 필요하게 된다. 그러나 생산량 증가보다 통화량 증가가 빠르면 물가가 상승하게 된다. 물가상승을 억제하기 위하여 통화량을 줄이면 되겠지만, 통화량이 적절하게 증가하지 않으면 투자와 소비가 위축되고 결국은 경제가 활력을 잃게 된다.

중앙은행은 일반적으로 이자율로 통화량을 조절하는데, 중앙은행이 결정하는 이자율을 기준금리(基準金利)라고 한다. 즉 기준금리는 시중은행이 한국은행에 채권을 담보로

세계 최초의 스웨덴 중앙은행은 1668년 설립되었고, 그 영향으로 잉글랜드은행이 1694년에 설립되었는데, 중앙은행이라는 단어는 한참 후에 생긴 것이다. 당초 중앙은행은 왕실과 정부의 금융업무를 처리해 주고, 상업은행이 어려움에 처했을 때 돈을 빌려주는 '은행의 은행' 역할을 했다. 19세기 들어서 국가의 통화가치와 금융시스템을 안정시키는 정책기능에 관심을 두기 시작하였다. 그런데 19세기 유럽은 금본위제 시대였다. 금본위제에서는 돈이 곧 금의 교환권이므로 중앙은행이 돈의 양을 쉽게 조절할 수 없었다. 금이 많이 생산되거나 해외에서 금이 유입되면 통화량이 늘어 물가가 올라가고 경기가 너무 좋아 금이 모자라면 통화량 부족 현상이 나타나 경기가 위축되는 일이 반복되던 때였다.

현대적 의미에서의 중앙은행의 기능인 금리를 조정해서 통화량을 본격적으로 조절하는 일은 1970년대 이후 시작되었다. 미국 닉슨 대통령이 1973년 달러를 금으로 바꿔주는 금 태환을 중지했기 때문이다. 1980년대에는 중앙은행들이 시장금리를 강력하게 조정하기 시작하였다.

4 예컨대 독일의 중앙은행인 연방은행(분데스방크)은 통화정책상의 권한을 이용하여 통화가치의 안정에 기여하였고, 강력한 독립성을 유지하고 있으면서 금융 · 신용정책을 결정 · 수행하고 일반은행을 감독하고 있다.

5 공개시장조작 수행방식에는 채권의 단순매매와 환매조건부매매가 있다. 단순매매는 시중유동성을 조절할 때 활용하는 수단으로서 중앙은행이 채권을 완전히 사거나 파는 것을 말한다. 환매조건부매매는 일시적인 시중유동성 조절수단으로서 중앙은행이 일정기간 후 다시 매입할 것을 조건으로 보유채권을 매각하거나 반대로 일정기간 후 다시 매각할 것을 조건으로 채권을 매입하는 것을 말한다.

맡기고 7일 동안 빌릴 수 있는 자금의 금리(RP, 환매조건부채권 금리)를 말한다.

기준금리는 한국은행 금융통화위원회에서 국내외 경제상황과 금융시장 여건을 종합적으로 고려하여 매월 결정하는 금리를 말한다.[6] 한국은행과 금융회사 간에 자금거래를 할 때 적용되는데, 기준금리를 기준으로 예금금리와 대출금리 등이 정해진다.

중앙은행이 통화량을 결정하는 과정을 기회비용이라는 개념으로도 설명할 수 있다. 기회비용(機會費用)이란 어떤 것을 선택했을 때 대신 포기해야 하는 가치를 말한다. 예컨대 1만원으로 책을 살 것인지, 게임기를 살 것인지를 결정해야 할 경우 책을 사면 책을 통해 느끼는 정서적 만족감의 기회비용은 게임을 하는 것이 된다. 게임기의 만족감에 대한 기회비용은 책에서 얻는 지식이다.

은행이 대출을 할 경우 대출이 아닌 다른 것에서 얻을 수 있는 수익을 고려하여 대출이 유리하면 대출을 하게 된다. 이때 기준금리가 올라가면 다른 은행에서의 조달비용이 많아지게 되고, 대출에 의한 기회비용은 다른 곳에 투자하는 것보다 커지게 된다. 기회비용이 커지면 자연히 은행의 대출이 줄어들게 되고, 전체적으로 신용창출액이 줄어들게 되어 결국 통화량도 줄어들게 된다.

그리고 통화량은 중앙은행이 발행하는 화폐(본원통화)뿐만 아니라 신용창출이라는 과정을 통해서도 발생한다.[7]

신용창출에 영향을 미치는 가장 큰 변수는 이자율이다. 이자율이 높아지면 대출이 줄어들고 신용창출액도 줄어들게 된다. 통화량을 조절하는 방법의 하나가 이러한 신용창출액을 조절하는 것이다. 예컨대 중앙은행이 시중에 풀린 돈을 줄이고자 할 경우 우선 은행이 자금을 조달하는 금리를 높이면 된다. 콜금리가 높아지면 은행도 대출금리를 높이게 되고, 대출금리가 높아지면 돈을 덜 빌려 쓰게 되므로 신용창출액이 줄어들게 되고 결국 통화량이 줄어든다.

공개시장조작정책은 지급준비율정책 및 재할인율정책[8]과 더불어 중앙은행의 3대 간

6 한국은행 금융통화위원회는 최고 의결기구로 7인으로 구성된다. 한국은행 총재와 부총재가 포함되고, 나머지 5인은 기획재정부장관 · 한국은행총재 · 금융위원회위원장 · 대한상공회의소회장 · 전국은행연합회회장이 추천하고 대통령이 임명한다. 정부와 산업계의 다양한 의견을 반영하자는 뜻이지만, 대부분 반대 없이 합의제라는 명분으로 밋밋한 결론을 내리는 것으로 알려지고 있다.

7 은행은 예금을 받아 대출을 해 주는데, 대출된 돈이 투자나 소비되어 다른 사람의 손에 들어가게 되고, 그 사람이 다시 은행에 예금을 하는 과정이 반복적으로 이루어지면 처음에 돈의 양이 10이었다면 예금된 돈은 10보다 훨씬 많아진다. 이러한 과정을 신용창출(信用創出)이라고 한다.

8 중앙은행은 금융기관에 빌려주는 자금의 금리를 조정하여 금융기관의 자금조달 비용에 영향을 준다. 통화량을 줄이거나 늘리는 금융정책수단을 통칭하여 재할인율정책이라고 한다. 여기에서 재할인(re-discount)이란 시중은행이 거래처에 할인해 준 어음을 한국은행에서 다시 할인해 주는 제도를 말하고, 이때 적용하는 금리를 재할인율(再割引率)이라고 한다. 한국은행이 얼마만큼 재할인을 해 주느냐에 따라 시중의 통화량이 영향

접통화관리수단으로서, 정책효과가 금융시장의 가격메커니즘을 통하여 나타나고 중앙은행의 필요에 따라 조작 시기 및 규모를 신축적으로 결정할 수 있다.

지급준비제도란 예금의 일정비율(지급준비율)에 해당하는 금액을 중앙은행인 한국은행에 예치하거나 은행이 현금으로 보유하게 하는 제도를 말한다. 고객이 예금을 찾으러 왔을 때 즉시 돈을 돌려주려면 은행은 현금처럼 바로 꺼내 줄 수 있는 자산을 미리 준비해 두어야 하는데, 이것을 지급준비금(reserve)이라고 한다.

이것은 본래 1863년에 제정된 미국의 「국립은행법(National Bank Act)」에서 예금자보호를 위하여 "예금의 일정부분을 쌓아 두라."고 규정한 것에서 비롯되었다. 그 후 1930년대 들어 지급준비율을 바꾸면 통화량에 영향을 준다는 사실이 밝혀지면서 1933년 미국 의회가 미국 중앙은행인 연방준비제도이사회(FRB)에 대하여 일정한 범위에서 지급준비율을 변경할 수 있는 권한을 부여하였다. 현재는 중앙은행의 통화정책수단으로 자리 잡았다.

우리나라에서는 1950년에 제정된 「한국은행법」에 의하여 지급준비제도가 도입되었다. 1980년대 중반 이후에는 시중의 통화량을 조절하는 수단이었으나 1990년대 이후에는 금융시장의 발달로 한국은행이 시중의 채권 등 유가증권을 직접 사고팔아 통화량을 조절하는 정책이 더 많이 사용되고 있다.

금융기관들이 콜시장(call market)에서 언제든지 빌려 쓸 수 있는 돈이라고 하여 콜머니(call money)라고 하고, 또 어느 금융기관이 원하면 언제든지 빌려주는 돈이라고 하여 콜론(call loan)이라고 한다. 현재 콜시장에는 시중은행, 증권사, 자산운용사 등이 참여하고 있다.[9]

금융기관들은 콜금리가 변하는 정도에 따라 대표적인 시중금리라고 할 수 있는 예금 · 대출 금리를 곧바로 조절하게 되는데, 콜금리가 다른 금리의 결정이나 변경에 매우 중요한 기준 역할을 하고 있다고 하여 콜금리를 기준금리 또는 정책금리라고도 한다.

콜금리는 금융기관 사이에 적용되는 금리지만 한국은행이 매달 금융통화위원회를 열어 결정한다. 경기과열로 물가가 상승할 가능성이 있으면 콜금리를 높여서 시중 유동성을 흡수하고, 경기가 너무 위축될 것 같으면 콜금리를 낮춰 경기 활성화를 도모한다. 즉

을 받는다.

기업들은 일반적으로 상품판매 대금을 어음으로 받는데, 어음에는 지급기간이 명시되어 있어 그 시점까지는 현금으로 바꿀 수 없다. 그러나 은행에 가져가면 만기도래하지 않은 어음도 소정의 수수료를 공제하고 어음을 사준다. 이것이 어음할인이다(재정경제부 경제홍보기획단, 2001: 186~187).

9 콜시장은 금융회사가 자금 조달을 위해 90일 이내를 만기로 돈을 빌리고 빌려주는 시장으로, 단기금융시장 또는 자금시장이라고도 한다. 현재 1일 평균 거래금액은 약 30조원이다.

한국은행은 금융시장에서 국공채를 사고파는 양을 바꿈으로써 콜금리를 조절하는데, 이를 공개시장정책이라고 한다. 즉 한국은행이 가지고 있는 채권을 시장에 팔고 그 대금을 거둬들이면 시중의 통화량이 줄고 금리가 올라가게 된다. 반대로 한국은행이 금리를 내리려고 할 때는 채권을 사들이면서 시중에 돈을 풀면 된다.

한국은행은 2007년에 시중의 통화량을 조절하는 중심역할을 해 온 정책목표금리를 콜금리에서 환매조건부채권금리로 바꾸었다. 환매조건부채권(RP: Repurchase Agreement)이란 일정기간이 지난 뒤 일정가격으로 다시 사주는 조건으로 파는 채권을 말한다.[10] 채권 투자의 약점인 환금성을 보완한 금융상품이다.

한국은행이 이 채권을 은행에 팔거나 되사들여 시중의 통화량을 조절하는데, 이때 적용하는 금리를 RP금리라고 부른다. 한국은행의 RP대상은 한국은행이 지정하는 금융기관으로 제한되어 있다. 기존의 콜금리는 시장금리(운용목표금리)로서의 기능을 계속 수행하게 된다.

금리에는 명목금리와 실질금리가 있다. 물가변동을 고려하지 않으면 명목금리이고, 명목금리에서 물가상승률을 뺀 금리를 실질금리라고 한다. 예컨대 1년 만기의 정기예금의 명목금리가 연 5.0%였고 소비자물가상승률이 연 3.0%였다면, 실질금리는 2.0%가 된다.

금리를 계산하는 방법에는 단리(單利)와 복리(複利)가 있다. 단리는 단순하게 원금에 대한 이자를 계산하는 방법이고, 복리는 이자에 대한 이자도 함께 감안하는 방식이다. 예컨대 100만원을 연 10%의 금리로 은행에 2년간 예금할 경우 만기에 받을 원리금(원금과 이자의 합)은 100만원×(1+0.1×2)=120만원이다. 이것을 복리로 계산하면 100만원×$(1+0.1)^2$=121만원이다.

금리 인하는 빚을 낸 가계와 투자하려는 기업에는 유리하지만 이자 생활자에겐 불리하게 작용한다. 가계부채를 조장하여 부동산 거품 등 부작용을 낳을 수도 있다. 은행의 가계대출 금리는 대체로 기준금리보다 2~3%포인트 높다.

한국은행 금융통화위원회는 기준금리(基準金利)를 2016년 6월 사상 최저인 연 1.25%로 낮추었다. 최근 우리나라 경제를 떠받치던 수출이 부진하고, 내수 침체와 국내외 경기둔화 등이 그 배경으로 작용하였다. 현재의 경제위기를 극복하려면 통화·재정·구조조정 3박자가 같이 가야 하는데, 한국은행이 먼저 움직인 셈이다. 뒤이어 정부도 추가경

10 RP(일명 Repo)는 대부분의 나라에서 중앙은행과 예금은행 사이의 유동성 조절수단으로 활용되고 있는데, 우리나라에서도 한국은행과 예금은행 사이에 시중의 통화량과 예금은행의 유동성 과부족 상황에 따라 수시로 RP 거래가 이루어지고 있다.

정예산안을 편성하였다. 통화정책만으로는 현재의 저성장을 막을 수 없다고 보기 때문이다. 그러나 미래에 대한 불안으로 저축이 늘고, 기업이 투자를 안 하면 금리를 내려도 효과가 없다. 그래서 재정확대정책과 유기적인 조합을 이뤄야 한다는 지적이 탄력을 받고 있다.[11]

우리나라의 금리인하가 더 이상 경기를 살리지 못하고 또 좀비기업(한계기업)을 연명시켜 기업의 구조조정을 더디게 만들 수도 있다는 의견도 있지만 대체로 금리인하가 실물경제에 효과가 있을 것이라는 의견이 많다.[12]

제2절 한국의 재무행정조직

1. 기획재정부

1) 기획재정부의 조직과 기능

기획재정부(企劃財政部)는 대한민국 정부가 수립되면서 신설된 재무부와 기획처로 출

11 최근 우리나라 기준금리 추이: 2008년 8월 5.25%→2009년 1월 9일 2.50%→2009년 2월 12일 2.00%→2010년 7월 9일 2.25%→2010년 11월 16일 2.50%→2011년 1월 13일 2.75%→2011년 3월 10일 3.00%→2011년 6월 10일 3.25%→2012년 7월 12일 3.00%→2012년 10월 11일 2.75%→2013년 5월 9일 2.50%→2014년 8월 14일 2.25%→2014년 10월 15일 2.00%→2015년 3월 12일 1.75%→2015년 6월 11일 1.50%→2016년 6월 9일 1.25%.

각국의 정책금리(2015년 말 기준)는 미국(Federal fund rate) 0.25~0.50%, 유로존(Refinancing rate) 0.05%, 영국(The Official Bank rate) 0.50%(국회예산정책처, 2016 경제 · 재정수첩, 2016.3.31.).

12 코웬(Tyler Cowen) 조지메이슨대 교수 : 둔화되는 세계경제 속에 한국경제는 늙어가고 있으므로 활력을 불어넣기 위해 금리를 내려야 한다.

그로스(Daniel Gross) 유럽정책연구센터 소장 : 점점 둔화하는 중국경제의 압박을 고려하면 한국으로선 금리인하가 꼭 필요한 상황이다.

하마다 고이치(近田宏一) 예일대 명예교수 : 미국의 금리인상에 상관없이 한국만의 길을 고수해야 하며, 0%대로 금리를 인하하여 경기진작 효과를 높여야 한다.

터너(Adair Turner) 전 영국 금융감독청장 : 한국은 민간부채(가계부채) 때문에 디플레이션 압력에 노출되어 있으므로 디플레이션 압력이 심해지면 추가 금리인하가 필요하다. 중국(추가 금리인하)과 일본(제로 금리 유지)의 통화정책 기조를 따라가야 한다.

후쿠가와 유키코(深川由起子) 와세다대 교수 : 한국의 외환보유액 수준과 경상수지 흑자규모를 볼 때 미국이 출구전략(금리인상)을 단행하더라도 잘 방어할 것이고, 가능하다면 추가 금리인하를 고려해야 한다.

발하였다. 재무부는 세제에 관한 정책의 수립, 국고 및 정부회계의 관리, 금융과 통화, 외환정책의 수립과 집행 등을 수행해 왔다. 기획처는 경제개발을 위한 종합계획의 수립, 국가 예산의 편성, 공정거래질서의 확립 등의 업무를 담당해 왔다.

그런데 그 명칭이 여러 차례 바뀌었다. 즉 기획처(1948.11.~1955.2.) → 재무부(1955.2.~1961.7.) → 경제기획원으로 확대 개편(1961.7.~1994.12.) → 경제기획원과 재무부의 통합으로 재정경제원(1994.12.~1998.2.) → 재정경제부(예산청)와 기획예산위원회로 분리(1998.2.~1999.5.) → 재정경제부의 예산청과 기획예산위원회의 통합으로 기획예산처(1999.5.~2008.2.) → 재정경제부와 기획예산처의 통합으로 기획재정부(2008.3.)로 개편 및 변경되었다.

1994년 12월 23일 정부조직의 개편에 따라 재정경제원이 한때 예산 · 국고 · 세제 등 국가재정부문을 통합 · 운영하기도 하였다. 그러나 1997년 외환위기를 맞고 1998년 「정부조직법」이 다시 개정되면서 재정경제원은 재정경제부로 축소되고, 예산기능은 예산청으로, 금융감독기능은 금융감독위원회(현재 금융위원회)로, 통상교섭기능은 외교통상부로, 통화신용정책기능은 한국은행으로 각각 독립 · 이관됨으로써 정부 내 견제와 균형이 이루어졌다.

2001년 1월 29일에는 재정경제부장관이 부총리로 승격되어 부처 간 경제정책의 총괄 · 조정기능이 강화되고, 국무총리실로부터 대외경제조정기능도 넘겨받아 거시적인 경제기획 업무까지 담당하였다. 그러나 정책기획 · 조정기능이 대통령 비서실, 국무총리실, 재정경제부, 기획예산처로 분산되어 의견 조율비용이 증가하고, 예산 · 국고 · 세제 등 재정기능이 분산되어 재정 건전성에 대한 통제가 취약하다는 지적이 대두되었다.

이에 따라 「정부조직법」을 개정(2008.2.29.)하여 경제정책을 총괄하는 재정경제부와 예산을 운용하는 기획예산처가 기획재정부로 통합 · 개편되었다. 재정경제부의 금융정책기능은 금융위원회로 이관되었다.

2) 기획재정부 예산실

(1) 예산실의 변천

정부 각 부처의 예산을 관리하는 예산실이 당초에는 예산국으로 출발하였으며,[13] 예

13 당시 예산국의 위치에 관하여는 미국에서처럼 논란이 있었다. 즉 세입세출의 균형을 위하여 예산국을 재무부에 소속시켜야 한다는 주장도 있었으나 결국 기획처에 소속시켰다. 그 이유는 ㉠ 예산이 각 부처에 공통되는 업무라는 것, ㉡ 기획처가 예산쟁탈전에 대해 초월적인 입장을 견지하여 파벌주의(sectionalism)를 방지할 수 있다는 것, ㉢ 강력한 행정을 추진할 수 있다는 것, ㉣ 예산이 국가 전체적인 성격을 지니고 있다는

산국은 국무총리 직속의 기획처에 소속되었다(유훈, 2003: 13).

그 후 「헌법」의 개정(1954년)에 의하여 국무총리제가 폐지되고, 「정부조직법」의 개정(1955.2.17.)에 따라 예산국은 재무부로 이관되었다.

그리고 「정부조직법」의 개정(1961.7.22.)에 의하여 경제기획원이 신설됨으로써 예산국은 다시 재무부에서 경제기획원으로 이관되었고, 그 후에도 여러 차례 명칭 및 소속이 바뀌었다. 즉 경제기획원(1994년부터는 재정경제원, 1998년부터는 재정경제부)에 소속되어 있다가, 「정부조직법」의 개정(1999.5.24.)에 의하여 국무총리 소속의 기획예산처로 이관되었다.

예산국은 1979년 6월 26일에 예산실로 승격되었다가, 1998년 2월 28일에는 중앙예산기관이 기획예산위원회와 예산청으로 이원화되었다. 기획예산위원회는 대통령 직속기관이었고, 예산청은 재정경제부의 외청으로 두었다. 그러다가 1999년 5월 24일에 다시 기획예산위원회와 예산청이 기획예산처로 통합되었다.

정부조직이 2005년 5월 23일에는 대대적으로 개편되면서 재정운용실로 바뀌었다가, 2008년 2월 29일에는 다시 예산실로 변경되었다.

(2) 예산실의 소속

우리나라의 예산실은 기획재정부 소속이다.

한때 예산실을 대통령 직속으로 해야 한다는 의견이 제기되기도 하였다. 그 이유는 대통령이 장기적 국정전략을 수립할 때 예산권만큼 강력한 도구가 없고, 또 각 부처 간 불필요한 예산경쟁을 없애려면 권력의 중추기관이 주도해야 한다고 보기 때문이다.

미국의 OMB(관리예산처 또는 예산관리국)는 대통령 직속이다. 미국은 예산편성권을 의회가 갖고 있어 행정부가 이를 견제하기 위해 만들어진 조직이다. 미국 행정부는 OMB를 통해 '대통령 예산안'을 별도로 마련하고, 거부권을 행사하면서 의회의 예산편성권을 견제하고 있다.

일본은 재무성 주계국이 예산을 편성하고 있지만, 총리의 예산정책 관련 권한을 확대하기 위하여 설립(2001년)한 총리 직속의 국가전략회의가 주도하고 있다.

(3) 국고국

1948년 7월에 개정된 「정부조직법」에 의하여 설치된 당시의 재무부의 조직은 비서실 · 이재국(理財局) · 사세국(司稅局) · 회계국 · 세관국 · 전매국으로 구성되어 있었다. 재

것 등이었다.

무부는 1955년 2월 17일부터 1961년 7월 22일까지 예산국을 두고 있었는데, 그 기간에는 중앙예산기관으로서의 기능을 동시에 수행하고 있었다.

예산의 수입지출의 총괄기능은 주로 국고국(國庫局)이 담당한다.

재정경제부에 소속되어 있던 국고국은 재정경제부와 기획예산처가 통합되면서 기획재정부로 그 소속이 변경되었다. 국고국은 국고의 관리·운영에 관한 정책, 재정증권의 발행 및 한국은행으로부터의 차입, 수입인지의 발행, 국채의 발행 및 상환, 국유재산 및 물품의 관리, 국가계약에 관한 사항, 국가채권의 관리 등을 담당한다.

2. 국회예산정책처

국회예산정책처(NABO: National Assembly Budget Office)는 국회 소속의 독립된 예산전문연구기관으로, 국가의 예산과 결산, 기금 및 재정운용과 관련된 사항에 관하여 연구분석하고 평가하여 의정활동을 지원한다(국회법 제22조의 2). 국회사무처 내에 있던 법제예산실(1994년)을 예산정책국으로 확대·개편(2000년)하였다가 「국회예산정책처법」이 제정(2003.7.18.)된 후 이에 따라 국회예산정책처가 신설(2004년)되었다.

국회예산정책처장은 국회예산정책처장추천위원회(위원은 국회의원 및 국회공무원이 아닌 자로 구성)의 추천을 받아 국회의장이 임면한다.

국회예산정책처는 예산분석실·경제분석실·사업평가국을 두고 있다(국회예산정책처 직제 제2조). 예산분석실은 예산안·기금운용계획안·결산·기금결산에 관한 연구·분석, 예산 또는 기금상의 조치가 수반되는 법률안에 대한 소요비용의 추계, 국회 위원회 또는 국회의원이 요구하는 사항의 조사·분석 및 지원 등의 업무를 수행한다.

경제분석실은 거시경제 동향의 분석·전망 및 경제 예측, 경제정책의 연구·분석, 국가재정운용의 분석 및 전망, 통합재정수지의 분석, 국가채무의 분석, 국가세입의 추계, 조세제도 및 세무행정의 분석, 국내외 재정 관련제도에 대한 조사·연구, 국회 위원회 또는 국회의원이 요구하는 사항의 조사·분석 및 지원 등의 업무를 수행한다.

사업평가국은 국가의 주요 사업에 대한 분석·평가 및 중장기 재정소요 분석, 정부의 성과관리업무에 대한 분석·평가, 국회 위원회 또는 국회의원이 요구하는 사항의 조사·분석 및 지원 등의 업무를 수행한다.

제3절 미국과 영국의 재무행정조직

1. 미국의 재무행정조직

1) 관리예산처

(1) 관리예산처의 설립

미국의 중앙예산기관의 최초 명칭은 예산국(BOB: Bureau of the Budget)이었다. 1921년에 제정된 「예산회계법」은 미국 최초의 중앙예산기관으로 예산국을 재무성에 설치하도록 규정하였다(Brundage, 1970: 13 참조).

그 당시 예산국을 어디에 소속시키느냐 하는 문제가 있었다. 즉 1921년 4월 상원(McCormick 법안)은 예산의 편성은 재무성장관의 책임으로 해야 한다는 주장에 따라 예산국을 재무성에 소속시키자고 하였다.

한편 1921년 5월 하원(Good 법안)은 예산의 편성과 제출에 관한 책임을 대통령에게 부여해야 한다는 취지에 따라 예산국을 대통령 직속기관으로 하는 안을 통과시켰다. 결국 양원의 견해 차이는 양원합동회의에서 타협되어 예산국을 재무성에 두기로 하였다(유훈, 2003: 11).

그 후 1936년에 설치된 '행정관리에 관한 대통령위원회'는 대통령의 행정관리 능력을 강화하기 위하여 대통령의 참모기관을 강화할 것을 건의하였다. 이 위원회는 예산국을 개편 · 확대하여 예산기능 외에 행정관리와 사무계획 수립의 조정역할을 강화하고 입법안의 조정기능을 수행하는 등 행정관리와 예산에 관한 행정부의 심장 역할을 맡도록 건의하였다(Schick, 1971: 28). 이 건의에 따른 1939년의 「기구개혁법」에 의거하여 루스벨트(Franklin D. Roosevelt) 대통령은 예산국을 재무성에서 새로 설치된 대통령부(大統領府, Executive Office of the President)로 이관하였다(Pearson, 1943: 126~149).

그리하여 예산국은 초대국장이던 다우즈(Charles G. Dawes) 장군[14]이 지적했던 것처럼

14 다우즈는 제1차 대전 당시 프랑스주둔 미군 사령관이었던 퍼싱(Pershing) 장군 밑에서 보급책임을 맡고 있었다. 그때 재무성장관 교섭이 있었는데, 그는 이를 사양하고 예산국장을 선택하였다. 예산국장으로 있으면서 정부 각 기관에 대해 크게 영향을 미칠 수 있다고 생각했기 때문이었다. 그리하여 하딩(Warren Gamaliel Harding) 대통령과 긴밀한 관계를 맺고 그의 지지를 획득하여 신설된 예산국의 기반을 확고히 하고 사회적 평가를 높였다. 마침내 예산국장이 각 성의 장관을 만나러 가지 않고 장관들이 예산국장을 만나

일상적인 업무를 처리하던 기관으로부터 대통령의 일반참모기관으로 격상되어 연방정부에서 가장 강력한 관리기관이 되었다.

닉슨(Richard M. Nixon) 행정부에 와서 예산국은 1970년 7월 1일부터 관리예산처(OMB: Office of Management and Budget)로 명칭이 변경됨과 동시에 승격되어 오늘에 이르고 있다(Schick, 1971: 519~539). OMB를 관리예산국으로 번역하기도 한다.

(2) 관리예산처의 조직

1921년에 발족된 예산국은 1970년 관리예산처로 승격되기까지 그 조직과 기능이 많이 확대 · 강화되었다. 1970년 이후에도 행정부가 바뀔 때마다 조직에 변동이 있었다.

관리예산처의 조직[15]은 처장(Director), 부처장(Deputy Director) 밑에 예산담당기구와 기구개편 · 관리담당기구로 나누어져 있다.

예산담당기구로는 4인의 국장 밑에 12개의 과(division)가 있다. 즉 보건 · 소득유지과, 노동 · 원호 · 교육과, 교통 · 상무 · 주택과, 법무 · 재무 · 인사과, 천연자원과, 에너지 · 과학과, 안보과, 국제문제과 등이다.

이들 각 과는 그 소관 각 기관의 예산안을 사정하며 예산집행을 감독할 뿐만 아니라 이들 기관에서 제출한 입법안에 관한 건의를 심의한다. 각 국장 밑에 있는 각각 1개의 특수연구과(Special Studies Division)는 소관의 예산편성기준과 수시로 제기되는 특수문제를 담당한다.

기구의 개편 · 관리를 위하여 연방구매정책실(Federal Procurement Policy)과 관리개혁대책본부(Management Reform Task Force), 그리고 2인의 국장 밑에 5개 과를 두고 있다. 5개 과는 관리 · 개선평가과, 정부간문제관계과, 재무관리과, 정보 · 규제관리과, 규제 · 통계분석과 등이다.

그 밖에도 부처장 밑에 행정공보실, 경제문제기획실, 민권담당법률고문실, 예산심사 · 입법문제실이 있다. 예산심사 · 입법문제실 산하에는 예산심사과(Budget Review Division)가 있는데, 여기에서 연방정부의 예산을 총괄하여 편성한다.

그리고 대통령의 예산교서와 미국연방정부예산개요(The U. S. Budget in Brief) 및 그 밖의 예산에 관한 주요 문서를 작성한다(Office of the Federal Register, 1982: 81~82 ; Brundage, 1970: 49~51).

러 가게 될 만큼 막강해졌다.

15 미국 연방정부의 조직개편은 매년 발간되는 *United States Government Manual*에 실려 있다.

(3) 관리예산처의 기능

미국의 예산과정에는 여러 기관들이 관여하는데, 그중 정부기관인 관리예산처(OMB: Office of Management and Budget), 의회 내의 예산지원기관인 의회예산처(CBO: Congressional Budget Office), 회계검사원(GAO: Government Accountability Office), 의회조사국(CRS: Congressional Research Service) 등이 중요한 역할을 한다.

OMB는 대통령이 예산을 준비하고 집행을 감독하는 일을 전문적으로 지원한다. 대통령 직속기관으로 500여 명으로 구성되어 있다. 각 행정기관들이 제출한 예산요구서를 검토하여 최종 대통령 예산안을 마련한다. OMB의 주요 기능은 5가지로 요약할 수 있는데, 최근에는 예산안을 의회에 제출한 후 의회와 협상하는 과정에서 대통령의 견해를 구체화하고 반영하는 일을 총괄하여 수행하는 역할이 커지고 있다.

- 효율적인 행정발전과 유지계획 수립을 위해 대통령 보좌
- 행정부 조직구조 및 관리절차 심사
- 정부예산프로그램의 형성 및 예산작업 시 대통령 보좌
- 예산관리의 감독과 통제업무 수행
- 조달체계의 경제성 · 능률성 · 효과성 향상을 위한 업무 수행

2) 재무성

미국의 재무성(Department of Treasury)은 수입지출총괄기관으로서 1789년 9월 2일에 「재무성법」에 의해 설치되었다.

재무성의 재정국(Bureau of Government Financial Operations)은 연방예산의 수입과 지출에 관한 장부를 관리하며, 국고의 자산과 부채를 기록하고 관리한다. 정기적으로 예산집행 결과와 재정상태, 그 밖의 재정활동에 관한 보고서를 작성한다.

공채국(Bureau of the Public Debt)은 국채의 발행과 상환, 조폐국(Bureau of the Mint)은 지폐 · 주화의 제조 및 증권의 인쇄를 담당한다.

그리고 조세정책실(Office of Tax Policy)은 세입에 관한 정책과 조세에 관한 입법안의 작성 및 그 분석업무를 관장하고, 내국세청(Internal Revenue Service)과 관세청(U. S. Customs Service)은 세입을 징수한다(Office of the Federal Register, 1982: 432~437).

미국의 재무성은 오래 전부터 가장 우수한 인재들이 모인 최고의 경제부처였다. 조세와 재정정책을 개발하고, 환율과 국제경제 문제를 관리하고 있다.

그런데 최근 관세청을 포함한 재무성의 여러 부서가 국토안보부로 이관되고, 부시 대

통령(George H. W. Bush)과 당시 재무성장관(John William Snow)의 마찰로 그 위상이 다소 추락하기도 하였다. 백악관에 권한이 집중되어 재무성은 통제력을 상당부분 상실하였다.

3) 연방준비제도이사회

미국의 연방준비제도(Federal Reserve System)는 1913년 「연방준비은행법」에 의해 설립되었고, 여기에는 연방준비제도이사회(Federal Reserve Board)와 12개 지역의 연방준비은행(Federal Reserve Bank)을 두고 있다. FRS를 운영하는 기구는 연방준비제도이사회인데, 여기에서 12개 지역의 연방준비은행을 감독하고 통화정책을 관리하며 중앙은행의 역할을 한다. FRB 의장의 임기는 4년이지만 연임할 수 있다.[16]

미국의 통화정책 중 대출정책과 지급준비율정책은 연방준비제도이사회가 담당하고, 기준금리는 연방공개시장위원회(Federal Open Market Committee)가 결정한다.

FOMC는 7인의 연방준비위원회 위원과 12인의 지역연방준비은행 총재로 구성된다. 7인의 연방준비위원회 위원은 민주주의를 상징(선거를 통해 당선되는 대통령이 임명하기 때문)하고, 12인의 지역연방준비은행 총재는 자본주의를 상징(상법상의 법인과 마찬가지로 이사회가 임명하기 때문)한다. 다만 민간에 대한 정부의 우위를 지키기 위해 FOMC에서 의결할 때는 12인의 지역연방준비은행 총재 중 5명만 참가한다. 지역연방준비은행 간에 순서를 정하여 교대로 의결에 참가한다. 그래서 FOMC에 참석은 19인(7인+12인)이 하고, 의결은 12인(7인+5인)이 한다.

FOMC는 1년에 8회 수도 워싱턴 D.C.에 모여 경제정책 회의를 하는데, 회의의 주요 목적은 통화정책 기조를 설정하기 위한 금리를 결정하는 것이다. 1990년대 초부터는 투명성을 높이기 위해 기준금리 목표수준을 밝히고, 최근에는 금리를 올리고 내리는 이유와 향후 전망도 발표한다.[17]

---

16 FRB는 의장(미국 경제대통령이라고 함)을 포함하여 7인의 이사(14년 임기, 그래서 정치적 독립성을 유지할 수 있음)로 구성되어 있는데, 현재는 2석이 공석 상태라 5인이다. 의장은 이사 중에서 대통령이 임명하고 부의장은 뉴욕연방준비은행(Fed: 실질적으로 FRB를 관장) 총재가 맡는다. 이사는 대통령이 지명하고 상원이 인준한다. 이사회는 매주 수요일과 목요일에 모여 규제 및 통화정책을 논의한다.

그린스펀(Allen Greenspan)은 1987~2006년까지, 버냉키(Ben S. Bernanke)는 2006~2014년까지 재임하였고, 2014년 2월 1일부터는 옐런(Jannet L. Yellen)이 맡고 있다. 4인의 대통령(레이건, 부시, 클린턴, 조지 부시)이 그린스펀을 의장으로 임명하였다. FRB가 설립된 1913년 이후 의장직을 맡았던 사람은 13인에 불과하다.

17 미국은 건국 초기 농업국가였고, 금융업은 부자들만을 위한 불건전한 사업이라는 인식이 강해 중앙은행이 필요 없다는 생각(토머스 제퍼슨, 초대 국무장관으로 제3대 대통령)과 중앙은행의 필요성을 주장하는 의견

미국 의회는 「연방준비은행법」을 개정(1977년)하여 고용 극대화와 물가안정을 중앙은행의 2가지 목표로 명시하였다. 이른바 FRB의 이중책무(dual mandate)다.

2. 영국의 재무행정조직

1) 재무성

영국의 재무성(The Treasury)은 영국의 중앙예산기관이다.[18]

생산수단의 사회화를 표방한 노동당의 집권기간에 영국의 기간산업과 사회간접자본이 모두 국유화되어 공공부문이 민간부문에 비해 크게 증가하였기 때문에 재무성의 기능과 권한은 그만큼 확대되었다.

재무성장관(Chancellor of the Exchequer)은 예산안 편성에 있어서 상당한 권한을 행사할 뿐만 아니라 차기 수상의 유력한 후보가 된다.

1968년에 행정관리성(Civil Service Department)이 설치되기 전까지는 재무성이 조직관리와 인사행정을 포함하는 행정관리 기능까지 담당하고 있었다(Central Office of Information, 1971 : 11).

2) 잉글랜드은행

잉글랜드은행(Bank of England)은 영국의 중앙은행으로 영란은행이라고도 한다. 영란

(알렉산더 해밀턴, 초대 재무장관)으로 대립되어 있었다. 합의로 중앙은행을 운영(20년간)했으나 영업기간이 연장되지 않아 문을 닫았다. 이후 미국은 민간은행들이 제각각 화폐를 발행했는데, 그러면서 금융공황을 자주 겪었다. 1913년 중앙은행 설립에 관한 사회적 합의가 이루어졌는데, 중앙은행의 운영과 인사권에 대해 연방정부가 얼마나 영향력을 행사할지를 놓고 공화당과 민주당의 견해가 갈려 결국 중앙은행을 만들면서도 은행이라 이름 붙이지 못하고 연방준비제도라고 이름을 붙였다. 민간은행을 상대로 대출과 예금을 받는 12개 지역연방준비은행을 100% 민간출자로 만들었고, 12개 지역연방준비은행을 상대로 통화정책 방향을 지시하는 연방준비제도이사회를 만들었다. 유럽국가들에 비해 미국은 통화정책에 정부 개입이 적다는 것을 분명히 하기 위해서 중앙은행을 하나의 조직으로 만들지 않고 민간과 정부가 결합한 제도(system)로 만든 것이다. 연방준비제도이사회는 12개 지역연방준비은행으로 하여금 상업어음은 할인하되 유가증권의 매매(공개시장조작)를 통한 적극적인 경기조절은 하지 못하게 하였다. 그런데 1930년대 대공황을 계기로 여론이 바뀌었다. 즉 경기가 위축되면 지역연방준비은행이 좀 더 적극적으로 돈을 풀어야 하는데 대통령이 임명한 7인의 위원 때문에 그런 역할이 수행되지 못했다는 비판이 있었다. 그래서 1935년 유가증권 매매를 통한 적극적이고 선제적으로 경기를 조절하는 역할, 즉 공개시장조작을 중요한 통화정책수단으로 인정하게 되었다. 이에 공개시장조작만 담당하는 FOMC를 따로 만들었다.

18 재무성의 예산책임청(Office for Budget Responsibility)이 예산의 주요 기능을 담당하고 있다.

은행이라는 말은 중국식 발음에서 비롯되었다. 잉글랜드를 한자 '영란(英蘭)'으로 표기했을 때 중국식 발음이 '잉란'이다. 잉글랜드은행은 스웨덴 중앙은행과 함께 세계에서 가장 오래된 중앙은행으로 꼽힌다. 1694년 프랑스와의 전쟁 비용을 조달하기 위해 주식회사 형태의 민간은행으로 설립되었다가 1844년 독점적인 발권은행이 되었고 1946년에 국유화되었다.

잉글랜드은행은 일찍부터 은행의 현금 보관자였고, 신용의 최종 공급자로서의 역할을 맡게 되면서 중앙은행으로서의 위상이 확립되었다. 1946년 노동당 정부에 의해 국유화되었으나 중앙은행으로서의 업무는 변함이 없다.

3) 유럽중앙은행

유럽중앙은행(European Central Bank)은 1998년에 출범하였고 물가안정을 최고의 목표로 설정하고 있다. ECB는 통화정책을 결정하며, 그것을 해치지 않는 범위에서 회원국의 경제운용에 협조한다. 또 유로화의 발권력을 독점하고 각국 중앙은행과 협의하여 화폐의 발행을 담당한다. ECB는 단기금리를 조절하고, 2002년부터는 회원국의 금융정책의 집행권도 갖고 있다.

기준금리는 각 회원국의 중앙은행이 아니라 ECB가 결정한다. ECB는 물가안정을 해치지 않는 범위에서 고용에 신경을 쓴다는 목표를 가지고 있다.

ECB는 총재와 부총재, 4명의 위원, 유로 참가국 중앙은행 총재 등으로 구성되어 있다. 그 의사결정기구는 정책위원회(Governing Council), 집행이사회(Executive Council), 일반위원회(General Council) 등인데 그중 정책위원회는 단일통화정책을 담당한다.

ECB는 미국의 FRB와 비슷한 역할을 하고, 유로존 회원국 중앙은행들은 FRB의 지역연방준비은행과 비슷한 역할을 한다. FRB의 적극적인 역할과 다른 이유는 다음과 같은 차이가 있기 때문이다.

첫째, 주요 의사결정을 위한 투표권 배분이 다르다. FRB는 이사회 이사 7명이 각각 1표, 뉴욕연방준비은행이 1표, 12개 지역연방준비은행이 번갈아 가면서 4표를 행사한다. 따라서 FRB는 중앙의 투표권이 7표이고 지역의 투표권이 5표라서 이사회가 사실상 지역연방준비은행을 통제할 수 있다. 이에 비하여 ECB는 중앙의 투표권이 6표, 지역의 투표권이 19표라서 회원국 중앙은행들이 ECB를 통제하게 된다.

둘째, 설립목적과 역할이 다르다. FRB는 「연방준비은행법(1913년)」에 의해 '은행들의 은행'으로 설립된 후 물가안정, 완전고용, 정기이자율의 적정 등을 목표로 설정하고 있다. 그러나 ECB는 유럽 전체의 통화정책 수립을 위해 유럽통화연맹(EMU)의 기구로서 유로화(Euro貨)를 채택(1988년)한 유럽 19개국의 중앙은행들로 구성되었고, 물가안정을 핵심 목표로 하고 있다. 고용이나 성장 등의 목표는 물가안정 달성에 방해가 되지 않는 범위에서만 보조적으로 역할을 한다.[19]

ECB의 금융통화정책회의에서는 기준금리를 기존 0.15%에서 0.05%(2014.9.4.)로, 그리고 다시 0.00%(2016.3.11.)로 낮췄다. 이것은 유로존이 물가하락과 경기침체가 동반하는 디플레이션 우려를 해소하고 지지부진한 경기에 활력을 불어넣기 위한 것이다. 또 유럽의 시중은행들이 ECB에 맡기는 하루짜리 예금금리(시중은행들이 중앙은행에 맡기는 예금)를 제로(0%)에서 마이너스 0.2%로 내렸다.

마이너스 예금금리는 시중은행들이 중앙은행에 돈을 맡길 때 이자를 내도록 하는 것이다. 시중은행들이 돈을 기업이나 가계에 대출하지 않고 ECB에 쌓아 두면 벌칙을 주는 조치다. 돈을 시중에 많이 풀도록 유도하기 위함이다. 유럽의 이러한 경기부양책으로 시중은행들은 이제 돈을 빌려줄 곳을 찾아야 하는 상황이 되었다.

---

19 EMU(Economic and Monetary Union)는 EU 소속 국가들이 결성한 통화통합을 말한다. 유로화를 채택한 유럽국가들이 1999년에 결성한 국가들을 지칭한다.

마스트리히트조약(Maastricht Treaty)은 유럽공동체(UC)에 가입한 12개국이 새롭게 유럽연합(EU, 15개국)을 설립하기 위해 1993년 네덜란드의 마스트리히트에서 만든 조약으로 정식명칭은 유럽연합조약(Treaty on European Union)이다. 유로존(Eurozone, Euroarea, Euroland)은 유럽연합(EU)의 단일화폐인 유로(Euro)를 국가통화로 도입하여 사용하는 국가나 지역을 말한다. 유로존 가입국은 16개국(오스트리아 · 벨기에 · 키프로스 · 핀란드 · 프랑스 · 독일 · 그리스 · 아일랜드 · 이탈리아 · 룩셈부르크 · 몰타 · 네덜란드 · 포르투갈 · 슬로베니아 · 스페인 · 슬로바키아)이었다가 2011년 1월 1일 에스토니아가 가입하여 17개국이 되었고, 2014년 1월 1일에는 라트비아, 2015년 1월 1일에는 리투아니아가 가입하여 19개국이 되었다.

ECB는 그동안 적극적으로 국채시장에 개입하지 않았다. 그것은 EMU가 마스트리히트조약에서 어느 회원국의 재정 어려움을 메우기 위해 다른 회원국을 지원하는 것을 금지했고, ECB가 이런 지원을 하는 것도 금지했기 때문이다. 그러다가 유럽 경제회생을 위해 1조 1400억유로에 달하는 양적완화(중앙은행이 채권을 사들여 시중에 돈을 푸는 것)를 2015년 1월 처음으로 단행하였다.

PART

Ⅱ

예산의 기능과 종류

제4장 예산의 기능과 분류

제1절 예산의 기능

1. 예산기능의 의의

예산의 기능(budget function)은 접근방법과 학자의 관심에 따라 강조하는 기능이 다소 다르다. 법률학자들은 예산의 법률적 기능을 강조하고, 경제학자들은 경제적 기능을 강조하며, 정치학자들은 정치적 기능을 강조한다.

케인스(John M. Keynes) 이후 한센(Alvin H. Hansen)에 이르러 예산정책과 경기순환에서 예산이 차지하는 역할을 중요시하였다.

도운즈는 "예산은 현 정권이 차기의 선거를 승리로 이끌기 위한 수단"이라고 하였다(Downs, 1969: 27~31 참조).

윌다브스키는 재무행정을 전공한 행정학자임에도 불구하고 그의 저서인「예산과정의 정치」(*The Politics of the Budgetary Process*)에서 "예산은 정치적인 것(political thing)"이라고 하였다. 정치가 국가의 정책결정에 있어서 누구의 주장이 관철되느냐에 관한 투쟁이라고 한다면, 예산은 이와 같은 투쟁결과의 기록이라는 것이다. 즉 예산이 정치과정의 중심에 위치한다고 주장하면서 정치적 기능을 강조하였다(Wildavsky, 1964: 4~5).

유훈 교수는 정치적 기능, 법적 기능, 경제적 기능, 행정적 기능으로 나누었다(유훈, 2003: 31~34). 이 외에도 예산의 기능은 학자에 따라 여러 가지로 다양하게 제시하고 있다.[1]

---

1 예컨대 노이마크(F. Neumark)는 예산의 기능을 ㉠ 가계적(家計的) 균형의 표시인 재정정책적 기능, ㉡ 입법부의 행정부에 대한 통제적 기능, ㉢ 강제력을 지닌 제도로서의 법적 기능, ㉣ 낭비와 불합리를 억제하는 재

2. 시크의 예산기능

시크는 이미 고전으로 일컬어지고 있는 「예산개혁단계론」(*The Road to PPB: The Stage of Budget Reform*)에서 예산기능을 행정적인 접근방법으로 다음과 같이 체계화하여 전개하였다(Schick, 1966: 243~258).

어느 시대의 예산이든지 예산은 세 가지 기능, 즉 통제(control) · 관리(management) · 계획(planning)의 기능이 공존하고 있다. 다만 예산환경의 변화에 따라 어느 한 기능이 주 기능으로 등장하면 다른 두 기능은 부차적인 기능으로 남게 된다는 것이다.

대체로 미국을 포함한 선진국에서는 근대적 예산제도의 성립과정 때부터 1920년대까지는 통제기능이 주 기능으로 작용하였고, 다음에는 관리기능, 그리고 1960년부터는 계획기능이 주 기능으로 등장했다고 시크는 주장하였다.

첫째, 통제기능(統制機能)은 예산집행에 있어서 부정행위를 막는 데 목적이 있는 기능이다. 근대적 예산제도가 성립된 후 1920년대까지 품목별예산제에서 주요 기능으로 작용하였다. 즉 예산집행 과정에서 재량의 범위를 줄이고 책임의 한계를 분명히 하기 위하여 지출품목을 명세화하는 것이다. 예컨대 도로건설의 경우 시멘트와 철근 등 품목별로 예산을 배정하고, 배정된 예산으로 계상된 품목을 전량 구입하면 예산집행의 책임은 완료되는 것이다.

둘째, 관리기능(管理機能)은 일정액의 예산을 지출하여 최대의 성과(또는 능률)를 얻는 데 목적이 있는 기능이다. 이 기능은 1920년대 이후 성과주의예산제에서의 주요 기능이다. 예컨대 도로건설의 경우 일정한 시멘트를 투입하여 건설되는 도로의 길이에 따라 예산의 능률이 결정되는 것이다.

셋째, 계획기능(計畫機能)은 일정액의 예산을 지출하여 최대의 효과를 얻는 데 목적이 있는 기능이다. 1960년대 이후 계획예산제에서의 주요 기능이다. 예컨대 도로건설의 경우 단순히 투입된 시멘트의 양이나 건설된 도로의 길이가 아니라 건설된 도로의 이용률(즉 지출된 예산의 효과)을 강조하는 것이다.

예산의 계획기능은 미국의 경우 1950년대부터 거론되기 시작하였으나, 1960년대에 들어와서 비로소 예산을 계획된 목표를 달성할 수 있도록 자금지출을 체계적으로 연관시키는 과정으로 인식하기 시작하였다.

정통제적 기능으로 분류하였다. 다카하시 마코토 · 시바타 토쿠에(高橋誠 · 紫田德衛)는 재정의 민주적 통제기능, 행정적 기능, 행정관리기능, 경제정책적 기능으로, 그리고 마츠노 켄고(松野賢吾)는 기술적 기능, 정치적 기능, 법적 기능, 국민경제적 기능으로 분류하였다.

단기간이라는 관점에서 보면, 예산의 계획성은 20세기 초의 품목별예산제에서도 볼 수 있다. 그러나 예산의 계획기능은 예산제의 개혁운동이 뉴욕시 정부에서 1907년에 시작된 이래 1960년대 중반까지는 예산제에 도입되지 않았다. 그때까지만 해도 예산이 갖고 있는 세 가지 기능 중 예산의 통제기능과 집행 중에 있는 예산의 관리기능이 두드러졌기 때문이다.

소련에서 처음으로 사회주의 계획경제체제가 수립된 이래 약 40년간 미국의 정치학사전에서 찾아볼 수 없었던 계획제도의 필요성을 1960년대에 들어와서 미국 사회과학계에서도 받아들이지 않을 수 없게 된 것이다(Capron, 1969: 253).

3. 예산의 재정정책적 기능

① **공공재의 공급**(provision of public goods and services) : 공공부문의 기관이나 조직은 공공재(국방 · 외교 · 치안 · 교육 · 문화 등)를 공급하기 위하여 존재하는데, 그 운영과 활동은 대부분 정부예산으로 이루어진다. 인건비나 물건비와 같이 기관운영에 소요되는 경비도 있지만 청사 또는 장비와 같은 투자도 필요하다. 그리고 공공재의 공급은 그 수혜자에게 무료 또는 원가 이하로 공급하는 것이 원칙이며, 그 재원은 공공재의 수혜와 비례적으로 획득하는 것이 아니다.

② **최적 성장**(optimal growth) : 공공부문은 민간부문이 감당하기 어려운 사회간접자본, 즉 경제의 하부구조(infrastructure : 교통망 · 치수 · 항만 · 교육 등)를 제공한다. 그리고 상대적으로 낙후되거나 자생력이 약한 민간부분(중소기업 · 첨단산업 · 모험기업 · 농수산부문 등), 중점육성이 필요한 부문, 산업발전에 필요한 공동기술개발 등을 위한 부문 등에 투자 또는 지원을 통하여 경제성장을 유도한다.

③ **고용**(employment) : 고용기회의 확대는 선후진국을 막론하고 경제운용의 중요한 과제이다. 정부는 민간부문의 투자를 촉진하기 위하여 투자, 보조금 지급, 기술교육과 직업교육 등을 함으로써 간접적으로 고용기회를 확대한다. 직접적으로는 공공부문에서 댐, 대규모 공사, 기간산업(철강 · 항공 · 비료 · 중화학 · 석탄 등)에 직접 투자하여 고용기회를 창출한다.

④ **안정과 수요관리**(stabilization and demand management) : 공공지출의 증감, 조세의 구조, 지출내용의 변경, 예산상 잉여나 부족분의 처리방법 등에 의하여 국민경제의 안정을 도모한다. 이러한 기능은 그 효과가 단순하지 않고, 원칙적으로는 거시경제학과 재정

학이 다루는 분야다.

⑤ 소득분배(distribution) : 예산은 계층 간 및 지역 간의 소득분배기능을 한다. 부와 소득의 분배기능은 주로 조세제도에 의하여 수행된다. 조세는 소득에 정비례하는 것이 아니라 소득이 많으면 많을수록 높은 유효세율(세액÷시장가치)을 적용한다. 한편 공공부문의 지출은 무료로 제공하고, 특히 저소득층에게는 직접 · 간접으로 보조금을 줌으로써 소득의 적정한 분배를 실현한다. 공공부문의 예산은 이러한 소득불균형을 시정하는 수단으로 사용되기도 한다. 지역 간의 소득분배는 지방자치단체의 교부금 및 보조금을 지역 간 균형발전의 배분요소로 활용함으로써 실현한다.

4. 저성장시대의 감축기능

1) 감축관리의 필요성

케인스 이론을 신봉했던 나라들은 풍요와 무한한 경제성장을 믿었다. 그래서 이들 국가에 있어서의 공공행정전략은 세입과 세출이 지속적으로 증가할 것이라는 가정하에 수립되었다(Levine, 1978: 316).

이러한 팽창주의 사고방식은 재무행정분야에도 파급되었다. 예산기준(base)을 확보하기 위하여 매년 예산을 지속적으로 증가시켜 왔던 것이다. 이것은 현년도에 얼마(기준)를 사용했으므로 다음연도에는 이 기준보다 얼마를 더 증액시켜야 한다는 것이었으며, 이러한 예산논리는 1970년대 초까지는 무리 없이 적용되어 왔다. 이러한 기준을 부정하기란 대단히 어려운 일이었다.

그러나 제2차 대전 이후 처음으로 선진국들이 겪고 있는 장기적인 저성장(低成長)과 자원난(資源難)은 감축관리의 필요성을 부각시켰다.

2) 감축기능의 대두

1979년 제2차 석유파동을 계기로 세계경제는 한동안 침체의 늪으로 빠져들었다. 선진국들의 경제성장률이 둔화되었고 기록적인 실업률과 막대한 재정적자가 지속되었다.

한국도 예외는 아니어서 1981년 말에 끝난 제4차 경제개발5개년계획은 경제계획을 시작한 이래 처음으로 당초 목표에 도달하지 못하였다.[2]

2 제4차 5개년계획(1977~1981년)은 연평균 경제성장률을 9.2%로 잡았으나 실적은 5.5%였다(경제기획원,

몇몇 국가의 인플레이션은 다행히 진정되었으나, 다수의 나라에서는 오랫동안 개선될 전망이 보이지 않았다. 특히 개발도상국들은 막대한 외채로 인하여 그 원리금 상환의 부담이 경제성장을 저해하였다.[3]

세계적으로 보면 경제적 저성장의 지속으로 세입은 제자리걸음인 데 반하여 세출수요는 증가하는 경향에 있었다. 개발도상국에서는 경기부양비, 선진국에서는 사회보장비가 급격하게 증가하였기 때문이다. 이러한 예산환경 속에서 예산의 감축기능(減縮機能)이 대두하게 된 것이다.

예산의 감축기능은 시크가 예견하지 못했던 것이며, 그의 예산기능이 나온 지 10년 만에 공급측면의 경제학자들에 의하여 강력하게 주창되기 시작하였다.

세입이 예전처럼 걷히지 않기 때문에, 이러한 상황에서의 예산의 결정이란 누구에게 얼마의 혜택을 줄 것인가보다는 누구에게 덜 줄 것인가 하는 것이 더 중요하게 되었다(McCaffery, 1981: 105). 실제로 필요한 액수보다 더 많은 예산을 확보하는 욕심쟁이 행정관리자를 동경한 때도 있었고, 전통적으로 팽창예산을 확보한 관료를 성공적인 관료로 보기도 하였다.

1979년과 1981년에 영국과 미국에서 케인스 이론에 입각하여 공공재정의 역할을 중시하던 정권들이 물러나고, 반세기만에 예산기능을 축소해야 한다고 공약한 정부(미국의 레이건, 영국의 대처)가 들어섰다.

과거에 경험하지 못했던 장기적인 저성장시대를 맞이하여 시크가 제시했던 세 가지 예산기능 외에 감축기능이 부각되었다.

물론 경제사정이 호전되어 경기가 다시 장기간 상승국면에 접어들게 되면 감축기능은 후퇴하고 계획기능이 주 기능으로 등장하게 될 것이다.

1980년대 중반부터 한국은 3저현상(三低現狀 : 원자재 · 원유 · 이자의 하락)과 기술혁신 및 저임금 등으로 국제경쟁력이 강화되어 국제수지에서 흑자를 기록함으로써 재정확충에 의한 성장정책을 다시 추구할 수 있었다. 그러나 1990년대에 들어오면서 고비용과 저효율의 누적으로 무역적자가 다시 늘어나 1997년 11월 23일에는 IMF로부터 구제금융(救濟金融)을 받는 치욕을 경험하였다.

1982: 364~365).

3 한국과 개발도상국의 외채문제에 관하여는 다음 자료를 참조하기 바람. Marilyn J. Seiber, *International Borrowing by Developing Countries*(New York: Pergamon Press, 1982), part Ⅱ 참조.

제2절 예산의 원칙

1. 예산원칙의 의의

예산의 원칙(principle of budgeting)은 영국에서 명예혁명 이후 의회가 국왕으로부터 재정권을 쟁취하고 서서히 근대적 예산제도를 수립하는 과정에서 정립되었다. 따라서 예산의 원칙은 민주주의적 예산제도의 주요 내용을 이루고 있다.

예산의 원칙이란 예산의 네 과정, 즉 예산의 편성 · 의결 · 집행 및 회계검사 과정에서 지켜야 할 준칙(rules)이라 할 수 있다. 예산의 원칙 중에는 「헌법」이나 「국가재정법」에 명문으로 규정되어 있는 것도 있고 선언적 성격을 지니는 것도 있다.

예산의 원칙도 시간이 흐름에 따라 전통적인 것으로부터 현대적인 것으로 변화되어 왔다. 그러나 근대적 예산제도가 확립되고 세계적으로 보편화되자 예산의 원칙은 원칙으로서의 존재 의의를 점차 상실한 것도 있다.

예산의 원칙은 그것을 처음 확립한 영국에서보다는 영국의 근대적 예산제도를 도입한 국가들에서 19세기 말부터 논리적으로 연구되기 시작하였다.[4]

프랑스의 경제학자인 세이(Leon Say)는 1885년에 예산의 원칙으로서 네 가지를 열거하였다. 즉 예산은 ㉠ 통일성을 지녀야 하고, ㉡ 1년을 기간으로 해야 하며, ㉢ 의회의 심의 · 의결이 있기 전에 예산안을 편성해야 하고, ㉣ 예산에 관한 회계책임자를 표시해야 한다는 것이었다(Burkhead, 1956: 106).

세이 이후 예산의 원칙은 독일과 미국의 학자들을 중심으로 1940년대까지 학문적으로 거론되다가, 그 이후로는 재무행정론의 연구대상에서 점차 벗어나게 되었다. 세이의 원칙들이 20세기에 들어와서는 너무나 당연한 것이 되었기 때문이다. 오늘날 그러한 예산원칙은 강조하지 않더라도 예산과정에 그것을 어길 국가나 중앙예산기관이 없을 것이다.

선델슨은 1935년에 영국과 유럽의 예산관계 문헌을 검토한 후, 예산원칙으로서 포괄성 · 배타성 · 통일성 · 명세성 · 일년성 · 엄밀성 · 명료성의 원칙 등을 제시하였다(Sundelson, 1935: 237).

---

4 버크헤드는 예산의 원칙을 예산과정에서 지켜야 할 'rules'라고 하였다(Burkhead, 1956: 106~107).

노이마크(F. Neumark)는 독일의 재정학자로서 일본학자들이 자주 인용하는 예산원칙을 제시한 바 있다. 즉 공개성의 원칙, 명료성의 원칙, 사전의결의 원칙, 엄밀성의 원칙, 한정성의 원칙, 단일성의 원칙, 통일성의 원칙, 완전성의 원칙 등이다(高橋誠, 1968: 65~66).

1940년대에 와서 스미스(Harold D. Smith) 등의 학자에 의하여 이른바 현대적 예산원칙이 거론되었으나, 절차적이고 기술적인 것들이어서 예산의 원칙이라고 말하기조차 어려울 정도이다.

한국의 경우 전통적인 예산원칙[5]들은 이미 정착되었으며, 「국가재정법」 등에서는 건전재정의 원칙, 회계연도 독립의 원칙, 예산총계주의 원칙, 수입금 직접사용 금지의 원칙, 한정성의 원칙, 국가재산 및 채권 관리처분의 법률주의, 국가채무의 적절한 상환원칙 등을 규정하고 있다.

여기에서는 스미스가 제시한 전통적 예산원칙과 현대적 예산원칙을 중심으로 고찰한다.

2. 전통적 예산원칙

스미스는 루즈벨트(Franklin D. Roosevelt) 행정부에서 예산국장을 역임하면서 예산국의 기구를 확장시켰다. 그리고 1945년에 다음과 같이 8개의 전통적 예산원칙을 제시하였다(Smith, 1945 참조 ; 유훈, 2003: 109~111 참조).

① **공개성(publicity)의 원칙** : 예산은 국민의 부담으로 성립되는 것이므로 예산의 내용과 과정을 국민에게 알려서 국민의 정당한 요구를 반영하고 비판을 받아야 한다는 것이다. 이를 위하여 한국에서는 매년 「나라살림(예산개요)」 및 「나라살림(예산개요참고자료)」를, 미국에서는 *The U. S. Budget in Brief*를 배포 또는 판매하고 있다.

② **명료성(clarity)의 원칙** : 예산은 국민이 이해하기 쉽게 편성하여야 한다는 것이다. 수지(收支)의 추계(推計)를 명확하게 개관할 수 있고, 예산의 내용이 합리적으로 분류되어야 하며, 수입의 유래와 용도가 분명하게 나타나야 한다.

③ **완전성(comprehensiveness)의 원칙** : 예산에는 정부의 모든 활동이 빠짐없이 포함되어야 한다는 것이다. 그래야 의회와 국민에 의한 재정감독이 가능하기 때문이다. 포괄

5 입법부우위시대의 전통적 예산원칙은 의회가 왕이나 행정부에 대하여 엄격한 재정적 통제를 가하기 위하여 고안된 것이다. 한편 현대적 예산원칙은 행정국가론적 예산원칙이라고 할 수 있다.

성의 원칙 또는 예산총계주의(총계예산주의) 원칙이라고도 한다. 이 원칙은 예산안 편성의 원칙도 되지만, 예산을 집행하는 과정 또는 재무활동을 하는 데 있어서도 지켜져야 한다.

예산총계주의는 회계연도 내에 있어서의 모든 수입을 세입으로 하고 모든 경비를 세출로 하여 각각 예산에 계정하는 것을 말한다. 예산총계주의에서는 수입과 지출의 상계를 하지 않는다. 예컨대 조세수입을 예산에 계상하는 때, 징세비(세금 징수비)를 공제한 순수입만을 계상하는 순계예산을 사용해서는 안 되며, 조세수입 총액을 계상해야 한다.

재정의 전반을 파악하는 것이 쉽고 예산집행의 책임을 명확히 할 수 있다는 장점이 있기 때문에 대부분의 국가는 예산총계주의를 채택하고 있다. 우리나라에서도 「국가재정법」 제17조 제2항에서 세입세출은 모두 예산에 계상해야 한다고 규정함으로써 예산총계주의를 채택하고 있다. 다만 대통령령에서 규정하는 수입대체경비, 국가가 현물로 출자하는 경우와 외국차관을 도입하여 전대하는 때 및 국가연구개발사업의 개발 성과물 사용에 따른 대가 등은 예외로 인정하고 있다(국가재정법 제53조, 동법 시행령 제24조).[6]

그런데 예산총계규모에는 회계 간 거래(예: 일반회계에서 특별회계로의 전출금 등)나 동일회계 계정 간 거래금액(예: 책임운영기관특별회계에서 손익계정과 자본계정 간 전출금 등)으로 인하여 동일한 재원이 중복 계상되는 문제가 발생한다. 여기서 중복되는 부분을 차감한 예산 순액을 예산순계라고 한다.

④ **통일성(unity)의 원칙** : 모든 세입은 하나의 국고(國庫)에 통합되고 모든 세출은 그 국고에서 나가야 한다는 것이다. 다시 말하면 어떤 특정한 수입이 어떤 특정한 지출에만 사용되도록 영향을 미쳐서는 안 된다는 원칙이다. 영국에서는 1787년의 「통합기금법」(Consolidated Fund Act)에 의하여 이 원칙이 초보적으로 확립되었다. 그러나 현대국가에 와서는 특별회계 · 기금 · 목적세와 같은 예외를 인정하고 있다.

⑤ **명세성(specifications)의 원칙** : 세입세출예산을 구체적으로 항목화(項目化)해야 한다는 것이다. 이것은 품목별예산제의 확립으로 그 실현을 보게 되었는데, 항목 간의 전용은 특수한 경우에만 허용되어야 한다.

⑥ **사전의결(prior authorization)의 원칙** : 행정부가 예산을 집행하기 전에 입법부에 의

6 현물출자 : 국가가 「국유재산법」 제60조에 따라 행정재산(청사, 도로, 문화재 등) 이외의 국유재산을 정부출자기업(공기업)에 현물로 출자하는 것이다. 그동안 정부는 국유재산(부동산) 등을 공기업을 설립할 때 또는 공기업이 자본금을 늘려 고유목적 사업을 수행할 수 있도록 현물출자한 바 있다. 현물출자는 예산총계주의 원칙을 적용받지 않기 때문에(국가재정법 제53조 제2항) 탄력적으로 출자할 수 있다. 물론 현물출자명세서를 국회에 제출하여 결산심사를 받는 형식으로 국회의 통제가 이루어진다.

하여 예산이 먼저 심의되고 의결되어야 한다는 것이다.[7] 물론 여기에는 예산의 집행도 의회에서 승인한 한계를 엄격히 지켜야 한다는 것을 함축하고 있다.

⑦ **한정성(periodicity)의 원칙** : 예산의 회계기간이 1년이어야 한다는 것이다. 정기성의 원칙, 예산1년도의 원칙, 회계연도독립의 원칙이라고도 한다. 여기에도 예외적으로 예산 집행의 신축성을 기하고 예산집행의 능률을 높이기 위한 계속비제도가 인정되고 있다.

⑧ **정확성(accuracy)의 원칙** : 세입예산과 세출예산의 추계(推計)가 정확하고 또 일치하도록 하여야 한다는 것이다. 그러나 세입은 어디까지나 추계이므로 정확할 수는 없다. 경기불황 또는 호황으로 예상보다 달라질 수 있다. 그렇다고 세입을 지나치게 적게 추계함으로써 실제 세입에서 여유가 있게 해서는 안 된다. 그러나 세출은 예산편성대로 어느 정도 정확하게 지킬 수 있다.

이상과 같은 전통적 예산원칙들을 절대적으로 준수하는 것은 비현실적이다. 실제로 오늘날 이러한 원칙을 완벽하게 준수하고 있는 나라는 없다. 그래서 수정이 불가피하게 되었는데, 그 이유는 다음과 같다.

첫째, 과거의 국민은 정부가 방임해 주기를 원했으나 오늘날의 국민은 정부가 보다 많은 서비스를 공급해 주고 보호해 주기를 기대한다. 또 산업혁명 후 비약적인 경제발전, 과학기술의 발달, 인구증가, 도시화, 국제적 권력투쟁 등으로 행정기능이 확대되고 강화되었는데, 이것이 재정규모를 팽창시켰고 재정구조도 변화시켰다. 따라서 명료성 · 명세성 · 완전성은 지키기 어렵게 되었다.

둘째, 오늘날에는 공기업의 증가로 인하여 통일성의 원칙은 그 타당범위가 좁아졌다. 공기업은 기업성을 강조하고 독립채산을 필요로 하므로 통일성의 원칙에서 예외가 되는 특별회계의 설치가 불가피하게 되었다.

셋째, 예산규모가 팽창하고, 거대한 정부자금의 흐름이 국민경제에 중대한 영향을 미치게 되었기 때문에 전통적인 예산원칙을 따르는 것보다는 경제상황의 변동에 따라 탄력적으로 적용하는 것이 필요하게 되었다.

---

7 이 원칙은 영국에서 17세기 말과 18세기 중엽에 걸쳐 확립된 것인데, 독일에서 20세기에 들어와 이 원칙이 새삼스럽게 거론된 것은 나름대로의 이유가 있다. 즉 독일은 1918년 제1차 대전에서 패할 때까지 군주국가로서 시민혁명을 거친 완전한 대의정치국가가 아니었기 때문이다. 일본 학자들이 이 원칙을 중요시하는 이유는 일본 역시 1945년 8월 제2차 대전에서 패할 때까지 군주국가로서 민주주의적 예산제도를 갖지 못하였기 때문이다.

3. 현대적 예산원칙

정부의 기능이 확대됨에 따라 새로운 현대적 예산원칙이 필요하게 되었는데, 관리지향의 예산제에서 필요로 하는 새로운 예산원칙을 스미스(Harold D. Smith)는 다음과 같이 제시하였다.

① **계획(programming)의 원칙** : 사업계획과 예산은 동전(coin)의 양면과 같다. 예산은 행정부의 정책이나 사업계획을 반영하는 것이므로 예산은 행정부의 사업계획과 연계되도록 해야 한다는 것이다.

② **책임(responsibility)의 원칙** : 행정수반의 지휘와 감독하에 입법부의 의도에 따라 가장 효과적인 방법으로 집행할 책임이 행정부에 있다는 것이다. 행정수반은 각 부처의 사업수행이 입법부의 의도에 부합되도록, 그리고 가장 경제적인 방법으로 이를 수행하도록 감독할 책임이 있다는 것이다.

③ **보고(reporting)의 원칙** : 예산의 모든 과정이 정부 각 기관으로부터 제출되는 재정보고와 업무보고 등에 기초해야 한다는 것이다. 행정부와 입법부는 각종 사업과 예산의 집행에 관하여 지속적으로 보고를 받고 관련정보를 입수해야 한다. 이러한 보고에 기초를 두지 않는 예산업무는 맹목적이고 자의적(恣意的)인 것이 되기 때문이다.

④ **적절한 수단(adequate tools)의 원칙** : 행정부는 예산을 책임 있게 운영하기 위하여 적절한 행정상의 수단을 구비해야 한다는 것이다. 예컨대 중앙예산기관을 설치한다거나, 월별 · 분기별로 예산을 배정한다거나, 예비비제도와 보고제도를 마련하는 것 등이다.

⑤ **다원적 절차(multiple procedures)의 원칙** : 현대의 행정활동은 매우 다양하므로 사업의 성격에 따라 예산절차를 다르게 해야 한다는 것이다. 현대정부가 수행하는 활동은 일반 행정, 장기개발사업, 기업적 활동 등 다양하다. 따라서 기업적 활동을 하는 정부기업의 예산절차는 일반 행정의 예산절차와 다르게 하는 것이 바람직하기 때문이다.

⑥ **재량(executive discretion)의 원칙** : 의회가 행정부에 일정한 재량의 여지를 주어 신축적으로 집행할 수 있게 해야 한다는 것이다. 의회가 행정부의 독단을 방지하기 위하여 예산을 지나치게 세분하여 의결하면 목적달성을 위한 적절한 방법을 강구하기가 어렵기 때문이다.

⑦ **시기신축성(flexibility of timing)의 원칙** : 경제사정 등의 변화에 적응할 수 있도록 예산의 집행시기를 적절하게 조절할 수 있어야 한다는 것이다.

⑧ **예산기구 상호성(two-way budget organizations)의 원칙** : 예산을 능률적이고 효과적으로 집행하기 위해서는 모든 부처와 그 산하기관이 서로 협력해야 한다는 것이다.

이러한 원칙은 전통적 예산원칙과 완전히 다르다기보다는 추가적인 성격을 내포하고 있다. 물론 내용상 상충되는 것도 있다. 즉 행정부 통제에 중점을 둔 통제지향의 전통적 예산원칙과 행정부의 재량을 인정하는 관리지향의 현대적 예산원칙은 서로 모순이 되기도 한다. 예컨대 명세성의 원칙과 재량의 원칙, 예산1년도의 원칙과 시기신축성의 원칙은 서로 상충되는 측면이 있다.

그러나 스미스는 "전통적 원칙과 현대적 원칙이 대립적인 측면이 있지만 근본적으로는 동일한 목적을 가지고 있다는 점에서 상호 보완되고 조화되어야 한다."고 하였다. 이를 위해서는 예산관계자들이 예산을 통제수단인 동시에 행정관리 및 재정정책의 도구로 인식해야 한다는 것이다.

제3절 예산의 분류

1. 예산분류의 개념

예산의 분류(classification)란 예산의 내용이 되는 세입과 세출을 정확하게 파악하고 또 비교하기 쉽도록 일정한 기준에 따라 유형별로 나누어 체계적으로 배열하는 것을 말한다. 다시 말하면 예산의 편성 · 의결 · 집행 · 회계검사를 용이하게 하기 위하여 세입세출예산을 각각의 항목으로 구분하는 것이라고 할 수 있다.[8]

오늘날의 예산규모는 방대하기 때문에 일정한 기준에 따라 분류해야만 정부활동의 내용을 알 수 있다. 그런데 정부의 기능이 매우 복잡하고 다양하여 어떤 한 가지의 분류만으로는 부족하다. 즉 어떤 하나의 목적에 적합한 분류방법은 다른 목적에는 적합하지 않은 경우가 있기 때문이다. 따라서 각국의 정치적 · 사회적 · 경제적 여건에 따라 복합적으로 그 분류방법을 적용해야 한다.

시크는 예산의 주 기능이 변함에 따라 분류방법도 변화되어 왔다고 하면서 다음과 같이 분류하였다. 즉 통제기능이 강조될 때는 품목별 분류, 관리기능이 강조될 때는 활동

8 버크헤드는 예산분류의 개념을 "정부활동을 분석하고 참조하기 위하여 그 형식과 구조에 관한 정보를 제공하고 관찰하는 수단이 되는 것"이라고 정의하였다(Burkhead, 1956: 110).

별 분류, 그리고 계획기능이 강조될 때는 사업별 분류가 필요하다고 하였다(Schick, 1966: 243~258).[9]

이 책에서는 예산분류의 유형을 품목중심과 프로그램중심으로 나누어 고찰한다. 품목중심의 분류는 예산의 통제기능이 강조되던 시기에 사용되던 전통적인 방법이고, 프로그램중심의 분류는 예산의 관리 및 계획기능이 강조되는 시기에 사용되는 현대적인 방법이다.

2. 예산분류의 목적

예산의 분류는 세입에 있어서는 세입의 공정한 관리를, 그리고 세출에 있어서는 효과적인 경비지출을 그 목적으로 한다.

첫째, 예산이 정부의 사업계획을 명백하게 하도록 분류되기만 한다면 예산분류는 의회의 예산심의에 도움을 준다.

둘째, 예산분류는 사업계획을 집행하는 공무원으로 하여금 배정된 예산액과 자기 임무를 명확히 인식하게 함으로써 예산집행의 효율성을 상호 비교할 수 있도록 한다.

셋째, 예산분류는 특정기관 또는 그 기관의 세입징수, 지출원인행위, 현금출납에 관한 회계의 책임을 명확하게 한다.

넷째, 예산분류는 정부활동이 국민경제에 미치는 영향을 파악하는 데 도움을 준다.

3. 품목중심 분류와 프로그램중심 분류의 차이

품목중심의 전통적 예산분류방법에는 조직별 분류와 품목별 분류가 있으며, 프로그램중심의 현대적 예산분류방법에는 기능별 분류, 사업계획별 분류, 활동별 분류 및 경제성질별 분류 등이 있다.

전통적 분류방법은 예산의 통제기능을 수행함에 있어 적절한 것이고, 현대적 분류방법은 예산의 능률과 효율을 높이는 데 적합한 것이다.

9 유훈 교수는 예산을 다음과 같이 분류하였다(유훈, 2003: 113~114). ㉠ 세입의 성질에 따라 일반회계예산과 특별회계예산, ㉡ 예산편성절차에 따라 본예산 · 수정예산 · 추가경정예산, ㉢ 본예산이 성립되지 못했을 때의 예산집행에 따라 잠정예산과 준예산, ㉣ 예산심의절차에 따라 신임예산과 예산초과지출의 추인, ㉤ 예산결정방법에 따라 품목별예산 · 성과주의예산 · 계획예산 · MBO · 영기준예산.

전통적 분류방법은 근대적 예산제도의 성립 때부터 사용되기 시작하였으며, 그중에서 품목별 분류는 대체로 1920년대에 완성되었다.

현대적 분류방법은 1930년대, 즉 관리지향의 성과주의예산제의 대두 때부터 개발되기 시작하였으나 본격적인 발전은 1950년대에 이루어졌다.

전통적 분류방법은 모든 예산과정의 수행을 용이하게 하며, 회계책임(accountability)을 명확하게 하는 데 유리하다. 반면에 현대적 분류방법은 사업계획의 수립과 그 성과를 평가하는 데 유리하며, 나아가서 국민경제의 분석에도 도움을 준다.

통제지향의 품목별예산제에서는 지출대상을 중심으로 명세화한 품목별 분류가 사용되는 데 비하여, 관리지향 · 계획지향의 예산제에서는 정부가 수행하는 사업을 중심으로 하는 기능별 분류가 사용된다.

프로그램중심의 예산분류에 있어서 1차 분류는 기능별, 2차 분류는 사업계획별, 3차 분류는 활동별 분류로 되어 순차적으로 연결된다.

미국의 경우 1950년대에 성과주의예산제를 도입하면서 전통적인 품목중심의 분류체계에서 초보적인 프로그램중심의 분류체계로 전환하였다. 즉 분류체계를 사업계획별 · 활동별로 분류한 다음 이를 업무단위(work units)로 구분하였다. 이러한 업무단위에 단위원가(unit cost)를 곱하여 예산을 편성함으로써 예산집행의 성과를 측정 · 평가하여 예산관리를 가능하게 하였다(Mosher, 1954: 81~83).

품목별예산제가 인건비와 물건비 등에 소요되는 금액을 합산하는 방법으로 예산을 편성하는 것인 데 비하여, 성과주의예산제는 프로그램중심으로 예산을 편성한다.

계획지향의 계획예산제에서는 프로그램중심의 분류체계를 사용하나 분류방법과 명칭은 변경되었다. 그 프로그램체계는 한 조직체의 행정목표의 수행을 기준으로 하여 프로그램 category, 프로그램 subcategory, 프로그램 element로 순차적으로 구분하였다.[10]

성과주의예산제와 계획예산제의 분류체계는 정부가 수행하는 프로그램중심이라는 공통성을 갖고 있어 품목중심의 분류체계와는 근본적으로 다르다.

---

10 계획예산제(PPBS)의 프로그램 구조에 관하여는, 박영희 외, "PPBS와 그 적용에 관한 연구," 「학술지」, 제11집(건국대학교, 1970), pp.313~315 참조.

제4절 품목중심의 분류

1. 조직별 분류

조직별 분류(classification by organizational units)는 예산의 분류방법 중 가장 오래되고 기본적인 방법으로서, 입법부와 사법부를 포함하는 넓은 의미의 정부의 예산을 중앙관서 단위로 분류하는 것을 말한다. 예산안의 편성부터 회계검사까지 예산의 모든 과정이 조직별로 이루어진다(Burkhead, 1956: 111). 이것은 예산을 정부의 조직(중앙관서) 단위로 분류하는 것으로서, 세입예산과 세출예산에 모두 적용된다.

조직별 분류의 단위는 중앙관서다. 여기에서 중앙관서란 입법부, 사법부, 헌법기관 및 중앙행정기관을 말한다.

조직별 분류를 우리나라에서는 소관별(부처별) 분류라고 하며, 2016년도 총지출의 그 소관(분류단위)은 54개다.

2. 품목별 분류

품목별 분류(classification by objects)는 세입 또는 세출의 대상이나 성질에 따라 분류하는 방법으로서, 우리나라에서는 이를 '성질별 분류'라고 하는데, 그 목별 코드는 다음과 같다.

100 인건비(personal expenses)
200 물건비(goods services)
300 이전지출(current transfer)
400 자산지출(asset expenses)
500 상환지출(repayment of loans)
600 전출금(transfer)
700 예비비 등(contingency and others)

품목별 분류 이전에는 예산을 조직별(또는 기관별)로만 분류하였기 때문에 의회가 행정부의 예산지출을 통제하고 회계책임을 묻기가 어려웠다. 조직별 예산을 지출대상별(object of expenditure)로 세분하지 않고 총액으로 의결하여 주었기 때문이다.

품목별 분류는 세입예산과 세출예산에 모두 적용된다. 이것은 예산통제에 주 목적이 있기 때문에 지출된 예산이 얼마만큼의 효과를 가져왔는가 하는 것은 별로 문제되지 않으며, 또 왜 구매해야 하는가를 엄격히 따지지 않는다.

품목별 분류(品目別 分類)의 장점은 다음과 같다.

- 지출통제가 쉽고 재량범위를 줄여 부정을 방지할 수 있다.
- 인사관리를 위한 유용한 자료로 이용할 수 있다.
- 회계책임을 명확히 하고 합법성 위주의 회계검사에 유용하다.

품목별 분류의 단점은 다음과 같다.

- 세부적인 지출대상에 중점을 두므로 사업의 전체적 파악이 어렵다.
- 행정활동의 자율성을 제약하고 예산의 신축성을 저해한다.
- 신규사업보다는 기존사업의 확대에 치중하기 쉽다.

미국의 경우 세출예산을 품목별로 편성하기 시작한 것은 1907년 뉴욕시 보건국의 예산에서 비롯되었다(*Report of the Commission on Economy and Efficiency*, 1912 참조). 미국 연방정부 예산에 있어서는 1912년 태프트위원회가 모든 성 · 청의 예산을 지출대상, 즉 품목별로 편성할 수 있도록 품목별 계정을 제시하여 주었다.[11]

3. 예산과목

1) 예산과목의 의의

예산과목(豫算科目)은 예산내용을 일정한 기준에 따라 구분한 것을 말하며, 세입예산과목과 세출예산과목으로 구성된다. 예산과목의 분류 및 예산구조(budget structure)는 성과주의예산제의 개념이 소개되면서 많은 변화가 있었는데, 우리나라에서도 1950년대에 미국의 성과주의예산제를 받아들여 현재의 과목구조를 마련하였다.

11 태프트위원회는 태프트(W. H. Taft) 대통령이 1910년에 설치한 '절약과 능률에 관한 태프트위원회(Taft Commission on Economy and Efficiency)'를 말한다. 태프트 대통령은 이 위원회에 비용을 줄이고 효율성을 증대시킬 수 있는 방안을 마련하라고 지시하였다. 연방정부의 모든 부서가 업무 효율화 방안을 태프트위원회에 제출하면, 위원회는 이것을 심도 있게 연구 · 분석하는 방식으로 추진하였다.

성과주의예산제에 있어서 과목은 정부의 거래를 여러 범주(category)로 분류하는데, 통상 기능별(function) · 사업별(program) · 활동별(activity) · 비목요소별(cost element)로 분류한다.

세입예산과 세출예산을 크게 조직별로 분류한 다음 최종적으로 품목별로 분류하기 위해서는 중간단계의 구분이 필요하다.

우리나라에서는 중앙관서의 조직별로 분류한 다음 세입예산은 성질별로 관 · 항으로 구분하고,[12] 세출예산은 조직별로 분류한 다음 기능별 · 성질별 · 기관별로 장 · 관 · 항으로 구분하고 있다(국가재정법 제21조 제3항).

중앙관서의 조직별 구분을 소관이라고 하며, 필요한 경우 소관구분에 앞서 계정별(경상 또는 자본예산)로 구분할 수 있다.

표 4-1 한국의 예산과목 구조

소관별	장	관	항	세항	목
입법과목				행정과목	

주 : 1) 장 · 관 · 항의 구분은 기능별 · 성질별 · 기관별로 분류한다.
2) 세항은 중앙관서의 기능단위별 또는 사업단위별로 분류하며, 목은 경비성질별로 분류한다.

소관별(所管別) · 장(章) · 관(款) · 항(項)은 국회의 의결대상이기 때문에 입법과목이라고 하고, 항을 다시 구분한 세항(細項)과 이것을 최종적으로 분류한 목(目)은 행정부의 재량에 맡겨져 있기 때문에 행정과목이라고 한다.

입법과목(立法科目)은 세입예산의 경우 관 · 항, 세출예산의 경우 장 · 관 · 항이 이에 해당된다.[13]

행정과목(行政科目)은 입법과목의 하위체계로서 세입예산은 목으로, 세출예산은 세항 · 세세항 · 목으로 분류되는데, 행정부의 재량에 의하여 운용되는 과목이다.[14]

세입예산의 목의 변경 또는 신설은 행정부 재량으로 운용되고 있으나 실제로는 세입징수 결정 때 과목의 신설로 운용되고 있다. 세출예산의 세항 · 목의 변경 또는 신설은 「국가재정법」의 전용과 예비비 지출 결정, 예산의 이월, 수입대체경비의 초과지출 승인

12 중앙관서별 월별자금계획서의 경우, 수입계획서에는 세입예산이 정하는 관 · 항 · 목으로, 지출계획서에는 세출예산이 정하는 장 · 관 · 항 · 세항으로 구분한다(국고금관리법 시행령 제47조).

13 세입예산과목은 세입예산이 직접 예산에 의하여 실현되는 것이 아니라 세법 등 법령의 규정에 의하여 실현되기 때문에 입법과목과 행정과목을 구분할 필요는 없다고 할 수 있다.

14 세세항(細細項)은 법정과목은 아니지만 단위사업의 예산과 집행을 명백히 하기 위하여 세항의 하위체계로 운용되고 있다.

등에 의하여 운용되고 있다.

기관별 또는 소관별 구분은 중앙관서의 조직별 분류에 해당된다. 세출예산에 있어서 장은 그 기관의 기본목표, 관은 기능, 항은 사업계획, 세항은 단위사업을 의미한다.

이러한 예산과목의 구분은 기획재정부장관이 정하며, 예산과목 구분의 목적은 복잡하고 광범위한 예산을 통일적으로 분류하고 그 목적을 정하여 성질 및 내용을 명백히 하여 국회의 의결대상으로 함과 동시에 예산집행의 방침으로 하려는 데 있다.

외국의 경우에도 계획예산제나 영기준예산제를 완전히 채택하고 있는 국가 이외에는 조직별 분류와 품목별 분류의 중간단계로서 대체로 한국과 유사한 과목구조를 가지고 있다.

영국에서는 세출예산을 입법과목인 관(class) 및 항(vote)과, 행정과목인 목(subhead)으로 구분한다.

미국은 성과주의예산제와 계획예산제를 거쳐 영기준예산제를 채택하면서 예산분류체계를 전통적인 품목중심에서 프로그램중심으로 바꾸었기 때문에 원칙적으로 관이나 항이라는 과목구조를 쓰지 않는다.

2) 과목구분

과목구분(科目區分)은 예산과목별 구체적 용도구분 및 설명을 말한다. 과거에는 과목해소(科目解疏)라고 하였다. 과목구분에서는 각 목마다 용도구분에 따라 다시 세목으로 나누는데, 이는 모두 코드화되어 있다. 우리나라 예산의 과목구조는 장 · 관 · 항 · 세항 · 목으로 구분하고 이에 대하여 설명을 붙이고 있으나, 구분은 주로 세입 · 세출예산 모두 목에 대한 설명에 치중하고 있다.

예산의 과목구조가 매년 조금씩 달라질 수 있기 때문에 중앙예산기관이 매년 과목구분을 만들고 있다.

기획재정부는 매년 「예산안편성 및 기금운용계획안 작성지침」에 편성연도의 세입세출예산의 과목구분을 첨부하여 각 중앙관서에 시달하며, 또 국회에서 예산이 의결되면 인쇄 · 배부되는 세입세출예산서의 끝 부분에 과목구분을 첨부한다.

표 4-2 세입예산 과목구분의 예

관		항		목		내 역
01	내국세	11	소득세	111	신고분	소득세법에 의한 세입 중 신고분
				112	원천분	소득세법에 의한 세입 중 원천분
		12	법인세	121	법인세	법인세법에 의한 세입
		13	부당이득세	131	부당이득세	부당이득세법에 의한 세입
		15	상속세	151	상속세	상속세법에 의한 상속세 세입
				152	증여세	상속세법에 의한 증여세 세입

표 4-3 세출예산 과목구분의 예

	목	내 역
100 110	1. 인건비 인건비	01. 보수 1. 봉급 – 공무원보수규정에 의한 특수경력직 및 경력직 공무원의 봉급 및 연봉 – 법관의 보수에 관한 법률에 의한 법관의 봉급 – 검사의 보수에 관한 법률에 의한 검사의 봉급 2. 상여금 – 공무원수당 등에 관한 규정에 의한 정근수당 3. 성과상여금 – 공무원수당 등에 관한 규정에 의한 성과상여금 4. 정액수당 – 국회의원수당 등에 관한 법률에 의한 국회의원의 일반수당 및 정근수당 – 각종 공무원보수 및 수당규정 등에 의하여 월정액으로 지급하는 여러 수당

제5절 프로그램중심의 분류

1. 기능별 분류

기능별 분류(functional classification)는 국가의 주요 기능에 따라 세출예산을 분류하는 것으로서, 조직별 분류보다 범위가 더 넓은 분류방법이다. 이러한 분류는 행정수반의 예산정책 수립과 의회의 예산심의를 용이하게 한다. 또한 국민들에게 예산의 내용을 알리는 가장 좋은 방법이기 때문에 '국민을 위한 분류(citizen's classification)'라고도 한다.

기능별 분류는 원칙적으로 공공서비스의 내용을 기준으로 정부의 주요 기능(방위 · 사회개발 · 경제개발 · 일반행정 등)으로 분류하는 것이다.

기능별 분류는 다시 기능을 달성하는 주요 최종목표를 중심으로 기술적으로 나누어 사업별로 분류한다. 사업별 분류는 관리상의 편의, 비용편익의 취급 편리, 회계의 처리, 비용의 계산목적에 적합해야 한다. 그러나 사업별 분류는 경비의 성질상 전체기관에 미치는 경우도 있으며, 중요성에 의하여 사업을 세분하기도 하고 또는 비슷한 유형의 사업을 하나로 통합하기도 한다. 실제에 있어서는 이러한 사업별 분류가 국 · 실 또는 사무소 등으로 분류된다.

사업은 다시 활동의 동질성 범주(homogeneous categories)로 세분되는데, 이는 대체로 과 또는 사업소 단위로 편성된다.

마지막으로 활동은 그 비목의 요소별(보수 · 물건비 · 경상이전 등)로 관리통제를 목적으로 분류되는데, 품목별 예산은 바로 마지막 비목요소로의 편성을 의미한다. 기능별 분류(機能別 分類)의 특징은 다음과 같다.

첫째, 기능별 분류의 대항목(major titles)은 어떤 한 부처의 예산이 아니라 각 부처의 예산을 포괄한다. 예컨대 일반행정비는 어느 한 부처의 일반행정비만이 아니라 모든 부처의 일반행정비가 종합된다.

둘째, 일반행정비는 가능한 한 적게 책정하는 것이 바람직하다. 그렇지 않으면 기능별 분류의 의의가 없어지게 된다.

셋째, 한 개 이상의 기능에 속하는 사업이 많은데, 그렇더라도 어느 한 기능에 한 번만 계상(計上)해야 한다. 예컨대 제대군인을 위한 병원은 복지비에도 속하고 보건비에도 속할 수 있는데, 어느 한 기능에만 계상해야 한다. 따라서 기능별 분류에서는 임의적인 결정을 필요로 하는 때가 있다.

우리나라는 정부수립 후 국가의 주요 기능을 일반적 경비 · 사회적 경비 · 경제적 경비 · 기타 등 4개로 분류하다가, 1963년부터 UN의 권고에 따라 일반사업비 · 공익사업비 · 사회복지비 · 경제사업비 · 그 밖의 사업비로 분류하였다.

1971년부터는 국가의 주요 기능을 18개로 분류하기도 하였으나, 2016년도에는 총지출(386.4조원)을 12개 분야로 구분하였다.[15]

---

15 2016회계연도 중앙정부의 12개 분야별 지출 비중은 ㉠ 보건 · 복지 · 고용 : 31.9%, ㉡ 교육 : 13.7%, ㉢ 문화 · 체육 · 관광 : 1.7%, ㉣ 환경 : 1.8%, ㉤ R&D : 4.9%, ㉥ 산업 · 중소기업 · 에너지 : 4.2%, ㉦ SOC : 6.1%, ㉧ 농림 · 수산 · 식품 : 5.0%, ㉨ 국방 : 10.0%, ㉩ 외교 · 통일 : 1.2%, ㉪ 공공질서 · 안전 : 4.5%,

OECD는 회원국의 정부지출을 UN에서 제정한 정부기능 분류(COFOG: Classfication of the Function of Government)에 따라 10개 대기능(69개 소기능)으로 분류하고 있다.[16]

2. 사업계획별 분류와 활동별 분류

기능별 분류를 다시 순차적으로 프로그램 기준으로 분류하면 사업계획별 분류(program classification)가 되고, 이를 다시 분류하면 활동별 분류(activity classification)가 된다(유훈, 2003: 144). 사업계획별 분류에서도 최종적으로는 품목별 분류에 도달하게 된다.[17]

이러한 두 분류방법은 마치 품목별 중심의 분류체계에 있어서 관이나 항과 같은 예산과목이 조직별 분류와 품목별 분류의 중간에서 그것을 연결시키는 것과 동일한 역할을 한다고 볼 수 있다.

사업계획별 분류(事業計劃別 分類)는 각 부처의 업무를 몇 개의 사업계획으로 나눈다. 따라서 예산요구서를 작성할 때 그 기준을 제공해 주며, 그 계획의 집행에 필요한 소요액과 사업 진도 등을 분석 · 검토하는 데 도움을 준다.

활동별 분류(活動別 分類)는 예산안의 편성, 회계업무, 예산집행상황 보고 등을 쉽게 하지만 너무 많은 활동으로 세분하면 오히려 복잡하게 된다.

프로그램은 원칙적으로 측정 가능한 최종생산물(end product)을 산출할 수 있어야 한다. 그러나 정부가 수행하고 있는 많은 사업 중에는 측정이 가능한 것(교육이나 도로건설)도 있지만 측정이 불가능한 것(외교나 치안활동)도 있다. 따라서 사업계획별 분류와 활동별 분류는 프로그램중심의 예산을 철저하게 이행하는 나라에서 유용하다.

ⓔ 일반 · 지방행정 : 15.4% 등이었다. 총지출의 연평균 증가율(2010~2016년)은 4.7%였다.

우리나라 2016년 국방분야 예산(일반회계 기준)은 38.8조원이었다. 북한의 국방비는 스톡홀름 국제평화연구소의 자료에 따르면 2012년 기준 9억 7430억달러로 한국의 1/33, 미국의 1/700 수준이었다. 한국국방연구원의 자료에 따르면 2010년 기준 북한의 국방비는 57.5억~98.4억달러(GDP의 16.9~23.1%)로 추정하였다.

16 COFOG는 일반정부(중앙정부+지방정부+사회보장기금)의 재정지출을 ㉠ 일반공공행정, ㉡ 국방, ㉢ 공공질서와 안전, ㉣ 경제업무, ㉤ 환경보호, ㉥ 주택과 지역개발, ㉦ 건강, ㉧ 오락 · 문화 · 종교, ㉨ 교육, ㉩ 사회보호로 분류하고 있다. 일반정부 기준으로 우리나라는 사회보장 및 복지 분야 비중이 OECD에 비하여 상대적으로 낮고(2013년 기준 사회보장 및 복지 분야 비중이 OECD는 35.8%, 우리나라는 18.4%), 일반공공행정 · 국방 · 경제업무 · 교육 분야의 비중은 상대적으로 높다(국회예산정책처, 대한민국 재정 2016).

17 공공부문에서의 사업(programs)은 특정 목적의 달성을 위하여 취해지는 일단의 독립된 단위활동이라고 할 수 있다. 즉 사업은 하나의 독립된 활동이거나 일단의 활동이며, 어떤 특정한 목적을 지향한다.

3. 경제성질별 분류

경제성질별 분류(economic character classification)는 세입세출예산을 경상계정(經常計定)과 자본계정(資本計定)으로 구분하는 것을 말한다.[18] 이것은 예산이 국민경제의 기본적 요인에 미치는 영향을 파악하기 쉽게 하는 분류방법이다. 버크헤드는 경제성질별 분류를 경제활동의 내용과 수준에 영향을 미치는 정부의 정책결정에 필요한 자료를 제공할 수 있도록 하는 분류라고 하였다(Burkhead, 1956: 212).

경제성질별 분류(經濟性質別 分類)는 국민소득에 대한 정부활동의 기여와 자본형성에 대한 정부부문의 기여 등에 관한 자료를 제공해 준다. 특히 경제정책의 입안과 경제분석에 유용하다.

오늘날 예산은 국민경제에 많은 영향을 미친다. 따라서 예산안을 편성할 때 국민경제의 기본적 구성요소인 소득 · 소비 · 저축 · 투자 · 생산 · 가격 등에 미치는 영향을 파악해야 한다.

경제성질별 분류 그 자체가 경제정책은 될 수 없고 다만 정책수립을 위한 자료의 일부를 제공할 뿐이기 때문에 한계가 있다. 경제성질별 분류의 특징은 다음과 같다(유훈, 2003: 152).

첫째, 경제활동에 대한 정부의 영향의 일부만을 근사치(近似値)로서 측정할 수 있다. 예컨대 국민소득에 대한 정부활동의 기여, 자본형성에 대한 정부부문의 기여 등에 관한 자료를 제공해 주며, 정부활동이 inflation(통화팽창)이나 deflation(통화수축)에 어떠한 영향을 주는가에 관한 자료를 제공해 준다.

둘째, 세입세출의 양의 변화로 인한 영향만을 측정할 수 있다. 따라서 경제성질별 분류로는 세입세출 외의 정부의 규제활동, 관세, 국채 등이 국민경제에 미치는 영향을 측정하기가 어렵다.

셋째, 경제성질별 분류 그 자체로는 소득이 분배나 산업부문별 자금배정에 대한 정부활동의 영향을 정확하게 측정하기가 어렵다. 따라서 이 분류방법 외에 다른 분류방법

18 경상계정은 규칙적으로 반복되는 성질이 있는 거래의 수지(收支)를 나타내는 계정으로, 경상적 경비라고 하면 기관이나 시설의 운영 · 관리에 드는 기획재정부장관이 정하는 경비를 말한다.

자본계정은 자본액의 증감을 기록하는 계정을 말한다. 자본계정에서의 자본적 지출(capital expenses)은 지출의 효과가 당기(當期)에 그치지 않고 그 이후까지 미치는 지출을 말한다. 다시 말하면 고정자산의 가치를 증가시키거나 사용 기간을 늘리는 지출로서, 자본적 경비 또는 투자적 경비라고도 한다. 수익적 지출(revenue expenses)은 지출의 효과가 당기에만 그치는 비용으로 인식되는 것을 말한다.

고정자산의 사용기간을 연장시키거나 그 가치를 증가시키는 개량비는 자본적 지출에 해당되고, 고정자산의 원상을 회복하거나 능률 유지를 위한 수선비는 수익적 지출에 해당된다.

에 의한 정보도 필요하다.

넷째, 경제성질별 분류는 정책결정을 담당하는 고위계층에게 필요한 것이며, 일선 실무자들에게는 별로 유용하지 못하다.

우리나라는 유엔편람에 의거하여 세입세출예산을 경제성질별로 분류하여 '한국예산재분류에 관한 설명'에 이를 수록하였다(유훈, 2003: 153). 그러나 1961년도에 중단하였다가, 1969년도에 부활하여 '경제적 분류(經濟的 分類)'라는 이름으로 사용한 일이 있다.

그러나 1970년도에 다시 폐기되었다가 1971년도에는 '정부저축'이라는 이름으로 경제성질별 분류와 비슷하게 사용하였고, 1979년도부터 통합예산제도가 도입되면서 이에 흡수되었다. 현재 「나라살림(예산개요)」에는 성질별 세출예산으로 구분하고 있다.

제5장 예산의 종류

제1절 통합재정

1. 통합재정의 의의

1) IMF의 통합재정

중앙재정과 지방재정 사이, 지방자치단체의 일반재정과 교육재정 사이에는 재원이전이 발생한다. 이에 따라 중앙재정과 지방재정에 처음 계상된 통합재정 지출과 재원이전 후 통합재정 사용액 사이에 차이가 발생한다.

- 중앙재정 → 지방자치단체의 일반재정 : 지방교부세, 국고보조금
- 중앙재정 → 교육재정 : 지방교육재정교부금, 교육보조금
- 지방자치단체의 일반재정 → 교육재정 : 교육전출금, 교육보조금

정부 전체의 재정규모를 파악하기 위해서는 중앙정부, 지방정부, 공공기관 등 공공부문을 구성하는 여러 경제주체들의 재정규모를 모두 통합해야 한다. 이에 유용한 지표로는 IMF의 「정부재정통계편람」 기준의 '통합재정', UN의 국민계정체계에 따른 '일반정부 총지출' 등이 있다.

국제통화기금(IMF)은 1974년에 「정부재정통계편람」(*GFS: A Manual on Government Finance Statistics*)을 발간하고, 세계 각국에게 이에 따라 재정통계를 작성하여 제출하도록 권고하였다.

GFS의 기준은 1986년과 2001년에 다소 바뀌었다. '2001 GFS'에서는 일반정부를 시장성 여부에 따라 설정하고, 정부기능을 수행하는 비영리공공기관을 포함하며, 회계기

준도 현금주의가 아닌 발생주의에 근거한다.[1]

'2001 GFS'에 근거한 우리나라 통합재정의 포괄범위는 다음과 같다.

○ 중앙정부의 통합재정 포괄범위
- 일반회계(1개)
- 특별회계(18개) : 기타특별회계 13개, 기업특별회계 5개
- 기금(65개)
- 비영리공공기관(172개)

○ 지방자치단체의 통합재정 포괄범위
- 일반회계(244개)
- 특별회계(2259개) : 기타특별회계 1989개, 지방교육비특별회계 17개, 직영공기업특별회계 253개
- 기금(2441개)
- 비영리공공기관(90개) : 지방공사 · 공단

2) UN의 일반정부 총지출

공공부문 전체의 재정규모를 파악하는 또 다른 기준인 '일반정부 총지출'(Total General Government Expenditure)은 한국은행이 UN의 「국민계정체계」(*SNA*: *System of National Accounts*)에 근거하여 발생주의 회계기준으로 작성한다.

경제주체는 5개 부문(비금융법인기업, 금융법인기업, 일반정부, 비영리단체, 가계)으로 분류할 수 있다(한국은행, 「우리나라의 국민계정체계」, 2010). 이 중 일반정부의 포괄범위는 다음과 같다.

- 중앙정부
- 지방자치단체
- 정부시책으로 가입이 의무화되어 있는 사회보장성 기금(국민연금기금과 산업재해보상보험기금 등)
- 정부로부터 예산을 지원받는 비영리공공기관(한국개발연구원과 한국과학기술연구원 등)

UN의 「국민계정체계」는 1953년 처음 발표된 이래 1968년, 1993년에 대폭 개정되었

1 시장성 여부는 ㉠ 원가보상률(판매액÷생산원가)이 50% 이하면 일반정부, 50% 이상이면 공기업으로 분류하며, ㉡ 원가보상률이 50% 이상이라도 정부판매비율(정부대상 판매액÷판매액)이 80% 이상이면 일반정부로 본다.

고, 2008년에 다시 개정되었다. 이에 따라 한국은행도 2014년 3월 새로운 국제기준을 적용한 국민계정을 발표하였는데, 그동안 제외되어 있었던 공적연금, 기업특별회계, 금융성기금 등이 신규로 일반정부에 포함되었다.[2]

- 공적연금 : 공무원연금기금, 군인연금기금, 사립학교교직원연금기금
- 기업특별회계 : 중앙정부 특별회계(우편사업 · 양곡관리 · 조달 · 우체국예금 · 책임운영기관)와 지방정부 특별회계(상하수도 · 공영개발 · 지역개발기금 등)
- 금융성기금 : 외국환평형기금, 예금보험기금채권상환기금, 구조조정기금, 기술신용보증기금, 농림수산자신용보증기금, 산업기반신용보증기금, 신용보증기금, 주택금융신용보증기금, 무역보험기금, 농어가목돈마련저축장려기금

2. 통합재정수지

재정수지(財政收支)는 재정수입에서 재정지출을 차감한 수치로서, 해당 연도의 재정활동의 건전성을 파악할 수 있는 지표가 된다.

재정지출이 재정수입보다 더 커서 재정수지 적자가 되면 차입, 국채발행, 자산매각 등을 통한 보전이 필요하게 되므로 국가채무의 증가 또는 국가자산의 감소로 이어진다. 반대로 재정수입이 재정지출보다 더 커서 재정수지 흑자가 되면 국채상환이나 예치금 등에 사용하게 되므로 국가채무가 감소하거나 국가자산이 증가하게 된다.

재정수지는 통합재정수지, 관리대상수지(관리재정수지), 기초재정수지 등으로 구분할 수 있다.

통합재정수지(統合財政收支)는 통합재정수입에서 통합재정지출을 뺀 것이다. 우리나라는 1979년부터 연도별 통합재정수지를 작성하였고, 1994년부터는 분기별로, 그리고 1997년 7월부터는 월별로 작성하여 공표하고 있다.

관리대상수지(管理對象收支)는 통합재정수지에서 사회보장성기금수지(국민연금기금, 사학연금기금, 고용보험기금, 산재보험기금의 수지)를 제외시킨 것을 말한다. 공무원연금기금과 군인연금기금은 정부가 고용주이므로 사회보장성기금에도 포함되지 않는다. 관리대상수지에서 사회보장성기금을 제외시키는 이유는 이러한 기금의 수입은 미래 지출을 위한 것이므로 해당 연도의 재정활동으로 보기 어렵고, 또 기금의 운용에 따라 대규모 흑

2 OECD 통계에 따르면 한국의 일반정부 총지출이 GDP에서 차지하는 비중은 32.0%(최고 핀란드 59.2%)로 낮은 편이지만, 1996년의 22.5%보다 큰 폭으로 증가하였다.

자나 적자가 발생하여 해당 연도의 재정활동을 판단하는 데 적절하지 않기 때문이다. 관리대상수지는 재정건전성을 판단하는 데 있어 유용성이 크다. 우리나라는 2002년부터 관리대상수지를 발표하고 있다.

현재 사회보장성기금은 초기단계로서 아직 연금수급자가 본격적으로 발생하지 않고 보험료 수입이 계속 누적되는 관계로 큰 폭의 흑자가 발생하고 있어 통합재정수지의 흑자를 증가시키는 요인으로 작용하고 있다. 사회보장성기금의 장기적인 재정불안정을 고려하면 이러한 사회보장성기금의 흑자를 통합재정수지에서 제외하는 관리대상수지가 재정건전성을 측정하는 유용한 재정지표라고 할 수 있다.[3]

표 5-1 2015~2019년 국가재정운용계획 (단위 : 조원, %)

	2015년	2016년	2017년	2018년	2019년
총수입	382.4	391.5	406.8	426.6	446.6
예산	248.8	250.3	259.7	270.9	282.3
국세	221.1	223.1	233.1	244.2	255.6
세외수입	27.6	27.2	26.6	26.7	26.7
기금	133.6	141.2	147.0	155.8	164.3
조세부담률	17.5	18.1	18.0	18.0	17.9
총지출	375.4	386.7	396.7	406.2	416.0
예산	260.1	263.1	271.4	275.7	278.6
기금	115.3	123.6	125.3	130.5	137.3
의무지출	172.6	183.4	195.0	206.5	218.7
재량지출	202.8	203.3	201.8	199.7	197.3
관리대상수지	△33.4	△37.0	△33.1	△25.7	△17.7
(GDP 대비 %)	(△2.1)	(△2.3)	(△2.0)	(△1.4)	(△0.9)
통합재정수지	7.0	4.8	10.1	20.4	30.6
(GDP 대비 %)	(0.4)	(0.3)	(0.6)	(1.1)	(1.6)
국가채무	595.1	645.2	692.9	731.7	761.0
(GDP 대비 %)	(38.5)	(40.1)	(41.0)	(41.1)	(40.5)

주 : 1) 2015년은 본예산(추경 미반영), 국가채무는 추정치.
2) 박근혜 정부 출범 초 GDP 대비 국가채무비율(중앙정부)을 20%대로 낮추겠다고 하였으나 국가재정운용계획에서 30% 중반대로 수정.
자료 : 국회입법조사처, 「이슈와 논점」 제1063호(2015.9.18.).

3 우리나라 2016년도 예산기준 통합재정수지는 4.8조원(GDP 대비 0.3%), 사회보장성기금수지는 41.8조원, 관리대상수지는 −36.9조원(GDP 대비 −2.3%)이었다. 관리대상수지는 지속적으로 적자를 기록하고 있다(국회예산정책처, 「대한민국 재정」 2016).

기초재정수지(基礎財政收支)는 통합재정지출에서 국채이자지출을 제외시킨 재정수지를 말한다. 국채이자지출은 정부가 통제할 수 없으므로 이를 제외시키고 재정기조(財政基調)나 재정의 지속가능성을 판단하는 데 활용된다. 통합재정수지가 적자라도 국채이자지출을 제외한 기초재정수지가 흑자라면 재정기조가 긴축적이라고 판단한다. 또 국가채무가 증가하더라도 GDP 대비 국가채무비율이 증가하지 않으면 재정이 지속가능하다고 판단한다.

3. 재정총량지표

1) 총계와 총지출

총계는 중앙정부의 일반회계, 특별회계, 기금의 합계로, 회계 · 기금 간 내부거래를 포함하기 때문에 실제 재정규모를 과다하게 나타낸다.

총지출은 중앙정부의 예산과 기금(금융성기금과 계정성기금 중 외국환평형기금 제외)의 총계에서 회계 · 기금 간 내부거래와 보전거래를 제외한 것이다. 총지출 규모는 2005년부터 중앙정부가 활용하고 있는 재정통계로서 정부가 국민에게 미치는 재정적 영향 전체를 지출로 보는 재정지표다.[4]

2) 총수입 · 총지출과 통합재정 수입 · 지출

총수입 · 총지출은 중앙정부의 재정총량을 나타내는 지표로 사용하는데, 작성방식은 통합재정 수입 · 지출과 비슷하지만 융자 및 기업특별회계를 계산하는 방식에 서로 차이가 있다.

두 지표 모두 각 회계 · 기금의 내부거래(중앙정부의 회계 · 기금 간 거래로 전출전입금 등)

OECD(*Economic Outlook*, No.98, 2015.11.)에 따르면, 2016년 우리나라 일반정부 재정수지(general government financial balance)는 GDP 대비 0.5%(전망)로, 중국(−1.9%), 일본(−5.7%), 미국(−4.2%), OECD 평균(−2.8%) 등에 비하여 상대적으로 양호한 수준이었다. 그러나 우리나라는 사회보장성기금 지출의 초기단계인 점을 고려할 필요가 있다.

4 우리나라의 2016년도 예산기준 총수입은 391.2조원, 총지출은 386.4조원, 관리대상수지는 −36.9조원, 국가채무는 644.9조원(GDP 대비 40.1%)이었다. 총수입 중 예산수입은 250.1조원(국세수입 222.9조원, 세외수입 27.2조원), 기금수입은 141.1조원이었다. 총지출 중 예산지출 263.9조원(일반회계 214.6조원, 특별회계 49.3조원), 기금지출 122.5조원이었다(국회예산정책처, 2016 경제 · 재정수첩, 2016.3.31.).

와 보전거래(補塡去來, 수지차 보전을 위한 거래로 국채발행, 차입금, 여유자금 운용 등)를 제외시키는 것은 동일하다. 그러나 총수입·총지출은 융자 및 기업특별회계 지출을 총계로 계산하고, 통합재정 수입·지출은 융자 및 기업특별회계 영업수지만을 반영한다.

따라서 두 지표를 통해 산출되는 재정수지는 같으나, 총수입·총지출의 규모가 항상 통합재정 수입·지출보다 크다. 예산안 및 국가재정운용계획에서는 주로 총수입·총지출이 재정총량지표로 사용된다.

표 5-2 **중앙정부 총수입·총지출과 통합재정 수입·지출의 비교**

	총수입·총지출		통합재정 수입·지출	
도입 시기	2005~2009년 국가재정운용계획에서 처음 공식 사용(결산은 2010회계연도부터 작성)		GFS에 따라 1979년부터 연도별 작성(분기별은 1994년부터, 월별은 1999년부터 작성)	
활용	예산안 편성 및 국가재정운용계획 수립 때 재정총량의 기준		월별 재정수지 작성, IMF 제출	
작성 방식	총수입	총지출	통합재정수입	통합재정지출
	경상수입+자본수입+융자회수+기업특별회계수입 총계	경상지출+자본지출+융자지출+기업특별회계 지출 총계	총수입−융자회수−기업특별회계 수입 총계+기업특별회계 영업수지 흑자	총지출−융자지출−기업특별회계 지출 총계+기업특별회계 영업수지 적자

자료 : 국회예산정책처, 「대한민국 재정 2016」(2016.3.14.).

3) 일반정부 총지출과 총지출

일반정부 총지출은 UN의 SNA에 따른 'Total General Government Expenditure'를 의미한다. 한편 총지출은 우리나라 정부가 재정규모에 대한 국민의 이해를 돕기 위해 도입(2005년)한 총량지표로서, 국제적 기준에 따른 '일반정부 총지출'과는 포괄범위 및 작성방식이 다르다.

일반정부 총지출은 한국은행이 2008 SNA 기준에 따라 작성하고 OECD에서 각국의 공식적인 통계를 취합하여 발표하고 있다.[5]

5 2016회계연도 세출예산(386.4조원)에서 의무지출은 182.2조원(47.1%)이었다. 의무지출은 법정지출 165.5조원(42.8%)과 이자지출 16.7조원(4.3%)의 합계를 말한다. 의무지출 중 법정지출은 복지분야(83.1조원)와 지방이전재원(77.4조원) 및 기타(5.0조원) 등이다.

의무지출을 제외한 재량지출(204.2조원) 비중은 52.9%다. 재량지출에서 경직성 경비(인건비, 기본경비, 계속비 등 12.1조원)의 비중은 9.8%다. 경직성 경비와 국방비(24.3조원, 6.3%)를 제외한 순재량지출은

제2절 일반회계예산 · 특별회계예산 · 기금

1. 일반회계예산

1) 일반회계예산의 개념

일반회계예산(general account budget)은 일반적인 국가 활동, 즉 순공공재(純公共財)를 제공하기 위한 예산으로, 국가의 중심적인 예산이다.

1950년대부터 1976년까지의 우리나라의 국가예산은 일반재정부문이라고 했는데, 이것은 지금의 일반회계예산과 특별회계예산을 합친 개념이다. 그 당시 특별회계로서 가장 중요한 것은 경제개발특별회계와 미국의 무상원조자금으로 설치되었던 대충자금특별회계(對充資金特別會計)였다. 그러나 1977년부터는 경제개발특별회계가 폐지되었고, 일반재정부문이라는 개념도 없어졌다.[6]

정부수립 첫 해(1948년)의 회계연도는 8개월(1948.10.1.~1949.6.30.)이었고, 1962년 6월 10일에는 화폐개혁(圜 → 원)이 있었다. 1949년의 일반재정세입은 9100만원에 불과하였으나 매년 급격하게 팽창하고 있다.

이러한 예산규모의 팽창은 명목상의 증가다. 물가지수를 반영한 불변가격으로 환산하면 그 팽창은 다소 낮아진다.[7]

142.0조원(36.8%)이었다.

2007~2016년까지 의무지출 연평균 증가율은 6.7%로서 재량지출 연평균 증가율 4.6%보다 2.1%p 크다.

6 대충자금특별회계(Counterpart Fund Special Account)는 1953년에 설치되었다가 1972년에 폐지되었다. 대충자금이란 미국이 한국의 경제재건과 재정금융의 안정을 위하여 무상으로 원조하던 것으로, 달러화 표시가격에 대한 원화 상당액을 적립하여 세입예산으로 사용하던 자금을 말한다.

7 불변가격(Constant Price *or* Constant Dollar)은 기준연도를 정하고 물가지수변동에 따른 가치변동을 조정한 가격을 말한다. 물가지수에는 다음과 같은 종류가 있다.

소비자물가지수(Consumer Price Index)는 도시가구(1인 가구 및 농어가는 제외)가 소비생활을 하기 위하여 구입하는 상품가격과 서비스요금의 변동을 종합적으로 측정하기 위하여 작성하는 지수를 말한다.

생활물가지수(CPI for Living Necessaries)는 소비자물가 조사대상 품목 중 일반소비자들이 자주 구입하는 기본생활필수품을 선정한 후 이것들의 평균적인 가격변동을 지수화한 것으로, 1988년 4월 이후 작성하여 발표하고 있다.

소비자신뢰지수(Consumer Confidence Index)는 경기에 대한 소비자들의 인식이 경기의 동향 파악 및 예측에 유용한 정보가 된다고 보고, 소비자의 현재 및 미래의 재정상태, 소비자가 보는 경제 전반의 물가와 구매조건 등에 대하여 설문조사를 하고 이를 지수화한 것을 말한다.

소비자태도지수(Consumer Sentiment Index)는 경기에 대한 소비자들의 인식을 바탕으로 작성된다는 점

2) 일반회계예산의 구조

(1) 세입구조

세입(revenue)은 한 회계연도에 있어서의 모든 수입을 말한다. 중앙정부의 세입은 국세 · 세외수입 · 기금수입으로, 지방자치단체의 세입은 지방세 · 지방세외수입 · 지방기금수입으로 구성된다.[8]

조세는 정부의 활동을 가능하게 하는 자원을 민간부문에서 정부부문으로 강제 이전하는 수단으로, 세입의 근간이 된다. 우리나라는 조세의 종목과 세율은 법률로 정하도록 하는 조세법률주의를 채택하고 있다(헌법 제59조).

조세는 부과주체에 따라 중앙정부가 부과하는 국세, 지방자치단체가 부과하는 지방세로 구분할 수 있고, 조세부담의 전가(轉嫁) 여부에 따라 전가가 이루어지지 않는 직접세와 전가가 이루어지는 간접세로 구분할 수 있으며, 또 부과목적에 따라 목적이 특정하지 않은 보통세와 목적이 특정화되어 있는 목적세로 구분할 수 있다.

① **국세와 지방세** : 국세(國稅)는 국가가 부과 · 징수하는 조세로, 중앙정부의 재원은 국세수입을 중심으로 구성된다. 국세는 그 부과에 통관절차를 필요로 하는가를 기준으로 내국세와 관세로 구분된다. 내국세는 관세를 제외한 국세를 말하고, 관세는 통관절차를 거치는 물품에 부과하는 조세를 말한다.

내국세는 법률상의 납세의무자와 경제상의 조세부담자가 일치하는지 여부에 따라 직접세와 간접세로 나누어진다. 직접세는 납세의무자와 조세부담자가 일치하는 조세이고, 간접세는 경제활동을 통하여 타인에게 조세부담의 일부 또는 전부가 전가되는 조세다.

에서 기업가들의 경기판단으로 작성되는 기업경기실사지수에 대응되는데, 두 지수를 비교하여 종합함으로써 기업가와 소비자의 경기에 대한 느낌을 종합적으로 판단하고 경기 예측력을 제고할 수 있다.

근원물가지수(Core Price Index)는 농산물과 석유류 등 일시적인 외부충격에 의해 물가변동이 심한 품목을 제외한 장기적인 물가를 근원물가라고 하고, 근원물가의 변동을 나타내는 지표를 말한다. 즉 근원물가는 소비자물가에서 변동이 심한 농산물과 석유류 물가를 제외한 것이다.

2016년 4월 물가상승률은 전년 동월 대비 소비자물가는 1.0%, 생활물가는 0.5%, 근원물가는 1.8%였다.

8 세입예산은 일반정부 총수입과 그 포괄범위에 따라 다소 차이가 있다. 2016년도 세입예산 총액은 330조 6716억원인데, 그중 일반회계 268조 3872억원(국세 216조 248억원+세외수입 52조 3624억원), 특별회계 62조 2844억원이다.

국세수입은 일반회계 국세수입(내국세, 교통 · 에너지 · 환경세, 관세, 교육세, 종합부동산세)과, 특별회계 국세수입(주세, 농어촌특별세)으로 구성된다.

국세 중 지방교부세 대상이 되는 내국세는 186.8조원(소득세 60.8조원, 법인세 46.0조원, 부가가치세 58.1조원 등이 그 큰 비중), 관세는 8.7조원, 교통 · 에너지환경세는 14.2조원, 교육세는 5.0조원, 종합부동산세는 1.3조원이었다. 지역발전특별회계의 주세는 3.3조원, 농어촌구조개선특별회계의 농어촌특별세는 3.6조원이었다(국회예산정책처, 2016 경제 · 재정수첩, 2016.3.31.).

지방세(地方稅)는 지방자치단체가 부과 · 징수하는 조세다. 지방자치단체는 「지방세기본법」이 정하는 바에 의하여 지방세를 부과 · 징수할 수 있으며, 재정수요의 용도에 따라 보통세와 목적세로 나누어진다. 그리고 자치단체의 사무에 따라 특별시세, 광역시세, 도세, 구세, 시 · 군세로 구분된다.

표 5-3 국세 및 지방세 구조

국세(14개 세목)			지방세(11개 세목)	
직접세	간접세	관세, 목적세	도세	시 · 군세
소득세 법인세 상속증여세 증권거래세 종합부동산세	부가가치세 개별소비세 주세 인지세	관세 교통에너지환경세 농어촌특별세 교육세	등록면허세 취득세 지방소비세 레저세 지방교육세 지역자원시설세	자동차세 재산세 지방소득세 주민세 담배소비세

주 : 지방세 중 목적세는 지방교육세와 지역자원시설세.
자료 : 국회예산정책처, 「대한민국 재정 2016」(2016.3.14.).

② 세외수입 : 세외수입(稅外收入)은 국세 이외의 수입을 말하며, 「예산안 편성 및 기금운용계획안 작성지침」의 세입예산 과목에 따라 9개 항목으로 구성된다.[9]

- 재산수입 : 관유물대여료, 정부출자수입, 전대차관이자수입, 기타 이자수입 및 재산수입
- 경상이전수입 : 연금수입, 벌금 · 몰수금 및 과태료, 변상금 및 위약금, 가산금, 기타 경상이전수입
- 재화 및 용역판매수입 : 병원수입, 교도소수입, 입장료수입, 면허료 및 수수료, 입학금 및 수업료, 항공 · 항만 및 용수수입, 실습수입, 잡수입
- 수입대체경비수입 : 「국가재정법」 제53조 제1항에 의한 경비로 지출되는 수입을 의미하며 재산수입, 경상이전수입, 재화 및 용역판매수입상의 세부 수입항목

9 「국가재정법」 제53조 제1항은 국가가 용역 또는 시설을 제공하여 발생하는 수입과 관련되는 경비인 수입대체경비를 규정하고 있다. 이것은 한 회계연도에 발생하는 모든 수입과 모든 지출을 세입과 세출로 하며, 세입과 세출은 모두 예산에 계상되어야 한다는 예산총계주의(제17조)의 예외규정이다.

일반회계 세외수입 중 정부내부수입의 규모가 다른 항목에 비하여 큰데, 이것은 공공자금관리기금으로부터의 예수금(적자국채)에 기인한다. 공공자금관리기금 예수금은 공공자금관리기금이 국고채 발행을 통하여 조달한 자금을 일반회계 세출에 충당하기 위하여 예수(豫受)하는 것으로, 예수금에 대해서는 이자상환은 물론 예수원금도 미래의 구세수입으로 상환해야 한다.

- 관유물 매각대 : 고정자산, 토지 및 무형자산, 재고자산 및 유동자산
- 융자 및 전대차관 원금회수 : 지방자치단체, 통화 · 비통화 금융기관, 기타 민간 등으로부터 받는 융자원금, 전대차관 원금회수
- 차입금 및 여유자금 회수 : 국공채수입, 민간차입금, 유가증권매각대(국공채 및 지방채 매각대, 비금융공기업주식, 수익증권 등의 매각수입 포함), 정부예금회수
- 전년도 이월금
- 정부내부수입 및 기타 : 정부내부거래로서 일반회계 · 기타특별회계 및 기금 등으로부터의 전입금, 예탁원금회수, 예수금, 예탁이자수입

③ **기금수입** : 기금수입(基金收入)은 기금운용계획상의 기금수입과 총수입상의 기금수입으로 구분할 수 있다.

기금운용계획상의 기금수입은 외형상 기금수입으로 계상되는 모든 항목을 합산한 것으로, 자체수입뿐만 아니라 정부내부수입, 차입금, 여유자금회수 등이 모두 포함된다.

총수입상의 기금수입은 기금운용계획상의 수입 중 정부내부수입, 차입금 여유자금회수 등은 실질적인 수입으로 보기 어려운 항목으로서 예산과 기금을 합한 중앙정부 총수입을 산정할 때는 이와 같은 항목들을 제외하고, 연금보험료 · 융자회수금 · 이자수입 등 실질적인 의미에서 수입이라고 볼 수 있는 자체수입만을 기금수입으로 한다.

(2) 조세부담률

조세부담률(租稅負擔率)은 조세수입(국세+지방세)을 경상GDP로 나눈 것이다. 조세부담률은 선진국이 개발도상국보다 높은 편이다. 선진국 국민들은 조세부담능력이 있고 사회복지와 관련된 재정수요도 크기 때문이다. 미국과 일본은 상대적으로 조세부담률이 낮은 편인데, 이는 정치권이 조세저항을 의식해 세율을 높이지 못하고 각종 사회보장비만 늘리고 있기 때문이다.

국민부담률(國民負擔率)은 조세와 사회보장관련 부담금을 합하여 GDP로 나눈 것이다. 우리나라는 연금제도 개혁을 '더 내고 덜 받는' 방향으로 진행하고 있어 국민부담률이 높아지고 있다.

미국은 조세부담률과 국민부담률을 낮게 유지하는 대신 재정수요의 상당부분을 국채로 충당하고 있다. 그래서 국가채무비율이 높다.

따라서 국가 간 재정규모를 비교할 때는 현세대의 부담인 조세부담률과 국민부담률 외에 미래 세대의 부담인 국가채무비율까지 고려해야 한다.

표 5-4 **조세부담률 및 국민부담률** (단위 : 조원, %)

		2010	2011	2012	2013	2014
명목GDP(A)		1,265.3	1,332.7	1,377.5	1,429.4	1,485.1
조세(B)		226.9	244.5	257.0	255.7	267.2
국세		177.7	192.4	203.0	201.9	205.5
지방세		49.2	52.1	53.9	53.8	61.7
사회보장기여금(C)		67.2	75.3	84.1	91.5	98.2
공적연금		29.8	32.3	35.6	37.5	40.1
건강보험		26.8	31.3	34.4	37.0	41.6
요양보험		1.7	2.0	2.2	2.4	2.7
고용보험		4.2	5.0	6.3	7.0	8.0
산재보험		4.6	4.8	5.5	5.4	5.8
합계(B+C)		294.1	319.8	341.1	347.2	365.4
조세부담률(B/A)		17.9	18.4	18.7	17.9	18.0
국민부담률(B+C/A)		23.2	24.0	24.8	24.3	24.6
미국	조세부담률	17.0	18.1	18.6	19.3	19.8
	국민부담률	23.2	23.6	24.1	25.4	26.0
영국	조세부담률	26.5	27.3	26.7	26.7	26.5
	국민부담률	32.8	33.6	33.0	32.9	32.6
독일	조세부담률	21.3	21.9	22.5	22.6	22.1
	국민부담률	35.0	35.7	36.4	36.5	36.1
OECD 평균	조세부담률	23.9	24.4	24.8	25.1	–
	국민부담률	32.8	33.3	33.8	34.2	34.4

주 : 현재 우리나라 국민부담률에는 부담금이 포함되지 않고 있다. 2014년 국민부담률이 24.6%인데, 여기에 부담금을 포함하면 25.8%로 늘어난다.

자료 : 국회예산정책처, 「대한민국 재정 2016」(2016.3.14.).

(3) 세출구조

세출(expenditure)은 한 회계연도에 있어서의 모든 지출을 말한다. 우리나라 세출구조에서 문제점은 경직성 경비의 비중이 높아 탄력적 예산운용을 어렵게 하고, 또 법령에 따라 자동적으로 지출해야 하는 의무지출의 비중이 높아 예산절감 및 세출구조조정을 어렵게 한다는 점이다.[10]

10 2016년도 세출예산 총액은 330조 6716억원이었다. 그중 일반회계 세출예산은 268조 3872억원, 특별회계

중앙정부의 지출은 성질별로 7개로 구분된다. 기획재정부는 이 기준에 따라 세출과목(지출목)을 다시 하위세목(지출세목)으로 구분하고 있다.[11]

- 인건비(100) : 인건비(110)
- 물건비(200) : 운영비(210), 여비(220), 특수활동비(230), 업무추진비(240), 직무수행경비(250), 연구용역비(260)
- 이전지출(300) : 보전금(310), 민간이전(320), 자치단체이전(330), 해외이전(340), 일반출연금(350), 연구개발출연금(360)
- 자산취득(400) : 토지매입비(410), 건설비(420), 유형자산(430), 무형자산(440), 융자금(450), 출자금(460), 예치금 및 유가증권 매입(470), 예탁금(480)
- 상환지출(500) : 상환지출(510)
- 전출금 등(600) : 전출금 등(610)
- 예비비 등(700) : 예비비 등(710)

① **이전지출** : 보전금(補塡金)은 독립유공자와 국가유공자 등에게 지급하는 보상금, 국가가 사업을 수행하거나 공무원이 직무를 집행할 때 고의 또는 과실로 법령을 위반하여 손해를 끼쳤을 때 「국가배상법」 등에 근거하여 지급하는 배상금 등을 말한다.

보조금(補助金)은 정부가 특정 공익사업을 지원하기 위하여 반대급부 없이 교부하는 금전적 급부(민간보조+지방자치단체보조)를 말한다. 「보조금 관리에 관한 법률」 제2조에서는 보조금을 "국가 외의 자가 행하는 사무 또는 사업에 대하여 국가가 이를 조성하거나 재정상의 원조를 위하여 교부하는 보조금 · 부담금 그 밖에 상당한 반대급부를 받지 아니하고 교부하는 급부금으로서 대통령령이 정하는 것"이라고 규정하고 있다. 국고보조금은 일반적으로 대상사업과 용도를 구체적으로 지정하여 교부되나, 규모가 영세한 여러 세부사업들을 통합하여 교부하거나 특정 용도를 지정하지 않는 포괄보조금(지역발전특별회계 생활기반계정) 형태로 교부하기도 한다.

교부금(交付金)은 지방재정교부금(지방교부세법) 및 지방교육재정교부금(지방교육재정교부금법)을 말한다. 교부금은 보조금과 달리 사전에 지출목적이 정해지지 않고 일반재원으로 사용된다. 지방재정교부금 중 법정교부금은 내국세의 19.24%를 재원으로 하며,

---

세출예산은 62조 2844억원이었다. 일반회계 세출예산은 지속적으로 증가하고 있으나, 특별회계 세출예산은 뚜렷한 경향이 없다.

11 2016회계연도 일반회계 세출합계에서 차지하는 비중은 인건비 11.1%, 물건비 7.3%, 이전지출 54.4%, 자산취득 6.0%, 상환지출 4.9%, 전출금 등 15.2%, 예비비 등 1.2%였다.

부동산교부세는 종합부동산세 총액, 소방안전교부세는 담배에 부과하는 개별소비세의 20%를 재원으로 한다. 지방교육재정교부금은 내국세의 20.27%와 교육세 전액을 재원으로 한다.[12]

출연금(出捐金)은 정부가 법률에 의하여 설치된 정부출연연구기관(연구기관 · 기금 · 공단 등)에 특정 목적을 위하여 지원하는 금전적 급부를 말한다.

② **자산취득 및 전출** : 융자금(融資金)은 국가가 정책목표를 달성하기 위하여 공공자금을 특정 대상에게 융통해 주는 금전적 급부를 말한다. 특히 금융시장으로부터 자금을 공급받기가 어려운 부문에 자금을 공급함으로써 해당 부문의 자금 부족을 완화하는 기능을 수행한다.

출자금(出資金)은 정부가 공기업 등 공익사업을 수행하는 기관의 사업에 필요한 자본을 확충하기 위하여 해당 법인의 지분을 취득하면서 지급하는 금전적 급부를 말한다. 출자는 현금 외에 현물(토지 · 건물 · 관리권 · 주식 등)로도 이루어지는데, 「국가재정법」에서 현물출자는 세입세출예산 외로 처리할 수 있도록 규정하고 있어 국회의 심의 없이 정부가 재량으로 출자할 수 있다.

예탁금(預託金)은 회계 또는 기금이 다른 회계 또는 기금에 유상(有償)으로 빌려주는 자금을 말한다. 예탁금을 지급받는 회계 또는 기금에서는 이를 수입항목 중 예수금으로 계상한다. 예탁금은 유상으로 빌려주는 자금이므로 예수금이 있는 회계 또는 기금은 차후 이를 상환(이자 포함)해야 한다. 예탁금은 유상이라는 점에서 전출금과 구분되며, 내부거래라는 점에서 융자금 · 예치금 · 차입금과 구분된다.

예치금(預置金)은 회계 또는 기금이 여유자금 운용 등의 목적으로 한국은행, 통화금융기관 등에 예치하는 자금으로 예치한 기관으로부터 이자를 받을 수 있다. 차입금(借入金)은 정부 외부의 통화금융기관, 비통화금융기관 등 민간과 해외로부터 유상으로 빌려오는 자금으로 이자를 지급해야 한다.[13]

---

12 내국세의 세수는 지방교부세의 대상이 되는데 그 대상 세목은 소득세 · 법인세 · 상속증여세 · 부가가치세 · 개별소비세 · 증권거래세 · 인지세 · 과년도수입 등이다.

13 통화금융기관은 통화를 창출하는 금융기관으로, 예금통화(預金通貨)를 창출하는 예금은행과 본원통화(本源通貨)를 공급하는 한국은행으로 구분된다. 예금은행은 예금을 받아 대출하는 과정에서 예금통화를 창출한다. 현재 예금은행에는 일반은행(시중은행, 지방은행, 외국은행 국내지점)과 특수은행(기업은행, 농 · 수 · 축협 중앙회의 신용사업부문) 등이 포함된다. 특수은행 중 한국산업은행, 한국장기신용은행, 한국수출입은행은 그 성격상 통화창출능력이 미미하여 비통화금융기관으로 분류한다.

예금통화(deposit currency)는 은행예금 형태의 지급수단 또는 구매수단으로 사용되는 것으로, 현금통화(주화, 정부지폐, 은행권 등)와 함께 통화를 구성한다. 당좌예금 · 보통예금 · 별단예금 등이 포함되며, 신용창조에 의해 이루어진다. 신용창조는 일반은행이 본원통화를 기초로 하여 파생통화(일반은행의 통화성 부채)를 만들어 내는 것을 말한다.

전출금(轉出金)은 회계 또는 기금이 다른 회계 또는 기금에 무상(無償)으로 주는 자금을 말한다. 전출금을 지원받는 회계 또는 기금에서는 수입항목 중 전입금으로 계상한다. 전출금은 무상으로 주는 자금이므로 전입금이 있는 회계 또는 기금은 이를 상환하거나 이자를 지급할 필요가 없다는 점에서 유상으로 빌려주는 예탁금과 구분된다. 이러한 전출금 · 전입금은 회계 · 기금 간 내부거래로서 총지출 산정에서 제외한다.[14]

표 5-5 중앙정부의 주요 성질별 지출 비교

	이전지출			자산취득			전출
	보조금	교부금	출연금	융자금	출자금	예탁금	전출금
개념	국가나 지자체가 특정 사업의 추진을 위해 지원하는 사업비	지방재정 교부금 및 지방교육 재정교부금	법률에 의한 정부출연금	정책목표 달성을 위해 공공자금을 특정 대상에 융자	공익사업 수행법인의 주식 또는 출자증권을 취득하기 위해 지급하는 자금	각 회계와 기금이 다른 회계와 기금에 유상으로 빌려주는 자금	각 회계와 기금이 다른 회계와 기금에 무상으로 주는 자금
개별법 근거	불필요	필요	필요	불필요	필요	불필요	불필요
지급 대상	사업자, 사업자단체, 지방자치단체	지방자치단체 및 지방교육자치단체	법률에 따라 설치된 정부출연기관	개인, 법인	공익사업을 수행하는 법인	회계, 기금	회계, 기금
용도지정 여부	지정	비지정	비지정	지정	비지정	비지정	비지정

자료 : 국회예산정책처, 「대한민국 재정 2016」(2016.3.14.).

(4) 퍼센트와 퍼센트 포인트

어떤 대상을 비교할 때는 비교되는 기준(특성)이 같아야 하고, 조건들도 비슷해야 한다. 교통사고로 인한 1일 사망자 수가 전쟁 때보다 많다고 표현하는 것은 의미가 없다.

본원통화(reserve currency)는 한국은행이 발행하는 지폐와 동전을 말한다.

14 2016년도 주요 재정지출 유형별 예산규모는 (국고)보조금 60조 3431억원, 교부금 77조 3607억원, 출연금 33조 5056억원, 융자금 31조 7206억원, 출자금 4조 4632억원이었다.
국고보조금은 민간보조 14조 2996억원(경상보조 12조 2778억원, 자본보조 2조 218억원), 지방자치단체보조 46조 435억원(경상보조 31조 2959억원, 자본보조 14조 7476억원)이었다.

전쟁 때는 주로 젊은이들이 많이 죽고, 평상시에는 노약자와 환자들이 많이 죽는다.

비교하거나 평가할 때 수치만큼 편리하고 정확한 것이 없지만 단순한 수치만의 비교는 의미가 없는 경우도 있다.

비교하거나 평가할 때 가장 많이 이용되는 것이 퍼센트와 퍼센트포인트인데, 두 개념은 다르다.

퍼센트(%)는 숫자 간의 상대적 크기만을 나타내며, 흔히 증감률이나 변동률을 나타낼 때 사용한다. 백분율은 기준시점과 비교시점 간의 차이를 나타내고, 변동률에는 다음과 같은 종류가 있다.

- 전년 대비 변동률 : 전년과 비교한 금년 수준의 변동률
- 전년 동월 대비 변동률 : 전년도 어느 월과 비교한 금년 같은 월의 변동률
- 전년 분기 대비 변동률 : 전년도 어느 분기와 비교한 금년 같은 분기의 변동률
- 연율 : 1년간의 변동률

예컨대 전년도 8월의 소비자물가지수가 117.9, 금년도 7월은 120.2이고 8월은 120.3이었다면 전월 대비 8월의 소비자물가상승률은 0.08%이고, 전년 8월 대비 금년 8월의 소비자물가상승률은 2.03%가 된다.

$$0.08\%=(120.3-120.2)\div 120.2\times 100$$
$$2.03\%=(120.3-117.9)\div 117.9\times 100$$

퍼센트포인트(%p)는 두 시점의 증감률 또는 수준을 비교할 때 사용하는 개념이다. 두 시점의 %를 직접 비교할 때 기준이 같다면 %를 보통의 숫자와 마찬가지로 뺄 수 있는데, 이때 두 %의 차이를 %p라고 한다. 예컨대 GDP 성장률이 전년도 4.5%에서 금년도에는 5.6%였다면 1.1%p 높아졌다고 할 수 있다.

일반적으로 포인트(point)는 지수와 지수의 수준을 비교할 때 사용한다. 예컨대 어느 날의 코스피지수가 1450.44로 마감하였는데 그 전날의 지수가 1452.23이었다면 1.79p 하락했다고 한다. 여기에서 1.79p는 1452.23의 0.123%에 해당되므로 전날에 비해 0.123% 하락했다는 것을 의미한다.

$$0.123\%=(1452.23-1450.44)\div 1452.23\times 100$$

그러나 기준이 다른 경우 %p라고 표현할 수 없다. 예컨대 임금상승률이 20.2%인 데 비하여 노동생산성 상승률은 12.9%인 경우 임금상승률이 7.3%p 높아졌다고 하는 것은

잘못된 표현이다. %의 기준(임금과 노동생산성)이 다르기 때문이다.

그리고 실업률이 지난 5년 동안에 3.5%에서 5.5%로 높아졌다고 할 경우, 이때 지난 5년간 실업률이 2% 높아졌다는 표현은 잘못된 것이다. 이때는 실업률이 2%p 높아졌다고 하거나, 57.14% 높아졌다고 표현해야 한다. 이러한 표현방법이 우리에게 주는 느낌은 다르다. 전자는 실업률이 약간 올랐다는 인식을 갖게 하므로 실업률을 발표하는 측에서 선호하고, 후자는 실업대책을 비판하고 싶은 측에서 선호한다.

$$57.14\% = (5.5 - 3.5) \div 3.5 \times 100$$

연율(年率)은 변동률을 1년 기준으로 비교할 수 있도록 환산한 통계치를 말한다. 연율은 전월 대비 변동률에 12제곱을 하고, 전분기 대비 변동률에 4제곱을 하여 구한다. 예컨대 2분기 경제성장률이 전분기 대비 1.3%였다면 연율로 환산한 성장률은 $(1+0.013)^4 - 1 = 0.053$으로 5.3%라는 계산이 나온다.

2. 특별회계예산

1) 특별회계예산의 설치요건

특별회계예산(special account budget)은 일반회계의 세입 · 세출과 구분하여 회계처리하는 예산을 말한다. 국가예산은 하나의 예산(일반회계예산)에 종합하는 것이 바람직하겠지만, 국가의 활동범위가 확대되고, 특히 정부의 기업적 활동이 증가함에 따라 일반회계예산 하나만으로는 재정상태를 명확히 할 수 없고, 효과적으로 통제하기도 어렵게 되었다.

일반회계예산은 국가가 존립하는 한 반복되지만 특별회계예산은 임시적이다. 특별회계예산은 준공공재(準公共財)를 생산하여 공급하기 위한 예산이다.

특별회계의 세입은 주로 주세, 농어촌특별세, 부담금, 융자원금의 회수 등으로 이루어지고, 세출은 각 특별회계의 설치근거 법률에서 정한 분야에 사용된다. 예컨대 에너지 및 자원사업 특별회계의 세출은 「에너지 및 자원사업 특별회계법」에 따라 에너지 및 지하자원의 개발 · 생산 · 수송 · 비축 · 공급사업, 에너지 및 지하자원 관련 사업의 구조조정, 에너지 절약 및 신생에너지 사업 등에 사용한다.

특별회계는 ㉠ 국가가 특정한 사업을 운영하고자 할 때, ㉡ 특정한 자금을 보유하여 운용하고자 할 때, ㉢ 특정한 세입으로 특정한 세출에 충당함으로써 일반회계와 구분하여 회계처리할 필요가 있을 때 법률로 설치한다(국가재정법 제4조 제3항).

2) 특별회계예산의 현황

우리나라 최초의 특별회계는 1948년에 설치된 임시관재총국특별회계와 임시외자총국특별회계였는데, 1960년대 초에 조달사업특별회계에 통합되었다.

미국의 경제원조 자금으로 설치되었던 대충자금특별회계와 한일국교정상화 때 받은 청구권자금으로 설치되었던 청구권자금특별회계 등 많은 특별회계가 설치되었다가 폐지되었다. 그래서 매년 특별회계의 수가 달라진다.

현재 중앙정부에는 13개의 기타특별회계(국가재정법 적용)와 5개의 기업특별회계(정부기업예산법 적용)가 있다.[15]

- 기타특별회계 : 농어촌구조개선, 교통시설, 등기, 교도작업, 에너지 및 자원사업, 환경개선, 우체국보험, 주한미군기지이전, 행정중심복합도시건설, 국방 · 군사시설이전, 혁신도시건설, 아시아문화중심도시조성, 지역발전
- 기업특별회계 : 양곡관리, 책임운영기관, 조달, 우편사업, 우체국예금

3. 기 금

1) 기금의 설치요건

기금(Fund)이란 특정한 사업을 위하여 보유 · 운용하는 특정 자금을 말한다. 과거의 「예산회계법」에서 기금은 세입세출예산 외로 운영한다고 규정하고 있었고 또 국회의 심의대상에서 제외시켰었다. 그러나 2002년에 제정된 「기금관리기본법」부터 기금도 국회의 심의 · 의결을 받게 되었고, 2007년 「국가재정법」에서 예산과 기금을 포괄하는 하나의 법체계로 통합됨으로써 예산에 기금도 포함시키고 있다.[16]

정부의 재정활동은 주로 일반회계와 특별회계 예산을 중심으로 이루어지고 있으나, 특정한 분야의 사업을 위하여 안정적인 자금지원이 필요한 경우에는 예산과는 별도로 정부가 직접 기금을 조성 · 운용함으로써 정책목적을 달성하고 있다.

15 2016년도 세입세출예산의 총액은, 일반회계는 268조 3872억원, 특별회계는 62조 2844억원이었다. 특별회계 예산 중 기타특별회계(13개)는 51조 3940억원(82.5%), 기업특별회계(5개)는 10조 8904억원(17.5%)이었다.

16 지방자치단체가 특정한 행정목적을 달성하기 위하여 설치한 기금의 관리 및 운용에 관한 사항은 2005년에 제정된 「지방자치단체 기금관리기본법」에 규정되어 있다.

기금과 특별회계는 특정한 사업이나 목적을 위해 운용되므로 설치근거 법률에서 고유재원을 다른 회계나 기금에 무상으로 이전하는 것을 금지하고 있다. 특별회계와 기금의 설치근거 법률은「국가재정법」별표 1, 2에 명시되어 있다.

그러나 일반회계에서는 기금이나 다른 회계로 재원을 이전할 수 있고, 적자국채를 발행하기도 한다. 즉 회계 및 기금의 목적 수행에 지장을 초래하지 아니하는 범위에서 회계와 기금 간, 회계 및 기금 상호 간에 여유재원을 전입 또는 전출하여 통합적으로 활용할 수 있다. 그러나 일부 특별회계와 기금은 전입 또는 전출이 제한된다.[17]

표 5-6 **일반회계 · 특별회계 · 기금의 비교**

	일반회계	특별회계	기금
설치사유	국가고유의 일반적인 재정활동	특정 사업 운영, 특정 자금 보유 · 운용, 특정 세입으로 특정 세출에 충당	특정 목적을 위해 특정 자금을 운용할 필요가 있을 때
재원조달 및 운용형태	조세수입과 무상 급부원칙	일반회계와 기금은 운용형태 혼재	출연금과 부담금 등을 수입원으로 하여 융자사업 등 유상급부 제공
확정절차	각 부처의 예산요구 → 기획재정부의 예산안 편성 → 국회의 심의 · 의결	좌동	기금관리주체가 계획 수립 → 기획재정부장관과의 협의 · 조정 → 국회의 심의 · 의결
자율성	합법성 차원에서 엄격한 통제	좌동	합목적성 차원에서 자율성과 탄력성 보장
특정 수입과 지출의 연계	연계 배제	연계	연계
계획 변경	추가경정예산 편성	좌동	지출금액의 20%(금융성 기금은 30%) 이상 변경 시 국회 의결
결산	국회의 결산심의	좌동	좌동

17 전입 또는 전출이 제한되는 것은 ㉠ 우체국보험특별회계, ㉡ 국민연금기금, ㉢ 공무원연금기금, ㉣ 사립학교교직원연금기금, ㉤ 군인연금기금, ㉥ 고용보험기금, ㉦ 산업재해보상보험 및 예방기금, ㉧ 임금채권보장기금, ㉨ 방사성폐기물관리기금, ㉩ 그 밖에 차입금이나 부담금 등을 주요 재원으로 하는 특별회계와 기금 중 대통령령이 정하는 특별회계와 기금이다(국가재정법 제13조).

2) 기금의 분류

기금은 분류기준에 따라 다음과 같이 나눌 수 있다.

- 조성재원이나 사업의 공공성에 따라 일반기금과 금융성기금
- 관리주체에 따라 직접관리기금과 간접관리기금
- 설치목적에 따라 사업 및 관리기금, 융자성기금, 적립성기금
- 회계처리방식에 따라 기업회계방식기금과 현금회계방식기금

현재 우리나라에서는 기금을 기능별 · 관리주체별 · 설치목적별 · 운용방식별로 나누고 있다.

표 5-7 기금의 분류

	분류기준	기금명
기능별 분류	정책사업기금	외국환평형기금, 농수산물가격안정기금 등
	후생기금	군인연금기금, 보훈기금 등
	연구기금	과학기술진흥기금 등
관리주체별 분류	정부관리기금	양곡증권정리기금, 공무원연금기금 등 직접관리기금
	민간관리기금	신용보증기금 등 간접관리기금
설치목적별 분류	사업성기금	예산사업과 비슷한 내용의 특정한 목적사업을 수행하는 데 필요한 자금을 관리 · 운용하는 기금
	금융성기금	직접적 · 독자적으로 재정 · 금융활동을 하는 것이 아니라 특정 사업에 수반하여 보증 · 보험 등의 보조적 역할을 수행하는 기금
	사회보험성기금	연금지출과 보험지출에 대비하여 기여금과 보험료 등의 자금을 운용하는 기금
	계정[1]성기금	특정 자금을 모아 실제 사업을 하는 주체에게 전달하는 역할을 하는 기금
운용방식별 분류	소비성기금	정책사업의 수행을 위해 지출하는 기금으로 예산과 성격이 가장 유사
	회전기금	기금을 조성한 후 사용하지 않고 융자 등의 형태로 기금에서 지출되더라도 융자금의 회수로 다시 기금으로 회수하는 기금
	적립성기금	보험사업처럼 미래를 대비하여 적립하는 기금(=준비성기금)

주 : 1) 계정은 국고금의 수급액을 기록하기 위하여 한국은행에 설치된 것을 말함.

3) 기금의 운용절차

(1) 기금운용계획안의 수립

기금관리주체는 매년 1월 31일까지 해당 회계연도부터 5회계연도 이상의 기간 동안의 신규사업 및 주요 계속사업에 대한 중기사업계획서를 기획재정부장관에게 제출해야 한다. 기획재정부장관은 다음 연도의 '기금운용계획 작성지침'을 매년 3월 31일까지 기금관리주체(중앙관서의 장과 기금을 관리 · 운용하는 자)에게 통보해야 한다. 기금관리주체는 그 작성지침에 따라 다음 연도의 기금운용계획안을 작성하여 매년 5월 31일까지 기획재정부장관에게 제출해야 한다(국가재정법 제66조).

정부는 기금운용계획안을 회계연도 개시 120일 전까지 국회에 제출해야 한다. 기금이 여성과 남성에게 미칠 영향을 미리 분석한 보고서(성인지기금운용계획서)를 작성해야 한다(국가재정법 제68조 및 제68조의 2).

기금운용계획이 확정되면 기금관리주체는 기금의 월별 수입 및 지출계획서를 작성하여 회계연도 개시 전까지 기획재정부장관에게 제출해야 한다.

(2) 기금의 집행

기획재정부장관은 기금운용계획 집행의 효율성과 공공성을 높이기 위하여 '기금운용계획 집행지침'을 정하고(국가재정법 제80조), 이를 매년 1월 말까지 각 기금관리주체에 통보해야 한다. 그 지침은 기금계획 집행에 대한 기본원칙과 기준을 제시하여 재정지출의 효율성과 형평성을 도모하고 기금관리주체의 예산집행의 자율성 범위를 명확히 하는 데 그 목적이 있다. 그 지침에는 다음의 사항이 포함되어야 한다(국가재정법 시행령 제36조).

- 경비의 유형 및 비목별 기금집행에 관한 사항
- 기금관리주체가 계획을 변경할 때 기획재정부장관과 협의해야 하는 지출항목
- 그 밖에 기획재정부장관이 필요하다고 인정하는 사항

기금은 그 설치목적을 달성하기 위해 여유자금을 운용할 수 있다. 여유자금(餘裕資金)은 해당 회계연도에 직접 필요로 하는 자금을 제외한 자금을 말한다.

(3) 기금의 결산

각 중앙관서의 장은 회계연도마다 소관 기금의 결산보고서를 중앙관서결산보고서에 통합하여 작성한 후 기획재정부장관에게 제출해야 한다.

연금급여 및 보험사업 수행을 목적으로 하는 기금의 관리주체는 소관 기금에 관하여 매년 해당 회계연도부터 5회계연도 이상의 기간에 대한 중장기 기금재정관리계획을 수립하고 이를 기획재정부장관에게 제출해야 한다(국가재정법 제73조 및 제73조의 2, 3).[18]

4) 기금의 관리조직

(1) 기금운용심의회

기금관리주체는 기금의 관리 · 운용에 관한 중요한 사항을 심의하기 위하여 기금별로 기금운용심의회를 설치해야 한다. 이 위원회는 위원장(기금관리주체의 장) 1인을 포함하여 10인 이내의 위원으로 구성한다. 위원(임기 2년)은 위원장이 위촉하되, 학식과 경험이 풍부한 자로서 공무원이 아닌 자를 1/2 이상 위촉해야 한다(국가재정법 제74조).[19]

(2) 자산운용위원회

전전 회계연도 말에 보유한 여유자금의 규모가 1조원을 초과하는 기금(외국환평형기금은 제외)의 기금관리주체는 자산운용에 관한 중요한 사항을 심의하기 위하여 기금운용심의회에 자산운용위원회를 설치해야 한다. 이 위원회의 위원장은 기금관리주체의 장이 기금의 여건 등을 고려하여 해당 기금관리주체 및 수탁기관의 임직원 또는 공무원 중에서 선임한다(국가재정법 제76조).

이 위원회는 위원장 1인을 포함한 10인 이내의 위원(임기 2년)으로 구성한다.[20]

---

18 중장기 기금재정관리계획을 수립해야 하는 기금은 ㉠ 고용보험기금, ㉡ 공무원연금기금, ㉢ 국민연금기금, ㉣ 군인연금기금, ㉤ 구조조정기금, ㉥ 사립학교교직원연금기금, ㉦ 산업재해보상보험 및 예방기금, ㉧ 무역보험기금, ㉨ 예금보험기금채권상환기금, ㉩ 주택도시기금, ㉪ 중소기업창업 및 진흥기금이다(국가재정법 시행령 제31조).

19 기금운용심의회 위원의 임명 또는 위촉 자격기준은 다음과 같다. ㉠ 고위공무원단에 속하는 공무원으로서 해당 중앙관서의 기금관리업무를 관장하는 자, ㉡ 기금의 관리 및 운용에 관한 전문지식과 경험이 풍부하다고 인정되는 자, ㉢ 해당 기금의 사업과 관계가 있는 기관 · 단체의 대표자 또는 임원(국가재정법 시행령 제33조).

20 자산운용위원회 위원의 자격기준은 다음과 같다(국가재정법 시행령 제35조). ㉠ 금융기관 및 집합투자기구평가회사에서 자산운용 · 자산운용평가 및 위험관리를 담당하는 직에 5년 이상 근무한 경력이 있는 자, ㉡ 주권상장법인, 정부기업, 공공기관에서 재정 또는 자산운용을 담당하는 직에 5년 이상 근무한 경력이 있는 자, ㉢ 대학에서 경제 · 경영 및 금융 관련 학문분야를 연구하거나 가르치는 조교수 이상의 직에 3년 이상 재직한 경력이 있는 자, ㉣ 경제 · 경영 및 금융 관련 분야의 박사학위를 취득한 자로서 연구기관 또는 공공기관에서 3년 이상 재직한 경력이 있는 자, ㉤ 변호사 또는 공인회계사의 직에 3년 이상 종사한 자, ㉥ 그 밖에 이와 동등 이상의 학식과 경험이 있다고 기금관리주체가 인정하는 자(국가재정법 시행령 제35조).

5) 기금의 현황

우리나라에 기금제도가 처음 도입된 것은 1961년(공무원연금기금)과 1963년(군인연금기금)이다. 그 후 여러 개의 기금이 통폐합되거나 신설되었다.

기금의 수입은 연금보험료, 부담금, 융자원금회수, 이자수입 등으로 구성된다. 기금은 각 기금의 설치근거 법률에서 규정한 분야에 사용된다. 예컨대 농지관리기금은「한국농어촌공사 및 농지관리기금법」에 따라 영농규모의 적정화, 농지의 집단화, 농지의 조성 및 효율적 관리 등에 사용해야 한다.

기금운용규모는 정부내부 간 거래 및 여유자금운용이 포함되므로 기금의 실질적 지출규모와는 차이가 있다. 기금의 실질적 지출은 사업비, 기금운영비, 차입금이자상환의 합계라고 할 수 있다. 사업비는 정부의 재정기조(확장적 또는 긴축적)에 따라 변동될 수 있으나 연금지급 등 의무적 재정지출 소요는 지속적으로 확대될 전망이다. 그리고 신혼부부 주택공급, 신재생에너지 확대 등 국정과제 수행과 국민연금 지급의 본격적 개시 등에 따라 지출이 크게 증가할 전망이다.[21]

6) 기금의 운용평가

그동안 기금과 예산의 역할 분담이 명확하지 않아 일부사업에 대해서는 중복 지원되는 등 기금운용이 방만하다는 비판을 많이 받았다. 동일한 부처 내에서도 수혜대상이 같은 기금이 존재하기도 했고, 기금의 수가 많아지면서 재정체계를 복잡하게 하여 재정운용의 비효율을 초래하였다.

이에 따라 2000년부터 기금운용평가를 시작하였고, 2006년부터는 각 부처에서 실시하고 있는 재정사업자율평가방식으로 일원화되었다. 2008년부터는 평가대상을 사업운영부문과 자산운용부문으로 나누어 평가하고 있다. 사업운영부문은 기금사업과 예산사업 평가의 일관성 유지를 위해 예산사업평가를 실시하는 기획재정부에서 직접 평가하고, 자산운용부문은 평가의 객관성과 전문성을 확보하기 위하여 민간전문가로 구성된 기금운용평가단에서 실시한다.

---

21 2016년 기금 수는 총 65개로, 설치목적에 따라 분류하면 사업성기금 46개, 사회보험성기금 6개, 계정성기금 5개, 금융성기금 8개로 구성되어 있다. 기금의 총 운용규모는 620.0조원이었다.

수입은 자체수입 151.9조원, 정부내부수입 170.8조원, 차입금 131.4조원, 여유자금회수 등 166.0조원이었다. 지출은 사업비 및 기금운영비 114.0조원, 정부내부지출 302.4조원, 여유자금운용 203.6조원이었다.

자동차사고피해지원기금과 항공권연대질병퇴치기금은 설치 예정이다. 이를 위해 국가재정법 개정안이 입법예고(2016.8.5.)되었다.

기획재정부장관은 회계연도마다 전체 기금 중 1/3 이상의 기금에 대하여 그 운용실태를 조사 · 평가해야 하며, 3년마다 전체 재정체계를 고려하여 기금의 존치 여부를 평가해야 한다. 이를 위하여 기금운용평가단을 운영할 수 있다(국가재정법 제82조).

기금운용평가단은 각 기금 소관 중앙관서의 장으로부터 추천받아 구성할 수 있는데, 평가단의 자격기준은 다음과 같다(국가재정법 시행령 제 38조).

- 기금의 운용 및 관련 분야에 관한 전문지식이 있는 조교수 이상의 대학교수
- 정부출연 연구기관에 소속된 박사학위 소지자로서 기금에 관한 전문지식이 있는 자
- 5년 이상의 실무경험이 있는 공인회계사 · 변호사 및 금융업무에 관한 전문가
- 그 밖에 기금운용실태의 조사 및 평가업무에 관한 전문지식과 경험이 풍부하다고 인정되는 자

평가방법은 사업운영부문은 재정사업자율평가와 동일한 방식으로 사업별 성과를 중점 평가하며, 사업의 단계별(계획, 관리, 성과, 환류)로 체크리스트를 통해 5등급으로 평가한다. 매우 우수(90점 이상), 우수(90~80점), 보통(80~60점), 미흡(60~50점), 매우 미흡(50점 미만)으로 한다.

자산운용부문은 자산운용의 계획과 집행부문은 비계량평가로, 성과부문은 계량평가로 하여 그 결과를 합산한다.

비계량평가(50점)는 자산운용정책의 적정성, 자산운용관리의 효율성 등 평가지표별(6개 지표, 18개 세부지표)로 체크리스트를 통해 4등급 절대 평가한다. 매우 양호(100점), 양호(67점), 미흡(34점), 매우 미흡(0점)으로 한다.

계량평가(50점)는 단기 및 중장기 자산의 수익률, 운용기관 및 상품의 집중도 등 평가지표별(6개 지표, 10개 세부지표)로 평가대상기금 전체의 실적을 9등급 상대평가를 실시한다. 9개 등급별 점수는 9등급(100점), 8등급(87.5점), 7등급(75점), 6등급(62.5점), 5등급(50점), 4등급(37.5점), 3등급(25점), 2등급(12.5점), 1등급(0점)이다.

평가결과는 기획재정부장관이 국무회의에 보고한 후 국가결산보고서와 함께 국회에 제출해야 한다. 그리고 평가결과는 사업비 및 기금운영비 조정 등을 통해 다음 해 기금운용계획안에 반영하고, 제도 개선이 필요한 사항은 기금관리주체와 협의한다.

사업운영평가에서 우수 이상 등급은 예산을 증액하고 미흡 이하 등급은 사업비를 전년 대비 10% 이상 삭감한다.

자산운용평가에서 자산규모별 상위 1/3 기금은 기금운영비 0.5%p 증액, 하위 1/3 기금은 기금운영비 0.5%p 삭감한다. 이와 동시에 기금관리형 준정부기관은 공공기관 경

영실적평가에 반영한다.

7) 기금의 정비

기금의 수와 그 규모가 증가할수록 재정운용의 효율성과 투명성은 기대하기 어렵다. 기금의 정비 문제는 오래 전부터 과제로 대두되었다. 그래서 일부 기금이 통폐합되기도 했는데 아직도 기금평가 결과 매우 미흡으로 나타난 기금은 지속적으로 통폐합해야 한다. 「국가재정법」 제15조에서도 폐지하거나 다른 특별회계 또는 기금과 통합할 수 있는 요건을 다음과 같이 규정하고 있다.

- 설치목적을 달성한 때
- 설치목적의 달성이 불가능하다고 판단되는 때
- 특별회계와 기금 간, 또는 특별회계 및 기금 상호 간에 유사하거나 중복되게 설치된 때
- 그 밖에 일반회계에서 통합 운용하는 것이 바람직하다고 판단되는 때

그리고 「국가재정법 시행령」 제31조에서 규정한 중장기 기금재정관리계획 수립대상인 11개 기금(고용보험 · 공무원연금 · 국민연금 · 군인연금 · 구조조정 · 사립학교교직원연금 · 산업재해보상보험 및 예방 · 무역보험 · 예금보험채권상환 · 주택도시 · 중소기업창업 및 진흥 등의 기금)은 국가재정에 미치는 영향이 크고 재정위험으로 작용할 가능성이 크므로 기금재정과 국가재정의 연관 관계를 분석하여 종합관리대책을 수립할 필요가 있다.

4. 책임운영기관의 예산

1) 책임운영기관의 의의

책임운영기관(executive agency)은 정부가 수행하는 사무 중 공공성을 유지하면서도 경쟁원리에 따라 운영하는 것이 바람직하거나, 전문성이 있어 성과관리를 강화할 필요가 있는 사무에 대하여 책임운영기관장에게 일반 행정기관에 비하여 행정 및 재정상의 자율성(조직 · 인사 · 예산의 자율성)을 보다 많이 부여하고, 그 운영성과에 대하여 책임을 지도록 하는 행정기관을 말한다(책임운영기관법 제2조). 책임운영기관제도의 궁극적인 목적은 행정의 효율성과 행정서비스의 질을 높이려는 데 있다.

우리나라에서는 정부조직에 획일적 관리기준을 적용함에 따라 비효율성 문제가 발생하자, 이에 정부조직의 효율적 성과관리가 가능한 집행기능을 정책기획기능과 분리하여 민간의 경영기법을 접목시킨 새로운 행정관리방식으로 책임운영기관제도를 도입하였다. 이를 위해 1999년에 「책임운영기관법」을 제정하고, 2000년에 10개 기관, 2001년에 13개 기관, 2013년에 38개 기관과 특허청(중앙책임운영기관)이 선정되어 운영 중이다.

책임운영기관은 행정기관이며 그 구성원 신분도 공무원이라는 점에서는 일반 행정기관과 같고, 기관운영에 있어서 상당한 자율성을 갖는다는 점에서는 공공기관에 해당된다고 할 수 있다.[22]

2) 책임운영기관의 유형

책임운영기관의 지정기준은 그 주된 사무가 사업적 · 집행적 성격의 행정서비스를 제공하는 업무로서 성과측정기준을 개발하여 성과를 측정할 수 있는 사무, 그리고 기관운

표 5-8 책임운영기관의 유형 및 기관명

유형		기관명
조사연구형(17)	조사 및 품질관리형	국립종자원, 국토지리정보원, 경인지방통계청, 동북지방통계청, 호남지방통계청, 동남지방통계청, 충청지방통계청, 항공기상청
	연구형	국립과학수사연구원, 국립재난안전연구원, 국립수산과학원, 국립생물자원관, 통계개발원, 국립문화재연구소, 국립원예특작과학원, 국립축산과학원, 국립산림과학원
교육훈련형(2)		국립국제교육원, 한국농수산대학
문화형(6)		국립중앙과학원, 국립과천과학원, 국방홍보원, 국립중앙극장, 국립현대미술관, 한국정책방송원
의료형(9)		국립서울병원, 국립나주병원, 국립부곡병원, 국립춘천병원, 국립공주병원, 국립마산병원, 국립목포병원, 국립재활원, 경찰병원
시설관리형(4)		울산지방해양항만청, 대산지방해양항만청, 국립자연휴양림관리소, 해양경찰정비창
기타유형(1)		특허청(중앙책임운영기관)

자료 : 「책임운영기관법 시행령」, 별표 1.

22 영국에서는 경제위기 해결을 위해 정부부문의 구조조정을 추진하였다. 재정절감, 정부의 규모와 기능 축소 방안으로 부처의 통합, 민영화, 아웃소싱(outsourcing) 등과 함께 1988년에 대처(Margaret Thatcher) 수상에 의하여 집행기관(executive agency)이라는 이름으로 책임운영기관제도를 도입하였다.

영에 필요한 재정수입의 전부 또는 일부를 자체적으로 확보할 수 있는 사무를 수행하는 기관이다(책임운영기관법 제4조).

행정자치부장관은 기획재정부장관 및 해당 중앙행정기관장과 협의하여 책임운영기관을 설치하거나 해제할 수 있다.

책임운영기관은 기관의 지위에 따라 소속책임운영기관과 중앙책임운영기관으로 구분한다. 소속책임운영기관은 중앙행정기관의 소속기관으로서 책임운영기관으로 설치된 6개 유형의 기관을 말하고, 중앙책임운영기관은 「정부조직법」 제2조 제2항에 따른 청으로서 책임운영기관으로 설치된 기관(특허청)을 말한다.

3) 책임운영기관의 운영

(1) 소속책임운영기관의 운영

소속책임운영기관의 장(기관장)은 소속 중앙행정기관장이 공개모집 절차에 따라 행정이나 경영에 관한 지식 · 능력 또는 관련 분야의 경험이 풍부한 사람 중에서 선발하여 임기제공무원으로 임용한다.

중앙행정기관장은 선발시험(서류전형과 면접시험, 필요하면 필기시험이나 실기시험 실시)을 거쳐 기관장을 채용해야 한다. 시험은 개방형 직위 중앙선발시험위원회가 실시하는데, 이때 2명 또는 3명의 채용후보자를 선발하여 중앙행정기관장에게 추천해야 한다. 중앙행정기관장은 채용후보자 추천 순위에 따라 기관장을 채용하되, 추천 순위를 변경하려면 인사혁신처장과 협의해야 한다(책임운영기관법 시행령 제3조).

기관장의 채용요건은 소속 중앙행정기관장이 정하여 행정자치부장관에게 통보한다. 기관장의 채용기간은 5년의 범위에서 소속 중앙행정기관장이 정하고, 기관 폐지 등 특별한 사유가 없으면 2년 이상으로 한다.

기관장의 책무는 소속 중앙행정기관장과 체결한 채용계약의 성실한 이행, 기관 운영의 공익성 및 효율성 향상, 재정의 경제성 제고 및 서비스의 질적 개선 등이다.

기관장은 소속책임운영기관의 조직 및 운영에 관한 기본운영규정을 작성하여 사전에 소속 중앙행정기관장의 승인을 받아야 하고, 중앙행정기관장은 그 기관의 소속책임운영기관별로 사업목표(재정의 경제성 제고, 서비스 수준의 향상, 경영의 합리화 등)를 정하여 기관장에게 부여해야 한다.

기관장은 책임운영기관의 본부와 소속기관의 하부조직을 기본운영규정으로 정할 수 있고, 정원은 자율적으로 하되, 총정원의 한도는 「책임운영기관법 시행령」으로 정한다.

기관장은 소속책임운영기관 소속공무원의 임용시험, 전보, 근무실적평정, 평가결과에 따른 상여금의 차등 지급 등에서 상당한 자율권을 가지고 있다. 기관장은 일반직 · 특정직 공무원의 각 계급별 정원의 30% 이내의 범위에서 채용할 수 있다. 다만 소속책임운영기관과 그 소속기관 또는 하부조직 업무의 성질상 필요한 경우 기능직은 50% 이내까지 가능하다.

정원 외 전문계약직(공무원 정원이 아닌 예산의 범위에서 채용하는 전문계약직공무원)을 채용하려면 행정자치부장관의 승인이 필요하다. 정원대체 전문계약직(의무직렬에만 해당하는 특수한 형태의 전문계약직공무원)은 3~5급까지의 정원을 각 계급에 맞는 전문계약직공무원으로 대체하여 채용할 수 있다. 이 경우 공무원 정원을 순증(純增)하는 것이 아닌 기존 정원을 활용하는 것이므로 행정자치부와 협의를 거치지 않아도 된다.

중앙행정기관장은 소속책임운영기관의 사업성과를 평가하고 소속책임운영기관의 운영에 관한 중요 사항을 심의하기 위하여 그 소속으로 소속책임운영기관운영심의회를 둔다. 이 위원회는 위원장 1인을 포함하여 5인 이상 9인 이내의 위원으로 구성하며, 위원장 및 위원은 중앙행정기관장이 위촉한다. 이때 위원(임기 2년) 중 민간위원을 과반수로 위촉하고, 위원장은 민간위원 중에서 위촉한다(책임운영기관법 제12조).

소속책임운영기관의 사업을 효율적으로 운영하기 위하여 책임운영기관특별회계로 운영되고, 그 사업은 정부기업으로 본다(책임운영기관법 제30조).

(2) 중앙책임운영기관의 운영

중앙책임운영기관의 장의 임기는 2년(한 차례만 연임)으로 하고, 국무총리가 부여한 목표를 성실히 이행해야 하며, 기관 운영의 공익성 및 효율성 향상, 재정의 경제성 제고와 서비스의 질적 개선을 위하여 노력해야 한다. 국무총리는 이에 관한 사업목표를 정하여 중앙책임운영기관장에게 부여해야 한다.

중앙책임운영기관의 사업성과를 평가하고 기관의 운영에 관한 중요 사항을 심의하기 위하여 중앙책임운영기관장 소속으로 중앙책임운영기관운영심의회를 둔다. 이 위원회는 위원장 1인을 포함한 9인 이내의 위원으로 구성하는데, 위원장 및 위원은 중앙책임운영기관의 업무와 관련된 학식과 경험이 풍부한 사람과 시민단체에서 추천한 사람 중에서 중앙책임운영기관장이 위촉한다(책임운영기관법 제43조).

중앙책임운영기관의 조직 및 정원에 관한 사항은 「정부조직법」이나 그 밖의 정부조직 관계 법령에서 정하는 바에 따른다.

중앙책임운영기관장은 고위공무원단에 속하는 공무원을 제외한 소속공무원에 대한 일체의 임용권을 가지며, 예산 및 회계에 관한 사항은 소속책임운영기관을 준용한다.

4) 책임운영기관의 평가

책임운영기관 평가의 목적은 운영성과에 대한 책임성 확보, 기관장의 연봉책정과 연장계약, 직원에 대한 성과급 지급 등을 위한 준거자료를 확보하려는 데 있다. 책임운영기관의 다양성을 고려하여 기관 간 서열화를 위한 평가방식은 원칙적으로 지양한다.

현재 책임운영기관의 평가체계는 고유사업평가(50%)와 관리역량평가(50%)로 구분하고 있다.

고유사업평가는 각 부처 자체평가단이 소속책임운영기관운영심의회 주관으로 사업성과를 다음 연도 2월 말까지 평가한다. 평가항목의 구성 및 평가지표의 개발은 소속 중앙행정기관장과 협의하여 자율적으로 정한다. 고객만족도 조사는 일관성을 위해 행정자치부 주관으로 통합하여 실시한다.

관리역량평가는 행정자치부 주관으로 민간전문가로 구성된 종합평가단을 통해 기관의 관리역량을 평가한다. 평가단은 행정 · 경영 관련 학회 및 연구기관, 경영평가 전문기관, 회계법인, 그 밖에 기관 운영이나 사업성과 등에 대한 평가전문기관으로서 행정자치부장관이 인정하는 기관 중에서 지정한다(책임운영기관법 시행령 제29조의 13).

책임운영기관운영위원회에서는 고유사업평가 및 관리역량평가 결과를 합산하여 종합평가 결과를 심의 · 확정한다. 유형별로 5개 그룹으로 나누어 종합평가 등급 부여 및 우수기관을 선정한다. 책임운영기관운영위원회는 위원장 1인(행정자치부장관), 부위원장 1인(위원 중 행정자치부장관이 위촉)을 포함한 15인 이내의 위원으로 구성한다. 위원은 관계 중앙행정기관의 차관급 공무원, 책임운영기관의 업무와 관련된 학식과 경험이 풍부한 사람 중에서 행정자치부장관이 위촉하는 사람으로 구성한다(책임운영기관법 제49, 50조).

중앙행정기관장은 평가결과를 소속책임운영기관장의 성과연봉 지급률 결정, 평가우수기관 및 성과창출에 기여한 공무원에게 표창이나 포상, 2년 연속 최우수기관에 대해 다음 연도 종합평가(관리역량평가) 유예, 성과 확산 및 제도 개선 등에 활용한다.

책임운영기관제도가 도입된 이후 행정서비스의 질적 향상 등 고객 지향적이고 성과 지향적인 정부조직 운영에 크게 기여한 것으로 평가되고 있다. 향후 책임운영기관제도의 성공적 운영을 위해서는 기관의 목표를 보다 명확하게 하고 성과측정을 위한 적절한 지표개발이 지속적으로 이루어져야 한다.

표 5-9 책임운영기관의 평가항목 및 가중치

평가지표	지표별 세부항목	가중치(%)
사업계획 · 목표의 적절성	사업계획의 적합성	8 (일반회계)
	목표설정의 적절성	
자체평가(고유사업평가)의 적절성	목표수준의 도전성	18
	평가과정의 충실성	
	평가내용의 충실성	
조직 · 인사 관리의 적절성	조직 · 인사 관리상 자율성 활용 정도	20
	기관장 리더십 발휘 정도	
재정 · 회계 · 예산 관리의 건전성 제고 노력	재정 · 회계 · 예산 관리의 건전성 제고 노력	8 (일반회계) 10 (특별회계)
행정효율성 및 고객서비스 제고 노력	행정효율성 제고 노력	27 (일반회계) 25 (특별회계)
	고객서비스 제고 노력	
	정책홍보 노력	
평가결과의 활용 정도	평가결과의 활용 정도	7

제3절 본예산 · 수정예산 · 추가경정예산

1. 본예산

본예산(main budget)은 회계연도 개시 전에 국회의 심의 · 의결에 의하여 최초로 성립된 예산을 말한다.

일단 성립된 예산에는 변경을 가하지 않는 것이 바람직하다. 그러나 천재지변이나 심한 경기침체 등 예기치 못한 사태의 발생으로 국회에서 심의 중이거나 집행 중인 예산을 변경해야 할 필요가 있을 수 있다.

예산안을 변경한 때 처음 국회에 제출한 예산안을 본예산안(本豫算案)이라고 하고, 집행 중인 예산을 국회의 의결을 거쳐 변경했을 때 처음 의결된 예산을 본예산(本豫算) 또는 당초예산(original budget)이라고 한다.

2. 수정예산

1) 수정예산의 의의

수정예산(revised budget)은 예산안을 의회에 제출한 후 부득이한 사유로 그 내용의 일부를 수정한 것을 말한다.

국회의 예산심의 기간 중 국제정세나 국내의 사회적 · 경제적 사정의 큰 변동으로 정부가 제출한 예산안을 일부 수정할 필요가 생길 수 있다.

국회에서 심의 중인 예산안을 정부가 수정하는 것을 수정예산안(修正豫算案)이라고 한다(국가재정법 제35조). 수정예산안을 영국에서는 revised estimates, 미국에서는 budget revisions이라고 한다.[23]

2) 수정예산안의 편성절차

수정예산안의 편성절차는 본예산안의 편성절차와 원칙적으로 동일하다. 정부가 수정예산안을 편성하여 국회에 제출하고자 할 때에는 국무회의의 심의와 대통령의 승인을 얻어야 한다. 그러나 시간이 촉박하다는 사실을 고려하여 「국가재정법」은 수정예산안의 편성에서 예산안 첨부서류의 전부 또는 일부를 생략할 수 있도록 규정하고 있다(국가재정법 제36조).

우리나라에서 수정예산안을 편성한 경우는 1969년, 1980년, 2008년이었다. 1980년 10월 30일 정부는 추가경정예산안에 대한 수정예산안(당초 추가경정예산안보다 1000억원 증액)을 국회에 제출하였고, 1980년 11월 2일에는 1981회계연도 본예산에 대하여 수정예산안(당초 본예산안보다 3140억원 증액)을 제출하였다(경제기획원, 1981 : 263).

그리고 2008년 대내외 여건이 악화되자 정부는 2008년 11월 7일 수정예산안(10조원 증액)을 편성하여 국회에 제출하였다. 당시 수정예산안의 재원배분 중점은 경제성장률 하락을 방지하는 것이었다. 즉 일자리 창출, 내수진작 효과가 큰 SOC 확충, 중소기업과 자영업자 및 농어업인 지원, 저소득층 복지지원 확대 등의 분야에 투입되었다.

23 미국에서 수정예산안이 사용되는 경우는 대통령이 바뀔 때다. 카터(Jimmy Carter) 대통령과 레이건(Ronald Reagan) 대통령이 취임하였을 때 전임자가 편성한 예산안에 대하여 각각 수정예산안을 편성하여 의회에 제출한 일이 있다(Hartman, 1982 : 389).

3. 추가경정예산

1) 추가경정예산의 의의

추가경정예산(revised supplementary budget)은 예산이 성립된 이후에 생긴 사유로 인하여 본예산에 추가나 변경을 가한 예산을 의미한다. 정부는 불가피한 재정수요에 탄력적으로 대응하여 경기 및 사회의 안정을 이룰 필요가 있을 때 국회에 추가경정예산을 제출하게 된다.

추가경정예산은 추가예산과 경정예산을 합쳐 만든 용어다. 추가예산은 비목을 신설하거나 기존 비목의 금액을 추가 또는 증액하는 것이다. 경정예산은 이미 정해진 예산의 범위에서 금액에만 한정하지 않고 예산총칙 등도 수정하는 것으로, 금액의 감소, 예산목적의 변경, 명시이월비의 변경 등이 가능하지만 예산 총액규모는 증가시킬 수 없다.

수정예산과 추가경정예산은 예산안의 편성이 끝난 후에 본예산을 변경시킨다는 점에서는 동일하다. 그러나 수정예산(修正豫算)은 예산안이 의결되기 전에 정부가 제출한 예산안을 수정한 것인 데 비하여, 추가경정예산(追加更正豫算)은 정부안이 국회의 의결을 얻어 성립한 다음에 발생한 사유로 인하여 이미 성립한 예산을 변경하는 것을 말한다.

우리나라의 「국가재정법」 제89조에서는 다음 각 호의 어느 하나에 해당하게 되어 이미 확정된 예산에 변경을 가할 필요가 있는 때에 한하여 추가경정예산안을 편성할 수 있도록 하였다.[24]

- 전쟁이나 대규모 재해가 발생한 때
- 경기침체, 대량실업, 남북관계의 변화, 경제협력과 같은 대내외 여건에 중대한 변화가 발생하였거나 발생할 우려가 있는 때
- 법령에 따라 국가가 지급하여야 하는 지출이 발생하거나 증가하는 때

과거(예산회계법 제33조)에는 추가경정예산의 편성요건을 포괄적으로 규정, 즉 "정부는 예산성립 후에 생긴 사유로 인하여 이미 성립된 예산에 변경을 가할 필요가 있을 때에는 추가경정예산을 편성하여 국회에 제출할 수 있다."고 규정했기 때문에 연례화되는 문제가 있었다. 그러나 추가경정예산의 편성요건에 대한 논란을 방지하기 위해 「국가

24 1948년 「헌법」부터 1972년 「헌법」까지는 추가경정예산에 관한 규정에 '예산성립 후에 생긴 사유로 인하여'라는 제한을 두었으나(1972년 헌법 제91조), 제5공화국 「헌법」에서 이러한 제한을 삭제하였으며(1980년 헌법 제92조), 현행 「헌법」 제56조에서도 이를 계승하고 있다. 현재 「국가재정법」 제89조에서 추가경정예산안 편성의 제한규정을 두고 있다.

재정법」 제89조에서 그 요건을 개정하였다. 즉 2006년「국가재정법」 제정 당시에는 "다음 각 호의 어느 하나에 해당하는 때를 제외하고는 추가경정예산안을 제출할 수 없다."를 2009년 개정 때 "다음 각 호의 어느 하나에 해당하는 때에는 추가경정예산안을 편성할 수 있다."로 변경하였다.[25]

영국에는 추가경정예산안의 편성을 규제하는 법률은 없으나 1년에 2회의 추가경정예산을 상례적으로 사용하고 있다.[26]

미국은 매년 3~4회의 추가경정예산을 불규칙적으로 사용하고 있으며, 가장 빈번히 사용하는 나라의 하나다. 미국의「예산회계법」(제203조)은 예산법이 성립한 다음에 법률 또는 그외 공공의 이익을 위하여 필요하다고 인정되는 때 추가경정예산 또는 초과지출예산법안(supplementary *or* deficiency appropriations)을 수시로 제출할 수 있다고 규정하고 있다.

초과지출예산법안이란 이미 의결된 예산액을 초과지출한 다음 초과지출분을 요구하는 것인데, 1906년의「반초과지출법」(Anti-Deficiency Act)에 의하여 엄격히 규제되고 있다(Brundage, 1970: 78).

예산은 예정적 계획이므로 실제로 외부환경의 변화(경제상황의 변화, 물가상승, 환율변동, 이자율 상승, 예비비 등으로 부족한 천재지변의 복구)에 의하여 예산을 변경하는 것이 불가피하지만, 충분히 예측할 수 있는 사항을 해당 부서의 전체적인 예산한도액의 제한으로 우선 느슨하게 편성 후 다시 이를 확보하는 방편으로 이용하는 것은 바람직하지 않다.

2) 추가경정예산안의 편성절차

추가경정예산은 본예산이 확정된 이후 해당 연도에 추가적인 재정수요가 발생할 때 편성할 수 있다. 본예산이 국회에 계류 중인 때에는 수정예산의 제출이 가능하기 때문에 추가경정예산을 제출할 수 없다.

추가경정예산안의 편성절차도 본예산안의 편성절차와 원칙적으로 동일하다. 다만 수

25 2008년 5월 국제유가가 배럴당 130달러대까지 높아지자 2008년에 2회, 2009년에 1회 추가경정예산을 편성하였는데, 그러한 고유가 상황이 추가경정예산의 편성요건에 해당되는지에 대해 논란이 있었다. 필요한 경우 추가경정예산안을 편성할 수 있도록 규정한「헌법」 제56조의 취지를 고려할 때 예산안 편성 당시 전제하였던 상황에 비추어 고유가 상황으로 인해 성장둔화나 물가상승 등이 초래된 경우에는 '중대한 변화'가 발생한 것으로 볼 수 있다.

26 영국에서는 통상 여름추경예산안(summer supplementary estimates)과 봄추경예산안(spring supplementary estimates)을 편성한다(경제기획원, 1979: 38~39).

정예산안의 편성 때와 마찬가지로 예산안의 첨부서류의 일부 또는 전부를 생략할 수 있도록 「국가재정법」은 규정하고 있다. 추가경정예산안의 국회 제출 시기에 대하여는 아무런 규정이 없다.

본예산과 추가경정예산은 각각 별개로 성립하여 집행되지만 일단 성립하면 이를 통산하여 전체로서 집행하게 된다(유훈, 2003: 121). 추가경정예산이라는 것이 본예산의 사항과 금액을 추가하거나 수정한 것이기 때문이다. 따라서 어떤 회계연도의 예산총액을 알기 위해서는 본예산 외에 추가경정예산을 총계하여 보아야 한다.

추가경정예산이 가장 빈번하게 편성된 것은 1950년도(7회)다. 대체로 매년 1~2회 편성하고 있다.[27]

추가경정예산은 집권당이 전략적으로 이용하기도 하였다. 즉 본예산은 적게 책정하여 쉽게 통과시키고 추경으로 보충하는가 하면, 심의과정에서 삭감된 부분을 추경으로 보충하기도 하였다. 이러한 행태는 자원의 적정배분을 저해하며, 국회의 예산통제를 약화시킨다.

정부수립 이후 1981년도까지는 추가경정예산안에서 본예산을 모두 증액하는 것이었으나, 1982년도 추가경정예산안은 처음으로 조세수입의 차질로 인하여 본예산을 감액(2644억원)하였다.

현재에도 추경예산안 편성의 악순환이 되풀이되고 있다. 정부는 경기침체가 지속됨에 따라 경제성장률 전망치[28]를 낮추고, 경기부양을 위한 추가경정예산안을 매년 제출하고 있다.

추가경정예산은 극히 예외적으로만 검토되어야 하는데, 연례행사처럼 거듭되면서 국가채무 증가 등 재정건전성 악화의 요인으로 작용하고 있다. 재해대책비 같은 것은 미리 본예산에 넣으면 될 터인데, 예산편성 때는 반영하지 않았다가 매년 추경을 편성하고 있

27 연도별 추가경정예산안의 편성 횟수는 1948년(−), 1949년(3회), 1950년(7), 1951년(3), 1952년(2), 1953년(2), 1954년(3), 1955년(2), 1956년(−), 1957년(−), 1958년(1), 1959년(−), 1960년(2), 1961년(4), 1962년(3), 1963년(3), 1964년(1), 1965년(3), 1966년(2), 1967년(2), 1968년(3), 1969년(3), 1970년(1), 1971년(1), 1972년(3), 1973년(−), 1974년(1), 1975년(1), 1976년(1), 1977년(1), 1978년(1), 1979년(1), 1980년(1), 1981년(1), 1982년(1), 1983년(−), 1984년(1), 1985년(1), 1986년(−), 1987년(1), 1988년(1), 1989년(1), 1990년(2), 1991년(2), 1992년(1), 1993년(−), 1994년(1), 1995년(1), 1996년(1), 1997년(1), 1998년(2), 1999년(2), 2000년(1), 2001년(2), 2002년(1), 2003년(2), 2004년(1), 2005년(1), 2006년(1), 2007년(−), 2008년(1), 2009년(1), 2010년(−), 2011년(−), 2012년(−), 2013년(1), 2014년(−), 2015년(1), 2016년(1 예정)(국회예산정책처, 「대한민국 재정 2016」, 부록 재정통계).

28 추계치와 전망치는 그 수치가 다를 수 있다. 추계치는 한국은행이 각종 협회 등을 통하여 구체적인 수치를 수집 · 집계한 공식수치로서 경제성장률의 경우 보통 5월 중순에 발표한다. 이에 비하여 전망치는 몇 개의 변수를 수식에 넣어 계산한 것이다.

다. 일단 쓸 것은 다 쓰고 재해대책 예산은 필요하면 다시 편성하는 관행이 굳어졌다.

표 5-10 추가경정예산안 편성현황 (단위 : 조원)

연도	규모	주요 편성내용	주요 재원
2013	17.3	• 세수부족 보전 • 일자리 창출 및 민생안전 • 중소 · 수출기업 지원 • 지역경제 활성화 및 지방재정 지원	국채발행 기금 여유자금 세계잉여금 한국은행잉여금
2015	11.8	• 세수부족 보전 • 메르스 대응, 가뭄극복, 민생지원	국채발행 기금 여유자금 한국은행잉여금
2016	11.0	• 구조조정 및 일자리 창출 • 국채상환	예상 세수증가분 세계잉여금

자료 : NABO, 「2016년도 제1회 추가경정예산안 분석」(2016.7.29.).

추가경정예산안 편성을 위해서는 추가적인 재원 마련이 필요하다. 추가경정예산안은 세계잉여금, 한국은행 잉여금, 기금 여유자금을 활용하거나 국채발행을 통한 차입으로 재원을 조달하고 있다. 대부분의 재원은 국채발행으로 마련되고 있다.

추가경정예산은 경기가 나쁠 때 정부의 지출확대가 민간의 부족한 수요를 보완하여 경제를 안정시키는 역할을 한다. 그러나 추가경정예산의 재원을 국채발행을 통해 마련하면 투자자들은 여유자금을 국가에 빌려주는 것이 되므로 시중에서 기업들이 자금을 조달하기가 어렵게 되고 금융시장에서 돈을 빌리는 비용(금리)이 상승하게 되어 투자가 위축된다. 이러한 정부의 지출확대가 민간의 투자위축을 초래하는 현상을 구축효과(驅逐效果)라고 한다.

현재는 국내 금융시장에 여유자금이 충분하고 금리가 낮은 상황이므로 국채를 발행하더라도 금리가 올라 투자가 위축되지는 않는다. 그렇더라도 추가경정예산을 위해 국채를 발행하면 정부부채가 증가하여 재정건전성이 나빠지고 미래에 국채의 추가발행을 통한 정부지출을 제약하게 된다.[29]

29 정부의 재정지출 증가나 세금감면이 GDP를 얼마나 높이는가를 보여주는 지표를 재정승수(財政乘數)라고 한다. 재정승수가 1이라면 정부지출을 1조원 늘렸을 때 GDP가 1조원 증가한다는 의미이다. 재정승수가 클수록 그만큼 재정정책의 총수요 진작을 통한 경제성장률 제고 효과가 크다고 볼 수 있다.

제4절 준예산 · 잠정예산 · 신임예산

1. 준예산

예산이 회계연도 개시일까지 의회에서 의결되지 않은 때에 사용할 수 있는 예산을 일반적으로 잠정예산이라고 한다. 잠정예산을 영국에서는 Vote on Account, 미국에서는 Continuing Resolution이라고 한다(경제기획원, 1979: 37~40). 이것을 한국에서는 준예산이라고 한다.

준예산(準豫算)은 회계연도 개시일까지 국회에서 예산이 의결되지 못한 때에 예산이 성립될 때까지 일정한 비용에 한하여 전년도 예산에 준하여 집행할 수 있도록 한 것을 말한다. 1960년 4·19 직후의 3차 개헌 때부터 이러한 준예산을 채택하였고, 그 이전의 「헌법」에서는 이것을 가예산(假豫算)이라고 하였다.[30]

국회는 회계연도 개시 30일 전까지 예산안을 의결해야 하는데, 새로운 회계연도가 개시될 때까지 의결되지 못한 때에는 정부는 국회에서 예산안이 의결될 때까지 다음의 목적을 위한 경비는 전년도 예산에 준하여 집행할 수 있다(헌법 제54조 제2~3항).[31]

- 「헌법」이나 법률에 의하여 설치된 기관 또는 시설의 유지 · 운영
- 법률상 지출의무의 이행
- 이미 예산으로 승인된 사업의 계속

1949년도부터 휴전 때까지는 매년 가예산을 사용하였으나, 1957년도부터는 회계연도 개시 전까지 의결되었으므로 준예산을 사용한 일이 없다.

---

30 1948년 당시의 「헌법」(제94조 제2항)에는 부득이한 사유로 인하여 예산이 의결되지 못한 때에는 국회는 1개월 이내의 가예산을 의결하고 그 기간 내에 예산을 의결해야 한다고 규정하였다. 준예산과 가예산의 차이점은 첫째, 가예산은 회계연도 개시일부터 1개월 이내에 국회가 반드시 예산을 의결해야 하는 데 비하여, 준예산은 국회에서 예산이 의결될 때까지 기간을 정하지 않고 사용할 수 있다.

둘째, 가예산은 국회의 의결이 있어야 사용할 수 있으나 준예산은 그러한 의결 없이 회계연도가 시작되면 자동적으로 사용할 수 있다.

31 1972년의 「헌법」은 "회계연도 개시 30일 전까지 예산안이 의결되지 못한 때에는 준예산을 사용할 수 있다." 고 규정하였으나 준예산은 회계연도 개시일까지는 불필요한 것이므로 현행 「헌법」 제54조 제2항에서는 "국회는 회계연도 개시 30일 전까지 예산안을 의결해야 한다."고 규정하고, 제3항에서는 "새로운 회계연도가 개시될 때까지 예산안이 의결되지 못한 때에는 정부는 국회에서 예산안이 의결될 때까지 일정한 목적을 위한 경비는 전년도에 준하여(준예산) 집행할 수 있다."고 규정하고 있다.

표 5-11 가예산의 사용 여부

연도	회계기간	국회 의결일	사용 여부
1948	1948. 10. 1.~1949. 3. 31.	1949. 3. 31.	사용 않음
1949	1949. 4. 1.~1950. 3. 31.	1949. 4. 30.	사용함
1950	1950. 4. 1.~1951. 3. 31.	1950. 4. 20.	사용함
1951	1951. 4. 1.~1952. 3. 31.	1951. 4. 30.	사용함
1952	1952. 4. 1.~1953. 3. 31.	1952. 4. 18.	사용함
1953	1953. 4. 1.~1954. 3. 31.	1953. 4. 30.	사용함
1954	1954. 4. 1.~1955. 6. 30.	1954. 3. 31.	사용 않음
1955	1955. 7. 1.~1956. 12. 31.	1955. 7. 31.	사용함
1957	1957. 1. 1.~1957. 12. 31.	1956. 12. 30.	사용 않음

자료 : 경제기획원, 「예산개요」(서울: 1981), pp.332~339.

2. 잠정예산

잠정예산(Vote on Account *or* Continuing Appropriation)은 예산안이 회계연도 개시 전까지 성립되지 아니한 때에 일정기간 동안 필요한 경비의 지출을 허용하도록 잠정적으로 만든 예산을 말한다. 즉 일정금액의 예산의 국고지출을 허용하는 제도로서, 영국과 미국 등에서 사용하고 있다. 동일한 잠정예산(暫定豫算)이라도 그 성격은 나라에 따라 다소 차이가 있다.

첫째, 미국 · 영국 등 대부분의 나라에서는 의회가 의결해야 잠정예산을 사용할 수 있다.[32] 그러나 독일에서는 의회의 의결이 없이 회계연도가 시작되면 자동적으로 잠정예산을 사용할 수 있다(독일연방공화국기본법 제111조).

둘째, 영국 · 독일 등 대부분의 나라에서는 사용기간이 원칙적으로 규정되어 있지 않으나, 미국과 같이 잠정예산을 의결할 때 사용기간을 정하기도 한다.

셋째, 대부분의 나라에서는 잠정예산을 사용하는 기간에는 전년도 예산수준(current rate)으로 지출을 제한하며(Hartman, 1982: 392), 새로운 지출항목을 만들거나 새로운 사업을 시작하지 못하도록 하고 있다.

넷째, 영국에서는 과거에는 매년 3~4개월간 연례적으로 잠정예산을 사용하였다. 회

32 미국「헌법」은 연방정부의 모든 지출은 법률에 의해서만 결정하도록 하고 있으며, 일본은「재정법」에 잠정예산도 의회의 의결을 얻도록 규정하고 있다.

계연도는 4월 1일에 시작되는데, 예산 의결은 통상 7월 말경에 이루어졌으므로 그 기간 동안 잠정예산을 사용할 수밖에 없었다(경제기획원, 1979: 43). 북한도 이와 비슷하다(박영희, 1974: 22~23).

다섯째, 회계연도가 개시되었는데 잠정예산마저 성립되지 않는다면 정부는 예산이 없기 때문에 일을 할 수 없게 된다. 이러한 사례는 거의 찾아볼 수 없는데, 미국에서만 몇 차례 있었다.

미국은 회계연도 개시(10월 1일) 전까지 정기예산을 확정하기 어려우면 의회에서 일정기간의 잠정예산(continuing resolution)을 편성하여 정부의 기능수행에 지장이 없도록 한다. 그런데 10월 1일까지 잠정예산마저 의회에서 확정하지 못하면 정부폐쇄(shutdown of government)가 불가피하게 된다.

미국은 세출예산법이 13개나 되는데, 이것들이 회계연도 개시 전까지 모두 의회를 통과하는 때가 거의 없어 매년 잠정예산을 사용하고 있다.

미국 연방정부는 잠정예산마저 성립되지 않아 1981년 이래 여러 차례 정부폐쇄가 있었다. 정부폐쇄는 대부분 공휴일이거나 짧은 기간 동안 발생하여 국민에게 직접적인 영향을 미치지 않았으나, 클린턴 행정부 때의 정부폐쇄는 기간도 길었고 연방정부의 공공서비스가 중단되기도 하였다.

① 레이건 행정부 : 1981년 9월 말까지 1982회계연도 예산안(세출예산법안)이 민주당 지배의 의회를 통과할 수 없게 되자 1차 잠정예산(시한은 11월 22일까지)으로 10월 1일부터 예산을 집행하였다.

2차 잠정예산은 민주당이 사회보장예산을 줄일 수 없다고 하며 대통령의 요구액보다 증액시키자 이에 레이건 대통령이 거부권을 행사하였다. 그래서 11월 23일 연방공무원들이 점심시간 이후 귀가 조치(실제로는 강제휴가)되었다. 물론 긴급명령권을 발동하여 필수적인 공무원(국가안보, 국민건강, 항공관제, 감호시설 분야 등)은 근무하도록 하여 정부가 완전히 마비되지는 않았다. 귀가 조치 몇 시간 후 대통령이 2차 잠정예산(시한은 12월 15일까지)에 사인(결재)함으로써 다음 날 공무원들이 출근할 수 있었다.

12월 15일까지도 세출예산법이 성립되지 않아 3차 잠정예산(시한은 1982년 2월 15일까지)을 성립시켰다.

결국 1982년 9월 말까지 13개의 세출예산법안 중 3개가 의회를 통과하지 못해 1년 동안의 예산집행은 잠정예산으로 집행되는 이례적인 현상이 발생하였다.

1984년 10월 4일 의회가 잠정예산안 결의에 실패하자 연방공무원을 모두 휴가 조치하였다. 휴가는 반나절이었지만 이로 인해 정부가 추가적으로 지출해야 한 비용은 6500

만달러로 추산되었다.

1986년 10월 17일에도 잠정예산안 결의가 실패하자 다시 연방공무원을 반나절 휴가 조치하였고, 그에 따른 추가 비용이 6200만달러로 추산되었다.

② **부시 행정부** : 1990년의 정부폐쇄는 연휴기간(콜럼버스 데이는 1492년 콜럼버스의 미국대륙 발견을 기념하는 날로 매년 10월 둘째 주 월요일을 국경일로 정함)에 발생하여 시민들의 큰 관심을 받지 못했다. 민주당은 재정적자를 줄이기 위해 고소득자에게 추가 소득세를 부과하려고 했고, 이에 부시 대통령은 그러한 증세법안에 대해 거부권을 행사하였다. 이에 따라 예산이 성립되지 못했고, 1990년 10월 6일 잠정예산도 성립되지 않아 연방공무원을 휴가 조치하였다. 많은 연방공무원들이 이미 휴가를 계획하고 있었기 때문에 추가 비용은 170만달러로 추산되었다. 결국 민주당은 증세법안을 철회하였다.

③ **클린턴 행정부** : 1994년 중간선거에서 다수당이 된 공화당은 1995회계연도 예산안에서 의료지원과 사회복지 예산, 교육과 환경보호 예산 등을 대폭 줄이고 감세를 추진하는 세출법률안을 의결하였다. 그러나 민주당의 클린턴 대통령이 거부권을 행사하였다. 공화당은 잠정예산을 편성했으나 이것도 거부권을 행사하였다. 거부권을 무력화하려면 2/3의 찬성이 필요한데, 공화당은 이에 미지지 못하자 예산안을 제출하지 않음으로써 두 차례(1995.11.14.~11.19., 1995.12.16.~1996.1.6.)나 정부가 폐쇄되었다.

④ **오바마 행정부** : 2011회계연도의 예산이 2011년 4월까지도 의회를 통과하지 못하고 여러 차례 잠정예산을 집행하였다. 1차~4차까지의 잠정예산은 전년도에 준해 같은 규모로 예산을 집행하도록 하였으나, 5차 잠정예산(2011년 3월 초부터 2주간 지속)에서는 지출규모를 40억달러 삭감하였고, 3월 중순 처리된 6차 잠정예산에서는 60억달러를 삭감하였다.

오바마 행정부에서의 정부폐쇄는 부채한도액의 도달에 따라 예견되어 있었다. 오바마 대통령이 부채한도의 증액을 요구하자 다수당인 공화당이 반대하여 잠정예산도 성립하지 못할 위기에 처하곤 했다. 결국 대통령이 굴복하고 합의하면서 예산안이 통과되었다. 여러 차례 정부폐쇄 위기가 있었으나 부채한도액의 증액과 시한을 연장하면서 정부폐쇄는 없었다.

3. 신임예산

신임예산(votes of credit)이란 의회는 총액만 결정하고 구체적인 용도는 행정부가 결정하여 지출을 하도록 하는 것으로서, 정상적인 예산절차의 예외에 해당된다. 전시 등에 있어서는 지출액과 지출시기를 정확하게 예측하기가 어렵고, 또 국가안보상 그 내용을 밝힐 수가 없다. 이러한 때에 사용되는 것이 신임예산(信任豫算)이다.

영국 의회는 18세기부터 종종 신임예산을 사용하였다. 1727년과 1734년에는 총액도 정하지 않았고, 제2차 대전(1930~45년) 중에는 군사비에 한하여 신임예산제가 적용되었다.

캐나다는 신임예산제를 활용하여 제1차 대전이 발발한 1914년 8월 5000만달러, 제2차 대전이 발발한 1939년 9월에 1억달러를 의결하였다.

4. 디지털예산회계시스템

1) 디지털예산회계시스템의 의의

디지털예산회계시스템(Digital Budget and Accounting System, 일명 dBrain)은 예산의 편성 · 집행 · 결산 · 성과관리 등 재정활동의 모든 과정이 수행되고, 그 결과로 생성된 정보가 관리되는 재정정보시스템이다. 재정정보시스템은 재정업무의 처리에 사용되는 정보를 수집 · 전달 · 저장 · 검색 · 조작해 주는 시스템을 말한다.

재정규모가 늘어나고 재정사업이 복잡해짐에 따라 재정정보를 체계적으로 관리 · 분석 · 활용할 필요성이 커지고, 또 복식부기 회계제도를 도입하여 재정정보의 투명성 · 책임성 · 활용성을 개선할 필요가 커졌다.

dBrain은 2007년 개통한 이래 모든 재정업무를 신속하게 처리할 수 있게 하였고, 국민들은 재정정보를 실시간으로 이용할 수 있게 되었다. 그 이전의 재정정보시스템(재정경제부의 국가재정정보시스템인 NaFIS, 기획예산처의 예산정보시스템인 FIMyS, 지방자치단체의 지방재정정보시스템인 e-호조 등)은 각 기관별로 구축되고 운영되어 통합된 재정정보의 제공이 어려웠다. 따라서 국가재원을 보다 효율적으로 배분하는 데 필요한 통합정보가 제공되지 못했다.

2) 디지털예산회계시스템의 특징

- 재정활동 전반을 지원 : 중앙정부의 예산편성, 예산집행, 자금관리, 국유재산과 물품관리, 채권과 채무, 결산 등을 모두 하나의 시스템에서 처리할 수 있도록 구성

- 재정혁신을 뒷받침 : 국가재정운용계획 수립, 예산총액배분 자율편성제도, 성과관리제도 등 재정혁신을 지원하기 위해 프로그램예산체계를 기반으로 구축되었으며, 자금과 자산 · 부채를 상호 연계 관리하고 국가재정의 재무정보를 정확히 산출할 수 있도록 복식부기 회계제도를 반영하여 재정위험관리 기반을 마련
- 재정의 실시간 관리 : 재정자금 출납의 모든 과정을 전자화하고, 이를 기반으로 재정운영 현황을 실시간으로 파악할 수 있도록 구성
- 재정통계 분석정보 산출 : 분야별 · 부처별 · 기능별 통계분석을 수행하여 과거의 실적 · 현황 · 예측 등 다양하고 정확한 통계분석 자료를 제공하고, 정부의 정책결정이 올바르게 이루어질 수 있도록 지원하고, 국민들에게도 상세한 재정정보를 투명하게 제공

5. 지방이전재원

지방이전재원은 지방재정조정을 통해 중앙정부에서 지방자치단체로 이전되는 재원을 의미한다. 지방재정조정제도는 중앙정부가 지방자치단체로 일정 규모의 재원을 이전하여 지방자치단체 간 재정형평성을 제고하고 국가 전체적으로 파급효과가 큰 지역공공재를 효율적으로 공급하기 위한 제도다.[33]

지방자치단체의 일반재원으로 이전되는 재원은 지방교부세, 국고보조금, 지역발전특별회계 교부금 및 국고보조금 등이고, 지방의 교육재정(교육비특별회계)에 이전되는 재원은 지방교육재정교부금이다. 지방교부세와 지방교육재정교부금은 용도가 정해져 있지 않은 일반재원이고, 지방자치단체 국고보조금은 목적사업에 한정되어 있다.

지방교부세는 「지방교부세법」에 따라 국가가 지방자치단체의 행정운영에 필요한 재원을 교부하는 것이다. 이러한 지방교부세는 지방자치단체가 자율적으로 사용할 수 있는 일반재원(무조건부 교부금)이다. 따라서 지방교부세의 구체적인 세출사항에 대해서는 국회의 심의를 거치지 않고 지방자치단체가 자율적으로 결정하는데, 다만 배분내역을

33 재원이전은 중앙정부와 지방자치단체 사이뿐만 아니라 지방재정의 일반재정과 교육재정 사이에도 발생한다. 이에 따라 중앙재정과 지방재정에 최초 계상된 통합재정 지출과 재원이전 이후 통합재정 사용액 사이에는 차이가 발생한다.

2015년도 통합재정 사용액은 중앙정부 256.0조원(53.7%), 지방자치단체 일반재정 164.3조원(34.5%), 교육자치단체 56.4조원(11.8%)이었다. 중앙재정과 지방재정의 비율은 53.7 : 46.3이었다(국회예산정책처, 2016 경제 · 재정수첩, 2016.3.31.).

사후에 공개하고 있다.[34]

국고보조금은 국가위임사무와 시책사업 등 목적사업의 범위를 한정하여 경비의 전부 또는 일부를 지방자치단체에 보조하는 것이다. 그 예산 및 관리는「보조금 관리에 관한 법률」에 따르고 있다.[35]

지방교육재정교부금은「지방교육재정교부금법」에 따라 지방자치단체가 교육기관 및 교육행정기관의 설치 및 경영에 필요한 재원의 전부 또는 일부를 국가가 교부하는 것이다. 지방교육재정교부금은 17개 시 · 도교육청별로 운영되는 교육비특별회계의 주된 세입항목이 되고, 그 재원은 해당 연도 내국세 총액의 20.27%에 해당하는 내국세분과「교육세법」에 의한 교육세분(교육세 총액)으로 조성된다.[36]

표 5-12 지방재정조정제도

	지방교부세	국고보조금	지방교육재정 교부금	지역발전특별회계 교부금 및 국고보조금
근거법률	지방교부세법	보조금 관리에 관한 법률	지방교육재정교부금법	국가균형발전특별법
목적	지자체 재원보장 재정불균형 완화	특정 사업 지원	교육의 균형발전	재정기반 확충 지역 간 균형발전
재원	• 법정교부금 : 내국세의 19.24% • 부동산교부세 : 종합부동산 총액 • 소방안전교부세 : 담배에 부과되는 개별소비세액의 20%	일반회계와 특별회계의 예산 계상	• 법정교부금 : 내국세의 20.27% • 교육세분 : 교육세 총액	• 주세 100% • 과밀부담금 • 개발지역훼손부담금 • 농특세전입금 • 일반회계전입금
재원성격	일반재원	목적사업에만 한정	일반재원	포괄보조 및 목적사업

자료 : 국회예산정책처,「대한민국 재정 2016」(2016.3.14.).

34 지방교부세의 재원은 내국세의 19.24%로 국가와 세원을 공유하는 형태를 가지고 있다. 지방교부세는 보통교부세, 특별교부세, 소방안전교부세로 분류되고, 추가로 부동산교부세가 있다. 보통교부세는 내국세의 19.24%에 해당하는 금액의 97%를, 특별교부세는 내국세의 19.24%에 해당하는 금액의 3%를 재원으로 한다. 소방안전교부세는 정부의 담배가격 인상조치를 계기로 신설(2015년)되었고 담배에 부과하는 개별소비세의 20%를 재원으로 한다. 부동산교부세는 종합부동산세 총액을 재원으로 한다.

35 국고보조금에는 지방자치단체가 세부사업별로 사용할 수 있는 일반보조금과 일정한 범위에서 자율적으로 사용할 수 있는 포괄보조금이 있다. 포괄보조금은 지역발전특별회계에서 운영한다. 국고보조금은 지방자치단체의 경상사업을 보조하는 경상보조와 자본형성적 사업을 보조하는 자본보조로 구분된다.

36 2016년도(예산 기준) 지방이전재원은 123.3조원(지방교부세 36.1조원, 국고보조금 46.0조원, 지방교육재정교부금 41.2조원)으로, 정부총지출 386.4조의 31.9%에 해당된다.

표 5-13 지방이전재원 예산 현황

(단위 : 조원, %)

	2008	2009	2010	2011	2012	2013	2014	2015	2016
지방이전재원 (A)	84.8	88.9	91.3	97.8	105.7	114.1	116.6	119.4	123.3
정부총지출 (B)	262.8	301.8	292.8	309.1	325.4	349.0	357.7	375.4	386.4
비중(A/B)	32.3	29.5	31.2	31.6	32.5	32.7	32.6	31.8	31.9

주 : 2008~2014년은 각 연도 추경 최종예산, 2015~2016년은 본예산.

자료 : 국회예산정책처, 「대한민국 재정 2016」(2016.3.14.).

PART

Ⅲ 예산과정

제6장
예산안의 편성

제7장
예산의 심의

제8장
예산의 집행

제9장
결산과 회계검사

제6장 예산안의 편성

제1절 예산과정과 회계연도

1. 예산과정

예산과정(budget process)은 예산의 편성 · 심의 · 집행 · 회계검사의 네 과정을 말한다. 영국에서는 일찍이 국가의 중요한 권력인 재정권을 한 기관에 맡길 수 없어 예산과정을 넷으로 구분하고 두 과정은 입법부에, 다른 두 과정은 행정부에 맡겼다. 즉 예산의 편성과 집행은 행정부가, 예산의 심의와 회계검사는 입법부가 맡도록 한 것이다.

예산의 네 과정이 모두 끝나는 기간(3년)을 예산과정의 순기(循期)라고 한다. 즉 예산의 편성과 심의에 1년, 집행에 1년, 결산과 회계검사에 1년이 걸린다. 이러한 네 과정이 규칙적으로 반복되므로 예산과정을 예산순환(budget cycle)이라고 표현하는 학자들(Burkhead, Wiley, Lee Jr., Johnson 등)도 있다.

어느 해든지 예산의 네 과정 중 세 과정이 동시에 진행되고 있어, 중앙예산기관은 항상 3개 회계연도의 예산에 관한 업무를 동시에 수행하고 있다.

2. 회계연도

회계연도(fiscal year)는 수입과 지출의 관계를 명확히 하고, 그 균형을 유지하기 위하여 설정된 기간, 즉 예산의 유효기간을 말한다(유훈, 2003: 169). 회계의 편의를 위해 일정한 기간을 정하고 그 수지상황을 명확히 하기 위한 예산의 기간적 단위라고 할 수 있다. 「국가재정법」 제3조에서도 각 회계연도의 경비는 그 연도의 세입 또는 수입으로 충당해야 한다고 규정하고 있다.

회계연도는 1년을 주기로 하고 있다. 그 시작과 끝은 나라마다 다르다. 우리나라의 회계연도는 조선조 말부터 1954년까지는 4월 1일에 시작되었으나 현재는 매년 1월 1일에 시작하여 12월 31일에 종료한다(국가재정법 제2조).

회계연도 개시일은 보통 그 나라의 역사적 전통, 예산의 심의기간, 지리적 위치와 기후 등을 고려하여 정한다. 예컨대 국가의 수입이 주로 농업에서 들어오는 나라에서는 수확이 끝난 후 봄(4월)에 시작된다. 봄이 9월에 시작되는 남반구에서는 회계연도가 9월에 시작된다.

국가의 수입이 대부분 제조업 부문에서 들어오는 나라, 그리고 미터법을 사용하는 나라에서는 회계연도가 태양력을 기준(캘린더)으로 1월 1일에 시작한다. 미국처럼 회계연도가 2년에 걸쳐 있는 나라에서는 회계연도가 길게 걸쳐 있는 해를 회계연도로 표시한다.

- 1월~12월 : 한국, 중국, 북한, 프랑스, 독일 등 56여 개국
- 4월~3월 : 영국, 캐나다, 뉴질랜드, 인도, 일본 등 20여 개국
- 7월~6월 : 스웨덴, 필리핀, 타이완, 호주, 케냐 등 17여 개국
- 10월~9월 : 미국, 스리랑카, 미얀마, 아이티, 라이베리아 등 6여 개국

제2절 예산안 편성의 의의

1. 예산안 편성의 의의

예산안 편성(budget preparation *or* formulation)은 중앙예산기관이 담당하는데, 예산 기능의 변화에 따라 예산안의 편성방법이 달라진다.

예산의 기획기능과 감축기능이 강조되는 시기에 있어서의 예산안 편성은 정부가 사업계획을 수립 · 분석한 다음 선정된 사업계획(program)에 자금을 배정하는 과정을 의미한다.[1] 다시 말하면 다음 회계연도에 정부가 수행할 정책이나 사업계획을 재정적인 용

1 린치는 예산과정을 예산 사이클이라고 하여 ㉠ 사업계획의 수립과 분석(예산안 편성의 준비단계), ㉡ 정책의 형성(예산안의 최종적 편성과 의결단계), ㉢ 정책의 집행단계(예산의 집행단계), ㉣ 회계검사와 평가(결산과

어와 금액으로 표시하는 것이다.

예산안(豫算案)의 편성은 예산과정의 제1단계다. 대체로 행정부가 편성한 예산안이 입법부에 의하여 크게 수정되지 않는 것이 각국의 현실이다. 따라서 행정부에 의한 예산안의 편성이 끝나면 예산의 규모는 거의 결정된 것이나 다름이 없다.

예산이란 원래 각 회계연도에 있어서 정부가 행하는 각종 활동에 필요한 경비를 추계한 것으로, 이러한 활동은 정부를 구성하는 수많은 기관에 의해 이루어진다. 예산안 편성은 먼저 각 부처에서 그 각각의 업무수행에 필요한 경비를 계산하여 기획재정부에 제출하는 것으로 시작된다.

그러나 예산안의 편성에 앞서 국가재정운용계획이 확정되어 있어야 한다. 기획기능이 등장하기 전에는 이러한 사전절차가 없어도 되었다.[2]

예산안 편성의 전제조건인 이러한 계획의 입안과 계획에 대한 분석 · 평가를 진행하려면 예산담당 공무원들이 이 분야의 전문지식을 가지고 있어야 한다(Lynch, 1979: 58~59).

1) 대통령중심제에서의 예산안 편성

중앙예산기관은 각 부처의 예산요구서를 사정하여 예산안을 편성한 후 국무회의의 심의와 대통령의 승인을 거쳐야 한다. 대통령은 매년 각 부처의 예산요구서를 검토하는데, 이것은 각 부처의 업무와 그 소요 경비를 검토할 권한이 행정수반으로서의 대통령에게 있음을 의미한다.

미국도 각 성 · 청의 모든 사업계획, 행정절차, 관리방법 등은 매년 관리예산처의 조력하에 행정수반의 사정을 받게 된다.

2) 내각책임제에서의 예산안 편성

영국의 각 성이 재무성에 제출하는 예산요구서는 이미 재무성의 승인을 받은 사항의 종합이라고 해도 과언이 아니다. 예산에 관한 재무성의 통제는 각 성이 예산요구서를 재무성에 제출하기 전에 이루어지는 것이지 제출 후에 이루어지는 것이 아니기 때문이다.

회계검사단계)의 네 단계로 구분하였다(Lynch, 1979 : 58~59).

2 과거의 중기재정계획(中期財政計劃)은 중장기적 관점에서 사업의 투자우선순위 및 시기를 검토함으로써 재원배분의 일관성 · 효율성 · 건전성 등을 제고하기 위하여 1973년의 「예산회계법」에 근거하여 수립하였다. 그러나 그 계획의 기간을 '수년간'이라고 규정하였고, '가용재원의 예측이 필요한 경우'라는 조건으로 규정하여 의무적 사항이 아니었고, 국회의 의결을 필요로 하지 않아 예산안 편성에 대하여 구속력이 없었다.

그렇다고 하여 재무성장관이 예산에 대하여 절대적인 권한을 가지고 있는 것은 아니다.

어떤 성이든지 예산문제에 관하여 재무성과 의견일치를 보지 못하는 때에는 각료회의(閣僚會議)에 부칠 수 있다. 그러나 일반적으로 예산문제에 관하여 각 성은 재무성의 견해에 따르고 있으며, 각료회의에 예산문제가 상정되더라도 재무성장관의 의견이 관철되는 것이 일반적이다.

따라서 예산안 편성의 중요성은 나라에 따라 다르겠으나 일반적으로 대통령중심제보다 내각책임제에서 더 크다고 할 수 있다.

3) 한국의 예산안 편성과정

예산안 편성은 정부가 수행하려는 계획과 사업을 숫자로 구체화하는 과정으로, 「헌법」 제54조에서 정부가 예산안을 편성하도록 규정하고 있고, 그 구체적인 절차는 「국가재정법」에서 정하고 있다.

각 부처는 매년 1월 31일까지 해당 연도부터 5회계연도 이상의 신규사업 및 주요 계속사업에 대한 중기사업계획서를 기획재정부에 제출해야 한다. 중기사업계획서가 제출되면 국무위원 재정전략회의에서 이 계획서 및 거시경제지표 전망 등을 토대로 분야별 · 부처별 지출한도를 설정하고 국가재정운용계획을 수립한다.

기획재정부는 3월 31일까지 다음 연도의 예산안편성지침을 각 부처에 통보하고, 각 부처는 이를 바탕으로 예산요구서를 작성하여 기획재정부에 5월 31일까지 제출해야 한다. 기획재정부는 제출된 예산요구서를 토대로 예산안을 편성하여 국무회의 심의를 거친 후 다음 회계연도 개시 120일 전(9월 3일)까지 국회에 제출해야 한다.

2. 예산과 예산법

예산이 법률의 형식을 취하여 예산법(豫算法)으로 성립시키는 국가가 있고, 예산(豫算)으로 성립시키는 국가가 있다. 우리나라의 「헌법」 제54조에서는 국회의 예산안 의결권을 규정하고 있다. 즉 국회는 회계연도 개시 30일 전까지 의결해야 한다고 규정하고 있다. 예산을 법률로 보지 않고 있다.

예산안을 법률안의 심의 · 확정 절차와 따로 운영하는 예산비법률주의는 한국 · 일본 · 핀란드 등에서 채택하고 있고, 미국 · 영국 등은 의회가 예산안을 법률안의 하나인 예산법률안으로 의결하는 예산법률주의를 채택하고 있다.

예산법률주의에서는 예산안이 법률안과 동일한 절차를 거쳐 의회에서 확정되므로 의회의 재정 통제를 강화할 수 있고, 예산집행에 의회가 관여하는 폭이 넓어져 재정민주주의를 이룰 수 있다. 물론 예산법률주의를 채택하는 나라에서도 행정부가 제출한 예산안을 의회가 무제한으로 수정할 수 있는 것은 아니다. 그러나 예산법률주의에서는 의원들이 개별적으로 예산수정법률안을 제안하기 때문에 선심성 예산, 이른바 꼬리표 달린 예산이 포함되어 오히려 재정건전성이 나빠질 수도 있다.

예산이 법률의 형식을 취하면 행정수반은 의회가 의결한 예산법안이 자기의 의사에 반할 때에는 일반 법률에 대한 것과 마찬가지로 거부권(拒否權)을 행사할 수 있다.[3]

예산의 형식을 취하는 경우에는 의회가 의결한 예산은 입법부가 행정부에게 재정권을 부여하는 형식이 되고, 의회의 의결로 예산이 확정되므로 예산에 대한 행정수반의 거부권은 일반적으로 인정되지 않는다.[4]

3. 예산의 구성

예산이 세입예산과 세출예산으로 구성되어 있는 나라가 있는가 하면, 세출예산만으로 구성되어 있는 나라도 있다.

세입예산은 연도 내 수입예정액으로 계상되는 데 비하여, 세출예산에는 연도 내 지출한도액의 성질을 가지고 있다. 즉 세출예산은 세입예산과 달리 예산이 정한 지출목적 · 지출금액 · 지출시기에 대하여 집행기관을 구속하는 효력을 가지고 있다.

세입예산은 예정액이므로 실제 징수액이 초과되는 경우에도 법률적으로 크게 문제가 되는 것은 아니다. 물론 세입추계의 잘못에 대한 비판을 면하기 어려울 것이다.

명예혁명 이후 많은 시행착오를 거치면서 근대적인 예산제도를 발전시킨 영국에서는 과세동의권에 입각한 조세법, 즉 「세입법」(revenue act)의 제정 또는 개정으로 세입예산을 대신하고, 예산은 세출예산만으로 되어 있다. 영국의 영향을 많이 받은 미국과 일부 영연방제국의 예산도 세출예산만으로 구성되어 있다.[5]

---

3 영국이나 미국에 있어서는 정부가 예산이라 하여 의회에 제출하는 것은 추계에 지나지 않으며, 의회는 이것에 의거하여 「세출예산법안」(Appropriation Bill)을 의결하는 것이다. 대통령의 서명이나 여왕의 재가를 얻어서 공포되면 「세출예산법」(Appropriation Act)이 되는 것이다(유훈, 2003 : 201).

4 한국은 국회가 국가의 예산안을 심의 · 확정한다(헌법 제54조 제1항).

5 미국 「헌법」 제1장 제7조에 의하면, 「세출예산법」으로 정한 자금이 아니면 재무성이 지출할 수 없다고 규정하고 있으나 세입예산에 관하여는 언급이 없다(Bone, 1977 : 282).

그러나 세입예산과 세출예산으로 분리하여 구성하는 제도를 채택한 나라도 있다.[6]

세출예산에 있어서도 단일의 세출예산으로 되어 있는 나라가 있는가 하면 여러 개의 독립된 세출예산으로 되어 있는 나라도 있다.

한국의 예산은 세입 · 세출예산으로 구성되어 있을 뿐만 아니라 세입 · 세출예산이 각각 하나로 구성되어 있다.

4. 균형예산

균형예산(balanced budget)이란 세입예산과 세출예산의 규모가 동일한 예산을 말한다. 세입예산이 세출예산보다 많으면 흑자예산이라 하고, 세입예산이 세출예산보다 적으면 적자예산이라고 한다. 흑자예산이든지 적자예산이든지 모두 불균형예산에 해당된다.

한국의 「국가재정법」에서는 균형예산(均衡豫算)을 원칙으로 하고, 부득이한 경우에 한하여 국회의 의결을 얻은 금액의 범위 안에서 국채 또는 차입금으로써 충당할 수 있도록 하고 있다.[7] 이러한 단서에 의하여 일반회계예산도 적자예산을 편성할 수 있다.

일반회계의 차입은 한국은행으로부터의 장기차입금(상환하기 전까지는 통화증발이 됨), 외국으로부터의 차관 및 국채의 발행으로 이루어진다. 1980년도까지는 일반회계예산의 차입이 주로 해외차관이나 한국은행차입으로 이루어졌으나, 그 후 긴축예산정책을 표방하면서 주로 국채발행으로 적자를 충당하였다.

일반회계만이 아니라 특별회계와 기금들도 해외차관, 국채의 발행 및 한국은행으로부터의 장기차입 등으로 세입부족을 충당하고 있다.

재정운용의 기본원칙은 양출제입(量出制入) 원칙이다. 즉 쓸 곳을 미리 정하고 여기에 맞춰 세금을 거두는 것이다. 우리나라 재정운용도 정부수립 후 이 논리가 적용되었다. 그러나 정부 기능은 커지고 세입기반은 급속히 위축되면서 2012년 이후 세수 결손이 발생하자 양입제출(量入制出)로 전환하기에 이르렀다. 중장기적으로 재정은 수입과 지출이 일치하는 것이 바람직하다. 일시적인 적자가 발생할 수 있지만 중장기적으로는 세입에 맞춰 세출을 결정하는 것이 바람직하다는 것이다.

---

6 프랑스 · 독일 · 일본 등이 여기에 해당되는데, 예산은 세입 · 세출예산으로 구성된다(경제기획원, 1979 : 110~128).

7 국가의 세출은 국채 또는 차입금(외국정부, 국제협력기구 및 외국법인으로부터 도입되는 차관자금 포함) 이외의 세입을 그 재원으로 해야 한다. 다만 부득이한 때에는 국회의 의결을 얻은 금액의 범위에서 국채 또는 차입으로써 충당할 수 있다(국가재정법 제18조).

제3절 한국의 예산안 편성절차

1. 예산안편성지침

예산안편성지침(budget circular *or* budget guidance memorandum)은 예산안 편성 때 준수 또는 준용해야 할 지침서로서, 해당 연도 예산안 편성방향, 세입세출예산 작성 때 유의사항, 예산안 편성과정에서의 주요 협의사항 등으로 구성된다.[8]

기획재정부장관은 다음 연도의 예산안편성지침을 작성하여 국무회의의 심의를 거쳐 대통령의 승인을 얻은 후 매년 3월 31일까지 각 중앙관서의 장에게 통보해야 한다. 기획재정부장관은 국가재정운용계획과 예산편성을 연계하기 위하여 예산안편성지침에 중앙관서별 지출한도를 포함하여 통보할 수 있다. 이런 지침은 국회 예산결산특별위원회에 보고해야 한다(국가재정법 제29조 및 제30조).

예산안편성지침은 일반지침, 세출예산 구조조정지침, 프로그램 예산안 작성지침, 국가균형발전특별회계 예산안 작성지침, R&D 예산안 작성지침, 임대형 민간투자사업 작성지침, 성인지예산안 작성지침, 성과계획서 작성지침, 예산안 제출양식 등으로 구성된다.

최근에는 예산안편성지침을 작성하는 과정에서 인터넷 설문조사, 시민단체의 의견수렴 등을 통하여 주민참여를 확대하고 있다.

2. 예비타당성조사

1) 재정사업의 예비타당성조사

예비타당성조사(preliminary feasibility test)는 대규모 사업의 예산을 편성하기 전에 재정당국이 객관적으로 사업의 타당성을 검증하고 그 결과에 따라 사업의 착수 여부를 결정하는 제도를 말한다. 1999년에 도입(실시는 2003년)하였고, 「국가재정법」이 제정되면서 법제화되었다.[9]

---

8 2016년 예산안편성지침은 재원배분의 합리성 제고, 재정지출의 비효율 차단, 재정운용 신뢰성 강화를 3대 전략으로 제시하였다.

9 예비타당성조사제도가 도입된 1999년부터 2015년 말까지 실시된 총 조사건수는 743건(총 사업비는 325.4

과거에 각 부처가 주관하여 실시하던 타당성조사는 타당성 유무를 객관적으로 분석하기보다는 사업계획 수립의 성격이 강했다. 또 타당성조사를 수행하는 용역기관이 조사를 의뢰한 부처사업에 대하여 타당성이 없는 것으로 평가한다는 것도 현실적으로 어려운 측면이 있었고, 그래서 조사결과의 객관성과 신뢰성에 대한 의문이 제기되어 왔다. 타당성조사제도가 도입된 후 한동안 타당성조사 결과 타당성이 없는 것으로 조사된 것은 극히 드물었다.

예비타당성조사는 기존의 타당성조사의 문제점을 보완하기 위하여 도입되었다. 즉 기존의 타당성조사는 사업추진을 기정사실화하고 기술적 검토와 예비설계에 초점을 맞추었으나, 예비타당성조사에서는 그 이전 단계에서 재정운용의 큰 틀 속에서 사업의 정책적 의의와 경제성을 판단하고 사업의 효율적이고 현실적인 추진방안을 제시하는 데 목적을 두고 있다.

사업의 추진 여부는 기술적인 문제도 중요하지만 근본적으로는 사업의 목적, 투자 시기, 경제적 타당성 여부, 대안에 대한 검토, 재원조달계획의 실현성, 파급효과에 대한 판단 등에 따라 결정되어야 한다.

대형투자사업의 추진에 있어서 면밀한 사전검토를 실시하는 이유는 다음과 같다.

- 수요가 없거나 경제성이 낮은 사업의 무리한 추진을 방지
- 예기치 않은 사업비 증액과 빈번한 사업계획 변경으로 인한 재정운영의 불확실성을 차단
- 중도에 사업을 취소하는 것을 방지
- 경제적 · 기술적 측면에서는 타당성이 있다고 하더라도 전반적인 재정운용이라는 정책적인 측면에서 문제가 되는 경우가 있기 때문

각 중앙관서의 장은 예비타당성조사 → 타당성조사 → 기본계획 수립 → 기본설계 → 실시설계 → 발주 및 계약 → 시공의 각 단계별로 기획재정부장관과 협의하여 사업을 추진하고 예산요구와 편성도 단계별로 반영되도록 하고 있다. 즉 본격적인 타당성조사 및 기본설계 이전에 타 사업과의 투자 우선순위, 적정투자 시기, 재원조달 방안 등의 경제적 타당성을 중립적인 입장에서 검토하여 타당성이 입증된 사업에 한하여 사업을 추진하도록 하고 있다.

예비타당성조사의 대상이 당초에는 토목과 건축 등 건설공사에 한정되었으나 2010년

조원)이었다. 이 중 483건(65.0%)은 타당성이 있는 것으로, 260건(35.0%)은 중장기적으로 검토가 필요한 것으로 평가되었다.

부터는 사회복지 · 노동 · 환경 등으로 확대되었다.

예비타당성조사 대상사업의 요건 및 범위는 총사업비가 500억원 이상이고 국가의 재정지원 규모가 300억원 이상인 사업으로서 다음 각 호의 하나에 해당하는 사업비이다.

기획재정부장관은 이러한 대규모사업에 대한 예산을 편성하기 위하여 미리 예비타당성조사를 실시하고, 그 결과를 요약하여 국회 소관 상임위원회와 예산결산특별위원회에 제출해야 한다. 기획재정부장관은 중앙관서의 장의 신청에 따라 또는 직권으로 대상사업을 선정할 수 있고, 국회가 의결로 요구하는 사업에 대하여는 예비타당성조사를 실시해야 한다(국가재정법 제38조).

- 건설공사가 포함된 사업
- 정보화사업
- 국가연구개발사업
- 그 밖에 사회복지, 보건, 교육, 노동, 문화 및 관광, 환경 보호, 농림해양수산, 산업 · 중소기업 분야의 사업

그러나 다음 각 호의 어느 하나에 해당하는 사업은 예비타당성조사 대상에서 제외된다(국가재정법 제38조 제2항).

- 공공청사, 교정시설, 초·중등 교육시설의 신·증축 사업
- 문화재 복원사업
- 국가안보에 관계되거나 보안을 요구하는 국방 관련 사업
- 남북교류협력에 관계되거나 국가 간 협약 · 조약에 따라 추진하는 사업
- 도로 유지보수, 노후 상수도 개량 등 기존 시설의 효용 증진을 위한 단순개량 및 유지보수사업
- 재난복구 지원, 시설 안전성 확보, 보건 · 식품 안전 문제 등으로 시급한 추진이 필요한 사업
- 재난예방을 위하여 시급한 추진이 필요한 사업으로서 국회 소관 상임위원회의 동의를 받은 사업
- 법령에 따라 추진해야 하는 사업
- 출연 · 보조기관의 인건비 및 경상비 지원, 융자 사업 등과 같이 예비타당성조사의 실익이 없는 사업
- 지역균형발전, 긴급한 경제 · 사회적 상황 대응 등을 위하여 국가 정책적으로 추진이 필요한 사업으로서 구체적인 사업계획이 수립되고 국무회의를 거쳐 확정된 사업

중앙관서의 장이 예비타당성조사를 면제받으려는 경우에는 기획재정부장관에게 그 필요성과 면제 사유 등을 명시한 '예비타당성조사 면제요구서'를 제출하고, 기획재정부장관은 관계 전문가의 자문(諮問)을 거쳐 면제 여부를 결정한다. 이때 소관 중앙관서의 장은 재난 예방을 위하여 시급한 추진이 필요한 사업의 면제 결정에 대해서는 국회 소관 상임위원회의 동의를 받아야 하며, 지역균형발전이나 긴급한 경제 · 사회적 상황 대응을 위해 국가 정책적으로 추진이 필요한 사업의 면제 결정에 대해서는 그 사업의 내용과 면제 사유를 지체 없이 국회 소관 상임위원회에 보고해야 한다(국가재정법 시행령 제13조의 2).

대상사업에 선정된 사업은 한국개발연구원(KDI)의 총괄하에 각 사업별 전문가로 하여금 평가단을 구성하여 조사를 실시한다. 순수 R&D 사업은 한국과학기술기획평가원(KISTEP)이 총괄하여 조사한다.

예비타당성조사는 경제성 · 정책성 · 지역균형발전 등의 요소를 종합적으로 고려하여 계층화분석법(AHP: Analytic Hierarchy Process)을 활용하여 분석한다.[10]

예비타당성조사 외에도 간이예비타당성조사(현재는 사업계획 적정성 검토로 명칭 변경)와 타당성재조사가 있다. 간이예비타당성조사는 예비타당성조사가 면제된 사업에 한해 진행되는데, 예비타당성조사를 피하기 위하여 고의로 사업비를 축소(또는 대형사업을 여러 개로 분리)하는 것을 방지하고 또 예비타당성조사 면제 사업의 적정 사업비를 검토하기 위하여 2008년에 도입되었다.

현재 사업계획 적정성 검토는 '예비타당성조사 운용지침'에 따라 기획재정부장관이 필요할 때 시행할 수 있는데 재원조달방안, 중장기 재정소요, 효율적 대안 등의 분석을 통해 적정 사업규모를 검토하고 그 결과를 예산편성 및 기금운용계획 수립에 반영한다.

타당성재조사는 이미 진행 중인 사업에 있어서 일정한 요건에 해당될 경우 사업의 타당성을 원점에서 다시 검토하는 것이다. 기획재정부장관은 총사업비가 일정규모 이상으로 증가하는 사업, 그리고 감사원의 감사결과에 따라 감사원이 요청하는 사업에 대해서

10 ㉠ 경제성 분석은 대상사업의 국민경제적 효과와 투자 적합성을 분석하는 핵심적 조사과정으로, 비용편익분석(Cost Benefit Analysis)을 하는데, B/C 비율이 1 이상(B/C≥1)이면 경제성이 있다고 판단한다. ㉡ 정책적 분석은 해당 사업과 관련된 정책의 일관성 및 추진 의지, 사업 추진상의 위험요인, 환경영향 등을 정량적 또는 정성적으로 분석한다. ㉢ 지역균형발전 분석은 지역 간 형평성 제고를 위해 고용유발효과, 지역경제 파급효과, 지역낙후도 개선 등 지역개발에 미치는 요인을 분석한다.

종합평가는 경제성 분석, 정책적 분석, 지역균형발전 분석 결과를 바탕으로 사업의 타당성을 종합적으로 평가한다. 종합평가는 계량화된 수치로 도출하는데, AHP≥0.5이면 사업 시행이 바람직하다고 판단한다. AHP는 항목 간 상대적 중요성을 고려하여 항목별 우선순위의 기준을 선정하는 다기준 의사결정방식에 활용된다.

는 사업의 타당성을 재조사하고, 그 결과에 따라 국회에 보고해야 한다. 그리고 국회가 그 의결로 요구하는 사업에 대해서도 타당성재조사를 하고 그 결과를 국회에 보고해야 한다(국가재정법 제50조 제2, 3항). 타당성재조사의 요건에 해당하는 사업은 다음 각 호의 어느 하나에 해당되는 사업이다.

- 총사업비가 예비타당성조사 대상 규모에 미달하여 예비타당성조사를 실시하지 않았으나 사용추진 과정에서 총사업비가 예비타당성조사 대상 규모로 증가한 사업
- 예비타당성조사 대상사업 중 예비타당성조사를 거치지 않고 예산에 반영되어 추진 중인 사업
- 물가인상분 및 공익사업의 시행에 필요한 토지 등의 손실보상비 증가분을 제외한 총사업비가 기획재정부장관과 협의를 거쳐 확정된 총사업비 대비 20% 이상 증가한 사업
- 사업여건의 변동 등으로 당해 사업의 수요예측치가 30% 이상 감소한 사업
- 그 밖에 중복투자 등으로 예산낭비 소지가 있는 등 타당성을 재조사할 필요가 있는 사업

그럼에도 불구하고 예비타당성조사가 예산을 확보하기 위한 형식적인 절차로 전락했다는 비판이 제기되고 있다. 국회와 감사원의 타당성재조사 요구가 있더라도 타당성재조사의 주체가 예비타당성조사와 동일한 기획재정부고, 실제 조사 수행기관도 KDI 등으로 동일한 경우가 많아 타당성재조사 결과에 대한 신뢰성에 논란이 제기되기도 한다.

그리고 AHP 분석은 경제성 분석, 정책적 분석, 지역균형발전 분석을 가지고 종합하는데, 현재 낙후지역에 대한 배려 차원에서 지역균형발전 분석에 대한 비중을 보다 확대하는 방안을 모색해 볼 필요가 있다. 기획재정부는 낙후지역에 대한 배려를 강화하기 위하여 지역균형발전 분석의 가중치 하한선을 20~30%에서 25~30%로 상향하는 방안을 발표만 하고 아직 조정하지 않고 있다.

예비타당성조사에서 수행한 수요예측이 완공된 후 실제 수요와 큰 격차가 나타나는 것을 방지하기 위하여 예비타당성조사 결과에 대한 평가제도를 도입할 필요가 있다.

2) 공공기관사업의 예비타당성조사

공공투자사업은 정부가 직접 수행하는 재정사업 이외에도 공공기관이 수행하는 사업, 민간이 수행하는 사업 등 그 수행주체가 다양하다. 우리나라는 공공기관이 수행하는 사

업이 차지하는 비중이 큼에도 불구하고 철저한 사전준비 없이 주먹구구식으로 추진되어 예산낭비와 비효율을 발생시킨다는 지적이 많았다. 특히 공공기관 자체사업에 대한 예비타당성조사는 재정사업에 대한 예비타당성조사에 비해 상대적으로 실효성이 떨어지고 있다는 지적을 받아 왔다. 공공기관 자체사업이란 국가의 재정이 직접적으로 투입된 사업(재정사업)이 아닌 공공기관의 재원이 활용되어 수행하는 사업을 의미한다.

현재 정부가 「국가재정법」의 예비타당성조사 대상으로 규정하고 있는 사업은 국가의 재정지원 규모를 기준으로 하고 있다. 대규모 정책사업 중에는 국가가 재정을 직접 투자하지 않더라도 국가나 국가의 위임을 받은 공공기관이나 민간기업이 기본계획을 수립하거나 국가의 승인을 받아서 추진하는 사업들이 있다. 그러나 현행 「국가재정법」에서 규정하는 예비타당성조사 대상에는 해당되지 않는다. 예컨대 신도시 개발이나 4대강 사업

표 6-1 재정사업과 공공기관사업의 예비타당성조사 비교

	재정사업	공공기관사업
도입시기	1999년	2011년
평가근거	국가재정법 제38조	공공기관운영법 제50조 제1항 3호에 의거하여 '공기업 · 준정부기관 예산편성 지침'에 규정
평가주체	기획재정부장관의 의뢰로 KDI 공공투자관리센터 주관하에 과제별로 민간전문가, 연구기관, 그 밖에 국책연구기관 등 관련분야의 전문가들이 참여하는 조사팀 구성	
평가 대상 및 범위	총사업비 500억원 이상이고 국고지원 규모가 300억원 이상인 신규재정사업	공기업 · 준정부기관이 추진하는 총사업비 500억원 이상의 대규모 신규사업
평가방법	경제성 분석, 정책성 분석, 지역균형발전 분석에 대한 평가결과를 종합적으로 고려하여 사업타당성에 대한 최종 결론을 도출(정보화 사업과 국가연구개발사업은 기술성 분석을 포함)	사업유형에 관계없이 수익성 위주로 타당성 평가 • 국내사업 : 공공성 40%, 수익성 60% • 해외사업 : 공공성 30%, 수익성 70%
평가 과정 및 절차	주무관청 사업계획 수립 → 기획재정부에 의뢰 → 재정사업평가자문회에서 대상사업 선정 → 외부기관(KDI) 조사 → 조사 통과사업에 대한 예산편성	공공기관 사업계획 수립 → 주무부처가 기획재정부에 제출 → 주무부처와 기획재정부가 협의하여 면제사업 선정 → 외부기관(KDI) 조사 → 조사결과 타당성 부족 시 사업추진 중단
평가결과 환류	조사를 통과한 사업과 조사대상이 아닌 사업에 대해 재정여건과 사업우선순위 등을 고려하여 단계적으로 예산편성	조사결과 타당성 부족 시 사업추진 중단

등은 국가재정이 직접 투입되지 않더라도 사업의 추진 여부나 내용을 국가가 기획하고 주도하고 있다는 점에서 정책사업이라고 할 수 있다.

정부는 국고지원 없이 공공기관이 자체적으로 추진하는 위와 같은 사업들이 예비타당성조사를 받지 않아 무분별하게 추진될 수 있다는 문제의식을 바탕으로 공기업 · 준정부기관이 신규사업을 추진하는 경우 사전에 자체적으로 타당성조사(예비타당성조사를 통과한 후 사업 착수를 위한 조사)를 실시하도록 하였다. 특히 2011년부터는 총사업비 500억원 이상인 대규모 사업에 대해서는 외부전문기관의 예비타당성조사(타당성조사 이전에 예산 반영 여부 및 투자우선순위 결정을 위한 조사)를 받도록 하고 있다. 대상사업은 공공기관사업 중 총사업비 500억원 이상이면서 국가의 재정지원 및 공공기관 부담분의 합이 300억원 이상인 신규투자사업 및 자본출자에 해당하는 사업이다.

그리고 기존에 조사면제대상이 포괄적이고 애매하여 기관의 예비타당성조사 회피수단으로 악용되고 있다는 지적에 따라 면제대상을 축소하여 해외사업에 대해서도 예비타당성조사를 받도록 하였다.

공공기관 예비타당성조사의 면제사업은 다음과 같다(기획재정부, 공공기관 예비타당성조사 내실화 방안, 2012.11.26.).

- 「국가재정법」에 의거하여 예비타당성조사를 실시하는 사업
- 재해 예방 · 복구지원, 시설 안정성 확보 등 긴급을 요하는 사업
- 기관의 특수한 사정 등을 감안하여 주무부처가 기획재정부와 협의하여 인정한 사업[11]

공공기관사업의 예비타당성조사 방법은 재정사업에 사용되는 방법과 동일하다. 즉 공공기관이 추진하는 대규모 사업에 대한 개괄적인 조사를 통하여 경제성 분석, 정책적 분석, 투자우선순위, 적정 투자시기, 재원조달방법 등 사업의 타당성을 검토한다.

재정사업의 예비타당성조사는 민간전문가 등으로 구성된 재정사업평가자문회를 운영하고 있는데, 공공기관사업 예비타당성조사에도 민간전문가 중심의 자문회를 구성 · 운영하여 투명성 · 객관성을 확보해야 한다.

예비타당성조사 면제사업의 범위가 지나치게 넓어 예비타당성조사가 있으나마나 하다는 비판이 제기되고 있다. 심지어 예비타당성조사 결과 기준(AHP ≥ 0.5) 미달임에도

11 주무부처가 기획재정부와 협의하여 인정한 사업은 ㉠ 사업의 추진 여부가 법률 또는 정부정책(국무회의, 경제정책조정회의 등 주요 정책결정기구에서 심의 · 의결된 정책)에 의해 확정된 경우, ㉡ 정부 간 외교협정에 따라 추진되는 사업이라고 판단되는 경우, ㉢ 사업내용이 공공서비스 제공을 위해 반드시 필요하다고 판단되는 경우, ㉣ 그 밖에 예비타당성조사를 수행하는 것이 적절하지 않다고 판단되는 경우 등이다.

불구하고 국가의 정책적 추진사업이라는 명분으로 사업을 추진하기도 하였다.

현재 재정사업 예비타당성조사는 그 결과가 예산편성 및 기금운용계획 수립에 활용되고 있으며 조사결과를 공개하도록 명시하고 있다.[12] 공공기관사업 예비타당성조사 결과가 실제로 활용될 수 있도록 지침에 명시해야 한다. 예컨대 예비타당성조사를 통과하지 못한 사업을 추진하면 경영평가에서 불이익을 줄 수 있도록 한다거나, 조사결과를 의무적으로 홈페이지에 공시하도록 하는 것이다.

기획재정부는 2016년 10월 10일 공공기관의 해외사업에 대한 예비타당성조사 절차를 간소화하였다. 해외사업은 투자시기가 중요한데 예비타당성조사 절차를 따르다 보면 적기(適期)를 놓친다는 지적에 따른 조치다. 그동안 해외입찰사업은 우선협상대상자로 선정된 후에야 예비타당성조사를 할 수 있었는데, 이를 고쳐 사업계획만 확정되었다면 우선협상대상자로 선정되기 전이라도 예비타당성조사에 착수할 수 있도록 하였다.

반면에 그동안 매장량이 불확실하다는 이유로 예비타당성조사를 받지 않던 해외자원개발 탐사사업에 대해서는 앞으로 예비타당성조사를 받도록 하였다. 한국광물자원공사 · 한국석유공사 · 한국가스공사 등이 예비타당성조사를 하지 않고 해외자원개발에 나섰다가 큰 손실을 낸 것을 반영한 것이다.

3) 총사업비관리제도

총사업비관리제도(總事業費管理制度)는 예산편성과 관련하여 일정한 요건을 갖춘 대규모투자사업을 대상으로 사업비 증액요인 등에 대하여 예산당국과 사업추진부처가 사전에 협의 · 조정하는 제도다. 여기에서 총사업비란 대체로 개개의 대규모사업에 소요되는 모든 경비를 의미하는데, 공사비 · 보상비 · 시설부대비(설계비 · 감리비 · 그밖의 부대비)로 구성된다.

총사업비관리의 대상사업은 국가가 직접 시행하는 사업, 국가대행사업, 국고보조사업 및 국고보조를 받는 민간기관의 사업 중 사업기간이 2년 이상으로 총사업비가 토목

---

12 재정사업 예비타당성조사 운용지침의 관련조항은 다음과 같다.

제42조(예비타당성조사 결과의 통보) : 기획재정부장관은 예비타당성조사 결과가 예산편성 및 기금운용계획 수립에 효과적으로 활용될 수 있도록 조사가 완료되는 즉시 그 결과를 해당 부처에 통보하여야 한다.

제43조(예산편성 및 기금운용계획과의 연계) : 각 중앙관서의 장은 예비타당성조사 결과 타당성이 확보된 사업(AHP ≥ 0.5)의 추진을 위해 사업의 시급성, 재원여건, 지방자치단체와의 협의 등 사업 추진여건을 감안하여 기획재정부장관에게 해당 사업에 대한 예산 등을 요구할 수 있다.

제44조(예비타당성조사 결과의 공개) : 예비타당성조사 수행기관은 예비타당성조사 완료 시 최종보고서를 기획재정부장관에게 제출하여야 하며, 수행기관은 홈페이지 등을 통해 조사결과를 공개하여야 한다.

사업은 500억원 이상, 건축사업은 200억원 이상인 사업이다.

그러나 대규모사업이라도 다음 각 호의 어느 하나에 해당하는 사업은 총사업비 관리

표 6-2 **단계별 총사업비관리 절차**

절차	추진내용
사업구상	• 중앙관서의 장이 유사사업의 예 등을 참조하여 사업규모, 총사업비 및 사업기간 등을 적정하게 책정
⬇	
예비타당성조사	• 중앙관서의 장은 사업구상 단계의 추정 총사업비가 500억원 이상인 사업에 대해 기획재정부장관에게 예비타당성조사 시행을 요청
⬇	
타당성조사 및 기본계획 수립	• 중앙관서의 장이 시설물의 생애주기 전체를 대상으로 기술 · 환경 · 사회 · 재정 · 용지 · 교통 등 필요한 요소를 고려하여 타당성조사 시행 • 중앙관서의 장이 관련법령 등에 의해 기본계획 수립결과 예비타당성조사 또는 타당성조사 결과와 차이가 있는 경우 기본계획 고시 이전에 기획재정부장관에게 총사업비 등의 변경 협의
⬇	
기본설계	• 중앙관서의 장은 시공과정에서 조사 부실로 인한 설계변동이 발생하지 않도록 기본설계에 필요한 충분한 용역기간 및 용역비를 부여해야 하고 기본설계 완료 후 실시설계 용역 의뢰 전에 기획재정부장관과 협의 • 설계 중 사업규모 변경 시 기획재정부장관과 협의
⬇	
실시설계	• 중앙관서의 장은 환경영향평가, 교통영향평가, 지자체협의결과 등을 반영, 관계 전문가에 의한 설계내용 검토 1회 이상 시행 • 조달청장에게 설계결과에 대한 단가의 적정성 검토 의뢰 • 기획재정부장관과 사업규모, 총사업비 및 사업기간 등을 협의
⬇	
발주 및 계약	• 중앙관서의 장은 기획재정부장관과 협의를 거친 총사업비 내역서를 첨부하여 조달청장에게 계약 의뢰 • 중앙관서의 장은 계약일로부터 90일 이내에 낙찰차액을 자율 조정
⬇	
시공	• 중앙관서의 장은 총사업비관리지침의 총사업비조정기준에 의해 총사업비 조정이 필요한 경우 기획재정부장관과 협의하여 공사비, 보상비, 시설부대경비 등을 조정

자료 : 기획재정부 예산실 편, 「2010 한국의 재정」(2011), p.183.

대상에서 제외된다(국가재정법 제50조 제1항 및 동법 시행령 제21조 제1, 2항). 방위비와 정액으로 국고를 지원하는 사업은 관리대상에서 제외된다.

- 국고에서 정액(定額)으로 지원하는 사업
- 국고에서 융자로 지원하는 사업
- 민간투자사업
- 도로의 유지 · 보수, 노후 상수도의 개량 등 기존 시설의 효용 증진을 위한 단순 개량 및 유지 · 보수사업

총사업비관리제도는 공공투자사업에 대한 체계적인 관리수단의 일환으로 과거의 「예산회계법 시행령」에 따라 1994년부터 시행되었으며, 2006년 이후부터는 「국가재정법」에 의거하여 시행되고 있다.

기획재정부장관은 총사업비관리제도의 원활한 운영을 위해 '총사업비관리지침'을 마련하여 각 중앙관서의 장에게 통보하고 있다. 중앙관서의 장은 이 지침을 바탕으로 대상사업의 각 단계별 총사업비와 사업기간을 기획재정부장관과 협의하여 추진한다.[13]

총사업비관리지침은 2015년 4월 개정되었는데, 그 주요 내용은 다음과 같다. 첫째, 연구기반 구축 R&D사업의 총사업비관리를 강화하기 위하여 연구개발사업에 포함된 '연구소 등 200억원 이상 건축사업'을 총사업비관리 대상사업으로 명시하였다.

둘째, 예산절감 효과가 큰 '계획설계'에 대한 설계의 적정성 검토를 도입하였다.

셋째, 중앙관서의 장이 계약체결 이후 낙찰차액 감액조정 때 공사비의 10% 한도에서 설정 가능한 자율조정의 기한을 1년에서 6개월로 단축하였다.

넷째, 관리지침 위반에 따른 재정페널티 부과기준을 명시하고, 조치결과를 기획재정부에 통보하는 제도를 신설하였다. 각 부처가 총사업비 증액 등 지침을 위반하면 50% 안에서 가감하여 기본경비상 불이익을 줄 수 있도록 하였다. 또 이러한 제재를 받은 경우 이에 상응하는 조치를 취하고 90일 이내에 그 결과를 기획재정부장관에게 통보하도록 하였다.

4) 총액계상사업

정부예산은 대부분 세부사업별로 예산규모가 책정되고 그에 따라 집행된다. 총액계

13 총사업비관리 대상사업은 2015년의 경우 908개 사업(253조원 규모)이었다. 대상사업 종류는 크게 토목, 건축, 정보화, R&D사업으로 구분되는데, 토목사업이 전체의 64.1%(비용으로는 87.0%)를 차지하였고, 그 다음으로 건축사업, R&D사업, 정보화사업의 순이었다.

상사업(總額計上事業)은 세부사업이 정해지지 않고 총액규모만을 정하여 예산에 반영하는 사업을 의미한다.

총액규모로 예산을 편성하는 이유는 세부사업별로 나누어 예산을 편성하는 것이 곤란하거나, 예산수요자가 집행단계에서 수요를 정하는 것이 예산집행의 효율성을 제고할 수 있기 때문이다. 총액계상사업은 예산집행에 탄력성을 부여하기도 하는데, 이에 따라 한동안 그 사업이 확대되기도 하였다.

기획재정부장관은 대통령령이 정하는 사업으로서 세부내용을 미리 확정하기 곤란한 사업의 경우에는 이를 총액으로 예산에 계상할 수 있다. 그러한 총액계상사업의 총규모는 매 회계연도 예산의 순계를 기준으로 대통령령이 정하는 비율(3/100)을 초과할 수 없다. 각 중앙관서의 장은 총액계상사업에 대하여는 예산배정 전에 예산배분에 관한 세부사업시행계획을 수립하여 기획재정부장관과 협의해야 하며, 그 세부집행실적을 회계연도 종료 후 3개월 이내에 기획재정부장관에게 제출해야 한다. 그리고 국회의 예산결산특별위원회에도 제출해야 한다(국가재정법 제37조).

총액계상사업의 대상은 주로 사업 또는 장소가 전국적으로 분포되어 있거나 전국에 걸쳐 연례적으로 이루어지는 사업이다. 즉 ㉠ 도로보수사업, ㉡ 도로안전 및 환경개선사업, ㉢ 항만시설 유지보수사업, ㉣ 수리시설 개보수사업, ㉤ 수리부속지원사업, ㉥ 문화재 보수정비사업, ㉦ 그 밖에 대규모 투자 또는 보조사업이다(국가재정법 시행령 제12조).

5) 민간투자사업

민간투자사업은 사회기반시설을 민간자금으로 건설하고 민간이 운영하는 사업으로, 민간부문(민관합동부문 포함)이 제안하는 사업 또는 민간투자시설사업기본계획에 따라 사업시행자가 시행하는 사회기반시설사업을 말한다.[14]

민간투자사업은 사회간접자본(SOC: Social Overhead Capital)에 민간자본을 유치하기 위하여 1994년에 제정된 「사회간접자본시설에 대한 민간자본유치촉진법」에 따라 처음 도입되었다. 그 후 1999년 외환위기 상황에서 민간투자 활성화를 위해 그 법률을 「사회간접자본시설에 대한 민간투자법」으로 개정하고 최소운영수입보장제(MRG: Minimum

14 사회기반시설이란 각종 생산 활동의 기반이 되는 시설, 해당 시설의 효용을 증진시키거나 이용자의 편의를 도모하는 시설 및 국민생활의 편익을 증진시키는 시설로서, 「사회기반시설에 대한 민간투자법」 제2조에 열거하고 있는 49개 시설을 말한다.

사업시행자란 공공부문 외의 자로서 「사회기반시설에 대한 민간투자법」에 따라 사업시행자의 지정을 받아 민간투자사업을 시행하는 법인을 말한다.

Revenue Guarantee) 등을 도입하였다. 그러나 사업자의 도덕적 해이와 재정 부담을 초래함에 따라 민간제안사업은 2006년 1월, 정부고시사업은 2009년 10월 폐지되었다. 이 법이 2005년에 「사회기반시설에 대한 민간투자법」으로 개정되면서 그 대상 분야가 교육 · 문화 · 복지 시설 등으로 확대되었다.[15]

민간투자사업은 정부고시사업과 민간제안사업으로 구분된다. 정부고시사업은 사업의 내용과 추진방식 등을 정부가 고시하는 형태이며, 민간제안사업은 민간에서 사업과 추진방식 등을 제안한다.

민간투자사업은 교육 · 문화 · 복지 등 국민경제적으로 꼭 필요하지만 예산상의 문제로 정부가 시행하지 못하고 있는 사업, 또는 민간의 투자와 경영으로 효율성을 더 높일 수 있을 것으로 기대되는 사업 등에 민간투자를 끌어들여 조기에 시설을 확충하고 서비스의 질을 높이려는 목적에서 추진된다. 민간투자회사의 입장에서는 공공부문에 대한 투자를 통해 새로운 수익모델을 창출할 수 있다는 점에서 참여유인이 있다.

이러한 민간투자사업은 사업추진 방식에 따라 대표적으로 두 가지로 나눌 수 있다. 첫째, 수익형 민간투자사업(BTO: Build-Transfer-Operate)은 민간의 자본을 유치하여 사회기반시설을 건설(Build)하되, 준공과 동시에 해당 시설의 소유권을 국가나 지방자치단체 등에 이전(Transfer)하고, 민간에게 일정기간의 관리운영권(Operate)을 부여하여 시설 이용자로부터 사용료를 받아 투자비를 회수할 수 있도록 하는 방식이다(예 : 신분당선 강남~정자 전철사업).

둘째, 임대형 민간투자사업(BTL: Build-Transfer-Lease)은 민간의 자본을 유치하여 사회기반시설을 건설(Build)한 후, 준공과 동시에 해당 시설의 소유권을 국가나 지방자치단체 등에 기부채납방식으로 이전(Transfer)하고, 민간사업자는 기부채납한 대가로 관리운영권을 획득하여 국가나 지방자치단체 등에 시설임대료(Lease)를 받아 투자비를 회수할 수 있도록 하는 방식이다(예 : 충주비행장 군인아파트사업). BTL은 사업자에게 일정기간 관리운영권이 부여된다는 점에서 BTO와 유사하나, 사업자가 정부로부터 임대료를

---

15 SOC는 생산활동에 간접적으로 기여하는 사회기반시설(고속도로 · 철도 · 공항 · 항만 · 발전소 등)을 말하며, 직접자본(현금 · 시설 · 원료 등)에 대한 상대적 개념이다. 기간산업(basic industry, key industry)은 산업의 토대가 되는 산업, 예컨대 금속 · 동력 · 기계 산업, 주요 화학공업, 광산업, 주요 생산설비 등을 말하고, 기초산업이라고도 한다.

MRG는 민간자본으로 건설되는 도로 · 교량 · 터널 · 경전철 등 사회기반시설을 만들 때 실제수익이 예상수익에 못 미칠 경우 손실 일부를 보전해 주는 제도를 말한다. 그러나 이 제도는 정부나 지방자치단체의 과다 예측 수요의 폐해로 인한 보전금액이 늘어나 재정손실이 커지면서 2009년 폐지되었다. 기획재정부는 정부와 민간이 위험을 분담함으로써 기업에 투자유인을 제공하는 동시에 사업수익률을 낮추어 사용료를 낮추는 등 국민편익을 제고하기 위한 새로운 제도의 도입을 검토하고 있는 것으로 알려지고 있다.

받아 투자비를 회수한다는 점에서 차이가 있다.

이 밖에도 민간투자기업과 정부가 건설과 소유, 운영권을 어떻게 나누어 갖느냐에 따라 다양한 방식으로 분류한다.[16]

수익형 민간투자사업(BTO)의 정부고시사업의 경우 주무관청은 먼저 해당 사업에 대한 사업계획서를 수립하여 예비타당성조사를 통해 사업의 필요성을 검증받는다. 예비타당성조사 후 타당성조사와 민자 적격성조사를 실시하여 민자방식이 재정부담이나 서비스 측면에서 더 우월한지를 판단(주무관청)한다. 적격성조사 후 민간투자사업으로 지정(주무관청)하고, 경쟁을 통해 사업자를 선정한다.

표 6-3 민간투자사업 수행방식에 따른 비교

	수익형 민간투자사업(BTO)	임대형 민간투자사업(BTL)
투자비 회수	이용자의 이용료	정부의 시설임대료
주요 시설	도로, 철도, 항만 등	학교, 군사시설, 하수관거, 복지시설 등
사업 리스크	상대적으로 높음	상대적으로 낮음
수익률	상대적으로 높음	상대적으로 낮음
사업기간	장기(도로 30년, 항만 50년)	단기(보통 20년)

자료 : 기획재정부 예산실 편, 「2010 한국의 재정」(2011), p.203.

민간제안사업은 민간이 사업을 발굴하여 제출한 제안서를 KDI에서 타당성과 민자 적격성조사를 실시하고 타당성과 적격성이 검증되면 민간투자사업으로 지정하여 제안자에게 통보(주무관청)하고 공고하여 추진(제안자 외의 제3자도 경쟁에 참여)한다. 그 후의 절차는 정부고시사업과 민간제안사업이 동일하다. 즉 사업고시 · 공고(주무관청) → 사업제안서 제출(민간 ····▸ 주무관청) → 제안서 평가 및 우선협상대상자 지정(주무관청) → 사

16 ㉠ BOT(Build-Own-Transfer)는 사회기반시설의 준공 후 일정기간 사업시행자(민간투자회사)에게 해당 시설의 소유권을 인정하고, 기간만료 때 시설소유권을 국가나 자방자치단체 등에 귀속시키는 방식이다(파주 수도권북부 내륙화물기지의 내륙컨테이너 건설사업).

㉡ BOO(Build-Own-Operate)는 사회기반시설의 준공과 동시에 사업시행자(민간투자회사)에게 해당 시설의 소유권이 인정되는 방식이다(파주 수도권북부 내륙화물기지의 복합화물터미널 건설사업).

㉢ 이 외에도 국가나 지방자치단체 소유의 기존시설을 BTO방식으로 개량 · 보수 · 증설하는 RTO(Rehabilitate-Transfer-Operation) 방식과, 국가 또는 지방자치단체 소유의 기존시설을 BTL방식으로 개량 · 보수 · 증설 또는 확장하는 RTL(Rehabilitate-Transfer-Lease) 방식이 있다. RTO와 RTL은 BTO · BTL 사업의 대상이 모두 가능하지만, BTO · BTL은 신규사업을 대상으로 하고, RTO · RTL은 기존시설을 대상으로 한다는 점에서 차이가 있다(사회기반시설에 대한 민간투자법 제4조, 민간투자사업의 추진방식 참조).

업시행자 지정, 협상 및 실시협약 체결(주무관청) ⟶ 실시계획 신청 및 승인(사업시행자 ····▸ 주무관청) ⟶ 건설 및 운영(사업시행자)의 순으로 진행된다.

임대형 민간투자사업(BTL)은 기본적으로 수익형사업의 정부고시방식과 추진절차가 동일하다. 다만 2008년 민간투자법 개정으로 BTL의 총한도 및 시설별 한도액이 국회의 사전 심의 · 의결대상이 됨에 따라 국회에서 승인한 한도에서 민간투자사업을 시행해야 한다. 이에 따라 기획재정부는 각 부처로부터 타당성과 적격성을 확보한 사업을 제출받아 자체적인 심의 · 검토를 거쳐 다음 연도 한도액을 편성하여 국회에 제출한다.

BTL은 당초 한도액을 국회에 제출하기만 했으나, BTL사업이 크게 증가함에 따라 정부지급금 부담으로 인한 재정건전성의 악화 문제 등이 제기되면서, 2010년도부터 그 한도액에 대하여 국회의 심의를 받도록 하였다.[17]

민간투자사업심의위원회는 민간투자사업에 관한 주요 정책의 수립이나 민간투자대상사업의 지정 등에 관한 사항을 심의하기 위하여 기획재정부장관 소속하에 둔다.[18]

정부는 다음 연도에 실시할 민간투자사업(임대형 민간투자사업)의 총한도액, 대상시설별 한도액 및 사업추진과정에서의 예측할 수 없는 지출에 충당하기 위한 예비한도액(국가사업 및 국고보조지방자치단체사업 한도액 합계액의 20/100 이내의 금액)을 회계연도 개시 120일 전까지 국회에 제출하고, 국회는 회계연도 개시 30일 전까지 의결해야 한다(민간투자법 제7조의 2).

기획재정부장관은 임대형 민간투자사업의 국가사업 및 국고보조지방자치단체사업에

17 2014년 말 기준 완공되어 운영 중인 사업은 총 580개 사업(BTO 172개, BTL 408개), 시공 중인 사업은 총 63개 사업(BTO 32개, BTL 31개), 시공 준비 중인 사업은 총 34개 사업(BTO 21개, BTL 13개)이었다. 2015~2019년까지 BTL 사업의 정부지급금 규모는 6조 6313억원으로 전망되고 있다(기획재정부, BTL 정부지급금 추계서, 2015.9.). 정부는 국가보증채무관리계획, 중장기재무관리계획과 더불어 BTL의 국가사업 및 국고보조 지방자치단체사업에 대한 정부지급금 규모를 전망한 추계서를 작성하여 국회에 제출하여야 한다(국가재정법 제9조의 2).

국회에서 의결한 2016년도에 실시할 BTL의 총한도액은 4916억원인데, 그중 국가사업의 한도액은 3857억원, 국고에서 보조하는 지방자치단체사업의 한도액은 825억원, 사업추진과정에서 예측할 수 없는 지출에 충당하기 위한 예비한도액은 234억원이었다. 예비한도액은 국가사업 한도액과 국가보조 지자체사업 한도액의 합계액(4682억원)의 5%에 해당하는 금액(234억원)으로 설정한 것이다. 예비한도액은 국가사업 및 국고보조지자체사업 한도액 합계액의 20% 이내의 금액으로 한다(사회기반시설에 대한 민간투자법 제7조의 2 제2항).

18 이 위원회는 위원장(기획재정부장관) 및 사회기반시설의 업무를 관장하는 행정 각부의 차관과 기획재정부장관이 위촉하는 8인 이내의 민간투자에 관한 학식과 경험이 있는 민간위원으로 구성한다. 그리고 민간투자사업심의위원회 위원장은 전문적 · 기술적인 분야에 관한 자문이 필요하다고 인정하는 경우에는 관계전문가로 구성되는 민간투자사업자문위원단을 구성하여 운영할 수 있고, 주무관청의 장은 주무관청별 심의위원회를 자체적으로 구성하여 운영할 수 있다(민간투자법 제6조).

대하여 해당 회계연도부터 5회계연도 이상의 기간에 대한 정부지급금 규모를 연도별로 주무부처별 · 대상시설별 등으로 전망한 임대형 정부지급금추계서를 매년 작성해야 한다(민간투자법 제24조의 2).

기획재정부장관 및 금융위원회는 사회기반시설투융자회사와 그 회사의 집행투자업자 · 신탁업자 및 일반사무관리회사에 대하여 관련된 업무와 재산에 관한 자료의 제출이나 보고를 요구할 수 있다.[19]

주무관청(해당 사회기반시설사업의 업무를 관장하는 행정기관의 장)은 사업시행자의 자유로운 경영활동을 저해하지 아니하는 범위에서 사업시행자의 민간투자사업과 관련된 업무를 감독하고 감독에 필요한 명령을 할 수 있다(민간투자법 제45조).

공공부문(국가, 지방자치단체, 공공기관 중 기획재정부장관이 지정하는 기관, 각종 공사 또는 공단)이 사회기반시설사업을 시행하는 민관합동법인에 출자할 경우 공공부문의 총출자 비율은 50% 미만으로 하며, 의결권은 행사하지 못한다(민간투자법 제52조).

3. 예산요구서의 작성

1) 예산요구서의 작성절차

예산요구서(豫算要求書)는 각 중앙관서가 기획재정부장관에게 제출하는 예산안을 말한다. 각 중앙관서는 예산안편성지침을 받은 직후부터 예산안을 편성하지만, 사실은 그 지침이 시달되기 전부터 관련 기초자료를 수집하여 대비하고 있다가 지침을 받으면 예산요구서의 작성을 본격화한다.

중앙관서 중 행정부에 속하는 부처의 예산담당기관은 장관의 예산참모기관인 기획관리실이다. 각 부처의 기획관리실 기획예산담당관은 장관 이름으로 자기부처의 예산편성방침(豫算編成方針)을 첨부하여 소관 국 및 산하기관의 장에게 송부하고, 예산요구서 작성을 위한 자료의 제출을 의뢰한다.

이에 따라 각 국과 산하기관에서는 다음과 같은 과정을 밟는다. 먼저 각 국 및 산하기관의 예산담당자(예산주무관)는 이를 다시 각 과에 배부하고, 각 과에서는 예산요구에

19 사회기반시설사업에 자산을 투자하여 그 수익을 주주에게 배분하는 것을 목적으로 하는 사회기반시설투융자회사(투융자회사)를 설립하거나, 그 수익을 수익자에게 배분하는 것을 목적으로 하는 사회기반시설투융자신탁(투융자신탁)을 설정할 수 있다. 투융자회사와 투융자신탁(투융자집합투자기구)은 각각 「자본시장과 금융투자업에 관한 법률」에 따른 투자회사와 투자신탁으로 본다(민간투자법 제41조).

필요한 자료를 수집한다.

국내(局內)의 과장회의에서 다음 회계연도의 주요 업무계획을 여러 차례 토론한 후 그 결과를 종합하여 예산담당자가 국의 예산요구서를 작성한다. 이렇게 작성된 국의 예산요구서는 각 과장의 합의서명을 받고 국장의 결재를 얻은 다음 기획관리실에 제출된다(조석준, 1980: 424).

기획관리실 기획예산담당관은 각 국과 산하기관으로부터 제출된 예산요구서를 검토하고 미진한 점에 대하여는 국의 예산담당자와 협의한다. 이러한 과정을 거친 후에 기획예산담당관은 부 전체의 예산요구서를 작성한다.

이어서 장관과 차관, 기획관리실장, 국장 및 산하기관의 장 등이 참석한 회의에서 기획예산담당관이 부처 전체의 예산요구서를 설명한다. 이때 예산항목과 계수조정을 하는 때도 있다.

이러한 과정을 거쳐 사업내용과 예산규모가 결정되면 기획예산담당관은 해당 부처의 예산요구서를 작성하여 장관의 결재를 얻은 후 5월 31일까지 기획재정부장관에게 제출해야 한다. 예산요구서에는 세입세출예산요구서, 계속비요구서, 명시이월비요구서, 국고채무부담행위요구서가 포함된다(국가재정법 제31조).

2007년 1월 1일부터 시행된 「국가재정법」에 따라 부처별 지출한도 설정을 위한 국가재정운용계획을 수립하고, 부처 자율편성 일정 등을 고려하여 예산요구서 제출 시한이 한 달 늦춰졌다. 그리고 2007년도 예산안부터 디지털예산회계시스템(2007.1.1. 가동)을 통하여 예산을 요구하도록 하였다.

2) 예산요구서의 내용

각 중앙관서의 장이 제출하는 예산요구서 중 세입세출예산요구서는 「국가재정법」 제21조 및 「국가재정법 시행령」 제7조에 따라 구분 · 작성해야 한다. 즉 세입세출예산은 계정으로 구분하고, 독립기관 및 중앙관서의 소관별로 구분한 후 소관 내에서 일반회계와 특별회계로 구분하여 작성해야 한다. 그리고 세입예산은 다시 그 내용을 성질별로 관 · 항으로 구분하고, 세출예산은 다시 그 내용을 기능별 · 성질별 또는 기관별로 장 · 관 · 항으로 구분하여 작성해야 한다. 예산의 구체적인 분류기준 및 세항과 각 경비의 성질에 따른 목의 구분은 기획재정부장관이 정한다(국가재정법 제21조).

「국가재정법 시행령」 제7조에서는 그 과목구분을 세입예산의 관 · 항 · 목의 구분과 설정, 세출예산 및 계속비의 장 · 관 · 항 · 세항 · 목의 구분과 설정, 국고채무부담행위의 사항 구분은 기획재정부장관이 정하는 바에 따른다고 구체적으로 규정하고 있다.

계속비요구서에는 사항별로 필요한 이유와 그 경비의 총액 및 연부액(年賦額)을 표시해야 하고, 명시이월비요구서는 이월을 필요로 하는 이유와 금액을 표시해야 한다. 국고채무부담행위요구서에는 「국가재정법」 제25조 제3항에 규정된 사항, 즉 사항마다 그 필요한 이유를 명백히 하고 그 행위를 할 연도 및 상환연도와 채무부담의 금액을 표시해야 한다.

예산요구서의 양식은 매년 예산안편성지침에 수록되는데, 그 양식은 다음의 내용에 따라 각각 다르다. 즉 세입예산총괄, 세입예산 요구내역, 세출예산총괄, 세출예산 단위사업별 설명 및 내역, 세출예산 세항별 설명 및 내역, 세출예산 요구내역 등에 따라 다르다.

4. 예산안의 사정 및 편성

1) 예산규모 추계

기획재정부는 각 중앙관서가 제출한 예산요구서를 대통령에게 보고한 후 사정(review)하고 국가 전체의 예산안을 편성한다.

기획재정부의 편성작업은 다음 회계연도의 예산규모, 특히 세입규모를 추계하는 일로부터 시작된다.

세입규모의 추계는 관계기관과 협의하여 작성한다. 이 단계에서 가장 초점이 되는 것은 부족재원을 어떻게 조달할 것인가 하는 것이다.

한은차입, 국채발행 및 차관 등의 재원조달방법이 검토되는데, 재정적자의 크기와 재원조달방법은 경제정책과 예산정책의 차원에서 결정된다.

2) 예산의 사정 및 시안 작성

예산의 사정(査定)은 각 중앙관서의 예산요구서에 담긴 사업내용을 분석하고 소요예산을 산출하는 작업을 말한다.

예산사정은 주로 각 부처가 요구한 예산액을 삭감하는 작업인데, 일부 국가에서는 예산사정 때 공청회를 열어 관계공무원과 전문가의 의견을 청취하기도 한다. 대체로 기획재정부의 사정관과 부처의 예산담당자 사이에 이루어진다.

정부는 독립기관의 예산을 편성함에 있어 독립기관의 장의 의견을 최대한 존중해야 하며, 국가재정상황 등에 따라 조정이 필요한 때에는 독립기관의 장과 미리 협의해야 한다. 이러한 협의에도 불구하고 독립기관의 세출예산요구액을 감액하고자 할 때에는 국무회의에서 독립기관의 장의 의견을 구해야 하며, 정부가 독립기관의 세출예산요구액을 감액한 때에는 그 규모 및 이유, 감액에 대한 독립기관의 장의 의견을 국회에 제출해야 한다(국가재정법 제40조). 여기에서 독립기관이란 국회, 대법원, 헌법재판소 및 중앙선거관리위원회를 말한다(국가재정법 제6조 제1항).

이러한 기관들은 「헌법」에서 각각 별도로 규정하고 있는 헌법기관들로서 그 독립성 보장을 위해 예산의 편성 및 집행에 대해 자율성을 보장할 필요가 있다. 독립기관은 그 조직 및 기능적 특수성을 고려하지 않은 일반적인 예산과목의 적용, 예산안편성지침 등으로 인해 예산안 편성의 자율성이 제한될 수 있다. 예산집행에서도 정부의 예산집행지침, 예산배정 시기 등으로 인해 자율성이 제한될 수 있다. 그러나 독립기관의 예산도 국가 전체의 재정상황을 고려하여 조정해야 하기 때문에 행정부(기획재정부)가 편성한다.

예산 사정이 마무리되면 기획재정부의 예산안 시안(試案)이 완성되고, 장·차관에게 보고되어 조정을 거친 후 기획재정부 안으로 마련된다.

이것은 다시 국무총리실과 청와대에 보고되어 조정을 받기도 한다. 예산안 시안은 집권당과의 당정협의(黨政協議)를 거치게 되는데,[20] 이때 여당의 의지가 예산안에 반영되기도 한다. 여당의 이러한 움직임은 여론에 부응하기 위한 노력의 일환이기도 하지만 예산심의를 통하여 집권당의 위상을 높이려는 의도로 보인다.

3) 예산안의 확정과 국회제출

기획재정부는 예산안을 편성하여 국회에 제출하기 전에 재정정책자문회의의 의견수렴을 거쳐야 한다. 중앙정부는 재정상황과 예산안 편성의 방향 및 내용을 설명하는 기회가 되고, 지방자치단체는 각각의 재정여건과 중앙정부 지원을 요구한 사업을 다시 설명할 수 있는 기회가 된다.[21]

---

20 당정협의는 정부와 여당 정책담당자들이 정책이나 입법 현안을 논의하고 사전 조율하는 협의체를 말한다. 「당정협조업무운영에 관한 국무총리 훈령」에 근거를 두고 있다. 여당은 대통령이 당적을 가진 정당이다. 야당과는 비정기적인 정책간담회를 가질 수 있다.

21 기획재정부장관은 재정운용에 관한 의견수렴을 위하여 각 중앙관서와 지방자치단체의 공무원 및 민간전문가 등으로 구성된 재정정책자문회의를 운영해야 한다. 국가재정운용계획을 수립할 때, 매 회계연도의 예산안을 편성할 때, 기금운용계획안을 마련할 때 미리 이 자문회의의 의견수렴을 거쳐야 한다(국가재정법 제10조). 재정정책자문회의는 다음 각 호의 사항에 관하여 기획재정부장관의 자문에 응한다. ㉠ 국가재정운

기획재정부는 예산안을 국무회의의 심의를 거친 후 대통령의 승인을 얻어 회계연도 개시 120일 전(9월 3일)까지 국회에 제출해야 한다(국가재정법 제33조). 그런데「헌법」제54조 제2항은 "정부는 회계연도마다 예산안을 편성하여 회계연도 개시 90일 전(10월 3일)까지 국회에 제출하고, 국회는 회계연도 개시 30일 전(12월 2일)까지 이를 의결해야 한다."는 규정을 개정하지 못하고 있다.

5. 예산안의 형식

예산은 예산총칙, 세입세출예산, 계속비, 명시이월비와 국고채무부담행위를 총칭한다(국가재정법 제19조).

예산총칙에는 세입세출예산, 계속비, 명시이월비, 국고채무부담행위에 관한 총괄적 규정을 둔다. 그리고 여기에는 국채와 차입금의 한도액, 재정증권의 발행과 일시차입금의 한도액, 그 밖에 예산집행에 관하여 필요한 사항을 규정한다. 예산총칙은 세입세출예산 외에 매년 재정운영에 필요한 기초적 사항에 관하여 국회의 의결을 받아두는 형식이다.

세입세출예산은 예산의 실체로서, 형식적으로도 예산의 대부분을 차지하고 있다. 예산을 1회계연도의 수입과 지출의 추계라고 하는 것은 바로 세입세출예산을 말하는 것이다(Lynch, 1979: 62). 세입세출예산은 독립기관 및 중앙관서의 소관별로 구분한 후 소관 내에서 일반회계와 특별회계로 구분한다(국가재정법 제21조 제2항).

계속비는 공사나 제조 및 연구개발사업에 있어서 완성에 수년도(대체로 5년, 국회의 의결로 연장 가능)를 요하는 경우의 사업비이다. 이것은 국회의 의결을 얻어 완성연도까지 예산집행의 중단 없이 사업을 추진할 수 있게 하기 위한 제도이다. 계속비사업은 주로 국토교통부와 국방부 소관의 사업에서 볼 수 있다. 계속비는 사업명 · 시행기간 · 사업비 총액과 연부액(年賦額)을 정하여 미리 예산안에 수록하고 국회의 의결을 얻어야 한다(국가재정법 제23조).

명시이월비는 세출예산 중 경비의 성질상 연도 내에 그 지출을 끝내지 못할 것이 예

용계획의 수립, ㉡ 회계연도별 예산안의 편성 및 기금운용계획안 및 변경안의 수립, ㉢ 회계연도별 예산안 편성지침 및 기금운용계획안 작성지침의 수립, ㉣ 특별회계 및 기금의 신설 · 통합 및 폐지에 관한 사항, ㉤ 기금운용평가단의 기금운용평가 결과 및 개선 · 권고 사항, ㉥ 재정제도와 관련된 법령의 제정 · 개정 사항, ㉦ 예산 및 기금 관련 제도개선 사항, ㉧ 그 밖에 기획재정부장관이 자문하는 사항.

재정정책자문회의는 ㉠ 기획재정부장관(의장), ㉡ 행정 각 부처의 차관, ㉢ 기금 소관 위원회 · 처 · 청의 부기관장, ㉣ 특별시 · 광역시 · 도 및 특별자치도의 시장 · 도지사, ㉤ 재정운용에 관한 학식과 경험이 풍부한 자 중에서 기획재정부장관이 위촉하는 30명 이내의 민간위원으로 구성한다(국가재정법 시행령 제6조).

측될 때 그 취지를 세입세출예산에 명시하여 미리 국회의 승인을 얻은 후 다음 연도에 이월하여 사용하는 것을 말한다(국가재정법 제24조). 이러한 명시이월비도 그 비목과 이월하는 금액을 예산안에 수록해야 한다.

국고채무부담행위는 법률에 따른 것과 세출예산금액 또는 계속비의 총액 범위 외에 국가가 채무를 부담하는 행위를 말한다(국가재정법 제25조 제1항). 국고채무부담행위의 사항 · 금액 · 사유는 예산안에 수록해야 한다. 이것은 행정부가 부담하는 모든 채무를 국회가 사전에 알아야 하기 때문이다.

이 외에도 「국가재정법」 제2장(예산) 제1절(총칙)에는 예비비, 성인지예산서, 조세지출예산서 등이 규정되어 있다.

6. 예산안의 편성행태

1) 예산요구서의 작성행태

예산과정에는 많은 사람들이 참여하는데, 이러한 참여자들의 행태(behavior)에 영향을 미치는 요인에는 여러 가지가 있으나, 부처의 예산요구서 작성단계에서의 행태는 다음과 같다.

부처(중앙관서)의 예산요구서 작성에 있어서 가장 두드러지는 행태적 특징은 예산확보제일주의의 사고방식이다(경제기획원, 1981: 19). 각 부처는 사용재원의 한계를 의식하지 않고 무리하게 사업계획을 수립 · 운영함으로써 예산의 비효율과 재정을 팽창시켜 온 것이 사실이다(경제기획원, 1981: 15).

이러한 예산확보제일주의는 각 부처 내에서도 찾아볼 수 있다. 즉 각 국과 산하기관 역시 예산주무부서에 예산요구서를 제출할 때 예산을 과다하게 요구하는 것이 관례였다.

각 부처의 기획예산담당관은 예산실의 분위기와 정보를 소속 각 과에 전달하며 부처의 예산요구의 타당성을 기획재정부에 반영하는 실무적 창구 역할을 한다. 그러나 각 부처의 기획예산담당관은 부처 내 각 국의 예산요구액을 종합하는 과정에서 이를 거의 삭감하지 못하고, 기획관리실장이나 장관의 선에서 조정한다.

예산요구서 작성에서 가장 초점이 되는 것은 신비목(新費目)을 설치하는 일이다. 이것이 실현되기만 하면 매년 일정액의 예산이 보장되는 것이나 다름이 없기 때문이다(조석준, 1980: 408).

부처의 예산 확보를 위한 활동의 강력한 무기는 전문성이라고 할 수 있다. 기획재정부가 아무리 많은 예산전문가로 구성되어 있다고 하더라도 특정 사업에 대한 전문성이나 기술성에 있어서는 각 부처보다 부족하기 때문에 과다한 예산요구의 관행에 적절히 대처하기가 어렵다.

각 부처는 중앙예산기관을 상대로 여러 가지 전략을 동원하여 예산을 요구하고 확보하려고 하는데, 이때 많이 사용하는 것 중의 하나가 관련단체의 동원이다.[22]

그리고 각 부처는 그때그때의 정부의 역점사업을 활용하거나, 사업량을 계량화하고 비용편익분석의 결과를 첨부하기도 하며, 처음에는 소액을 요구하여 인정받은 후에 기득권을 주장하기도 한다.[23]

2) 기획재정부의 삭감

각 부처의 과다한 예산요구에 대하여 기획재정부는 이를 최대한 부정하거나 삭감하는 경향이 많다(조석준, 1980: 412).

예산요구에 대한 사정은 어떤 국가에서나 마찬가지다. 지나친 예산요구 때문에 예산실의 사정은 곧 삭감이라고 할 정도로 삭감에 치중하였다. 그래서 예산사정관들은 흔히 '대패질'이라는 말을 사용하기도 하였는데, 그것은 예산사정 때의 일률적인 삭감을 의미한다(이준영, 1970: 583).

각 부처의 예산담당공무원들은 보다 많은 예산을 확보하기 위해 다양한 전략을 구사한다. 예산실을 방문하거나 자기 부처의 예산사업 현장으로 초대하여 설명하며 설득하기도 한다. 과거에는 정당치 못한 로비가 성행하였으나, 최근에는 면담, 전화로 목소리 익히기, 인맥 동원 등의 전략을 구사한다.[24]

각 부처의 엄청난 예산요구액을 사정하여 배분하는 일은 객관적 기준만으로는 불가능한 때가 많다. 때로는 사정관의 주관적 판단이 개입되기도 하는데, 이러한 경우에 정

---

22 미국의 농무성과 같이 많은 농민단체를 지니고 있는 부처는 이러한 방법의 활용이 비교적 용이하고 또 실효성도 높다고 한다(유훈, 2003 : 178).

23 유사한 사업, 중복사업의 사례는 아직도 근절되지 않고 있다. 2007년 10월 16일 국회예산정책처의 '2008년 예산안 검토보고서'에 의하면, 2008년 예산안 가운데 비슷한 사업에 투자하는 중복 · 유사예산이 약 8000억원에 이르는 것으로 나타났다. 법적 근거도 없이 편성된 예산규모는 2000억원이 넘었다.

24 예산게임은 일종의 제로섬 게임(zero-sum game)이다. 제로섬 게임은 게임 참가자들의 이익과 손실의 총합이 제로가 되는 게임으로, 이익을 보는 사람이 있으면 반드시 그만큼 손해를 보는 사람이 있다는 의미다. 예컨대 선물(先物)은 결제일이 되면 반드시 매수자 또는 매도자 어느 한 쪽이 이익을 보게 되는 구조로서, 주식을 산 사람과 판 사람의 손해와 이익의 합이 제로가 되므로 선물시장을 제로섬 게임이라고도 한다.

치적인 압력이나 행정적 간섭이 작용하기도 한다.

이 외에도 예산실 사정관과 각 부처 기획예산담당관의 인간관계, 장관의 정치적 영향력 등이 예산실의 예산사정에 어느 정도 작용하리라는 것은 상상할 수 있는 일이다. 가장 보편적인 삭감방법은 기관 간 수평적 삭감(across the board cuts)이다.

그러나 각 기관 간의 모든 지출을 동일하게 취급함으로써 비판의 대상이 되기도 한다. 이 방법이 계속되면 각 부처는 처음부터 이러한 삭감을 대비하게 된다. 그리고 단기적 삭감은 있으나 실제 삭감된 것은 없고 다만 부분적으로 연기되는 결과를 초래한다. 예컨대 차입금에 대한 원리금 상환을 늦추거나 물품을 구입 대신 장기임차 또는 리스(lease)로 대처하게 한다.

또 다른 예산삭감방법은 특정 부문의 삭감(specific sector cuts), 즉 특정 부문을 골라 삭감하는 것이다. 이 방법에는 예산확보에 대한 게임의식을 예산관계자들이 가지고 있지 않다는 믿음이 필요하다.

서비스나 활동은 그 수준에 따라 경비가 달라지므로 이러한 부문을 삭감하는 때 서비스나 활동수준을 결정하는 역할을 하게 된다. 반면에 시설이나 장비 등 사업경비가 정확한 자료에 의하여 책정된 부문의 삭감은 사업규모를 축소하거나 임차 등에 의하여 사실상 지출의 연기효과밖에 되지 못하는 수도 있다.

3) 총액배분 자율편성제도

총액배분 자율편성(Top-down)제도는 지출총액을 결정하고 전략적 재원배분을 위해 분야별 · 부처별 지출한도(ceiling)를 설정한 다음 그 지출한도에서 각 부처가 사업별로 재원을 배분하는 제도를 말한다. 분야별 사전배분을 통한 부처자율편성방식이라고 할 수 있는데, 그 장점은 총재정규모에 대한 통제가 쉽고, 재원배분의 효율성을 높이며, 예산당국의 부담을 줄이고, 부처의 전문성을 활용할 수 있다는 것이다.

기존의 예산편성 방식(Bottom-up 방식)은 각 부처에서 사업별로 예산을 요구하고 중앙예산기관은 개별사업과 지출비목을 심사하였다. 그러나 재정규모가 급격히 팽창하였고, 나라살림이 지원하는 분야의 사업은 복잡화 · 전문화되었다. 이에 따라 재정당국이 각 부처의 모든 사업에 대해 예산을 편성하는 것이 한계가 있고, 또 각 부처 간의 정보의 비대칭성이 심화되어 '부처의 과다 요구와 재정당국의 대폭 삭감'의 악순환이 반복되었다.

우리나라는 현장의 전문성 · 자율성 · 창의성을 활용할 수 있는 총액배분 자율편성제도를 도입하였다. 1990년대 초반부터 도입을 논의하다가, 2003년에 4개 기관(조달청, 국세청, 관세청, 공정거래위원회)에서 시범 실시되었고, 2004년부터 모든 부처에 도입되었다.

그 주요 내용은, 기획재정부는 예산지출한도(expenditure ceiling)를 각 부처에 통보하고, 각 부처가 그 범위에서 사업별로 재원을 배분한다. 기획재정부는 매년 거시경제 전망과 중장기 재정소요, 국가적 차원의 우선순위, 주요 사업 투자계획 등을 고려하여 부처별 지출총액 및 분야별 사업비 규모를 결정한다. 그 후 국무위원이 참여하는 재정전략회의에서 지출총액 → 분야별 한도 → 부처별 한도 순으로 합의한다.[25] 이에 따라 각 부처는 그 범위에서 사업별 예산규모를 결정하여 요구해야 한다. 재정당국은 지출한도의 준수 여부에 대해 페널티를 부여함으로써 지출한도의 실효성을 제고한다.

기획재정부는 전략적 차원에서 재정총량 결정이나 분야별 재원배분 등에 집중하고, 부처는 전문성과 현장경험을 활용하여 지출한도에서 자율적으로 사업별로 재원을 배분하는 등 역할을 분담한다.

물론 기획재정부는 지출한도를 통보하고 부처 간 형평성 유지 및 전문성 지원을 위해 전략적 재원배분원칙, 예산안편성지침 및 기준, 예산안작성 세부지침 등 예산편성을 위한 지침을 마련하여 각 부처에 제공한다.

이에 따라 각 부처는 예산편성과 관련역할이 중요해졌다. 부처 예산담당자들은 지출한도에서 사업우선순위를 결정하고, 부처 내의 부서 간 의견과 이해관계자의 의견을 조정하여 부처 내의 재원배분을 확정하게 된다. 부처별로 예산심의위원회 및 외부전문가 자문위원회 등을 활용하고, 재정사업 성과평가 결과 등을 반영하여 사업 구조조정을 강화하는 등 예산편성지침 및 기준을 준수하여 예산요구안을 마련한다.

총액배분 자율편성제도의 도입으로 그동안 관행적으로 이루어졌던 과다 요구와 대폭 삭감이라는 악순환이 크게 줄었다. 또 각 부처가 예산요구안을 마련하는 과정에서 심도 있는 자체 검토를 하게 됨으로써 예산편성에 대한 각 부처의 참여와 책임이 커졌다. 향

25 재정전략회의는 2004년 총액배분 자율편성제도의 도입을 계기로 시작되었다. 모든 국무위원이 각 부처 입장을 벗어나 국가발전 전략과 재원투입 우선순위를 협의한다. 2008년 이전에는 재원배분회의라는 명칭을 사용했으나, 단순히 재정지출에 국한하지 않고 성장률, 세입전망, 국가채무 등 국가재정과 관련된 모든 내용을 다루는 회의로 확대되면서 재정전략회의로 변경되었다. 여기에서는 통상의 장관급회의와 달리 배석자 없이 대통령, 수석비서관, 각 부처 장관들이 재정운영 방향과 주요 재정이슈 등에 대해 심도 있게 논의한다. 이러한 논의를 통해 국가재정운용계획과 분야별 · 부처별 지출한도에 대한 합의를 도출한다. 아울러 다양한 재정이슈에 대한 주요한 의사결정 기회가 되고, 재정건전화를 위해 부처를 초월하는 공감대를 형성한다. 일반적으로 각 부처의 장관은 국무회의 등에서는 해당 부처의 예산을 증액시키기 위해 노력하는데, 여기에서는 해당 부처의 예산삭감 등 세출구조조정 방안을 마련하는 등 중앙정부 재정여건에 대한 공감대를 형성한다.

후 이 제도가 제대로 정착하기 위해서는 자율과 책임을 연계할 수 있도록 성과관리제도, 기관평가제도 등 관련제도와 연계하여 발전시켜야 한다.

표 6-4 전통적 예산편성 방식과 총액배분 자율편성 방식의 비교

	전통적 예산편성 방식(Bottom-up)	총액배분 자율편성 방식(Top-down)
재원배분 순서	지출총액 ⬆ 분야별 · 부처별 예산규모 ⬆ 사업별 예산규모	지출총액 ⬇ 분야별 · 부처별 예산 ⬇ 사업별 예산규모
주요 특징	• 재정당국 중심의 예산편성 • 개별사업 위주의 분석 • 단년도 재정 운용 • 예산편성을 통하여 재정지출을 통제	• 각 부처와 기획재정부가 합동 편성 • 거시적이고 전략적인 재원배분 분석 • 중기적 재정운용 • 부처의 자율성을 확대하고 사후 성과관리를 강화

자료 : 기획재정부 예산실 편, 「2010 한국의 재정」(2011), p.162.

4) 예산과정에 대한 참여확대

정부는 예산편성에 대한 참여확대를 위하여 2004년도 예산안편성지침에서 재정포럼, 인터넷 설문조사, 지방자치단체와의 협의 등 의견수렴을 활성화하고, 부처도 각계 의견을 수렴하여 예산을 요구하도록 하였다.

그리고 R&D, 정보화, 중소기업 등 전문성이 필요한 분야는 예산편성 시 외부전문가의 참여를 활성화하도록 하였다.

한편 예산과 성과의 연계를 강화하기 위하여 2005년도에 재정사업 자율평가제도를 도입하였다. 각 부처는 매년 일정규모 이상의 사업을 자율적으로 평가하여 자기부처 예산안 편성 때 반영하고, 당시 기획예산처는 그 평가결과를 예산안 협의 때 활용하도록 하였다.

재정사업 자율평가제도는 부처별로 소관 주요 재정사업을 매년 1/3씩 스스로 평가하는 제도다. 각 부처가 계획(30점), 집행(20점), 성과(50점) 등 3단계로 나누어 평가한다.[26]

26 단년도 예산편성은 국가발전을 위한 전략적 재원배분이 취약하여 경제 · 사회의 여건변화와 미래수요를 적절히 반영하지 못하는 한계가 있다. 우리나라는 1982년부터 중기재정계획을 수립해 왔으나 추상적인 투자방향 제시, 단년도 예산편성과의 연계 미흡, 재정당국의 내부참고자료로만 활용, 대외 미공개 등으로 실효성이 미흡하였다. 이러한 문제점을 해소하기 위해 정부는 중장기 국가발전전략을 체계적으로 제시하고, 이를 재정 측면에서 뒷받침하는 5년 단위의 국가재정운용계획을 국회에 제출하고 있다.

기획재정부는 평가결과를 토대로 예산편성 때 세출예산 구조조정에 활용하고 있다. 자율평가 결과 미흡한 사업은 사업비를 10% 이상 삭감하고, 사업성과가 객관적으로 입증되지 않은 사업은 원칙적으로 예산을 증액시키지 않는다.

5) 국가재정운용계획

국가재정운용계획(國家財政運用計劃)은 종래의 중기재정계획을 명칭 변경한 것으로서 총액배분자율편성, 성과관리제도, 디지털예산회계시스템과 더불어 정부의 4대 재정혁신과제였다.

국가재정운용계획은 정부가 재정운용의 효율화와 건전화를 위하여 매년 해당 회계연도부터 5회계연도 이상의 기간에 대한 세입, 세출, 재정수지, 조세부담률, 국가채무 등의 재정운용계획을 수립하여 국회에 제출하는 문서를 말한다. 국가정책방향과 재원배분계획을 제시하는 5년 단위의 계획으로, 단년도 예산편성의 기본틀이 되며 매년 경제·사회적 여건 변화와 연동하며 보완된다.[27]

1982년에 처음으로 작성되었던 중기재정계획이 2004년부터 국가재정운용계획으로 변경되었고, 「국가재정법」의 제정(2006.10.4.)으로 국회 제출이 의무화되었다.

국가재정운용계획은 「국가재정법」의 개정(2013.5.28.) 때 예산안과 함께 회계연도 개시 120일 전까지 제출(종전 90일 전까지에서 2014년부터 10일씩 앞당겨 2016년부터 120일 전까지 제출)하도록 수정되었다. 그리고 이 법의 개정(2014.12.30.)에서는 국가재정운용계획을 국회에 제출하기 30일 전에 재정규모, 재정수지, 재원배분 등의 수립 방향을 국회 소관 상임위원회에 보고하도록 하였다.

국가재정운용계획은 개요 및 평가, 해당 연도 국가재정운용계획의 내용, 재정운용시스템 혁신 등 3개 부분으로 이루어져 있다. 첫째, 국가재정운용계획의 개요 및 재정운용평가에서는 계획의 수립 의의와 수립과정, 재정운용의 추이와 재정운용의 평가 등이 포함된다.

---

27 국가재정운용계획에 포함되어야 할 사항과 첨부해야 할 사항은 다음과 같다. 포함사항은 ㉠ 재정운용의 기본방향과 목표, ㉡ 중·장기 재정전망, ㉢ 분야별 재원배분계획 및 투자방향, ㉣ 재정규모 증가율 및 그 근거, ㉤ 의무지출의 증가율 및 산출내역, ㉥ 재량지출의 증가율에 대한 분야별 전망과 근거 및 관리계획, ㉦ 세입·세외수입·기금수입 등 재정수입의 증가율 및 그 근거, ㉧ 조세부담률 및 국민부담률 전망, ㉨ 통합재정수지에 대한 전망과 근거 및 관리계획이다.

첨부서류는 ㉠ 전년도에 수립한 국가재정운용계획 대비 변동 사항, 변동요인 및 관리계획 등에 대한 평가·분석 보고서, ㉡ 중장기 기금재정관리계획, ㉢ 국가채무관리계획, ㉣ 중장기 조세정책운용계획이다(국가재정법 제7조).

둘째, 재정운용계획의 내용 부분에서는 향후 5년간의 경제사회 변화와 국가비전, 재정운용 여건, 재정지출 규모 및 재원배분 방향, 분야별 정책방향 및 투자계획이 수록된다. 추상적인 투자방향이 아니라 재정수지, 국가채무 등 재정관련 총량에 대한 연도별 목표와 사업별로 구체적인 재원배분계획을 제시한다. 향후 국가발전 전략과 재원투입의 우선순위가 구체적으로 제시된다.

셋째, 재정운용시스템 혁신 부분에서는 재정의 효율성과 건전성 등을 위한 재정당국의 제도개선 노력이 전년도 실적을 중심으로 수록된다.

제4절 미국과 영국의 예산안 편성

1. 미국의 예산안 편성

미국의 중앙예산기관은 대통령 직속의 관리예산처(Office of Management and Budget, 이를 행정예산관리국으로 번역하기도 함)이다. 행정부는 법률안의 제출권이 없고 예산도 법률의 형식을 취하고 있으므로 대통령이 매년 제출하는 예산안(President's Annual Budget)은 의회가 만드는 세출예산법안(Appropriations)의 참고자료에 불과하다.

OMB는 매년 6월에 각 성 · 청에 예산안편성지침(Call for Estimates)을 시달한다(Gordon, 1978: 281). 이 지침에는 예산요구서의 작성에 관한 기본적인 전제와 제출 기일, 예산의 형식 등이 구체적으로 기록되어 있다. 각 성 · 청은 이 지침에 따라 예산요구서(estimates of the agency)를 작성하고 OMB에 제출한다.

OMB의 예산사정관(budget examiner)들은 예산사정작업을 하여 관리예산처장에게 건의하고, 관리예산처장은 예산정책, 주요 정책사업, 부처별 예산한도액 등에 관하여 대통령과 협의한다. OMB의 예산안 편성과정에서 각 성 · 청의 요구액은 삭감되게 마련이고, 이러한 과정을 통하여 하나의 예산안으로 통합된다(Musgrave and Musgrave, 1980: 39~40).

대통령이 제출하는 예산안과는 별도로 재무성이 세법 등의 제정안이나 개정안을 의회에 제출해야 하는데, 이것이 의회의 세입법안 입안의 참고자료가 된다. 미국에는 세입예산이 없고 그것을 「세입법」(revenue act)이 대체한다.

세입은 재무성의 소관이므로 대체로 재무성장관이 세입계획을 의회에 제출하고, 하원의 세입위원회와 상원의 재정위원회에 나가서 세입에 관한 증언을 한다. 세출은 양원의 세출위원회 소관이다.

연방세출예산(federal outlays)은 의무적 지출(mandatory spending)과 재량적 지출(discretional spending)로 양분된다. 의무적 지출 또는 비재량적 지출은 「예산집행법」(Budget Enforcement Act)에 의해 도입된 개념으로 법률상 지출의무가 있는 지출을 말한다. 항구예산(permanent appropriations)이라고도 하는데, 그 주종을 이루는 Entitlement Program은 실업수당 등 사회보장적 지출 외에 노약자 의료지원, 부양자녀가 있는 가정보조, 노인이나 장애인 지원 등의 지출을 총칭한다. 의무적 지출은 관련법률의 개정이나 제정을 통하여 지출 항목과 금액이 법률로 결정된다.

재량적 지출만 의회의 심의대상이 된다. 재량적 지출은 행정부와 의회가 재량권을 가지고 예산안을 편성하고 심의할 수 있는 지출을 말한다. 재량적 지출은 다시 완전재량지출 · 편의재량지출 · 준의무지출로 나눌 수 있다.

완전재량지출은 법률에 지출근거 없이 행정부의 예산안 편성과 의회의 지출승인만으로 이루어지는 지출이다. 편의재량지출은 법률에 지출근거는 있으나 지출 여부와 지출규모에 대해서는 규정이 없거나 행정부에 위임되어 행정부와 의회가 그 여부와 규모에 대해 재량권을 가지고 편성하고 심의할 수 있는 지출이다. 그러나 완전재량지출과 편의재량지출은 사실상 구분의 실익이 없다.

준의무지출은 일부요소는 법령에 지출근거가 없고 또 다른 일부요소는 경제 · 사회적인 여건변화와 재정당국의 정책적 의지, 재정력, 유사기관의 지급수준 등을 고려하여 탄력적으로 편성할 수 있는 사업과 관련된 지출이다. 예컨대 공무원 인건비는 총정원에 임금수준을 곱해 산출하는데, 총정원은 대통령령에 정해져 있으나 임금수준은 재정당국이 재량적으로 결정한다.

2. 영국의 예산안 편성

영국의 중앙예산기관은 재무성(Her Majesty Treasury)이다. 여기에서 화폐, 금융, 국채, 정부회계, 세제, 외국환, 국유재산 등에 관한 사무를 관장한다. 재무성의 권한은 정당정치가 발전하면서 다소 축소되었다. 사회적 경비는 대부분 재무성의 예산사정과정을 거

치지 않고 결정되는 때가 많다.[28]

1961년에 공공지출추계위원회(Public Expenditure Survey Committee)가 설치됨으로써 세부적인 문제까지 관여하던 재무성의 많은 권한이 각 기관에 위임되었다. 이 위원회는 재무성 차관보(Deputy Secretary)를 위원장으로 하고, 관련 기관의 예산담당관을 위원으로 구성하며, 그 기능은 공공지출의 규모를 파악하고 향후 3년간의 계획이라고 할 수 있는 공공지출추계를 작성한다(유훈, 2003: 189~190).

공공지출추계(공공지출백서라고도 함)는 연동식 계획으로서 처음에는 5개년으로 하였으나 1970년대부터 3개년으로 단축되었다. 3년간의 공공지출규모와 그 목적별 배분에 관한 것으로, 재무성이 각 성 · 청과 협의하여 작성하고 이를 PESC의 심의를 거쳐 각료회의에서 확정한다.

영국의 예산안 편성은 재무성이 각 성 · 청에 예산회람(Estimates Circular, 우리나라의 예산안편성지침에 해당)을 시달함으로써 시작된다. 여기에는 예산요구서의 작성요령과 제출기일 및 제출자료 등이 수록되어 있다. 각 성 · 청은 자기의 예산요구서를 작성하여 재무성에 제출하는데, 이것은 이미 재무성의 승인을 받은 사항의 종합에 불과하다. 재무성의 통제는 예산요구서를 제출하기 전에 이미 이루어지고 있기 때문이다.

각 성 · 청의 예산요구서 작성과 예산안 편성의 기본방향은 공공지출추계에 의하여 결정된다. 따라서 예산안 편성이란 공공지출추계의 해당 연도의 지출계획을 예산으로 바꾸는 것에 지나지 않는다.

재무성의 예산사정은 주로 공공지출추계의 한도액 준수 여부와 각 성 · 청의 주요 사업들이 공공지출추계에 반영된 사업인가를 검토하는 것으로 그친다.

정부가 의회에 제출하는 예산안은 의정비(supply services, 議定費)와 그 설명자료인 재무성장관의 메모랜덤(memorandom) 및 재정설명서(financial statement and budget report) 등이다. 메모랜덤은 경제동향과 관련하여 재정지출 전반을 설명하는 서류이고, 재정설명서는 재무성장관이 의회에서 예산연설을 할 때 발표되는 것을 말한다. 기정비(fixed services, 旣定費)는 공채이자, EU부담금 등 이미 법률로 정해져 있는 경비로서 의회의 심의대상이 아니다.

28 Treasury 앞에 여왕 폐하(Her Majesty)가 붙는 것은 재무성이 처음 설립된 1126년경 헨리 1세 왕이 자신 소유의 보물들을 별도로 보관하기 위한 기관이었기 때문이다.

제7장 예산의 심의

제1절 예산심의의 의의와 유형

1. 예산심의의 의의

예산의 심의과정은 예산과정 중 두 번째 과정이다. 예산의 심의 · 확정권, 즉 의결권은 국회에 있다(헌법 제54조 제1항). 국민의 대표기관인 의회가 예산에 대한 최종결정권을 행사하게 된 것은 영국의 명예혁명의 결과며, 이는 행정부와 입법부가 상호 견제하도록 만든 제도다.

예산이 법률의 형식을 취하는 국가에서의 예산법안 의결(authorization *or* enactment)과 예산의 형식으로 의결(approval)되는 경우에 '예산법'과 '예산'에 약간의 법률적 효력의 차이가 있음은 앞에서 지적하였다.[1]

예산기능의 변화에 따라 의회의 예산심의의 초점도 달라진다. 국가에 따라 예산심의의 구체적인 과정은 조금씩 다른데, 그것은 의회조직과 심의절차의 차이 및 역사적인 전통의 차이에서 비롯된다.

예산심의(豫算審議)는 국회가 행정부의 예산안을 심의 · 확정하는 것을 말한다.[2] 즉 정책수행을 위하여 세입과 세출을 얼마나 효율적으로 집행할 것인가, 그리고 재원을 어떻게 확보할 것인가 하는 것을 다각적으로 분석하고 검토하는 과정이다. 의회에 의한 예산

---

1 예산의 형식보다는 예산법의 형식을 취하는 국가가 훨씬 많다. 예산의 형식을 취하는 국가는 한국 · 일본 · 핀란드 정도이고, 그 밖의 국가들과 사회주의 국가들은 대부분 예산법의 형식을 취한다(박영희, 1974: 23).

2 「헌법」 제54조 제1항과 「재무행정론」에서는 국회가 예산안을 다루는 것(review *or* consideration)을 '심의'라고 표현하는데, 「국회법」에서는 이를 '심사'라고 표현하고 있다(국회법, 제45조 제1항, 국회법 제84조). 이 책에서는 심의(審議) · 의결(議決) · 심사(審査)를 같은 의미로 함께 사용한다.

심의는 국민의 의사를 집약하고 반영한다는 정치적 의미를 내포하고 있다. 따라서 행정부에 대한 재정통제의 도구, 즉 행정통제의 강력한 무기로서 사용된다는 데 그 의의가 있다.

의회의 예산심의과정은 국민의 부담을 줄이고 예산의 효율을 높일 수 있는 중요한 기회이다. 예산심의는 정부의 정책에 대한 비판의 기회가 되고 정치성이 높은 시기다.

그런데 오늘날 의회는 예산규모의 팽창과 더불어 날로 전문화되어 가는 행정부의 계획과 사업을 분석할 만한 정보와 전문지식이 부족하다. 그 결과 입법부는 고무도장(rubber stamp)의 날인자(捺印者) 또는 통법부(通法府)라고 비난받기도 한다.

우리나라의 국회도 통제역할을 다하지 못한 것이 사실이다. 야당은 행정부와 정책대립을 되풀이하였고, 여당은 행정부의 보호와 지원 역할에 치중하였다.

여야가 대립되어 정치적 절충과 형식적 절차를 중시하였기 때문에 예산심의가 입법부 대 행정부의 관계에서라기보다는 여당 대 야당의 관계에서 진행되는 듯하였다.

예산심의는 특정 정당의 정치도구로 이용되어도 안 되고 몇몇 소수자에게 특혜를 주는 것이 되어서도 안 된다. 그리고 비록 국민적 합의에 의한 사업이라고 해도 충분한 심의과정을 거쳐야 한다. 이것은 의회 자체의 존립을 위해서 필수적인 것이며, 특히 자원이 부족할 때에는 더욱 중요한 과정이다.

의회의 재정권한은 나라별로 차이가 있다. 미국 의회는 가장 강력한 재정권한을 갖고 있고, 영국 · 캐나다 · 호주 · 프랑스 등은 미국에 비해 의회의 재정권한이 약하고, 독일 · 벨기에 · 덴마크 등은 그 중간수준이다(Wehner, 2006: 767~785).

중앙예산기관의 권한이 강할수록 재정의 지속가능성과 재정건전성을 효과적으로 관리할 수 있다(Von Hagen and Harden, 1995: 771~779). 반면 재정권한에 대한 의회의 감시권이 약할수록 재정민주주의가 후퇴할 수도 있다. 그러나 여기서 중요한 것은 정치제도나 재정권한의 배분과 관련된 제도적 틀을 어떻게 형성하느냐에 따라 그 결과가 크게 달라질 수 있다는 점이다. 남아메리카 17개국을 대상으로 한 연구결과에 따르면, 계층구조가 분명하고 내각에서 재무부장관의 위상이 높을수록 재정지출 억제와 재정수지 개선에 효과적이라는 것이다(Alessina, Hausmann, Hommes and Stein, 1999: 253~273). 의회의 재정권한 강화가 재정규율에 미치는 정반대의 두 가지 시나리오를 예상할 수 있다. 하나는 지출에 대한 강력한 총량규제로 행정부의 책임을 강화할 수 있다는 것이고, 다른 하나는 의회 특성상 지역구의원 중심의 세출증액이 발생하여 행정부 예산안을 누더기(bombarding)로 만들 가능성도 있다는 것이다(Shick, 2002).

의원내각제보다는 대통령제 국가에서 재정지출 성향이 효과적으로 통제되어 재정적자가 낮고, 의원내각제 국가에서도 연립정부가 아닌 단독정당이 내각을 구성할 때 재정적자가 더 낮다는 것이다(Roubini and Sachs, 1989: 903~934).

2. 예산심의의 유형

1) 정부형태별

(1) 대통령중심제에서의 예산심의

대통령중심제에서는 예산심의가 비교적 상세하고 엄격하다. 삼권분립주의에 입각하여 행정부와 입법부가 견제와 균형의 관계에 있기 때문에 예산심의도 실질적이고 예산심의기구도 강력한 영향력을 가지고 있다. 예산은 의회의 심의과정에서 매년 수정이 이루어진다.[3]

미국의 의회는 예산심의에 있어서 상당한 재량권을 가지고 있고, 삭감은 물론이고 새로운 비목(費目)의 설치와 증액도 가능하다. 심지어 행정부가 요구하지 않은 예산도 의회가 입안하여 의결하기도 하였다.[4]

그리고 예산법안에 예산집행을 구속하는 조항을 첨가할 수도 있다. 물론 이러한 의회의 막강한 예산심의권은 대통령의 예산법안에 대한 거부권과 여론에 의하여 견제된다.

대통령중심제 국가라도 프랑스와 한국에서는 미국과 같은 엄격한 예산심의는 이루어지지 않고 있다.

(2) 내각책임제에서의 예산심의

내각책임제는 입법부와 행정부가 협조관계(collaboration)를 유지하고, 내각의 성립 및 존립이 의회에 달려 있다. 즉 내각이란 의회의 다수당에 의해 구성되고 의회의 여러 위원회 중 하나의 위원회와 같은 성격의 것이다. 따라서 예산심의권이 의회에 부여되어 있다고 하더라도 의회에서 수정되는 일이 거의 없다. 만일 의회가 예산을 부결하거나 수정하면 그것은 내각(행정부)에 대한 불신임으로 여긴다.[5]

---

3 미국은 1950년대 초까지는 의회가 5% 이상을 삭감하는 것은 예외적이었으나 1970년대 이후에는 그렇지 않았다(Smithies, 1955: 140). 1975년 봄에 미국 행정부가 요구하였던 월남정부(현 베트남)에 대한 긴급원조 예산안은 의회에 의하여 전액 부결되었고, 월남정부는 곧 붕괴되었다.

4 예산심의기구로서 미국의 의회예산처(CBO)는 보조기능을 수행하고, 예산위원회가 중심적 역할을 한다. CBO는 ㉠ 행정부예산안에 대한 대안 작성, ㉡ 향후 5년간의 세입세출액 추정, ㉢ 상·하원에 제출된 법안의 예산소요액 산출, ㉣ 예산문제에 관한 연구보고서를 작성하여 의회의 예산심의활동을 지원하는 역할을 수행한다.

5 심지어 의회가 예산액을 삭감하는 것도 내각에 대한 신임의 결여(lack)로 간주한다(Carter, 1972: 111).

영국 의회는 일찍이 예산심의권을 스스로 제한하여 행정부가 요청하지 않은 예산은 심의하지 않으며, 예산심의에 있어서 삭감권(削減權)만 갖고 있다.[6] 의회는 정부의 동의 없이는 증액하거나 새로운 비목을 설치할 수 없다.

2) 의회의 구성형태별

(1) 양원제에서의 예산심의

의회의 구성이 양원제로 구성되어 있는 국가에서 상원과 하원의 예산심의권에 차이가 있는 나라도 있고 동등한 나라도 있다. 원칙적으로는 민주주의적 의회는 양원이 동등한 권한을 가져야 하지만, 국가의 전통에 따라 하원이 상원보다 더 우월한 권한을 갖는 경우가 많다.

영국의 하원은 예산법안의 선심의권(先審議權)을 갖고 있는 데 비하여, 상원은 수정권이나 부결권(否決權)을 갖지 못하고 30일간의 지연권(遲延權)만 갖고 있다.[7]

미국은 예산심의에 관한 권한은 상하 양원이 동등하다. 의결에 차이가 있으면 양원협의회에서 타협하고 조정한다.[8]

프랑스는 국민회의(Assemblée Nationale)가 선심의권을 가지고 있다. 심의기간도 국민회의는 40일간, 상원은 20일간이다. 양원(Sénat)이 합의를 보지 못하면 국민회의의 결의가 확정적인 것으로 된다.

(2) 단원제에서의 예산심의

한국의 제2공화국에서는 참의원(參議院)이 예산안을 접수하고 20일 이내에 의결하지 않으면 부결된 것으로 보고 민의원(民議院)의 재의에 회부하도록 하였다(제2공화국 헌법 제39조 제3항).[9] 그러나 현재는 단원제이므로 양원 간에 예산심의권의 차이와 같은 문제가 없다.

---

6 삭감권이란 행정부가 요구한 지출항목을 없애거나 요구한 예산액을 삭감하는 것을 말한다.

7 1911년의 「의회법」(Parliament Act of 1911)에 의하여 하원이 의결한 금전관계법안(money bills)을 상원(귀족원)은 부결하지 못한다(Carter, 1972: 111).

8 스위스 · 아르헨티나 · 브라질 · 체코 · 벨기에 · 이탈리아 등도 여기에 해당된다.

9 참의원은 5대 국회에서 한차례 예산안을 심의한 일이 있었는데, 민의원의 원안대로 가결하였다.

3) 의회의 운영방식별

(1) 본회의 중심에서의 예산심의

예산심의를 모든 의원이 참석한 본회의에서 하는 나라도 있다. 그것은 의회가 국민 전체의 대변자로 구성되고 공개토론장이기 때문에 모든 의원이 참석한 가운데 심의해야 민주정신에 철저한 것이 된다는 것이다.

영국에서는 모든 의원이 참여하는 전원위원회(全院委員會), 즉 사실상의 본회의에서 심의하였다. 그 명칭이 세출예산을 심의할 때는 세출위원회(committee of supply), 세입예산을 심의할 때는 세입위원회(committee of way means)라고 하였다. 여기에서 형식적으로 질문하고 비판을 하지만 실질적으로는 무수정 통과가 관례였다. 그러나 1966년 전원위원회(committee of the whole house)로서의 세출위원회와 세입위원회가 폐지되었다.

(2) 위원회 중심에서의 예산심의

위원회제도는 심의능률의 향상, 안건의 신속한 처리, 전문성과 기술성의 확보, 의회 운영의 탄력성 등을 통하여 행정의 감시와 통제의 성과를 높일 수 있다.

미국에서는 상하원 각각의 세출위원회와 예산위원회가 예산을 심의한다.

우리나라 국회에서는 각 상임위원회가 예비심사를 하고 예산결산특별위원회가 종합심사를 한다.

미국은 1974년의 「의회예산법」에 의하여 예산심의과정이 복잡해졌다. 예산위원회의 제의에 따라 양원이 예산한도액을 결정하고 이에 따라 세출위원회 분과위원회가 예산심의를 시작한다.

세출위원회 분과위원회의 심사를 거쳐 세출위원회 전체회의를 거쳐 본회의의 의결을 거치게 된다. 여기에서 통과된 세출법안 등에 포함된 세입세출, 국채의 소요 등을 재검토하여 타협법안을 처리한다(Thurber, 1976 : 200~206 ; 유훈, 2003 : 173).

미국에서는 위원회를 소입법부라고 할 만큼 위원회가 많고 또 실질적 권한을 가지고 있다. 예산심의도 위원회가 실질적으로 담당한다.

제2절 한국의 예산심의

1. 예산심의과정의 변천

1) 심의기간 등의 변천

한국의 예산심의과정은 정부수립 후 현재까지 여러 차례 변화가 있었는데, 그것은 주로 심사절차 · 심의기간 및 국정감사권에 관한 것이었다.

① 재정경제위원회의 종합심사 : 제헌국회(1948.5.31.~1950.5.30.) 당시 예산안이 국회에 제출되면 각 상임위원회에서 예비심사를 하고 재정경제위원회[10]에서 종합심사를 하였으며 본회의에서 심사를 하였다. 심사기간은 예비심사 7일간, 종합심사 14일간(국회 승인으로 5일간 연장 가능)이었으며 회계연도는 4월 1일부터 다음 해 3월 31일까지였다.

② 예산결산위원회의 신설 : 예산결산위원회가 신설(1953.1.22.)됨으로써 여기에서 예산안을 종합심사하게 되었다. 예산결산위원회가 신설된 이유는 재정경제위원회의 부담을 줄이고, 각 상임위원회의 균형을 도모한다는 명분 때문이었다. 그러나 실질적인 이유는 재정경제위원회가 자기 소관의 예비심사도 하고 종합심사도 하면 편파적이며, 정치적으로 비중이 작은 위원회는 푸대접을 받고 있다는 비판 때문이었다. 예산심사를 전문적이고도 엄격하게 하려는 것이라기보다는 어느 위원회도 다른 위원회보다 우위에 있어서는 안 된다는 것 때문이었다.

③ 회계연도의 변화 : 제3대 국회(1954.5.31.~1958.5.30.)에서 회계연도를 변경하였다. 즉 1954회계연도(15개월간)는 1954년 4월 1일부터 1955년 6월 30일까지, 1955회계연도(18개월간)는 1955년 7월 1일부터 1956년 12월 31일까지로 변경되었다. 이로써 1956회계연도가 없어지게 되었고, 1957회계연도부터 12개월로 되었다.[11]

---

10 당시 재정경제위원회에는 4개의 분과위원회가 있었는데, 그것은 제1분과위원회(예산 · 결산), 제2분과위원회(금융 · 통화), 제3분과위원회(세무 · 전매), 제4분과위원회(일반경제 · 통계)였다.

11 그 당시 회계연도를 변경한 이유에 대하여는 여당과 야당의 견해가 달랐다. 여당(자유당)의 주장은 첫째, 미국의 경제원조가 한국의 재정수입에서 큰 비중을 차지하였기 때문에 미국의 회계연도(7.1.~ 6.30.)와 일치시키기 위해서 변경해야 한다는 것이었다. 둘째, 한국도 예산심의에 수개월이 소요되자 한국의 회계연도 개시일은 미국의 원조가 확정되는 시기, 즉 7월 1일부터 수개월이 지나 개시되는 것이 바람직하다고 하여 다시 고쳤다. 이에 대하여 야당 측(민주당)은 3대 정부통령 선거 때 이기붕을 부통령에 당선시키기 위하여 공금을 부정유출하고 이를 은폐하기 위하여 고쳤다고 주장하였다.

④ **양원제** : 제2공화국의 국회는 양원제(민의원과 참의원)였다. 예산안이 민의원에 제출되면 재무부장관이 제안설명을 하고 민의원의 국정감사에 이어 각 상임위원회에서의 예비심사와 예산결산위원회의 종합심사를 거친 후, 참의원에 이송되어 다시 민의원과 같은 절차를 밟고 본회의에서 심사하였다. 참의원은 접수 후 20일 이내에 의결해야 하고, 그렇지 않으면 민의원에서 재의결하였다. 1961~63년도의 예산은 국가재건최고회의에서 심사하였다.

⑤ **예산결산특별위원회로의 명칭 변경** : 제3공화국부터 대통령의 시정연설을 국무총리가 대독(代讀)하는 관례가 생겼고, 예산결산위원회를 예산결산특별위원회로 바꾸었다. 즉 예산안이 국회에서 의결될 때까지만 존속되는 비상설기구로 전환하였다.[12]

⑥ **심사기간의 변천** : 제3공화국까지 국회의 예산심사기간은 3개월간이었으나(회계연도 개시 120일 전까지 제출) 제4공화국부터 1개월이 단축되어 2개월간(회계연도 개시 90일 전까지 제출)이었다. 제4공화국「헌법」에서 정부는 다음 회계연도 개시 90일 전까지 예산안을 국회에 제출해야 하고, 국회는 다음 회계연도 개시 30일 전까지 예산안을 심사·확정해야 한다고 규정하였다. 예산안 의결 시한을 다음 회계연도 개시 30일 전까지로 법정화한 것은 예산의 불성립을 방지함과 아울러 30일간의 여유를 둠으로써 의결된 예산의 원활한 집행에 만전을 기하려는 것이었다.

그러나 그 법정기일을 다음 회계연도 개시 전까지로 하지 않고 30일 전까지로 함으로써 30일이라는 기간을 두고 있는데, 과연 그 기간이 무슨 실리가 있으며 또 국회는 과연 그 법정기일의 엄수를 위하여 충분한 심사를 할 수 있겠는가 하는 의문이 생긴다(최요환, 1983 : 243).

그 후「국가재정법」개정(2013.5.28.)에서 회계연도 개시 120일 전까지 국회에 제출하도록 하였다.

2) 국정감사권의 변천

국정감사(國政監査)는 국회가 국정운영 전반의 실태를 파악하여 의정활동에 필요한 자료와 정보를 획득하고 국정을 비판·감시하며 국정의 잘못된 부분을 적발·시정함으로써 국정을 통제하는 중요한 장치다. 그러나 아직도 국정감사가 정부의 정책집행을 감시하고 견제하는 본연의 임무에 충실하지 못하고 있다는 비판이 제기되고 있다.

---

12 그 이유는 다음과 같았다. 첫째, 예산안의 종합심사기간이 단시일(평균 14일)이므로 위원회를 상설화할 필요가 없다. 둘째, 상임위원회로 되어 있는 경우 소속 위원이 행정부의 예산안 편성과정에서 영향을 미친다. 셋째, 모든 상임위원회를 평준화시켜야 한다.

국정감사는 다른 나라에는 없는 독특한 제도다. 「제헌헌법」 제43조에서 국회의 감사권을 인정하고 1949년부터 국정감사를 실시하였다. 그러나 헌법개정(1962년)에서 국정감사는 재판과 진행 중인 범죄의 수사와 소추에 간섭할 수 없다는 단서조항을 추가함으로써 국정감사 활동이 크게 위축되었다. 그러던 중 「유신헌법」(1972년, 제4공화국)에서 국정감사 조항이 삭제되었다. 그 후 제6공화국 때의 개정(1987년)에서 다시 부활되었다. 좀 더 구체적으로 살펴보면 다음과 같다.

제4공화국 「헌법」에서는 국정감사제도를 폐지하고 그 대신 국회의 국정조사권을 신설하여 특정한 국정사안에 관하여 개별적 조사를 할 수 있도록 하였다. 그리하여 국회는 예산심사와 결산심사를 위하여 국정조사(國政調査)를 할 수 있게 되었다. 그러나 국정조사는 국정감사와 같이 매년 예산심의과정에서 공식적인 절차로 행하는 것이 아니라 필요에 따라 행하는 것이었다.

한국은 회계검사기관이 영국이나 미국과 같이 입법부에 소속되어 있는 것이 아니라 대통령의 직속기관으로 있어 국회의 국정감사권을 완전히 폐지하는 데는 문제가 있었다. 폐지 이유는 다음과 같았다.

- 기간이 짧아 국정감사를 충분히 하기가 곤란
- 재정 및 예산에 관하여 국회의원들의 전문지식이 부족
- 국정감사 기간 중 의원의 개인적 이익추구가 많음
- 국정감사가 각 상임위원회의 예비심사에서의 정책질의와 중복

그러나 국정감사제의 폐지에 대하여 다음과 같은 비판이 많았다.

첫째, 국회가 국민의 대표기관으로서의 권한을 적절하게 수행하려면 국정에 관하여 정확하고도 충분한 지식이 있어야 한다.

둘째, 국정에 관한 자료와 정보의 수집을 위하여 필요한 조사를 할 수 있어야 한다.

셋째, 국회는 행정부를 감시 · 비판 · 감독하는 데 정치적 가치가 있는 것이다.

넷째, 회계검사기관이 대통령 직속으로 되어 있기 때문이다.

제6공화국 「헌법」에서는 다시 국정감사권을 부활시켰고, 이와 더불어 특정한 국정사안에 대해서는 조사를 별도로 할 수 있도록 하였다. 국회는 국정 전반에 관하여 소관 상임위원회별로 매년 정기회 집회일(9월 1일) 이전에 감사 시작일부터 30일 이내의 기간을 정하여 감사를 실시한다. 다만 본회의 의결로 정기회 기간 중에 감사를 실시할 수 있다(국정감사 및 조사에 관한 법률 제2조 제1항).

국회의 국정감사가 1988년에 부활되어 오늘에 이르고 있으나, 아직도 국정감시기능

을 하지 못함으로써 유명무실하다는 지적을 받고 있다. 국회의원들은 국정감사를 통하여 국정의 사전점검과 사후검증을 철저히 해야 함에도 불구하고 한건주의식으로 폭로나 정쟁의 장으로 활용하는 때가 많다.

문제점이 구체적으로 지적되거나 대책마련이 필요한 것으로 지적되는 것은 일부에 불과하고, 질타와 지적만 요란하다. 국회의원들은 매년 지적만 하고, 정부는 검토하겠다거나 연구하겠다고 답변만 하는 행태가 되풀이되고 있다. 자신이 질의하거나 질책한 것이 제대로 되고 있는지 점검하는 의원은 많지 않다. 의원의 성향과 소속 정당의 입장이나 관점이 달라서 같은 사안을 두고 서로 다른 대안을 제시하여 집행력을 떨어뜨리는 때도 있다.

우리나라의 국정감사가 본래의 역할을 다하지 못하는 것은 근본적으로 위법성감사에 치중하고 정책감사를 하지 못하기 때문이다.

국정감사 기간은 짧은데 피감기관의 수는 해마다 늘고 있어 졸속감사가 이루어질 수밖에 없다. 따라서 국정감사를 정기회에만 할 것이 아니라 연중 상시국감체계를 도입하여 국정감사 기간 행정부가 마비되는 현상과 부실국감의 폐해를 줄이도록 할 필요가 있다. 그리고 기업인의 증인채택 신중, 국정감사 사후관리체계 구축 등도 필요하다.

3) 심의과정의 변천

제4공화국까지는 '예비심사 → 종합심사 → 본회의심사'의 순으로 진행되었으나 제5공화국의 출범과 동시에 이른바 개혁입법으로 개정된 「국회법」에서 '심사 → 본회의심사'로 그 절차가 한 단계 축소된 때가 있었다. 즉 국가보위입법회의에서 1981년 1월 29일(법률 제3360호)에 「국회법」을 개정하였는데, 이 법에서 예산심사는 예산결산특별위원회의 심사를 거쳐 본회의의 회의에 부친다고 규정하였다.

이로써 상임위원회의 예비심사권은 배제되고 예산결산특별위원회만이 예산심사를 전담하게 되었다. 그 대신 예산결산특별위원회에 분과위원회를 설치하였다. 그 이유는 다음과 같았다.

첫째, 각 상임위원회의 예비심사는 소관 행정부와 유대관계가 있어 그들의 이해를 대변하기 쉽고 그 결과 증액 지향적이었다.

둘째, 예산결산특별위원회에는 각 상임위원회의 간사가 대표로 참석하기 때문에 각상임위원회의 의견이 그 대표를 통하여 반영될 수 있다.

셋째, 이원적인 예산심사는 관계 장관의 답변, 전문위원의 예비검토, 정책질의, 부별심사, 계수조정 등이 중복된다.

넷째, 상임위원회의 예비심사는 예산안의 모든 항목을 다루는 것이 아니므로 국가 전체의 이익보다는 부분이익을 옹호하게 되어 전체성(全體性)이 결여된다.

그러나 이와 같이 간소화시키면 행정부에게는 능률적이고 편리하겠지만 국회나 국민의 입장에서는 그렇지 않다. 간소화된 예산심의절차에 대한 비판의 논리는 다음과 같았다.

첫째, 여야를 막론하고 대부분의 국회의원이 예산심의과정에서 사실상 배제되어 불만이 많았다.

둘째, 예산심의의 전문성을 높이고 각계각층의 의견이 수렴되도록 충분한 심의절차를 거쳐야 한다.

셋째, 예산결산특별위원회란 필요하다고 인정될 때 본회의의 의결로 설치되는 비상설기구인데, 여기에서만 예산심의를 전담하게 한다는 것은 마치 예산을 '특별히 필요하다고 인정되는 안건'으로 보는 것이 된다.

넷째, 행정권이 강화되고 국회의 기능은 약화된 상황에서, 예산심의는 국회가 행정부를 통제할 수 있는 중요한 기회다.

이상과 같은 이유와 더불어 상임위원회가 소관 사항에 대하여 그래도 전문성이 있고, 행정부에 대한 국회의 통제권을 강화해야 한다는 야당의 정치적 공세가 계속되어 1983년 11월 12일 만장일치로 각 상임위원회의 예비심사권이 부활되었다.

1983년에 개정된 「국회법」 제77조 제1항은, 예산안과 결산은 소관 상임위원회에 회부하고 소관 상임위원회는 예비심사를 하여 그 결과를 의장에게 보고한다고 규정하였다.[13]

그리하여 예비심사는 제4공화국까지의 종래의 예비심사와 같은 절차에 의하여 진행되었으며, 상임위원회는 3년 만에 다시 예산심사권을 갖게 되었다.

13 그 당시 「국회법」 제77조 제3항은, 의장은 예산안과 결산을 소관 상임위원회에 회부할 때에는 심사기간을 정할 수 있으며, 상임위원회가 이유 없이 그 기간 내에 심사를 마치지 아니한 때에는 이를 바로 예산결산특별위원회에 회부할 수 있다고 새롭게 규정하였다. 그것이 현재의 「국회법」 제84조 제6항에도 그대로 규정되어 있다. 이것은 정해진 심사기간에 예비심사를 마치지 못하면 상임위원회의 예비심사권은 없어진다는 것을 의미한다.

2. 현재의 예산심의과정

1) 시정연설

예산안이 국회에 제출되면 먼저 본회의에 상정되고, 대통령이 시정연설(施政演說)을 한다. 시정연설에서는 국정철학과 국가발전전략이 포함된 다음 연도 예산안의 중점내용과 추진방향을 제시한다.

시정연설이 끝나면 예산안은 각 상임위원회에 회부되는데, 예비심사에 들어가기 전에 국정 전반에 걸쳐 국정감사를 실시한다. 우리나라 국회의 예산심의절차를 요약하면 다음과 같다.

- 정부의 예산안 제출(9월 3일까지)
- 정부의 시정연설
- 소관 상임위원회 예비심사 : 예산안 상정 → 제안설명 → 전문위원 검토보고 → 대체토론 → 소위원회 심사보고 → 찬반토론 → 의결
- 예산결산특별위원회 종합심사 : 예산안 상정 → 제안설명 → 전문위원검토보고 → 종합정책질의 → 부별심사 또는 분과위원회 심사 → 조정소위원회 심사보고 → 찬반토론 → 의결(11월 30일까지)
- 본회의 의결(12월 2일까지)
- 정부 이송

2) 상임위원회의 예비심사

국회의 예산안 심사는 상임위원회의 예비심사와 예산결산특별위원회의 종합심사로 이원화되어 있다.

예비심사(豫備審査)란 국회의 각 상임위원회[14]가 소관별로 심사하는 것을 말한다. 예산안은 소관 상임위원회에 회부하고, 소관 상임위원회는 예비심사를 하여 그 결과를 의장에게 보고한다(국회법 제84조 제1항).

---

14 상임위원장(임기 2년)은 통상 3선 이상의 의원이 맡는다. 관례적으로 교섭단체 대표 간의 협의에 의해 후보를 정하고 국회의장에게 추천한다. 상임위원장은 위원회 운영에 있어 강력한 권한을 가지고 있다. 현재 국회에는 16개의 상임위원회와 4개의 특별위원회(예산결산특별위원회, 윤리특별위원회, 윤리심사자문위원회, 인사청문특별위원회)가 있다. 16개의 상임위원회는 국회운영, 법제사법, 정무, 기획재정, 미래창조과학방송통신, 교육문화체육관광, 외교통일, 국방, 행정자치, 농림축산식품해양수산, 산업통상지원, 보건복지, 환경노동, 국토교통, 정보, 여성가족 위원회가 있다(국회법 제37조).

예비심사는 소관 부처의 장으로부터 예산의 제안설명을 듣고, 상임위원회 소속 전문위원의 소관 예산안에 대한 예비검토보고를 들은 다음, 국무총리와 장관을 상대로 정책질의를 한다.[15] 예비심사에서는 공청회를 열고 이해관계자나 전문가의 의견을 청취할 수도 있다. 이를 좀 더 구체적으로 살펴보면 다음과 같다.

① **제안설명** : 각 상임위원회는 예산안이 회부되면 소관부처로부터 예산안 심의에 필요한 참고자료를 위원들에게 배포하고, 위원회 운영일정에 따라 안건을 상정한다. 이어서 소관부처의 장이 예산안 개요와 사업계획 등을 설명한다.

② **전문위원의 검토보고** : 각 상임위원회의 전문위원이 예산안의 배경과 문제점 및 대안 등에 대하여 검토하고 보고한다.[16] 대체로 검토의견만을 보고하고 나머지 부분은 보고내용과 함께 회의록에 게재한다.

③ **대체토론(大體討論)** : 예산안의 내용과 정부시책 등에 대하여 위원회 위원과 소관부처의 장이 질의 · 답변하는데, 정부위원(차관 · 차장 · 실장 · 국장)이 대신 답변하는 경우가 많다.

④ **소위원회 심사** : 예산안의 구체적 · 효율적 심사를 위하여 5~7인의 소위원회를 구성하여 심사를 한다. 이 경우 소관부처별로 소위원회를 구성하지 않고 관례적으로 안건별 또는 예산과 결산을 망라한 심사소위원회를 구성한다.

⑤ **찬반토론 및 의결** : 여야 간에 의견이 다른 경우 토론 및 표결을 하게 되는데, 대부분 소위원회의 안을 채택하므로 전체위원회에서 토론하고 표결하는 예는 거의 없다.

⑥ **예비심사보고서 작성** : 예산안에 대한 상임위원회의 심사가 종료되면 전문위원 책임하에 소관부처별로 예비심사보고서를 작성한다. 이때 소수의견은 표결에 부결된 것을 기재하고 그 밖의 사항에는 부대의견을 기재하며, 위원회 합의사항은 바로 의결을 의미하므로 별도로 기재할 필요가 없다. 심사보고서는 위원장의 결재를 얻어 확정함과 동시에 의장에게 보고한다. 예비심사보고서는 120부를 인쇄하여 첨부한다.[17]

---

15 각 상임위원회는 초선의원이 많고, 소속 위원회를 자주 변경하기 때문에 전문성이 부족할 수밖에 없다.

16 전문위원은 상임위원회별로 두는데, 위원장 및 위원의 입법활동을 지원한다. 전문위원은 국회 사무총장의 제청으로 의장이 임명하며, 위원회에서 의안과 청원 등의 심사, 국정감사와 국정조사, 그 밖에 소관사항과 관련하여 검토보고 및 관계자료의 수집 · 조사 · 연구를 행한다. 전문위원은 위원회에서 발언할 수 있으나, 본회의에서는 본회의 의결 또는 의장의 허가를 받아야 한다(국회법 제42조).

17 2016년도 예산안은 2015년 9월 11일 각 소관 상임위원회에 회부되었고, 10월 19일부터 11월 9일까지 소관 상임위원회에 상정되었으며, 10월 23일부터 11월 19일까지 의결하였다. 교육문화체육관광 · 외교통일 · 농림축산식품해양수산 위원회 소관 부처의 예산안은 상임위원회 의결 없이 예산결산특별위원회에 회부되었다. 상임위원회가 이유 없이 국회의장이 정한 기간 안에 심사를 마치지 아니한 때에는 이를 바로 예산결산특별위원회에 회부할 수 있다(국회법 제84조 제6항).

상임위원회의 예비심사 결과 총 1910억원의 세입 및 수입 감액, 6조 8759억원의 세출 및 지출 증액이 있

3) 예산결산특별위원회의 종합심사

(1) 종합심사의 절차

실질적인 예산 · 결산심사는 예산결산특별위원회가 주체가 되어 진행된다. 상임위원회의 예비심사는 예산결산특별위원회의 심사에 앞선 예비적인 성격을 가지며, 예비심사 결과는 예산결산특별위원회를 구속하지 못한다. 이를 보완하기 위하여 「국회법」은 예산결산특별위원회로 하여금 상임위원회의 예비심사 내용을 존중하고, 상임위원회에서 삭감한 세출예산금액을 증가시킬 때에는 상임위원회의 동의를 받도록 하고 있다. 다만 새 비목의 설치에 대한 동의 요청이 소관 상임위원회에 회부되어 그 회부된 때부터 72시간 이내에 동의 여부가 예산결산특별위원회에 통지되지 아니한 때에는 소관 상임위원회의 동의가 있는 것으로 본다(국회법 제84조 제5항).

예산결산특별위원회는 각 상임위원회에서 예비심사된 예산안 전체를 상정하여 종합심사를 한다. 종합심사(綜合審査)는 각 상임위원회의 예비심사가 완료된 후 시작하는 것이 원칙이나 각 상임위원회에서의 심사 지연(특히 세법과 관련된 세입예산 심사의 지연) 때문에 실제로는 정기국회 전체의 일정을 고려하여 상임위원회에서 2/3 이상 완료되면 진행한다.

예산안이 예산결산특별위원회에 회부되면[18] 제안설명과 전문위원의 검토보고를 듣고 종합정책질의, 부별심사 및 찬반토론을 거쳐 표결한다. 예산결산특별위원회는 예산안, 기금운용계획안 및 결산에 대해 공청회를 개최해야 한다(국회법 제84조의 3). 예산결산특별위원회의 종합심사의 주요 절차를 좀 더 구체적으로 살펴보면 다음과 같다.

① **기획재정부장관의 제안설명** : 예산안이 예산결산특별위원회에 회부되면 기획재정부장관이 예산편성의 배경과 주요 역점사업에 대하여 제안설명을 한다.

2005년 7월 28일의 「국회법」 개정에서 기획재정부 소관에 속하는 법률안과 상당한 규모의 예산 또는 기금상의 조치를 수반하는 법률안을 심사하는 소관위원회는 미리 예산결산특별위원회의 협의를 거치도록 하였다. 소관위원회의 위원장은 그러한 법률안을 심사함에 있어 20일의 범위에서 협의기간(예산결산특별위원장의 요청이 있으면 연장 가능)을 정하여 예산결산특별위원회에 협의를 요청해야 하고, 예산결산특별위원장의 요청이 있는 때에는 연석회의를 열어야 한다(국회법 제83조의 2).

었다. 상임위원회의 예비심사는 증액지향적임을 알 수 있다.

18 의장은 예산안에 각 상임위원회의 보고서를 첨부하여 이를 예산결산특별위원회 회의에 부치고 그 심사가 끝난 후 본회의 회의에 부친다(국회법 제84조 제2항).

② **전문위원의 검토보고** : 예산결산특별위원회 소속 전문위원이 예산안에 대한 검토보고를 한다. 전문위원은 일반직 국가공무원인 입법심의관 및 입법조사관의 보좌를 받으면서 심사의 범위, 논의의 초점과 방향을 제시함으로써 예산안의 심의에 많은 영향을 준다.[19]

③ **종합정책질의** : 예산결산특별위원회 위원들로부터 종합정책질의가 진행되고, 이에 국무총리를 비롯하여 관계 장관이 답변한다. 종합정책질의를 함에 있어 위원장은 간사와 협의하여 각 교섭단체별 대표질의 또는 교섭단체별 질의시간 할당 등의 방법으로 그 기간을 정한다(국회법 제84조 제3항). 이때 정부의 시책방향 등 국정 전반에 관하여 본회의의 대정부질문과 유사하게 운용되고 있다.[20]

④ **부별심사(部別審査)** : 해당 부처의 예산안에 대하여 질의하고 응답하는 방법으로 진행된다. 분과위원회는 제11대 국회에서 상임위원회의 예비심사가 없어지면서 설치된 것인데, 예비심사가 부활된 후에도 한동안 그대로 존립하였다. 그러다가 제13대 국회부터는 상임위원회의 예비심사와 중복된다고 하여 분과위원회를 구성하지 않고 부별심사만을 하고 있다.

⑤ **소위원회의 구성과 계수조정** : 부별심사가 끝나면 계수조정을 위하여 소위원회가 구성된다.[21] 계수조정은 부별심사에서 위원들의 지적사항과 관계 장관의 답변을 토대로

---

19 과거에는 전문위원이 전문성을 토대로 중립적이고 객관적으로 검토하여 보고하는 것이 아니라 여권 내지 행정부 편향적이라고 야당 측 위원으로부터 비난받는 경우가 많았다.

20 질의행태를 보면 ㉠ 현실과 거리가 먼 이상적인 질의, ㉡ 현실에 입각하여 그 개선책을 요구하는 질의, ㉢ 잘 모르는 사항을 알고자 하는 질의, ㉣ 행정부의 입장을 의도적으로 옹호하려는 질의(여당 측), ㉤ 행정부를 의도적으로 비판하려는 질의(야당 측) 등 다양하다. 우리나라 국회의 질의행태를 보면 과격한 발언이 많은 편이다. 상대방의 발언에 대하여 비난을 하다가 정회(停會)되기도 하고 상대방에게 공식적 사과를 강요하기도 한다. 그러다가 심의를 제대로 하지도 못하고 한 측이 퇴장한 가운데 또는 속전속결로 예산안을 통과시키기도 하였다. 미국 의회에서는 의원들이 서로 예의를 지키는 것이 하나의 불문율(不文律)로 되어 있다. 즉 ㉠ 동료의원을 절대로 비방하지 않고, ㉡ 동료의원에게 고함을 치거나 화를 내지 않으며, ㉢ 감정적으로 완력이나 주먹다짐을 하지 않고, ㉣ 의견이 달라도 극한투쟁을 하지 않는다.

질의내용을 보면 질의가 전문지식을 토대로 하기보다는 즉흥적이고 타인의 질의내용이나 전문위원의 검토 보고 등에 의존하는 경향이 많았다. 이러한 현상은 예산안의 내용보다는 질의 그 자체에 큰 의의를 두기 때문인 것으로 보여진다. 그러다 보니 중복질의도 많았다.

답변성향을 보면 ㉠ 여건이 형성되면 개선하도록 노력하겠다는 답변, ㉡ 동문서답식인 답변, ㉢ 현실성이 없어 실행이 곤란하다는 답변, ㉣ 조금도 개선할 여지가 없다는 고집형의 답변, ㉤ 잘 모르는 것을 가르쳐 주는 식의 답변 등 다양하다.

21 소위원회 위원의 선임은 예산결산특별위원회 위원장이 지명하거나 각 교섭단체별로 그 소속위원 중에서 호선(互選)한다. 때로는 소위원회 위원 선임을 간사에게 위임하기도 한다. 소위원장의 선임은 소위원회에서 호선하거나 예산결산특별위원회에서 선임한다. 예산결산특별위원회와 소위원회의 관계에 관한 규정이 없기 때문에 전적으로 예산결산특별위원회의 의사에 따라 결정된다(국회사무처, 1981: 86).

하여 예산결산특별위원회에서 위임한 사항에 한하여 이루어진다.

계수조정(計數調整)이란 부별심사에서 세입세출예산안이 부처별로 나누어져 심사된 예산액을 다시 통합하고 세입과 세출을 일치시키는 작업을 말한다. 과거에는 예산안계수조정소위원회라고 하였으나 제11대 국회 이후에는 예산안조정소위원회라고 개칭하였다.

소위원회제도는 위원회제도를 보완하여 예산안을 보다 전문적이고 능률적으로 심사하려는 데 그 목적이 있다. 소위원회의 심사절차는 대체로 예산결산특별위원회 전체회의에 준하며, 문제가 있는 사업 중심으로 운영되나 비공개로 진행하는데, 회의록을 작성하지 않는 것이 관례로 되어 있다. 「국회법」의 개정(2000년)에 따라 공개하도록 하고 있지만, 소위원회의 결의로 공개하지 않을 수 있다.

소위원회의 운영은 비교적 형식에 구애됨이 없이 간담회 형식으로 이루어진다. 대체로 계수조정은 철야로 진행되면서 하루 이틀에 끝난다.[22]

예산결산특별위원장이 소위원회 위원장이고, 각 교섭단체 간사는 필수위원이 된다. 주요 심사내용은 각 상임위원회가 보고한 예비심사 종합결과를 검토하는 것이다. 특히 감액부분은 대부분 반영되는 경향이 있다. 각 교섭단체 안을 검토한 후 조정을 한다.

계수조정이 끝나면 예산결산특별위원회 전체회의에서 소위원회 위원장이 심사경과와 결과를 보고를 보고한다. 그 보고서에는 합의사항을 나열하고 합의되지 못한 사항은 소수의견(少數意見)으로 표시하는데, 의정활동 표시로 자주 이용되고 있다.

⑥ **찬반토론** : 소위원회 위원장으로부터 심사보고를 청취한 후 예산안 전반에 대하여 찬반토론을 한다. 소위원회 안에 대하여 여야 간에 의견이 다른 경우 예산결산특별위원회 전체회의에서 토론을 한다.

토론(교섭단체별로 1명씩)에서는 의견을 말하는 데 그치지 않고 어떠한 이유에서 찬성하거나 반대한다는 것을 밝힐 수도 있다(국회사무처, 1981: 90).

토론의 목적은 찬반의 의사가 미정인 위원을 자기편에 가담시키고, 찬반을 정한 의원에게는 그것을 바꿔 자기편의 의견에 찬성하게 하며, 나아가서는 국민에게 찬반 어느 쪽이 정당한지를 판단하는 자료를 제공하려는 데 있다.

---

22 제11대 국회에서는 상임위원회의 예비심사가 없었기 때문에 계수조정기간이 4~7일간이었다.

소위원회라는 용어가 처음 명문화된 것은 1960년 「국회법」 제52조(위원회는 소위원회를 둘 수 있다)였다. 상설소위원회의 설치근거는 제13대 국회(1991.5.31.)에서, 위원회는 특정 안건의 심사를 위한 소위원회를 둘 수 있고, 상임위원회의 소관사항을 분담심사하기 위한 상설소위원회를 3개까지 둘 수 있게 하였다. 제15대 국회(2000.2.16.)에서는 상임위원회별로 3개의 상설소위원회를 두도록 의무화하였고, 제17대 국회(2005.7.28.)에서는 상설소위원회의 설치가 임의규정으로 바뀌었다.

그러나 한국의 국회에서는 미리 정당별로 찬반을 결정해 놓고 있기 때문에 토론 자체가 표결의 결과를 좌우하지 않는다. 다만 국민에게 알려서 비판을 받게 하는 효과가 있을 수 있다.

⑦ **증액 동의 요구** : 예산결산특별위원회는 표결하기 전에 정부를 대표한 기획재정부 장관으로부터 증액 및 비목신설에 대한 동의를 받는다. 국회의 예산심사에 있어서 정부의 동의 없이 정부가 제출한 세출예산 각 항의 금액을 증액하거나 새로운 비목을 설치할 수 없도록「헌법」(제57조)에 규정해 놓고 있기 때문에, 증액이나 비목신설을 하려면 정부의 동의를 얻어야 한다.

⑧ **의결** : 찬반토론에 이어 표결에 들어가는데, 제10대 국회까지는 소위원회의 안에 대하여 이의 없이 만장일치로 통과시켰다. 그러나 제11대 국회부터는 여야별로 양분되기는 하였으나 표결이 있었는데, 대부분 소위원회안이 그대로 채택되었다.

소위원회의 안을 자세히 검토하지도 않고(즉 수정내용과는 관계없이) 소속당의 지시와 통제에 따라 일사분란하게 찬성이나 반대를 하는 것이 일반적이었다. 여야별로 '무조건 찬성' 아니면 '무조건 반대', '여당이 찬성하면 야당은 무조건 반대'하는 식이었다.[23]

⑨ **종합심사보고서 작성** : 예산결산특별위원회의 심사가 종료되면 전문위원 책임하에 안건별로 심사보고서를 작성하여 위원장의 결재를 얻어 확정하고, 이를 국회의장에게 보고한다. 이때 예산안 수정안을 별도로 작성하여 첨부하는데, 심사보고서는 국회사무처 의안과에 500부를 제출한다.[24]

(2) 예산결산특별위원회의 구성

국회의 위원회는 상임위원회와 특별위원회로 나눌 수 있다(국회법 제35조). 특별위원회는 여러 개의 상임위원회 소관과 관련되거나 특히 필요하다고 인정한 안건을 효율적으로 심사하기 위하여 본회의의 의결로 둘 수 있는데, 특별위원회를 구성할 때에는 그 활동기한을 정해야 하고(본회의의 의결로 기간연장 가능), 활동기한의 종료 시까지 존속한다(국회법 제44조). 예산결산특별위원회는 예산안, 결산, 기금운용계획안 및 기금결산을 심의한다.

23 미국의 경우에는 호혜율(互惠律)이 중요한 요인으로 작용한다. 동료의 입법안에 대하여 찬성투표를 해 주면 나중에 자기의 입법안에 대해서도 찬성해 줄 것이라는 기대이다. 의안을 상호 협조로 통과시킨다고 하여 log-rolling이라고 한다.

24 예산결산특별위원회는 2016년도 예산안 및 기금운용계획안에 대한 공청회(2015.10.26.), 심사(10.28.), 종합정책질의(10.28.~10.30.), 부별심사(11.2.~11.9.), 조정소위원회 심사(11.16.~11.20.) 등을 거쳤으나 종합심사를 완료하지 못하였다.

예산결산특별위원회 위원장은 1인으로 하되, 위원회에서 호선(互選)하고 본회의에 보고하도록 하고 있다. 그러나 매번 위원장 자리를 놓고 여야 간에 힘겨루기를 하는 때가 많다.[25]

위원(임기 1년)은 교섭단체 소속의 위원수 비율과 상임위원회 위원수의 비율에 의하여 50인 이내에서 교섭단체 대표의원의 요청으로 의장이 선임하나, 어느 교섭단체에도 속하지 않는 의원의 위원선임은 의장이 행한다.

예산결산특별위원회는 대체로 각 상임위원회 소속의 정당별 간사가 예산결산특별위원회 위원이 되고 다른 위원들은 수시로 교체된다.

2004년 17대 국회가 개원되면서 예산결산특별위원회를 독립된 상임위원회로 하는 문제를 놓고 여야가 대립한 일이 있었다. 제2당이 된 한나라당은 예산결산특별위원회를 상임위원회로 전환해야 그 위원들이 1년 내내 예산과 결산을 다루게 되고 모든 정부부처가 예산결산위원회와 협상을 벌이는 과정에서 야당의 견제력이 강화된다고 주장하였다.

여당(열린우리당)은 행정부를 지나치게 견제하는 것을 막는 보완장치가 필요하다는 논리로 대응하였다. 여야 대표회담에서 예산결산특별위원회를 상임위원회로 만든다는 데 합의하였고, 2005년부터 상설특별위원회로 운영되고 있다.

(3) 예산심의의 한계

국회는 정부가 제출한 예산 각 항의 금액을 증액하거나 새 비목을 설치할 수 없다(헌법 제57조). 이것은 영국에서 비롯된 의회의 예산심의권의 자제(自制)인 것이다. 물론 정부의 동의를 얻으면 증액하거나 새 비목의 설치가 가능하다.

상임위원회는 증액 수정하는 경향이 많다. 예산결산특별위원회는 종합심사과정에서 정부의 예산안을 삭감하나 삭감비율이 3%를 넘는 일은 거의 없다.[26]

지금까지 국회가 가장 많이 삭감했던 때는 8·3조치[27]를 단행하였던 1972년도 예산(삭감률 3.3%)이었다. 그리고 1975년도에는 행정부의 요구액보다 오히려 2.6%나 증액하였

25 1998년부터는 여야가 윤번제로 위원장을 맡기로 약속하기도 하였다. 그러나 야당(한나라당)의 주장에 의하면 지난 4년간 약속을 이행하지 않고 여당(민주당)이 위원장을 맡고 있다고 하면서, 원내 과반수를 확보하고 있는 한나라당이 위원장을 맡아야 국회가 제대로 운영될 수 있다는 것이다. 2003년 임시국회에서는 예결위원장은 민주당이, 예산안조정소위원회의 위원장은 한나라당이 맡기로 양당 총무가 합의하기도 하였다.

26 미국과 같이 정부의 예산안이 입법부에서 비교적 많은 수정을 하는 국가에서도 5% 이상 수정되는 일은 예외에 속하며, 영국에서는 1921년 이래 정부의 예산안이 입법부에서 수정된 일이 없다(유훈, 2003: 174).

27 8·3 조치란 1972년 8월 3일의 긴급경제조치를 말한다. 기업의 재무구조 개선을 도모하고 안정성장기반을 마련하기 위하여 사채조정, 금리인하, 은행차입금의 일부 대환, 제2금융권의 신설 등을 그 주요 내용으로 하였다. 이로써 국내 여신(與信)과 통화량을 급격히 증대시켰다.

는데, 이것은 제1차 석유파동으로 인한 경기침체를 극복하기 위한 것이었다.

1976년 이후에는 예산심의과정에서 예산요구액의 0.5% 내외를 삭감하고 있어, 행정부가 편성한 예산은 99% 이상 확정적인 것이 되고 있다. 2004년도 예산의 경우 최근에 들어와 특이하게 당시 여소야대 국회였음에도 불구하고 0.7% 증액 수정하였다.[28]

국회가 예산안을 수정하는 데는 일정한 제약이 있다. 즉 정부가 제출한 지출예산 각 항의 금액을 증가하거나 새 비목을 설치할 수 없도록 한 것은 무분별한 예산증액의 폐단을 막기 위함이지만, 국회의 예산심의권을 제약하고 재정민주주의를 저해하는 측면이 있다. 영국은 우리나라와 같이 삭감만 가능하지만, 미국과 프랑스는 의회에서 자유롭게 증액 및 삭감을 할 수 있다.

그리고 정보위원회의 예산안 및 결산심사에서는 그 내용의 기밀성을 고려하여 정보위원회의 심사를 예산결산특별위원회의 심사로 보고 있다(국회법 제84조 제4항). 정보위원회의 예산안 및 결산심사 결과는 부처별 총액으로 하여 의장에게 보고하고, 의장은 정보위원회에서 심사한 예산안과 결산에 대하여 총액으로 예산결산특별위원회에 통보한다. 예산결산특별위원회는 의장으로부터 심사결과에 대한 통보가 있어도 이를 가감하거나 변경하는 등의 수정을 할 수 없다. 이것은 「예산회계에 관한 특례법」 제2조에 따라 국가의 안전보장을 위한 활동에 소요되는 예비비의 사용과 결산은 「국가재정법」의 규정에도 불구하고 총액으로 하도록 규정하고 있는 것과 비슷한 취지다.

4) 본회의의 의결

국회의장은 예산결산특별위원회로부터 종합심사보고서가 제출되면 이를 본회의에 상정한다. 이때 예산부수법안의 처리일정과 예산안 법정처리시한(12월 2일)을 고려해야 하고, 수정안이 제출될 경우에는 예산안과 함께 상정한다.

본회의에서는 예산결산특별위원회 위원장이 안건의 개요와 심사의 경과 및 결과를 보고하고 질의와 토론을 하는데, 생략할 수도 있다.

그리고 정부가 제출한 세출예산 각 항의 금액을 증액하거나 새 비목을 설치하는 때에는 정부의 동의를 얻어야 한다. 수정안이 제출된 때에는 수정안에 대하여 먼저 의결한다.

---

28 국회에서 심의 · 확정된 2016년도 예산 및 기금운용계획의 총수입은 391.2조원(정부안 391.5조원)이었고, 총지출(예산+기금)은 386.7조원(정부안 386.7조원)이었다. 2016년도 확정된 총수입은 2015년도 추경예산 대비 3.6% 증가, 총지출은 0.5% 증가하였다.

그러나 본회의에서의 심사와 의결은 형식적인 절차가 되고 있다. 본회의에서 예산결산특별위원회의 안이 수정되는 때는 극히 드물고, 대부분 그대로 의결되고 있다. 본회의의 심사가 형식적 절차로 관례화된 것은 대부분의 국가에서 공통적인 현상이다.

본회의의 심사기간은 길어야 4일이며 당일에 의결되는 때도 많았다(이종익, 1981: 231). 한국의 예산은 법률의 형식을 취하지 않기 때문에 예산안이 본회의에서 의결되면 예산으로 확정된다.

국회는 회계연도 개시 30일 전(12월 2일)까지 예산안을 의결해야 하는데(헌법 제54조 제2항), 대부분 그 시한을 넘기고 있다.

예산안의 의결이 늦어지면 나라살림의 집행에 차질이 생기는 것은 물론이고, 국고보조금이나 지방교부세를 고려하여 예산안을 편성하는 지방자치단체 등도 어려움을 겪게 된다. 광역자치단체의 예산확정기한은 회계연도 개시 15일 전(12월 17일), 기초자치단체의 예산확정기한은 회계연도 개시 10일 전(12월 22일)이기 때문이다(지방자치법 제118조).

국회는 예산안을 심의 · 의결하면서 관례적으로 부대의견(附帶意見)을 채택하고 있고, 그 수가 증가하고 있다. 부대의견은 국회가 예산안을 의결하고 덧붙여 제시하는 의견을 말한다. 우리나라는 예산법률주의를 채택하고 있지 않으므로 국회가 특정 예산사업의 집행과 관련된 의지를 표명하는 별도의 수단으로 활용되고 있다.

부대의견의 유형은 행정부에 일정한 사항을 권고하는 권고형, 행정부에 직접적인 사항을 요청하는 요청형, 행정부의 예산집행 조건을 제시하는 조건제시형이 있다.

부대의견은 법률에 명시적 근거가 없고, 예산의 일부를 구성하지 않기 때문에 법적 구속력은 없다. 그러나 부대의견은 예산결산특별위원회의 수정안에 첨부되어 본회의에서 심의 · 의결된다는 점을 고려할 때, 부대의견의 구속력을 부인하는 것은 예산의 심의 · 확정권을 국회에 부여하고 있는 헌법 취지에 반하는 측면이 있다. 특히 부대의견의 내용이 예산의 집행시기, 집행조건 등을 정한 때에는 예산의 효력에 준하는 구속력을 인정하는 것이 헌법의 취지에 부합된다고 볼 수 있다.[29]

29 2016년도 예산안 및 기금운용계획안에 대한 상임위원회의 예비심사에서 채택된 부대의견은 총 397건이었다. 한편 국회가 2016년도 예산 및 기금운용계획을 확정하면서 첨부한 부대의견은 총 47건(제도개선 32건, 집행조건 설정 12건, 집행유보 3건)이었다. 부대의견의 한 예를 들면, "교육부는 국립대학 재정지원 시 총장직선제 여부를 유일한 기준으로 삼지 않고, 다양하고 합리적인 기준을 마련하도록 한다."는 것이다.

5) 예산의 공고

국회에서 의결되어 확정된 예산은 정부에 이송되어 대통령이 공고한다. 예산의 공고는 예산전문을 붙여 대통령이 서명(署名)하고 국무총리와 관계 국무위원이 부서(副署)하여 관보(官報)에 게재하면 된다.

그림 7-1 국회의 예산안 심의절차

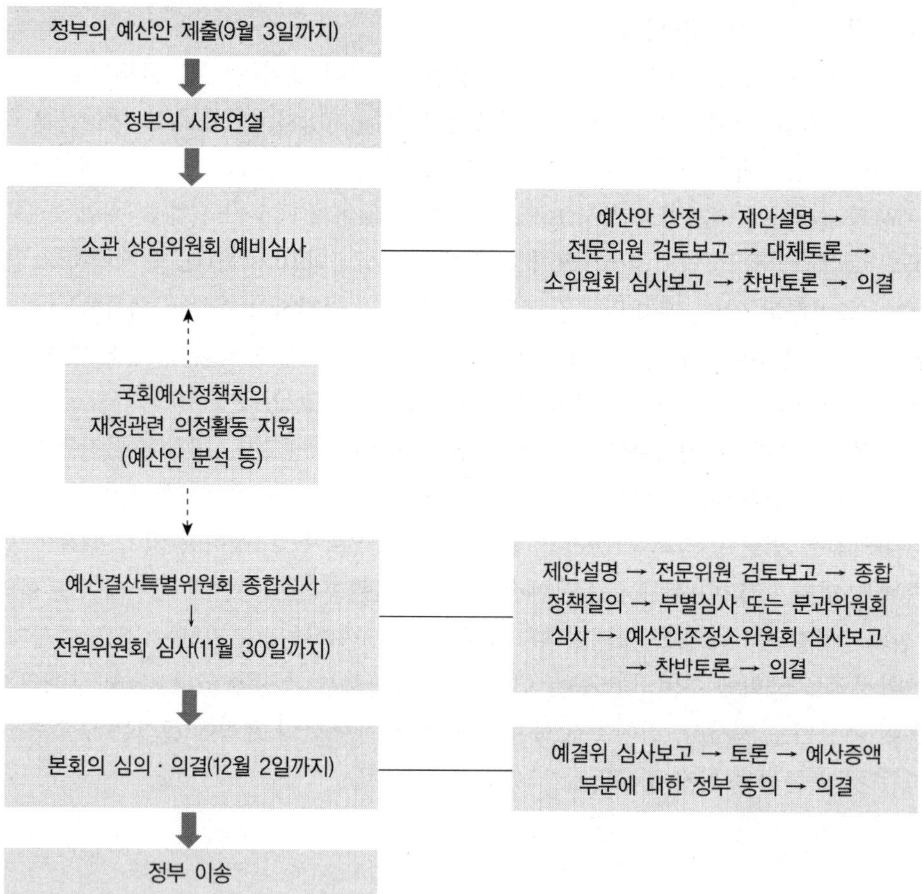

3. 예산심의과정의 행태

1) 행정부의 행태

(1) 각 부처

행정부는 국회에서 크게 삭감되는 것을 방지하기 위하여 예산안의 편성과정에서부터 신중하게 검토하여 제출한다. 행정부의 각 부처와 기획재정부의 예산실은 국회에 대하여 같은 입장에서 공동보조를 취하지만, 그 기대와 행태에는 다소 차이가 있다.

각 부처는 예산안이 국회에 제출되기 전에 당정협의를 통하여 여당과 예산안을 조정하는데, 이때부터 각 부처는 여당 측 국회의원들의 지지를 얻기 위하여 노력한다.

국회의 예산안 심사과정에서 각 부처는 자기 부처의 예산액이 삭감되지 않기를 바라고, 또 가능하면 증액되기를 기대한다. 각 부처는 소관 상임위원회와 일종의 연대의식을 가지고 있으므로 어느 정도 협조적이고 우호적이다. 따라서 자기 부처의 예산요구액 중에서 예산실에서 삭감된 부분을 상임위원회에서 부활시키려고도 한다.

다른 한편으로는 각 부처는 행정부의 예산안이 대통령의 이름으로 국회에 제출된 것이기 때문에 이의를 제기하지 않고 예산실과 보조를 맞추어야 하는 입장이기도 하다. 따라서 부처의 상임위원회 활동은 자제하는 측면도 있다. 그것은 국회의 수정폭이 언제나 미미할 뿐만 아니라 상임위원회에서 증액된 것은 예산결산특별위원회의 종합심사에서 오히려 더 많이 삭감될 가능성도 있기 때문이다.

각 부처는 예산결산특별위원회에 대해서는 관심은 많으나 특별한 활동을 할 만한 기회가 없다. 다만 상임위원회 위원 중에서 예산결산특별위원회 위원을 겸하고 있는 의원에게 의존하는 것과 예산결산특별위원회의 요구에 따라 성실하게 자료를 제출하고 답변하는 것을 할 수 있을 뿐이다.

(2) 예산실

예산실은 각 상임위원회의 예비심사과정에는 관심이 적은 편이다. 그러나 예산결산특별위원회의 종합심사에서는 기획재정부장관, 예산실장, 사정관 등은 예산결산특별위원회 전체회의, 부별심사, 소위원회의 계수조정에 이르기까지 질의에 대하여 답변을 하고 협조와 보조를 한다. 또 어려운 정책질의를 통하여 행정부의 입장을 곤란하게 하는 일이 없기를 바란다.

2) 정당의 행태

(1) 여당

국회는 국민의 대표기관이므로 예산안 심사권은 국민의 부담을 줄이고 예산을 효율적으로 사용할 수 있도록 행사되어야 한다. 행정부의 예산확보제일주의가 팽배한 국가일수록 의회의 예산안 심사는 신중하면서도 국고권(power of the purse)을 지킨다는 자세로 임해야 한다.

그러나 우리나라 국회에서는 정당이 예산안 심사과정에서도 당리당략(黨利黨略)에 따라 행동하는 것을 쉽게 볼 수 있다. 각 정당의 원내총무는 소속의원들을 독려하여 의견일치와 행동통일을 도모한다.

여야별로 총무회담을 통하여 미리 논의의 한계(몇 % 삭감)를 정해 놓고, 위원회가 총무회담의 결정에 따라 주기를 바라는 때도 있다.

여당은 행정부가 제출한 예산안을 법정기한(FY 개시 30일 전)에 통과시키려고 한다. 예산안이 크게 수정되면 그것이 정권을 유지하는 데 도전을 받는 것이라고 인식하는 것 같다. 그래서 예산안 심사과정에서 질의도 최소한으로 하고 지엽적인 것을 질의한다.

(2) 야당

야당은 예산안 심사가 1년에 한 번밖에 없는 행정부 비판의 좋은 기회라고 생각한다. 행정부가 제출한 예산안이 정권연장에 도움이 된다고 보고 그것을 크게 수정하려고 하며, 낭비적이라거나 국민의 부담을 줄인다고 하면서 삭감에 주력한다.

야당은 정책질의를 통하여 예산안에 구애받지 않고 공격적 질의를 한다. 질의는 공개적이고 예산안 심사는 여당과 야당이 각각 긴장된 분위기 속에서 하는 것이므로 개인적 발언이라 할지라도 소속당의 입장을 강력하게 대변할 수 있는 것이다.

비공개의 막후 교섭과정에서 의원은 당의 방침을 떠나 개인의 이해관계에 의하여 행동할 가능성도 있다. 특히 지역구를 위한 예산획득 활동에서 그러한 가능성이 가장 많이 나타난다.

야당은 예산결산특별위원회의 구성 자체부터 방해하여 명단제출을 지연시키거나 예산과 직접 관련이 없는 정치적인 문제를 쟁점화하기도 한다. 그러면서도 야당은 지금까지 예산안 심사를 전면 거부한 일이 없었는데, 그것은 행정부의 정통성을 인정하였다는 것을 의미한다. 다만 법정기한에 통과되지 못하게 함으로써 정책집행에 차질을 초래하게 하면서 예산안 심사를 정치적 협상의 대상으로 삼으려고 한다(조석준, 1980: 420).

3) 위원회의 행태

(1) 상임위원회

상임위원회의 예비심사는 예산결산특별위원회의 심사에 앞서 예비적인 심사의 성격을 가지며, 예산결산특별위원회를 구속하지 못한다. 이를 보완하기 위해 「국회법」은 예산결산특별위원회로 하여금 상임위원회의 예비심사내용을 존중하고, 상임위원회에서 삭감한 세출예산금액을 증가시킬 때에는 상임위원회의 동의를 받도록 하고 있다.[30]

예산안의 예비심사과정에 있어서 상임위원회는 양면성을 지니고 있다. 위원회는 본래 행정부로부터 가장 독립적일 수도 있고, 동시에 행정부에 종속적일 수도 있다. 독립적인 것은 위원회가 전문적 · 기능적으로 분화되어 있어 행정부의 정책을 감독하기 쉽기 때문이고, 종속적인 것은 위원회가 정보 수집을 행정부에 의존하기 때문이다.

상임위원회 의원들은 소속정당의 입장을 제외하면 대체로 소관부처의 입장을 옹호한다. 즉 상임위원회는 세입을 별로 고려하지 않고 증액 수정하는 경향이 있기 때문에 결국 소관부처의 이익을 대변하는 역할을 한다고 볼 수 있다.[31]

한편 세입예산을 심사하는 때에는 많이 삭감하려는 경향이 있다. 그것은 국민의 부담을 줄여야 한다는 국회의원들의 역할의식 때문이라고 보여진다.

결국 상임위원회는 그 역할 수행에 있어서 업무상의 분업에 불과하며, 과정은 능률적이지만 결과는 그렇지 못하다고 할 수 있다. 상임위원회의 예산안 심사는 증액 지향적(增額 指向的)이라고 할 수 있다.[32]

---

30 예산결산특별위원회는 소관 상임위원회의 예비심사 내용을 존중해야 하며, 소관 상임위원회에서 삭감한 세출예산 항목의 금액을 증가하게 하거나 새 비목을 설치할 때에는 소관 상임위원회의 동의를 얻어야 한다. 다만 새 비목의 설치에 대한 동의요청이 소관 상임위원회에 회부되어 그 회부된 때부터 72시간 이내에 동의 여부가 예산결산특별위원회에 통지되지 아니한 때에는 소관 상임위원회의 동의가 있는 것으로 본다(국회법 제84조 제5항).

31 질의할 때도 간접적 또는 우회적으로 하고, 소관부처 예산 중 증액시켜 주어야 할 부분은 없느냐고 동정적으로 묻기도 하면서 위원 자신의 지역구 사업을 슬그머니 끼워 넣기도 한다. 때로는 내부적으로 증액을 약속해 놓고 겉으로만 신랄하게 질문을 하는 때도 있다. 어떤 상임위원회는 나중에 예산결산특별위원회에서 삭감될 줄 알면서도 지방사업이나 특정 기관 또는 특정 항목을 증액시켜 주기도 하였다. 왜냐하면 선거구 주민에 대하여 또는 소관부처에 대하여 최선을 다한 것처럼 하고 책임은 예산결산특별위원회에 전가시킬 수 있기 때문이다.

32 최근에는 '쪽지예산', '밀실예산', '카톡예산'이라는 말로 언론의 비판을 받기도 했다. 이것은 예산안 심의과정에서 국회의원들이 지역구 요구사항을 적은 쪽지를 전달하는 형식으로 막판에 반영된 예산을 말한다.

미국에서는 의원들이 자기 지역구 관련 예산항목에는 아예 '이어마크(earmark)'라는 꼬리표를 붙여 명시하지만 쪽지예산은 내지 않는다. 세금낭비 감시단체인 CAGW(정부의 낭비에 반대하는 시민들, 예산낭비 사례를 파악하는 전문가단체로 1984년에 설립)가 매년 *pig book*이라는 책을 만들어 의회의 선심성 · 낭비성 사업과 예산 나눠먹기 등을 고발하기 때문이다. 이권이나 선심성 예산에 매달리는 의원들을 마치 농장주인

(2) 예산결산특별위원회

예산결산특별위원회의 종합심사에서는 각 상임위원회의 수정안을 토대로 하여 진행되는데, 각 상임위원회가 삭감한 것은 그 범위에서 인정하지만 증액시킨 것은 원칙적으로 인정하지 않는다. 따라서 예산결산특별위원회의 종합심사는 삭감 지향적(削減 指向的)이다.[33]

삭감하고자 할 때는 일반적으로 ㉠ 부처의 당초 요구액, ㉡ 전 회계연도의 해당 부처의 본예산액, ㉢ 전 회계연도의 해당 부처의 최종예산액, ㉣ 전년도 본예산과 최종예산에 대한 금년도 요구액의 증가분, ㉤ 해당 상임위원회에서 증액시킨 액수 등을 고려한다.

그러나 예산안조정소위원회는 각 당의 당략이 크게 작용하고 무책임한 주장도 빈번하며 심지어 특정 기업이나 자신의 지역구 사업을 노골적으로 지원하기도 한다. 예산결산특별위원회 전체회의에서 삭감 논의되었던 부분들이 소위원회에서 되살아나기도 한다.

예산결산특별위원회는 상임위원회와는 달리 세입과 세출을 균형시켜야 한다. 그래서 세출 못지않게 세입의 범위에 대해서도 신경을 쓰게 되며, 여야 간의 세입에 관한 합의에 대하여 관심을 갖지 않을 수 없다.

결국 예산결산특별위원회는 세입과 세출 양쪽을 모두 삭감하고, 동시에 그 액수도 균형을 이루게 해야 하는 책임을 지고 있는 것이다.

4) 전문성의 결여

정부예산은 일반회계, 특별회계, 기금 등으로 나누어져 있는데, 사실상 국회에서 본격적인 심사대상이 되는 것은 사업비다. 그 사업비는 국가 전체예산의 일부분에 불과하고, 그것도 이미 심사가 끝난 계속사업비를 제외하고 보면 결국 심사대상이 되는 것은 신규사업비에 불과하다.

그나마 한국의 국회는, 예산안 심사를 담당하는 위원회나 소속위원의 예산심사에 대한 전문성이 매우 낮은 편이다.[34] 우선 예산결산특별위원회의 구성원은 안정성이 극히

이 돼지고기통(pork barrel)에 넣어 절인 고기 한 조각을 던져줄 때 노예들이 몰려드는 것에 빗댄 말이다.

33 대체로 예산결산특별위원회에서는 상임위에서의 증액분을 삭감할 뿐만 아니라 행정부가 요구한 것 이하로 삭감한다. 그것은 행정부도 국회에서의 삭감을 예상하고 다소 부풀렸다고 보기 때문이고, 국회도 그 역할에 비추어 행정부의 요구를 모두 승인할 수 없다고 보기 때문이다.

34 미국의 경우 세입위원회와 세출위원회가 상임위원회이며, 그 구성원들은 의원직을 상실하지 않는 한 계속 같은 위원회에 소속하고 있는 것을 자랑스럽게 생각하고 있어 소관업무에 대한 전문성이 대단히 높다. 한국과 같이 초선의원인 무경험자들이 예산결산특별위원회에 많이 배정되어 예산심의의 전문성을 저하시키

낮다. 예산결산특별위원회의 소속위원들도 국회의원 재선율이 낮기 때문에 예산안 심사를 위한 지식과 경험을 쌓을 기회가 적다(유훈, 2003: 236~237).

예산결산특별위원회(50인)는 희망하는 의원이 많아 1년 단위로 재구성되고 있다. 당선의 횟수, 출신지역 등을 고려하여 안배(按配)하는 때가 많다. 상임위원회와 예산결산특별위원회를 겸직하고 있는 것도 전문성 확보를 저해하는 요인이다.

우리나라에서는 국회예산정책처(2003년)와 국회입법조사처(2007년)가 신설되어 위원회와 의원들의 예산결산 심의활동을 지원할 수 있게 되었다. 전문성 결여에 대한 보완수단으로, 그리고 국회의 연중 예산심의 방안의 하나로 사전예산제(pre-budget)의 도입을 검토해 볼 필요가 있다.[35]

사전예산제는 재정적자가 심각한 뉴질랜드에서 처음 시행(1993년)되었는데, 정부가 예산안을 확정하기 전에 그 내용을 담은 예산정책 관련 보고서(경제 · 재정 전망, 예산규모, 재정운용기본원칙 등)를 의회에 제출하여 미리 협의한 후 예산안을 제출하게 하는 것이다. 사전예산제의 목적은 다음과 같다.

- 경제 및 재정 정책 전반에 대한 공개적인 논의를 활성화
- 의회에서 공개적으로 논의함으로써 정부는 경제 및 재정 정책의 목표달성을 위한 사회적 합의 도출
- 전반적 재정전략에 대한 논의와 개별사업에 대한 구체적인 예산배정 논의를 분리
- 예산안 편성과정에서 재정목표 조정에 대한 사전근거 확보

5) 심사기간 관련

국회의 예산안 심사가 '졸속심사'라는 비판을 받고 있는 것은 예산안심사시스템 자체에 문제가 있기 때문이기도 하다. 예산안 심사기간이 너무 짧다.

그리고 16개 상임위원회(예비심사)가 소관부처의 '이익옹호자' 역할을 하여 증액시켜

는 일은 없다.

영국과 미국의 의회는 그 산하에 회계검사기관을 두고 있어 회계검사과정에서 얻은 예산에 관한 자료와 정보를 얻을 수 있으나, 한국의 국회에는 그러한 장치가 없어서 예산심의의 전문성을 제고하기가 더 어렵다고 보여진다.

35 사전예산제를 시행하고 있는 나라의 보고서 형태, 법적 근거, 주요 내용은 다음과 같다. ㉠ 뉴질랜드 : 예산정책서(Budget Policy Statement), 재정책임법(Fiscal Responsibility Act), 향후 3년간 재정운용방침과 재정의 장기목표, 재정원칙과 재정목표 간의 일치 여부, ㉡ 스웨덴 : 춘계재정정책법(Spring Fiscal Policy Bill), 예산법(Budget Law), 현재와 향후 3년 경제상황 평가, 경제정책과 재정정책 방안, 향후 3년간 여러 분야의 재정지출규모, ㉢ 영국 : 사전예산보고서(Pre-Budget Report), 재정안정화준칙(The Code for Fiscal Stability), 재정정책 변화를 위한 제안, 경제 · 재정 전망, 재정현황과 실적 등.

주고, 이를 다시 종합심사과정에서 삭감하는 이원화된 시스템도 문제다. 상임위원회와 예산결산특별위원회의 심사과정이 차별성을 갖지 못하고, 비슷한 질의와 답변을 되풀이하는 것도 시간낭비의 요인이다.

정기국회 기간 중에는 위원회 또는 본회의에 상정하는 법률안은 다음 연도의 예산안 처리에 부수하는 법률안에 한한다(국회법 제93조의 2 제2항). 물론 긴급하고 불가피한 사유가 있으면 그러하지 않는다는 단서를 두고 있지만 원칙적으로 예산안 처리에 부수하는 법률안만을 상정하도록 하고 있다. 이는 법률안들이 정기국회에 집중적으로 제출되면 심도 있는 심사가 어렵고, 또 예산안 심의마저 소홀해지는 문제를 개선하기 위하여 2003년에 법제화한 것이다. 정기국회에서는 예산안과 예산부수 법률안을 주로 처리하고, 그 밖의 법률안은 가급적 임시국회에서 처리하도록 하기 위한 것이다. 즉 법률안의 연중 분산심사를 유도하고 정기국회에서는 예산안 심의에 주력하도록 하려는 것이다.

그러나 국회가 예산안 처리기한(FY 개시 30일 전)을 지킨 것은 세 번(1997, 2002, 2014년)뿐이다. 그것도 대통령선거가 있던 해로 여야가 대통령선거 일정 때문에 서둘러 처리한 것이다.

이러한 행태가 반복되는 것은 예산안을 심사하는 정기국회 동안에는 국정감사와 결산심사가 겹쳐 있기 때문이기도 하다. 헌법에 예산안 처리기한을 명시한 이유는, 행정부로 하여금 예산배정계획을 수립하고, 분기별 예산배정 후 사업 공고와 계약 체결, 자금배정 등의 절차를 밟아야 하기 때문이다. 그리고 지방자치단체도 국고보조금과 지방교부세 등이 확정되어야 예산을 편성할 수 있기 때문이기도 하다.

2015회계연도 예산안은 12년 만에 법정시한인 2014년 12월 2일에 통과되었다. 그것은 이른바 국회선진화법으로 불리는 개정 국회법 덕분이다. 즉 위원회가 11월 30일까지 예산안 심사를 마치지 못할 경우 12월 1일 정부 예산안과 예산부수법안 원안이 국회 본회의에 자동부의된다는 규정(국회법 제85조의 3)이 처음 효력을 본 셈이다.

2016회계연도 예산안은 자동부의제도에도 불구하고 법정시한을 넘긴 2015년 12월 3일 새벽 0시 48분에 통과되었다. 여야가 쟁점법안을 빌미로 장기 대치하면 그러한 제도적 장치(법률)도 유명무실해질 수 있음을 보여준 셈이다.[36]

세입예산안 부수법안 지정제도는 예산안 등 본회의 자동부의제도의 대상이 되는 '세입예산안 부수 법률안'을 결정하는 절차다. 2012년 「국회법」 개정으로 2014년 5월 30일부터 시행되었다.

36 예산안 등의 자동부의제도는 위원회가 예산안 등(예산안, 기금운용계획안, 임대형 민자사업 한도액안)과 세입예산안 부수 법률안의 심사를 11월 30일까지 마치지 못한 경우 그 다음 날에 위원회의 심사를 마치고

국회의장은 국회예산정책처의 의견을 들어 세입예산안 부수법안을 지정하고, 해당 위원회는 지정된 법률안의 심사를 11월 30일까지 마쳐야 한다.

의원과 정부는 법률안을 발의 · 제출할 때 세입예산안 부수 법률안에 해당하는지 여부를 직접 표시(법률안 표제부 참고사항에 표시)해야 한다. 국회의장은 이러한 법률안을 국회예산정책처에 송부하여 의견을 요청한다. 국회예산정책처는 다음 연도 예산안과의 관련성 및 예상 세수효과 등을 분석하여 각 법률안이 세입예산안에 부수되는지 여부를 검토하고, 국회의장은 국회예산정책처의 의견을 참고하여 세입예산안 부수법안을 지정하고 각 위원회에 통보한다.[37]

제3절 미국과 영국의 예산심의

1. 미국의 예산심의

1) 세입위원회와 세출위원회

미국 의회는 전문적인 예산심의를 위하여 1796년 하원에 세입위원회(Committee on Ways and Means)를, 1816년에는 상원에 재정위원회(Finance Committee)를 설치하였다. 그 당시 세입위원회는 세입과 세출에 관한 법안 심의를 모두 담당하고 있었는데 이러한

바로 본회의에 부의된 것으로 보는 것이다. 헌법상 예산안 심사 기한인 12월 2일을 넘겨 처리되던 관행을 개선하기 위하여 2012년에 신설한 「국회법」 제85조의 3을 근거로 하고 있다. 물론 의장이 각 교섭단체대표의원과 합의한 경우에 자동부의제도의 예외를 인정하여 본회의에 자동부의하지 않을 수 있다. 이 제도는 2014년 5월 30일부터 시행되어 2015년도 예산안 심사부터 적용되었다.

37 세입예산안 부수법안의 지정기준은 ㉠ 해당 법률안의 제·개정으로 다음 연도 세입예산안에 증감이 발생하고 그 증감액이 정부가 제출한 예산안에 이미 반영된 경우, ㉡ 국세수입 관련 세법의 제·개정안, ㉢ 세법이 아닌 법률의 제·개정안이 국세수입에 영향을 미치고 예산안에 반영되어 있는 경우 등이다.

2014년에는 세입예산안 부수법안으로 표시된 법률안 60건과 미표시 법률안 2건에 대한 국회예산정책처의 의견제시(부수법률안 해당 58건으로 판단)가 있었고, 상임위원장 의견청취 등을 거쳐 총 31건의 법률안을 세입예산안 부수법률안으로 지정하였다.

2015년에는 세입예산안 부수법안으로 표시된 법률안 16건에 대한 국회예산정책처의 의견제시(부수법률안 해당 15건)와 상임위원장 의견 청취 등을 거쳐 총 15건의 법률안이 세입예산안 부수법률안으로 지정되었다(국회예산정책처, 대한민국 재정 2016, p.108).

권한을 분산시키기 위하여 1865년 하원에 세출위원회(Committee on Appropriation)를 설치하고 세출에 관한 권한을 세입위원회로부터 물려받았다. 1867년에는 상원에도 세출위원회(Committee on Appropriation)를 설치하여 재정위원회가 가지고 있던 세출에 관한 권한을 분산시켰다(Ippolito, 1981: 41).

그 후 세출위원회가 세출예산법안을 전담하여 심의하는 것에 대해 다른 상임위원회들이 비판하자 1885년에 세출위원회의 권한을 상원과 하원 모두 다른 상임위원회에도 분산시켰다.

2) 예산위원회

1974년 「의회예산 및 지출거부통제법」(일명 의회예산법)이 제정되면서 그에 따라 상하양원에 각각 예산위원회(Budget Committee)를 설치하였고, 현재 예산심의과정에서 중요한 역할을 하고 있다.

예산위원회는 매년 예산한도결의안(concurrent resolution)을 본회의에 제출하는데, 이렇게 함으로써 관련법률을 제정하는 해당 상임위원회의 지침이 되고 의회의 예산정책입안에 도움을 준다. 또 법률안이 예산에 미치는 영향을 분석하고 의회예산처(CBO)의 운영을 감독한다.

3) 수권위원회

대부분의 상임위원회는 수권위원회(authorizing committee)에 해당된다. 법률에 의한 수권(授權) 없이는 예산안을 의결할 수 없다. 수권위원회의 수권이 이루어지면 그 한도액을 초과하지 않는 범위에서 예산안을 의결할 수 있다.

미국 의회의 예산심의는 세출수권법(Authorization Act)과 세출예산법(Appropriation Act)의 심의로 이원화되어 있다. 세출수권법(歲出授權法)은 사업계획의 설립근거를 입법화하는 것을 말하는데, 이 법은 성 · 청의 프로그램의 설립목적과 그에 소요되는 금액의 상한선을 규정한다. 수권위원회가 세출수권법을 제정해야 세출위원회가 세출예산법을 제정할 수 있다.

세출예산법(歲出豫算法)은 세출수권법이 정한 프로그램의 범위에서 예산을 지출할 수 있는 권한을 부여하는 법이다.

미국 의회는 예산적자와 대통령의 예산지출 거부(Impoundment)를 통제하기 위하여 「의회예산 및 지출거부통제법」을 제정(1974년)하였으나 예산적자가 계속 늘어나자 「총괄적 예산조정법」(The Omnibus Budget Reconciliation Act)을 제정(1990년)하였다. 이 법은 의회의 정상적인 심의절차인 세출수권법안(Authorization Bill)과 세출예산법안(Appropriation Bill)을 제정하기 전에 예산위원회에서 총괄적 예산법안(Omnibus Bill)을 의결하여, 세입예산의 하한액과 세출예산의 상한액을 총액으로 미리 정하여 적자를 목표치 내에서 통제하려는 것이었다. 그래서 미국 의회에서의 예산심의는 Omnibus Bill → Authorization Bill → Appropriation Bill의 순서를 거치게 되었다.

4) 의회예산처

의회예산처(Congressional Budget Office)는 예산안을 객관적이고 중립적인 입장에서 분석하여 의회의 예산심의과정과 입법활동을 지원하는 보조기관이다. 1974년「의회예산 및 지출거부통제법」의 제정에 따라 설립되었다.

CBO는 경제 · 재정 · 예산에 관한 향후 10년간의 보고서를 매년 작성하여 예산위원회에 제출하는데, 이것이 예산을 심의할 때 내부적인 기준이 된다. 그리고 의회에 제출된 예산안의 세입 · 세출 · 재정수지 등에 관하여 자체적으로 다시 추계하고, 예산안의 경제적 효과를 분석한다.

의회예산처장은 정치적 배경과 관계없이 양원 예산위원회의 추천을 거쳐 하원의장과 상원임시의장에 의해 임명되고 임기는 4년이며 중임할 수 있다.

5) 예산심의 관련 법률

(1) 예산회계법

1921년에 제정된「예산회계법」(The Budget and Accounting Act)은 제1차 대전에 참전한 후 전쟁비용의 급격한 증가로 연방정부의 적자가 대폭 증가하자 미국 의회가 예산과정을 합리적으로 제한하기 위하여 제정하였다.

이 법의 제정으로 대통령은 국가의 통합된 예산안을 편성하여 의회에 제출하는 권한을 처음으로 부여받았고, 의회에 회계검사원(General Accounting Office : GAO)을 설치하게 되었다. 의회도 여러 상임위원회에 분산시켰던 세출에 관한 권한을 다시 세출위원회에 되돌려 주었다.

(2) 의회예산 및 지출거부통제법

1974년에 제정된「의회예산 및 지출거부통제법」(The Legislative Budget and Impoundment

Control Act)은 예산심의제도의 개혁이라는 점에서 획기적이라고 할 수 있다. 의회예산법이라고도 하는 이 법의 주요 내용은 다음과 같다.

- 새로운 예산기구로서 의회에 의회예산처(CBO)를 설치
- 회계연도 시작을 7월에서 10월로 변경하고 예산심의 시작일도 앞당김
- 상하 양원에 각각 예산위원회를 설치
- 대통령의 지출거부를 강력히 통제[38]

6) 예산심의과정

미국의 예산심의과정은 크게 예산결의안(Budget Resolution)의 작성 · 제출, 세출예산법의 의결, 예산조정의 단계로 나눌 수 있다. 미국의 회계연도는 10월에 시작되기 때문에 의회가 예산을 심사할 수 있는 기간은 예산이 의회에 제출된 2월부터 9월까지다.

(1) 예산결의안의 작성 및 의결

대통령은 경제전망이나 지출규모 등을 포함한 대통령예산교서(President's Budget)를 의회에 제출하는데, 이것이 의회의 예산심의의 출발점이 되지만 의회는 그에 구속되지 않는다.

예산위원회는 청문회를 개시하여 재무성장관, 관리예산처장 등 정부관계자를 포함하여 의원, 외부전문가, 이익단체의 대표 등으로부터 의견을 청취한다.

한편 모든 상임위원회는 예산액을 추계하여 예산위원회에 제출하고, 예산위원회는 의회예산처의 보고서와 정부의 예산안 등을 토대로 예산결의안을 작성한다. 이때 CBO의 역할이 크다. 예산결의안의 핵심은 예산한도액인데 이것은 다시 해당 상임위원회별로 할당되고, 세출위원회는 그 할당된 목표액을 분과위원회별로 세분한다.

예산결의안은 양원이 별도로 작성한 후 합하여 하나의 문서로 심의하는데, 이때 양원

---

38 대통령이 지출을 거부하려면 의회의 별도 승인을 받도록 하였고, 만일 승인을 받지 못하면 지출거부를 하지 못하도록 하였다. 1998년 미국 대법원이 「항목별 거부권법」(Line Item Veto Act)에 대하여 위헌결정을 내림으로써 대통령의 지출거부는 더욱 제한되었다.

미국의 입법부와 행정부 간에는 오랫동안 대통령의 지출거부에 관한 논쟁이 있었다. 지출거부에는 의회가 결정한 지출항목을 행정부가 연기하는 것과 집행 자체를 취소하는 것이 있다. 작은 정부를 주창하면서 빈번하게 지출거부를 하던 닉슨대통령(공화당)과 큰 정부를 주창했던 민주당 지배하의 의회 간에는 지출거부권에 대한 논쟁이 많았다. 그러다가 「의회예산 및 지출거부통제법=의회예산법」에 의해 대통령이 지출거부를 하려면 의회에 별도의 승인을 받도록 하였다. 「항목별 거부권법」은 의회를 통과한 예산안 중 일부항목에 대해서는 거부할 수 있도록 하는 권한을 대통령에게 주었던 것인데, 그동안 공화당은 옹호, 민주당은 반대 입장을 유지해 왔었다.

협의위원회(Conference Committee)에서 차이점을 해소한다.

(2) 세출예산법의 의결

예산결의안이 의결되면 의회는 그 범위에서 세출예산법을 의결한다. 세출위원회는 세출예산법안을 각 분과위원회별로 청문회를 거쳐 하원 전체회의에 회부하고 하원에서 심의가 끝나면 상원으로 이송한다. 상원 세출위원회도 각 분과위원회별로 청문회 절차를 거쳐 상원 본회의에 제출한다.

하원의 의결과 상원의 의결이 차이는 양원협의위원회에서 타협하고 조정한다.

(3) 예산조정

예산조정은 기존의 법률에 기초한 수입 · 지출을 예산결의안과 일치시키기 위해 필요하다. 본회의를 통과한 세출예산법의 금액이 예산한도를 초과할 때 조정이 이루어진다.

예산조정은 주로 의무적 지출을 삭감하고 수입을 증가시키는 데 이용되며, 대부분의 위원회에 대하여 프로그램의 삭감을 강제하여 재정감축을 강요하는 것으로 이루어진다.

표 7-1 미국 의회의 예산심의 일정

- 2월 첫째 월요일 : 대통령이 예산안을 의회에 제출
- 2월 15일 : CBO가 예산위원회에 경제 및 예산 전망에 대한 보고서 제출
- 대통령의 예산 제출 6주 후 : 각 상임위원회가 예산위원회에 정부예산 관련 입장과 추정치에 대한 보고서 제출
- 4월 1일 : 상원 예산위원회가 예산결의안을 보고
- 4월 15일 : 의회가 예산결의안을 의결
- 6월 10일 : 하원 세출위원회가 마지막 일반 세출법안을 보고
- 6월 30일 : 하원이 일반 세출법안과 조정법안을 의결
- 7월 15일 : 예산안에 대한 대통령의 중간검토서를 의회에 제출
- 10월 1일 : 회계연도 시작

자료 : Bill Heniff Jr., Megan Suzanne Lynch and Jessica Tollestrup, "Introduction to the Federal Budget Process," *CRS Report* (2012), p.12.

2. 영국의 예산심의

과거에는 세입예산안과 세출예산안을 분리하여 편성하고 의회에 제출하다가 예산개혁에 따라 1993년부터는 세입과 세출 예산안을 통합하여 12월 1일까지 의회에 제출한다.

영국 의회는 사전적인 통제보다는 예산지출의 효과성 분석 등 사후적인 통제에 중점을 두고 있다. 예산심사과정은 네 단계로 구분된다. 즉 정부의 예산 요청→하원의 승인→상원의 동의→감사원의 사후평가 등으로 이루어진다.

재무성은 매년 11월에 다음 연도의 경제운영 방향 및 세입보고를 내용으로 하는 사전예산보고(Pre-Budget Report)를 했는데, 2011~2012회계연도부터는 이것을 재무성의 가을성명서와 예산책임청(Office for Budget Responsibility)의 경제 및 재정 전망으로 대체하고 있다.

의회의 예산심사는 정부가 3월 초 세입예산 위주의 예산서를 의회에 요청하면서 시작된다. 예산요청은 3월(또는 4월)에 재무성장관의 예산연설과 함께 이루어진다. 예산연설은 국가의 재정상황과 세입정책에 대한 설명을 하는 것이다.

그 다음 4일 동안 예산안 토론이 이어지고, 토론 마지막 날 예산결의안(Budget Resolution)이 채택된다. 예산결의안이 법적 효력을 갖도록 하기 위해서 재정법안(Finance Bill)이 제출되는데, 이것이 재정법(Finance Act)으로 제정될 때까지는 예산결의안의 내용이 효력을 갖는다. 상원은 예산안을 변경하거나 거부할 권한이 없기 때문에 형식적인 동의와 국왕의 승인을 얻으면 예산법이 확정된다.

하원 재정위원회는 청문회를 개최하여 외부전문가, 각 부처 예산편성공무원, 재무성장관 등의 의견을 차례로 청취하여 심의한 후 그 결과를 담은 보고서(사전예산심의보고서)를 정부로 이송한다.

예산안을 포함하여 모든 금전법안(Money Bills)의 발안권은 행정부(국왕)에 있으므로, 행정부가 요구하지 않는 세입법안이나 세출법안은 의회가 심의하지 않는다.

예산안이 정기회에 제출되면 본회의는 국방비와 민정비로 나누어 잠정예산(Votes on Account)을 심의하고 난 후 본예산의 심의를 시작한다.

예산의 지출권을 부여하는 것은 세출위원회가 입안하는 세출예산법안(Appropriation Bill)이고, 통합기금에서 충당할 자금을 인출할 권한을 부여하는 것은 세입위원회가 입안하는 통합기금법안(Consolidated Fund Bill)이다. 이러한 법안이 하원을 통과하면 상원에 이송된다. 상원은 30일간의 심의기간을 보유하고 있으나 실제로는 그대로 통과되어 공포되면 「세출예산법」(Appropriation Act)으로 확정된다.

세출위원회의 기능은 예산특별위원회(Select Committee on Finances)가 계승하였다가 이것은 다시 세출특별위원회(Select Committee on Expenditure)로 개편되었고, 세입위원회의 기능은 새로운 세입위원회가 계승하였다.

세출예산법안은 내각이 요구한 원안대로 의결되거나 부결되고, 수정되는 일은 없다.

심의과정에서 의회가 예산을 증액하거나 감액하려면 행정부의 동의를 얻어야 한다(Carter, 1972: 111).

영국 의회의 예산심사는 세입예산을 중심으로 볼 때 3월부터 7월까지 4개월 정도 걸린다(정진영, 「이슈와 논점」, 제585호, 2013.1.8.).

표 7-2 영국 의회의 예산심의 일정

- 11월 : 정부가 다음 연도 경제운영 방향 및 세입계획을 의회에 보고
- 12월 : 하원 재정위원회가 사전예산심사보고서를 정부로 이송
- 3월 초 : 정부가 의회에 예산 요청(재무장관의 예산연설, 예산결의안 채택)
- 3월 중 : 하원 재정위원회가 재정 및 예산 보고서 심의, 재정법안 심사를 위해 특별위원회 구성(30~40명)
- 4월 : 회계연도 시작
- 5월 : 본 세출예산서(Main Supply Estimate) 제출
- 7월 초 : 부처별 예산안에 대한 위원회 심사
- 7월 중 : 하원 본회의에서 재정법안 의결

자료 : House of Commons Information Office, *Financial Procedure*(2010).

제8장 예산의 집행

제1절 예산집행의 의의와 통제

1. 예산집행의 의의

예산집행(budget execution)은 확정된 예산에 따라 해당 회계연도 동안 수입을 조달하고 공공경비를 지출하는 활동을 의미한다. 예산집행은 단순히 정해진 금액을 수입하고 지출하는 것만이 아니라 수입의 조정, 예산 및 자금의 배정, 지출원인행위의 실행, 국채의 발행, 일시차입, 세출예산의 이용 · 전용 · 이체, 계약의 체결 등을 모두 포함하는 활동이다.

기획재정부장관은 예산집행의 효율성을 높이기 위하여 매년 예산집행지침을 작성하여 매년 1월 말까지 각 중앙관서의 장에게 통보해야 한다(국가재정법 제44조, 국가재정법 시행령 제18조 제1항). 예산집행지침은 예산집행의 기본원칙과 기준설정을 위해 작성되는 것으로, 각 부처 예산집행 공무원들이 준수해야 하는 표준규범이다. 예산집행지침은 보통 일반지침과 사업유형 · 비목별 지침으로 구성된다.[1]

예산집행의 목표는 입법부의 의도와 재정 한계를 엄수하는 것이고, 동시에 예산 성립 후의 여건 변화에 적응하기 위하여 일정범위에서 신축성을 유지하는 것이다. 대부분의 국가들은 입법부의 의도를 구현하기 위해 예산집행을 통제할 수 있는 장치를 마련하고 있고, 동시에 예산집행에 있어서 신축성을 유지하기 위한 장치도 마련하고 있다. 예산집

1 예산집행지침에 포함되어야 하는 사항은 ㉠ 경비유형 및 비목별 예산집행에 관한 사항, ㉡ 전용 및 이용권 위임범위에 관한 사항, ㉢ 그 밖에 기획재정부장관이 필요하다고 인정하는 사항 등이다(국가재정법 시행령 제18조 제2항). 2016년 예산집행지침은 적극적 · 선제적 재정집행, 효율적 지출을 위한 제도 개선, 투명하고 책임 있는 예산집행에 중점을 두고 작성되었다.

행은 예산배정으로부터 시작된다.

예산배정은 확정된 예산을 계획대로 집행할 수 있도록 예산집행기관에 허용하는 일종의 승인이다. 기획재정부장관은 분기별 예산배정계획을 작성하여 국무회의 심의와 대통령 승인 후에 각 중앙관서의 장에게 예산을 배정하고, 배정된 예산은 하급기관으로 내려가면서 재배정된다. 이러한 예산배정은 국가의 예산을 회계체계에 따라 질서 있게 집행되도록 하기 위한 내부통제의 기능을 가지고 있다. 예산의 배정시기를 조정함으로써 경기부양이나 경제안정화 시책을 추진한다.

배정된 예산은 「국고금관리법」에 따라 기획재정부장관이 작성하여 통지한 월별 세부자금계획의 범위에서 그 정한 목적과 용도에 따라 일정한 절차에 의해 집행된다. 각 부서에서 예산집행요구를 하면 재무관이 계약 체결 등 지출원인행위를 한 후 관계서류를 지출관에게 송부하고, 지출관은 채권자 또는 국고금의 지급사무를 수탁하여 처리하는 자의 계좌로 이체하여 지급한다.

2. 예산집행의 통제

1) 내부통제

(1) 예산집행심의회

각 중앙관서의 장은 재정관리, 재원사용의 적정 여부, 집행과정에서 보고된 자료의 신빙성 등을 분석 · 평가하기 위하여 소속 공무원으로 하여금 필요한 사항에 관하여 내부통제를 하게 한다(국가재정법 제98조).

기획재정부장관은 예산 및 기금운용계획의 집행 또는 결산의 적정을 기하기 위하여 소속 공무원으로 하여금 확인 · 점검하게 하여야 하며, 필요한 때에는 각 중앙관서의 장에게 관련 제도의 개선을 요구하거나 국무회의 심의를 거친 후 대통령의 승인을 얻어 예산 및 기금운용계획의 집행과 결산에 관한 지시를 할 수 있다(국가재정법 제99조).

각 중앙관서의 장은 내부통제의 적정을 기하기 위하여 소속 관계공무원 및 예산회계에 관한 학식과 경험이 풍부한 자로 구성되는 예산집행심의회(豫算執行審議會)를 설치 · 운영하여야 하는데, 그에 관한 필요한 사항은 기획재정부장관이 정한다(국가재정법 시행령 제49조).

(2) 예산의 배정

예산배정(apportionment)은 성립된 예산을 집행부서에서 사용할 수 있도록 자금을 사용하는 권리 및 자금을 배정하는 것을 말한다.[2] 즉 예산이 성립되면 정부(기획재정부)가 각 중앙관서의 장에 대해 각각 집행해야 할 세입세출예산, 국고채무부담행위 등에 대해 배분하는 것을 말한다.

예산배정(豫算配定)은 한 회계연도 동안 예산집행의 균형을 유지하기 위한 것이다. 즉 연도 초에 예산을 과다 사용하여 연도 말에 예산부족을 초래하는 일이 없도록 하고, 세입이 예정액보다 적게 들어오는 경우에 세출을 삭감할 수 있도록 하기 위한 것이다.

기획재정부장관은 재정의 효율적인 집행관리를 위하여 분기별 예산배정계획에도 불구하고 다음의 경우 예산배정을 유보하거나 각 중앙관서의 장에 대하여 이미 배정된 예산에 대한 집행의 유보를 요청할 수 있다(기획예산처, 세출예산집행지침, 2005.1.).

- 예산편성 때 전제조건이 이행되지 않을 경우
- 기획재정부장관과 사전 협의 없이 총사업비를 증액한 경우
- 지방비 분담 또는 민간 분담의 내용이 예산상 또는 그 밖에 객관적인 방법으로 입증되지 못할 경우
- 공기업 및 산하기관 경영혁신의 이행실적 및 경영실적평가 결과가 저조한 경우
- 수시배정 대상사업으로 기획재정부장관이 사전에 지정한 사업
- 세입징수실적이 당초 세입예산과 현저한 차이가 발생하여 집행관리가 필요하다고 인정되는 경우
- 그 밖에 집행점검 등을 통해 효율적으로 추진되지 않는 것으로 판단되는 경우

그리고 기획재정부장관은 재정의 효율적인 운영과 통합재정수지의 적정한 관리를 위하여 분기별 예산배정계획을 조정할 수 있다. 각 중앙관서의 장은 분기별 예산배정계획에도 불구하고 당겨배정이 필요한 때 자율적으로 예산배정계획을 변경하여 집행할 수 있으나, 이 경우 그 현황을 즉시 기획재정부장관과 감사원에 통보해야 한다.[3]

---

2 예산배정은 지출원인행위를 할 수 있는 권한을 부여하는 행위를 말하고, 자금배정은 국고계좌에 실제 자금을 입금시켜 주는 행위를 말한다. 예산배정계획과 자금배정계획이 10%p 정도 차이가 나기도 하는데, 그것은 예산집행계획이 실제로 국고에서 자금이 나가는 기준이지만 자금이 나가기 위한 전제조건인 계약 등 지출원인행위의 기준도 되기 때문이다.

3 당겨배정은 예산의 집행과정에서 계획이나 여건의 변화에 따라 당초의 정기배정계획보다 지출원인행위를 앞당겨야 할 필요가 있을 경우 각 중앙관서의 장의 요구에 의하여 기획재정부장관이 앞당겨 배정하는 것을 말한다.

예산의 배정절차는 나라마다 다르나, 크게 세 가지 유형으로 구분할 수 있다.

첫째, 예산성립(회계연도 개시)과 동시에 각 부처에 예산을 집행할 수 있는 권리를 이양하는 유형이다. 인도 · 스리랑카 · 방글라데시 등에서 적용하고 있다.

둘째, 예산성립과 동시에 예산집행권이 재무성으로부터 이양되는 것이 원칙이지만 그 내용에 따라 약간의 제한을 두는 유형이다. 즉 자금을 그 성질에 따라 달리 배정한다.

셋째, 가장 보편적인 유형으로, 정기적으로 특정한 기간(매월 또는 분기별) 해당분에 대하여 예산집행권과 자금을 배정하는 유형이다. 집행부서가 특정한 기간분의 예산집행 및 자금수요를 예측하여 신청하면 중앙예산기관이 검토하여 예산과 자금을 정기 또는 수시로 배정한다.

첫 번째와 두 번째 유형은 집행부서에서 예산집행의 시기 및 자금예측을 필요로 하지 않고 이론상으로는 분권화의 이점이 있으나, 실제에 있어서는 중앙예산기관과 갈등을 일으킨다. 세 번째 유형은 중앙의 더 많은 통제로 인하여 집행부서의 활동을 방해할 수 있다는 단점이 있다.

우리나라의 예산배정절차는 다음과 같다.

첫째, 각 중앙관서의 장은 예산이 확정된 후 사업운영계획 및 이에 따른 세입세출예산, 계속비와 국고채무부담행위를 포함한 예산배정요구서를 기획재정부장관에게 제출해야 한다(국가재정법 제42조). 사업운영계획과 예산배정요구서는 분기별로 구분하여 작성해야 한다(국가재정법 시행령 제15조).

둘째, 기획재정부장관은 예산배정요구서에 따라 분기별 예산배정계획을 작성하여 국무회의의 심의를 거친 후 대통령의 승인을 얻어야 한다. 기획재정부장관은 각 중앙관서의 장에게 예산을 배정한 때에는 감사원에 통지해야 한다(국가재정법 제43조).

예산배정계획에 따라 배정하는 것이 원칙이며, 이를 정기배정이라 한다. 이 외에도 수시배정 · 긴급배정 · 조기배정 · 감액배정 등의 유형이 있다.

수시배정(隨時配定)은 예산편성 때 사업계획이 미확정되었거나 사업시행의 점검이 필요한 경우 분기별 정기배정에 관계없이 수시로 중앙관서의 장의 배정요구를 받아 해당사업의 추진상황이나 문제점 등을 분석 · 검토한 후 예산을 배정하는 것을 말한다.

긴급배정(緊急配定)은 각 중앙관서의 장의 요구에 의하여 기획재정부장관이 회계연도 개시 전에 예산을 배정하는 것을 말한다.

조기배정(早期配定)은 경제정책상 사업을 미리 집행하고자 하는 경우 연간 정기배정계획 자체를 1/4분기 또는 2/4분기에 집중 배정하는 것을 말한다.

감액배정(減額配定)은 배정된 예산을 계획의 변동이나 차질 등에 의하여 감액하는 것을 말한다. 이미 지출원인행위를 통하여 집행된 예산에 대하여는 사실상 감액배정이 어렵고 배정된 잔액에 대해서만 할 수 있다.

배정유보(配定留保)는 분기별 정기배정계획이 확정되었으나 경제정책이나 재정운용상의 필요에 의하여 그 사업에 대한 예산배정을 유보하는 것을 말한다. 기획재정부장관은 재정운용 여건의 변화에 따라 이를 검토하여 유보를 해제하고 다시 배정할 수 있다.

예산의 재배정(allotment)은 각 중앙관서의 장이 승인된 예산 또는 법령의 규정에 따라 특정된 금액을 집행하기 위하여 그 산하기관의 종사자에게 지출원인행위 등을 할 수 있도록 할당하는 것을 말한다. 재배정제도는 각 중앙관서의 장이 그 산하기관의 예산집행 상황을 감독 · 통제하고 예산의 한계를 준수하게 하려는 데 있다.

각 중앙관서의 장은 재무관으로 하여금 지출원인행위를 하게 할 때에는 배정된 세출예산의 범위 안에서 재무관별로 세출예산재배정계획서를 작성하고 이에 따라 세출예산을 재배정해야 한다.

세출예산을 재배정한 때에는 이를 지출관과 기획재정부장관에게 통지해야 한다. 각 중앙관서의 장은 필요하다고 인정할 때에는 세출예산재배정계획서를 변경할 수 있고, 상급관서의 재무관으로 하여금 재배정받은 세출예산의 범위 안에서 그 하급관서의 재무관에게 이를 재배정하게 할 수 있다(국가재정법 시행령 제17조).

2) 외부통제

(1) 계속비

계속비제도는 이미 착수한 사업이 중도에 중단되어 예산을 낭비하는 일이 없도록 하기 위한 것(즉 신축적인 예산집행 수단)이지만, 국회의 의결을 얻어야 한다는 측면에서 예산집행의 외부통제 수단이기도 하다.

정부는 한 회계연도를 넘어 계속하여 지출할 필요가 있을 때에는 연한을 정하여 계속비로서 국회의 의결을 얻어야 한다(헌법 제55조). 국가가 계속비로 지출할 수 있는 연한은 그 회계연도부터 5년 이내로 하되, 다만 사업규모 및 국가재원 여건상 필요한 경우에는 예외적으로 10년 이내로 할 수 있다. 그리고 기획재정부장관은 필요하다고 인정하는 때에는 국회의 의결을 거쳐 10년의 지출연한을 연장할 수 있다(국가재정법 제23조).

기획재정부장관은 대규모 개발사업(총사업비가 500억원 이상, 건축사업은 200억원 이상인 사업)이라도 그 예산안을 계속비로 편성하지 아니할 수 있다.[4]

4 대규모 개발사업의 예산안을 계속비로 편성하지 아니할 수 있는 때는 ㉠ 재정여건상 계속비로 편성하면 지

계속비제도와 장기계속계약제도는 다르다. 계속비제도는 단년도 예산이 갖는 문제점을 보완하여 다년도에 걸쳐 시행되는 사업이 안정적으로 추진될 수 있도록 국회가 다년도에 걸친 예산을 미리 의결해 주는 예산에 관한 제도다.

장기계속계약제도는 다년도에 걸쳐 시행되는 사업에 있어 정부와 민간의 계약관계를 규정하는 데 있다. 즉 계속비사업은 다년도에 걸친 예산 총액을 국회의 의결을 받아 확정하고 총액의 범위에서 계약 등 지출원인행위를 할 수 있도록 한 것이고, 장기계속계약사업은 정부와 사업자 간 다년도에 걸친 총괄계약을 체결하더라도 매년 국회에서 의결된 예산의 범위에서 계약 등 지출원인행위를 할 수 있도록 한 것이다. 즉 특성상 장기간 존속해야 하거나, 이행에 여러 해가 걸리는 경우로 매년 그해 예산 범위에서 계약을 체결·이행하는 사업을 말한다.

표 8-1 계속비사업과 장기계속계약사업의 비교

계속비사업	장기계속계약사업
정부와 국회의 예산안 편성과 심의 때 적용되는 개념	정부와 사업자 간의 계약 때 적용되는 개념
총예산 확보 → 안정적인 공사예산 확보	총예산 미확보 → 전체 예산의 탄력적 운용 가능
총 공사금액으로 입찰 및 계약, 불이행 시 지체상금이 전체공사 대금을 기준으로 부과됨	총 공사금액으로 입찰하되 매년 예산범위에서 계약 체결
총 공사기간 동안 사고이월 가능	사고이월은 해당 연도에만 가능

자료 : 기획재정부 예산실 편, 「2010 한국의 재정」(2011), p.34.

(2) 명시이월비

예산의 이월에는 사고이월(事故移越)과 명시이월(明示移越)이 있다. 명시이월은 세출예산 중 경비의 성질상 연도 안에 그 지출을 끝내지 못할 것이 예측되어 다음 연도에 사용하려는 것으로서, 그 취지를 세입세출예산에 명시하여 미리 국회의 승인을 얻어야 한다.

여기에서 경비의 성질이란 주로 그 경비의 사용대상 사업이 특수한 사유에 의하여 1회계연도 내에 완결하지 못할 우려가 있는 것으로 이에 따른 경비의 지출을 연도 안에

나치게 재정 경직성을 불러일으키는 때, ㉡ 사업성격상 계속비로 편성하는 것이 적절하지 아니한 때, ㉢ 사업기간 및 규모를 고려할 때 계속비로 편성할 실익이 없거나 계속비로 편성하는 것이 적절하지 아니한 때다(국가재정법 시행령 제14조의 2).

2016년도 계속비 예산의 총사업비는 25조 7404억원이었데, 각 연도 연부액은 2016년도 3조 3773억원, 2017년도 2조 19억원, 2018년도 6969억원이었다.

끝내지 못할 경비를 의미한다.

명시이월비의 범위는 의결된 것에 한정되어야 하며, 일단 명시이월된 경비는 다음 연도에 지출원인행위가 가능하고, 이월된 명시이월비에 대해서는 재차 사고이월만 가능하다.

각 중앙관서의 장은 명시이월비에 대하여 예산집행상 부득이한 사유가 있는 때에는 사항마다 사유와 금액을 명백히 하여 기획재정부장관의 승인을 얻은 범위에서 다음 연도에 걸쳐서 지출하여야 할 지출원인행위를 할 수 있다. 기획재정부장관은 지출원인행위를 승인한 때에는 감사원에 통지해야 한다(국가재정법 제24조).

(3) 예산의 이용

각 중앙관서의 장은 예산이 정한 각 기관 간 또는 각 장 · 관 · 항 간에 상호 이용할 수 없다. 다만 예산집행상 필요에 따라 미리 예산으로써 국회의 의결을 얻은 때에는 기획재정부장관의 승인을 얻어 이용(移用)하거나 기획재정부장관이 위임하는 범위에서 자체적으로 이용할 수 있다.

이용이 가능한 경비 또는 비목은 공무원 보수 등이며, 그 외에 방위사업청 소관 지휘통제통신사업, 기동전력사업, 함정사업, 항공기사업, 화력탄약사업 등 사전에 예측할 수 없는 사정변경이 발생한 때에도 상호 간 이용할 수 있다.[5]

(4) 예비비

예비비는 예측할 수 없는 예산 외의 지출 또는 예산초과지출에 충당하기 위하여 정부가 세입세출예산에 계상한 금액으로서, 일반회계 예산총액의 1/100 이내의 금액을 예비비(豫備費)로 세입세출예산에 계상할 수 있다. 다만 예산총칙 등에 따라 미리 사용목적을 지정해 놓은 예비비는 별도로 세입세출예산에 계상할 수 있다. 그러나 공무원의 보수 인상을 위한 인건비 충당을 위해서는 예비비의 사용목적으로 지정할 수 없다(국가재정법 제22조).

예비비는 기획재정부장관이 관리한다. 각 중앙관서의 장은 예비비의 사용이 필요한 때에는 그 이유 및 금액과 추산의 기초를 명백히 한 명세서를 작성하여 기획재정부장관

5 이용 가능한 경비 또는 비목은 ㉠ 공무원 보수, 기타직 보수, 일용임금, ㉡ 공공요금 및 제세, 급량비, 임차료, 직급조정비, ㉢ 배상금, 국선변호금, 법정보상금, ㉣ 국공채 및 재정차관 원리금 상환금과 금리변동으로 인한 이자지출 경비, ㉤ 환율변동으로 인한 원화경비 부족액, ㉥ 국제유가 변동으로 인한 군 및 해양경찰의 유류경비 부족액, ㉥ 기업특별회계의 양곡관리비용, 우체국예금 지급이자, 우편운송료, ㉦ 재해대책비(전염병 예방 · 대책비 포함), ㉧ 반환금, ㉨ 선거관련 경비, ㉩ 국민기초생활보장 급여, 기초연금 급여, 장애인연금 급여 등이다(국회예산정책처, 대한민국 재정 2016).

에게 제출해야 한다. 다만 대규모 자연재해에 따른 피해의 신속한 복구를 위하여 필요한 때에는 피해상황보고를 기초로 긴급재해구호 및 복구에 소요되는 금액을 개산(槪算)하여 예비비를 신청할 수 있다.

기획재정부장관은 예비비 신청을 심사한 후 필요하다고 인정하는 때에는 이를 조정하고 예비비사용계획명세서를 작성한 후 국무회의의 심의를 거쳐 대통령의 승인을 얻어야 한다. 일반회계로부터 전입받은 특별회계는 필요한 경우 일반회계 예비비를 전입받아 그 특별회계의 세출로 사용할 수 있다(국가재정법 제51조).

각 중앙관서의 장은 예비비로 사용한 금액의 명세서를 작성하여 다음 연도 2월 말까지 기획재정부장관에게 제출해야 한다. 기획재정부장관은 제출된 명세서에 따라 예비비로 사용한 금액의 총괄명세서를 작성한 후 국무회의의 심의를 거쳐 대통령의 승인을 얻어야 하며, 그 총괄명세서를 감사원에 제출해야 한다. 정부는 예비비로 사용한 금액의 총괄명세서를 다음 연도 5월 31일까지 국회에 제출하여 그 승인을 얻어야 한다(국가재정법 제52조).

예비비는 국회에서 총액으로 의결해 준 것이기 때문에 예비비를 지출한 다음에는 일반예산의 지출과는 별도로 차기국회의 승인을 얻어야 한다(헌법 제55조 제2항).

(5) 국고채무부담행위

국고채무부담행위(國庫債務負擔行爲)는 예산확보 없이 미리 채무를 지는 행위로서, 법률에 의한 것과 세출예산금액 또는 계속비의 총액 범위 이외에 국가가 채무를 부담하는 행위를 말한다. 여기에는 일반적인 채무부담과 재해복구를 위한 채무부담이 있다.

다시 말하면 예산의 지출권한이 없이 채무부담권한만 인정되는 것이다. 국가가 채무를 부담하고 그것으로 인하여 국가가 금전급부의 의무를 부담하는 행위로서 그 채무이행의 책임은 다음 연도 이후에 부담되는 것이 원칙이다.

예컨대 정부가 민간건물을 3년간 임차계약을 하는 경우 첫 해의 임차비용은 그 해당 연도의 세출예산에 계상되기 때문에 국고채무부담행위가 아니지만 나머지 2년간의 임차비용을 부담하겠다는 계약조건은 국고채무부담행위가 된다.[6]

국고채무부담행위도 국가의 채무 중의 하나이므로 미리 예산안에 반영하여 국회의 의

---

6 국고채무부담행위는 주로 국방부에서 이루어지고 있다. 국가는 재해복구를 위하여 필요한 때에는 회계연도마다 국회의 의결을 얻은 범위에서 채무를 부담하는 행위를 할 수 있는데, 그 행위는 일반회계 예비비의 사용절차에 준하여 집행한다(국가재정법 제25조). 2016년도 재해복구 국고채무부담행위 한도액은 1.3조원이었고, 이를 제외한 국고채무부담행위는 1319억원(국방부 일반회계로 군수지원 및 협력)으로 2015년(1조 3805억원, 국방부 1조 2782억원, 국민안전처 대형함정 1023억원)보다 대폭 줄었다.

결을 얻어야 한다(국가재정법 제25조 제1항). 국회의 의결을 얻었다고 하여 다음 연도 이후에 지출할 수 있는 권한까지 부여받은 것은 아니고 채무를 부담할 행위를 할 권한만 부여받은 것이므로 채무부담과 관련한 지출에 대해서는 다시 국회의 의결을 얻어야 한다. 일단 국고채무부담행위로서 국회의 의결을 얻어두면 국회는 다음 연도 이후에 있어서 정부의 동의 없이는 그에 관한 예산을 임의로 삭감할 수 없다.[7]

제2절 예산집행의 신축성

예산집행의 신축성(伸縮性)이란 예산의 집행에 있어서 경제사정 등의 변화에 적응할 수 있도록 일정한 범위에서 행정부에 재량권을 부여하는 것을 말한다. 경제사정의 변화에 따라 예산을 신축적으로 집행하게 하는 것은 앞에서 살펴본 예산집행의 통제와 더불어 예산집행제도의 또 하나의 목표가 된다.

예산의 집행과정에서 계획이나 여건의 변화에 탄력적으로 적응하지 못하게 되는 경우가 있을 수 있다. 따라서 몇 가지 예외를 인정하고 있는데, 그것이 신축성을 유지하는 방안이다. 즉 예산의 이용 · 전용 · 이체 · 이월, 계속비, 예비비, 추가경정예산 등을 예외로 인정하고 있다.

1. 예산의 이용

예산의 이용(re-programming)은 예산이 정한 장(章) · 관(款) · 항(項) 간에 각각 상호 융통하는 것을 말한다.[8] 이것은 사업계획이나 여건의 변화에 따라 예산집행을 신축적으로 운용함으로써 사업을 보다 효율적으로 추진하고 예산의 적정한 사용을 도모하기 위한 제도로서, 목적 외 예산사용 금지의 예외적인 조치다.

---

7 국고채무부담행위는 사항마다 그 필요한 이유를 명백히 하고 그 행위를 할 연도 및 상환연도와 채무부담의 금액을 표시해야 한다(국가재정법 제25조 제2~3항).

8 세입예산의 관 · 항 · 목의 구분과 설정, 세출예산 및 계속비의 장 · 관 · 항 · 세항 · 목의 구분과 설정, 국고채무부담행위의 사항 구분은 기획재정부장관이 정한다(국가재정법 시행령 제7조).

입법과목(立法科目)은 원칙적으로 이용(移用)이 허용되지 않는다. 앞에서 살펴본 것처럼 각 중앙관서의 장은 예산이 정한 각 기관 간, 각 장 · 관 · 항 간에 상호 이용할 수 없다. 다만 예산집행상 필요에 의하여 미리 예산으로써 국회의 의결을 얻고 기획재정부장관의 승인을 얻으면 가능하다(국가재정법 제47조 제1항). 다만 이용 사유인 '예산집행상의 필요'가 지나치게 폭넓게 인정되고 있는 문제를 고려하여 이용 사유를 구체화하고 있다.[9] 현재 예산의 이용은 예산총칙에 규정되어 국회의 심의 · 의결을 거치고 있다.

2. 예산의 전용

예산의 전용(transfer)은 행정과목(行政科目), 즉 행정부의 결정과목인 세항(細項) · 목(目) 간에 금액을 상호 융통하는 것을 말한다.[10] 전용(轉用)은 행정재량에 맡겨져 있으므로 그 규모가 크고 다양한 편이다.

예산전용제도의 목적은 예산집행에서의 경직성 문제를 해결하고 집행부서에 유연성을 부여하려는 데 있다. 예산은 원칙적으로 세출예산과목이 정한 목적에 부합되게 사용되어야 한다. 그러나 추정에 의한 계산이 실제와 일치되지 않을 수도 있다.

그 이유는 예측의 잘못(과대예측 또는 과소예측)이나 외부환경의 변화에도 있지만 집행과정에서도 발생된다.[11]

예산의 전용은 그 범위를 너무 축소하면 유연성의 감소로 효율적 사용에 문제가 있고, 그렇다고 너무 확산하면 당초부터 전용을 목적으로 재원을 축적(예산의 과다계상)하게 되고 예산통제와 예산질서에 문제가 된다.

예산전용에는 일정한 한계를 유지해야 한다. 즉 국회가 반드시 알아야 할 새로운 서

---

9 2016년 1월 1일부터 이용의 사유를 ㉠ 법령상 지출의무의 이행을 위한 경비 및 기관운영을 위한 필수적 경비의 부족액이 발생하는 때, ㉡ 환율변동, 유가변동 등 사전에 예측하기 어려운 불가피한 사정이 발생하는 때, ㉢ 재해대책 재원 등으로 사용할 시급한 필요가 있는 때, ㉣ 그 밖에 대통령령으로 정하는 때로 한정하고 있다.

10 과거의 「재정법」에서는 현재의 이용과 전용을 합하여 유용(流用)이라고 하였다. 유용(diversions)은 공금을 목적대로 사용하지 않고 개인용도 등에 사용한 사실을 의미하는데, 감사에서는 회계직 공무원 등이 공금을 횡령하였다가 외부에 알려지기 전에 스스로 횡령한 금액을 보전한 것을 말한다. 횡령(橫領)과의 구분 실익은 감사결과 처리 시에 처벌의 경중을 가리는 데 있다. 감사착수 전에 횡령한 금액을 보전한 때에도 감사착수 사실을 미리 알고 보전한 때(신문보도나 예비조사 실시)에는 횡령에 준하여 처리한다.

11 즉 낙찰 차액 등으로 어떤 부문의 예산은 남게 되고, 어떤 부문의 예산은 환경변화 등으로 추가적 활동이 필요하거나 물가변동 등으로 부족하게 될 수도 있다. 이러한 때 추가경정예산을 편성할 수도 있지만 시기를 놓칠 수 있기 때문에 오래 전부터 전용제도를 활용하고 있다.

비스, 호화스럽거나 낭비적인 내용, 주요 정책의 변경으로부터 야기된 것, 당초예산에 비하여 그 금액이 너무 크거나 비록 적은 금액이라도 차후에 부담을 야기할 수 있는 것 등에는 제한할 필요가 있다. 이월된 예산은 이미 지출원인행위가 완료되어 집행과정 중에 있으므로 원칙적으로 전용이 불가능하다.

각 중앙관서의 장은 예산의 범위에서 재원의 효율적 활용을 위하여 기획재정부장관의 승인을 얻어 각 세항 또는 목의 금액을 전용할 수 있다. 이 경우 사업 간의 유사성이 있는지, 재해대책재원 등으로 사용할 시급한 필요가 있는지, 기관운영을 위한 경비의 충당을 위한 것은 아닌지 등을 종합적으로 고려해야 한다. 각 중앙관서의 장은 각 세항 또는 목의 금액을 자체적으로도 전용할 수 있는데, 그것은 기획재정부장관이 위임하는 범위에서만 가능하다.

기획재정부장관은 전용을 승인할 때에는 그 전용명세서를 그 중앙관서의 장 및 감사원에 각각 송부해야 하며, 각 중앙관서의 장은 자체적으로 전용을 한 때에는 전용을 한 과목별 금액 및 이유를 명시한 명세서를 기획재정부장관 및 감사원에 각각 송부해야 한다. 전용한 경비의 금액은 세입세출결산보고서에 이를 명백히 하고 그 이유를 기재해야 한다(국가재정법 제46조 제4, 6항).

실제로는 세출예산의 세항 · 목의 변경이나 신설은 전용과 예비비 지출 결정, 예산의 이월, 수입대체경비의 초과지출 승인, 수입금마련지출 등에 의하여 운용되고 있다.[12]

3. 예산의 이체

예산의 이체(transfer of appropriation)는 정부조직 등에 관한 법령의 제정 · 개정 또는 폐지로 인하여 중앙관서의 직무와 권한에 변동이 있을 때 그 중앙관서의 장의 요구에 따라 그 예산을 변경시키는 것을 말한다(국가재정법 제47조 제2항).

예산을 이체(移替)받고자 하는 중앙관서의 장은 이체해야 할 중앙관서의 장과 협의하여 이체대상의 과목과 금액을 명백히 한 서류를 기획재정부장관에게 제출해야 한다(국가재정법 시행령 제19조 제2항).

기획재정부장관은 예산을 이체한 때에는 그 중앙관서의 장 및 감사원에 각각 통지해야 한다(국가재정법 제47조 제3항).

12 세입예산에서 목의 변경 · 신설도 행정부 재량으로 운용되고 있으나 실제로는 세입징수 결정 때 과목의 신설로 운용되고 있다.

예산의 이체는 회계연도 중에 새로운 조직이 생기거나 조직이 없어지는 때에 일어나며, 조직의 변동이 사전에 계획되어 예산편성 때 미리 반영되어 있으면 이체는 발생하지 않는다. 예산이 이체되더라도 예산액은 변동되지 않는다.

4. 예산의 이월

예산의 이월(carry-over expense, carry-forward of budget)은 예산을 다음 연도에 넘겨서 다음 연도의 예산으로 사용하는 것을 말한다. 이월(移越)은 회계연도독립의 원칙에 대한 예외로서 한국이나 일본에서 채택하고 있다.

다년도세출예산(multi-year appropriation)을 쓰는 미국 · 영국 · 독일 등에서는 착수한 사업이 완료될 때까지 회계연도의 제한을 받지 않고 예산을 집행하기 때문에 이월제도가 필요 없다.[13]

이월을 허용하는 이유는 특정 사업에 대한 예산의 뒷받침이 중단되면 국정의 운영에 지장을 초래하기 쉽고, 또 연도 말에 배정된 예산을 무리하게 사용하는 것을 예방하기 위해서다. 이월이 되면 그 해당 사업의 예산은 다시 집행할 기회를 부여받은 셈이 된다.

이월제도는 연도 안에 사업을 완료할 것을 전제로 착수하였다는 점에서 계속비와 다르다. 이월은 다음 회계연도에 한하여 인정하므로 재차 이월은 불가능하다. 다만 계속비의 연도별 연부액 중 해당 연도에 지출하지 못한 금액은 계속비사업의 완성연도까지 계속 이월하여 사용할 수 있다(국가재정법 제48조 제3항).

이월제도는 예산의 원활한 운영을 기하기 위한 것이기는 하지만 이것을 광범하게 인정하면 예산의 팽창을 초래하기 쉬우므로 엄격한 조건을 붙이고 있다.

「국가재정법」(제48조)에서는 매 회계연도의 세출예산은 다음 연도에 이월하여 사용할 수 없다고 규정한 후, 예외로 이월할 수 있는 경비항목을 정해 놓고 있다. 이월시킬 수 있는 항목은 다음과 같다.

- 명시이월비
- 연도 안에 지출원인행위를 하고 불가피한 사유로 인하여 연도 안에 지출하지 못한 경비와 지출원인행위를 하지 아니한 그 부대경비
- 지출원인행위를 위하여 입찰공고를 한 경비 중 입찰공고 후 지출원인행위까지 장

13 미국에는 재계상예산이라는 것이 있는데, 이것은 유효기간 내 지출원인행위가 없을 때 새로이 의회의 의결을 거쳐 유효기간을 연장하는 조치로서 이월과는 다르다.

기간이 소요되는 경우로서 대통령령이 정하는 경비[14]

- 공익사업의 시행에 필요한 손실보상비로서 대통령령이 정하는 경비[15]
- 경상적 성격의 경비로서 대통령령이 정하는 경비[16]

1) 명시이월

예산의 이월에는 명시이월(elucidation carry-over)과 사고이월(accident carry-over)이 있다.

명시이월(明示移越)은 세출예산 중 경비의 성질상 연도 안에 지출을 마치지 못할 것이 예측되어 미리 국회의 의결을 얻은 경비로서 다음 연도에 사용할 수 있도록 한 것을 말한다. 각 중앙관서의 장은 명시이월비에 대하여 예산집행상 부득이한 사유가 있는 때에는 사항마다 사유와 금액을 명백히 하여 기획재정부장관의 승인을 얻은 범위에서 다음 연도에 걸쳐서 지출해야 할 지출원인행위를 할 수 있다. 이때 기획재정부장관은 승인 후 감사원에 통지해야 한다(국가재정법 제24조).

2) 사고이월

사고이월(事故移越)은 연도 안에 지출원인행위를 하였으나 불가피한 사유로 인하여 연도 안에 지출을 하지 못한 경비와, 지출원인행위를 하지 않은 부대경비(附帶經費)를 다음 연도에 이월하여 사용하는 것을 말한다.

사고이월이 되기 위해서는 구체적으로 지출의 원인이 되는 계약 등이 있어야 하고, 아울러 이러한 행위가 불가피한 사유로 인하여 연도 안에 종결되지 못해야 한다. 여기에서 불가피한 사유란 재해 또는 관급자재의 지급 부진 등의 사고로 공사가 연도 안에 완성되지 못하여 지출할 수 없는 때를 말한다.

사고이월은 그 경비와 관련된 부대경비(예 : 공사의 마무리 경비)는 지출원인행위가 없

---

14 여기에서 대통령령이 정하는 경비란 ㉠ 부대입찰 또는 입찰참가자격 사전심사방법으로 집행되는 공사에 소요되는 경비, ㉡ 협상에 의한 계약체결의 방법으로 집행되는 경비, ㉢「국가계약법 시행령」 제80조 제3항에 따라 공고된 공사에 소요되는 경비, ㉣ 재해복구사업에 소요되는 경비를 말한다(국가재정법 시행령 제20조 제1항).

15 여기에서 대통령령이 정하는 경비란 ㉠ 보상대상이 되는 토지와 물건 등의 조사 및 감정평가가 완료되어 보상 절차에 착수하였거나 진행 중인 경비, ㉡ 공사완료 후 존속하는 어업권의 피해에 관한 보상비 등 간접보상비로서 보상에 필요한 감정평가를 위한 용역계약이 체결되었거나 감정평가가 진행 중인 경비, ㉢ 재해복구사업을 위한 보상에 소요되는 경비를 말한다(국가재정법 시행령 제20조 제2항).

16 여기에서 대통령령이 정하는 경비란 각 기관 또는 시설의 유지 · 운영에 소요되는 경비로서 기획재정부장관이 정하는 경비를 말한다. 이때 이월한도는 그 해당 경비에 대한 예산의 15/100로 한다(국가재정법 시행령 제20조 제3항).

더라도 이월하여 사용할 수 있으며, 지출원인행위를 위하여 입찰공고를 한 경비 중 입찰공고 후 지출원인행위까지 장기간이 소요되는 때에는 대통령령이 정하는 경비도 이월하여 사용할 수 있다.

3) 예산이월의 절차

각 중앙관서의 장은 예산을 이월한 때에는 이월명세서를 작성하여 다음 연도 1월 31일까지 기획재정부장관 및 감사원에 각각 송부해야 한다. 이월하는 과목별 금액은 다음 연도의 이월예산으로 배정된 것으로 본다. 그리고 매 회계연도 세입세출의 결산상 잉여금이 발생하는 때 세출예산 이월액에 상당하는 금액을 다음 연도의 세입에 우선적으로 이입(移入)해야 한다. 기획재정부장관은 세입징수상황 등을 고려하여 필요한 때 미리 세출예산의 이월 사용을 제한하기 위한 조치를 취할 수 있다(국가재정법 제48조 제4~7항).

이월명세서(移越明細書)에는 ㉠ 이월을 필요로 하는 과목별 경비의 금액(그중 지출액 또는 지출추정액, 다음 연도에 이월할 금액 및 해당 경비의 현 연도와 다음 연도 지출과목, 불용액), ㉡ 이월이유를 명시해야 한다(국가재정법 시행령 제30조).

5. 계속비

계속비(multi-year expenditure)는 완성에 수년도를 요하는 공사 · 제조 · 연구개발사업에 관한 경비의 총액과 연부액(年賦額)을 정하여 미리 국회의 의결을 얻은 범위에서 수년도에 걸쳐서 지출할 수 있는 경비를 말한다. 국가가 지출할 수 있는 연한은 그 회계연도부터 5년 이내로 하되, 필요하다고 인정하는 때에는 국회의 의결을 거쳐 그 연한을 연장할 수 있다(국가재정법 제23조).

계속비제도는 회계연도독립의 원칙에 대한 또 하나의 예외다. 이것은 이미 착수된 사업이 중도에 중단되어 예산을 낭비하는 일이 없도록 하기 위한 것이다. 단년도예산제에서 발생되는 문제점을 해결하기 위한 것이다.

계속비사업을 추진하고자 하는 중앙관서의 장은 사업착수연도의 예산요구서에 이를 계속비로 계상해야 한다. 계속비는 먼저 사업량, 소요기간 및 총사업비를 산출한 다음 연도별로 집행할 사업량과 소요경비를 정하여 예산요구서에 반영해야 한다.

계속비 예산요구액이 예산실의 사정과 국회의 심의과정을 통과하여 사업이 일단 착수되면 이를 중도에 중단시키기는 매우 어렵다.

6. 예비비

예비비(contingencies funds)는 예산안의 편성 · 심의 시점에서는 예측할 수 없는 예산 외의 지출 또는 예산초과지출에 충당하기 위하여 총액으로 국회의 승인을 얻어 세입세출예산에 계상되었다가 필요한 때 사용하는 금액이다. 예비비제도의 운영은 예산 성립 후 변화된 여건 또는 정세 변화에 대응하여 예산집행의 신축성을 유지하기 위한 수단이다.[17]

예비비의 근거는 「헌법」 제55조 제2항이고, 「국가재정법」에서는 예비비의 정의(제22조), 예비비의 관리와 사용(제51조), 예비비 사용명세서의 작성 및 국회제출 절차(제52조)를 규정하고 있다.[18]

예비비에서 '예산 외의 지출'은 예산편성 당시에는 예측할 수 없었던 사태가 발생하여 경비지출을 필요로 하는 경우를 말하고, '예산초과지출'은 어떤 지출항목에 일정한 금액을 계상하였으나 그 후 사정의 변경으로 예산액에 부족이 생겨 추가로 경비를 지출하는 것을 말한다.

새로운 사태의 발생이나 사정변경의 정도가 작은 때에 한하여 예비비(豫備費)로 충당해야 하며, 그 정도가 클 때는 추가경정예산을 편성해야 한다.

예산은 예측(estimates)이므로 엄격히 예산금액을 한정할 때에는 경직성을 초래하여 반드시 지출해야 할 경비를 지출하지 못하는 사례가 발생할 수 있다. 물론 추가경정예산제도가 있으나 연도 말 또는 예산과정상 시기를 잃을 우려가 있는 때 이를 해결하기 위한 것이 예비비제도다.

예비비제도는 예기치 못한 긴급한 지출수요가 발생한 경우 예산집행의 신축성을 부여함으로써 예산운용의 효율성을 높이고, 국회의 사후승인을 통하여 집행결과에 대하여 국회가 책임을 물을 수 있는 권한을 제도적으로 보장한 것이다.

예비비의 사용에 대해서는 제한규정이 없어 비교적 자유롭게 사용할 수 있으나 원칙적으로 다음과 같은 제한이 있다.

---

17 2016년도 예산 및 기금운용계획 집행지침에 따르면, 각 중앙관서의 장은 예비비 요구에 앞서 당초 본예산 편성 때 예측할 수 없었는지(예측불가능성), 연도 중에 시급하게 지출해야 할 필요성이 있는지(시급성), 기정예산으로 충당이 가능한지(불가피성) 등을 검토해야 하며, 국회에서 예산을 삭감한 사업에 대하여는 원칙적으로 예비비를 신청할 수 없다.

18 과거의 「예산회계법」에서는 예비비로 '세출예산의 1/100 이상'을 계상하도록 규정하였다가, 이 법의 개정(1989년)에서 예비비의 과다한 팽창을 조장하였다는 이유로 그 한도를 삭제하고 '상당하다고 인정되는 금액'으로 하였고(유훈, 2003: 267), 현재의 「국가재정법」에서는 다시 '예산총액의 1/100 이내'로 바뀌었다.

첫째, 국회에서 부결한 용도를 위해서는 예비비를 사용하지 말아야 한다. 그것은 국회의 의도에 어긋나기 때문이다.

둘째, 예산의 성립 이전부터 존재하던 사태를 위해서는 예비비를 사용하지 말아야 한다. 이것은 '예측할 수 없는 것'이 아니기 때문이다. 예산의 성립 이전부터 존재하던 사태를 위한 것은 당연히 본예산에 계상해야 한다.

셋째, 국회 개회 중에 많은 금액을 예비비에서 지출하는 것은 삼가야 한다. 개회 중이라도 경미한 예산의 부족은 예비비를 사용해도 무방하겠지만 그 규모가 큰 경우는 추가경정예산을 제출한 후 의결을 얻어 사용하는 것이 마땅하다.

예비비 규모는 일반회계 예산총액의 1/100 이내로 제한하고 있는데, 예산총칙에 미리 사용목적으로 정해 놓은 목적예비비는 이와 별도로 계상할 수 있다. 일반예비비는 용도가 제한되지 않는 예비비로 주로 새로운 정책수요와 예기치 못한 사업에 사용하고, 목적예비비는 매년 예산총칙에서 용도를 제한하여 편성하는 예비비로 주로 재해대책비로 사용한다.[19]

예비비의 관리주체는 기획재정부장관으로 명시하고 있는데(국가재정법 제51조), 이는 총액으로 국회의 의결을 받아 확정된 예비비의 특징을 고려하여 예비비 사용의 책임소재를 명확하게 하려는 것으로 보인다. 또 예비비의 방만한 운영은 입법부의 예산 심의·확정권을 침해하고 정부의 임의적인 재량지출 확대를 가능하게 하는 수단이 될 수 있으므로, 이러한 부작용을 줄이기 위해 예비비의 사용절차와 예비비 사용의 사후 승인절차를 규정하고 있다.

예비비가 당초 예기치 못한 지출용도에 사용하기 위한 것임을 고려할 때 불용액의 과다에 지나치게 의미를 부여할 필요는 없지만, 과다한 예비비 불용액은 재정운영의 효율성을 떨어지게 하므로 가능하면 불용액이 발생하지 않도록 하는 것이 바람직하다.

---

19 2016년 예비비는 총 3조 1500억원(일반예비비 1조 2000억원, 목적예비비는 1조 9500억원)이었다. 일반회계 예비비는 예산총액에 그 용도를 명시하고 있다. 각종 선거경비에 따른 예비비 지출은 예비비 용도 제한을 받지 않는다.

2016년도 예산총칙 제12조 : 일반회계 예비비 중 1.6조원은 ㉠ 재해대책비(재해복구, 국고채무부담행위 상환액 및 전염병 예방·대책비 포함), ㉡ 인건비(국민건강보험 부담금, 연금부담금 등 연동경비 포함), ㉢ 환율변동으로 인한 원화부족액 보전경비, ㉣ 재난안전통신망 구축·지원, ㉤ 노동시장 구조개혁 후속조치와 관련된 비용 이외에는 지출할 수 없다.

제12조의 1 : 일반회계 예비비 중 3000억원은 ㉠ 학교시설 개선(찜통교실, 노후화장실 등)을 위한 경비, ㉡「지방재정법」제11조 제1항 제1호에 따라 교육감이 발행하는 2016년도 지방채 이자를 지원하기 위한 경비 이외에는 지출할 수 없다.

제12조의 2 : 일반회계 예비비 중 500억원은 2016년도 서울시 노후하수도 정비를 지원하기 위한 경비 이외에는 지출할 수 없다.

그동안 각 부처는 공공요금 연체 해소, 공무원 해외순방 경비 등 예상할 수 있는 항목도 매년 예비비에서 지출하였다. 예비비 본래의 취지를 살리기 위해서는 매년 반복적으로 사용되는 경비는 예비비로 지출하지 말고 적정한 소요액을 반영하여 사업예산에 편성하는 것이 바람직하다.

7. 추가경정예산

추가경정예산(supplemental budget)은 예산성립 후에 생긴 사유로 인하여 이미 성립된 예산을 변경하는 것을 말한다. 이것은 본예산의 사항과 금액을 추가하거나 삭감하는 것이므로 추가경정예산(追加更正豫算)이 성립되면 본예산과 통산하여 집행한다. 「국가재정법」에서는 추가경정예산의 편성사유가 명시되어 있지 않다.

본래 추가경정예산은 예상하지 못한 사태로 인하여 변경된 예산이 필요할 때 국회에 상정하는 것인데, 거의 매년 1~2회 사용하고 있고 때로는 본예산의 편성이나 심의과정에서 삭감된 부분을 부활시키기 위한 수단으로 이용되기도 하였다. 예산의 이용이나 전용으로 해결되지 못하는 경우에는 추가경정예산을 편성하는 것이 바람직하다.

제3절 수입관리

1. 수입사무의 관리

세입예산을 이루는 모든 거래를 수입이라고 한다. 수입(receipt)은 국고금이 세입으로 납입되거나 기금에 납입되는 것을 말하고, 세입(revenue)은 한 회계연도의 모든 수입을 의미한다.

국가세입의 주된 것은 조세수입이다. 그 밖에 공채 등에 의한 수입, 국유재산 매각수입, 정부기업 수입, 수수료 수입 등도 세입에 포함된다.

정부회계에서의 수입관리는 법령 · 계약에 의한 채권 등을 확정하고 현금의 수납에 이르기까지의 과정에서 발생되는 일체의 행위를 말한다. 즉 세입의 원인이 되는 사실 관계를 조사하고, 채무자 · 금액 · 권리 등을 구체적으로 확정한 후 납입의 고지를 하여 현금을 받아들이고, 이러한 행위의 기록 및 보고를 포함하는 일체의 관리행위를 말한다.

물론 수수료와 같이 서비스와 교환하는 것도 있고, 승차권 · 입장권 판매 등도 있어 수입관리과정이 고정된 것만은 아니다. 그러나 일반회계 수입의 대부분은 조세에 의존하고 있고, 그 과정은 크게 징수와 수납의 형태로 구분된다. 즉 수입을 회계연도라는 기간적 개념에서 볼 때에는 세입이라 하고, 회계절차상으로 볼 때에는 징수와 수납으로 구분된다.

국고금(國庫金)의 규모가 매우 크고 복잡하기 때문에 그 절차와 담당기관을 「국가재정법」과 「국고금관리법」 등에 상세하게 규정하고 있다.[20]

국고금은 ㉠ 계획에 따라 효율적이고 투명하게 관리하고, ㉡ 적절한 때에 지출되도록 하여야 하며, ㉢ 국고여유자금은 안전성을 해치지 아니하는 범위에서 운용하고, ㉣ 국고금의 수입 및 지출 등과 관련된 사항은 신속하고 정확하게 기록해야 한다(국고금관리법 제4조).

1) 수입관리기관

기획재정부장관은 수입의 징수와 수납에 관한 사무를 총괄하고, 중앙관서의 장은 그 소관 수입의 징수와 수납에 관한 사무를 관리한다(국고금관리법 제6조). 즉 기획재정부장관은 국가 전체의 수입관리기관(收入管理機關)이고, 각 중앙관서의 장은 그 소관의 수입관리기관이다.

각 중앙관서의 장은 혼자서 방대한 수입을 징수할 수 없기 때문에 수입징수관을 지정하여 수입징수에 관한 사무를 위임하고 있다.

20 「국고금관리법」의 적용범위는 일반회계 및 특별회계, 중앙관서의 장이 관리 · 운용하는 기금 등이다(국고금관리법 제3조). 국고금이란 ㉠ 법령 또는 계약 등에 의하여 국가의 세입으로 납입되거나 기금에 납입된 모든 현금 및 현금과 동일한 가치를 가지는 것으로서 대통령령이 정하는 것, ㉡ 국가가 징수한 지방소비세를 지방세입으로 납입하기 전까지 일시적으로 보유한 현금 등, ㉢ 재정증권의 발행 또는 한국은행으로부터의 일시차입에 의하여 조달된 현금 등, ㉣ 국고금의 운용목적으로 취득한 금융자산을 말한다(국고금관리법 제2조). 여기에서 대통령령이 정하는 것은 ㉠ 한국은행 또는 금고은행에 납입된 국가예금, ㉡ 금융기관에 예치된 국고예금, ㉢ 한국은행 또는 금고은행에 예탁 또는 예치된 국가예금, ㉣ 세입 납부된 증권, ㉤ 우체국예금자금, ㉥ 우체국보험적립금, ㉦ 정부기업의 회전자금을 말한다(국고금관리법 시행령 제3조).

2) 수입징수관

수입징수관(收入徵收官)은 수입의 징수에 관한 사무를 위임받은 공무원을 말한다.[21] 수입의 징수에 관한 사무의 위임은 중앙관서의 장이 소속관서에 설치된 직위를 지정함으로써 이에 갈음할 수 있다(국고금관리법 제9조).

중앙관서의 장은 사무를 위임하여 수입징수관을 지정한 때에는 그 사실을 기획재정부장관, 감사원 및 한국은행에 통지해야 한다(국고금관리법 시행령 제8조).

수입징수관(지방자치단체는 징수관)은 법률 또는 명령으로 따로 정하는 경우를 제외하고는 각 관서의 장으로 하여금 담당하게 하고 있다. 예컨대 일선세무서의 수입징수관은 세무서장이 된다.

중앙관서의 장은 필요하다고 인정되는 때에는 소속 공무원에게 수입징수관(또는 재무관) 사무의 전부를 대리하게 하거나 그 일부를 분장[22]하게 할 수 있다(국고금관리법 제40조 제1항).

그리고 중앙관서의 장은 다른 중앙관서 소속의 공무원에게 수입징수관(또는 재무관)의 사무를 위임하거나 다른 중앙관서 소속의 공무원을 지출관 또는 출납공무원으로 임명할 수 있다(국고금관리법 제41조 제1항).

3) 수납기관

수납기관(收納機關)은 세입징수관이 징수결정하여 납입고지한 세입을 수령하는 기관을 말한다. 징수기관과 수납기관은 분립되어 있다. 수입징수관은 특별한 경우를 제외하고는 수입금출납공무원의 직무를 겸할 수 없다(국고금관리법 제13조).[23]

수입금은 이를 수납하는 출납공무원(즉 수입금출납공무원)이 아니면 수납할 수 없다.

---

21 여기에서 징수(徵收)한다는 것은 수입징수관 또는 징수관이 수입의 원인이 되는 권리의 내용을 조사하여 수입금액을 확정하고 채무자에 대하여 납입의 고지를 하는 행위를 의미한다. 수입금을 확정하는 단계를 조사결정행위라 하고, 채무자에게 납입을 고지하는 단계를 납입고지행위라 한다. 과거에는 수입징수관을 세입징수관이라 하였다.

부과(賦課)는 과세관청이 납세의무자나 채무자에 대하여 그 세목과 세액을 확정하여 납부할 것을 고지하는 것을 말하는데, 통상 과세관청은 이를 징수결정이라고 한다.

22 수입징수관의 사무의 전부를 대리하는 공무원은 대리수입징수관, 그 일부를 분장하는 공무원은 분임수입징수관, 분임수입징수관의 사무를 대리하는 공무원은 대리분임수입징수관이라고 한다(국고금관리법 시행령 제105조 제2항 1호).

23 그러나 정원의 과소로 인하여 동일인이 그 직무를 겸해야 할 부득이한 사유가 있는 때에는 수입징수관과 수입금출납공무원의 직무 및 지출관과 출납공무원의 직무를 각각 동일인이 겸하게 할 수 있다(국고금관리법 시행령 제16조).

다만 한국은행 또는 금고은행에 수납의 사무를 취급시킬 때에는 그러하지 아니하다.[24] 수입금출납공무원이 수입금을 수납한 때에는 지체 없이 그 수납금을 한국은행 또는 금고은행에 납입해야 한다(국고금관리법 제12조).

명령계통에 속하는 수입징수사무와 집행계통에 속하는 현금수납사무를 분립시켜 놓은 것은 회계사무의 확실성을 보장하고 비위를 예방하려는 데 그 목적이 있다.[25]

출납공무원(出納公務員)은 현금을 출납 · 보관하는 공무원으로서(국고금관리법 시행령 제88조),[26] 각 중앙관서의 장 또는 그 위임을 받은 공무원이 임명한다. 출납공무원의 임명은 소속 관서에 설치된 관직을 지정함으로써 이에 갈음할 수 있다(국고금관리법 제4조의 3).

출납공무원은 현금 또는 증권을 직접 보관할 수 없다.[27] 한국은행은 정부의 재정대행기관(fiscal agent)으로서 모든 국고금의 출납업무를 대행한다. 한국은행이 수납한 정부의 수입은 한국은행 본점의 정부예금계정으로 집중되고, 정부의 예산지출은 이 계정으로부터 지급된다.

2. 수입의 과정

1) 징수결정

수입징수관은 수입으로 징수해야 할 금액이 있거나 그 통지를 받은 때에는 수입의 근

24 정부회계에서 말하는 금고(金庫)는 지방자치단체의 세입세출에 관련된 현금의 출납과 보관, 그리고 지급에 관련된 업무를 위탁받은 금융기관을 말한다. 금고은행(金庫銀行)은 중앙관서의 장이 특별회계 또는 기금의 출납사무를 금융기관에 취급시킨 때 그 기관을 말한다(국고금관리법 제12조 제1항 단서).
여기에서 금융회사 등의 범위는 은행, 체신관서, 신용협동조합중앙회, 새마을금고중앙회, 상호저축은행중앙회, 산림조합중앙회를 말한다(국고금관리법 시행령 제11조).

25 즉 수입관리에 있어 징수기관과 수납기관을 분립시키고, 지출관리에 있어 지출원인행위 · 지출 · 출납기관 상호 간 겸직을 금지하고 있다. 수입징수관은 수입금출납공무원의 직무를 겸할 수 없고(국고금관리법 제13조), 재무관 · 지출관 · 출납공무원의 직무는 서로 겸할 수 없다. 다만 기금에서는 지출관과 출납공무원의 직무를 겸할 수 있다(국고금관리법 제27조). 지방자치단체와 공기업에서도 회계직 분립원칙을 적용하고 있다.

26 출납공무원은 법령이 정하는 바에 의하여 현금 · 물품 · 유가증권 등의 출납 및 보관 업무를 취급하는 공무원으로서, 현금출납공무원 · 물품출납공무원 · 유가증권출납공무원으로 구분된다. 현금출납공무원은 중앙관서의 장 또는 그 위임을 받은 공무원의 임명에 의하여 현금을 출납 · 보관하는 공무원으로서, 일상경비출납공무원 · 수입금출납공무원 · 세입세출외현금출납공무원 · 수입대체경비출납공무원 등이 있다.

27 다만 수입금출납공무원 또는 선사용자금출납공무원이 수납받은 현금 등을 한국은행 또는 금융회사 등에 납부 또는 예치하기 전에 일시 보관하는 때, 관서운영경비출납공무원이 현금지급을 위하여 보관하는 때에는 예외로 한다(국고금관리법 시행규칙 제113조).

거 등을 조사하여 이를 수입징수결의서에 따라 수입금으로 징수결정(徵收決定)하고[28] 수입징수부에 기록해야 한다. 이때 그 수입에 대하여 법령의 위반 또는 소속 연도와 세입과목에 착오가 없는가를 조사해야 한다.

수입징수관은 납입의 고지에 의하지 아니하고 수입금이 출납공무원 · 한국은행 등 및 국고대리점에 납입된 때에는 해당 출납공무원 · 한국은행 등 및 국고대리점으로부터 송부된 수납증빙서류에 따라 징수 결정해야 한다.

2) 납입고지

납입고지(納入告知)는 납세의무자나 채무자에 대하여 세입과목, 납부할 금액, 납부기한, 납부장소를 기재한 문서로서 납입할 것을 알리는 것을 말한다.

수입징수관은 징수결정 후 납세의무자나 그 밖의 채무자에게 납입의 고지를 해야 한다(국고금관리법 제10조). 이때 교부 또는 우편으로 송부하는 것이 원칙이나, 납부자의 주소불명 등으로 인하여 납입고지서가 반송된 때에는 등기우편으로 송달하고, 납부자가 송달할 장소에 없으면 공시송달을 해야 한다.[29] 이 외에도 공고나 전자송달(電子送達)에 따라 납입고지할 수 있다.

전자송달은 디지털예산회계시스템을 이용하여 납입고지서를 전자송달 대행기관에 송부하고 전자송달 대행기관으로 하여금 납세의무자 등의 전자우편 주소에 송달하도록 해야 한다(국고금관리법 시행령 제10조 제2항).

수입징수관은 납입고지를 하고자 하는 때에는 관계법령 또는 해당 계약 등에서 납부기한이 정하여진 경우를 제외하고는 고지한 날부터 15일 이내의 범위에서 납부기한을 정하여 고지해야 한다.

납부기한이 정하여진 수입금을 납입고지할 때에는 납부기간이 개시되기 5일 전에 납입고지서를 발행하여 납세의무자에게 송부해야 한다(국고금관리법 시행령 제13조 제1~2항).

---

28 공공부문의 경우 세입징수결정결의서는 수입징수관이 수집된 과세자료에 의하여 채무자(납세자) · 세목 · 금액의 산출과정 및 고지발부, 수납기관에의 통보 등에 관한 정보를 입증하고 그 내용을 담은 내부통제의 시스템으로 사용되는 양식을 말한다. 통상 결의서 또는 결정결의서라는 용어로 사용된다.

29 공시송달(公示送達)은 수신자의 주소 또는 영업소가 국외에 있고 그 송달이 곤란한 때 서류의 요지를 공고하여 일정기간(14일)이 경과하면 서류의 송달로 보도록 한 것을 말한다. 그 해당 서류의 송달장소를 관할하는 시 · 군 · 구의 게시판 그 밖의 적절한 장소에 게시하거나 관보 또는 일간신문에 게재하도록 하고 있다(국세기본법 제10~12조 참조).

3) 수납

수납(收納)은 납입고지에 따라 채무자로부터 수입금을 받아들이는 것을 말한다. 출납계통에 속하는 사무를 집행하는 기관으로는 직접수입기관(수입금출납공무원 · 기금출납공무원 등)과 위탁출납기관(한국은행 · 체신관서 · 금고 등)이 있다.

수입금은 현금으로 수납(receipt *or* received)하는 것이 원칙이지만, 특정한 세목의 수입에 있어서는 증권(수표)이나 인지 또는 대물변제(代物辨濟)도 인정하고 있다.

수입금출납공무원은 수입금을 수납한 때에는 납부자에게 영수증을 교부하고, 납부영수증서 사본을 첨부하여 수입징수관에게 수납내역을 통지해야 하며, 수입금(영수한 현금 등)은 수납 즉시 한국은행 또는 금고은행에 납입해야 하고, 자금출납부에 따라 매월 수입금납입명세서를 작성하여 다음달 3일까지 이를 수입징수관에게 제출해야 한다(국고금관리법 시행규칙 제27조).

한국은행 등은 수입금을 수납한 때에는 해당 납부자에게 영수증을 교부하고 수입징수관에게 수납내역을 통지해야 한다. 다만 해당 납부자가 수입금을 정보통신매체를 이용하여 전자납부하는 때에는 영수증을 발급하지 아니한다(국고금관리법 시행령 제15조).

출납공무원과 한국은행은 각각 매 회계연도의 수입금을 해당 회계연도 말일까지 수납해야 한다. 다만 ㉠ 출납공무원이 해당 회계연도에 수납한 수입금을 한국은행 등에 납입하는 때, ㉡ 지방세에 부가되어 징수된 수입금을 납입하는 때, ㉢ 정부계정 상호 간의 국고금 대체를 위하여 납입하는 때, ㉣ 선사용자금의 지급금액을 대체납입하는 때에는 다음 회계연도 1월 20일까지 수납할 수 있다(국고금관리법 시행령 제5조). 이것을 출납정리기한이라고 한다.

4) 독촉과 강제집행

수입징수관은 납부자가 수입금을 납부기한에 납부하지 아니하는 때에는 독촉장(督促狀)을 납부기한 경과 후 7일 이내에 발송해야 한다. 독촉한 납부기한(발송일부터 10일 이내) 내에도 납부하지 아니하면 다시 독촉장을 발송하고, 그래도 납부하지 아니하면 강제집행(强制執行)에 필요한 조치를 취해야 한다.[30]

30 독촉은 세무서장이나 시장 등이 독촉장(제2차 납세의무자에게는 납부최고서)을 발부하는 것으로서, 준법률적 행정행위인 통지행위다. 체납처분의 전제조건을 충족시키고 채권의 소멸시효 중단효과를 갖는다. 독촉은 민법상 최고(催告)에 해당하며, 독촉 후 6개월 내에 재판상의 청구, 파산절차 참가 등을 하지 아니하면 시효중단의 효력이 없다. 다만 국세징수법상의 독촉은 시효중단의 효력이 있다.

공시송달을 해도 납부기한까지 납입하지 아니한 때에는 이를 해당 채권의 소관 기관에 통지해야 한다(국고금관리법 시행규칙 제32조).

수입징수관은 매 회계연도의 징수결정액 중 미수납액은 다음 회계연도의 수입의 징수결정액으로 이월해야 하고, 전 회계연도에서 이월된 미수납액은 재차 이월해야 한다(국고금관리법 시행규칙 제34조).

수입징수관은 채무면제의 결정통지가 있거나 시효의 완성 등으로 인하여 징수결정된 금액을 수납할 수 없게 된 때에는 그 사유를 기재한 서류를 갖추어 불납결손의 결정을 하고 수입징수결의서에 별도로 표기해야 한다. 그리고 수입징수관은 징수결정에 관한 사항에 대하여 이의신청, 심판청구 또는 소송이 제기된 때에는 중앙관서의 장에게 그 뜻을 보고해야 한다(국고금관리법 시행규칙 제35~36조).

3. 수입의 예외적 처리

1) 지난 연도 수입

지난 연도 수입은 출납이 완결된 연도에 속하는 수입을 말한다. 이러한 수입은 납입기한에 납입하지 못하였다가 그 후에 납입된 것으로서 본래 소속할 연도의 출납이 이미 완결되었으므로 수입이 있는 연도의 세입, 즉 현 연도의 수입에 편입해야 한다(국고금관리법 제14조). 회계연도독립의 원칙에 대한 예외로 인정하고 있다.

이것은 납입고지서의 발부를 기준으로 처리하는 것이며, 따라서 비록 납입고지의 내용이 전년도 과세소득이라 하더라도 이는 지난 연도 수입이 되는 것이 아니라 현 연도 수입으로 처리되어야 한다.

2) 과오납금의 반환

과오납금(過誤納金)은 납세의무자 또는 채무자가 계산착오 또는 그 납입의 원인이 되는 사실의 변경이나 부존재 등의 사유, 조세제도상 과다 납부된 세금이 있는 경우 초과납부 또는 납입된 금액을 말하며, 과납금과 오납금으로 구분할 수 있다.[31]

---

31 과납금(過納金)은 납부 또는 납입해야 할 정당한 금액을 초과하여 납부 · 납입한 때의 초과납부금을 말하는데, 납부 · 납입 시에는 적법한 조세채무가 존재하고 있었으나 신고 또는 부과의 잘못으로 후에 감액결정 부과결정의 취소 등으로 그 납부 · 납입이 부적법한 것으로 된 것을 말한다.

오납금(誤納金)은 납부 · 납입하지 않아도 될 것을 착오로 납부 · 납입한 금액을 말하는데, 납부 · 납입 당

과오납된 수입금이 있는 때에는 세출예산 또는 기금운용계획에 관계없이 반환해야 한다(국고금관리법 제15조). 수입징수관은 과오납금을 반환하고자 하는 때에는 과오납된 수입과목 · 수입연도 · 과오납금액 등을 확인하여 과오납금 반환결정을 하고 그 결과를 과오납부자에게 통지해야 한다. 그리고 수입징수관은 과오납금의 반환을 결정한 때에는 한국은행 등에 과오납금의 지급을 요구해야 한다.

한국은행 등은 과오납금을 반환하거나 수입금을 환급한 때에는 그 결과를 회계처리하고 반환 및 환급 사실을 해당 수입징수관에게 통지해야 한다(국고금관리법 시행령 제18조). 즉 과오납금 반환결정을 한 때에는 이를 반환결정을 한 회계연도의 징수결정 금액의 감액이 있는 것으로 본다.

3) 수입금의 환급 및 선사용자금

수입으로서 납입된 금액 중 법률의 규정에 따라 환급(還給)할 금액이 있는 때에는 세출예산 또는 기금운용계획에 관계없이 환급해야 한다(국고금관리법 제16조).

선사용자금은 국고에 납입하기 전에 미리 사용하고 지출금으로 대체 납입하는 자금을 말한다. 「정부기업예산법」 제3조의 규정에 따른 특별회계는 수입금을 선사용자금(先使用資金)으로 운용할 수 있다.

중앙관서의 장은 선사용자금을 운용하기 위하여 선사용자금출납명령관 및 선사용자금출납공무원을 임명할 수 있는데, 이들의 임명은 소속관서에 설치된 직위를 지정함으로써 이에 갈음할 수 있다(국고금관리법 시행령 제19조). 선사용자금은 금융회사 등에 예치하여 관리한다(국고금관리법 제18조).

기업특별회계를 관장하는 중앙관서의 장은 선사용자금의 지출을 위하여 필요한 자금을 선사용자금출납공무원에게 교부할 것을 한국은행 등에 청구할 수 있다. 그리고 그 소관에 속하는 기업특별회계에 선사용자금을 운용하고자 하는 때에는 선사용자금출납명령관에게 선사용자금지출한도액을 통지해야 한다.

재무관은 지출원인행위에 따라 선사용자금을 지출하고자 하는 때에는 선사용자금출납명령관에게 지출원인행위 관계서류를 송부해야 한다.

선사용자금출납명령관은 재무관으로부터 지출원인행위 관계서류를 송부받은 때에는 배정된 예산 및 선사용자금지출한도액의 범위에서 해당되는지의 여부 및 해당 회계연도

시부터 조세채무가 존재하지 않은 것을 과세 또는 납부함으로써 명백히 부적법한 납부 · 납입이 된 때에 발생한다.

의 예산과목에 적합한지 여부를 확인한 후 선사용자금출납공무원에게 선사용자금의 지출을 요구해야 한다.

선사용자금출납공무원은 선사용자금출납명령관의 지출요구에 의하여 선사용자금을 지출해야 한다. 선사용자금출납공무원은 매월 말일 현재의 선사용자금의 출납현황을 다음 달 10일까지 지출관에게 통보해야 한다.

지출관은 통보받은 선사용자금의 출납현황에 따라 다음 달 15일까지 선사용자금의 지출금액을 수입징수관에게 납입해야 한다(국고금관리법 시행령 제23조).

4) 수입대체경비

수입대체경비(收入對替經費)는 국가가 특별한 용역이나 시설을 제공하고 그 제공을 받은 자로부터 비용을 징수하는 때의 해당 경비, 그리고 수입의 범위에서 관련된 경비의 총액을 지출할 수 있는 때의 해당 경비를 말한다. 수입대체경비에 있어 수입이 예산을 초과하거나 초과할 것이 예상되는 때에는 그 초과수입을 그 초과수입에 직접 관련되는 경비 및 이에 수반되는 경비에 초과지출할 수 있다(국가재정법 제53조 제1항).

이것은 행정수요의 변화에 탄력적으로 대응하고 행정서비스의 향상을 도모하기 위하여 예산총계주의 원칙의 예외로 인정하고 있다.

경비의 성질상 특정 지출이 직접 수입을 수반하는 경우 해당 수입의 한도에서 해당 경비를 직접 지출할 수 있도록 인정하는 제도다. 여권발급경비, 대학입시경비, 등기소의 등·초본 발급경비 등의 경우가 여기에 해당된다.

수입대체경비와 유사한 수입금마련지출이 있다. 수입금마련지출은 사업의 합리적인 운영을 도모하기 위하여 수요의 증가로 인한 예산초과수입 또는 초과할 것이 예측되는 수입은 그 초과수입에 직접적으로 관련되는 비용에 사용할 수 있는 것을 말한다(정부기업예산법 제19조).

수입대체경비와 수입금마련지출의 차이점은 그 대상경비의 범위에 있어 수입대체경비는 제한적이지만 수입금마련지출은 제한이 없다는 점이다. 지출 목적에 있어 수입대체경비는 지출 자체가 주목적이고 수입이 저절로 부수되는 데 비하여, 수입금마련지출은 수입금 마련 자체가 주목적이고 지출은 이를 위한 수단이라는 점이다.[32]

32 수입금마련지출은 다음 범위에서 할 수 있다(우정사업 운영에 관한 특례법 제14조 참조). 우체국예금특별회계의 수입은 금융영업수입이고 지출은 지급이자, 우체국보험특별회계의 수입은 부가보험료수입이고 지출은 보험보상금이다(국회예산정책처, 대한민국 재정 2016).

제4절 지출관리

1. 지출사무의 관리

세출예산을 이루는 모든 거래를 지출이라고 한다. 지출(payments)은 세출예산 및 기금운용계획의 집행에 따라 국고에서 현금 등이 지급(outlays)되는 것을 말한다. 세출(expenditure)은 한 회계연도의 지출(기간적 개념으로서의 지출)을 의미한다. 지출은 지출원인행위와 채무를 이행하는 행위(협의의 지출)로 구분할 수 있다.

협의의 지출은 다시 지출행위와 지급행위로 구분된다. 지출행위(支出行爲)는 지출원인행위에 따라 지출의사를 결정하고 이것을 이행하기 위해서 지급명령을 하는 행위며, 지급행위(支給行爲)는 지급명령에 의하여 직접 현금을 지급하는 행위, 즉 지출원인행위의 청산을 말한다.[33]

전자자금이체(Electronic Fund Transfer)는 공중망을 이용하여 자금결제를 전산으로 이체하는 것을 말한다.

1) 지출관리기관

기획재정부장관은 지출에 관한 사무를 총괄하는 지출관리기관(支出管理機關)이고, 각 중앙관서의 장은 그 소관에 속하는 지출원인행위와 지출에 관한 사무를 관리한다(국고금관리법 제19조).

지출사무의 관리기관은 각 중앙관서의 장이지만, 실제에 있어서는 지출기관이라고 하

33 정부회계에서는 지출을 광의와 협의로 나누어 사용한다. 협의의 지출은 현금의 지급(disbursement)을 뜻하며 지출원이 지급명령을 발부하는 것을 말한다. 광의의 지출은 공공조직의 목적달성을 위하여 재화나 서비스의 획득에 필요한 자금의 지급(expenditure)을 의미한다. 지출(支出)과 유사한 개념으로 경비 · 비용 · 지급 등이 있다. 경비(expense)는 조직의 목적달성을 위하여 사용된 재화와 서비스의 가치며, 통상 회계기간 동안 발생된 것을 의미한다.

비용 또는 원가(cost)는 특별한 목적달성을 위하여 실질적으로 발생하거나 발생될 재화와 서비스의 소모액을 화폐적 단위로 측정한 가치를 말한다. 사용된 재화와 서비스라는 점에서는 경비와 같으나 특정한 산출물이나 편익을 한정하고 있다는 점에서 경비와 다르다.

지급(disbursement)은 재무적 자원, 즉 금전의 유출(outlow)을 의미한다. 지급은 출납의 개념에서 나가는 것을 의미한다. 미국 연방정부의 회계에서는 지출을 outlays(지출원인행위의 청산의 의미)라고 하며, 이에 대응되는 수입을 receipt라고 한다.

면 지출관과 출납기관(한국은행 · 체신관서 · 출납공무원)을 의미한다. 지방자치단체의 경우 지출원 · 금고 · 출납원이 여기에 해당된다.

중앙관서의 장은 소속 공무원에게 지출원인행위에 관한 사무를 위임한 때에는 그 사실을 지출관, 기획재정부장관 및 감사원에 통지해야 한다(국고금관리법 시행령 제24조).

2) 재무관

재무관(財務官)[34]은 각 중앙관서의 장의 임명(지정)에 의하여 계약이나 지출원인행위를 하는 공무원을 말하며(국고금관리법 제22조 ; 국고금관리법 시행령 제25조), 지방자치단체의 경우 경리관이라고 한다.

재무관은 배정된 예산을 집행할 권한이 있으며 지출원인행위부를 비치하고 기록해야 한다.

중앙관서의 장 또는 재무관이 그 소관에 속하는 세출예산 또는 기금운용계획에 따라 지출하고자 하는 때에는 소속 중앙관서의 장이 임명한 공무원(즉 지출관)에게 지출원인행위 관계서류를 송부해야 한다(국고금관리법 제22조 제1항).

3) 지출관

지출관(支出官)은 재무관이 행한 지출원인행위에 대하여 그 채무를 변제하기 위하여 출납기관(한국은행 또는 체신관서)에게 지출을 명령(지급명령)하는 공무원을 말한다.

지출관은 지방자치단체에서는 지출원이라 하며, 경리관이 행한 지출원인행위에 대하여 출납기관(금고 또는 출납원)에게 지급명령을 발행하여 지출을 명령하는 공무원을 말한다.[35]

중앙관서의 장은 그 소관에 속하는 재무관의 지출원인행위에 대한 지출을 하게 하기 위하여 지출관을 임명해야 하고, 그 사실을 재무관 · 기획재정부장관 · 감사원 및 한국은행 등에 통지해야 한다(국고금관리법 시행령 제26조).

---

34 재무관의 사무의 전부를 대리하는 공무원은 대리재무관, 그 일부를 분장하는 공무원은 분임재무관, 분임재무관의 사무를 대리하는 공무원은 대리분임재무관이라고 한다(국고금관리법 시행령 제105조 제2항 2호).

35 지급명령(warrant)은 지방자치단체의 지출원이 지출원인행위에 의하여 지출이 확정된 금액을 지급함에 있어 현금을 직접 교부하는 대신에 지출원이 발행한 명령서를 금고에 제출하면 이를 현금으로 교환할 수 있는 수표를 대신한 금권을 말한다. 즉 금고를 지급인으로 하고 그 금고로 하여금 지급하도록 지급명령서를 발행하여 채권자에게 교부하는 것이다.

지급명령제도는 지방자치단체가 현금을 직접 지급함에 따르는 번잡을 피하고 현금을 전문으로 취급하는 금고에 대행시킴으로써 현금거래의 정확을 기하려는 것이다.

재무관 · 지출관 · 출납공무원의 직무는 서로 겸직할 수 없다. 다만 기금의 경우에는 지출관과 출납공무원의 직무를 겸할 수 있다.

중앙관서의 장 또는 그 위임을 받은 공무원은 필요하다고 인정할 때에는 지출관,[36] 선사용자금출납명령관 또는 출납공무원의 사무의 전부를 대리하거나 그 일부를 분장하는 공무원을 임명할 수 있다(국고금관리법 제40조 제2항).

그리고 중앙관서의 장은 그 소관에 속하는 지출에 관한 사무를 다른 관서의 소속 공무원에게 위임할 수 있다(국고금관리법 제43조).

4) 지급기관

지급기관(支給機關)은 정부(지출관)가 현금을 지급하는 한국은행 등을 말한다. 중앙관서의 장은 국고금을 현금으로 보관할 수 없다.

한국은행 및 금고은행은 국고금출납의 사무를 취급해야 하고, 금융회사 등으로 하여금 한국은행 등을 대리하여 국고금출납의 사무를 취급하도록 할 수 있다(국고금관리법 제36조). 국가가 소유하는 현금은 한국은행에 예탁해야 한다. 기업특별회계 또는 기금에 속하는 현금은 금고은행에 예치할 수 있다(국고금관리법 시행령 제85조).

한국은행은 국가예금에 대하여 기획재정부장관이 한국은행총재와 협의하여 정하는 이자를 지급해야 한다.

금고은행은 금고은행에 예치된 국가예금에 대하여는 유사한 거래에 적용되는 금리를 참작하여 중앙관서의 장과 금고은행이 약정하는 이자를 지급해야 한다.

한국은행 등은 국고금 취급과 관련하여 국고금대차대조표 등 보고서를 작성(국가예금의 출납상황 포함)하여 기획재정부장관에게 제출해야 한다. 한국은행 등은 감사원이 따로 정하는 바에 따라 국고금관리에 관한 계산서를 작성하여 감사원에 제출해야 한다(국고금관리법 시행령 제87조).

---

36 지출관의 사무의 전부를 대리하는 공무원은 대리지출관, 그 일부를 분장하는 공무원은 분임지출관, 분임지출관의 사무를 대리하는 공무원은 대리분임지출관이라고 한다(국고금관리법 시행령 제105조 제2항 3호).

2. 지출의 과정

1) 지출원인행위

지출원인행위(obligation)는 세출예산, 계속비, 국고채무부담행위 및 기금운용계획에 따라 지출의 원인이 되는 계약 등을 말한다. 국고채무부담행위는 세출예산, 계속비 범위 밖의 채무행위에 해당된다.

다시 말하면 지출원인행위(支出原因行爲)는 지출의 원인이 되는 계약 및 이미 법령이나 계약에 따라 발생된 지출의무를 이행하기 위하여 세출예산에서 지출하기로 결정된 행위를 말한다. 공무원의 임명이나 출장명령도 봉급이나 여비의 지출원인이 되므로 지출원인행위에 해당된다.

지출원인행위제도는 예산집행을 통제하기 위한 것으로서, 예산에 의하여 그 권한이 부여되는 것이다. 지출원인행위는 지출의 전단계로서, 지출원인행위에 의하여 법률상 채무가 바로 부과되지 않고 상대방의 이행이 필요할 때도 있고(이 경우 상대방의 의무이행 시점에서 의무가 발생), 채권자의 별다른 행위가 불필요할 때도 있다.

지출원인행위는 본래 각 중앙관서의 장이 세출예산의 집행자가 되어 직접 집행하는 것이 원칙이나 앞에서 살펴본 바와 같이 재무관(경리관)에게 이를 위임하여 집행한다.[37]

재무관이 지출원인행위를 하는 때에는 법령이나 재배정된 예산의 범위를 초과해서는 안 된다.[38] 재무관은 예산을 초과하여 수입대체경비를 집행하고자 하는 때에는 재무관별로 통지된 수입대체경비의 예산초과집행한도액 및 예산초과수입의 범위에서 지출원인행위를 할 수 있다.

기금을 관장하는 중앙관서의 장은 기금운용계획의 범위에서 기금의 월별자금운용계획을 수립할 수 있으며, 기금의 재무관은 중앙관서의 장으로부터 월별자금운용계획이 통지된 경우에는 그 범위에서 지출원인행위를 해야 한다(국고금관리법 시행령 제25조).

재무관은 지출원인행위를 하려면 지출원인행위서를 작성하고, 이를 지출원인행위부

---

37 지출원인행위는 중앙관서의 장이 법령에 배정된 예산 또는 기금운용계획의 금액범위에서 해야 한다. 각 중앙관서의 장은 직접 지출에 관한 사무를 처리하는 것이 불가능하기 때문에 소속 공무원에게 위임하여 지출원인행위를 하게 할 수 있다(국고금관리법 제20~21조).

계약관은 지출원인행위 또는 세입징수의 원인이 되는 행위를 할 수 있으나 그 범위는 계약행위만을 위임하고 있으므로 예산집행권은 없다. 계약관은 예산집행자가 아니며, 예산집행은 그 업무를 위임한 재무관(경리관)이 한다.

38 여기에서 법령이란「공무원보수규정」과 같이 보수 · 여비 · 수당 · 보상 등을 다룬 각종 규정은 물론이고 사법상의 절차나 효력을 정한「민법」 등의 법규를 포함한다.

에 기재해야 하며, 지출원인행위를 변경한 때에는 그 변경된 사항을 지출관에게 통지해야 하고, 또한 지출의 시기가 도래하기 전에 지출원인행위서에 그 관계서류(계약서 · 설계서 · 규격서 · 검사조서 등)를 첨부하여 지출관에게 송부해야 한다(국고금관리법 시행규칙 제39~42조).

2) 계약

계약(契約)은 법률적 효과의 발생을 목적으로 두 개 이상의 의사표시의 합치에 의하여 성립하는 법률행위이다. 세출예산 중 인건비가 주종을 이루는 일반행정비 외에 사업비예산은 대부분 계약에 의하여 지출된다. 따라서 계약은 지출원인행위 중에서 가장 기본적인 것이다.

계약제도는 재정규모의 팽창, 공공사업의 대형화와 장기화, 경기변동 등 계약여건의 변화에 따라 신축성 있게 운영되어야 한다. 「국가를 당사자로 하는 계약에 관한 법률(이하 국가계약법이라 함)」[39]에서는 계약의 일반적 원칙으로서 계약은 상호 대등한 입장에서 당사자의 합의에 따라 체결되어야 하며, 당사자는 계약의 내용에 따라 신의성실(信義誠實)의 원칙에 따라 이를 이행해야 한다고 규정하고 있다(국가계약법 제5조 제1항).

계약은 특별한 경우를 제외하고는 일반경쟁계약(一般競爭契約)의 방법에 의한다. 물론 「국가계약법」은 공공성을 띠고 있어서 공공계약의 성격상 필요에 의하여 사법상의 계약원칙이 제약되는 때도 있다. 즉 일정한 요건을 갖춘 자에 한하여 경쟁입찰에 참가하게 하거나(제한경쟁계약), 지명경쟁입찰에 의할 수도 있으며(지명경쟁계약), 수의계약(隨意契約)에 의할 수도 있다(국가계약법 제7조).

3) 지출의 절차

과거에는 재무관이 행한 지출원인행위에 의하여 지출관이 수표(국고수표)를 발행하였으나, 2002년 12월 30일 「국고금관리법」의 제정으로 국고수표발행제도가 폐지되었다. 지출관이 채권자의 예금계좌 또는 지로계좌로 이체하여 직접 지급하도록 하였다.

즉 중앙관서의 장 또는 재무관은 그 소관에 속하는 세출예산 또는 기금운용계획에 따라 지출하고자 하는 때에는 지출관에게 지출원인행위 관계서류를 송부해야 한다. 지출

39 1962년의 「예산회계법」 제정 당시에는 계약에 관한 규정이 간단하였으나, 1975년에 개정되면서 장기계속계약과 개산계약이 채택되었고, 1994년에는 「국가를 당사자로 하는 계약에 관한 법률」이 제정되면서 「예산회계법」에서는 삭제되었다.

관이 지출하고자 하는 때에는 채권자 등의 계좌로 이체하여 지급해야 한다.[40]

정부구매카드로 경비를 지급한 때에는 지급결의서를 사용건별로 작성하던 것을 예산과목별 1건으로 작성하도록 특례를 두었다. 그리고 설계변경이나 물가변동 등으로 인하여 계약금액이 변경되는 때에는 기성대가(旣成代價)를 개산급으로 지급할 수 있도록 하는 등 관서의 운영에 소요되는 경비의 지급방법을 간소화하였다.

채권자 등에 대한 자금지급 때 영수증을 수령하도록 하였던 것을 현금으로 지급하는 경우에만 영수증을 수령하도록 변경하였다. 이것은 영수증 제출과 관련한 국민의 불편을 해소하기 위함이다.

4) 지출의 원칙과 방법

(1) 지출의 원칙

지출에는 다음과 같은 원칙과 예외가 있다. 첫째, 지출관은 국고금의 지급사무를 수탁하여 처리하는 자(즉 채권자 등)를 수취인으로 하는 때 외에는 지출을 할 수 없다. 그러나 출납공무원에게 자금을 교부하려는 때에는 예외로 인정하고 있다(국고금관리법 제23조).

둘째, 해당 회계연도 개시 후가 아니면 지출할 수 없다. 그러나 준예산이나 회계연도 개시 전 관서운영경비의 지급은 예외로 인정하고 있다(국고금관리법 제25조).

셋째, 회계연도 소속구분, 즉 회계연도독립의 원칙을 지켜야 한다. 그러나 지난 연도 지출, 지출금의 반납 등을 예외로 인정하고 있다(국고금관리법 제28~29조).

넷째, 확정채무가 존재하고 그 이행시기가 도래하지 않으면 지출할 수 없다. 그러나 선급이나 개산급은 미리 지급하거나 개산하여 지급할 수 있다(국고금관리법 제26조).

(2) 지출의 방법

지출관은 일정한 요건이 충족되었는지 여부를 확인하고 지출해야 한다.[41] 지출원인행위에 따라 지출관이 지출하고자 하는 때에는 채권자 또는 법령이 정하는 바에 따라 국고금의 지급사무를 수탁하여 처리하는 자의 금융기관 예금계좌로 이체하여 지급해야 한

---

40 다만 정보통신장애 등 계좌이체가 불가능한 때 예외적으로 현금 등을 채권자에게 직접 지급할 수 있다(국고금관리법 제22조).

41 여기에서 일정한 요건이란 다음 각 호를 말한다(국고금관리법 시행령 제27조). ㉠ 지출원인행위의 준칙 및 지출원인행위의 제한규정에 따를 것, ㉡ 지출의 절차에 따라 지출원인행위 관계서류가 송부되었을 것, ㉢ 지출 관별 · 월별 세부자금계획의 각 예산과목의 금액 이내일 것, ㉣ 지출원인행위부에 기재되었을 것, ㉤ 기금은 기금의 보유금액에서 운용 중인 여유자금을 제외한 금액 이내일 것.

다.[42]

지출관이 한국은행 등으로 하여금 채권자 등의 예금계좌로 이체하도록 할 때에는 기획재정부장관이 정하는 국고금입금요구서 또는 국고금대체입금요구서를 한국은행에 송부해야 한다.

지출관은 디지털예산회계시스템에 의하여 그 업무를 수행할 수 있다. 채권자 등의 예금계좌가 개설된 금융기관의 정보통신매체 및 프로그램에 장애(정보통신장애)가 발생하여 이체가 불가능한 때에는 채권자 등의 협조를 얻어 계좌이체가 가능한 금융기관의 예금계좌로 이체할 수 있다(국고금관리법 시행령 제28조).

그리고 지출관은 국고금입금요구서 등을 한국은행 등에 송부함에 있어 정보통신장애로 인하여 디지털예산회계시스템을 이용할 수 없는 때에는 국고금입금요구서 등을 출력하여 기획재정부령이 정하는 방법으로 한국은행 등에 송부할 수 있다(국고금관리법 시행령 제29조).

지출관은 채권자 등에게 자금을 지급한 때에는 공무원에 대한 급여 등 지급사실이 명확한 경우를 제외하고는 영수증서를 받아야 하고, 채권자 등이 사업자인 때에는 세금계산서 또는 계산서를 수령해야 한다(국고금관리법 시행규칙 제51조).

3. 지출의 특례

1) 관서운영경비

관서운영경비(官署運營經費)는 관서를 운영하는 데 필요한 경비로서, 그 성질상 규정된 절차에 따라 지출하면 업무수행에 지장을 가져올 우려가 있어 출납공무원으로 하여금 지출관으로부터 교부받아 지급하게 하는 경비를 말한다.[43]

관서운영경비를 교부받아 지급하는 출납공무원(관서운영경비출납공무원)은 교부된 자

42 공공부문의 회계질서 확립을 위하여 1975년 이후부터 채권자 계좌입금제도를 채택하였다. 특히 1993년 8월 금융실명제의 실시로 채권자 계좌입금제도는 매우 중요한 정부회계의 내부통제수단으로 이용되고 있다.

43 관서운영경비의 범위는 다음과 같다(국고금관리법 시행령 제31조). ㉠ 운영비(복리후생비 · 연구개발비 · 학교운영비 · 위탁사업비 제외) · 특수활동비 및 업무추진비 중 기획재정부령이 정하는 금액 이하의 경비, ㉡ 외국에 있는 채권자가 외국에서 지급받고자 하는 때에 지급하는 경비(재외공관 및 외국에 설치된 국가기관에 지급하는 경비 포함), ㉢ 여비, ㉣ 규정된 절차에 따라 지출할 때 업무수행에 지장을 가져올 우려가 있는 경비로서 기획재정부령이 정하는 경비.

금의 범위에서 지급원인행위(支給原因行爲)를 해야 하고,[44] 지출관으로부터 교부받은 예산과목별 사용한도액의 범위에서 관서운영경비를 지급해야 한다. 이때 채권자 등으로부터 지급의 청구가 있는 때에는 정당성 여부를 조사한 후 지급해야 한다.

관서운영경비는 관서운영경비출납공무원이 금융기관에 개설된 예금(국고예금)으로 예치하여 관리해야 하며,[45] 이를 지급하고자 하는 때에는 정부구매카드(신용카드)를 사용하여야 한다. 다만 경비의 성질상 정부구매카드를 사용할 수 없는 때에는 계좌이체의 방법으로 지급할 수 있다(국고금관리법 제24조).[46]

중앙관서의 장 또는 그 위임을 받은 공무원은 관서운영경비에 한하여 회계연도 개시 전에 필요한 자금을 관서운영경비출납공무원으로 하여금 지출관으로부터 교부받아 지급하게 할 수 있다. 다만 그 자금은 기획재정부장관이 회계연도의 일시차입금 최고액의 범위에서 일시차입할 수 있다(국고금관리법 제25조).

관서운영경비출납공무원은 매 회계연도의 관서운영경비의 사용잔액을 다음 회계연도 1월 20일까지 해당 지출관에게 반납해야 한다. 선사용자금출납명령관으로부터 교부받은 경우에도 마찬가지다. 재외공관 및 해외주재관은 그 사용잔액을 다음 회계연도의 재외공관 및 해외주재관에 교부할 관서운영경비에서 차감하는 것으로써 반납에 갈음할 수 있다(국고금관리법 시행령 제37조).

2) 선급과 개산급

선급(先給)과 개산급(概算給)은 지출관이 운임, 용선료, 공사 · 제조 · 용역계약의 대가 등 경비의 성질상 미리 지급하지 아니하거나 개산하여 지급하지 아니하면 사무 또는 사업에 지장을 초래할 우려가 있는 때에 이를 미리 지급하거나 개산하여 지급하는 경비를 말한다(국고금관리법 제26조).

선급(prepayment)은 금액이 확정된 채무에 대하여 상대방이 그 채무에 관계되는 의무

44 지급원인행위란 관서운영경비출납공무원이 지출관으로부터 교부받은 관서운영경비에 의하거나 국고금운영계정출납명령관이 국고금에 의하여 지급의 원인이 되는 행위를 하는 것을 말한다(국고금관리법 시행령 제2조 3호).

45 재외공관의 경우에는 관서운영경비를 현지에 있는 금융기관 또는 외국금융기관에 예치하여 관리할 수 있다(국고금관리법 시행령 제39조 제1항).

46 계좌이체의 방법으로 현금을 지급할 수 있는 경비는 ㉠ 관서운영경비를 기획재정부장관이 정하는 용도에 지급하려는 경비, ㉡ 외국에 있는 채권자가 외국에서 지급받고자 할 때 지급하는 경비, ㉢ 경비 중 국내여비 및 외국인에게 지급하는 국외여비, ㉣ 도서벽지나 산간오지 등 신용카드 가맹점이 없는 지역으로 정부구매카드를 사용할 수 없는 때, ㉤ 분임관서운영경비출납공무원에게 관서운영경비를 재교부하려는 때 등이다(국고금관리법 시행령 제36조).

를 이행하기 전에, 또는 지급할 시기가 도래하기 전에 그 금액의 전부 또는 일부를 지급하는 것을 말한다.

선급할 수 있는 경비는 외국에서 직접 구입하는 기계 · 도서 · 표본 또는 실험용 재료의 대가 등인데,[47] 계약체결 후 계약상대자의 청구를 받은 날부터 14일 안에 지급해야 한다(국고금관리법 시행령 제40조 제3항).

개산급은 채무는 존재하나 지급할 금액이 미확정인 때 개략금액으로 채무이행기 도래 전에 지급하고 사업실적에 의하여 채무액을 확정 · 정산하는 것을 말한다. 개산급은 미리 지급한다는 점에서 선급과 같으나 지출할 금액이 확정되지 않았다는 점이 다르다. 개산급은 사후에 정산(精算)을 해야 한다.[48]

3) 지난 연도 지출

지난 연도에 속하는 채무확정액으로서 지출하지 아니한 경비는 현 연도 세출예산에서 지출하여야 하는데, 그 경비 소속연도의 해당 과목 가운데 쓰지 아니한 금액을 초과하지 못한다(국고금관리법 제28조).

이것은 본래 채권자의 부당한 손해를 구제하기 위한 것이다. 해당 소속연도의 출납정리기한 안에 지출하지 못하는 때 회계연도독립의 원칙을 엄격히 적용하면 지출할 방법이 없고, 따라서 채권자에게 부당하게 손해를 주게 되므로 이를 구제하기 위하여 인정하고 있다.

그러나 이것을 무제한으로 인정하면 예산이 부족할 때 그 해에 지출하지 않고 다음 해에 지난 연도 지출을 하여 회계연도의 소속구분을 문란하게 할 우려가 있다. 따라서 지난 연도 지출은 불용금액을 초과하여 지출할 수 있는 경비를 공무원의 보수 등으로 제한하고 있다.[49]

47 선급의 지급대상 18가지는 「국고금관리법 시행령」 제40조 제1항에 규정되어 있다.

48 개산급의 지급대상은 국가기관 등에 대하여 지급하는 경비, 보조금 · 부담금과 교부금, 국제연합기구에 지급하는 경비, 재해구호 및 복구에 소요되는 경비, 그 밖에 기획재정부령이 정하는 경비다(국고금관리법 시행령 제41조).

49 지난 연도에 속하는 채무확정액으로서 불용금액을 초과하여 지출할 수 있는 경비는 공무원의 보수, 사망보상금, 장애보상금, 보험료, 배상금 및 보상금, 반환금과 결손보상금 및 상환금, 보험금 및 보험료상환금, 이자, 국제조약 및 협정에 의한 비용, 농지대가보상금, 전염병예방 및 검역비, 환자수용비 등 12가지다(국고금관리법 시행령 제42조).

4) 지출금의 반납

지출금의 반납(refund)은 정상적인 절차에 의하여 세출로서 지출된 금액이 계산착오 등의 사유로 반납된 것을 말한다. 이와 같이 지출된 금액이 반납되는 때에는 각각 그 지출한 과목에 반납해야 하나, 출납이 완결된 연도에 속하는 지출금이 반납되는 때에는 현연도의 수입에 편입해야 한다(국고금관리법 제29조).

지출금의 반납(返納)은 반납액을 세출예산에 부활시키고 재차 세출예산으로서 사용하게 하려는 데 그 취지가 있다. 반납할 수 있는 요건은 중대한 과실에 의한 과오납이 아니어야 하며, 반납이 지출된 연도의 출납정리기간 안에 행해진 경우여야 한다. 만일 반납요건이 되지 아니하면 세입금으로 처리해야 한다.

이미 지출된 국고금을 해당 지출과목에 반납하고자 하는 때에는 해당 회계연도 말일까지 반납해야 한다. 다만 관서운영경비출납공무원이 교부받은 관서운영경비를 반납하는 때에는 출납정리기한인 다음 회계연도 1월 20일까지 반납할 수 있다(국고금관리법 시행령 제7조).

지출관이 지출된 금액을 해당 예산과목에 반납하고자 하는 때에는 국고금반납고지서를 반납의무자에게 송부해야 한다. 지출관은 반납금의 수납결과를 한국은행 등으로부터 통지받은 때에는 그 사실을 중앙관서의 장에게 보고해야 한다(국고금관리법 시행규칙 제74조).

지출한 금액을 반납받고자 하는 때에는 반납의무자에게 반납의 고지를 해야 하며, 한국은행 등이 반납금을 수납한 때에는 지출금의 반납자에게 영수증을 교부하고 수납 내역을 지출관에게 통지해야 한다. 다만 지출된 회계연도의 말일을 경과하여 반납된 때에는 수입징수관에게 통지해야 한다(국고금관리법 시행령 제45~46조).

5) 상계

수입징수관 · 지출관 및 출납공무원은 국가의 채무와 채권이 동일인에게 속하는 때에는 이를 상계(相計)처리할 수 있는데, 이때 그 결과를 상계액표에 따라 상계대상 수입금 및 지출금의 해당 회계관계공무원[50]에게 통지해야 한다.

수입징수관은 상계가 있는 수입금에 대하여 징수결정을 한 때에는 상계액에 상당하는 금액에 대하여 지출관 또는 출납공무원의 관직과 성명을 납입고지서에 덧붙여 적어

50 여기에서 회계관계공무원이란 수입징수관 · 재무관 · 지출관 · 선사용자금출납명령관 · 출납공무원 및 이들 사무의 전부를 대리하거나 그 일부를 나누어 처리하는 자를 말한다(국고금관리법 시행규칙 제2조 1호).

이를 해당 지출관 또는 출납공무원에게 송부하되, 해당 납입고지서의 표면 여백에 '상계액'이라고 표시해야 한다.

6) 회계연도 개시 전 배정

회계연도 개시 전 배정은 일정한 경비에 한하여 회계연도 개시 전에 예산을 배정함으로써 계약체결이나 사업공고 등 지출원인행위를 회계연도 개시 전에 추진하여 연초에 바로 자금집행이 가능하도록 한 것을 말한다. 경제정책상 조기집행을 필요로 하는 공공사업비는 회계연도 개시 전에 예산을 배정할 수 있다(국가재정법 시행령 제16조 제5항 7호).

4. 장부의 기록과 보고

1) 장부의 기록

수입징수관은 수입징수부를 비치하고 수입징수에 관한 사항, 재무관은 지출원인행위부를 비치하고 지출원인행위에 관한 사항, 지출관은 지출부를 비치하고 지출에 관한 사항, 출납공무원은 자금출납부를 비치하고 자금의 출납에 관한 사항, 선사용자금출납명령관은 지출관에 준하여 지출부를 비치하고 지급명령에 관한 사항을 기록해야 한다(국고금관리법 시행령 제92조).

중앙관서의 장은 세입부 및 세출부를 비치하고 그 소관에 속하는 회계 또는 계정의 수입 및 지출내역을 기록해야 하는데, 그 장부는 소속 회계 관계공무원이 디지털예산회계시스템을 이용하여 제출하는 보고서의 집계자료로써 갈음할 수 있다(국고금관리법 시행령 제93조).

기획재정부장관은 총세입부 및 총세출부를 비치하고 국가의 세입 및 세출내역을 기록해야 하는데, 이러한 장부는 중앙관서의 장이 디지털예산회계시스템을 이용하여 제출하는 보고서의 집계자료로써 갈음할 수 있다. 그리고 기획재정부장관은 매 회계연도 2월 10일에 감사원장이 지정하는 감사위원, 그 밖의 공무원이 참여한 가운데 직전 회계연도의 총세입부와 총세출부를 마감해야 한다(국고금관리법 시행령 제94조).

한국은행 등은 국고금의 출납을 기록할 장부를 비치하고 국가를 위하여 취급하는 현금의 출납을 기록해야 한다(국고금관리법 시행령 제96조).

2) 보고서의 제출

수입징수관 · 재무관 및 지출관(이하 수입징수관 등이라 함)은 각각 매월의 수입징수보고서 · 지출원인행위액보고서 및 지출액보고서를 작성하여 다음 달 5일까지 그 소속 중앙관서의 장에게 제출해야 하고, 중앙관서의 장은 이를 종합하여 다음 달 7일까지 기획재정부장관에게 제출해야 한다.

수입징수관은 출납정리기한 중에 출납의 사실이 있는 때에는 출납정리기한 일자로 장부를 마감하고 수정된 최종보고서를 1월 25일까지 중앙관서의 장에게 제출해야 하며, 중앙관서의 장은 이를 종합하여 1월 31일까지 기획재정부장관에게 제출해야 한다. 출납공무원은 자금출납보고서를 작성하여 다음 달 3일까지 수입징수관 및 지출관에게 보고해야 한다(국고금관리법 시행령 제97조 제1~3항). 이러한 장부의 기록 · 비치 · 보고는 디지털예산회계시스템을 이용해야 한다.

제5절 자금관리

1. 자금의 계획 및 조달

예산이 성립되면 중앙관서의 장은 수입 · 지출의 전망 및 자금의 출납에 관한 사항을 종합적으로 고려한 월별자금계획서(중앙관서별 월별자금계획서)를 작성하여 기획재정부장관에게 제출해야 한다.[51] 그리고 중앙관서의 장은 월별자금계획서에 따라 월별세부자금계획서(중앙관서별 월별세부자금계획서)를 작성하여 매월 기획재정부장관에게 제출해야 한다.[52]

기획재정부장관은 이 계획서를 종합(필요한 경우 조정)하여 월별세부자금계획서를 작성하여 이를 중앙관서의 장 및 한국은행에 통지해야 한다.

51 중앙관서별 월별자금계획서의 수입계획서에는 세입예산에 정하는 관 · 항 · 목의 구분, 지출계획서에는 세출예산에 정하는 장 · 관 · 항 · 세항의 구분을 명백히 해야 한다(국고금관리법 시행령 제47조).

52 중앙관서별 월별세부자금계획서는 매월 마지막 근무일 1주일 전까지 기획재정부장관에게 제출해야 한다(국고금관리법 시행령 제49조 제1~2항).

중앙관서의 장은 기획재정부장관으로부터 통지받은 월별세부자금계획의 범위에서 그 소속 지출관별 월별세부자금계획서를 작성하여 이를 해당 지출관에게 통지해야 한다(국고금관리법 시행령 제50조 제1항).

기획재정부장관은 회계 및 계정의 자금수급상 필요하다고 인정되거나 중앙관서의 장으로부터 요청[53]을 받은 때에는 국고금의 상호예탁, 재정증권의 발행 또는 한국은행으로부터의 일시차입의 방법으로 필요한 자금을 조달할 수 있다(국고금관리법 시행령 제51조).

2. 국고금의 관리

1) 국고금 관리의 의의

국고금(國庫金)은 정부가 공공행정업무를 수행하기 위하여 조달하고 운용하는 모든 현금을 말한다. 「국고금관리법」 제2조는 국고금을 ㉠ 법령 또는 계약 등에 의하여 국가의 세입으로 납입되거나 기금에 납입된 모든 현금 및 현금과 동일한 가치를 가지는 것으로서 대통령령이 정하는 것, ㉡ 국가가 징수한 지방소비세를 지방세입으로 납입하기 전까지 일시적으로 보유한 현금 등, ㉢ 재정증권의 발행 또는 한국은행으로부터의 일시차입에 의하여 조달된 현금, ㉣ 국고금의 운용 목적으로 취득한 금융자산으로 정의하고 있다.

국고금 관리는 국고금의 조달과 지출 등 세입세출예산의 실제 집행과정에서의 전반적인 국가 시재금(時在金, 지출하고 난 후 남아 있는 돈)의 관리를 의미한다. 그 관리목적은 재정지출에 필요한 자금의 조달 규모와 시기를 최적화하고 유휴자금은 최소화함으로써 재정활동의 비용을 최소화하려는 것이다.

2) 국고금의 수입 · 지출 절차

국고금의 수입은 국고금이 세입으로 납입되거나 기금에 납입되는 것을 말한다. 법령에서 정하는 것에 따라 국고금을 징수하거나 수납하게 되며, 중앙행정기관의 장은 소관 수입의 징수에 관한 사무를 수입징수관(收入徵收官)에게 위임하여 납입을 고지하고 징수

53 특별회계 또는 계정(국고금의 수급액을 기록하기 위하여 한국은행에 설치된 것)을 관장하는 중앙관서의 장은 일시적으로 부족한 자금을 조달받고자 하는 때 다음 사항을 명백히 하여 기획재정부장관에게 자금의 조달을 요청해야 한다. 그것은 자금을 필요로 하는 사유와 그 금액, 조달을 필요로 하는 연월일, 자금의 상환기한 및 상환계획, 그 밖의 참고사항 등이다(국고금관리법 시행령 제51조 제2항).

한다.

국고금의 실질적인 수납에 관한 사무를 담당하는 자를 출납공무원(出納公務員)이라 하고, 출납공무원이 수납한 국고금의 납입 또는 납세의무자가 직접 납부하는 국고금의 출납사무는 한국은행(韓國銀行)이 담당한다. 한국은행은 국고금 취급에 필요한 여건을 갖춘 금융기관과 국고금 취급에 관한 계약을 체결한 후 해당 금융기관의 영업점을 국고대리점(國庫代理店)으로 지정하여 국고금 수납업무를 대행하게 한다.

국고대리점이 수납한 국고금의 경우 국고대리점이 당일 중 수납 받은 국고금 내역을 전산입력하면 금융기관 본점의 전산부서는 이 내역을 취합하여 국고전산망을 통해 다음 영업일 오전까지 한국은행으로 전송하며, 한국은행은 해당 금융기관의 한국은행 계좌에서 국고금을 출금한다.

국회에서 확정된 예산은 예산배정 → 자금배정 → 실제 지출의 과정을 거쳐 집행된다. 실제 지출은 자금배정 금액 범위에서 각 부처가 채권자, 수급권자 등에게 지급한다.

과거에는 지출관(支出官)이 국고수표를 발행하면 한국은행 국고대리점이 그 국고수표의 소지인에게 국고금을 지급하였으나, 2003년 1월부터는 지출 의뢰 정부부처, 한국은행, 금융기관 간에 전산시스템(국고전산망)을 연결하여 지출관의 지급결의에 의해 한국은행이 실시간으로 채권자의 예금계좌로 국고금을 지급하고 있다. 구체적으로는 지출관이 지출결의를 바탕으로 지출금 이체를 요청하는 국고금 입금요구 전문을 디지털예산회계시스템(d-brain)을 통해 한국은행에 전송하면, 한국은행은 실시간으로 금융기관에 개설된 채권자의 계좌로 국고금을 지급한다.

국고금은 조세 납부시기에 따라 특정 시기에 집중적으로 수납되는 반면 지출은 수시로 이루어지기 때문에 조세 수납액과 지출액의 차이에 따라 일시 여유자금이나 부족분이 발생하게 된다. 이에 따라 여유자금은 국고금의 통합계정을 통하여 관리되고, 부족자금은 재정증권 및 한국은행 일치차입금 등으로 조달한다.

3) 국고금의 통합관리

정부는 국고금의 수급을 원활하게 조절하고 정부 내부자금을 최대한 활용하고 외부자금 조달비용을 절감하기 위하여 회계별 · 계정별로 구분하여 관리되고 있던 국고금을 2005년부터 통합하여 관리하고 있다. 여기에는 일반회계와 15개 특별회계가 통합계정에 포함되고, 우체국보험 · 우체국예금 · 양곡관리 특별회계는 통합계정에서 제외된다.

통합계정의 자금은 ㉠ 국공채 및 한국은행 통화안정증권의 매매, ㉡ 금융회사 예치 또는 단기 대여, ㉢ 증권금융회사 또는 종합금융회사가 발행하는 채무증서의 매매 등의 형태로 운용한다. 현재는 한국증권금융, 한국산업은행, 국민은행이 국고금 위탁운용기관으로 지정되어 국고금을 운용하고 있다.[54]

4) 국고 부족자금의 조달

기획재정부는 자금배정 때 지출소요를 고려하여 연간·월간 자금조달계획을 함께 수립한다. 기간별 세입전망과 지출 예상소요를 고려하여 자금 부족이 예상되면 적자국채 발행, 일시차입금 등으로 보완하여 자금을 조달한다.

「국고금관리법」 제32조에서는 국고금 출납상 필요한 때에는 재정증권 발행 또는 한국은행 일시차입금 등을 통해서 자금을 조달하도록 규정하고 있다. 일시적 부족자금의 조달 및 최고한도액은 회계별·계정별·기금별로 예산총칙으로 국회의 심의·의결을 받고, 재정증권 발행 또는 한국은행 일시차입금으로 조달한 자금은 해당 연도 세입으로 상환하도록 하고 있다.

그리고 기획재정부장관은 국고금의 수급상 필요한 때에는 통합관리를 하지 않는 회계·계정, 통합계정, 공공자금관리기금의 자금을 세입세출예산 또는 기금운용계획 외로 상호 예탁할 수 있다(국고금관리법 제31조 제3항).

3. 재정증권의 발행

재정증권(財政證券)은 국고의 일시적 자금부족을 해소하고 재정적자를 메우기 위하여 정부가 발행하는 만기 1년 이내의 유가증권을 말한다. 우리나라의 재정증권에는 통화관리 목적의 재정증권과 국고출납 목적의 재정증권이 있다.

통화관리용 재정증권은 유동성 팽창압력을 흡수하기 위하여 국고여유자금 계정의 부담으로 발행되며 회계연도의 이월상환이 가능하다. 국고출납용 재정증권은 일반회계 및 특별회계의 일시적 자금부족을 해소하기 위하여 각 회계의 자체부담으로 발행되며 해당 회계연도 안에 상환해야 한다.[55]

---

54 기획재정부장관은 국고금의 출납상 필요하다고 인정할 때에는 정부의 각 회계 또는 계정의 자금을 세입세출예산 외로 통합관리할 수 있다(국고금관리법 제31조).

국고금 운용수익은 2011년까지 흑자였으나 2012년부터는 지속적으로 적자를 기록하고 있다. 2015년 국고금 운용수익은 545억원, 차입 이자비용은 1308억원으로 재정수지는 마이너스 763억원이었다.

55 유가증권(有價證券)은 사법상의 재산권을 표시한 증권으로, 어음·수표·채권·주권 등을 의미한다. 국가

재정증권은 국회의 의결을 얻은 범위에서 일반회계 또는 특별회계의 부담으로 기획재정부장관이 발행한다(국고금관리법 제33조). 재정증권은 공개시장에서 발행하되, 필요한 경우 금융회사, 정부출자기업체, 보험회사, 그 밖의 자(투자매매업자, 투자중개업자, 증권금융회사, 종합금융회사 등)에게 매각할 수 있다(국고금관리법 시행령 제53조 제2항).

재정증권의 이율, 만기상환일, 상환조건 등은 기획재정부장관이 정하여 공고하고, 액면 또는 할인의 방법으로 발행한다. 그 청구권은 만기상환일이 경과한 날부터 5년간 행사하지 않으면 소멸시효가 완성한다(국고금관리법 제33조).

4. 한국은행 일시차입

한국은행 일시차입금은 회계연도 안의 일시적인 현금의 부족을 보충하기 위하여 한국은행으로부터 차입하는 것이다. 한국은행 일시차입금의 이율과 그 밖의 조건은 금융통화위원회가 정한다(한국은행법 제75조).

금융통화위원회는 2015년 일시차입금리 결정 때 ㉠ 국고자금 부족은 재정증권 발행을 통해 조달하도록 최대한 노력하고, ㉡ 일시차입이 기조적(基調的) 부족자금 조달수단으로 활용되지 않도록 유의하며, ㉢ 차입의 시기와 규모 등에 대해 한국은행과 사전에 협의할 것을 조건으로 제시하였다.[56]

5. 예산성과금제도

1) 예산성과금제도의 의의

예산성과금(豫算成果金)은 예산의 집행방법 또는 제도의 개선 등으로 인하여 수입이

가 소유하는 유가증권은 기획재정부장관이 관리한다. 다만 특별회계 또는 기금에 소속된 것은 그 특별회계 또는 기금을 관리하는 중앙관서의 장이 관리한다(국가재정법 시행령 제46조). 유가증권을 한국거래소의 유가증권시장(KOSPI)이나 한국증권업협회가 설치한 협회중개시장(KOSDAQ)을 통해 매각하는 때에는 예정가격 없이 그 시장에 형성되는 실물가격에 의한다.

2016년도 재정증권을 발행할 수 있는 최고한도액은 통합계정(일반회계 및 특별회계 적용) 30조원, 공공자금관리기금 8조원, 양곡관리특별회계 2조원, 국유재산관리기금 0.2조원이었다(국회예산정책처, 대한민국 재정 2016).

56 2016년도 차입금 한도액 또는 국채발행 한도액은 주택도시기금(구 국민주택기금) 16조원, 공공자금관리기금 111조원, 외국환평형기금 5억달러(미국 달러기준)였다. 다만 해당 연도에 발행한 국채를 차환하기 위한 국채발행액은 그 한도액에 포함되지 아니한다(국회예산정책처, 대한민국 재정 2016).

증대되거나 지출이 절약된 때에 이에 기여한 자에게 성과금을 지급하는 제도다. 각 중앙관서의 장은 이 제도로 절약된 예산을 예산성과금심사위원회의 심사를 거쳐 다른 사업에 사용할 수 있다(국가재정법 제49조).

다양한 인센티브를 통하여 수익성을 제고하고 비용을 절약하는 민간의 경영기법을 공공부문에 도입한 것으로, 공무원의 창의적인 노력에 대해 금전적인 보상을 지급하자는 취지로 도입되었다.

우리나라의 공공부문에 예산성과금제도가 도입된 것은 1999년에 개정된 「예산회계법」과 1999년에 제정된 「예산성과금규정」에서 비롯되었고, 현재의 「국가재정법」 제49조에도 그 근거를 두고 있다. 2001년에는 예산성과금 지급대상을 국민제안으로 확대하였고, 「예산성과금심사위원회 운영세칙」에 그 지급대상 및 지급제외대상을 예시하고 심사기준을 세분화하였다.[57]

예산성과금은 특별한 노력을 통하여 예산의 집행방법이나 제도를 개선하여 예산이 절약되거나 국고수입이 증대된 때에 지급한다.[58] 여기에서 '특별한 노력'이란 공무원의 당연한 직무수행을 위한 노력 이상의 창의성을 필요로 하며, 그런 점에서 정부업무평가에 의한 성과급과 다르다.

그리고 '예산절약이나 수입증대'는 실현되어야 한다는 점에서 제안제도와 다르다. 또한 창의성, 노력정도, 파급효과 등을 예산성과금심사위원회를 거친다는 점에서 밀수 포상금 등 단순실적에 의해 지급되는 인센티브와도 구별된다.

2) 예산성과금의 지급요건

예산성과금은 자발적 노력에 의한 정원감축, 예산의 집행방법 또는 제도의 개선 등으로 업무성과는 종전의 수준 이상으로 유지하면서 경비를 절감하여 예산이 남게 된 경우, 그리고 특별한 노력으로 새로운 세입원 발굴, 제도개선 등으로 국고의 수입이 증대

57 기획재정부장관 소속하에 설치된 예산성과금심사위원회는 위원장 1인(기획재정부장관이 지명하는 기획재정부차관)과 부위원장 1인(기획재정부 기획조정실장)을 포함한 12인 이내의 위원으로 구성한다. 위원은 ㉠ 기획재정부 세제실장, 행정자치부 기획조정실장, 기획재정부 예산실장 및 기획재정부장관이 지정하는 직위에 있는 공무원, ㉡ 예산회계 및 국세분야에 관한 전문지식이 풍부한 자 중에서 기획재정부장관이 위촉하는 자(임기 2년)로 하며, 간사 1인(기획재정부 소속 공무원 중에서 위원장이 지명)을 둔다. 위원회에 출석한 위원에게는 예산의 범위에서 수당과 여비를 지급할 수 있다. 다만 공무원인 위원이 그 소관업무와 직접 관련하여 위원회에 출석하는 때에는 그러하지 아니하다(예산성과금규정 제5~11조).

58 한국의 예산성과금제도는 텍사스 주정부의 State Employee Incentive Program, 워싱턴 주정부의 Savings Incentive Program, 볼티모어 카운티의 Gainsharing 등과 유사하다. 미국 연방정부의 False Claims Act도 일종의 예산절약 인센티브제도라고 할 수 있다.

되거나 국유재산이 증대된 때에 지급한다(예산성과금규정 제4조).

예산성과금의 지급대상은 지급요건을 갖춘 중앙관서 소속 공무원, 중앙관서의 사무를 위임 · 위탁받아 수행하는 기관의 임직원, 채택된 국민제안을 제출한 자, 중앙관서의 장에게 예산낭비에 대한 신고를 하거나 예산낭비 방지와 관련된 제안을 제출한 자 등이다(예산성과금규정 제15조).

예산성과금의 지급한도는 각 부처가 자발적으로 법령상 직제를 축소한 때 축소된 인력 해당 인건비의 1년분 이내, 경상적 경비를 절약한 때 절약액의 50% 이내, 주요 사업비를 절약한 경우 절약액의 10% 이내, 국고수입을 증대시킨 때 수입증대액의 10% 이내다.

예산절약액 또는 세입증대액의 산정기준은 다음과 같다.

첫째, 법령상 직제축소는 연도 중 감축된 인력 해당 인건비에서 증가된 인력 해당 인건비를 공제한 금액으로 한다.

둘째, 경상적 경비는 동일한 성과를 유지하면서 예산이 절약된 규모로서 각 부처가 자율적 기준을 마련하여 절약 내역별로 산정한다. 예산명세서에서 주요 사업비로 분류된 예산은 소관 행정관서의 일상적인 업무수행에 지출되는 경비로서 경상적 경비 성격의 비목인 때에는 예산성과금 신청기관의 장의 요청에 따라 경상적 경비로 볼 수 있다.

셋째, 주요 사업비는 동일한 수준의 성과를 유지하면서 공무원 개인 또는 부서의 제안으로 과거에 시행되지 않았던 새로운 집행방식이 도입됨으로써 사업비예산이 절약된 금액으로 한다.

넷째, 수입증대는 특별한 노력을 통하여 새로운 세입원의 발굴 또는 제도개선 등으로 국세, 관세 및 세외수입 등 세입재원 및 국유재산이 증대된 금액으로 한다.

예산성과금의 지급방법은 해당 금액을 포상금(민간제안은 보상금)으로 전용한 후 성과금으로 지급한다.[59]

예산성과금의 지급절차는 해당 부처가 12월 말 기준으로 예산절약액 및 성과금 금액을 산출한 후 부처별 자체심사위원회의 심사를 거쳐 다음 연도 1월 말까지 기획재정부에 요구한다. 중앙관서의 장은 필요하다고 인정되는 경우 해당 회계연도 중에도 자체 심사위원회의 심사를 거쳐 기획재정부에 요구할 수 있다. 기획재정부는 예산성과금심사위

---

59 예산성과금의 지급액은 1인당 3000만원을 초과할 수 없다. 그러나 지출절약 및 수입증대의 내용이 유사사업 또는 다른 행정기관에 확대 적용되어 그 효과가 현저하다고 예산성과금심사위원회가 인정하는 때에는 1인당 지급한도의 30% 범위에서 가산하여 지급(1인당 3900만원 초과 불가)할 수 있다(예산성과금규정 제16조).

원회의 심의를 거쳐 지출절약 또는 수입증대가 발생한 회계연도의 다음 회계연도 4월 30일 이전에 예산의 범위에서 예산성과금을 지급해야 한다. 지급대상자가 퇴직 또는 사망한 때에도 지급한다(예산성과금규정 제18~19조).

3) 예산성과금제도의 과제

정부는 예산성과금제도의 도입역사가 짧음에도 불구하고 공무원들의 관심과 참여를 유도하였고, 공직사회의 새로운 일하는 방식 구축에 기여하였다고 판단하고 있다.[60]

국세청은 매년 성과금의 70% 내외를 차지하고 있어 다른 부서 공무원들의 부러움과 눈총을 받고 있다. 관세청도 그 다음으로 많은 성과금을 차지하고 있다. 국세청은 추가 세원 확보나 체납액 징수 등 비교적 손쉽게 실적을 올릴 수 있지만, 계량화가 힘든 일반부처는 좀처럼 실적을 내기 어렵다는 문제가 있다.[61]

예산성과금제도의 인센티브효과를 높이기 위해서는 국유재산 증가에 대한 예산성과금의 지급과 그 지급한도의 조정 등 운영상의 미비점을 보완하고, 지급유형 간의 형평성을 제고하는 방안을 마련해야 한다.

6. 한국 예산집행의 행태

예산의 집행과정은 다른 예산과정에 비하여 상대적으로 정치성과 긴장감이 낮은 편이다. 그것은 예산이 이미 확정되었으므로 집행에 있어서 관련법령을 지키기만 하면 되기 때문이다.

그동안 우리나라의 예산집행 행태를 보면 지나치게 관련법령에 집착한 나머지 사업의 능률성이나 효과성을 떨어트린 경우가 많았고, 부족한 예산을 보충하기 위하여 물량을 늘리거나 다른 항목에 추가하였다가 나중에 전용하는 편법도 사용하였다.

60 이와 유사한 정부업무평가 결과에 따른 성과급은 공무원들의 복지부동 척결과 행정의 생산성 제고를 위하여 도입하였다는 당초의 취지와는 달리 객관적인 평가기준 미비 등으로 나눠먹기 식으로 변질되고 있다는 비판도 있다. 일부 지방자치단체는 공무원들의 반발과 예산부족 등을 이유로 2002년에 아예 성과급을 지급하지 않았다. 성과급 반납운동을 벌이는가 하면, 어떤 자치단체에서는 지급받은 성과급 중 일부를 다시 거두어 최하위 등급(C등급)을 받아 성과급 지급대상에서 제외된 동료에게 나누어 주기도 하였다. 일부 지방자치단체에서는 2002년도에 공식적으로는 개인별로 차등 지급하였으나, 부서에서 다시 모아 직급별로 균등 배분하여 실제로는 나눠먹기를 하였다.

61 그 당시의 통일부 · 과학기술부 · 문화관광부 · 산업자원부 · 보건복지부 · 여성부 · 기획예산처는 지난 5년간 단 한 건의 실적도 없었다.

그리고 대형공사나 제조의 계약과정에서 예산관련 공무원들이 특정 업자에게 정보를 제공하고 결탁함으로써 예산을 낭비하고 사욕을 채운 사례들이 종종 매스컴에 보도되곤 하였다.

회계연도 말이 되면 배정된 예산을 다 사용해야 한다는 의식이 아직도 작용하고 있다. 즉 이월시키지 않기 위하여 무리하게 집행을 하는 것이다. 또한 기획재정부장관이 예산배정요구서와 월별자금계획서에 의거하여 월별세부자금계획서를 작성하고 있으나 실제로는 자금공급이 제대로 이루어지지 않아 사업추진에 지장을 초래하는 때도 많았다.

이러한 문제를 해결하기 위하여 제도적 보완장치를 마련하고 있다. 예컨대 대규모 투자사업의 사업비 증가를 엄격히 관리하기 위하여 총사업비관리제도를 도입하였고, 앞에서 살펴본 바와 같이 예산낭비를 방지하고 재정집행의 효율성을 제고하기 위하여 예산성과금제도를 도입하였다.

정부는 총사업비관리제도의 도입 · 운영으로 사업비 증액을 최소화하고 일선 현장에까지 예산절약분위기를 확산시켰다고 보도한 바 있는데(기획예산처, 2002.12.: 22), 단순히 사업비 증가를 억제하는 데 치중할 우려가 있다.

주요 재정사업에 대해서는 분기별로 예산집행실태를 정기점검하여 그 결과를 예산편성에 반영하고, 특히 집중관리대상사업은 점검반을 구성하여 사업추진 현황을 정밀분석하고 있다.

특수활동비는 간첩을 검거하거나 기술의 해외유출을 조사하는 과정 등에서 사용하는 비용을 지원하기 위한 것이다. 사용내역이 공개되지 않고, 영수증 제출 의무가 없어 '묻지마 예산'이라고 한다.

특정업무경비는 각 기관의 수사 · 감사 · 조사 등 특정 업무 수행에 필요한 경비로, 외근, 자료수집, 외부인 접촉 등으로 한정되어 있다. 그래서 거의 모든 부처에 지급되고 있다. 특수활동비와 마찬가지로 영수증을 제출하지 않아도 된다. 특정업무경비 중 개인지급분은 외근을 나가는 공무원에게 월별로 한꺼번에 주고 영수증도 받지 않는다. 그리고 부서지급분과 기관지급분은 소속 공무원들이 합동으로 수사나 조사 등을 할 때 필요한 경비를 지급한다. 특정업무경비는 원칙적으로 사용 후 증빙서류를 제출해야 하고 청구하면 나중에 지급한다. 그러나 각 부처에서는 매월 일정액을 부서 단위로 배분하거나 개개인에게 수당처럼 지급하였다. 증빙서류도 영수증 대신 내역서만 제출하고 있어 개인용도로 돌려쓸 수도 있다.

업무추진비(과거에는 판공비)는 부서의 회식, 관련 기관 간담회, 외부인의 접대 등 부서의 운영과 관련해 지급하는 것이다. 모든 기관에 지급되는데, 종종 사용 목적과 관련하여 이슈화되기도 한다.

공무원들이 월급 외에 받는 이러한 3대 경비(특수활동비, 특정업무경비, 업무추진비)의 규모가 점점 커지고 있다. 또 업무추진비와 별도로 특정업무경비를 지급해야 하는지 다시 생각해 볼 필요도 있다.

기획재정부의 '2013년 예산 및 기금운용계획 집행지침'에서 특정업무경비는 정부구매카드 사용을 원칙으로 하고, 불가피한 경우 외에는 현금 지급을 금지한다고 하였다. 매월 해당 공무원의 계좌로 사전에 입금되는 현금지급은 최대 30만원까지만 허용되고, 그것을 넘으면 지급일자, 지급액, 지급사유 등을 구체적으로 기록하여 제출해야 한다.

제6절 미국과 영국의 예산집행

1. 미국의 예산집행

1) 예산의 배정과 재배정

각 성 · 청은 「세출예산법」이 통과된 날로부터 15일 이내에 OMB에 분기별로 예산의 배정(apportionment)을 요구한다. OMB는 예산배정요구서를 승인하되, 회계연도 중에 있을지 모르는 비상사태에 대비하기 위하여 예산 중 일부를 예비금으로 떼어 놓을 수 있다. 각 성 · 청은 준비금의 지출을 정당화할 만한 사실이 있을 때에는 OMB에 예비금의 방출을 요청할 수 있다(유훈, 2003: 249).

각 성 · 청은 배정된 예산의 범위에서 지출원인행위를 한다. 각 성 · 청은 예산을 배정받은 후 그 하부기관에 예산을 월별 또는 분기별로 재배정(allotment)한다. 이것은 성 · 청의 내부문제이며, 그 조건이나 절차에 대해서는 OMB의 감독권이 없다. 재배정의 목적은 각 성 · 청이 그 하부기관의 예산집행 상황을 감독하고 과도한 지출원인행위를 방지하는 데 있다.

2) 예산의 이용과 전용

연방정부는 원칙적으로 예산의 이용(transfer)을 금지하고, 대부분의 시정부에서도 지배인제도를 채택하고 있는 시를 제외하고는 예산의 이용을 제한하고 있다. 그러나 예외적으로 동일기관에서의 항 간 이용은 기관장이 대통령의 승인을 얻어 할 수 있다.

그러나 의회는 1817년부터 동일기관에서의 항 간 이용도 특별한 경우에 한해서만 허용하도록 더욱 제한하였다. 동일기관 내에서의 항 간 이용은 「세출예산법」에 규정된 범위에서 특수한 목적을 위해서만 허용되고 있다.

미국의 예산과목은 「세출예산법」에서 statue, appropriations account, program element, project의 순으로 분류되는데, 그중 우리나라의 관(款)에 해당되는 과목은 appropriations account, 항(項)에 해당되는 과목은 program element다.

예산의 전용(re-programming)은 1950년대 초까지는 기관장의 재량에 속했으나, 국방성 예산의 전용이 과다하여 1950년대 중반부터 의회가 통제하기 시작하였다. 그 통제방법은 ㉠ 관련 세출위원회 분과위원회의 사전 승인(prior approval)을 얻도록 하는 것이고, ㉡ 관련 상임위원회에 통보(notification)하고 장관 또는 차관보의 승인을 얻도록 하는 것이고, ㉢ 내부적 전용에 관한 것으로 국방성 감사관(comptroller)의 승인을 얻도록 하는 것이다.

3) 예비금

연방정부에는 특수한 목적을 위하여 사용할 수 있는 예비금(contingency funds)이 있다. 주정부 중에는 예비금제도를 채택하고 있는 주정부도 있다. 그것도 예비금 사용권을 행정부에 부여하고 있는 주도 있고, 주 의회 의원으로 구성된 위원회에 부여하고 있는 주도 있으며, 주 의회 의원과 행정부의 고급공무원으로 구성된 위원회에 부여하고 있는 주도 있다.

4) 지출

각 성 · 청은 예산배정이 끝난 후 지출원인행위를 할 수 있는데, 실제로 지출은 지출원인행위와 동시에 이루어지기도 하나, 대부분 상당한 시차(時差)가 있다. 공무원의 봉급, 사회보장비, 연금 및 실업수당 등은 지출원인행위와 거의 동시에 자금이 지출되지만 (Ott and Ott, 1977: 46), 정부가 민간부문과 계약을 통하여 물품을 조달하거나 공사를 발주할 때에는 자금의 지출과 시차가 생긴다.

지출은 지출관이 12개 연방준비은행(Federal Reserve Bank)의 재무성 계정을 근거로 하는 수표를 발행하는 것으로 이루어진다.

2. 영국의 예산집행

1) 예산집행 절차

세출예산은 「세출예산법」이 성립된 후 국왕의 허가(Royal Order)에 의하여 재무성(구체적으로는 재무성 예산책임청)에 넘겨진다. 이 법에 규정된 경비는 재무성이 지출할 수 있다.

재무성이 세출예산의 집행에 대한 권한을 부여받은 후에도 통합기금으로부터 실제로 자금을 인출하기 위해서는 회계검사원의 인증이 필요하다.

그러나 자금의 지출은 내국세위원회, 관세내국소비세청, 공무원연금 등을 제외하고는 각 성 · 청이 직접 하는 것이 아니고, 먼저 영국은행의 국고계정에서 지출총감청(Paymaster General's Office)의 계정으로 자금이 이관되어야 한다. 재무성은 국왕의 허가를 받으면 이를 지출총감청과 각 성 · 청에 통지한다. 이러한 통지를 받아야 비로소 각 성 · 청은 지출원인행위를 하고 지출총감청에 대하여 지출명령서(payable order)를 발급할 수 있다.

2) 예산의 이용과 전용

민정비의 예산과목은 class(장), vote(항), sub-head(세항)로 나누어진다. 예산의 이용은 민정비에서는 허용되지 않는데, 다만 국방성 예산은 재무성의 승인을 받으면 허용된다.

재무성이 예산의 이용을 승인하였을 때에는 이를 의회에 보고하고, 이에 대한 의회의 승인을 받아야 한다.

예산의 전용은 민정비라도 재무성의 승인을 얻기만 하면 가능하다. 다만 사후에 회계검사원의 검사와 결산위원회의 심사를 받아야 하기 때문에 재무성은 전용 승인권의 행사에 신중을 기하고 있다. 따라서 전용금액의 규모가 크거나 새로운 사업을 위한 전용인 경우에는 결산위원회의 동의를 얻어 세항 간 전용을 승인하고 있다. 세항 내에서의 전용은 각 성 · 청이 결정하고, 재무성은 이에 대해 관여하지 않는다.

3) 민정비긴급기금

일반목적의 예비비는 없고, 민정비긴급기금(Civil Contingency Fund)이 있다. 각 성·청은 예측할 수 없는 예산 외 지출 또는 예산초과지출을 위하여 재무성이 관리하는 CCF로부터 일시 차입할 수 있다. 그 후 다음 연도의 본예산 또는 해당 연도의 추가예산을 통하여 상환한다. 의회는 결산위원회를 통하여 CCF의 이용 상황을 감시한다.

제9장 결산과 회계검사

제1절 회계검사의 의의

1. 회계검사의 의의

1) 회계검사의 개념

회계검사(auditing *or* financial statement audit)는 예산과정 중 마지막 과정이다. 회계검사(會計檢査)는 예산을 정확하고도 효과적으로 집행하기 위하여 거쳐야 할 필수적인 과정이다. 예산을 집행하는 모든 행정기관은 그 지출원인행위와 그에 따른 지출이 예산과 관련법령에 합치되도록 해야 할 책무를 지고 있다(Ott and Ott, 1977: 48).

일반적으로 검사란 이미 이루어진 타인의 업무를 비판적으로 관찰하여 그 적부(適否)·정부(正否)·당부(當否)를 비판하는 것을 말하는데, 그 적용범위가 매우 넓다.[1]

미국회계학회(American Accounting Association)에서는 1972년에 회계검사란 경제적 행위가 미리 설정되어 있는 기준과 일치하는가를 확인하기 위하여 관련되는 증거를 객관적인 방법으로 수집하고 평가하여 그 결과를 이해관계자들에게 전달하는 체계적인 과정이라고 정의하였다.

---

1 회계검사는 영어의 audit *or* auditing, 불어의 audition은 라틴어의 audire(듣는 것)를 그 어원으로 한다.

검찰(inspection)은 공무원의 비위(非違)에 관한 조사와 징계요구 및 고발 등을 내용으로 하며, 그 대상이 공무원의 비위가 된다는 점에서 업무의 적정처리 여부를 확인하는 회계검사와 다르다.

조사(investigation)는 회계상의 특정 사항에 대하여 불명확한 사실을 명백히 하는 것으로서, 비판적 의견을 첨부하지 않는다는 점에서 회계검사와 다르다.

검사(examination)는 어떤 물품에 대하여 그 존재나 성능을 확인하는 것으로서, 회계검사의 한 방편이라고 할 수 있다.

영국의 「회계검사기준」에서는, 회계검사란 임명된 검사인이 관련된 계약 · 의무 · 약속에 따라 어떤 조직체의 재무기록에 대하여 독립적으로 조사하고 그 의견을 표시하는 것이라고 정의하였다. 이러한 정의는 기업회계의 재무제표(financial statement)의 검사, 즉 상업식 검사를 대상으로 하고 있다.

공공부문과 민간부문을 포함하는 회계검사의 개념은 법령이나 계약 등에 의하여 임명된 검사인이 어떤 조직체의 운영 · 활동 · 회계 등을 설정된 판단기준하에 독립적으로 정보 · 자료 · 기록 등을 수집 · 평가 · 확인 · 분석하고 처리하는 체계적인 과정이라고 할 수 있다. 회계검사의 개념을 좀 더 구체적으로 살펴보면 다음과 같다.

첫째, 회계검사의 대상은 회계기록이다. 회계기록이란 회계장부보다 넓은 뜻을 지니는 것으로서 회계와 관계가 있는 모든 기록을 의미한다.

둘째, 회계기록은 타인이 작성한 것이어야 한다. 회계검사는 기장자(記帳者)가 아닌 검사인에 의하여 행해지는 검증절차이므로 기장자 자신의 기록을 자신이 검사하는 것은 회계검사라고 할 수 없다.

셋째, 회계기록의 정부(正否)를 검증하는 절차다. 정부 검증절차란 기록이 각 거래를 적정하게 해석하고 진실하게 표시하고 있는가를 검증하는 것이다.

넷째, 회계검사는 회계기록의 적부(適否)에 관한 비판적 검증이다. 단순히 불분명한 사실을 명백히 하기 위한 것은 회계검사라고 할 수 없다. 회계검사에 있어서는 반드시 검증결과에 대하여 검사인의 의견 표명이 있어야 한다(유훈, 2003: 301; 田島西郎, 1961: 4~5).

2) 회계검사의 의의

회계검사의 의의도 예산기능의 변화에 따라 변화되어 왔다. 즉 프로그램중심의 예산제에서는 종래의 회계기록의 적부(適否)에 관한 검증을 위한 회계검사에 한정되었으나, 예산으로 수행하는 프로그램의 효과를 평가하는 현대적 회계검사로 그 관심이 바뀌었다.[2]

그리하여 린치는 현대적 회계검사를 다음과 같이 정의하고 있다. 회계검사란 회계제도(accounting system)가 정확하게 활용되고 있는가를 검증(check)하는 것으로서, 구체적

2 회계검사와 회계감사(financial statement audit)가 혼용되기도 한다. 우리나라 「헌법」(제97조)에서는 회계검사로 표기하고 있으나 그 의미는 회계감사와 차이가 없다. 「감사원법」(제22조 제2항)의 회계검사는 수입과 지출, 재산(물품 · 유가증권 · 권리 등 포함)의 취득 · 보관 · 관리 · 처분 등의 검사를 포함하고 있다. 좁은 의미의 회계검사는 재무제표(즉 결산검사보고의 내용)에 대한 적정 여부를 검사하는 것을 말한다.

으로 표현하면 재고품과 보유장비, 업무수행의 적법성, 내부통제의 적격성, 부정이나 낭비 및 잘못된 관리의 유무, 그리고 프로그램의 효과성을 확인하는 행위다(Lynch, 1979: 181).

회계검사의 긍정적인 효과는 정부회계의 적정 도모, 행정운영의 개선, 공공책임성의 확보, 자원의 합리적 이용, 정책결정의 능력 향상, 사업성과의 확보 등을 들 수 있다.

우리나라의 「공공감사기준」 제5조 제1항에서는, 공공감사는 감사대상기관의 회계를 검사·감독하고 그 사무와 소속직원의 직무를 감찰함으로써 공공부문의 책임성 확보와 성과를 높이고 공공정보의 이용자가 올바른 판단을 할 수 있도록 지원함을 목적으로 한다고 규정하고 있다.

3) 회계검사의 범위

회계검사의 범위는 예산집행 주체의 모든 활동·행위·처리 중 검사인이 부여받은 검사대상이 되는 업무를 말한다. 집행주체의 활동·행위·처리 등은 재무와 관련된 재무적 활동과 그렇지 않은 비재무적 활동으로 구분할 수 있으며, 그 활동의 내용에 따라 정책·사업·관리·행정·사무·행위·거래·행정처분·처리 등으로 구분할 수 있다. 그러나 재무적 활동과 비재무적 활동의 구분은 그 한계가 애매할 때도 있다.

공공부문의 내부검사에서는 통상 회계처리 이외에도 조직의 목표달성을 위한 모든 활동, 즉 행정사무·직무·기강까지도 그 대상으로 한다. 공공부문의 외부검사의 범위는 나라에 따라 다르나 대체로 재무적 활동과 관련된 정책·사업·관리·행정·회계집행·회계처리 등을 포함하고 있다.

한국은 비재무적 활동, 즉 행정사무와 직무까지도 회계검사와 함께 같은 회계검사기관(감사원)이 수행하고 있다. 따라서 검사(檢査)라는 용어 대신에 감사(監査)라는 용어를 사용하기도 한다. 여기에서는 검사와 감사를 함께 사용한다.

4) 직무감찰

직무감찰(職務監察)은 비재무적 활동의 합법성·타당성·합리성 등을 검토하는 것을 말하며, 「감사원법」 제24조에서는 그 범위를 다음과 같이 정하고 있다.

첫째, 「정부조직법」 및 그 밖의 법률에 의하여 설치된 행정기관(군기관·교육기관 포함)의 사무와 그에 소속한 공무원의 직무다.

둘째, 지방자치단체의 사무와 그에 소속한 지방공무원의 직무다.

셋째, 한국은행의 회계, 국가 또는 지방자치단체가 자본금의 1/2 이상을 출자한 법인이나 국가나 지방자치단체에 의하여 임명되거나 임명승인되는 단체의 회계, 감사원의 회계검사 대상기관이 되는 회계사무와 관련이 있는 직원의 회계다.

넷째, 법령에 의하여 국가 또는 지방자치단체가 위탁하거나 대행하게 한 사무와 그 밖의 법령에 의하여 공무원 신분을 가지거나 공무원에 준하는 자의 직무다.

2. 전통적 회계검사

1) 회계검사의 기원

1866년에 제정된 영국의 「국고 및 회계검사원법」에 의하여 회계검사원이 설치되었고, 이로부터 정부회계에 대하여 독자적으로 회계검사를 하기 시작하였다. 물론 그 전에도 1832년 검사위원에 의하여 해군 경비의 검사가 행하여졌고, 1857년에는 하원의 국고위원회의 활동으로 그 밖의 기관의 경비에 관한 검사보고서가 제출되었다.

우리나라는 659년(신라 무열왕)에 설치된 사정부(司正府)가 감사기관의 효시라고 할 수 있다. 고려시대 어사대(御史臺) 또는 조선시대 사헌부(司憲府)의 대간(臺諫)은 시정을 논하고 민간의 풍속을 교정하기도 하였으나, 주로 벼슬아치의 비위를 규찰 · 탄핵하였다. 지방에는 암행어사(暗行御史)를 파견하여 지방관의 부정부패를 규찰하도록 하였다.

2) 전통적 회계검사의 특징과 문제

전통적 회계검사의 특징은 다음과 같다.

- 주로 중앙정부의 행정기관만을 그 대상으로 함
- 합법성(合法性) 위주의 검사로서, 법률이나 예산에 위반된 수입지출이 없는가를 발견하는 것을 목표로 함
- 검사의 초점을 재정에 둠
- 회계검사와 직무감찰의 분리를 원칙으로 함

이러한 전통적 회계검사에서는 행정부가 입법부의 의도대로 예산을 충실하게 집행하였는가 하는 지출의 합법성(적법성)을 중요시하였다.[3] 이러한 회계검사의 목표는 법률이

3 합법성(legality)은 공공부문 검사에서 중요한 준거기준이며, 성과검사 등 그 어떤 검사를 하더라도 기본적인

나 예산에 위반된 수입과 지출 여부를 발견하는 데 있으므로, 소극적 의미의 회계검사라고 할 수 있다(유훈, 2003: 302).

합법성만을 강조하는 회계검사는 행정부로 하여금 예산집행을 법률이나 예산이라는 형식에 합치시키는 일에만 급급하게 하고, 프로그램의 능률성이나 효과성에는 관심을 둘 수 없게 만든다. 여기에서 '합법적인 예산낭비'를 초래하게 되는 것이다. 합법성 중심의 전통적 회계검사의 한계를 좀 더 구체적으로 살펴보면 다음과 같다.

첫째, 합법성을 강조하면 능률적 운영의 요구와 충돌한다. 예컨대 법률이나 예산의 규정이 개괄적일 때, 또는 행정부의 재량적 판단에 의한 결정을 인정할 때 그 법의 해석을 놓고 행정부와 회계검사기관 사이에 대립되기 쉽다.

둘째, 합법성 위주의 회계검사로는 예산의 비능률적 · 비경제적인 지출이나 낭비를 완전히 예방할 수 없다. 법규에 위반되지 않기만 하면 낭비나 부당한 지출이라도 그것을 추궁할 수 없기 때문이다.

셋째, 법규중심의 소극적인 회계검사는 아무리 철저하게 검사한다고 해도 지출의 전체적인 성과를 검토하기 어렵다. 경비분석이나 능률검사를 수행할 수 없기 때문이다.

3. 현대적 회계검사

1) 회계검사기능의 변화와 특징

(1) 검사대상기관의 확대

정부의 기능이 확대됨에 따라 검사대상의 범위가 넓어지고, 과거에는 제외되었던 공기업이나 정부지원기관도 포함하게 되었다. 독일에서는 연방예산의 일부를 사용하거나 연방재산을 관리하는 주요 기관 등에 대하여 연방검사원과 주요 검사기구가 합동위원회를 구성하여 실시하고 있다.

(2) 규범의 변화

합법성 위주의 검사보다는 능률성 · 효과성 · 프로그램 등의 검사가 강조되었다. 이에

판단기준이 된다. 합법성검사에서의 기준에는 법률 · 명령 · 예산 · 회계규칙 · 회계기준 · 회계원칙 · 행정규범 · 행정준칙 등이 포함된다.

합법성은 실질적인 법치주의와 형식적인 법치주의로 구분할 수 있다. 실질적인 법치주의는 법령을 보는 관점이 법조문보다 법이 의도하고 있는 정신을 고려하여 법치주의가 실현되도록 하는 것을 말하고, 형식적인 법치주의는 법의 구성논리 및 표현에 초점을 맞추어 여건이나 외부환경은 고려하지 않고 적용하는 것을 말한다.

따라 회계검사의 초점이 재정에서 행정관리 전반으로 확대되었다. 능률성과 효과성은 재정만의 문제가 아니라 전반적인 행정관리와 관련되기 때문에 회계검사도 재정만이 아니라 행정관리 전반을 그 대상으로 하고 있다. 미국의 프로그램평가에서는 진행 중인 정부프로그램의 효과성에 초점을 두고 있으며, 따라서 프로그램의 폐기나 수정에 대한 건의로 이어진다.

(3) 회계검사와 직무감찰의 접근

이스라엘 · 대만 · 한국과 같이 회계검사와 직무감찰의 통합이 명시적으로 성문화되어 있는 경우도 있다. 그렇지 않은 나라에서도 묵시적으로 인정하고 있는데, 스웨덴의 효과성검사와 미국의 프로그램평가에서 그 예를 찾아볼 수 있다.

2) 회계검사의 기본요건

(1) 독립성

감사기관의 독립성(獨立性)은 공정성(fairness) · 객관성(objectivity) · 신뢰성(reliability)을 확보하는 데 있어 무엇보다 필요한 조건이다.

감사기관과 감사인은 감사업무를 수행함에 있어 독립성을 유지하여야 하며, 이러한 독립성에는 실질적인 독립성뿐만 아니라 독립성을 의심받을 수 있는 상황의 배제 등 외관상의 독립성을 포함한다(공공감사기준 제8조).

독립성을 확보하기 위한 조건으로 유훈 교수는 회계검사기관의 헌법기관화, 원장과 감사위원의 임기와 신분보장, 인사권과 규칙제정권의 보장을 들고 있다(유훈, 2003: 310~313).

회계검사기관의 독립성은 정치적 독립성, 행정적 독립성, 조직적 독립성, 개인적 독립성, 운영적 독립성 등으로 나누기도 한다. 여기에서는 회계검사의 독립성을 업무상의 독립성, 신분상의 독립성, 재정상의 독립성으로 나누어 고찰한다.

① **업무상의 독립성** : 좁은 의미의 독립성은 업무상의 독립성을 의미한다. 즉 감사업무를 수행함에 있어 감사의 모든 과정과 감사기구의 운영에 있어서의 자율성을 말한다. 이러한 독립성은 행정부뿐만 아니라 입법부나 정치권력으로부터의 독립성을 포함한다.

업무상의 독립성을 확보하기 위해서는 감사업무 수행의 자율성을 보장하고 이와 더불어 감사증거 · 자료 · 정보에 접근할 수 있는 권한이 필요하다. 그리고 감사에 영향을 줄 수 있는 집행주체나 이해관계인 등의 지시나 간섭 등을 배제할 수 있어야 한다.

우리나라 「공공감사기준」에서도 자체감사기구는 조직상의 독립성을 확보하도록 하고, 감사기관과 감사인은 감사목적을 달성하기 위하여 감사대상기관의 업무와 관련된 장소 · 기록 · 정보에 대하여 완전하고 자유롭게 접근할 수 있어야 한다고 규정하고 있다(공공감사기준 제8조 제7~8항).

② **신분상의 독립성** : 신분상의 독립성은 업무상의 독립성을 확보하기 위한 것이다. 회계검사기관의 장은 법률 등으로 엄격히 그 신분을 보호하고 있다.

우리나라에서도 신분상의 독립성을 확보하기 위하여 감사원장 및 감사위원은 탄핵결정이나 형의 선고를 받았을 때, 심신쇠약으로 직무를 수행할 수 없게 된 때 외에는 그 의사에 반하여 면직되지 않도록 하고 있다.

③ **재정상의 독립성** : 회계검사기관의 재정은 예산으로 편성되지만, 사법부나 선거관리위원회와 같이 예산상의 제한에 의한 간섭을 배제하기 위한 장치를 마련하고 있다. 회계검사기관이 의회에 소속되어 있더라도 그 예산은 일반예산과 분리하여 심의한다.

(2) 민주성

회계검사기관이 행정부 소속형인 때 그 장을 대통령이 임명하도록 하되, 이를 보완하기 위하여 의회의 동의를 얻도록 하는 것이다. 입법부 소속형인 때에도 대통령이 임명하는 나라(미국)도 있고, 의회의 추천에 따라 대통령이 임명하는 나라(이스라엘)도 있다.

민주성을 확보하기 위한 또 하나의 장치는 검사기관이 검사결과를 직접 또는 간접으로 의회에 보고하도록 하는 것이다. 독일 · 일본에서는 과거에는 행정부를 거쳐 간접적으로 의회에 보고하였으나, 오늘날에는 직접 보고하도록 하고 있다.

(3) 효과성

회계검사의 효과성을 제고하기 위해서는 회계검사기관에게 독립적 권한을 주어야 한다. 검사에 필요한 정보나 자료의 접근 및 수집, 사후처리에 있어서 실효를 거두기 위함이다. 그리고 검사요원의 전문성이 높아야 하고, 검사의 공정성과 객관성을 유지해야 한다.

4. 결산과 회계검사

결산에 관한 여러 절차는 행정부 · 감사원 · 입법부에 의하여 수행된다. 우리나라의 감사원은 국가의 세입세출의 결산검사(決算檢查)를 주요 임무 중의 하나로 하고 있다(감사원법 제20조). 감사원은 회계검사의 결과에 의하여 국가의 세입세출의 결산을 확인한다

(감사원법 제21조).

우리나라의 「감사원법」은 세입세출예산의 결산검사를 회계검사과정으로 규정하고 있는데, 문제는 행정부의 결산보고서 작성이 어느 과정에 속하는가 하는 것이다. 행정부의 결산보고서 작성절차는 예산집행의 마무리 단계로 인식하는 것이 타당하다고 생각된다. 여기에서는 결산을 먼저 고찰한다. 국회의 결산심사는 결산보고서의 작성 및 회계검사 이후에 이루어진다.

제2절 결 산

1. 결산의 의의

한 회계연도의 예산집행이 완료되면 수입과 지출을 확정하는 절차가 이어진다. 미국과 같이 결산이라는 제도가 없는 나라도 있으나 대부분의 나라에서는 예산의 집행이 끝나면 이에 따라 결산이 이루어진다.

미국에서는 회계연도독립의 원칙이 존재하지 않으므로 결산의 존재 의의가 없다. 한국 · 영국과 같이 회계연도독립의 원칙이 비교적 엄격하게 적용되는 국가에서는 회계연도가 끝나면 예산과 그 집행실적을 대비해 보는 결산이라는 제도의 존재 의의가 있다.

결산(settlement of accounts)이란 한 회계연도에 있어서의 세입예산의 모든 수입, 세출예산의 모든 지출, 자산 및 부채 등의 증감내역을 확정적 계수로 표시하는 행위를 말한다. 결산(決算)은 세입세출의 결산만을 의미하지만, 넓은 의미로는 세입세출의 결산과 계속비의 결산 외에 국가의 유가증권 · 물품 · 국공유재산 · 차입금 · 채무 등에 관한 계산을 포함한다.

결산에는 기업회계상의 결산[4]과 정부회계상의 결산으로 나눌 수 있다. 정부회계에서의 결산은 기획재정부장관이 각 부처에서 보고한 세입세출보고서에 의거하여 전체적인

4 기업회계상의 결산은 기업이 한 회계연도의 손익을 산정하고, 분기 말의 재정상태를 명확하게 하는 회계절차다. 결산업무는 분기 말에 집중적으로 하게 된다. 이때 각종 수익과 비용을 어느 기간에 귀속시키느냐를 결정하고, 재고조사나 시가조사 등이 행해지고, 그러한 정보는 손익계산서와 대차대조표에 기재된다.

세입세출결산서를 작성하고 국무회의의 심의와 대통령의 승인을 거친 뒤 감사원에 제출하여 검사를 받고 국회에 제출하는 과정을 거친다.

결산이 필요한 이유는, 입법부의 의도대로 정부가 예산을 집행하였는가를 규명하고, 결산상의 흑자 또는 적자의 규모를 확인하며, 나아가서 결산결과를 차기의 예산에 반영하기 위함이다. 따라서 정부결산은 재정운영결과를 파악하는 데 용이하고 이에 대한 분석평가가 다음 연도의 예산안 편성 및 재정운용에 환류될 수 있도록, 그리고 국회의 결산심사 및 재정집행의 통제가 가능하도록 작성해야 한다.

결산은 한 회계연도에 있어서의 세입세출예산의 집행실적을 확정적 계수로 표시한 것으로, 세 가지 특징(사후적이고, 정치적이며, 집행책임 해제)을 가지고 있다. 첫째, 행정기관 등의 예산운용 결과를 사후적으로 확인하고 심사하는 것이다.

둘째, 위법 · 부당한 지출에 대하여 이를 취소하거나 무효화할 수는 없고 정치적 책임을 물을 수 있을 뿐이다.

셋째, 국회의 결산심의가 종료되면 예산운용주체의 책임이 해제된다. 물론 관계공무원의 부정이나 위법행위에 대한 변상책임이나 형사책임까지 해제되는 것은 아니다.

국회의 결산심사는 법적 제한이라기보다는 정치적 책임을 묻는 것이라고 할 수 있다. 그래서 미국에서는 의회의 결산승인 없이 결산보고만 하고 있다. 즉 재무성이 국고수지잔고종합보고서(Combined Statement of Receipts, Expenditures and Balanced)를 작성하여 의회에 제출한다. 이 보고서는 우리나라의 결산서와 비슷하지만 의회에 제출하기 전에 회계검사원의 검사를 받지 않고, 의회도 이 보고서를 심사하지 않는다는 점이 다르다. 의회에 소속되어 있는 회계검사원(GAO)이 행정부의 예산집행과정에서 청구권을 확정하고 조정하는 권한과 지출을 거부하는 권한을 갖고 있기 때문이다.

우리나라는 국회의 결산승인권을 인정하고 있다. 그러나 결산은 사후적인 것으로 집행한 내용을 무효화할 수는 없어 지출에 대한 책임을 약화할 우려가 있다. 그래서 「국회법」 제84조 제2항은 결산심사 결과 위법이나 부당한 사항이 있으면 국회는 본회의 의결 후 정부나 해당 기관에 변상 및 징계조치 등 그 시정을 요청하고, 정부나 해당 기관은 시정사항을 지체 없이 처리하여 그 결과를 국회에 보고하도록 하고 있다. 또 국회는 특정 사안에 대해 감사원에 감사를 요청할 수 있다(국회법 제127조의 2).

2. 정부결산의 과정

1) 결산의 준비

예산의 집행은 회계연도 안에 이루어져야 하며, 결산은 예산이 집행된 실적이므로 출납사무의 완결을 전제로 작성된다.[5]

출납사무의 완결이란 수입금의 수납행위와 지출금의 지급행위를 종료하고 국고금 출납장부를 마감하는 것을 말한다. 「국고금관리법」(제4조의 2)은 한 회계연도에 속하는 세입세출의 출납에 관한 사무는 다음 연도 2월 10일까지 완결하도록 규정하고 있다.

출납장부가 마감되면 각 중앙관서의 장은 그 소관에 속한 일반회계, 특별회계 및 기금을 통합한 중앙관서결산보고서를 작성한다. 또한 중앙관서의 장이 아닌 기금관리주체는 기금결산보고서를 작성하여 소관 중앙관서의 장에게 제출해야 한다.

세입세출의 출납에 관한 사무의 정리기한을 출납정리기한(出納整理期限)이라고 한다. 회계연도 안에 발생한 거래를 종결시키기 위하여 회계연도가 지난 후 일정기간까지 설정한 기간이다. 수입금의 수납기한, 지출금의 지출 및 반납기한이 「국고금관리법 시행령」에 규정되어 있다.

① **수입금의 수납기한** : 출납공무원과 한국은행(또는 금고은행)은 매 회계연도의 수입금을 해당 회계연도 말일까지 수납해야 한다. 다만 ㉠ 출납공무원이 해당 회계연도에 수납한 수입금을 한국은행 등에 납입, ㉡ 지방세에 부가되어 징수된 수입금을 납입, ㉢ 정부계정 상호 간의 국고대체를 위하여 납입, ㉣ 선사용자금의 지급금액을 대체납입하는 때에는 다음 회계연도 1월 20일까지 수납할 수 있다(국고금관리법 시행령 제5조).

② **지출금의 지출 및 지급기한** : 지출관과 한국은행(또는 금고은행)은 매 회계연도의 경비를 해당 회계연도 말일까지 지출해야 한다. 다만 정부계정 상호 간의 국고금 대체를 위하여 지출하거나, 선사용자금의 지급금액을 대체납입하기 위하여 지출하는 때에는 다음 회계연도 1월 20일까지 지출할 수 있다.[6]

---

5 ㉠ 결산수행절차와 결산보고서의 구성 및 작성방법 등은 「국가회계법」에, ㉡ 결산보고서 중 세입세출결산에 명시할 사항 및 부속서류의 제출 및 작성 등은 「국가회계법 시행령」에, ㉢ 발생주의 복식부기를 적용하기 위한 재무제표의 구성 및 작성 기준과 원칙은 「국가회계기준에 관한 규칙」에 규정하고 있다. 국가회계의 적용대상은 「국가회계법」 제3조에 따라 국가의 모든 회계(일반회계, 특별회계) 및 기금이며, 지방자치단체는 「지방재정법」에 의하여 발생주의 재무제표를 작성한다.

6 관서운영경비출납공무원도 매 회계연도의 경비를 해당 회계연도 말일까지 지급해야 하는데, 정부구매카드의 사용대금을 지급하는 경우에는 다음 회계연도 1월 20일까지 지급할 수 있다(국고금관리법 시행령 제6조).

③ **지출금의 반납기한** : 이미 지출된 국고금을 해당 지출과목에 반납하고자 하는 때에는 해당 회계연도 말일까지 반납해야 하는데, 관서운영경비출납공무원이 교부받은 관서운영경비를 반납하는 때에는 다음 회계연도 1월 20일까지 반납할 수 있다(국고금관리법 시행령 제7조).

2) 정부결산의 절차

(1) 정부결산의 작성

① **결산의 원칙** : 정부는 결산이 「국가회계법」에 따라 재정에 관한 유용하고 적정한 정보를 제공할 수 있도록 객관적인 자료와 증거에 따라 공정하게 이루어지게 해야 한다(국가재정법 제56조).

② **성인지결산서의 작성** : 정부는 여성과 남성이 동등하게 예산의 수혜를 받고 예산이 성차별을 개선하는 방향으로 집행되었는지를 평가하는 보고서(이를 성인지결산서라 함)를 작성해야 한다(국가재정법 제57조).

③ **결산보고서 등의 작성 제출** : 각 중앙관서의 장은 회계연도마다 작성한 결산보고서(중앙관서결산보고서라고 함)를 작성하여 다음 연도 2월 말일까지 기획재정부장관에게 제출해야 한다.

국회의 사무총장, 법원행정처장, 헌법재판소의 사무처장 및 중앙선거관리위원회의 사무총장은 회계연도마다 예비금 사용명세서를 작성하여 다음 연도 2월 말까지 기획재정부장관에게 제출해야 한다(국가재정법 제58조).

정부의 결산절차는 「국가재정법」, 「국가회계법」, 「국고금관리법」 등에 규정되어 있다. 이는 출납사무의 완결, 각 중앙관서의 중앙결산보고서 작성 및 제출, 기획재정부의 국가결산보고서 작성 및 제출, 감사원의 결산검사, 국가결산보고서의 국회 제출 등으로 이루어진다.

④ **결산의 수행** : 기획재정부장관은 회계연도마다 각 중앙관서결산보고서를 통합하여 국가결산보고서를 작성한 후 국무회의의 심의를 거쳐 대통령의 승인을 받아야 하고(국가회계법 제13조 제3항), 국가결산보고서를 다음 연도 4월 10일까지 감사원에 제출해야 한다(국가재정법 제59조). 결산보고서는 결산개요, 세입세출결산, 재무제표, 성과보고서로 구성된다.[7]

---

7 결산보고서의 부속서류는 결산보고서의 내용에 대한 추가적인 정보를 제공하기 위한 것으로 ㉠ 세입세출결산 부속서류, ㉡ 기금의 수입지출결산 부속서류, ㉢ 국가결산보고서의 세입세출결산 부속서류, ㉣ 재무제표

그림 9-1 정부의 결산절차

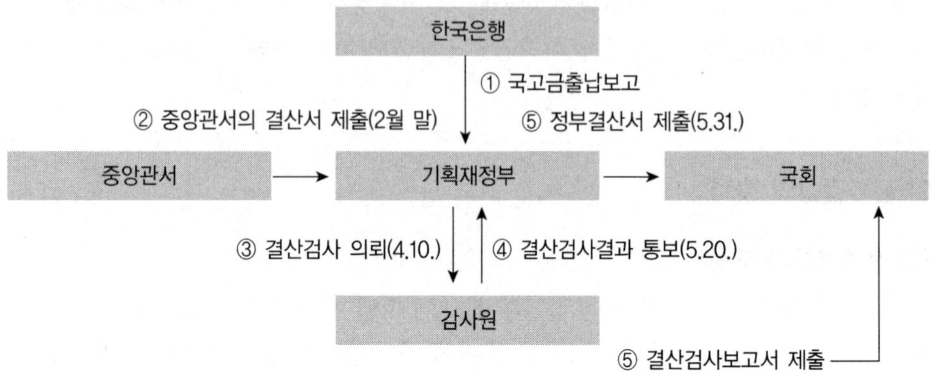

- 결산개요는 결산내용을 요약하여 예산 및 기금의 집행결과, 재정운용과 재무상태를 분명하게 파악할 수 있도록 작성한다.
- 세입세출결산(기금은 수입지출결산)은 집행결과를 종합하여 작성한다.
- 재무제표는 국가회계기준에 따라 작성한다.
- 성과보고서는 성과계획서상의 목표와 그에 대한 실적으로 대비하여 작성한다(국가회계법 제15조, 결산보고서).

(2) 감사원의 결산검사

정부 또는 지방자치단체가 국회 또는 지방의회에 제출하는 세입세출결산은 사전에 감사원의 검사나 지방의회에서 임명한 결산검사위원의 결산검사를 거쳐야 한다.

결산의 확인기관은 앞에서 언급한 것처럼 감사원이다. 감사원은 기획재정부장관으로부터 제출받은 국가결산보고서를 검사하고 그 보고서를 다음 연도 5월 20일까지 기획재정부장관에게 송부해야 한다(국가재정법 제60조).

검사보고서[8]는 총제적인 국가재정의 흐름에 대한 정보를 줄 뿐만 아니라 실제에 있

부속서류 등이 있다(국가회계법 제15조의 2). 재무제표에 부속서류로 첨부되는 4가지는 국가채무관리보고서, 국가채권현재액보고서, 국유재산관리운용보고서, 물품관리운용보고서 등인데, 이것은 국가재무제표 도입 이전부터 현금주의로 작성되던 세입세출결산서의 단점을 보완하기 위하여 작성한 것이다.

8 검사보고서에는 다음 사항을 기재하여야 한다(감사원법 제41조). ㉠ 국가의 세입세출의 결산의 확인, ㉡ 국가의 세입세출의 결산금액과 한국은행이 제출하는 결산서의 금액과의 부합 여부, ㉢ 회계검사의 결과 법령 또는 예산에 위배된 사항 및 부당사항의 유무, ㉣ 예비비의 지출로서 국회의 승인을 얻지 아니한 것의 유무, ㉤ 유책판정(有責判定)과 그 집행상황, ㉥ 징계 또는 문책처분을 요구한 사항 및 그 결과, ㉦ 시정을 요구한 사항 및 그 결과, ㉧ 개선을 요구한 사항 및 그 결과, ㉨ 권고 또는 통보한 사항 및 그 결과, ㉩ 그 밖에 감사원이 필요하다고 인정한 사항.

어서는 감사의 주요 내용이 되고 있는 위법 · 부당한 예산집행의 내용과 그에 관련된 공무원 등에 대한 처분요구사항이 포함되어 있다.

표 9-1 세입세출결산의 절차

과정	내 용	제출시한	근거법률
출납정리기한	• (수입지출의 출납사무 완결 → 결산작성의 전제) 기획재정부 장관은 매 회계연도 2월 10일에 감사원장이 지정하는 감사위원과 그 밖의 공무원의 참여하에 직전 회계연도의 총세입부와 총세출부를 마감 • 출납정리기한이 지나면 먼저 각급기관이 소관장부를 정리 · 마감한 다음 그 실태를 기획재정부장관에게 보고하고 기획재정부장관은 사후적으로 정부 차원의 총세입부와 총세출부를 마감함으로써 사실상 출납사무가 완결되고 폐쇄됨	해당 회계연도의 다음 연도 2월 10일	국고금관리법 제4조의 2 국고금관리법 시행령 제94조 3항
결산보고서 작성 · 제출	• 각 중앙관서의 장은 매 회계연도마다 그 소관의 세입세출결산보고서, 계속비결산보고서, 국고채무부담행위명세서 등을 작성하여 다음 연도 2월 말일까지 기획재정부장관에게 제출	해당 회계연도의 다음 연도 2월 말일	국가재정법 제58조
국무회의 심의 및 대통령 승인	• 기획재정부장관은 각 중앙관서의 장의 세입세출결산보고서에 의하여 세입세출의 결산을 작성하여 국무회의 심의를 거친 후 대통령의 승인을 얻어 다음 연도 4월 10일까지 감사원에 제출	해당 회계연도의 다음 연도 4월 10일	국가재정법 제59조
감사원 결산검사	• 감사원은 세입세출의 결산을 매년 검사하여 대통령과 다음 연도 국회에 그 결과를 보고하고, 감사원은 세입세출결산서를 검사하고 그 보고서를 다음 연도 5월 20일까지 기획재정부장관에게 송부	해당 회계연도의 다음 연도 5월 20일	헌법 제99조 국가재정법 제60조
세입세출결산 국회제출	• 정부는 감사원의 검사를 거친 국가결산보고서를 다음 연도 5월 31일까지 국회에 제출	해당 회계연도의 다음 연도 5월 31일	국가재정법 제61조
상임위원회 예비심사	• 정부가 제출한 결산은 각 상임위원회가 예비심사 후 그 결과를 국회의장에게 보고 • 국회의장은 각 상임위원회의 보고서를 첨부하여 예산결산특별위원회에 회부	국회의장이 심사기한을 정할 수 있음	국회법 제84조 1, 2, 6항
예산결산특위 종합심사	• 각 상임위원회의 심사결과를 참고하여 결산을 종합심사하고 본회의에 상정	–	국회법 제84조 2, 3항
본회의 심의 · 의결	• 결산의 심사결과 위법 또는 부당한 사항이 있으면 본회의 의결 후 정부 또는 해당 기관에 변상 및 징계조치 등 그 시정을 요구	–	국회법 제84조 2, 3항

자료 : 국회예산정책처 홈페이지.

정부는 감사원의 검사를 거친 국가결산보고서를 다음 연도 5월 31일까지 국회에 제출해야 한다(국가재정법 제61조). 국가결산보고서는 각 중앙관서의 장이 회계연도마다 그 소관에 속하는 일반회계, 특별회계 및 기금을 통합하여 작성한 중앙관서재무보고서를 기획재정부장관이 통합하여 작성한 것이다. 이러한 재무보고서는 재무보고 총평, 재무제표(재정상태보고서 · 재정운영보고서 · 순자산변동보고서 등) 등의 서류로 구성된다.

국가결산보고서에 성과보고서(2009회계연도 결산부터), 재무제표(2011회계연도 결산부터)를 포함하도록 하고 있어, 국회의 결산심의는 과거의 집행실적 점검위주에서 성과보고서와 재무제표를 바탕으로 한 성과중심의 심사로 전환되고 있다.

3) 세계잉여금 처리

세계잉여금(歲計剩餘金)은 한 회계연도 동안 정부가 사용하고 남은 돈(결산상 잉여금)을 말한다. 이것은 예산상의 당초 징수계획보다 더 걷힌 세금, 벌과금, 불용액(지출이나 이월을 하지 않은 미집행금액)에 의하여 발생한다.

일반회계 예산의 세입부족을 보전(補塡)하기 위한 목적으로 해당 연도에 이미 발행한 국채의 금액 범위에서는 해당 연도에 예상되는 초과 조세수입을 이용하여 국채를 우선 상환할 수 있다.

매 회계연도 세입세출의 결산상 잉여금 중 다른 법률에 의한 것과 이월액을 공제한 금액(세계잉여금)은 다음의 순으로 처리한다.

첫째, 지방교부세 정산 및 지방교육재정교부금 정산에 사용한다.

둘째, 이러한 금액을 제외한 세계잉여금은 30/100 이상을 공적자금상환기금에 우선적으로 출연해야 한다.

셋째, 그러고도 남은 세계잉여금은 30/100 이상을 채무(국채 또는 차입금의 원리금, 국가배상금, 2006년 이전의 공공자금관리기금의 융자계정의 차입금의 원리금, 다른 법률에 따라 정부가 부담하는 채무)를 상환하는 데 사용해야 한다.

넷째, 이상의 금액을 제외한 세계잉여금은 추가경정예산안의 편성에 사용할 수 있다(국가재정법 제90조).[9]

---

9 경제여건 악화에 따른 세입감소와 재정집행 증가 등에 따라 3년간(2012, 2013, 2014년)은 세계잉여금이 마이너스를 기록하였으나 2015년에는 2조 8138억원 흑자(일반회계 2조 5276억원, 특별회계 2862억원)로 전환되었다.

2014년도 세계잉여금은 특별회계는 적자였으나 일반회계는 964억원의 흑자를 기록했는데, 그 처리는 공적자금 상환에 289억원, 채무 상환에 203억원, 추경재원에 472억원을 사용하였다(국회예산정책처, 2016 경

3. 국회의 결산심사과정

국회의 결산심사는 예산집행에 대한 승인이라는 성격을 가진다. 즉 예산집행에 대한 사후적 심의를 통하여 적법성 · 타당성을 확인하는 절차다. 결산심사는 위법 · 부당한 지출여부 및 국회의 의도대로 집행되었는지 여부에 대한 심으로 통한 재정통제기능, 그리고 재정운용 분석결과를 다음 연도의 예산안 편성 및 재정운용에 반영하는 환류기능을 가진다.[10]

정부가 국가결산보고서를 국회에 제출하면, 국회는 예산안과 마찬가지로 소관 상임위원회에서 먼저 예비심사하고 예산결산특별위원회가 종합심사한 다음 본회의의 회의에 부친다. 본회의에서 심의 · 의결하여 그 결과를 정부에 통지함으로써 결산절차가 종료된다.

대체로 국회는 다음 연도의 예산안에 관심이 많고, 결산에 대해서는 관심이 적다. 극히 예외적인 때도 있으나,[11] 결산심사가 형식화되고 있다는 비판을 받고 있다. 따라서 결산심사는 법률적인 것이라기보다는 정치적인 것이라고 할 수 있다.

제 · 재정수첩, 2016.3.31.).

10 결산심사 결과 위법 또는 부당한 사항이 있는 때에 국회는 본회의 의결 후 정부 또는 해당 기관에 변상 및 징계조치 등 그 시정을 요구하고 정부 또는 해당 기관은 시정요구를 받은 사항을 지체 없이 처리하여 그 결과를 국회에 보고해야 한다(국회법 제84조 제2항). 매년 감사요구는 4~5건 수준, 부대의견 20~30건 수준인 데 비하여 시정요구는 1500여 건 이상으로 매년 증가추세에 있다.

11 2003년 7월 1일에는 결산승인안이 본회의에서 부결되는 극히 이례적인 일이 발생하였다. 문화관광위원회에서 합의 · 통과된 2002년도 KBS 결산승인안이 방만한 자금운용 등의 이유로 재적의원 과반수의 찬성을 얻지 못하여 부결되었다. 재적의원 272인 중 155인이 투표한 가운데 찬성 72, 반대 69, 기권 14로 부결되었다. 야당(한나라당)에 의하면 KBS가 민영방송에 비하여 생산성이 낮고 2001회계연도 결산 때 시정조치 요구를 받고도 천재지변이나 사전에 예측할 수 없는 상황에 대비하여 책정된 예비비 112억원을 2002년 말 사원들의 보너스로 사용하였기 때문이라는 것이다.

이에 대하여 KBS 측은 공익을 강조하는 공영방송을 민영방송과 단순 비교하는 것은 옳지 않으며 성과급은 다른 공기업과 마찬가지라고 반박하였다. 한나라당이 앞으로는 한국방송공사의 예산도 국회에서 심의할 수 있도록 관련법률을 개정하겠다고 하자, KBS는 국회에서 일부 방송위원을 추천하고 있으면서 예산도 심의하겠다는 것은 방송의 독립성과 자율성을 침해하는 것이라고 하였다.

KBS는 2000년 개정된 「통합방송법」에 따라 2001년부터 국회의 결산승인을 받고 있는데, 결산심사에서 부결된 것은 처음이다. 이에 따라 방송위원회는 KBS 결산자료에 국회 부결내용과 지적사항을 첨부하여 감사원에 제출하여야 하고, 감사원은 9월 30일까지 감사결과를 방송위원회에 통보해야 한다.

국회의 결산승인안 부결이 KBS에 대한 제재를 강제하는 효력은 없다. 그러나 감사원은 예비비의 부당한 집행 및 인건비와 퇴직금 지급이 과도한 것으로 판단되면 책임자에 대한 인사 조치를 요구할 수 있다.

그림 9-2 **국회의 결산심사 절차**

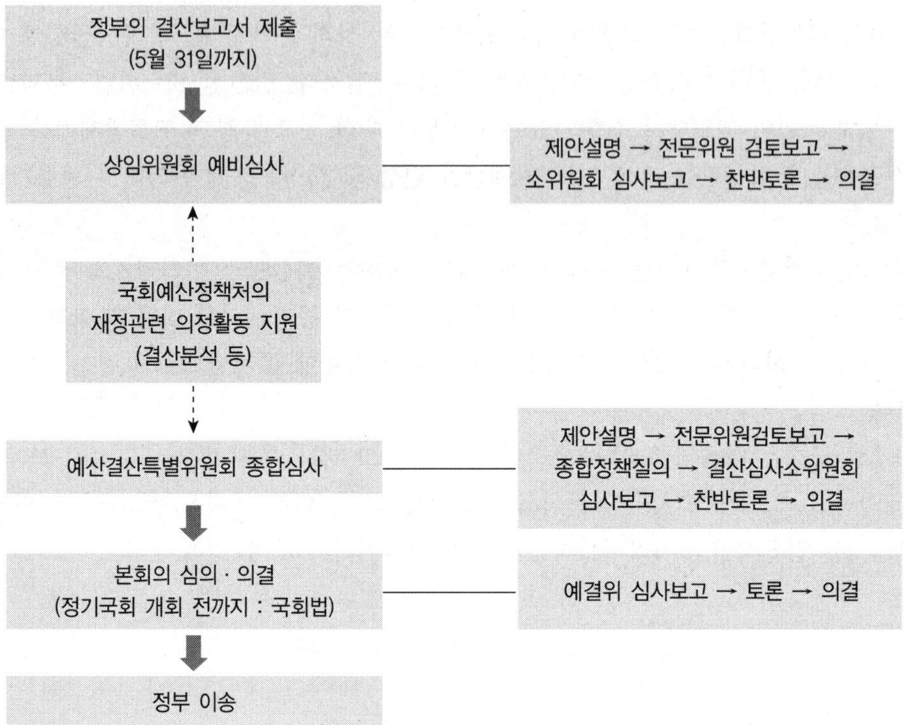

자료 : 국회예산정책처, 「국가재정제도(원리와 실제)」(2010), p.80.

4. 시정요구제도

국회는 결산심사 결과 위법 또는 부당한 사항이 있을 때에 본회의 의결 후 정부 또는 해당 기관에 변상 및 징계조치 등 그 시정을 요구할 수 있다. 시정요구제도는 2003년 국회 결산심사의 실효성을 확보하기 위해 도입하였다(국회법 제84조 제2항).

여기에서 위법이란 예산집행에 있어 관련법규를 위반한 것을 의미하고, 부당한 사항이란 예산을 부적절하게 편성 또는 집행하였거나 집행이 부진한 경우와 회계처리에 오류가 있었던 것을 의미한다.[12]

12 시정요구의 유형으로 「국회법」에서는 변상과 징계만 예시하고 있으나, 현재 국회는 변상 · 징계 · 시정 · 주의 · 제도개선의 5가지로 구분하여 운영하고 있다. 하나의 시정요구에 대하여 두 가지 이상의 유형이 적용

결산 시정요구를 받은 정부 또는 해당 기관은 그 사항을 지체 없이 처리하고 그 결과를 국회에 보고해야 한다(국회법 제84조의 2). 대체로 정부는 해당 연도 말에 '조치결과보고서'를 제출하고, 다음 연도 결산보고서 제출 때 조치결과를 재점검하여 '후속 조치결과보고서'를 제출하고 있다.

결산의 실효성 확보를 위해 도입한 시정요구제도의 내실화를 위해서는 정부의 조치결과에 대한 국회의 심사를 강화하고 불이행에 대한 제재방안을 마련할 필요가 있다. 정부의 조치결과에 대한 국회의 심사가 미흡하여 정부의 조치결과보고서의 일부 내용이 부정확하고, 정부의 조치가 완료되지 않은 사례가 자주 나타나고 있기 때문이다. 그리고 예산안 편성 및 심사 때 결산 시정요구가 반영될 수 있도록 사후관리를 강화해야 한다.

제3절 회계검사기관

1. 회계검사기관의 유형

1) 회계검사기관의 소속에 따른 구분

① 입법부 소속형(영미형) : 회계검사기관을 입법부에 소속시키거나 입법부와 밀접한 관련을 갖게 하는 형태로서, 영국 · 미국 · 벨기에 · 오스트리아 · 이스라엘 등이 여기에

되기도 한다. 조치대상 기관은 징계는 소속장관 또는 임용권자고, 나머지 4가지는 소속장관 · 감독기관장 또는 소속장관이다

- 변상 : 고의 또는 중대한 과실로 법령을 위반하여 국가 재산상 금전적 손실을 가한 때
- 징계 : 국가공무원법 또는 그 밖의 법령에 규정된 징계사유에 해당하는 때
- 시정 : 법령에 비추어 위법 또는 부당한 사실이 있어 이를 추후 바로 잡을 필요가 있는 때(법령상 · 사실상 시정이 가능할 것)
- 주의 : 예산집행 또는 업무처리가 부적당한 것으로 향후 동일한 일이 재발하지 않도록 해당 기관이나 책임자에게 주의를 줄 필요가 있는 때
- 제도개선 : 법령이나 제도의 불합리 또는 미비로 인해 예산집행상 문제가 초래된 것으로 제도개선이 필요한 때

최근 국회의 시정요구 건수는 증가하는 추세다. 2015년은 총 1812건이었는데, 변상이나 징계는 매우 드물고(최근 5년간 변상 1건, 징계 4건), 대부분 시정 · 주의 · 제도개선 등이었다(국회예산결산특별위원회 주요 업무가이드, 2015).

해당된다. 회계검사원장은 입법부가 임명하거나 또는 행정수반이 의회의 동의를 얻어 임명한다.

영국의 회계검사기관(NAO)은 형식상으로는 여왕의 직속으로 하고 있지만, 의회의 결산위원회(Public Accounts Committee)와 긴밀한 협력관계를 유지하고 있고, 검사결과를 일반에 공개하는 여부도 여기에서 결정한다. 벨기에 · 오스트리아 · 이스라엘에서는 입법부가 직접 임명한다.

회계검사원장을 누가 임명하든지 입법부 소속이기 때문에 회계검사의 결과는 의회에 제출된다. 검사과정에서 발견된 문제는 자체적으로 시정을 하고, 검사과정에서 해결되지 아니한 때에는 의회에 보고하여 정치적으로 처리한다.

② **행정부 소속형(대륙형)** : 예산의 집행기관과 그 집행결과를 검사하는 기관을 행정부(또는 국가원수)에 소속시키고 있는 유형이다. 한국 · 스위스 · 포르투갈 등이 여기에 해당된다.

③ **사법부 소속형** : 회계검사기관의 명칭을 법원이라는 명칭으로 하고, 그 의사결정을 위원회형태로 운영하며, 원장 · 부원장 · 검사위원 · 검사관을 법관의 신분으로 한다. 프랑스 · 이탈리아 등이 여기에 해당된다.

④ **독립형** : 회계검사기관이 입법부 · 사법부 · 행정부의 어디에도 소속되지 않고 독립된 기관으로 있는 유형이다. 독일과 일본은 제2차 대전 이전에는 민주주의 국가가 아니었기 때문에 그 회계검사기관이 군주나 독재자에게 소속되어 있었으나 민주화된 후 제4부적(第四府的)인 존재로 독립시켰었다.

타이완은 5권분립제(입법원 · 사법원 · 행정원 · 고시원 · 감찰원)를 채택하고 있는데, 감찰원(監察院)은 행정부 소속형(대륙형)과 독립형을 절충한 중간형이다. 국가권력은 총통에게 통합시키고 있지만 감찰원은 업무수행에서 완전히 독립되어 있다.

2) 의사결정의 방법에 따른 구분

① **단독제** : 회계검사기관의 기능을 한 사람의 책임하에 수행하게 하는 유형이다. 영국이나 미국의 회계검사기관은 단독제다.

② **합의제** : 일본 · 한국 · 네덜란드의 회계검사기관이 여기에 해당된다. 우리나라 감사원의 감사위원회의는 원장을 포함한 감사위원 전원으로 구성되며, 재적 감사위원 과반수의 찬성으로 의결한다.

3) 헌법기관 여부에 따른 구분

① 헌법기관 : 회계검사기관의 설치에 관한 법적 근거가 「헌법」에 규정된 유형이다. 대체로 제2차 대전 이후에 새로 공화제 헌법을 만든 국가들은 회계검사기관의 설치를 「헌법」에 규정하고 있다. 한국 · 일본 · 독일 · 이탈리아 · 필리핀 등이 여기에 해당된다.

② 비헌법기관 : 「헌법」에는 회계검사기관의 설치에 관한 규정이 없고 회계검사기관의 설치법을 근거로 하여 회계검사기관이 설치되어 있는 유형이다. 영국은 성문헌법이 없기 때문에 헌법기관이 존재할 수 없고, 미국은 성문헌법이 있지만 「예산회계법」에 의하여 설치하였다.[13]

회계검사기관이 비헌법기관이라고 하여 그 독립성이나 기능이 헌법기관보다 약한 것은 아니다. 비헌법기관인 미국의 회계검사원은 세계에서 그 기능이 가장 강력한 회계검사기관 중의 하나다.

2. 한국의 회계검사기관

1) 감사원의 연혁

감사원(監査院)은 세입세출결산에 대한 회계검사뿐만 아니라 행정기관과 공무원의 직무에 관한 감찰기능도 담당하고 있다.[14] 감사란 회계검사(會計檢査)와 직무감찰(職務監察)을 의미하고 있어,[15] 우리나라에서는 회계검사기관이라고 하지 않고 감사원이라고 한다.

감사원은 국가의 세입 · 세출의 결산, 국가 및 법률이 정한 단체의 회계검사와 행정기관 및 공무원의 직무감찰을 하는 대통령 소속의 합의제 헌법기관이다(헌법 제97조). 감사원은 대통령에 소속하되, 직무에 관하여 독립의 지위를 가진다(감사원법 제2조 제1항). 그럼에도 불구하고 감사원의 독립성 문제는 계속 논란이 되고 있다. 독립성을 보장하기 위

13 영국의 회계검사원(NAO : National Audit Office)은 1866년에 「국고 및 회계검사원법」(Exchequer and Audit Department Act)에 의하여 설치하였고, 미국의 회계검사원(GAO : Government Accountability Office)은 1921년에 「예산회계법」(Budget and Accounting Act)에 의하여 설치하였다.

14 감사원은 국가의 세입세출의 결산검사와 이 법 및 다른 법률이 정하는 회계를 상시 검사 · 감독하여 그 적정을 기하고 행정기관 및 공무원의 직무를 감찰하여 행정운영의 개선 향상을 기한다(감사원법 제20조).

15 직무감찰은 공무원의 비위를 시정 · 방지하고 행정운영의 개선 · 향상에 기여하기 위한 행정부의 내부적 통제수단이다. 회계검사는 국가의 예산을 사용하는 모든 기관을 대상으로 하기 때문에 입법부 · 사법부 · 행정부의 모든 기관뿐만 아니라 정부로부터 예산 지원을 받는 기관이나 단체도 그 대상이 된다. 이에 비하여 직무감찰은 행정부의 각 기관을 대상으로 하고 입법부나 사법부는 제외된다.

한 제도적 장치는 감사원장의 임명과 임기 보장에 관한 규정 등을 말한다. 즉 감사원장은 대통령이 임명하나 반드시 국회의 동의를 거쳐야 하고, 4년의 임기가 보장되며 1차례 중임이 가능하다(헌법 제98조 제2항).

대한민국 정부가 수립되고, 1948년 7월에 제정된 「헌법」 제95조 제3항은 회계검사 기관으로 심계원(審計院)의 설치를, 그리고 직무감찰기관으로 감찰위원회(監察委員會)를 별도로 설치하도록 규정하였다.[16]

이에 근거하여 「심계원법」이 제정되어 1948년 12월 4일에 공포되었다. 이 법의 제1조는 "심계원은 대통령에 직속하며 국무원에 대하여 독립의 지위를 가진다."고 규정하여, 회계검사기관이 처음부터 대통령 소속으로 되었다.

그러다가 5·16 이후 「헌법」의 개정(1962년)에서 심계원과 감찰위원회를 통합하여 감사원을 설치하였다. 즉 국가의 세입세출의 결산, 국가 및 법률이 정한 단체의 회계검사와 행정기관 및 공무원의 직무에 관한 감찰을 하기 위하여 대통령 소속하에 감사원을 둔다고 규정하였다. 이에 따라 1963년 3월 5일에 새로운 「감사원법」이 제정되고 심계원과 감찰위원회가 통합되었다.

현행 「감사원법」은 제2조에서 감사원은 대통령에 소속하되, 직무에 관하여는 독립의 지위를 가진다고 규정하고 있다. 이를 근거로 한국의 회계검사기관은 행정부 소속형이 아니라고 하는 견해도 있다(이종익, 1981: 269).

감사원은 세입세출의 결산을 매년 검사하여 대통령과 차년도 국회에 그 결과를 보고해야 한다(헌법 제99조).

감사원은 회계검사와 직무감찰을 통한 공공부문의 책임성(accountability)의 확보와 성과(performance)의 제고를 그 임무로 한다. 최근 우리나라 감사원의 감사기조(監査基調)는 다음과 같다.

- 정부의 주요 정책 · 사업 · 업무에 대한 모니터링을 통하여 문제점을 체계적으로 진단하고 종합적 · 근원적 개선책을 제시하는 시스템 감사
- 선택과 집중 원리에 따라 연관 파급효과가 큰 핵심분야와 취약분야에 집중하는 전략적 감사
- 경제성 · 능률성 · 효과성 관점에서 성과를 평가하고 개선대안을 제시하는 데 중점을 두는 성과중심감사
- 진취적 · 창의적 공직문화를 조성하는 전향적 감사

16 해방 전에는 일본의 회계검사원이 직접 조선총독부의 회계검사를 담당하였다. 미군정 초기에는 재무부 회계국이 담당하다가 미군정 말기(1948.2.)에는 회계국에서 독립한 회계검사국이 담당하였다.

2) 감사원의 조직

감사원은 원장을 포함한 7인의 감사위원으로 구성한다(감사원법 제3조). 감사원은 감사위원회의와 원장의 지휘하에 감사사무를 처리하는 사무처로 구성되어 있으며, 그 소속기관으로 감사교육원과 감사연구원(2008년 평가연구원에서 명칭변경)을 두고 있다.

감사원장은 국회의 동의를 얻어 대통령이 임명하며, 감사위원은 감사원장의 제청으로 대통령이 임명한다.[17] 감사원장(정년 70세)과 감사위원(정년 65세)의 임기는 4년이다.

감사위원은 탄핵결정(彈劾決定)이나 금고(禁錮) 이상의 형의 선고를 받았을 때와 장기간의 심신쇠약으로 직무를 수행할 수 없게 된 때를 제외하고는 그의 의사에 반하여 면직되지 않는다고 「감사원법」은 규정하고 있으나, 4년이라는 임기는 외국의 예에 비추어 볼 때 너무 짧은 편이다.[18]

감사원은 직무에 관하여 독립의 지위를 가진다. 직무수행에 있어서 정치적 압력이나 간섭을 받지 않기 때문에 회계검사의 공정을 기할 수 있는 것이다.[19]

(1) 감사위원회의

감사위원회의(監査委員會議)는 감사원의 최고의사결정기구로서, 감사원장을 포함한 감사위원 전원으로 구성된다. 감사위원회의는 감사원장이 의장이 되고 재적 감사위원 과반수의 찬성으로 의결한다.[20]

(2) 감사원 사무처

감사원 사무처는 감사원장의 지휘·감독하에 회계검사·감찰·심사결정 및 감사원에 관한 행정사무를 처리한다(감사원법 제16조).

사무처에는 사무총장 1명(정무직), 사무차장 2명(별정직)과 그 밖에 필요한 직원을 둔

---

17 감사위원의 임용자격은 ㉠ 고위공무원단에 속하는 공무원 또는 3급 이상의 공무원으로 8년 이상 재직한 사람, ㉡ 판사·검사·군법무관·변호사로 10년 이상 재직한 사람, ㉢ 공인된 대학에서 부교수 이상으로 8년 이상 재직한 사람, ㉣ 주권상장법인 또는 공기업에서 20년 이상 근무한 사람으로서 임원으로 5년 이상 재직한 사람이다(감사원법 제7조).

18 영국 회계검사원장의 임기는 종신이고, 미국 회계검사원장의 임기는 15년이다.

19 감사원은 독립기관이므로 기획재정부가 감사원의 예산요구액을 감액하고자 할 때에는 감사원장의 의견을 들어야 하고, 감액한 때에는 그 이유와 예산요구액 및 예산액의 비교표 등을 첨부하여 송부해야 한다.

20 감사위원회의는 ㉠ 감사원의 감사정책 및 주요 감사계획에 관한 사항, ㉡ 결산의 확인에 관한 사항, ㉢ 변상책임의 판정에 관한 사항, ㉣ 징계 및 문책 처분의 요구에 관한 사항, ㉤ 시정 등의 요구에 관한 사항, ㉥ 개선요구에 관한 사항, ㉦ 권고 등에 관한 사항, ㉧ 재심의에 관한 사항, ㉨ 결산검사보고 및 수시보고에 관한 사항, ㉩ 심사청구결정에 관한 사항, ㉪ 의견표시 등에 관한 사항, ㉫ 감사원규칙의 제정 및 개폐에 관한 사항, ㉬ 감사원의 예산요구 및 결산에 관한 사항, ㉭ 감사의 생략에 관한 사항, ㉠-1 감사사무의 대행에 관한 사항, ㉡-1 그 밖에 감사원장이 회의에 부치는 사항 등을 결정한다(감사원법 제12조).

다. 사무총장, 고위감사공무원단에 속하는 공무원 및 4급 이상의 공무원은 감사위원회의의 의결을 거쳐 원장의 제청으로 대통령이 임면한다. 5급 공무원은 원장의 제청으로 대통령이 임면하며, 6급 이하의 공무원은 원장이 행한다(감사원법 제18조).

그리고 감사원에는 고위감사공무원의 인사관리를 효율적으로 함으로써 감사의 전문성과 책임성을 높이기 위하여 고위감사공무원단을 구성한다. 고위감사공무원단은 ㉠ 직무의 곤란성과 책임도가 높은 감사원 사무차장 · 감사교육원장 · 감사연구원장 · 실장 · 국장, ㉡ ㉠에 상당하는 보좌기관, ㉢ 감사원규칙으로 고위감사공무원단에 속하는 공무원으로 임명하도록 정한 직위에 임용되어 재직 중이거나 파견 · 휴직 등으로 인사관리되고 있는 일반직 공무원 · 별정직 공무원을 말한다(감사원법 제17조의 2 제2항).

고위감사공무원단에 속하는 일반직 공무원은 고위감사공무원으로서 적격한지 여부를 심사받아야 하는데, 이를 위하여 감사원에 고위감사공무원단 적격심사위원회를 둔다.[21]

감사교육원은 감사원 직원, 자체감사요원 및 회계업무 종사자에 대한 교육과 감사제도에 대한 연구를 담당한다.

(3) 감사원 관련 국제기구

세계감사원장회의(International Organization of Supreme Audit Institutions)는 1953년 6월 창설되었다. 국제최고회계검사기구라고도 한다. 그 목적은 재정감독 분야에 있어 회계검사기관 상호 간의 의견 · 경험 · 자료를 교환함으로써 회계제도 및 감사기술의 개선향상을 촉진하는 데 있다. INTOSAI는 총회 · 이사회 · 사무처 · 상설위원회 · 지역협력기구 · 개발기구로 구성되어 있다. 국제연합 또는 그 전문기관에 가입되어 있는 모든 나라의 최고회계검사기관은 이 기구에 가입할 자격이 있으며, 그 자격심사는 이사회가 행한다.

아시아지역감사원장회의(Asian Organization of Supreme Audit Institutions)는 1977년

---

21 적격심사는 ㉠ 고위감사공무원단에 속하는 공무원으로 임용된 날부터 매 5년이 되는 때(다만 그 기간에 개방형 직위 또는 공모 직위에 임용된 자는 그 임용일부터 5년이 되는 때), ㉡ 연속하여 2년 이상 근무성적 평정에서 최하위등급의 평정을 받거나 총 3년 이상 최하위등급의 평정을 받은 때, ㉢ 감사원규칙으로 정하는 정당한 사유 없이 직위를 부여받지 못한 기간이 총 2년이 된 때에 받는다. ㉠은 그 사유가 발생한 날부터 6개월 이내에 실시해야 하며, ㉡과 ㉢은 그 사유가 발생한 날부터 3개월 이내에 실시해야 한다.

적격심사는 근무성적과 능력 평정에 의하되, 감사원규칙으로 정하는 바에 따라 고위감사공무원의 직무를 계속 수행하는 것이 곤란하다고 판단되는 사람을 부적격자로 결정한다. 고위감사공무원단 적격심사위원회는 감사원 소속 정무직공무원, 고위감사공무원단에 속하는 공무원, 감사원장이 위촉하는 외부 인사 등 5명 이상으로 구성하며 위원장은 감사원장이 된다(감사원법 제17조의 3).

필리핀의 회계검사원장의 제의에 의하여 1978년 9월 창설되었다. 우리나라는 1979년 5월에 가입하였다. ASOSAI는 각국의 공공회계감사 분야의 의견 및 경험을 교환함으로써 이해협력 증진, 훈련, 지속적인 교육, 다른 기구와 정보교환 및 연계를 목적으로 한다. 그 조직은 총회 · 이사회 · 사무국 · 회계검사위원회로 구성되어 있다.

3) 감사원의 감사기준과 기능

(1) 공공감사기준

세계감사원장회의(INTOSAI)에서는 각국에 「공공감사기준」을 정하도록 권고한 일이 있는데, 우리나라에서도 1999년 8월 28일 「공공감사기준」을 마련하였다. 이러한 기준은 감사원, 자체감사기구 및 공공부문의 감사를 담당하는 회계법인 등의 감사인에게도 적용된다. 「공공감사기준」(public sector auditing standard)은 공공부문 감사인이 감사업무의 수행에 필요한 기본적인 사항을 정한 기준으로서, 통상 일반기준 · 실시기준 · 보고기준으로 구성되어 있다.

첫째, 일반기준(一般基準)은 감사기관과 감사인이 갖추어야 할 자격 · 자세 · 행위의 기준을 정한 것으로서, 감사의 실시 및 보고과정의 전반에 걸쳐 적용되는 기준이다(공공감사기준 제2장). 여기에는 감사기관과 감사인의 독립성과 전문성, 감사 자세, 정당한 주의의무, 감사업무에 대한 조정과 통제, 감사정보의 보안유지와 공개 등이 규정되어 있다.

둘째, 실시기준(實施基準)은 감사계획의 수립, 감사실시 및 감사결과의 처리에 필요한 증거자료의 수집 등 감사실시과정의 전반에 걸쳐 준거해야 할 기준이다(공공감사기준 제3장). 감사인은 수감기관 등의 제도 · 사업 · 활동 · 거래 등의 적정성을 검토 · 평가함에 있어 그 준거로서 합법성 · 경제성 · 능률성 · 효과성 · 형평성, 그 밖의 합리적인 준거를 선택적으로 적용할 수 있다. 그리고 감사인은 감사실시에 앞서 관련 자료를 사전에 수집하고, 감사를 체계적 · 효과적으로 수행하기 위하여 감사계획을 수립하여야 하며, 감사증거를 수집하고, 감사조서를 기록 · 보존해야 한다.

셋째, 보고기준(報告基準)은 감사기관 또는 감사인이 감사를 실시한 결과를 보고하고 처리하는 과정에서 적용되는 기준이다(공공감사기준 제4장). 감사보고서는 감사결과 지적사항의 개요와 조치의견 등을 기술하여 감사기관의 장에게 제출하는 내부보고서를 말하고, 감사결과처분(요구)서는 감사결과 지적사항에 대한 구체적 내용과 조치할 사항을 관계기관 또는 공무원에게 송부하기 위한 최종보고서를 말한다.[22]

22 감사보고서는 다음의 원칙에 따라 작성한다. ㉠ 감사성과를 저해하거나 수감기관의 업무처리에 지장을 주

(2) 감사원의 기능

첫째, 감사원은 회계검사의 결과에 의하여 국가의 세입세출의 결산을 확인한다(헌법 제99조 ; 감사원법 제21조).

둘째, 감사원은 회계검사를 한다. 회계검사는 수입과 지출에 대한 검사뿐만 아니라 재산(물품 · 유가증권 · 권리 등)의 취득 · 보관 · 관리 및 처분 등의 검사를 포함한다(감사원법 제22조 제2항). 감사원의 회계검사의 대상은 필요적 검사사항과 선택적 검사사항으로 구분된다. 필요적 검사사항은 감사원의 회계검사를 반드시 받도록 되어 있는 회계를 말하고,[23] 선택적 검사사항은 감사원이 필요하다고 인정하거나 국무총리의 요구가 있을 때의 검사사항이다.[24]

셋째, 국가의 각 기관은 회계 관계법령, 감사원의 권한에 관한 법령, 자체감사업무에 관한 법령을 제정 또는 개폐하고자 할 때는 미리 그 법령안을 감사원에 송부하여 그 의견을 구해야 한다. 그리고 감사원의 감사를 받는 회계사무 담당자가 그 직무를 집행함에 있어 회계 관계법령의 해석에 의문이 있는 사항에 관하여 의견을 구할 수 있는데, 감사

지 않도록 적기에 작성되어야 함(適時性), ㉡ 감사목적의 달성에 필요한 모든 정보를 포함해야 함(完全性), ㉢ 전달하고자 하는 내용만을 간략하게 나타내고 필요 이상으로 길거나 불필요한 반복을 피해야 함(簡潔性), ㉣ 논리적이고 이해하기 쉬워야 하며 애매모호한 표현이나 일반화되지 않은 약어나 전문용어 등은 가급적 피해야 함(論理性), ㉤ 수집된 감사증거에 기초하여 정당성을 입증할 수 있도록 올바르게 기술하고, 감사범위 · 방법 · 감사증거에 한계가 있는 때에는 이를 명백히 밝혀야 함(正確性), ㉥ 수감기관의 변명 또는 반론과 전문가의 자문을 충분히 고려해야 하고, 문제점으로 과장하거나 편향된 시각으로 작성해서는 안 됨(公正性).

23 필요적 검사사항(必要的 檢査事項)은 다음과 같다(감사원법 제22조 제1항). ㉠ 국가의 회계, ㉡ 지방자치단체의 회계, ㉢ 한국은행의 회계, 국가 또는 지방자치단체가 자본금의 1/2 이상을 출자한 법인의 회계, ㉣ 다른 법률에 의하여 감사원의 회계검사를 받도록 규정된 단체 등의 회계.

24 선택적 검사사항(選擇的 檢査事項)은 다음과 같다(감사원법 제23조).
㉠ 국가기관 또는 지방자치단체 외의 자가 국가 또는 지방자치단체를 위하여 취급하는 국가 또는 지방자치단체의 현금 · 물품 또는 유가증권의 출납
㉡ 국가 또는 지방자치단체가 직접 · 간접으로 보조금 · 장려금 · 조성금 · 출연금 등을 교부하거나 대부금 등 재정원조를 제공한 자의 회계
㉢ 전호에 규정된 자가 그 보조금 · 장려금 · 조성금 · 출연금을 다시 교부한 자의 회계
㉣ 국가 또는 지방자치단체가 자본금의 일부를 출자한 자의 회계
㉤ 국가 · 지방자치단체 · 한국은행이 자본금의 1/2 이상을 출자한 법인이 출자한 자의 회계
㉥ 국가 또는 지방자치단체가 채무를 보증한 자의 회계
㉦ 「민법」 · 「상법」 외의 다른 법률의 규정에 의하여 설립되고 그 임원의 전부 또는 일부나 대표자가 국가 또는 지방자치단체에 의하여 임명되거나 임명승인되는 단체의 회계
㉧ 국가 · 지방자치단체 · 한국은행이 출자한 법인 등과 계약을 체결한 자의 그 계약에 관련된 사항에 관한 회계
㉨ 정부출연금 또는 민간부담금을 재원으로 하는 기금을 관리하는 자의 회계
㉩ 전 호의 규정에 의한 자가 그 기금에서 다시 출연 및 보조한 단체 등의 회계.

원은 이에 대하여 해석 · 답변을 해야 한다.

넷째, 감사원은 행정기관 등의 사무와 그 소속 공무원의 직무에 관한 감찰을 한다. 직무감찰에는 공무원의 비위적발을 위한 비위감찰(非違監察)뿐만 아니라 법령 · 제도 또는 행정관리상의 모순 · 문제점의 개선 등에 관한 것도 포함된다.

4) 감사결과의 처리

감사결과의 처리방법은 감사유형과 나라에 따라 다르다. 내부감사에서는 부적당한 집행 등에 대하여 시정 등을 감독권자 등에 건의하여 처리하도록 하고 있다.

대륙형에서는 일반적으로 사법부 차원에서 직접 시정 등을 결정하여 집행주체에 시정하도록 요구한다. 영미형에서는 감사과정에서 발견된 문제점은 집행주체에서 스스로 직접 시정하고, 감사결과는 권고나 시정으로 처리하게 한다. 만일 시정 또는 권고가 받아들여지지 않은 사항은 의회나 언론 등에서 처리하도록 한다.

우리나라의 「감사원법」에 규정된 감사결과의 처리는 다음과 같다.

① **변상판정(辨償判定)** : 감사원은 감사결과 회계 관계직원이 국가의 재산을 망실 · 훼손하였을 때에는 변상책임의 유무를 심리 · 판정한다.[25] 변상책임이 있다고 판정하였을 때에는 감사원은 변상책임자 · 변상액 및 변상이유 등을 명백히 한 변상판정서를 작성하여 이를 기관장[26]에게 송부해야 한다(감사원법 제31조 제2항).

변상판정서를 송부받은 기관장은 20일 이내에 그것을 변상책임자에게 교부하여 감사원이 정한 기한에 변상하게 해야 한다. 변상하지 않으면 기관장이 관계 세무서장에게 위탁하여 체납처분규정을 준용하여 이를 집행한다.

② **징계(懲戒) · 문책(問責) · 해임(解任)의 요구** : 감사원은 징계사유에 해당하거나 정당한 이유 없이 감사를 거부하거나 자료의 제출을 해태(懈怠)한 공무원에 대하여 그 소속 장관 또는 임용권자에게 징계요구를 할 수 있다(감사원법 제32조).[27]

---

25 변상책임제도는 회계책임을 확보하기 위하여 마련된 제도로서, 회계 관련법규에는 회계직의 잘못에 대한 벌칙규정이 없고 「회계 관계직원 등의 책임에 관한 법률」에서 따로 규정하고 있다.

변상책임은 회계 관계직원 등이 고의 또는 과실로 직무상 의무에 위배하여 국가 또는 단체에 손해를 끼친 때 그 손해를 보전해야 할 책임을 말한다. 변상책임은 징계책임 · 형사책임 · 민사책임과 별개로서 각각 병과(竝科)할 수 있다. 국가배상법상의 공무원의 책임과 회계직원의 책임과는 별개이므로 병과할 수 있으나 일방의 청구권이 충족되면 다른 청구권은 소멸될 수 있다. 변상책임은 단독변상책임 · 공동변상책임 · 연대변상책임 등으로 구분할 수 있다.

26 여기에서 기관장이란 국가기관은 소속 장관, 국가기관 이외는 감독기관의 장, 소속 장관 또는 감독기관의 장이 분명치 않은 때는 해당 기관의 장을 말한다.

27 첫째, 징계요구 중 파면요구를 받은 소속 장관 또는 임용권자는 그 요구를 받은 날로부터 10일 이내에 그

징계규정의 적용을 받지 아니하는 자로서 법령 또는 소속단체 등이 정한 문책사유에 해당하는 자 또는 정당한 이유 없이 감사를 거부하거나 자료의 제출을 해태한 자에 대하여는 그 감독기관의 장이나 해당 기관의 장에게 문책요구를 할 수 있다.

감사원은 법령 또는 소속단체 등이 정한 문책에 관한 규정의 적용을 받지 아니하는 단체 등의 임원이나 직원의 비위가 현저하다고 인정한 때에는 그 임용권자 또는 임용제청권자에게 해임요구를 할 수 있다.

③ **시정(是正) 등의 요구** : 감사원은 감사결과 위법 또는 부당하다고 인정되는 사실이 있을 때에는 기관장에게 시정 · 주의 등을 요구할 수 있다(감사원법 제33조).

④ **개선(改善) 등의 요구** : 감사원은 감사결과 법령상 · 제도상 및 행정상 모순이 있거나 그 밖에 개선할 사항이 있다고 인정할 때에는 국무총리 및 기관장에게 법령 등의 제정 · 개정 또는 폐지를 위한 조치나 제도상 또는 행정상의 개선을 요구할 수 있다(감사원법 제34조).

⑤ **권고(勸告) · 통보(通報)** : 감사결과 「감사원법」에 따른 징계 · 시정 · 주의 · 개선 등을 요구하는 것이 부적절하거나 관계기관의 장이 자율적으로 처리할 필요가 있는 사항, 또는 행정운영 등의 경제성 · 효율성 · 공정성 등을 위하여 필요한 때에는 기관장에게 개선 등에 관한 사항을 권고 또는 통보할 수 있다(감사원법 제34조의 2).

⑥ **고발(告發)** : 감사원은 감사결과 범죄혐의가 있다고 인정할 때에는 이를 수사기관에 고발하여야 한다(감사원법 제35조). 고발은 감사위원회의의 의결을 거쳐야 한다. 다만 증거인멸 또는 도피의 우려가 있을 때에는 그 의결을 거치지 않고 수사기관에 수사를 요청할 수 있다. 만일 시간이나 장소의 제약 등으로 직접 고발이나 수사요청이 어려운 때에는 대상기관으로 하여금 적정한 조치를 하게 할 수 있다.

5) 재심의 청구

① **청구재심의(請求再審議)** : 재심의는 감사결과 처리의 타당성을 확보하기 위한 자기통제 내지 자기반성의 수단과 감사결과 위법 · 부당한 처리로 인한 피해를 구제하기 위

해당 징계위원회 또는 인사위원회 등에 그 의결을 요구해야 한다.

둘째, 중앙징계위원회의 의결결과에 관하여는 행정자치부장관이, 그 밖에 징계위원회의 등의 의결결과에 관하여는 해당 징계위원회 등이 설치된 기관의 장이 그 의결이 있은 날로부터 15일 이내에 감사원에 통보해야 한다.

셋째, 감사원은 파면요구한 사항이 파면의결이 되지 아니한 때에는 그것을 통보받은 날로부터 1월 이내에 그 해당 징계위원회 등이 설치된 기관의 바로 위 상급기관에 설치된 징계위원회 등에 직접 그 심의 또는 재심의를 요구할 수 있다(감사원법 제32조 제2~3항).

한 제도이다(감사원법 제36~46조의 2). 재심의에는 청구재심의와 직권재심의가 있다.

청구재심의는 변상판정의 처분요구를 받은 본인이나 기관장이 감사결과의 처분요구가 위법 또는 부당하다고 인정할 때, 3월 이내에 감사원에 청구하는 것을 말한다.

감사원은 재심의 청구의 적격 여부를 심리하여 이유 있다고 인정할 때에는 원처분의 요구를 취소(取消)하거나 그 내용을 변경(變更)하고, 이유 없다고 인정할 때에는 기각(棄去)한다.

감사원의 징계(문책 포함)나 개선 등의 처분요구를 받은 기관장 · 임용권자나 임용제청권자는 그 요구가 위법 또는 부당하다고 인정할 때에는 그 요구받은 날부터 1월 이내에 감사원에 재심의를 청구할 수 있다. 이때 징계대상자나 소속기관의 장은 청구할 수 없다. 이것은 감사원의 처분요구가 해당 소속장관 또는 감독기관의 장에게 하도록 되어 있기 때문이다.

② **직권재심의(職權再審議)** : 감사원이 판정을 한 날부터 2년 이내에 계산서 및 증거서류 등의 오류 · 누락 등으로 그 판정이 위법 또는 부당함을 발견하였을 때 직권으로 재심의를 하는 것을 말한다. 청구재심의한 사건에 대하여는 또다시 재심의를 청구할 수 없으나, 감사원이 직권재심의한 것에 대하여는 재심의를 청구할 수 있다. 재심청구자는 감사원의 재심의 판정에 대하여 이의가 있을 때 감사원을 당사자로 하여 행정소송(行政訴訟)을 제기할 수 있다.

③ **심사청구의 심리** : 감사원의 감사를 받는 자의 직무에 관한 처분 그 밖의 행위에 관하여 이해관계가 있는 자가 감사원에 그 심사의 청구를 하였을 때에는 이를 심리하여 그 결정결과를 심사청구자와 관계기관의 장에게 각각 통지(通知)해야 한다. 관계기관의 장은 그 결정에 따른 조치를 해야 하며, 청구인은 그 조치에 대하여 해당 처분청을 당사자로 행정소송을 제기할 수 있다.

④ **민원처리** : 민원인이 감사원에 제출하거나 다른 기관으로부터 송부된 민원사항 또는 '188신고센터'를 통하여 신고받은 위법 · 부당한 사항 등에 대하여는 감사원이 직접 조사하거나 감독기관 등의 자체감사기구로 하여금 조사 처리하도록 위탁하여 그 결과에 따라 관계기관에 시정 등 적정한 조치를 하게 하고 결과를 민원인 또는 188신고인에게 통지해야 한다.

6) 회계검사권의 국회 이관 논리

(1) 찬성론

감사원이 본연의 역할을 제대로 수행하려면 무엇보다도 독립성을 갖추고 있어야 한다. 한국의 감사원도 명목상으로는 독립성이 보장되어 있으나 실질적으로는 그렇지 못하다. 세계적으로도 드물게 대통령 직속기관으로 설치되어 있으며, 비록 국회의 동의를 받지만 감사원장을 대통령이 임명하기 때문이다. 감사원이 행정부에 소속되어 있어 감사결과를 국회의 예산심의에 반영하기도 어렵다.

국회의 재정통제권은 전통적 · 본질적인 고유권한이라고 할 수 있다. 대통령제의 나라가 회계검사권을 의회 및 그 소속기관에 부여하는 연유가 바로 여기에 있다. 회계검사기관의 장은 의회가 선출하거나, 추천 또는 제청 등을 거쳐 임명되고, 임기도 행정수반의 임기보다 길다.

회계검사기관의 독립성을 강화하면 국회의 미흡한 정책역량을 제고함으로써 재정민주주의의 확대에도 기여한다. 그리고 감사원을 국회 소속으로 하면 국정감사가 폐지되어도 무방하다.

현행 「헌법」 아래서도 국회가 회계검사기능을 수행할 수 있는 논거는, 회계검사는 결산심사를 위한 보조적 기능이고, 국정감사나 국정조사의 부수적 기능이며, 국회가 선택할 수 있는 조사방법 중의 하나라는 것이다. 그리고 행정부에 대한 견제와 감시는 국회의 고유권한이며 그 한 방법으로 회계검사방법을 사용할 수 있다는 것이다.

과도기적으로는 회계검사를 활성화하기 위하여 국회의 감사원 감사의 청구요건을 완화하고,[28] 모든 회계검사의 결과와 주요 사업의 감사결과를 국회에 보고하도록 하며, 감사원 결산검사보고서의 체계와 수록내용을 결산심사에 도움이 되도록 개편해야 한다.

「감사원법」 제21조는 회계검사의 결과에 의하여 국가의 세입세출의 결산을 확인한다고 규정하고 있으므로 회계검사와 결산은 불가분의 관계에 있다. 이에 따라 국회의 결산심사에서도 사안에 따라서는 구체적 경비의 수입지출 부분을 확인 · 분석하는 회계검사가 이루어질 수 있다.

(2) 반대론

회계검사권의 국회 이관은 「헌법」을 개정해야 한다. 「헌법」이 감사원에 부여한 회계검사권을 하위법률에 의하여 국회로 이관하는 것은 「헌법」의 위반이다. 일반적인 재정통

---

28 즉 지금처럼 본회의 의결이 아니라 법안발의에 준하여 10인 이상의 국회의원의 동의로 완화해야 한다.

제권에 근거하여 국회도 회계검사권을 행사할 수 있다는 주장도 있지만 재정통제권 자체도 「헌법」이 정한 방법과 절차에 의하여 이루어져야 한다.

결산심사의 전제가 되는 회계검사를 독립성과 전문성을 갖춘 헌법기관인 감사원이 담당하도록 한 헌법적 결단은 존중되어야 한다.

물론 예외적으로 국회가 회계검사권을 행사할 수 있는 수도 있다. 국회의 국정감사권(國政監査權)과 국정조사권(國政調査權)을 인정하고 있는데, 이러한 권한의 행사에서 피감기관의 회계에 대한 조사를 할 수도 있다.

회계검사권을 예산집행과 관련하여 지역구나 이익집단의 민원으로부터 자유로울 수 없는 국회로부터 독립시키는 것도 재정민주주의의 원칙을 관철하기 위하여 필요하다.

회계검사기관을 의회에 소속시키고 있는 나라들은 일찍이 의회민주주의가 정착된 나라들이며 업무수행상 독립성을 엄격하게 보장하고 있다. 따라서 국민의 신뢰를 받지 못하고 있는 국회에 회계검사권을 부여하는 것은 재정에 대한 민주적 통제보다는 회계검사기관의 전문성과 중립성을 훼손할 위험이 더 크다.

국회에서 합리적인 의사운영의 전통이 확립되고 건전한 시민사회에 의한 국회통제가 상당수준으로 정착될 때까지는 회계검사권의 국회 이관은 바람직하지 않다는 것이다.

제4절 국가회계

1. 국가회계의 의의

1) 회계의 개념

회계(accounting)는 부기(장부기록, bookkeeping)와 혼용되기도 하지만 주로 재무관련 정보를 측정하고 기록하는 것과 관련하여 사용된다.

미국 공인회계사협회(AICPA : American Institute of Certified Public Accountants)는 1941년에 회계란 적어도 부분적으로나마 재무적 거래를 화폐단위에 의하여 기록 · 분류 · 요약하고 그 결과를 해석하는 기술이라고 정의하였다.

미국 회계협회(AAA : American Accounting Association)는 1966년에 회계란 정보 이용자들이 적절한 판단과 의사결정을 할 수 있도록 경제적 정보를 식별하고 측정하며 전달하는 과정이라고 정의하였다.

미국 회계원리위원회(APC : Accounting Principle Board)는 1970년에 정보의 개념으로서 회계를 다음과 같이 정의하였다. 즉 회계는 서비스의 활동이다. 그 기능은 경제적 의사결정을 하거나 활동의 여러 대안 중에서 타당한 선택을 하는 데 사용할 목적으로 경제적 주체에 대하여, 성격에 있어서는 주로 재무적 · 계량적인 정보를 제공하는 것이라고 정의하였다(이경섭, 1997: 1~2).

회계의 개념 정의는 시대에 따라 변화되어 왔다. 즉 재무적 거래를 기록하고 해석하는 기술로부터 이용자에게 유용한 정보를 주는 기능으로 변화되어 왔고, 그리고 재정상태의 정확한 표시로부터 소득에 관한 정보를 중요시하는 방향으로 변화되어 왔다.

공공부문회계는 민간부문회계와 동일한 원리와 기준에 의하여 처리하는 때도 있으나, 그 인식기준이나 회계정보의 목적에서 차이가 있다. 우리나라에서는 국가회계와 이와 관계되는 기본적인 사항을 정하여 국가회계를 투명하게 처리하고, 재정에 관한 유용하고 적정한 정보를 생산 · 공급하기 위하여 2007년 10월 17일에 「국가회계법」을 제정(시행은 2009.1.1.)하였다.

2) 국가회계의 영역

국가회계의 영역은 학자마다 다소 견해가 다르다. 광의로는 그 대상을 예산의 편성과 배정, 징수와 수납, 지출원인행위 및 계약, 지불, 회계처리 및 보고, 감사 등의 내용을 포괄한다. 협의의 국가회계는 그 대상을 회계처리 및 보고에 관련되는 부분만을 지칭한다.

우리나라 「국가회계법」 제3조에서는 그 적용범위를 일반회계 및 특별회계, 기금으로 규정하고 있다.[29]

---

29 지방자치단체도 1999년부터 회계제도 개혁을 추진하면서 복식부기회계정보시스템(Local Government Accrual Accounting and Double-entry Information System)을 구축하였다. 부천시와 강남구를 대상으로 회계기준 및 전산시스템의 시험운영(2001.11.~2003.9.)과 대전시 등으로의 확대 시범운영(2003.10.~2005.2.)을 거쳐, 2007년 모든 지방자치단체에 전면 도입되었다(홍정화 · 윤태화, 2000: 207~246 ; 이남국, 2007: 27~28). 그 후 명칭도 복식부기회계시스템(DAIS: Double-entry Bookkeeping Accounting System)으로 바꾸었다.

3) 국가회계의 개념과 기준

(1) 국가회계의 개념

회계기법으로서의 국가회계 또는 정부회계(government accounting)는 정부가 수행하는 재정활동을 일정한 방식으로 분류 · 해석하여 해당 자료를 활용하기 쉽도록 제공하는 것을 말한다.

기획재정부장관은 국가회계에 관한 사무를 총괄하고, 중앙관서의 장과 기금관리주체는 그 소관의 회계에 관한 사무를 관리한다. 중앙관서의 장은 그 소관에 속하는 회계업무를 총괄적으로 수행하도록 하기 위하여 회계책임관을 임명해야 하는데, 소속관서에 설치된 직위를 지정하는 것으로 갈음할 수 있다(국가회계법 제6, 7조).

국가회계업무의 수행과 관련하여 기획재정부장관의 자문에 응하기 위하여 기획재정부에 국가회계제도심의위원회를 두는데,[30] 그 위원회의 심의사항은 다음과 같다(국가회계법 제8조).

- 국가회계제도와 그 운영
- 국가회계의 처리 또는 결산 관련법령의 제정 · 개정 및 폐지
- 국가와 지방자치단체 및 공공기관 사이 회계제도의 연계
- 그 밖에 국가회계제도의 운영에 관한 사항으로 대통령령이 정하는 사항

(2) 국가회계의 특징

국가회계는 기업회계나 비영리단체회계와는 달리 다음과 같은 특징을 가지고 있다.

첫째, 회계구조(會計構造)가 기업회계에서는 수입과 수익, 지출과 비용을 엄격히 구별하고, 수입보다는 수익, 지출보다는 비용에 초점을 맞춘다. 이에 비하여 국가회계에서는 공공서비스 · 사회간접자본 · 사회보장 등에 지출하고 그 재원은 대부분 조세로 충당함으로써 재원배분에 중점을 두므로 소득이나 비용 개념은 상대적으로 중요시하지 않는다.

둘째, 민간부문에서도 예산을 편성하고 예산에 의하여 경영하기도 하지만 예산보다는 활동결과에 대한 재무제표가 중요하다. 재무보고서에는 예산내용이 회계처리의 내용에 포함되지 않는다. 이에 비하여 국가회계는 예산이 회계의 일부가 되기도 한다. 그래서 국가회계를 예산회계(豫算會計)라고도 한다.

---

30 국가회계제도심의회는 위원장 1인(기획재정부장관이 지명하는 기획재정부차관)을 포함한 15인 이내의 위원으로 구성한다. 위원은 감사원, 행정자치부 등 관계 부처 3급 공무원 또는 고위공무원단에 속하는 일반직 공무원과 회계업무에 관한 학식과 경험이 풍부한 사람 중에서 기획재정부장관이 임명 또는 위촉한다(국가회계법 제8조 제2~3항).

셋째, 기업회계는 법률이나 회계원칙 등을 준수하여 공정하게 처리하기만 하면 되고, 회계의 내용이 되는 경영활동은 주주 등에 의하여 직접적으로 통제를 받는 것이 아니라 어느 정도 임의성이 보장된다. 기업회계정보의 이용자도 주주 · 경영인 · 종업원 · 채권자 등으로 그 범위가 좁은 편이다. 이에 비하여 국가회계에서는 관련법령이나 회계처리 절차의 준수가 요구됨은 물론이고, 공공부문의 재정활동도 국회나 지방의회로부터 통제를 받는다. 그리고 그 회계정보의 이용자도 국민 전체가 된다.

(3) 국가회계기준

국가회계에 관한 세부처리기준(이하 국가회계기준이라 함)은 기획재정부장관이 정한다. 국가회계기준은 회계업무 처리의 적정을 기하고 재정상태 및 재정운영의 내용을 명백히 하기 위하여 객관성과 통일성이 확보될 수 있도록 해야 한다. 기획재정부장관은 국가회계기준에 관한 업무를 대통령령으로 정하는 바에 따라 전문성을 갖춘 기관 또는 단체에 위탁할 수 있다(국가회계법 제11조).

국가회계기준은 주로 정부조직이 경제적 사건을 측정 · 기록 · 분석 · 요약 · 보고하는 절차와 제반사항을 규율하기 위하여 만든 기준을 말하는데, 발생주의회계를 채택하고 있는 나라에서 주로 마련하고 있다.

대륙형 국가회계제도를 채택하고 있는 나라에는 국가회계기준이 없다. 국가나 지방자치단체의 예산 및 회계 관련규정은 법률이나 조례로 규정하기 때문이다. 모든 집행부서는 통일적으로 같은 회계규정을 사용하게 된다.[31]

(4) 국가회계제도

국가회계제도(cameral accounting system, cameralistic accounting system) 또는 예산회계제도(budgetary accounting system)는 국가회계의 수입지출에 관한 전통적인 회계시스템을 말한다. 국가회계시스템은 나라마다 조금씩 다르지만 그 기본구조는 유사하다.[32]

국가회계제도는 수입지출을 회계의 중심내용으로 한다. 국가회계제도를 포함하여 재

---

31 회계검사원의 역할도 영미형은 권고하는 데 비하여, 대륙형은 시정을 직접 요구할 수 있다.

32 Cameral은 라틴어의 Camara 또는 Camera에서 유래된 것으로서, 토지소유자의 금고가 속하는 위치를 의미한다. 독일어의 Kammer는 조세행정을 다루는 회의가 열리는 방 또는 공무집행 장소를 가리키는 말이었다.

국가회계제도의 기원은 1539년 스웨덴 국왕 Gustav Vasa가 국가경제의 중심적 역할을 다루기 위한 Chamber (Kammaren)를 설치한 데서 비롯되었다. 그 후계자인 Gustav Adolf(1611~1632년)가 이 기구를 재무관리부와 회계관리부로 분리하였다. 재무관리부는 예산을 관장하고 회계관리부는 회계를 관장하였다. 이러한 제도가 독일 · 오스트리아 · 이탈리아 등에 전파되었고, 특히 Austro-Hungarian 제국의 여왕 Maria Teresia(1717~1780년)에 의하여 확산되었다.

정관리제도는 크게 대륙식과 영미식으로 나눌 수 있다.

대륙식은 중앙집중식 국고관리, 결산보고의 통합, 회계담당자별 회계책임 등을 특징으로 하고, 감사결과의 처리방식이 위원회 형태를 취한다.

영미식은 기관별 분산국고관리, 기관별 결산보고, 기관별 회계책임 등을 특징으로 하고 있고 감사결과의 처리방식이 권고형인 행정형에 속한다.

그러나 국가회계의 기본구조는 같은데, 다만 그 명칭을 대륙식에서는 Cameral Accounting System, 영미식에서는 Budgetary Accounting System이라고 하며, 그 운용에서 약간의 차이가 있다.

영국의 국가회계는 당초 단식부기였고 대차대조표도 없었다. 그러나 1820년대를 기준으로 복식부기가 국가회계에 도입되었고, 1823년 정부의 수입지출에 관한 대차대조표가 만들어졌다. 물론 이러한 대차대조표는 기업회계의 경우와 다르고, 그 작성목적이 재정상태를 파악하는 데 있고, 재무적 자원(현금)만 포함하고 있을 뿐 경제적 자원(자산과 부채 등)은 포함되지 않는다.

미국은 기업회계를 준용하여 수입지출회계에서도 회계연도 말의 미지급금(채무)이나 미수납액(채권)을 기록하기 위하여 채권채무계정을 설정하고 이를 재무적 자원과 포함하여 대차대조표를 작성하였다. 그러나 1910년대 이후 정부활동 중 사업성 회계에 대하여는 대륙식과 영미식 모두 기업회계의 발생주의 복식부기를 사용하였다.

국가회계제도는 재무적 자원에 관한 정보를 제공하는 데 그 목적이 있고, 재원을 거두어 이를 의회 등이 승인한 대로 집행하였느냐 하는 데 초점이 맞추어져 있다.

(5) 재무제표

재무제표(財務諸表, financial statements)는 기업이 주주 등 이해관계자에게 다양한 재무적 정보를 제공하는 여러 개의 보고서 또는 표의 집합체를 말한다.

정부의 재무제표는 재정상태표, 재정운용표, 순자산변동표로 구성된다. 재정상태표는 특정 시점의 자산, 부채 및 순자산을 나타낸 재무제표로, 기업회계의 대차대조표에 해당된다.

재정운용표는 회계연도 동안 수행한 사업별 원가 등 재정운용 결과를 나타낸 것으로, 기업회계의 손익계산서에 해당된다.

순자산변동표는 회계연도 동안의 순자산 증감내역을 나타낸 재무제표로 기초순자산, 재정운용 결과, 재원의 조달 및 이전, 조정항목, 기말순자산으로 구분하여 표시된다.[33]

33 2014회계연도 재정상태표상 자산(유동자산, 투자자산, 일반유형자산, 사회기반시설, 무형자산, 그 밖의 비

2. 국가회계의 원칙과 기법

1) 국가회계의 원칙

회계원칙은 재무제표를 작성하고 이해하는 판단기준이 되고 사회 일반에 걸쳐 공정 · 타당하다고 인정되는 원칙으로서, 경제현상을 회계에 잘 반영하여 올바른 회계처리를 가능하게 하는 지침을 말한다. 이것을 회계원리 또는 회계기준이라고도 한다.

국가회계의 원칙은 신뢰할 수 있도록 객관적인 자료와 증빙에 의하여 공정하게 처리되어야 하고, 재정활동의 내용과 그 성과를 쉽게 파악할 수 있도록 충분한 정보를 제공하고 간단 · 명료하게 처리되어야 한다(국가회계법 제4조).

국가회계의 원칙은 크게 회계보고의 원칙과 회계집행의 원칙으로 나눌 수 있다.[34] 국가회계에 있어 회계집행의 원칙은 다음과 같다.

첫째, 합법성의 원칙이다. 회계조직 · 회계주체 · 회계절차 · 보고 등은 반드시 법령 등에서 정하는 바에 의해야 한다. 법령에는 법률 · 명령 · 규칙 외에 예산 · 훈령 · 내부지침 · 회계관습 등이 포함된다. 특히 국가회계는 예산에 따라 집행해야 하고, 세입세출은 그 각각의 법령 및 관리절차에 따라야 한다. 이 원칙은 모든 회계집행과 절차가 반드시 규정에 의해서만 처리된다는 의미는 아니고, 물품의 규격선택과 같이 회계공무원의 판단에 의하여 처리되는 때도 있다.

둘째, 회계책임성의 원칙이다. 회계책임을 다하였음을 입증해야 한다. 국가회계에서는 기업회계에서보다 더 회계책임성이 강조된다. 세입예산이 국민의 부담으로 이루어지고, 또 행정부에 대한 국회의 견제와 감독이 민주주의 원리에서 당연히 요구되고 있기

유동자산)은 1756.8조원, 부채(유동부채, 장기차입부채, 장기충당부채, 그 밖의 비유동부채)는 1212.7조원으로 순자산은 544.1조원이었다.

2014회계연도 재정운용 순원가는 265.1조원, 비교환수익(국세수익, 부담금수익, 사회보험수익, 제재금수익 등)은 257.2조원으로 재정운용 결과는 7.9조원의 손실을 기록하였다. 이는 국세나 부담금으로 인한 수익보다 인건비와 경비 등의 비용이 더 컸음을 의미한다. 다만 재무회계에서의 비용은 세출 외에도 현금의 유출을 수반하지 않는 금액이 포함되어 있어, 재정운용 결과 통합재정수지의 적자를 의미하지 않는다(대한민국 정부, 「2014회계연도 결산보고서」, 2015.5.).

34 회계보고의 원칙으로서 프림찬드는 다음과 같이 8가지를 제시하였다(A. Premchand, 1884 참조). ㉠ 규정된 서식에 의하여 보고자와 사용자 상호 간에 이해할 수 있도록 해야 하고(合法性), ㉡ 적정하게 집행하였다는 회계책임 내용을 이해할 수 있도록 작성해야 하고(理解可能性), ㉢ 계수는 증거에 의하여 작성하여 신뢰할 수 있도록 해야 하고(信賴性), ㉣ 회계정보는 사용자의 요구에 부합되어야 하고(適切性), ㉤ 회계정보를 상호 비교할 수 있도록 하고(比較性), ㉥ 회계정보는 판단에 사용할 수 있도록 적시에 제출되어야 하고(適時性), ㉦ 보고범위와 분류회계기초는 계속적으로 적용되어야 하고(繼續性), ㉧ 회계보고는 사용자에게 유용하도록 작성되어야 한다(有用性).

때문이다. 따라서 회계공무원은 자신이 처리한 내용에 대하여 회계책임을 져야 하고, 이를 증명할 수 있어야 한다.

셋째, 완전성의 원칙이다. 재정활동의 결과가 완전히 나타나도록 작성해야 한다. 세입세출은 총계에 의하여 모두 예산에 계상되어야 하고 수입금을 직접 사용할 수 없다. 이 원칙은 기업회계에서 재무제표를 작성할 때 지켜야 하는 충분성의 원칙과 유사하다.

넷째, 비교성의 원칙이다. 회계정보는 정책이나 사업계획, 예산편성 등 의사결정을 하는 데 있어 유용한 자료가 되어야 한다. 의사결정을 위해서는 대안들의 비교가 필수적인데, 국가회계가 이러한 비교에 유용하도록 작성되어야 한다.

다섯째, 경제성 · 능률성 · 효과성의 원칙이다. 기존의 국가회계는 대부분 통제에 초점이 맞추어져 있었다. 그러나 조세부담 증가에 대한 저항, 예산삭감과 서비스 감축 등이 나타나자 자원을 획득 · 사용할 때 경제성 · 능률성 · 효과성에 관심을 두기 시작하였다. 회계검사에서도 이러한 개념을 강조하고 있는데, 흔히 3Es(Economy, Efficiency, Effectiveness)라고 일컬어지고 있다. 이러한 개념은 모두 투입과 산출에 관련되며, 절대적 개념이 아니라 상대적 개념으로 파악해야 한다.

2) 국가회계의 종류

국가회계에는 여러 회계가 존재하고 있고, 회계목적이나 거래의 인식기준 및 계정과목에 따라 여러 회계기법이 사용되고 있다. 즉 예산회계 · 지출원인회계(계약회계) · 현금주의회계 · 발생주의회계 · 기금회계 등이 있다.

이러한 회계기법들은 서로 배타적인 것은 아니다. 어떤 기관은 예산회계 · 현금주의회계 · 기금회계를 동시에 적용하기도 한다.

(1) 예산회계

예산회계(budgetary accounting)는 예산이 직접 회계의 일부가 되는 회계로서, 국가회계에서만 사용된다.[35]

예산회계의 주요 목적은 예산의 역할을 강조하고, 통제 및 회계책임성을 확보하려는 데 있다. 원장(元帳)이나 보조부는 예산과목에 의하여 설정되고, 그 과목에 의하여 단위기관별로, 그리고 세입과 세출은 각각 분리하여 회계처리된다.

---

35 민간부문의 관리회계에서 표준원가로 기재하고 그 차이를 추가 기재하는 특수한 목적에 사용되기도 하지만 예산이 재무회계분야에서 그대로 적용되는 예는 극히 드물다. 즉 예산내용과 실제 집행내용을 사후에 대조하여 표시하기도 하지만 당초부터 예산상의 금액이 거래의 개시금액으로 되지 않는다.

예산회계에서는 화폐성 자산의 수지를 그 대상으로 하므로 비화폐성 자산, 즉 현금의 수지를 수반하지 않는 자산(현물출자나 재산교환 등)의 거래는 그 대상이 되지 않는다. 그러나 현금의 수지가 있더라도 해당 회계주체의 예산에 속하지 않는 현금수지(보증금이나 공탁금 등)는 제외된다.

(2) 지출원인행위회계

지출원인행위회계(encumbrance basis accounting)는 거래의 인식시점을 재화나 서비스를 주문할 때를 기준으로 하는 것으로서, 지출원인행위는 대부분 계약으로 이루어지므로 계약회계(commitment accounting) 또는 의무회계(obligation basis accounting)라고도 한다.

현금주의회계를 채택하는 때에는 예산초과지출이나 미집행이 발생하고 전체적인 예산의 관리가 어렵다. 그러나 지출원인행위회계를 채택하면 예산초과지출을 방지하고, 예산집행의 관리자로 하여금 예산집행에 대한 전체적인 현황을 알 수 있게 한다.

(3) 현금주의회계

경제적 사건을 어떻게 인식하느냐에 따라 현금주의와 발생주의로 구분된다. 현금주의회계(cash basis accounting)는 현금의 유입(inflow)과 유출(outflow) 여부에 따라 수익과 비용을 인식하는 방식이다. 현금이 수반되지 않는 수익, 비용과 자산, 부채의 증감은 고려되지 않고 감가상각비도 제외된다.

현금주의회계는 국가회계나 비영리재단회계에서 많이 사용하고 있는데, 그 장점은 다음과 같다.

첫째, 현금주의회계는 간단하고 이해하기 쉽다. 계정과목을 사업별 · 조직별 · 기능별로 분류할 수 있고, 세입과 세출을 분리하여 표시할 수 있으며, 지출을 그 용도에 따라 인건비 · 물건비 등으로 다양하게 나눌 수 있다. 기업회계에서는 자산 · 부채 · 자본 · 수익 · 비용 등 한정적으로 분류한다.[36]

둘째, 현금주의회계는 회계의 객관성을 확보할 수 있다. 기업회계에서는 재고자산의 평가, 감가상각비, 미실현이익 등 부채나 자산의 설정에 있어 주관적인 판단이 개입된다. 이에 비하여 현금주의회계에서는 이러한 주관이 개입되지 않아 객관성을 확보할 수 있다.

---

36 만일 세입을 발생주의회계로 처리한다면 징수결정액은 수익, 미수납액은 채권, 불납결손액은 비용(특별비용), 수납액은 현금의 증감으로 나타나게 되어 관련된 회계정보가 산만하게 된다. 그리고 세입은 원천적으로 수익이 아니므로 기업회계와 같이 성과로 측정될 수 없다.

한편 현금주의회계는 다음과 같은 단점이 있다.

첫째, 비용 · 자본 · 소득에 관한 정보를 제공하지 못한다. 정책이나 사업의 결정에 있어서는 각 대안별 투입과 산출에 대한 비교가 필요하다. 투입(비용)은 봉급이나 운영비 등과 같이 지출과 비용이 일치하지만 그렇지 않은 부분도 많다.[37] 현금회계는 이러한 현금의 수입과 지출이 수반되지 않는 손익거래를 기록하지 않으므로 비용에 관한 정보를 주지 못한다. 그리고 자본의 증감부분이나 자본이 기록되지 않으므로 소득도 기록되지 않는다.

둘째, 현금회계는 회계를 조작할 가능성이 있다. 예컨대 어떤 부처에서 지출액을 줄이기 위하여 현금지급을 연기(24시간)할 수 있다.

수정현금주의(modified cash basis)는 현금주의를 완화한 것으로, 대체로 현금뿐만 아니라 경상적 재무자원의 흐름도 인식하는 방식이다. 회계기간 종료 후 일정기간 동안(통상 2개월) 발생한 수입과 지출을 전 회계연도의 수입지출에 반영한다. 수정현금주의는 현금주의에 비해 단기적 재무자원의 변동에 대한 파악이 가능하다는 장점이 있으나 장기적 재무자원의 변동은 파악하기 어렵다는 단점이 있다.

(4) 발생주의회계

발생주의회계(accrual basis accounting)는 현금을 주고받은 시점과 관계없이 재무상태를 변동시킨 거래가 발생한 시점에서 수익과 비용을 인식하는 방식이다.

현금주의(現金主義)는 거래가액의 기록을 반대급부(주로 현금)의 이동시점에서 기록하는 데 비하여 발생주의(發生主義)는 급부(재화나 용역)의 이동시점에서 기록한다는 차이가 있다.

발생주의는 수익과 비용의 인식기준에 있어 현금의 흐름과 관계없이 자원의 흐름, 즉 수익할 수 있는 권리나 비용의 채무가 발생한 때에 인식하는 것을 말한다. 해당 기간 안에 현금의 지출은 없었더라도 지급해야 할 채무가 발생한 때 이를 비용으로 인식하고, 재화를 판매하고 대금을 수령하지 않았더라도 수익으로 인식한다.

공공부문에서의 발생주의회계는 다음과 같은 장점이 있다.

첫째, 재화와 용역의 소비 · 전환 · 실현의 측정을 제공한다. 현금주의회계에서는 물품을 구입한 때 구입이 지출로 나타날 뿐 그 소비 여부에 대하여는 기록하지 않고, 자산

37 예컨대 자본예산으로 구입한 장비 · 기계 · 건물 · 시설물 · 토지 등은 지출과 비용이 일치하지 않는다. 이러한 자산의 비용은 기간의 경과에 따라 감가상각비로 나타나거나 전혀 비용으로 나타나지 않는 때도 있으며, 공공시설의 유지관리에 소요되는 물품은 그 구입에 지출한 금액이 비용이 되는 것이 아니고 사용된 물품의 원가가 비용이 된다.

의 감가상각을 하지 않으므로 경비를 정확하게 측정하지 못한다. 그러나 발생주의회계에서는 재화의 소모성 경비를 계산함으로써 의사결정의 기초자료를 제공한다.

둘째, 소득에 관한 정보를 제공한다. 공공부문에서 소득은 그 유용성이 적으나 독립채산제를 적용하는 공기업이나 기금에서는 자금의 유지, 가격의 적정성 여부, 원가절감 등 경영합리화를 유도하는 정보를 제공한다.

셋째, 자산과 부채를 측정함으로써 재정상태를 포괄적으로 알 수 있게 한다.

그러나 발생주의회계는 다음과 같은 단점이 있다.

첫째, 현금주의회계에 비하여 상대적으로 주관성이 개입할 우려가 많다. 즉 재고자산의 평가, 감가상각방법의 선정 등에 의하여 성과를 과대평가하기 쉽다.

둘째, 회계처리나 관련 공무원에 대한 교육 등 인적 · 물적 경비가 많이 소요된다.

셋째, 비목별 통제가 어렵다.

미국에서는 공공부문의 일반회계에서도 준발생주의 및 수정발생주의회계라는 개념을 사용한다. 준발생주의(semi-accruals accounting)는 정부회계에서 발생주의와 비슷하게 회계처리를 하지만 장기고정자산에 대한 감가상각[38]을 하지 않는 것을 말한다.

수정발생주의(modified accrual basis)는 현금과 경상적 재무자원뿐만 아니라 장기적 재무자원까지도 인식하며, 현금의 수납 및 지급 시점이 아니라 거래가 발생한 시점에 비용과 수익을 인식하는 방식이다. 그러나 여러 해 동안 편익을 제공하게 될 물리적 자산이 자산으로 인식되지 않고 해당 연도에 소비되는 것으로 비용 처리된다는 점에서 발생주의와 다르다.

현금수지와 관계없이 인식한다는 점에서 발생주의와 유사하지만 실제에 있어서는 차이가 있다. 수정발생주의 인식기준은 수익(revenue) · 비용(expense)의 인식기준이 아니고 재무적 자원의 수입(revenue) · 지출(expenditure)의 인식기준이 적용되며, 수입지출과 관련된 채권 · 채무가 발생한 때에 인식한다는 점이 다르다.

38 감가상각(depreciation)은 유형고정자산이 그 사용과 기술의 노후화 등으로 가치감소에 해당하는 금액을 기간별로 배분하는 절차를 말한다. 최근에는 운영자산의 원가 중에서 소멸된 부분과 소멸되지 않은 부분을 합리적이고 체계적으로 배분하는 절차라고 정의하기도 한다.

감가상각 방법은 4가지가 있다. 즉 ㉠ 정액법은 내용연수 동안 매년 동일하게 감가하는 방식으로, 연간 감가상각비=(취득원가－잔존가치)÷내용연수, ㉡ 연수합계법은 감가상각비를 감가상각 대상금액×각 해당 연수를 연수합계로 나누는 방식, ㉢ 정률법은 자산의 가치 감소를 매년 동일 비율에 의해 감가하는 방식으로, 감가상각비=(취득원가－감가상각 누적액)×상각률, ㉣ 생산량비례법은 사용기간 또는 생산량에 비례하여 감가하는 방식 등이다. 여기에서 상각률은 1－(잔존가치×취득원가)÷내용연수.

예컨대 차입금에 대한 이자지불의 기일이 해당 회계연도에 속하지 않고 다음 회계연도에 속하게 되는 때, 발생주의에서는 결산기말까지 발행이자를 비용으로 계상하지만, 수정발생주의에서는 발생이자를 비용으로 계상하지 않는다.

표 9-2 현금주의와 발생주의

	현금주의	발생주의
기록시점	현금의 유출이나 유입	거래발생 시점
부기방식	• 단식부기(현금출납이 있어야 기록) • 취득 당시 가치로 기록 후 금액 불변	• 복식부기(현금출납이 없더라도 거래발생 때 기록) • 실제 가치로 자산 · 부채 표시
적용법률	국가재정법	국가회계법
장점	• 이해와 통제가 용이 • 작성이 쉽고 절차가 간편	• 재정 성과 파악이 용이 • 자산가치 증감 관련 정보제공 • 부채규모 파악으로 재정건전성 확보
단점	• 재정 성과 파악이 곤란 • 단식부기에 의한 조작 가능 존재 • 거래의 실질이나 원가 반영 불가	• 절차 복잡으로 숙련 인력 필요 • 현금의 재정활동 영향의 파악이 어려움

자료 : 국회예산정책처, 「대한민국 재정 2016」(2016.3.14.), p.122.

발생주의와 유사한 것으로서 채권채무주의(債權債務主義)가 있는데, 주로 한국과 일본에서 채택하고 있다. 즉 조세는 수입의 인식시점이 납기가 정해진 때에는 그 납기일로 하고, 납입고지서를 발행하지 않은 때에는 징수결정이라는 행위시점으로 인식한다. 지출은 지급기일이 약정된 것(예 : 국채상환)은 그 기일로 하고, 반환금이나 상환금은 그 결정을 한 날로 인식한다.

(5) 기금회계

기금회계(fund accounting)는 기금이 재정 및 회계의 주체로서 현금 · 자산 · 부채 · 자본 등의 변동을 회계처리하고, 특별한 규정이나 범위에서의 활동을 계리하는 것을 말한다.

미국의 국가회계는 기본적으로 기금기준으로 조직 · 운영되고 있다. 특수한 목적을 가진 각종 기금을 제외한 일반회계를 일반기금으로 보고 있다.

미국 연방정부의 기금은 일반기금 · 특별기금 · 공기업기금 · 정부내서비스기금 · 외환기금 · 신탁기금 · 예치기금으로 구분된다. 지방정부의 기금은 일반기금 · 특별수입기금 · 공기업기금 · 정부내서비스기금 · 자본시설기금 · 수익자부담기금 · 차입금상환기금 · 신탁기금 및 기관기금으로 구분된다.

이러한 기금 중에서 일반기금 · 특별수입기금 · 차입금상환기금은 수정발생주의를 채택하고 있고 나머지 기금은 발생주의를 채택하고 있다.

미국의 기금회계는 1960년대 이후 우리나라에도 영향을 미쳤고, 이제는 국가회계에서 중요한 위치를 차지하고 있다.

(6) 디지털예산회계

디지털예산회계제도는 세입의 징수부터 예산의 편성 · 집행 · 결산 · 평가까지 재정의 모든 과정을 실시간으로 분석 · 제공할 수 있는 시스템이다. 우리나라에서는 재정개혁의 일환으로 2005년까지 그 구축기반을 마련하였고, 2006년 시범운영을 거쳐 2007년부터 본격적으로 가동하고 있다.

디지털예산회계제도가 구축되면서 국가재정운용계획, 예산총액배분 자율편성제도, 성과관리제도 등이 서로 연계되어 재정운용의 틀이 자율 · 분권 · 책임 · 성과 중심으로 혁신되었다.

그리고 예산시스템이 품목중심에서 프로그램중심으로 개편되었다.[39]

디지털예산회계제도의 효과는 다음과 같다.

첫째, 국가재정의 범위가 국제기준에 맞게 확대되어 재정정보의 비교가 가능해지고 정확한 재정통계에 의한 재정정책의 효과분석이 가능해진다.

둘째, 예산체계에 원가정보 및 성과관리 개념을 도입함으로써 성과가 높은 사업으로 재원이 자연스럽게 재분배되어 재정효율성이 제고되고, 그 과정에서 부처의 신장된 자율성을 통하여 책임행정을 구현할 수 있다.

셋째, 복식부기 · 발생주의회계에 의한 자기검증 기능으로 인하여 재정운용의 투명성을 제고할 수 있고, 미래에 나타날 현금지출에 대한 정확한 정보를 기반으로 미래 대비 계획을 수립함으로써 재정운용의 탄력성을 확보할 수 있다.

3. 발생주의회계의 도입

예산회계(budgetary accounting)는 본래 1539년 스웨덴에서 채택한 복식부기에서 비롯

39 여기에서 프로그램이란 같은 정책을 수행하는 단위사업(activity)의 묶음을 의미한다. 예컨대 보건복지부의 보육시설 운영, 영유아보육료 지원, 만 5세아 보육료 지원, 장애아 무상교육, 보육민간시설 교재비 지원 등이 '보육활동 강화'라는 단위사업으로 통합된 것을 말한다.

되었는데, 1700년대 중반 유럽에 확산되면서 단식부기로 전환되었다. 반면 영미형 국가들은 당초 단식부기를 채택하였으나 1820년대에 복식부기로 전환되었고, 그 후 영연방 및 미국에 전파되었다.

미국 · 영국 · 호주 등에서는 1990년대 이후 재정적자가 누적되고 경제성장이 둔화됨에 따라 재정부문의 비효율성을 극복하기 위한 수단으로 발생주의회계를 도입하였다.

OECD 회원국 중 13개 국가가 이미 발생주의회계를 도입하였다.

IMF에서는 2001년에 발생주의에 기초한 「정부통계편람」을 작성하고, 발생주의회계를 기반으로 통합재정보고서를 작성하도록 각국에 권고한 일이 있다.

우리나라는 발생주의 · 복식부기 회계제도의 도입을 주요 내용으로 하는 「국가회계법」을 제정(2007년)하고, 그에 따라 이 방식을 적용한 국가재무제표를 2009회계연도 결산부터 작성하고 있다. 다만 발생주의 방식이 적용된 국가재무제표의 국회제출은 2011회계연도 결산부터 하도록 하였다. 이에 따라 기존의 결산개요, 세입세출결산, 성과보고서 외에 발생주의 회계원칙을 적용한 국가재무제표가 처음으로 포함되었다.[40]

4. 국제회계기준

국제회계기준(IFRS: International Financial Reporting Standards)은 기업의 회계처리와 재무제표에 대한 국제적 통일성을 높이기 위해 국제회계기준위원회(1973년 설립된 International Accounting Standards Committee에서 2002년 International Accounting Standards Board로 명칭 변경)가 제정하여 공표한 회계기준을 말한다. 그 특징은 계열사의 재무구조를 함께 반영한 연결재무제표가 기준이 되고 자산을 시가로 평가하도록 한 것이다.

기업은 경영과정에서 발생하는 모든 자금의 흐름을 회계보고서로 기록하고 외부에 공개한다. 회계정보는 기업 자신의 경영성과를 파악하기 위해서 뿐만 아니라 투자와 정부의 세금 부과를 위해서도 필요하다. 따라서 기업의 회계정보는 믿을 수 있고 객관적으로 이해할 수 있도록 공통된 기준과 원칙에 따라 작성되어야 한다. 그래서 어떤 나라든지

40 국가재무제표는 발생주의 기준에 따라 중앙정부의 자산 · 부채 등을 산출한 결과를 정리한 것을 말한다. 중앙정부도 기업처럼 재무제표를 작성함에 따라 국가 전체의 자산 · 부채의 종합적 · 체계적 관리가 가능해지고, 연금충당부채 등 잠재부채도 인식함에 따라 재정 관리의 선진화와 재정운영의 투명성 · 신뢰성을 높여 국가신인도를 높일 수 있다.

우리나라의 「국가재정법」(제91조)에서는 국가채무(國家債務)로 표현하고 있다. 국가채무에 연금충당부채와 미지급금 등 발생주의 기준에 따른 부채를 종합한 것을 국가부채(國家負債)라고 한다. IMF의 정부재정통계(2001, Government Finance Statistics)에서는 연금충당부채도 국가부채에 포함시킨다.

일정한 원칙을 정하고 있는데, 이를 회계기준이라고 한다.

IFRS는 120여 개 국가가 채택했거나 도입을 추진하고 있다. 우리나라도 2011년부터 상장기업과 상장예정인 기업, 비상장 금융회사(저축은행과 할부금융사 제외)도 IFRS를 적용하고 있다.[41]

그동안 우리나라는 국내회계기준(K-GAAP: Generally Accepted Accounting Principles, 1981년 제정)을 사용해 왔는데, 회계기준의 투명성이 부족하고 국제회계기준을 사용하지 않는 나라로 분류되었다. 그래서 해외에 진출한 우리나라 기업들은 K-GAAP와 IFRS로 두 가지 보고서를 작성해야 하는 불편을 겪었고, 해외투자자들이 국내기업의 실적을 낮게 평가하면서 불이익을 당하기도 하였다.[42]

IFRS 도입의 영향은 다음과 같다. 첫째, 국내기업의 회계보고서가 국제금융시장에서 투자자들로부터 제대로 평가받고 신뢰도가 높아지면 해외에서 보다 낮은 이자로 자금을 조달할 수 있게 된다. 해외기업들과의 공정한 비교도 가능하게 된다.

둘째, 지주회사가 연결재무제표를 작성할 때 연결대상인 기업(계열사)의 소유지분기준이 완화되었기 때문에 지주회사의 실적이 줄어들 가능성이 있다.

셋째, 은행들이 대출 부실화에 대비하여 적립해 드는 대손충당금(貸損充當金)이 줄어든다. 과거에는 대출을 건전성 정도에 따라 5개 등급으로 분류하고 등급별로 금융감독당국이 정한 일정비율 이상의 충당금을 적립하고 있었으나, IFRS는 은행이 과거에 실제로 경험한 손실을 감안하여 충당금을 적립하도록 하기 때문에 과거보다 충당금 적립 부담이 줄어든다. 물론 대손충당금의 감소로 감독기준상 자본건전성이 악화될 수도 있다.

넷째, IFRS는 자회사와 해외법인을 모두 포괄한 연결재무제표를 주 재무제표로 하기 때문에 매출이나 영업이익, 자산이 높아지면서 기업가치가 상승할 수 있다.

---

41 IFRS의 적용의무대상은 주권상장기업 · 주권상장예정기업 · 일정한 비상장금융회사이다(주식회사의 외부감사에 관한 법률 시행령 제7조의 2 제1항). 상장 저축은행에 대해서는 그 적용을 5년 동안 유예하였다. 즉 금융회사의 경우 은행 · 금융지주 · 증권 · 선물 · 자산운용 · 신탁 · 종금 · 보험 · 신용카드사 등은 상장과 관계없이 의무적용 대상이지만, 저축은행 · 리스 · 신기술 · 할부금융사는 상장사인 경우만 적용된다.

42 우리나라는 외환위기 이후 민간기구로 설립된 한국회계기준원이 IMF와 IBRD의 요청에 따라 국내회계기준을 국제회계기준에 합치시키기 위해 28개 기업회계기준을 제정하였다. 그러나 기업회계기준의 일부내용과 형식을 국내현실에 맞게 수정(공정가치 평가의 제한적 도입, 개별재무제표의 주 재무제표로의 운영 등)했기 때문에 국제사회에서 국제회계기준과 다른 기준을 사용하는 나라로 분류되었다. 그래서 정부, 금융감독기구, 한국회계기준원, 기업대표, 회계법인, 학계 등으로 구성된 국제회계기준 도입준비단을 구성하여 도입방안을 마련하였다.

국제적으로 인정되는 회계기준은 EU가 주도하는 IFRS와 미국의 US-GAAP로 양분되어 있다. 2002년 유럽위원회(EC)가 EU 25개국에 대하여 2005년부터 IFRS 적용을 의무화한 후 그 위상이 높아졌다.

제5절 각국의 회계검사기관

1. 스위스의 회계검사원

스위스의 회계검사원(Federal Audit Office)은 형식상 행정부형으로 분류되지만 실질적으로는 독립형이라고 할 수 있을 정도로 엄격하게 독립성을 보장하고 있다. OECD 국가 중에서 회계검사기관이 행정부 소속으로 되어 있는 나라는 우리나라와 스위스뿐이다.

FAO는 1999년「연방회계법」의 개정으로 직무상 독립성을 확립하였고, 이에 따라 인사와 조직에 관한 독립성도 보장되었다.

FAO는 헌법상 재정권한 행사와 연방행정부와 연방사법부의 감사를 수행하며 연방의회(Federal Assembly)를 보좌하고, 또 연방행정기관들을 사후에 감사하여 연방평의회(Federal Council)를 보좌한다. FAO는 법률에서 정한 국가의 최고 감사기구로서 헌법과 법률에만 구속된다.

회계검사원장은 연방의회가 임명하는데, 임기는 6년이고 정년(65세)에 이르기 전에는 재임용이 가능하다. 원장은 직무상 의무를 현저히 위반한 경우에만 연방의회가 해임할 수 있다. 원장은 FAO의 모든 직원을 임명할 권한을 가지며, 회계검사 직무에 관한 계획을 모두 독립적으로 수립하고, 회계검사보고서와 연례보고서를 발간하는 권한도 가지고 있다.

FAO가 실질적인 독립형이라고 할 수 있는 것은 직무독립성 외에 예산도 독자적으로 편성하기 때문이다. FAO가 스스로 예산안을 연방회의에 제출하면 연방평의회는 이에 변경을 하지 않고 연방의회에 제출한다.

2. 미국의 회계검사원

미국의 회계검사원(Government Accountability Office)은 본래 1921년「예산회계법」에 의하여 의회 소속으로 설치되었고, 그 명칭도 Government Accounting Office였다.

GAO는 공공자금을 의회가 의결한 대로 사용되었는지, 연방정부의 자금이 효율적으로 사용되었는지, 낭비는 없었는지 등을 조사한다. 또 연방정부의 프로그램과 정책에 대한 객관적 평가, 연방지출의 회계검사, 예산회계 관련 법규에 대한 해석, 정부의 효율성 향상을 위한 제언 등을 하며 장래문제에 대해서도 유용한 정보를 의회에 제공한다.

회계검사원장은 의회의 원장추천위원회에서 3인 이상의 후보자를 추천하고, 그중 한 사람을 대통령이 지명하면 상원이 인준동의를 하고, 이것이 통과되면 대통령이 임명한다. 원장은 15년 단임으로 직무를 수행하며, 탄핵 또는 의회양원합동결의와 대통령의 재가에 의한 때 외에는 장기간 소신 있는 업무수행을 할 수 있다. 원장에 대한 탄핵이나 해임 시도는 한 번도 없었다.

3. 프랑스의 회계법원

프랑스의 회계법원(Cour des Comptes)는 1807년 나폴레옹 1세가 공공회계검사를 통합하여 설립하였는데, 이로써 근대적 회계검사제도를 확립시켰다. 프랑스 헌법재판소는 회계법원을 행정법원으로서 법원과 마찬가지로 독립성을 보장받는다고 해석하고 있다.

회계법원은 정책 감독, 사회보장기금법 적용, 공공정책의 평가에 있어서 정부와 의회를 지원하며, 공개보고서를 통해 국민에게 정보를 제공한다. 그런데 회계법원이라는 사법부 성격 때문에 그 회계검사 직무의 수행도 재판과 유사하게 진행된다. 또 회계법원의 결정에 대해 최고행정법원의 상고가 가능하다.

회계법원은 재판관(법원장인 제1재판장, 재판부의 재판장, 재판관, 조사재판관, 감사재판관)과 외부충원재판관, 외부보고관, 검찰국과 사무처로 구성된다.

회계법원의 재판관, 외부충원재판관, 검찰국장, 검찰국 검사 등은 내각회의의 명령 또는 대통령의 명령으로 임명된다. 4년 단임의 외부충원재판관 외에 회계법원 재판관은 별도의 임기 없이 정년제로 한다. 재판소장과 검찰국장의 정년은 68세고, 그 외에 회계법원 재판관은 65세다.

4. 독일의 연방회계검사원

독일의 연방회계검사원(Bundesrechnungshof)은 최고연방기관이며 재정통제에 관한 독립기관으로 법률에 의해서만 기속(羈束)된다. 매년 연방 상·하원과 연방정부에 제출했던 연례보고서에 관한 내용을 감사결과보고서(Ergebnisbricht) 형태로 발행한다.

연방회계검사원은 원장과 부원장, 그리고 9국, 54과로 조직되어 있고, 구성원(600여 명)의 2/3는 회계검사 업무를, 1/3은 행정업무를 수행한다. 원장의 임기는 12년(단임)이고 정년은 65세다. 구성원의 1/3은 판사자격이 있어야 하고, 나머지는 경제학 분야 또는 기술적 소양이 있어야 한다.

「독일기본법」(제114조)은 회계보고, 회계검사, 연방회계검사원에 관하여 규정하고 있고, 회계검사기준으로 적법성과 경제성을 명시하고 있다. 구성원 모두에게 법관과 같은 독립성을 보장하고 있고, 회계검사의 대상 · 시기 · 방법은 연방회계검사원이 자율적으로 결정한다.

PART

Ⅳ 예산개혁과 조세

제10장 예산결정이론과 예산개혁

제1절 예산결정이론

1. 예산결정이론의 의의

행정권이 강화되고 행정기능이 확대되는 데 비하여 재원은 한정적이기 때문에 모든 사업계획을 집행하기는 어렵고, 우선순위에 따라 선택해야만 한다. 이에 따라 예산배정의 결정문제가 대두되었고(Lewis, 1952: 42~43), 이때 필요한 것이 예산결정이론이다.

예산개혁의 역사는 예산기능의 변화와 함께 예산결정에 관한 접근방법에 초점을 맞추어 전개되어 왔다고 해도 과언이 아니다. 따라서 예산결정이론과 예산개혁은 밀접한 관계를 이루면서 발전되어 왔다고 볼 수 있다.

새로운 사업계획(program)이 예산의 배정을 받아 집행될 때까지는 여러 단계의 예산배정을 위한 의사결정과정을 거쳐야 한다.

예산배정의 결정은 예산안의 편성과정과 심의과정으로 나누어 이루어진다. 편성과정에서는 주무부처에서 예산요구서를 작성할 때, 이어서 중앙예산기관에서 예산안을 사정하고 편성할 때 예산배정의 결정을 하게 된다.

심의과정에서는 국회의 소관 상임위원회와 예산결산특별위원회에서, 그리고 최종적으로는 본회의에서 예산배정의 결정을 하게 된다. 심의과정에서는 행정부가 편성한 예산액을 미미하게 수정하는 것이 일반적이고, 또 다분히 정치적으로 이루어지기 때문에 여기에서는 행정부의 예산안 편성과정에서 일어나는 예산결정이론만을 고찰한다.

예산의 계획기능과 감축기능이 강조되는 현대에 와서 예산배정보다 포괄범위가 넓은 재원배분의 결정은 국가의 중장기계획이나 국가재정운용계획을 수립할 때에 이루어지는데, 이에 대해서는 별도로 고찰한다.

행정부의 의사결정(decision making)은 예산배정과 밀접하게 관련된다. 예산배정에 관한 결정을 누가하며, 어떻게 하는가? 의사결정의 일반이론에 관한 설명은 생략하고, 예산결정이론과 예산결정방법에 논의의 초점을 둔다. 그러기 위하여 먼저 예산결정이론의 변천, 점진주의와 합리주의를 고찰한 다음 비용편익분석의 사례를 살펴본다.

근대적 예산제도가 대체로 완성된 1920년 초부터 재원의 한정성 때문에 사업계획을 취사선택하는 예산결정이론에 주목하게 되었다. 키2세가 예산이론의 빈곤을 지적하여, "왜 A사업 대신에 B사업에 예산을 쓰는가?"라는 의문을 제기한 이래(Key, Jr., 1940: 1138), 예산이론은 예산의 결정방법과 밀접히 관련되어 발전하였다.

예산결정이론은 공공정책의 의사결정이론과 함께 다양하게 발전되어 왔고, 그래서 다양하게 분류할 수 있다(Lynch, 1975: 6~10). 그러나 큰 줄기로 볼 때 점증주의로부터 분석적 방법(analytical methods)을 이용하는 합리주의(rationality)로 발전되어 왔다고 할 수 있다. 즉 예산결정에 있어서 대립되는 이론은 현 연도의 예산에 근거하는 점증주의 방법과, 투입된 예산과 산출된 편익(또는 효용)을 비교하는 합리주의 방법으로 구별된다(Schultze, 1968: 2).

점증주의는 근대적 예산제도가 정착되는 과정에서부터 사용된 전통적인 예산결정방법이다.[1] 그러나 muddling through 또는 incrementalism이라는 이름으로 미국에서 이론체계를 갖추게 된 것은 1950년대 말부터다. 점증주의의 전통은 오래되었지만 아이러니컬하게도 이론체계를 갖춘 것은 제2차 대전 후 등장한 합리주의에 대한 반론에서 비롯되었다.

정확한 예산결정을 위해서는 충분한 정보가 있어야 하는데, 이를 위해서는 많은 대가를 지불해야 한다. 그리하여 모든 예산 프로그램에 소요되는 적절한 자료와 정보가 결여된 상태에서 결정을 내리는 것이 보편적인 현실이다(Downs, 1967: 247~252).

그러나 전통적인 방법은 주먹구구식이라고 하여, 관리과학적 분석기법을 이용하는 순수 합리적 결정방법(pure rationality approach)이 미국에서 1950년대부터 대두하게 되었다(Dror, 1967: 132~141).

---

1 답습식 예산(incremental budgeting)이라는 용어도 다음 해의 예산편성의 출발점으로 현 연도의 수입지출의 예산액을 기준으로 편성하는 것을 말한다. 즉 현 연도 예산에서 먼저 승인받은 범위에 있어서는 그 지출의 사회적 필요성이 다시 검토되는 일이 없고, 다음 연도 예산에 있어서는 증감액에만 관심을 두고 예산을 검토하는 방식이다. 이러한 방법은 주로 증가액에만 관심을 두므로 증액주의 또는 점증주의라고 한다. 그러나 답습식 예산(踏襲式 豫算)은 현존하는 예산금액이 불필요하거나 효과성이 미약한 부문에 예산을 집행하고 있는지 등을 고려하지 못한다고 하여 부정적으로 인식되고 있다.

물론 그러한 합리적 결정방법도 복잡한 프로그램에 적용하는 데에는 한계가 있음이 명백해졌다. 합리주의에 처음부터 회의적이었던 린드브롬과 윌다브스키 같은 점증주의자들은 합리적 결정방법의 비합리성을 지적하였다. 즉 예산은 상충되는 이해당사자 간 또는 집단 간의 타협에 의하여 이루어짐을 입증하면서 예산결정이론에서 점증주의가 유효하다고 반박하였다(Lindblom, 1959: 79~88 ; Lindblom, 1961: 295~323).

1960년대에 들어와서 두 이론의 대립에서 타협점을 찾는 제3의 예산결정이론이 마치, 에치오니 등에 의하여 개발되었다(Cyert and March, 1963 ; Etzioni, 1967). 그들은 이것을 제한적 합리주의(limited rationality)라고 하였는데, 양자의 중용이라는 것은 정의하기가 어렵고 애매하므로(Lee, Jr. and Johnson, 1973: 16), 여기에서는 예산결정이론으로서 점증주의와 합리주의만을 고찰한다.

2. 점증주의와 합리주의

1) 점증주의의 개념

점증주의(incrementalism)란 현 연도의 예산액을 기준으로 하여 다음 해의 예산을 배정하는 예산결정방법을 말한다.[2] 품목별예산제와 성과주의예산제에 있어서의 예산결정방법은 주로 점증주의 방식에 기초하고 있으며, 현 연도 예산이 다음 해 예산의 규모와 내용을 결정짓는 가장 중요한 기준이 된다(Wildavsky, 1964: 13).

점증주의는 오랫동안 지속되어 온 전통적인 예산결정방법으로서, 1950년대 초까지만 해도 합리주의의 도전을 받지 않았다. 점증주의에서는 예산결정의 단위가 되는 예산의 분류도 기본적으로 통제에 적합한 품목별 분류였다.

점증주의의 특징은 기준(흔히 현 연도 예산을 의미)을 검토하지 않고, 증감의 규모가 작으며, 참여자 간의 협상에 의하여 결정되고, 관련기관(부처와 중앙예산기관, 상임위와 예결위)의 관계가 규칙적이며, 현 연도의 예산액에 의존하므로 외부적 변수가 예산결정에 영향을 미치지 못한다는 것이다(유훈, 2003: 69~70).

2) 점증주의적 예산결정

점증주의적 예산결정에 있어서는 융통성이 극히 제한된다. 대부분의 예산계획이 이

---

2 점증주의(漸增主義)를 점진주의(漸進主義), 증분주의(增分主義), 전년도답습주의(前年度踏襲主義)라고도 한다.

미 법령이나 정책적으로 결정되어 있으며, 기존의 기준을 무시할 수 없기 때문이다.

기준(base)이란 예산담당자 간의 통용어로서, 이 용어가 함축하고 있는 의미는 어떤 사업계획에 대한 예산안 편성에 있어서 현 연도 수준에 비하여 점증 또는 점감하는 예산액을 배정해 줄 것이라고 하는 일반적인 기대를 의미한다(Wildavsky, 1964: 16~18).

기준이라는 용어와 함께 쓰이는 통용어에는 '공정한 몫(fair share)'이라는 용어가 있다. 공정한 몫이란 해당 예산이 예산담당자들의 기대와 부합되는 경우를 말한다. 공정한 몫은 다년간의 협의를 통해서 이룩되는 것이다. 어느 해에 예산액이 갑자기 급증하거나 격감되는 일은 흔하지 않다. 미국의 예산국장(1958~1961년)이었던 스탠스(Maurice H. Stans)는 "예산이란 빙산에 비유할 수 있는데, 대부분은 잠겨 있고 떠 있는 부분만 누군가의 통제대상이 될 따름"이라고 지적한 바 있다(Wildavsky, 1964: 13).

점증주의적 방법은 때로는 '정치적 흥정' 또는 '주먹구구식 결정방법'이라고 비판되기도 한다. 현대적인 분석기법이 개발되기 전에는 경제학의 한계효용 개념을 도입하여 점증주의적 방법을 설명하려는 시도가 있었으나 가치문제 때문에 그것도 충분하지 못하였다. 예컨대 현 연도의 직업교육사업에 500억원을 지출(기준)하였다면 다음 해에는 이보다 10%를 증액시켜 550억원을 책정하는 것이 점증주의적 방법이다. 이때 고려되는 예산결정의 변수는 경제성장률 · 물가상승률 · 실업률 등이다.

예산안 편성에 있어서 각 부처가 거의 모든 예산항목을 기준보다 30% 증액하여 요구하였다면, 중앙예산기관은 사정과정에서 요구액을 20% 삭감함으로써 새해 예산안은 기준에 비하여 110%선에서 결정된다. 따라서 점증주의는 국민과 국회 및 예산담당자들의 예산에 대한 기대라는 측면에서 보면 안정적인 예산결정방법이라고 할 수 있다.

점증주의는 경제가 순조롭게 성장하는 시기에는 별로 문제가 없을 수도 있다. 점증주의적 방법은 의사결정을 좌우할 수 있는 강력하고 조직적인 기관에 유리하다. 그러나 의사결정의 과정에만 집착하기 때문에 목표로부터 일탈(逸脫)되기 쉽다. 재원부족이 심각할수록, 그리고 경제가 불안정할수록 비용과 편익을 비교하게 된다.

3) 점증주의에 대한 비판

점증주의를 협상으로 보는 사람이 있는가 하면, 산출(outputs)의 관점에서 논하는 사람도 있다. 베일리와 오코너(Bailey and O'Connor)는 예산과정의 점증주의는 어디까지나 산출을 가지고 논해야 한다는 점을 강조하고, 협상으로 정의하는 경우 비점증적 예산과정이란 존재할 수 없다는 결론에 도달하게 된다고 하였다(Bailey and O'Connor, 1975: 65).

윌다브스키와 휀노가 주장하는 바와 같이 점증적인 때(0~10%)가 많은 것은 사실이지만, 중간적인 때(11~30%)와 비점증적인 때(31% 이상)도 적지 않다.

점증주의자들은 점증주의의 실증을 제시할 때 분석단위로 부처수준을 사용한다. 그러나 같은 부처예산도 사업별로 분석해 보면 사업에 따라 예산액에 상당한 기복(起伏)이 있으며 점증주의와는 거리가 멀다는 것을 발견할 수 있다.

그리고 어떠한 예산제에서든지 상향적 과정(bottom-up process)과 하향적 과정(top-down process)이 공존하기 마련인데, 1980년대 레이건(Ronald Wilson Reagan) 행정부에서 나타난 국방예산의 대폭적인 삭감은 하향적 예산과정의 필요성을 증대시켰다. 이러한 현상은 상향적 예산과정에 관한 설명으로서의 점증주의의 실효성을 많이 감소시킨다.

4) 합리주의의 개념

합리주의(rationality)란 관리과학적인 분석기법을 이용하여 예산을 배정하는 예산결정방법을 말한다.[3]

사경제부문에는 수요와 공급에 의한 가격결정기구가 존재하며, 사기업은 이윤추구라는 동기에 따라 경영된다. 그러나 정부부문에는 이러한 자극유인이 존재하지 않으며, 자원배분이 주로 정치적 흥정을 통하여 이루어진다. 이것은 다분히 정치적 합리성 추구의 결과일 뿐이지 기술적이거나 경제적 합리성의 결과는 아니다.

경제적 합리성의 추구를 위해서는 정부부문에서도 비용과 편익의 비교를 가능하게 하는 최종생산물 단위(사업 또는 프로그램)로 의사결정을 내리는 새로운 기술과 이론이 필요하게 되었다. 즉 비용과 편익 측면에서 여러 프로그램(또는 정책)을 체계적으로 검토해야 한다는 논리인 것이다.

합리주의적 결정이론은 모든 대안에 대하여 완전한 정보를 얻을 수 있다는 것을 전제로 하고 있다. 순수한 합리주의적 예산결정은 다음과 같은 논리적 단계로 이루어진다(Lee, Jr. and Johnson, 1983: 16).

- 조직체의 목표를 구체적으로 기술하고 우선순위별로 배열
- 목표별로 가능한 대안을 탐색
- 대안별로 비용과 편익을 비교
- 목표를 최대한 달성할 수 있거나 비용이 가장 적게 드는 대안 선택

---

3 유훈 교수는 총체주의(總體主義)라고 하면서, 이것은 결정과 관련된 모든 요소를 종합적으로 고려하여 자원배분을 합리적으로 행하려는 것이라고 정의하였다(유훈, 2003: 75).

계획예산제(PPB) 시대에 들어와서 과학적이라고 하는 분석적 방법이 예산결정과정의 주요 수단으로 등장하였다. 이어서 ZBB에서도 합리주의가 이론상으로는 예산결정이론의 주류를 이루었다. 그러나 선진국이 프로그램 선택을 위한 예산결정에 있어서 분석기법을 사용하기 시작한 것은 20세기 초부터다(박영희, 1982: 63).

그 후 예산개혁론자들은 공공지출의 성과에 초점을 맞추는 예산결정방법이 필요하다고 주장하여 왔으며, 이러한 주장은 많은 동조를 얻기에 이르렀다. 그런데 비용과 성과를 비교하자면 종래의 품목별예산제로는 어렵고 이를 프로그램예산제(program budgeting)로 바꾸어야 한다. 즉 예산결정단위를 품목별에서 구체적인 사업 또는 프로그램별로 개편해야 한다.

프로그램 분석을 위해서는 프로그램별 분류가 먼저 이루어져 있어야 하는데, PPB부터 예산분류방법이 프로그램구조(program structure)로 개편되었다(박영희, 1970: 313~314).

5) 예산결정이론의 평가

의사결정자는 여러 대안 중에서 목표에 가장 적합한 대안을 찾아야 한다. 이때 정치적 결정방법인 점증주의를 배제하고 자료와 분석기법에 의존하게 하려는 것이 합리주의다.

그러나 점증주의자들은 합리주의가 불가량(不可量)의 것을 수량화(數量化)하려는 헛된 시도라고, 그리고 정치적 민주주의에 있어서 기술관료들이 의사결정기능을 빼앗으려는 것이라고 반박한다.

여러 분석기법에는 그 적용에 있어 한계가 있는 것은 사실이다. 예컨대 새로운 아파트단지에 200억원을 들여 초등학교를 세우는 프로그램을 분석하는 것은 어려운 일이 아니다. 그러나 겨울철에 연례적인 취로사업비로 500억원을 지출하려는 프로그램은 정치적 · 사회적 가치문제를 내포하고 있기 때문에 경제적 분석기법으로는 그 합리성을 분석하기가 어렵다. 따라서 점증주의자들은 정치적 판단에 따라 결정하기를 주장한다.

취로사업비 지출의 타당성 분석에 있어서 정치적 합리주의로는 엔토벤(Alain C. Enthoven)이 지적한 것처럼 '비슷하게 맞는 답'을 얻을 수 있지만, 가치배제의 합리주의로는 '전적으로 틀린 답'을 얻게 될지도 모른다.

행정수요는 늘고 재원부족으로 서비스를 줄여야 하는 감축관리시대에서는 예산의 효과를 높이기 위하여 예산결정이론과 기술을 다시 조명해 보는 것은 의의 있는 일이다.

점증주의와 합리주의의 쟁점은 복잡한 문제들이 내포하고 있는 가치의 처리방법에서 비롯된다. 관리과학적 분석을 가치판단의 보조수단으로 본다면 합리주의는 적용의 한계성을 극복할 수 있을 것이다. 이러한 합리주의는 점증주의의 장점을 흡수하는 것이기도 하다.

바버의 실증적 연구에 의하면 점증주의와 합리주의는 동시에 일어나고 있다. 따라서 점증주의와 합리주의 문제는 어느 정도의 점증주의 또는 어느 정도의 합리주의에 관한 문제라고 할 수 있다(Barber, 1975: 138).

3. 비용편익분석

1) 비용편익분석의 개념

비용편익분석(cost benefit analysis)은 어떤 사업을 수행함에 있어 비용과 편익을 비교하여 타당성 여부 또는 대안 간의 정보를 얻고자 하는 분석기법을 말한다. 일반적으로 정부의 개발정책은 어떤 부문에서는 생산과 소비를 증가시키고 다른 부문에서는 이를 감소시킨다. 이때 각 부문의 비용과 편익을 계량적으로 분석한 후 공공이익이 증가하는지 아니면 감소하는지를 평가하는 데 사용된다.

평가의 대표적인 기준으로는 현재가치법과 비용편익비율이 있다. 현재가치법은 프로젝트를 통해 발생하는 모든 경제적 편익과 비용을 현시점에서 평가한 가치의 차이를 통해 사업의 타당성 여부를 확인한다. 비용편익비율(B/C비율)은 경제적 비용 대비 편익의 비율이 어떤 값을 갖는가를 평가한다.[4]

4 현재가치(現在價値)는 비용과 편익의 시간적 흐름분석이다. 오늘의 100원은 몇 년 후 100원과는 그 가치가 다르다. 따라서 사업의 비용과 편익을 추정하려면 서로 다른 시점에서 발생하는 비용과 편익을 일정시점의 가치로 환산해야 한다. 미래가치를 현재 동등가치로 환산하는 방법은 비용편익분석에서 널리 이용된다. 예컨대 은행에서 2년 후에 20만원을 받기로 되어 있는데 이것을 지금 받고자 한다면 얼마인가? 이자율 i를 연 6%로 복리로 계산한다면 계산식은 $P=F\div(1+i)^n$으로 현재가치(P)는 약 17.8만원이다.

비용편익비율(B/C ratio)은 '편익의 현재가치÷비용의 현재가치'로 계산한다. B/C>1인 사업은 타당성이 있고, 그리고 그 비율이 큰 사업일수록 우선순위가 높다고 할 수 있다. 대규모사업은 소규모사업보다 유리해지는 편향성이 있다. 이러한 편향성을 해결하는 것이 비용편익분석법이다. 그러나 이것도 예산 한계조건을 고려할 때 잘못된 결정이 될 수도 있다. 예컨대 0.5억원의 투자로 1억원의 편익을 가져오는 X사업과 0.7억원의 투자로 1.3억원의 편익을 가져오는 Y사업을 비교한다면, X사업의 비용편익비율은 2(1억원÷0.5억원)이고 Y사업의 비용편익비는 1.86(1.3억원÷0.7억원)이므로 X사업이 더 바람직하다. 그러나 만일 예산이 이미 0.7억원으로 편성되어 있다면 Y사업의 순편익 규모(0.6억원=1.3억원−0.7억원)가 X사업의 순편익 규모(0.5억원=1억원−0.5억원)보다 더 크기 때문에 Y사업이 더 바람직한 대안이라고 할 수 있다.

할인율(discount rate)은 대체로 공공사업은 수년에 걸쳐 비용과 편익이 발생하므로 그 타당성 여부를 평가하기 위해 미래의 비용과 편익을 현재가치로 환산할 때 적용되는 이자율을 말한다. 높은 할인율을 적용하비용편익분석을 함에 있어 두 가지 핵심적인 요소는 기준선(baseline)과 할인율(discount rate)의 설정이다. 기준선이란 특정한 프로젝트 또는 정부정책이 실행되지 않았을 경우의 경제 상태, 즉 경제적 편익과 비용에 직간접으로 영향을 줄 수 있는 요인들의 미래 예측치라고 할 수 있다. 예컨대 어느 해안도시에 항만시설을 건설하고자 한다면 먼저 항만이 존재하지 않는 현시점에서 향후 물동량 증가율 및 경제성장률을 예측하여 기준으로 삼아야 한다. 그래야 항만이 건설되었을 때 컨테이너 적체의 감소로 생기는 경제적 편익을 이와 비교하여 계산할 수 있다.

할인율은 편익과 비용의 현재가치를 계산할 때 사용하는 이자율이다. 경제주체는 일반적으로 미래의 소비에 대해 동일한 양의 현재 소비보다 낮은 가치를 부여한다. 할인율은 이러한 사실에 근거하여 미래의 소비 · 비용 · 편익의 가치를 현재의 소비 · 비용 · 편의 가치와 직접 비교할 수 있도록 조정하는 기준을 말한다. 할인율은 어떤 기준으로, 얼마로 설정할 것인가는 어려운 과제다. 대체로 민간부문에서 발생하는 수익률(시장이자율)을 기회비용으로 간주하여 할인율로 쓰거나, 사회가 미래를 위해 현시점에서 포기하는 소비에 대해 부여하는 가치인 사회적 할인율을 계산하여 사용하기도 한다.

그런데 비용편익분석에서는 분석자의 의도에 따라 기준선과 할인율이 자의적으로 사용될 수도 있다. 특정한 프로젝트가 실행되기를 바라는 입장에서는 미래의 물동량 증가율을 크게 예측하거나 할인율을 낮게 잡아 순편익을 크게 만들려고 한다.

최근에는 개발사업에 의해 발생하는 환경훼손비용을 적정하게 포함시키는 경향이 많아졌다. 따라서 객관성과 전문성이 담보되지 않는다면 비용편익분석에 따른 경제성 평가는 연쇄반응론과 이중계산법 같은 오류에 의해 왜곡된 형태로 나타날 수 있다.

연쇄반응론은 어떤 개발사업에 의해 생기는 2차적인 효과를 모두 포함시킴으로써 경제적 편익을 부풀리는 오류를 말한다. 예컨대 도로건설에 따른 수송비 절감이나 교통체증 완화를 경제적 효과로 포함시키는 것은 당연하지만 이로 인해 해당 지역의 요식업소

면 편익이 단기간에 걸쳐 집약적으로 발생하는 단기투자에 유리하고, 낮은 할인율은 장기간에 걸쳐 편익이 발생하는 장기투자에 유리하다. 공공사업에 적용되는 할인율은 민간할인율, 사회적 할인율, 자본의 기회비용 등 세 가지다. 민간할인율은 민간 자본시장에서 자율적으로 결정되는 할인율을 말한다. 사회적 할인율은 사회적 시간 선호율을 의미한다. 시장이자율은 사회적 관점에서 소비자들이 진정한 시간 선호를 반영하지 못하고 공공사업이 복지 및 외부효과가 크기 때문에 이를 반영하기 위해 시장이자율보다 낮은 할인율을 사용해야 한다는 것이다. 그러나 사회적 시간 선호율을 정확히 측정하기가 불가능하고, 공공사업을 민간사업에 비해 우대하는 것도 자원의 효율적 이용이라는 측면에서 불합리하다. 따라서 공공사업의 할인율은 공공부문과 민간부문 간의 자본의 기회비용으로 파악해야 한다는 주장이 대두되어 왔다. 자본의 기회비용을 할인율로 적용하는 것은 자원이 공공사업에 사용되지 않고 민간사업에 사용되었을 때 획득할 수 있는 수익률을 공공사업의 할인율로 한다는 것이다. 즉 모든 산업의 평균수익률을 공공사업의 할인율(약 11%)로 사용할 수 있다.

나 주유소의 이익 증가를 포함시키는 것은 잘못이다. 기존의 다른 도로나 철도 등 경쟁 부문의 요식업소나 주유소의 이익은 줄어들 수 있기 때문이다.

이중계산법은 동시에 실현될 수 있는 두 개 이상의 경제적 효과를 모두 편익에 포함시키는 오류를 말한다. 예컨대 관개사업(灌漑事業)을 평가하면서 토지가격 상승과 농업생산성 증대를 모두 경제적 편익으로 포함시키는 경우다. 토지가격 상승은 토지를 매각할 때 실현되는 경제적 이익이고, 농업생산성 증대는 직접 농사를 짓는 과정에서 생기는 편익이므로 두 효과는 동시에 실현될 수 없다.

2) 비용효과분석과의 차이

비용효과분석(cost effectiveness analysis)은 주로 그 효과가 비슷하거나 산출의 계량화가 어려운 경쟁적 대안 간의 비교평가를 위하여 이용된다. 비용효과분석(費用效果分析)은 각 대안의 산출이 조직이나 정책의 목표를 달성할 수 있다는 믿음을 전제로 한다.[5]

관리자에게는 비용편익분석보다 더 실용적일 수 있다. 비용효과분석은 상대적으로 규모가 작은 사업 또는 활동의 의사결정에 사용된다. 측정이 가능한 것은 계량화하고 측정이 어려운 부분(비계량적 효과)은 그 상태대로 의사결정에서 고려하는 것이다. 비용효과분석의 절차는 다음과 같다.

- 모든 자본비용의 금액과 발생시기의 확인
- 사업의 존속기간 중 운영경비의 추산
- 사업의 존속기간 중 측정가능한 산출물의 추산

---

5 정부활동의 결과가 사회나 국가에 미치는 영향을 나타내는 것으로서 다양한 용어들이 사용되고 있다. 투입(input)은 정책 · 사업 · 서비스를 공급하는 데 필요한 인적 · 물적 자원을 말하고, 산출(output)은 자원을 사용하여 만들어 낸 서비스의 양을 말한다. 성과(outcome)는 산출의 결과로 얻는 성취 및 결과의 척도를 말한다. 어떤 기관에서는 여러 원인에 의하여 발생한 성과에서 정부활동 결과에 따라 발생하는 부분을 구분하기 위하여 영향(impacts), 효과(effects), 결과(results)라는 용어를 사용하기도 한다.

효율성(效率性)은 회계검사나 예산집행에서 준거해야 할 개념으로서, 경제성 · 능률성 · 효과성을 총칭(3Es)한다. 경제성(economy)은 적정한 품질과 관련하여 획득 · 사용하는 자원의 경비를 최소화하는 것으로서, 표준원가와 실제원가의 비율을 의미한다. 능률성(efficiency)은 output과 input의 관계로서, 주어진 투입으로 최대의 산출을 얻거나 주어진 산출을 위하여 투입을 최소화하는 것이다. 효과성(effectiveness)은 정책 · 사업 · 계획에서 의도한 내용과 실제 달성한 결과 사이의 관련성으로서, 목표(target)와 성과(outcome)의 비율로 나타낼 수 있는 상대적인 개념이다.

효과성(效果性)을 측정하려면 목표가 무엇이고, 수행결과의 성과측정을 위한 범주(criteria)를 정해야 한다. 그런데 정책목표(관리목표 · 중간목표 · 최종목표 등)의 정의도 어렵거니와 성과의 측정이 매우 어렵다. 정책의 산출은 계량화가 어렵고, 정책의 효과는 순수한 정책효과 외에도 부수효과 · 외부경제효과 등이 있으며, 그 효과가 즉시 나타나지 않는 때도 있기 때문이다.

- 현존하는 활동의 비용과 수입의 효과 추산
- 비용과 측정가능한 산출물을 비교할 수 있도록 현재가치로 할인
- 사업수행 결과 발생되는 비계량적 효과를 기술하여 의사결정에 반영

3) 비용편익분석의 사례

중학교를 졸업하고 고등학교에 진학하지 못하는 학생이 전국적으로 매년 3만명이 있다고 가정한다. 그래서 정부가 1년간의 직업훈련과정을 마련하여 그들의 일부 또는 전부를 훈련시키려고 하는 목표를 수립하였다. 이러한 과정을 수료하면 그 졸업생은 일정한 수준의 기능을 개별적으로 배우는 것보다 10년 먼저 익혀 고용기회를 갖게 된다고 가정한다.

직업훈련을 위해서 새로운 교육방법을 실시하는 학교를 세우고 새 교원을 채용하는 이 계획이 10년간 지속된다고 가정한다. 이러한 목표를 달성함에 있어서 두 가지 대안(학교의 종류)만을 고려하며, 각 대안이 하나의 체제(system)로 이루어진다고 가정한다.

A체제는 훈련기구에 의한 실습위주의 교육방법으로서 컴퓨터 등 고가의 훈련기구를 주로 활용하는 학교다. 이 체제에서 각 학교는 50인의 교원을 채용하며 학생 대 교원의 비율은 60:1이고, 학생수용능력은 3000명(50×60)이다.

B체제는 교원의 주입식 교육을 하는 학교이다. 주입식이기 때문에 각 학교는 200인의 교원을 채용하여 학생 대 교원의 비율은 10:1이고, 학생수용능력은 2000명(200×10)이다.

A와 B 두 체제의 처음의 학교건설비는 〈표 10-1〉과 같고, 학교수를 늘려 나갈 경우 소요되는 체제비용은 〈표 10-2〉와 같다.

여기에 제시된 도표들을 통하여 비용과 편익이 상호 어떤 관계를 갖는가를 검토할 수 있다.

비용과 편익의 측정이 불가능하다고 가정하면 비교분석을 할 수 없다. 그러나 이 경우 편익은 '훈련을 마친 학생수'로, 비용은 '예산'으로 측정할 수 있다. 정책결정자들이 훈련의 수준을 알지 못하기 때문에 반드시 모든 학생(0~3만명)에 대한 비용 대 편익의 표를 작성해야 한다.

3만명의 학생을 위하여 A체제에서는 10개 학교, B체제에서는 15개 학교가 필요하다.

표 10-1 학교건설비 (단위 : 억원)

	A 체제	B 체제
개발비	150	10
매교투자비	5	4
매교연간운영비	15	30

표 10-2 체제비용 (단위 : 억원)

	A 체제				B 체제			
학교수	개발비	투자비	운영비	계	개발비	투자비	운영비	계
0	150	–	–	150	10	–	–	10
10	150	50	150	350	10	40	300	350
15	150	75	225	450	10	60	450	520

학교수가 10개일 때는 체제비용이 A체제와 B체제 모두 같은 350억원이다. [그림 10-1]은 학교수가 10개 미만일 때는 B체제가 A체제보다 체제비용이 낮고, 학교수가 10개 이상일 때는 A체제가 B체제보다 체제비용이 낮음을 나타낸다.

공통분모인 학교수를 상쇄하고 비용과 편익을 결합시킨 것이 [그림 10-2]다. 여기에

그림 10-1 A · B체제의 비용 비교

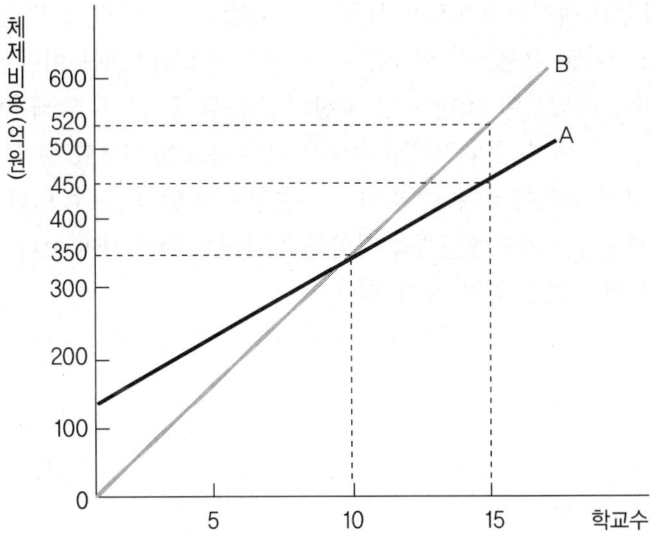

그림 10-2 수용능력 대 체제비용

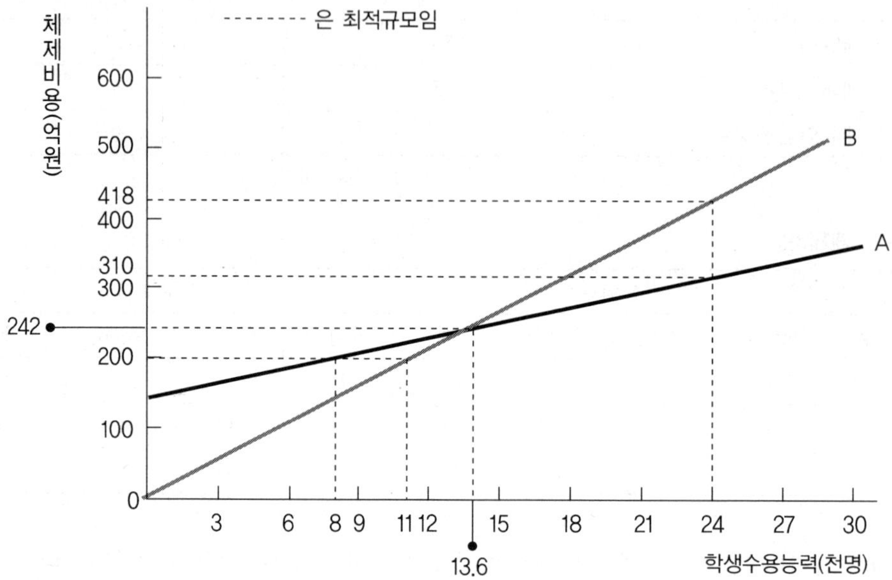

서 가용예산(可用豫算)이 242억원 미만인 때에는 더 많은 수용능력을 갖는 B체제가 선택되고, 그 이상인 때에는 A체제가 선택된다. 예컨대 가용예산이 200억원일 때 B체제는 1만 1000명, A체제는 8000명을 수용할 수 있기 때문이다.

반대로 지원자(志願者)가 1만 3600명 미만인 때에는 체제비용이 적게 드는 B체제가 선택되고, 그 이상인 때에는 A체제가 선택된다. 예컨대 지원자수가 2만 4000명일 때 A체제의 비용은 310억원, B체제의 비용은 418억원이 소요되기 때문이다.

훈련과정을 마친 졸업생이 10년 동안 자신의 소득을 증가시켜 담세능력을 갖게 된다면 그들로부터의 소득세 수입과 절약된 수당은 다른 용도에 사용할 수 있게 된다.

이와 같은 비교에 의하여 비용 대 편익의 상호관계를 알아 볼 수 있다. 비용편익분석을 통하여 정책결정자는 가용예산액과 직업학교 지원자 수에 따라 보다 큰 편익을 얻을 수 있도록 합리적인 결정을 할 수 있게 된다.

제2절 예산개혁의 의의와 단계

1. 예산개혁의 의의

근대적 예산제도가 확립된 이래 예산이론의 연구초점은 줄곧 재원을 경제적으로 사용하는 방안에 맞추어 왔다. 예산기능의 변화에 따라 새로운 예산이론이 정립되면 예산의 주 기능에 적합하게 예산개혁(budget reform *or* budgetary reform)이 이루어지고 그에 알맞은 새로운 예산제(form of budgeting)가 등장하게 된다.[6]

예산제는 예산개혁의 결과로 새로 구성되는 예산의 네 과정을 통틀어 지칭한다.[7] 예산개혁(豫算改革)이란 예산안의 편성과 심의, 예산의 집행과 회계검사의 네 예산과정 중 그 일부를 의미 있게 개선하는 것을 말한다(박영희, 1979: 1~2).

비어드가 20세기 초에 "예산개혁은 그것을 잉태했던 시대적 표상"이라고 지적한 이래(Beard, 1917: 95; McCaffery, 1981: 179), 시크는 그의 "예산개혁단계론"에서 이 명제를 명쾌하게 정립하였다(Schick, 1966: 243~258).

예산개혁은 정부와 기업을 망라하여 처음에는 품목별예산제에서 나중에는 프로그램예산제로 점차 발전되었다. 프로그램예산제는 다시 초기의 성과주의예산제로부터 영기준예산제로 발전되었다.

예산개혁으로 탄생되는 무릇 예산제는 독립적인 것이 아니다. 각각의 예산제는 그 이론과 실제가 앞의 예산제에 근거하며, 새로운 이론과 실제는 다시 다음의 예산제에 물려주게 된다(Swiss, 1983: 238).

2. 예산개혁의 단계

1) 시크의 예산개혁단계론

시크의 예산개혁단계론에 의하면 통제기능에 적합한 예산제는 품목별예산제, 관리기

6 저자는 예산제도(budget system)와 예산제(form of budgeting)를 구분하여 사용한다. 예산제도는 예산의 모든 과정을 의미한다. 이러한 의미에서 예산제도를 구분하면 원시적 예산제도, 봉건적 예산제도, 절대군주적 예산제도, 근대적 예산제도(민주주의적 예산제도)로 나눌 수 있다. 한편 예산제는 근대적 예산제도가 성립되고 예산개혁이 이루어진 다음에 나타나는 개념으로 사용하고자 한다. 예컨대 performance budgeting을 성과주의 예산제도라고 하지 않고 성과주의예산제라고 표현한다.

7 린치는 예산제를 approaches to budgeting이라고 표현하기도 한다(Lynch, 1979: 26~27 참조).

능에 적합한 예산제는 성과주의예산제, 계획기능에 적합한 예산제는 계획예산제라는 것이다(Schick, 1966: 245~246).

예산제가 가지고 있는 통제 · 관리 · 계획의 세 기능 중에서 중앙예산기관이 어느 쪽에 더 중점을 두느냐에 따라 예산제의 성격이 달라진다. 예산기능과 예산제의 관계는 다음과 같다.

첫째, 통제지향의 예산제는 비교적 좁은 문제에 대하여 관심을 갖는다. 모든 정부기관으로 하여금 행정수반과 의회가 결정한 지출한도를 엄격하게 지키게 하거나, 경비지출의 정확성을 위하여 보고절차를 마련한다든지 또는 예산과목들의 지출한도를 지키게 하는 것 등이다. 이러한 예산제를 품목별예산제라고 한다.

둘째, 관리지향의 예산제는 다소 구체적인 문제에 관심을 둔다. 이미 선정된 사업을 집행하는 방법, 인원배치방법, 세부사업의 승인 여부 등을 검토하는 것이다. 즉 지출된 예산에 대하여 최대한의 성과를 기하려는 데 관심이 주어지는 예산제로서 이를 성과주의예산제라고 한다.

셋째, 계획지향의 예산제는 광범위한 문제에 관심을 갖는다. 즉 정부의 장기적인 목적과 정책은 무엇이며 그것이 경비지출의 선택과 어떤 연관이 있는가, 그리고 정부 각 기관에서의 예산요구는 어떤 기준에서 평가되어야 하며, 새로 시작할 사업과 종결 · 축소 · 확대시켜야 할 사업은 어느 것인가 등을 따지는 예산제다. 이 예산제의 특징은 최소한 중기계획을 전제로 하는 것이므로 계획예산제라고 한다.

2) 감축기능과 영기준예산제

1973년 말에 세계는 경제학자들이 예견하지 못한 석유파동을 겪게 되었다. 석유파동은 세계경제를 저성장 속으로 몰아넣었고 행정의 감축관리(cutback management)를 불가피하게 하였다. 예산의 감축기능이 주 기능으로 등장함에 따라 행정을 감축관리(減縮管理)해야 하는 것은 당연한 귀결이다.

한국을 포함하여 대부분의 국가들은 저성장과 자원난으로 세입이 실질적으로 증가하지 않거나 감소하였기 때문에 세출을 종전처럼 계속 늘릴 수 없게 되었다.

미국에서도 제1차 석유파동의 영향으로 뉴욕시는 재정파탄에 이르렀다(Lee, Jr. and Johnson, 1983: 265). 캘리포니아주는 1978년 6월에 조세반란으로 표현되는 Proposition 13(재산세율을 대폭 낮춘 세법개정안)이 주민투표에 의하여 압도적으로 가결되었으며,[8] 이

8 미국의 캘리포니아주는 253억달러의 재정적자 때문에 2009년 7월부터 공무원들에 강제적으로 무급휴가를

러한 감세운동(減稅運動)은 나중에 여러 주로 파급되었다.

이러한 일련의 사태를 보고 1978년에 레빈은 미국도 행정의 감축관리가 불가피하게 되었다고 선언하였다. 이러한 감축관리를 가능하게 하는 경제적 · 기술적 수단의 하나가 영기준예산제(零基準豫算制)라고 하였다(Levine, 1978: 316).

감축관리는 선진국에서만 요구되는 것이 아니다. 개발도상국에서도 한결같이 요구될 뿐만 아니라 오히려 감축의 정도가 더 커야 할 것이다.

감축관리는 경기부진과 실업자의 증가라는 고통을 수반하기 때문에 용기 있는 정부만이 실시할 수 있다. 국민의 지지기반이 약한 많은 개발도상국들은 이러한 고통을 일시적으로 피하기 위하여 손쉬운 확대정책을 써왔고 결국 막대한 외채를 짊어지게 되었다.[9]

미국의 모든 지방정부들이 저성장시대를 맞이하여 그들의 재정상태를 재점검했던 것과 같이(Florestano, 1981: 122), 한국도 중앙정부와 지방자치단체를 막론하고 우리의 재정상태를 재평가하고 대책을 강구했어야 했다.

한국은 두 차례(1973년과 1979년)의 석유파동 때 감축관리를 한 것이 아니라 오히려 팽창예산정책을 사용하여 겉으로는 이를 극복한 것처럼 보였으나 속으로는 막대한 외채를 안게 되었다. 그러다가 1982년도부터 영기준예산제를 도입하여 과감하게 긴축예산정책을 펴기 시작하였다. 감축관리의 초기에는 고통이 뒤따랐으나 감축의 효과는 곧 나타나기 시작하였다.

적자행진을 거듭하던 정부예산에서 처음으로 1987~1988년에 약간의 흑자를 기록하였고, 무역수지도 처음으로 흑자로 돌아섰다. 그러나 제6공화국이 출범한 후 팽창예산정책으로 회귀하면서 다시 예산적자와 무역적자를 초래하였다.

실시한 일이 있다. 1978년의 제안(Proposition) 제13호를 캘리포니아 재정파탄의 시작으로 보기도 한다. 1970년대 후반 캘리포니아주의 부동산 가격은 과열조짐을 보였고, 재산세가 급증하였다. 그 결과 집을 갖고 있지만 고정수입이 많지 않던 노령층이 큰 타격을 입었다. 이에 반발하여 보수적 시민단체들이 'Proposition 13'을 제시하였고, 이에 따라 재산세율을 연간 부동산 평가액의 1% 미만으로 제한하고 재산세율을 올리더라도 연간 2%를 넘지 않도록 하는 제안이 주민투표에서 65%의 찬성으로 통과되었다. 당시 이 제안은 '납세자의 반란'으로 평가받았는데, 이에 대한 사회의 우호적 분위기가 감세를 공약으로 내세운 레이건(Reagan) 공화당 후보를 1980년에 대통령으로 당선시켰다. 그러나 재산세액이 절반 이상으로 줄면서 주 재정이 큰 타격을 받았다. 또 제안 13호는 세금을 인상할 때 증세를 어렵게 만들기 위해서 주 의회에서 재적 2/3 이상의 찬성이라는 까다로운 조건을 요구하였다. 그 결과 증세를 해야 할 필요성이 절실해도 인상하지 못했다. 또 예산안 통과에서 재적 2/3 이상의 찬성을 요구하는 주 헌법 조항까지 겹치면서 세금이나 예산문제에 관한 한 의회에서 쉽게 해결방안을 도출하지 못하는 문제가 발생하였다.

9 대표적인 국가는 멕시코 · 브라질 · 칠레 · 아르헨티나 · 그리스 · 포르투갈 등이며, 이들 대부분의 나라는 외채부담에 시달렸거나 현재 시달리고 있다.

3) 예산기능의 변화와 예산개혁

예산의 주 기능은 고정적인 것이 아니고 가변적인 것이다. 예산환경의 변화에 따라 예산의 기능 중 어느 한 기능이 주 기능으로 등장하면 나머지 기능은 부차적인 기능으로 되고, 주 기능을 살리기 위한 예산이론이 개발되고 이어서 그에 따른 예산개혁이 이루어진다. 세계경기가 다시 장기적인 성장기에 들어서게 되면 예산의 계획기능이 주 기능으로 등장하게 된다.

선진국에서는 예산의 주 기능은 근대적 예산제도가 확립되던 1920년대 말까지는 통제기능이, 그리고 이어서 관리기능과 계획기능이 차례로 등장하였다. 1970년대 중반부터는 선후진국을 막론하고 감축기능이 대두하였다.

예산기능의 변화와 예산개혁의 관계는 〈표 10-3〉과 같다(Rabin and Lynch, 1983: 49~50 참조).

표 10-3 예산기능과 예산제의 변천

예산기능	통 제	관 리	계 획	감 축
예산제	품목별예산제 Line Item Budgeting(LIB)	성과주의예산제 Performance Budgeting(PB)	계획예산제 Planning Programming Budgeting(PPB)	영기준예산제 Zero Base Budgeting(ZBB)

제3절 품목별예산제

1. 품목별예산제의 의의

영국 의회는 1688년 명예혁명 직후 국왕으로부터 과세동의권(課稅同意權)을 빼앗았고, 18세기에 들어와서는 예산의 지출도 통제하기 시작하였다. 그리고 19세기부터는 의회가 의결한 목적에 예산을 정확하게 지출하였는가에 관심을 기울였다. 그 후 국민과 의회의 예산에 관한 최대의 관심은 예산지출에 있어서 부정을 막는 것이었다. 따라서 이때에는 시크가 말한 예산기능 중에서 가장 중요시된 것은 통제기능이었다.

예산에 대한 1차적인 통제는 의회에 의한 예산의 심의 · 의결이지만(Schick, 1971: 17~19), 예산집행을 행정부에 전담시키기에는 불안하여 2차적인 통제방안을 강구하게 되었다.

영국을 포함하여 모든 국가는 예산의 비정상적인 운용을 방지하고 재정의 한계를 지키도록 하는 데 있어서 문제점을 안고 있었다. 그래서 모든 국가의 예산과정은 공공자금을 횡령하는 행위, 목적 외로 사용하는 행위 및 통제되지 않은 비용으로 지출하는 행위를 방지하기 위한 노력을 오랫동안 지속하였다(Gross, 1969: 117).

품목별예산제(Line Item Budgeting)는 예산지출을 통제할 목적으로 지출대상(object of expense)을 세분화하는 예산제이다. 품목별예산제(品目別豫算制)는 선진국에서는 대체로 1920년대에 완성되었다.

어떤 조직체를 막론하고 그 조직의 운영이나 활동에 대한 경비를 추산하여 예산으로 편성해야 한다. 그러기 위해서는 소요자금의 품목별 요소, 즉 보수 · 여비 · 재료비 · 공공요금 · 동력비 · 수선비 · 시설비 등을 추산해야 한다. 수입에 있어서도 판매대금 · 정부보조금 · 수수료 등이 얼마가 되는가를 수입원천별로 추산해야 한다.

이와 같이 어떤 조직체의 예산을 수입지출의 요소별로 편성하는 것을 품목별예산제라고 한다. 어떠한 예산기법을 사용하든지 이러한 계산과정은 기본적이다.

그러나 품목별예산제가 정착되기도 전에 이미 다음 단계의 예산개혁이 논의되기 시작하였다. 미국의 경우, 1912년에 제출된 "절약과 능률에 관한 대통령위원회의 보고서"는 품목별예산제를 채택하지 말고 예산을 업무분류별(class of work) · 경비성질별(character of expense) · 재원조달별(method of finance)로 분류할 것을 건의하였다.

이 보고서는 또한 의회는 지출금액, 지출책임자 및 지출의 성격을 결정하는 것으로 그치고 집행업무에 속하는 계약의 체결과 구매행위는 행정관의 책임하에 두는 것이 타당하다고 건의하였다(U. S. President's Commission on Economy and Efficiency, 1912: 211). 즉 예산집행의 능률을 고려한 것이었다.

2. 품목별예산제의 효용성

품목별예산제는 지출대상을 보수 · 여비 · 시설비 등으로 세분하여 그 지출대상과 금액을 규정함으로써 행정부의 예산집행에 있어서 부정을 방지하는 데 크게 기여하였다.

예산편성을 지출대상별(품목별)로 함으로써 그 각각에 책정된 금액만큼 지출하였는가를 회계검사 때 쉽게 알 수 있도록 하였기 때문이다.

정부 전체의 보수 · 여비 · 시설비 등 품목별 지출총액을 밝혀줌으로써 예산안 편성을 쉽게 할 뿐만 아니라 예산심의와 회계검사를 용이하게 한다. 그리고 예산지출을 치밀하게 통제할 수 있게 하고 예산담당 공무원들의 행정재량을 제한할 수 있다. 품목별예산제 이전에는 예산편성을 막연히 기관별로 편성하였기 때문에 입법부가 행정부의 예산지출을 통제하기 어려웠다. 품목별예산제의 효용성을 요약하면 다음과 같다(Schick, 1971: 22~23).

- 행정부의 고위층과 중앙예산기관이 지출하기 전에 통제할 수 있음
- 의회와 회계검사기관의 외부통제가 쉬움
- 지출의 큰 비중을 차지하는 보수 및 재화와 용역의 구매에 효과적임
- 어떤 재화를 어떤 부처에서 구매하든지 구입가격이 통일적임
- 통제가 치밀하고도 정규적으로 이루어짐
- 품목별 지출한도의 구별에 의해 종합적 · 개별적 통제를 할 수 있음
- 세입액 범위에 들 때까지 품목의 수를 줄이기가 쉽기 때문에 다음 해의 예산안을 삭감할 수 있는 기준을 마련해 줌.

그러나 품목별예산제는 조직체의 목적과 서비스의 내용에 대하여는 아무런 해답을 주지 못한다. 즉 지출의 목적인 공공서비스나 계획 등에 대하여는 얼마만한 경비가 소요되며, 그 성과는 무엇인지를 알 수 없다. 물론 정부기관은 기능별로 분류되고 그 서비스가 분류되고 있으나, 그것만이 그 기관의 사업내용을 반영하는 것이 아니다.

3. 품목별예산제의 적용

한국은 정부수립 후 1982년도 예산까지 기본적으로 품목별예산제를 사용하였다. 물론 1960년대 초에 잠시 성과주의예산제를 적용하기 위한 시도를 한 바 있다.[10] 1962년

10 당시 경제기획원은 1962년에 한국도 국가기획제도와 성과주의예산제를 도입하였다고 주장하였다. 경제기획원이 보는 성과주의예산제의 내용은 다음과 같다. 성과주의예산제는 기본운영계획에서 책정된 개별사업을 자금 측면에서 뒷받침하고 그 집행실적을 심사 · 확인함으로써 예산집행에 있어서 책임소재를 명확하게 하고 예산의 효과적인 운영관리를 도모하는 한편 자원배분기준을 성과에 중점을 두는 제도다(경제기획원, 1982: 50).

경제개발5개년계획을 착수하면서 예산을 기능별 · 사업계획별로 분류하기 시작하였고, 예산배정의 결정에 분석기법을 부분적으로 채용하는 등 성과주의예산제와 계획예산제의 요소를 많이 도입하였다.

우리나라는 '예산의 분류'에서 이미 살펴본 바와 같이 품목별 분류방법을 세입예산과 세출예산에 함께 적용하고 있다.

미국의 품목별예산제는 뉴욕시 예산에서 비롯되었다. 뉴욕시 시정조사국은 뉴욕시 예산을 품목별예산제로 편성할 것을 건의하였고, 1907년에 처음으로 뉴욕시 보건국의 전체예산을 품목별로 편성하였다.

미국에서는 품목별예산제가 1930년대에 성과주의예산이론이 대두할 때까지 서서히 전개되었다. 품목별예산제는 그 당시로서는 중요한 개혁이라고 할 수 있다.

모든 성 · 청이 공동으로 구매하는 품목, 예컨대 재화나 용역의 구매가격을 통일시켜 줌으로써 예산절약도 기대할 수 있게 하였다.

제4절 성과주의예산제

1. 성과주의예산제의 의의

성과주의예산제(Performance Budgeting)란 예산과목을 사업계획별 · 활동별로 분류한 다음 각 세부사업별로 '단위원가×업무량=예산액'으로 편성하는 것을 말한다. 다시 말하면 성과주의예산제(成果主義豫算制)는 활동별(activity)로 업무단위를 선정하여 양적으로 표시한 다음, 원가를 기준으로 하여 예산을 과학적 · 합리적으로 편성함으로써 그 집행성과를 측정 · 분석 · 평가할 수 있게 하는 예산제를 말한다(Mosher, 1954: 81~82).

정부가 예산을 투입하여 무엇을 구매(購買)할 것인가에 초점을 두는 것이 아니라 무엇을 성취(成就)하는가에 초점을 맞추는 예산제다. 이것이 정부가 구매해야 할 품목을 강조할 뿐 왜 구매하는가는 따지지 않는 품목별예산제와 다른 점이다(Burkhead, 1956: 133).

예컨대 거리청소사업의 경우 투입중심의 품목별예산제에서는 환경미화원의 인건비, 청소차량의 구입비 등이 예산대로 집행되었는가에 관심을 가지나, 성과주의예산제에서는 거리청소사업의 성과목표인 '거리환경이 얼마나 깨끗하게 되었는가'를 평가(거리의 청결도, 주민들의 만족도 등)하여 다음 연도 예산배분에 반영한다.

예산집행의 부정을 막는 여러 제도가 마련되고 예산의 통제기능이 대체로 충족되자, 국민과 정부의 관심은 자연히 일정액의 예산을 지출하여 얼마의 성과를 거둘 수 있는가에 쏠리게 되었다. 그리하여 예산의 관리기능이 중시되었는데, 이것을 충족시켜 주는 예산제로서 성과주의예산제가 대두하게 되었다(Burkhead, 1956: 133). 물론 이러한 관리지향의 예산제라고 하여 통제기능이 무시되는 것은 아니고 부차적인 것이 될 뿐이다(Schick, 1966: 245~247).

성과주의예산제는 품목별예산제에서 진일보한 프로그램예산제(프로젝트예산제라고도 함)의 첫 단계에 해당된다. 프로그램예산제의 두 번째 단계가 계획예산제다.

성과주의예산제와 계획예산제는 서로 혼용되기도 하는데, 그 개념은 다소 다르다. 성과주의예산제는 각 단위조직별로 산출과 투입을 연관시키는 것인 데 비하여, 계획예산제는 각각 그 기능을 수행하는 데 있어 여러 조직단위에 관계없이 사업에 따른 전체 비용을 표시하는 것이다.

성과주의예산제는 관리(管理)에 가깝고, 계획예산제는 경쟁적인 요구 간의 배분과정을 중시하는 계획(計劃)에 가깝다.

2. 성과주의예산제의 발전

성과주의예산제의 기원은 1913~1915년의 뉴욕시 리치몬드구의 예산이라고 할 수 있다. 여기에서 처음으로 원가기준예산(cost data budgets)의 개념을 도입하였다(Burkhead, 1956: 133~134).

예산을 먼저 업무기능별(works function)로 분류하고 이를 다시 세부기능(subfunction)으로 분류하였다. 예컨대 도로청소를 업무기능이라고 하면 청소해야 할 도로의 길이를 업무측정단위(units of work measurement)로 하고, 1km의 도로를 청소하는 비용을 단위원가(unit cost)로 하여 예산을 편성하였다.

미국 연방정부의 농무성은 1934년에 사업별 예산(project budget)을 편성하였으며, 1946년에는 해군성이 1948년도 예산안 편성부터 품목별예산과 프로그램예산의 두 가지 방법으로 편성하기 시작하였다(Burkhead, 1956: 134).

1949년에 성과주의예산제를 채택할 것을 건의한 후버위원회는 이러한 개념의 예산을 성과주의예산제라고 이름을 붙였다.[11]

미국에서 성과주의예산제가 전개된 기간은 1935년부터 1960년까지인데, 이 기간 동안 성과주의예산제의 확립을 촉진했던 몇 차례의 계기가 있었다. 제2차 대전은 대통령의 권한과 연방예산의 규모를 확대시켰다. 1940년에 연방예산 규모는 9억달러를 조금 상회하였으나 5년 후에는 985억달러로 약 110배나 증가하였다. 제2차 대전 후에도 예산규모는 급격히 감소하였으나 전쟁 전의 수준보다는 상당히 높은 수준을 유지하였다.

1945년의 「공사통제법」에 의하여 예산국은 공사(공기업)들의 예산도 관장하게 되었고, 1946년의 「고용법」(雇傭法)에 따라 연방정부는 최대한의 고용과 생산을 할 수 있도록 경제계획을 수립하고 재정정책을 입안하여 이를 집행해야만 하였다.

그리고 1949년 제1차 후버위원회가 트루먼(Harry S. Truman) 대통령에게 연방정부의 관리업무를 한층 개선해야 한다는 보고서를 제출하였다.[12]

1950년의 「예산회계절차법」은 연방정부 전체가 성과주의예산제를 적용하도록 규정하였다.

성과주의예산제는 업무량과 단위원가제를 채택하여 같은 돈을 지출하여도 최대의 성과를 올리도록 하는 데 관심을 가짐으로써, 단순히 지출의 통제와 기록에만 관심을 갖는 품목별예산제보다는 진일보하였다.

연방정부에 의하여 발전된 성과주의예산제는 많은 주정부와 지방정부에 의하여 채택되었다. 선도적 역할을 한 주는 메릴랜드(Maryland)주로서 1954년도 예산안이 성과주의예산방식에 따라 편성되었다.

성과주의예산제는 필리핀과 태국에도 보급되었다. 한국에서는 1961년부터 국방부가 단독으로 이 예산제의 채택을 시도하였다. 1962~1963년에는 일부 부처(농림부 · 사회부 · 건설부)에서 부분적으로 적용(모든 사업이 아니라 비교적 계량화가 가능한 15개 사업에 선별적으로 적용)하다가, 제도 자체의 단점 등으로 1964년부터 폐지되고 말았다(유훈, 2003: 351).

---

11 제1차 후버위원회는 "예산과 회계에 관한 보고서"에서 성과주의예산제의 필요성을 강조하고 다음과 같이 건의하였다. "연방정부의 모든 예산의 개념은 기능 · 활동 · 사업에 의거한 예산의 채택에 의하여 개조되어야 하며, 본 위원회는 이 예산을 성과주의예산제(performance budget)라고 부른다." 제2차 후버위원회(1955년)에서도 그동안의 성과주의예산제의 발전을 칭찬하는 동시에 이를 더욱 발전시킬 것을 건의하였다.

12 이 위원회의 건의서에서는 다음과 같이 지적하였다(Lynch, 1979: 279). ㉠ 기능별 · 활동별 · 사업별 기초위에서 편성하는 예산, 즉 성과주의예산제를 채택할 것, ㉡ 지출과목구조를 개편 · 개선할 것, ㉢ 모든 성 · 청의 예산요구는 자본계정과 경상계정으로 분리할 것, ㉣ 입법부의 의도가 실현되는 한 대통령은 예산집행 때 지출삭감을 할 수 있다는 것을 명백히 할 것.

3. 성과주의예산제의 효용성

성과주의예산제에서의 예산분류는 이미 언급한 바와 같이 사업별 또는 활동별로 분류하고 이를 다시 세부사업별로 분류하여 업무측정단위(unit of work measurement)를 선정한 후 여기에 단위원가(unit cost)를 곱하여 산출한다.[13]

예컨대 농토의 경지정리를 하는 때 그러한 경지정리를 하나의 독립된 사업(program)으로 분류할 수 있다. 사업량을 1만km^{2}라고 할 때 업무측정단위는 1km^{2}가 된다. 1km^{2}의 경지정리사업에 소요되는 경비가 단위원가다. 경지정리사업에 소요되는 예산은 '1만km^2×km^{2}당 단위단가'로 산출할수 있다.

성과주의예산제의 효용성은 다음과 같이 요약할 수 있다.

- 예산을 사업별 · 활동별로 분류함으로써 예산의 성과를 명백히 함
- 성과를 측정하는 수단을 제공함
- 성과에 관한 결과를 다음 회계연도의 예산에 반영시키기가 쉬움
- 각 기관이 하고자 하는 사업에 대하여 국민의 이해를 얻는 데 도움이 됨
- 정책입안이나 계획수립을 쉽게 함
- 입법부의 예산심의를 간편하게 함
- 예산편성 때 재원의 배분을 합리화하는 데 기여함

4. 성과주의예산제의 문제점과 재등장

1) 성과주의예산제의 문제점

한국이 성과주의예산제를 시도하다가 한때 중단했던 것은 업무측정단위를 선정하는 것이 어렵고 또 단위원가의 계산이 복잡하였기 때문이었다. 예컨대 법무부의 업무측정 단위를 만든다고 할 때 과연 무엇을 업무단위로 삼아야 할 것인가 하는 것이 막연하였다.

---

13 여기에서 단위원가란 업무측정단위 한 개를 산출하는 데 소요되는 경비를 말하며, 업무량이란 업무측정단위에 의하여 표시된 업무의 양을 말한다. 이것은 총비용을 인원수 · 수량 · 기간 등에 의한 수치로 나눈 원가를 말하는데, 공공부문의 회계에서 상당히 중요한 의미를 가지고 있다. 예산을 편성할 때, 인건비 산정의 경우에도 직급별 인원수에 평균 호봉에 의한 급여를 적용하여 산출하며, 관서운영경비도 각 조직별 기관수에 이 단위당 경비를 곱하여 산출한다. 예산삭감 또는 조정의 경우에도 단위단가는 조정방법의 중요한 도구로서의 역할을 한다. 기관 간의 경비 · 실적 · 관리체제의 비교는 각 비교집단의 규모가 다르기 때문에 총원가로는 별 의미가 없으므로 단위당 비용이 비교의 기초가 된다.

정부의 사업이나 활동은 어떤 형태로든지 최종산물(end product)로 나타난다. 예컨대 도로공사에서는 포장된 도로, 교육사업에서는 졸업생 수, 보건사업에서는 진료받은 환자 수로 나타난다. 이러한 경우에는 성과를 측정하는 데 의미 있게 사용할 수 있는 최종산물을 발견할 수 있다. 그러나 많은 사업에 있어서는 동질적이고 확실한 최종산물을 찾아낼 수 없다. 따라서 업무측정단위를 선정하기가 어렵다. 이것이 성과주의예산제의 최대의 단점이다(유훈, 2003: 353).

성과주의예산제는 정부사업의 능률(efficiency)을 측정하는 장치로서는 훌륭한 것이었으나, 효과(effectiveness)를 측정하는 데는 한계가 있다(Lynch, 1979: 279). 예컨대 한 교육청(敎育廳)의 능률은 학생 1인당 교육비로 측정할 수 있지만 효과는 교육의 질에 의하여 측정되어야 하기 때문이다. 고속도로의 건설에 있어서도 관리지향의 성과주의예산제는 1km당 건설비를 최소화하는 데 관심이 있지만, 현대에 와서는 그러한 능률보다는 건설된 고속도로를 얼마의 차량이 이용할 것인가 하는 사업의 효과에 더 관심을 갖고 있다.

1940년대와 1950년대에는 능률추구의 예산제가 그 타당성을 그런대로 인정받았다. 그러나 효과를 측정하기 어렵다는 단점, 예산의 사실적인 측면의 결여, 제도개혁을 뒷받침할 수 있는 관료들의 지식과 기술의 미흡, 보수성과 점증성을 강조하는 정치권의 반발 등으로 인하여 성공을 거두지 못하였다. 그 결과 각국에서 성과주의예산제가 폐지되었다.

2) 성과주의예산제의 재등장

최근 성과지향의 예산제의 필요성이 여러 가지 형태로 각국에서 제기되고 있다. 미국 연방정부에서는 1990년에 제정된 「수석재무관법」(Chief Financial Officers Act)에 의하여 1999년도부터 일부 부처에서 시험적으로 적용하고 있다(Joyce, 1993: 4~5).

오스본과 게블러에 의한 「정부의 재창조」(*Reinventing Government*)라는 저서가 클린턴 행정부의 행정개혁에 지침을 제공하였는데, 여기에서 투입중심의 예산제에서 성과중심의 예산제로 전환해야 한다고 주장하였다(Osborne and Gaebler, 1992: 161~165).

고어의 "행정개혁에 관한 건의서"에서도 성과지향적인 행정을 강조하고 성과지향적 예산의 필요성을 제기하였다(Gore, 1993: 69~91). 1993년에는 「정부성과관리법」(Government Performance Results Act)을 제정하여 부분적으로 성과주의예산제를 도입하였다.

주정부에서는 대부분 성과지향적 예산제를 채택하고 있고, 그중 일부 주에서는 법률로 이를 규정하고 있다(Willoughby and Melkers, 2000: 105).

현재 많은 나라의 정부 및 지방자치단체의 예산편성양식(즉 예산구조)은 품목별예산 ·

성과주의예산 · 계획예산을 혼합한 형태를 취하고 있다. 즉 기능별로 대분류하고, 그 아래 사업별 또는 서비스별로 분류하며, 다시 관리 가능한 활동별 또는 세부사업별로 분류한 뒤, 그 아래 품목별로 편성하고 있다.

성과주의예산제에 있어서 각 중앙관서는 예산을 요구할 때 성과목표와 목표달성 여부를 측정하기 위한 성과지표를 체계적으로 기술한 성과계획서(成果計劃書)를 작성하여 기획재정부에 제출하고, 결산시점에 성과목표의 달성 여부를 기술한 성과보고서(成果報告書)를 작성하여 제출하도록 하였다. 성과계획서와 성과보고서는 일반국민에 공개되며, 성과결과는 예산편성의 분석지표로 활용되어 다음 회계연도의 예산에 반영된다.

우리나라는 국가재정운용계획(2006~2010년)에서 성과중심의 프로그램체계로 전환하였다. 즉 '장–관–항'으로 구분되던 투입중심의 기존 예산체계를 '분야–부문–프로그램(정책사업)'으로 작성하여 국회에 제출함으로써 재정사업에 대한 이해를 높이고 성과를 보다 쉽게 측정할 수 있도록 하였다.

제5절 계획예산제

1. 계획예산제의 의의

예산의 계획기능에 적합한 예산제가 계획예산제(Planning Programming Budgeting)이며, 흔히 PPB 또는 PPBS라고 표현한다.[14]

계획예산제(計劃豫算制)란 목표를 설정하고(planning), 그 목표를 달성할 수 있도록 사업계획을 짜고(programming), 그 사업계획에 자금을 체계적으로 배정하는(budgeting) 예산제를 말한다.[15] 다시 말하면 계획예산제는 장기적인 계획수립과 단기적인 예산편성을 유기적으로 연관시킴으로써 자원배분에 관한 의사결정을 합리적으로 일관성 있게 하려

14 planning programming budgeting을 기획예산제, programme budgeting을 계획예산제라고 번역하기도 하는데, 여기에서는 계획예산제라고 표현한다.

15 계획예산제의 주요 요소인 중기계획의 시계(time horizon)는 보통 5년인데, 한 해가 지나면 다시 1년씩 시계(時界)를 연장한다.

는 예산제다(Zwick, 1968 : 18).

계획예산제는 한편으로는 인류가 수레바퀴를 발명한 이래 최대의 발명이라는 찬사를 받는 속에서, 그리고 이와 동시에 의사결정권을 기술자들이 빼앗으려는 것이라는 비판을 받으면서 탄생되었다.

존슨(Lyndon B. Johnson) 행정부의 예산국장으로서 계획예산제를 연방정부에 도입하는 데 가장 큰 역할을 한 슐츠(Charles L. Schultz)는 1967년 8월 11일 상원에서의 증언에서 그러한 비판을 반박하였다. 즉 계획예산제는 책임 있는 공무원들의 의사결정을 돕는 한 수단이지 결코 공무원들의 적절한 판단, 정치적 지혜 및 지도력을 대체하는 기계장치가 아니라고 증언하였다(U. S. Congress, 1967: 19).

계획예산제는 몇 가지 특징을 가지고 있다. 즉 중장기계획, 사업계획의 구체적 기술, 비용편익분석과 같은 계량적 분석기법 등을 필요로 한다는 것이다(McKean and Anshen, 1968: 338~340).

미국은 국가기획제도(national planning system)를 사회주의의 부속품으로서 '자유에의 길'이 아니라 '노예에의 길'이라고 오랫동안 믿어 왔으면서도 국가기획제도를 PPB라는 화려한 옷 속에 감추어 도입하였던 것이다.

2. 계획예산제의 발전

계획예산제의 발전을 촉진시켰던 학문적인 요인은 경제분석 및 의사결정방법의 개발에 있었다. 케인스(John M. Keynes)의 거시분석이론에 입각한 재정정책이 경제공황을 극복하는 데 효과적인 수단으로 작용하였는데, 이것이 계획예산제의 탄생에 기여하였다(Schick, 1966: 253~254). 그리고 국가기획과 예산과정을 연결시켜야 할 필요성의 대두도 계획예산제의 발전을 촉진시켰다.

계획예산제의 발전에 크게 공헌한 노빅에 의하면, 계획예산제는 1942년에 미국의 전시(戰時) 물자통제계획(The Controled Materials Plan)에서 비롯되었으며, 이 계획은 희소한 자원을 필수불가결한 사업에만 배정함으로써 전쟁수행을 돕는 작업이었다는 것이다(Novick, 1965: 5~6).

계획예산제는 랜드연구소(The RAND Corporation)에 의하여 장기간에 걸쳐 연구·개발되었다. 케네디(John F. Kennedy) 행정부의 국방장관이던 맥나마라(Robert McNamara)에 의하여 1961년에 국방성예산에 처음 도입되었다(Merewitz and Sosnick, 1971: 2~3).

그리고 랜드연구소의 수석경제연구위원으로 있던 히치(Charles J. Hitch)가 국방성 예산담당 차관보로 발탁되어 계획예산제를 적용하였고, 1965년에는 존슨 대통령에 의하여 연방정부에 도입되었다.[16]

연방정부에 이어 많은 주정부와 지방정부에도 보급되었고 영국과 캐나다에서도 이를 채택하였다. 한국은 1969년에 시도했으나 실패하였다.

계획예산제는 사업계획을 세운 후, 예산을 배정하기 전에 먼저 성 · 청별로 기본목표를 정하고 그에 따라 중장기계획을 수립하도록 한다. 그 다음 사업계획을 달성할 수 있는 대안들을 찾아내고 이른바 과학적 분석기법들을 동원하여 최적의 대안을 선택한다. 따라서 이 예산제가 성공하기 위해서는 운영연구, 비용편익분석, 체제분석 등 관리과학이 발전해야 한다.

3. 계획예산제의 구성요소

계획예산제는 그 절차와 예산문서에서 다른 예산제와는 독특한 차이를 갖고 있다. 계획예산제의 주요한 구성요소는 중기계획, 프로그램구조, PPB문서 등이다. 계획예산제 이전의 예산제에 있어서는 중기계획을 필요로 하지 않았다. 여기에서는 프로그램구조와 PPB문서에 대해서만 고찰한다.

계획예산제에서는 프로그램구조(program structure)와 예산구조(budget structure)를 일치시키고 있다. 예산을 품목별 · 조직별 · 활동별로 분류할 때에는 몇 가지 결함을 갖고 있었다. 즉 프로그램에 소요되는 총비용(다년간의 비용)을 제시하지 못하고, 상쇄관계(trading-off)에 있는 대안을 제시하지 못하며, 또한 프로그램분석과 예산배정결정을 연결시키지 못하였다(Schick, 1971 : 91).

계획예산제는 이러한 결함을 보완하는 예산분류방법으로 프로그램구조를 생각하게 된 것이다. 품목별예산제에서는 예산을 장 · 관 · 항별로 분류하는 데 비하여, 계획예산제에서는 각 성 · 청의 업무를 5~10개의 프로그램으로 대분류하고 이를 다시 2차 · 3차로 분류하는 3층 분류구조를 갖는다.[17]

16 당시의 예산국은 성과주의예산제를 도입할 때는 주도적이었으나, 계획예산제를 도입할 때는 수동적이었던 것이 이채롭다. 존슨 대통령은 계획예산제를 반대한 예산국의 건의를 물리치고 모든 성 · 청과 독립행정기관에 일률적으로 계획예산제를 도입하였고, 또 전통을 깨고 계획예산제의 전문가를 예산국장에 임명하였다.

17 프로그램구조란 한 기관의 모든 업무를 그 기관이 설정한 목표를 달성할 수 있도록 재화와 용역의 산출량(output)으로 조직화시킨 집합체(assembly)를 말한다(Novick, 1965 : 17~19 ; Caper, 1967 : 10).

3층 구조는 카테고리(category), 서브카테고리(sub-category), 엘러먼트(element)로 이루어지고, 엘러먼트는 다시 프로젝트(project)로 세분된다.

카테고리는 동일목표를 성취하기 위한 기관의 활동, 즉 업무를 묶은 것이다. 미국 농무성에는 5개의 카테고리가 있었다(〈표 10-4〉 참조).

표 10-4 미국 농무성의 프로그램구조

Category	Sub-Category
A. 농업 및 임업	① 농작물과 가축 ② 삼림 ③ 일반지원
B. 농업인구	① 소득증대 ② 주식 및 영양개선 ③ 농촌보건 ④ 주거개선 ⑤ 농촌교육 · 훈련의 개선 ⑥ 일반지원
C. 지역사회개발	① 지역사회개발계획 ② 공공시설 ③ 전원환경 ④ 일반지원
D. 교역	① 수출확대 ② 경제개발 ③ 일반지원
E. 일반지원	① 일반행정 ② 프로그램지원

자료 : Senate, Committee on Government Operations, *PPB Official Documents*, 90th Cong. 1st Session(Washington, D.C. : Government Printing Office, 1967), pp.17~34.

표 10-5 농림부의 프로그램구조 시안

Program Category	Sub-Category	Program Element
1. 식량증산	가. 영농개선	① 종자개량 ② 지력증진 ③ 영농기계화 ④ 병충해 방지 ⑤ 다모작 장려
	나. 농업용수개발	① 인력관정 ② 기계관정 ③ 집수암거 ④ 양수장 ⑤ 도수로 ⑥ 보 ⑦ 저수지
	다. 경지확장	① 야산개발 ② 하천유역 개발 ③ 간척 ④ 경지정리 ⑤ 농토시설
2. 농가소득증대 (이하생략)	가. 농산물가공처리	① 가공업체 지원 ② 신규시설 확장 ③ 가공업육성지도 ④ 냉동공장 ⑤ 냉장공장
	나. 농산물가격보장	① 조절미 방출 ② 양곡도입 ③ 저장창고

자료 : 한국행정문제연구소, 「한국정부의 예산운용에 있어서 총합예산과 PPB의 적용에 관한 연구보고서」(서울 : 1969), pp.82~86.

서브카테고리는 카테고리를 의미 있게 분류하고 유사성이 많은 결과를 산출하는 엘러먼트를 묶은 것이다. 미국 농무성에는 18개의 서브카테고리가 있었다.

엘러먼트는 그 기관의 목표달성에 공헌할 특정한 생산물, 예컨대 특정한 재화나 용역으로 구성된다.

한국에 있어서도 다년간 계획예산제의 도입을 준비하였다. 한국행정문제연구소가 1969년에 작성한 "계획예산제의 적용에 관한 연구보고서"에 수록된 당시 농림부의 프로그램구조의 시안은 〈표 10-5〉와 같았다. 이 시안에 의하면 농림부의 업무를 식량증산, 농가소득증대, 수산진흥, 축산진흥, 산림개발 및 기타의 6개 카테고리로 분류하였다.

4. 계획예산제의 한계와 적용

계획예산제는 처음부터 몇 가지 한계와 미비점을 안고 출발하였다. 먼저 기관별로 목표를 설정하는 일이 쉽지 않았다. 민주주의국가에서 목표에 대한 의견의 불일치는 얼마든지 있을 수 있으며, 목표가 다양한 때도 있다. 그리고 성과주의예산제에서 업무측정단위의 선정이 어려웠던 것과 마찬가지로 계획예산제에 있어서도 프로그램구조를 선정하는 작업에서 어려움을 겪은 기관이 많았다.

미국 의회는 계획예산제에 대하여 처음부터 소극적인 태도를 취하였다. 의회는 행정부로 하여금 PPB와 종래의 예산편성방법의 두 가지 방식으로 예산안을 편성하여 제출할 것을 요구하였고, 의회의 세출예산법안 작성에 있어 PPB가 아니라 종래와 같은 작성방법을 계속 고수하였다(Gordon, 1978: 289).

계획예산제는 월남전에서 미국이 실패한 다음 존슨 행정부의 퇴진과 닉슨(*Richard M. Nixon*) 행정부의 등장으로 그 빛을 잃게 되었다.

1971년 9월, 관리예산처는 예산편성지침에서 다음 회계연도부터 PPB방법으로 예산요구서를 편성할 필요가 없다고 지시함으로써 종말을 고하게 되었다(*U. S. Office of Management and Budget*, 1971: 2).

린치는 PPB의 죽음에서 긍정적인 교훈을 찾자고 주장하였다. 그는 이론과 개념, 예산집행, 정치적 요인, 예산담당 공무원의 인적 요인 및 예산관리의 모든 면을 구체적으로 분석한 다음, 나쁜 점은 버리고 좋은 점은 살려야 한다고 주장하였다(Lynch, 1979: 31~32).

반면에 윌다브스키와 시크는 PPB를 부정적으로 평가하였다. 시크는 PPB는 처음부터 듣지 않았다고 전제한 다음, PPB가 실패한 원인은 ㉠ 충분한 준비 없이 도입되었고, ㉡ 최고관리층의 적극적인 지지가 없었으며, ㉢ 미국의 정치적 전통을 무시하고 기술관료에게 예산결정권을 맡기려고 하였고, ㉣ 유능한 분석인력과 자료가 부족했기 때문이라고 지적하였다(Schick, 1973: 146~156).

한편 이 예산제의 실패원인을 미국의 경제학과 관리과학 등에서 찾는 논자도 있다. 예산을 정치활동의 핵심이라고 보는 미왈드(Miewald)는 예산결정과정을 의회에서 빼앗아 재간 있는 원가계산사(原價計算士)에게 맡기려는 PPB의 의도를 강하게 비판하면서 예산배정결정은 정치철학의 문제로 본 키(V.O. Key)의 주장에 동조하였다.[18] 즉 가치중립주의자들이 가장 과학적이라고 하는 분석기법들은 가치문제를 안고 있는 예산사업의 경중을 결코 가릴 수 없다는 주장인 것이다.

제6절 그 밖의 예산제

1. MBO

1) MBO의 의의

목표관리(Management by Objectives)는 1960년대 중반에 사기업의 경영관리의 방법 내지 기법으로 개발되었는데, 이것을 학문적으로 처음 거론한 사람은 드럭커(Peter F. Drucker)이며, 그리고 맥그리거(Douglas McGregor)에 의하여 한층 발전되었다(Carroll, Jr. and Tosi, Jr., 1973: 1).

MBO란 ㉠ 조직의 최고관리자와 중간관리자가 공동으로 목표를 설정하고, ㉡ 결과에 주안점을 두어 모든 구성원의 책임분야를 결정하며, ㉢ 그것을 조직단위의 운영지침으로 삼고, ㉣ 목표에 대한 각 구성원의 공헌도를 측정하는 척도로 삼으며 예산과도 연계를 짓는 제도라고 할 수 있다(유훈, 2003: 364 ; Odiorne, 1965: 55~56).

1970년대 초 미국의 OMB는 MBO의 개발 및 사용을 강조하였다. 그러나 MBO는 하나의 독립된 예산제라고 하기에는 그에 관한 이론과 절차가 너무 허술할 뿐만 아니라 미국 연방정부 예산에 공식적으로 채택된 일도 없다.[19] 그래서 그 명칭도 '목표에 의한 관

---

18 미왈드는 PPB가 경제학자들에 의하여 개발되었고 실패의 책임도 그들에게 있다고 주장하였다(Miewald, 1978: 126~127).

19 MBO는 PPB와 같이 OMB의 규정에 의하여 정식으로 채택된 것은 아니고 21개의 성 · 청에 대통령의 지시로 부분적으로 적용되었다(Lynch, 1979: 32~33). 린치는 MBO를 하나의 예산제로 보지만 대부분의 다른

리'라고 번역한다.

MBO는 일종의 관리도구로서, 인사행정에 있어서는 근무성적평정을 위한 평정방법의 하나로 사용되기도 한다. MBO를 독립된 예산제로 본다고 하면 이는 목표관리예산제(目標管理豫算制)라고 번역할 수 있을 것이다.

MBO의 장점은 참여적 관리를 가능케 하고, 목표달성을 촉진하며, 신축성이 높은 관리도구라는 점이다. 그러나 장기적 시계(時界)의 결여, 대안의 검토 결여, 분석적 전문성 활용 부족, 달성이 용이한 목표만의 설정 등이 문제점으로 지적되고 있다.

장기간의 집권이 가능했던 존슨(Lyndon B. Johnson) 대통령과는 달리 잔여임기에 쫓기던 닉슨(Richard M. Nixon) 대통령은 중장기계획을 검토할 겨를이 없었고, 따라서 확정된 사업을 충실히 집행하려는 데 관심을 집중시켰다.

그리하여 PPB를 버리고 1973년부터 일부 성 · 청에 MBO를 채택할 것을 비공식적으로 지시하여 이를 사용하였으나 그의 퇴진과 함께 MBO도 폐지되고 말았다. 이 기간에 예산기능은 계획에서 다시 관리로 후퇴하게 되었다.

2) MBO의 절차

MBO를 적용하기 위해서는 다음과 같은 절차, 즉 ㉠ 문제의 발견, ㉡ 목표의 설정, ㉢ 목표의 확인, ㉣ 목표의 실행, ㉤ 목표달성상태의 통제와 보고 등의 절차가 필요하다(Mali, 1972: 12~14). MBO와 PPB의 차이점을 요약하면 〈표 10-6〉과 같다.

표 10-6 MBO와 PPB의 차이

	MBO	PPB
계 획	부분적이고 주로 1년 단위	종합적이고 5년 단위
권위구조	분권적이고 계선기관에 치중	집권적이고 참모기관에 치중
전문기술	일반적 관리기술과 산술적 계산	세련된 관리기술과 통계학적 처리
프로그램	내적이고 산출량에 치중	외적이고 비용편익에 치중
예산범위	부분적 · 개별적 · 조장적	종합적 자원 배분

자료 : Jerry McCaffery, MBO and the Federal Budgetary Process, *Public Administration Review*, 36(Jan./Feb. 1976), pp. 33~39 참조.

학자들은 그렇게 보지 않는다.

2. 자본예산

1) 자본예산의 의의

자본예산(資本豫算)이란 세입예산과 세출예산을 모두 경상계정(經常計定)과 자본계정(資本計定)으로 각각 구분하고, 자본적 지출은 자본적 수입으로 지출하되 부족하면 공채발행으로 충당하도록 하는 것을 말한다.

건전재정(sound fiscal management)은 세출이 세입의 범위에서 충당되고, 공채발행이나 차입이 없는 재정상태를 말한다.[20] 그러나 재정수지가 균형 또는 흑자를 기록한다고 언제나 바람직한 것은 아니다. 재정의 경기안정화 기능을 살리기 위해서는 경기가 침체될 때 재정적자를 만드는 것이 더 나을 수 있기 때문이다.

또 항상 재정균형을 유지하기 위해서는 세율을 자주 변화시켜야 하는데, 이는 조세제도의 안정성을 저해시킬 수도 있다. 따라서 현재는 건전재정이 다소 제한적인 의미로 사용되고 있다.[21]

건전재정의 전통이 강하고 균형예산을 신봉하는 국가들은 경제적 불황에 직면하였을 때에 자본예산을 채택함으로써 적자재정, 즉 공채의 발행을 정당화하였고(Burkhead, 1956: 182~197), 이것을 재원으로 하여 유효수요를 창출하고 고용을 증대하여 경기를 회복시킬 수 있었다.

공채를 발행하여 국가 또는 지방자치단체가 채무를 진다고 하더라도 그 수입으로 자산의 취득 등 자본적 지출에 사용하기만 한다면 채무의 증가가 자산의 증가에 의하여 상쇄됨으로써 국가의 순자산상태에는 변화가 없게 된다.[22] 따라서 자본적 지출을 위한 공

---

20 건전재정의 원칙은 국채나 차입금을 제외한 조세 · 부담금 · 수수료 등과 같은 세입재원의 범위에서 세출예산을 편성하여야 한다는 것을 의미한다. 이 원칙은 예산의 무제한 증가를 방지하는 일종의 구조적인 제한의 의미도 있으나 재정정책의 시각, 수익자부담원칙에 따른 자본예산의 내용에 따라 달라진다. 차입금은 긍정적인 측면만이 아니라 부정적인 측면도 있기 때문이다.

케인스학파와 공급경제학파의 시각에서도 차이가 있다. 국내자본이 절대적으로 부족한 나라에서는 균형예산만을 고집할 수 없다. 독일 · 영국 · 미국에서는 차입금(즉 재정적자)은 정치적 이슈가 되지만, 이탈리아나 남미에서는 비교적 크게 문제 삼지 않는다. 미국에서는 차입금을 허용하지 않기 위하여 자본예산이라도 그 회계연도의 수입범위 내에서 지출하도록 하고 있는데, 이것을 pay-as-you-go financing이라고 한다.

21 즉 경기순환국면 전반에 걸쳐 재정수지가 평균적으로 균형 또는 흑자상태에 있거나, '국가채무/GDP' 비율이 상승하지 않고 일정수준에서 안정되어 있으면 재정이 비교적 건전한 것으로 판단한다.

22 자산 중에 이연자산(deferred assets)이 있다. 이연자산(移延資産)은 이미 지출된 화폐적 지출의 효과가 그 해당 연도에만 미치는 것이 아니라 차기 이후에도 계속 영향을 미치고 그 금액이 그 해당 연도 비용으로 처리하기에 부적당한 때에 기간손익계산을 정확히 하기 위하여 그 지출된 비용을 자산으로 처리한 후 일정기간에 걸쳐 상각(償却)하는 인위적인 자산을 말한다. 여기에는 창업비 · 개업비 · 신주발행비 · 사채발행비 ·

채의 발행은 건전재정의 원칙에 위배되는 것이 아니라고 주장한다.

자본예산은 1년 단위의 균형예산원칙을 포기하고 이른바 주기적 균형예산(cyclically balanced budget)을 채택하였다는 데 그 의의가 있는 것이다. 즉 예산은 매년 균형시킬 필요가 없고 경기변동의 주기에 따라 일정한 기간별로 보아 균형을 이루면 된다는 것이다.

건전재정이나 균형예산에 대한 전통이 약하고 세입예산이 부족할 때, 화폐를 예사로 찍어 충당하거나 공채를 강제적으로 소화하여 충당하는 개발도상국에서는 자본예산의 의의를 이해하는 것은 어려운 일인지 모른다.

자본예산을 하나의 독립된 예산제라고 보기는 어려울 것 같다. 그러나 미국의 대부분의 지방정부들은 복식예산(double budget), 즉 운용예산(operating budget)과 자본예산(capital budget)을 갖고 있다(Lynch, 1979: 221).

2) 자본적 지출과 경상적 지출

첫째, 경상적 지출(經常的 支出)은 경상적 수입에 의하여 충당해야 하나, 자본적 지출(資本的 支出)은 차입이나 잉여금으로도 충당할 수 있다.

둘째, 자본적 지출의 과오는 경상적 지출의 과오에 비하여 그 영향이 장기적이다. 자본적 지출에 의한 건설사업이 잘못 선정되면 지역사회의 경제적 · 사회적 발전을 저해할 수 있고, 자본적 지출을 위한 과도한 차입은 향후 재정압박의 요인으로 작용한다.

셋째, 자본적 지출은 미래의 운영비(경상적 지출)의 규모에 크게 영향을 미친다.

넷째, 자본적 지출계획은 경상적 지출계획에 비하여 특별한 자료를 필요로 한다. 즉 새로운 시설의 완공에 따른 추가 운영비, 시설개발계획, 소요액의 추정 등과 같은 자료가 필요하다.

다섯째, 자본적 지출은 건설사업의 경우 사업별로 그 착공시기와 완공시기를 승인해야 하고, 여러 해가 걸리는 사업이 대부분이므로 회계연도를 초월해야 한다.

3) 자본예산의 장단점

자본예산을 주장하는 사람들은 정부부문의 부채증가는 자산증가와 상쇄된다고 한다. 사회간접자본의 투자에 따른 편익은 여러 세대에 걸쳐 누리게 되므로 그 부담은 다음 세대도 함께 부담하는 것이 공평하다는 것이다. 더구나 경제개발 투자는 고용 등 경제안정과

연구개발비 등이 해당된다.

성장을 가져오고, 수익을 수반하는 투자는 장기적으로 국민소득을 증가시킨다는 것이다.

첫째, 자본예산은 정치인 · 공무원 · 납세자로 하여금 국가재정의 기본구조에 대한 파악을 쉽게 한다. 공무원의 보수와 도로건설비는 동일하게 예산에서 지출되지만 그 성격은 근본적으로 다르다. 보수는 매년 계속하여 지급되어야 하는 데 비하여, 유료도로의 건설비는 준공한 후 수입을 올리고 국가의 자산이 된다. 자본예산은 이러한 지출의 구분을 가능하게 하기 때문이다.

둘째, 자본예산은 경상적 지출과 자본적 지출을 구분함으로써 자본적 지출에 대한 특별한 상황을 분석할 수 있게 한다.

셋째, 자본예산에 수반되는 장기적인 공공사업계획은 정부의 재정계획의 수립에 편의를 제공하고, 장기적인 관점에서 정부지출을 조절하는 데 도움이 된다.

넷째, 불경기에는 적자예산에 의하여 유효수요를 창출하고 고용을 증대시킴으로써 경기를 회복시켜야 하는데, 이러한 경우 자본예산은 적자예산을 정당화할 수 있다.

그러나 자본예산은 다음과 같은 단점이 있다.

개발계획을 위한 과도한 차입은 향후 원리금 부담으로 예산의 경직성을 증가시키고 공공부문의 자산투자로 인한 편익은 반드시 소득과 직결된다는 보장도 없다. 더구나 공공부문의 차입금은 민간부문의 투자 여력을 감소시키며 이자율 인상 내지 물가불안의 요인으로 작용한다.

첫째, 경기회복을 위하여 자본적 지출을 늘리는 것보다는 경상적 지출을 늘리고 세율을 인하하는 것이 보다 신속하고 신축적인 때가 많다.

둘째, 국공채의 발행에 의하여 자본적 지출을 충당해도 좋다는 관념이 팽배하면 인플레이션 시기에도 그것을 조장할 우려가 있다.

셋째, 자본예산은 경상비의 적자를 은폐하거나 무리한 지출에 대한 구실로서 사용될 우려가 있다. 경상적 지출과 자본적 지출의 구분은 다분히 자의적이며, 금액을 가지고 양자를 구분할 수밖에 없는 때가 많기 때문이다.

4) 스웨덴의 자본예산

1930년대의 공황기에 스웨덴 의회에서는 균형예산을 계속 고집할 필요가 있는가에 대하여 열띤 논의가 있었다. 그때 미르달(Gunnar Myrdal) 교수가 자본예산을 주창하였던 것이 계기가 되어 1937년부터 자본예산을 채택하였다(유훈, 2003 : 392).

국가의 경상적 지출은 경상적 수입으로 충당하여 매년 균형을 이루도록 하고, 자본적 지출은 자본적 수입과 국채발행으로 충당하되 경제안정정책과 연관시켜 증감되도록 하였다. 그리고 경기순환의 주기별로 예산의 균형을 유지하도록 하였다.

스웨덴의 자본예산은 정부의 자산상태를 표시하는 대차대조표를 작성하고, 감가상각 계정을 두었다. 정부의 모든 감가상각비는 경상계정에 계상하여 조세 등의 경상수입으로 지급하도록 하였고, 경상계정과 자본계정을 포함한 국가재정의 전모는 재정설명서에 표시하도록 하였다.

5) 미국 도시정부의 자본예산

미국의 자본예산은 도시정부에서 발달하기 시작한 후, 주정부에도 확산되었다. 미국의 도시정부들은 1920년대의 무계획적이고 과도한 공공사업과 대공황으로 파산지경에 이르렀다. 1930년대에는 연방정부의 보조금이 자극이 되어 도시계획에 열중하였다.

제2차 대전 동안 재정부족으로 공공시설의 투자를 소홀히 하였던 도시정부들은 종전 후 증대된 공공시설의 투자재원을 경상적 수입만으로 조달할 수 없었다. 그리고 공공시설의 투자비를 경상적 수입에만 의존하면, 미래의 세대들도 사용할 비용을 현세대가 전적으로 부담하게 되므로 세대 간 부담의 비형평을 초래하는 것이라고 보았다.

이러한 인식이 계기가 되어 미국의 도시정부들은 공공시설비를 자본예산으로 조달하였고, 자본예산을 채택하기 위하여 먼저 자본투자계획(Capital Improvement Program)[23]을 작성하였다(Lynch, 1979: 222).

미국 도시정부에서 발달한 자본예산은 스웨덴의 자본예산과는 그 채택동기가 다르며, 그 내용에 있어서도 다소 차이가 있다. 미국 도시정부의 자본예산은 공채의 발행 등으로 공공사업을 좀 더 계획적으로 수행하려는 데 그 목적이 있었다.

이에 비하여 스웨덴의 자본예산은 예산에 의하여 높은 수준의 고용 · 생산 · 구매력을 유지하려는 정부의 노력에서 비롯된 것이다. 스웨덴의 중앙정부의 자본예산은 자본투자사업의 원활한 수행보다는 예산의 경기대책기능의 수행에 목표를 두었다.

그러나 자본예산은 앞에서 살펴본 바와 같이 불경기가 심화되면 경기대책으로서 자본적 지출에 역점을 두게 되는데, 경제안정의 효과에 있어서 경상적 지출의 증대나 세율인

23 자본투자계획이란 투자사업을 효과적으로 수행하기 위하여 사용되는 연동식 계획(連動式 計劃)으로서 장기사업계획, 종합적인 시설개발계획 및 장기재정계획을 포괄하는 개념이다. 자본투자계획은 10년 내지 15년간의 장기적 계획이어야 한다. 이에 비하여 자본예산은 자본투자계획에 의하여 편성되는 해당 연도의 지출에 관한 예산을 말한다.

하에 미치지 못한다. 또한 자본예산은 경상비의 적자를 은폐하기 위한 수단으로 이용될 우려가 있다.

이러한 것들이 스웨덴이 자본예산을 채택하였다가 폐기한 이유이고, 미국 연방정부도 이를 도입하려다가 포기한 이유다.

6) 미국 연방정부의 자본예산

미국 연방정부에서 자본예산을 도입할 것인가에 관한 연구가 오래전부터 시작되었고, GAO도 이에 찬성하였다. 1997년에는 클린턴 대통령이 자본예산연구위원회를 구성하고 156명의 위원을 임명하였다. 그러나 그 위원회의 임무와 도입에 대하여 뚜렷한 결론을 내리지 못하였다.

첫째, 자본예산제의 목적에 관하여 합의를 보지 못하였다.

둘째, 자본적 지출의 범위에 관하여 견해가 대립되었다. 자본적 지출을 광의로 해석하여 미래의 소득증대에 기여하는 모든 자원의 사용을 포함시켜야 한다는 주장과, 그렇지 않다는 전통적 견해가 대립되었다.

셋째, 자본예산의 효과에 대해서도 견해가 대립되었다. 연방정부의 자본예산 채택이 자본적 지출의 증대, 국민소득과 국민복지의 증진을 가져온다는 주장과, 자본적 지출의 증대가 경제적 능률을 저하시킨다는 주장이 대립되었다(유훈, 2003: 394).

3. 조세지출예산제

1) 조세지출의 개념

조세지출(tax expenditure)은 조세감면, 비과세, 소득공제, 세액공제, 우대세율 적용 등 조세특례의 방식으로 납세자에 대한 재정지원을 함으로써 발생하는 세입의 감소를 말한다(조세특례제한법 제142조의 2, 조세지출예산서의 작성).

OECD는 조세지출의 개념을 "조세체계상 일반적인 원칙인 기준조세체계(benchmark tax system)을 벗어난 것"이라고 규정하였다. 여기에서 기준조세체계란 세목별 과세대상, 세율구조, 과세구간, 과세단위, 과세기간, 국제조세규약 등을 의미한다.[24]

24 조세지출이라는 개념은 미국의 재무성이 조세지출예산제를 공표(1968년)한 후 빠르게 보급되었다. 1976년 국제재정학회(International Fiscal Associaton)와 1977년 국제재정연구회(International Institute of

조세지출(租稅支出)의 유형은 영구적인 세수감소를 의미하는 직접감면과, 일정기간 과세를 연기하는 간접감면으로 구분된다. 직접감면에는 ㉠ 비과세(특정 소득을 과세대상소득에서 제외), ㉡ 소득공제(소득금액에서 일정금액을 차감), ㉢ 저율과세(일반세율보다 낮은 세율 적용), ㉣ 세액공제(투자금액 등의 일정비율을 납부할 세액에서 차감) 등이 있다. 이 외에도 다른 직접감면에 속하지 않는 근로장려세제, 부가가치세 영세율 · 면제 등이 있다.

간접감면에는 ㉠ 준비금(기업이 특정한 목적을 위해 준비금을 사내 적립하는 때 과세를 연기), ㉡ 과세이연(자산을 대체 취득하는 때 새로 취득한 자산의 처분시점까지 과세를 연기), ㉢ 이월과세(개인이 사업용 고정자산을 현물출자 등으로 법인에 인도하는 때 개인에 대해서는 양도소득세를 과세하지 않고 법인이 그 출자 받은 자산을 처분 때까지 과세를 연기) 등이 있다.

기획재정부장관이 작성하는 조세지출예산서는 세출예산의 기능별 분류에 따라 조세지출 내역을 작성 · 공표함으로써 세출예산과 연계하여 재원배분의 효율성과 재정운용의 투명성을 제고하려는 것이다.

정부는 1999년부터 2009년까지 직전 연도와 해당 연도의 국세감면 실적 및 추정금액을 조세지출보고서(租稅支出報告書)로 작성하여 공표해 왔고, 2010년부터는 직전 연도 · 해당 연도 · 다음 연도의 국세감면 및 추정금액을 작성한 조세지출예산서(租稅支出豫算書)를 예산안과 함께 국회에 제출하고 있다.

조세지출과 비슷한 개념으로는 조세감면, 조세지원, 조세구멍 등이 있다.

첫째, 조세감면(租稅減免)은 기업이나 개인이 납부해야 할 세금을 정부가 줄여주거나 면제해 줌으로써 세금이 줄어든다는 측면을 강조하는 개념인 데 비하여, 조세지출은 정부의 간접적 지출이라는 점을 강조하는 개념이다.

둘째, 조세지원(租稅支援)은 조세감면보다 더 적극적인 개념이다. 정부가 특정목표를 달성하기 위하여 세금을 감면해 준다는 의미다.

셋째, 조세구멍(tax loopholes)은 입법부가 예견하지 못하였으나 조세전문가들이 발견한 조세회피방법을 말한다. 입법부가 의도적으로 채택한 규정에 의한 조세의 감면을 의미하는 것(조세지원)과 대조적이다.

2) 조세지출의 특징

첫째, 조세지출은 사실상 높은 세율이 적용되는 고소득층일수록 더 많은 혜택을 받는

Public Finance)는 조세지출을 토의 주제로 선정하였다. 캐나다와 영국에서는 조세지출에 관한 종합분석 보고서를 발표(1979년)하였고, 1980년대부터 다른 여러 나라들이 공식적으로 조세지출예산제를 채택하기 시작하였다.

다. 면세점 이하의 소득자나 손실을 낸 법인은 조세지출의 혜택에서 제외된다.

둘째, 조세지출은 복잡한 세법의 규정에 파묻히기 때문에 직접적 지출보다 가시성(可視性)이 낮다.

셋째, 조세지출은 직접적 지출보다 신설이 용이하고, 일단 신설되면 그 폐지가 쉽지 않다.

넷째, 조세지출은 세무당국의 업무량을 가중시킨다. 납세자들이 허위로 영수증을 첨부하여 소득세 감면을 받으려고 하는 때 이를 식별하기가 어렵고, 이를 구별하는 데는 많은 시간과 인력이 소요된다.

다섯째, 특정한 개인이나 기업에게 혜택을 주는 것이므로 납세자들에게 조세체계가 불공정하다는 인식을 심어주게 된다.

3) 조세지출의 적용

(1) 미국의 조세지출

미국에서 조세지원이 도입되기 시작한 것은 1914년 종업원퇴직연금에 대한 조세지원, 1917년 자선기부금에 대한 조세지원, 1921년의 자본소득에 대한 조세지원 등이다. 그 후 사회보장적 수입에 대한 조세지원을 중심으로 하여 각종 조세지원이 도입되었다.

조세지원이 조세지출이라고 불리게 된 것은 1968년 재무성이 조세지출예산을 공표한 것에서 비롯되었다. 1974년의 「의회예산법」에 의하여 그 개념이 확고하게 자리잡게 되었다. 즉 이 법에 의하여 신설된 상하 양원의 예산위원회는 조세지출에 관한 연구 · 평가와 더불어 조세지출과 예산을 조정하는 방법을 고안하여 그 결과를 상하 양원에 보고하였다.

1975년 이후 매년 예산은 조세지출이라는 이름의 특수분석을 포함하게 되었고, 조세지출의 일람표를 예산의 부록으로 수록하게 되었다.

(2) 한국의 조세지출

우리나라의 조세지출이 정책수단으로 등장한 것은 1960년대부터이지만, 아직도 조세감면이나 조세지원이라는 개념이 더 많이 통용되고 있다. 그 당시에는 조세지원이 경제개발계획의 성공적인 수행을 위하여 전략산업의 육성과 투자재원의 마련을 위한 정책수단으로서 비교적 좋은 성과를 거두었다.

1980년대에는 조세지원이 특정 산업의 지원방식에서 기능별 지원제도로 전환되었다. 즉 특정 산업을 지정하여 지원하는 것이 아니라 기업의 설비투자나 기술개발과 같은 기능수행을 지원하는 방향으로 전환되었다.

1990년대에는 조세지원이 소득과 부의 공평한 분배, 기업의 경쟁력 강화, 세제의 단순화와 명료화, 조세감면의 국제적 조화 등에 역점을 두었다.

1998년에는 「조세감면규제법」을 「조세특례제한법」(租稅特例制限法)으로 변경하여 각종 조세감면 규정을 특례법으로 통합하고 조세감면에 대한 통제를 강화하였다.

우리나라의 조세지원은 경제성장의 촉진과 구조조정 지원을 위하여 기업에 대한 조세지원이 주종을 이루고 있고, 미국과는 달리 국민생활지원이나 사회보장지원은 제한적이다.

우리나라는 각종 비과세나 감면, 소득공제와 세액공제 등으로 못 거둔 세금(조세지출)이 너무 많다(국세감면율 14% 내외). 조세지출은 중소기업이나 사회적 약자 등을 위해 불가피한 측면이 있으나 감면항목이 너무 많다. 비과세 · 감면 항목에서 대표적인 것은 개인의 근로소득공제와 기업의 연구개발비 세액공제다. 특히 연구개발비 세액공제는 단일항목 중 가장 큰 비중을 차지하고 있는데, 그 규모도 매년 크게 증가하고 있다. 그러한 혜택을 받고 있는 기업들이 과연 기대한 만큼의 성과를 내고 있는지 평가하여 대폭 손질을 해야 한다.

모든 역대 정부가 비과세 · 감면을 줄여야 한다고 하면서도 실제로 어디에서 얼마를 줄인 것인가에 대해서는 이해관계가 엇갈려 과감하게 단행하지 못했다. 일몰(日沒)이 도래한 비과세 및 감면제도를 항목별로 폐지하고 있지만 그 규모는 크게 줄지 않고 있다. 정부는 조세지출(비과세 · 감면)의 확대로 인한 세수 손실 등 부작용을 방지하기 위하여 국세감면율 한도제를 2007년부터 도입 · 운영하고 있다.[25]

---

25 2016년 일몰 도래 조세지출은 신용카드 등 사용액에 대한 소득공제 등 4조 2614억원이었다(2016년도 조세지출예산서).

「국가재정법」 제88조(국세감면의 제한) ① 기획재정부장관은 대통령령이 정하는 해당 연도 국세 수입총액과 국세 감면총액을 합한 금액에서 국세 감면총액이 차지하는 비율(국세 감면율)이 대통령령이 정하는 비율 이하가 되도록 노력해야 한다.

「국가재정법 시행령」 제41조(국세감면의 제한) ③ 대통령령이 정하는 비율이란 해당 연도의 직전 3년간의 국세 감면율의 합을 3으로 나눈 것에 5/1000를 더한 비율을 말한다.

국세 감면율이 2008년 14.7%, 2009년 15.8%로 법정한도(13.6%, 14.0%)를 초과하였다가 2010년 이후 법정한도를 하회하고 있다. 2014년 국세 감면액은 34.3조원, 감면율은 14.3%(지방세 감면액은 13.0조원, 감면율은 21.1%)이다.

2016년 국세 감면액(전망치)은 35.3조원(감면율 13.7%)으로, 주로 사회복지, 산업 · 중소기업 · 에너지, 농림수산, 보건 분야의 비중이 큰 편이다. 세목별로는 직접세인 소득세와 법인세, 간접세인 부가가치세 등 3개 세목이 전체 감면 총액의 90% 이상을 차지하고 있다.

국세 비과세 · 감면(조세지출)이 큰 항목은 ㉠ 연구인력 개발에 대한 세액공제, ㉡ 보험료 특별공제, ㉢ 농·임·어업용 기자재에 대한 부가가치세 영세율, ㉣ 국민연금 보험료 공제 등이다.

기획재정부는 「조세특례제한법」의 개정(2013.1.1.)으로 조세지출의 신규 도입, 폐지 및 일몰기한 연장 등의 정책결정을 위하여 주요 조세특례에 대한 평가를 실시할 수 있게 되었다. 또 이 법의 개정(2014.1.1.)으로 정부가 수행한 주요 조세특례제도에 대한 외부 전문기관의 평가결과를 국회에 제출하고, 연간 조세특례금액이 일정액 이상인 조세특례제도를 도입하는 법률안을 정부가 제출하는 경우 외부 연구기관의 사전 평가자료를 함께 제출(회계연도 개시 2015년에는 110일 전, 2016년에는 120일 전까지)하는 제도가 시행되고 있다. 국회의원 또는 위원회가 신규로 도입하는 법률안을 발의 · 제안하는 때에 평가자료를 의무적으로 첨부하도록 하는 조항이 신설되어 2015년 1월 1일부터 시행되고 있다(국회법 제79조의 3).

4) 조세지출예산제

조세지출예산제(Tax Expenditure Budget)는 조세지출의 내용과 규모를 주기적으로 공표함으로써 조세지출의 관리 · 통제를 용이하게 해 주는 제도를 말한다.

조세지출예산제는 OECD 국가 중 반 정도의 국가에서 시행하고 있다. 미국은 1968년에 도입하여 연방정부의 소득세와 법인세 부문의 조세지출 실적을 세목별 · 기능별로 분류하고 있다. 프랑스는 1980년에 도입한 후 국세 중 모든 직접세와 간접세 부문에 대하여 목적별 · 수혜자별 · 세목별로 분류하고 있고, 독일은 1967년에 도입한 후 모든 연방세와 지방세 일부에 대하여 목적별 · 세목별 · 산업별로 분류하고 있다.

조세지출은 그동안 다양한 목적을 위한 정책수단으로 활용되면서 지속적으로 그 대상과 방법을 넓히고 지원규모도 확대해 왔다. 그러나 예산지원과의 연계가 미흡하여 특정계층에 과도한 지원이 되거나 조세지출이 만성화되어 세입기반을 잠식하는 문제가 대두되어 조세지원도 재정지출과 동일하게 관리 · 통제할 필요성이 제기되었다. 이에 1999년 이후 매년 조세지출 항목별로 직전 연도 실적과 해당 연도 전망을 수록한 조세지출보고서를 작성하여 국회에 제출하고 있으나, 세출예산과 분류기준이 다르고 다음 연도 감면추계가 포함되지 않아 실질적인 재정지출현황을 파악하는 데 한계가 있었다. 그러한 한계를 극복하기 위해 조세지출과 세출예산의 연계를 강화한 조세지출예산서(Tax Expenditure Budget)를 2011회계연도부터 국회에 제출하도록 하였다.

조세지출예산서는 종전의 조세지출보고서와 비교하면 다음과 같은 특징이 있다. 첫째, 조세지출보고서는 기능별 분류가 세출예산과 달라 세출예산과의 연계를 정확하게 추정하기 어려웠으나 조세지출예산서에서는 조세지출 분류를 세출예산과 일치시켜 분야별 규모를 산출할 수 있다.

둘째, 조세지출보고서는 2년간 감면실적에 대해서만 제출했으나, 조세지출예산서에서는 조세지출과 예산을 통합하여 검토할 수 있도록 다음 회계연도의 추정금액까지 포함하고 있다.

4. 성과관리제도

1) 성과관리제도의 의의

성과관리제도(成果管理制度)는 재정사업의 목표와 성과지표를 설정하고, 그 지표에 의한 평가결과를 재정운용에 반영하는 제도를 말한다. 이는 정부업무수행의 책임성을 제고하고, 예산과정을 능률성 · 효과성 등의 관점에서 운영하기 위한 것이다. 기존의 예산제도가 투입 · 통제 중심의 방식이었다면 성과관리제도는 사업의 최종 성과를 관리하기 위한 제도라고 할 수 있다.

「정부업무평가기본법」은 성과관리의 정의(제2조), 성과관리의 원칙(제4조), 성과관리전략계획(제5조), 성과관리시행계획(제6조), 그리고 여러 조문에서 정부업무평가제도에 대하여 규정하고 있다.

「국가재정법」은 성과중심의 재정운용을 위한 성과관리체계의 구축, 성과계획서 및 성과보고서의 작성과 제출, 재정사업에 대한 평가 및 재정운용에의 반영 등에 대하여 규정하고 있다(제8조). 예산안의 첨부서류로서의 성과계획서(제34조), 기금운용계획안 등의 첨부서류로서의 성과계획서(제71조)를 규정하고 있다. 그리고 이 법 시행령(제3조)은 재정사업 자율평가와 재정사업 심층평가에 대하여 규정하고 있다.

「국가회계법」 제14~15조는 결산보고서 구성서류의 하나로 성과보고서를 규정하고 있다.

대부분의 OECD 국가들은 1990년부터 성과중심의 재정운용제도를 시행하고 있는데, 이는 1980년대 이후 누적되기 시작한 재정적자에 대응하기 위한 것이다. 각국 정부는 공공서비스의 감소 없이 정부지출을 축소하기 위한 방안으로 중기예산제도와 성과관리제도를 도입하기 시작하였다.

우리나라도 1999년부터 단계적으로 성과관리제도를 도입하기 시작하였다. 정부사업에 대한 재정지출에 있어 투입 위주의 관리방식을 사용함에 따라 성과 및 책임성 측면에서 취약하였고, 사회보장 관련 재정지출수요가 지속적으로 증가하였다. 성과관리제도는 이러한 재정수요에 대비하여 정부사업의 효과를 증대시킬 필요에 따른 측면이 있다.

성과관리제도가 처음으로 1999년에 도입되어 재정사업이 많은 건설교통부와 농림부 등에서 시범적으로 성과계획서를 작성하여 제출하였다.

재정사업 성과관리제도는 크게 3가지로 구분할 수 있다. 즉 2003년에 도입한 성과목표관리제도(performance monitoring), 2005년에 도입한 재정사업 자율평가제도(program review), 2005년에 도입한 재정사업 심층평가제도(program evaluation)로 구분할 수 있다.

2) 재정사업 성과관리제도

(1) 성과목표관리제도

성과목표관리제도는 재정사업으로 달성하고자 하는 성과목표와 이를 측정할 수 있는 수단인 성과지표 및 목표치를 미리 설정(성과계획서)하고, 재정사업의 집행 후 실적치와 목표치를 비교평가(성과보고서)하여 그 결과를 재정운용에 반영하는 제도를 말한다.

성과목표관리는 3년 주기로 '성과계획서 작성–해당 연도 사업집행–성과보고서 작성'의 과정으로 이루어진다. 즉 (Y−1)년도에 성과목표의 성과지표를 주요 내용으로 하는 성과계획서를 작성하고, Y년도에 재정을 집행하여, (Y+1)년도에 집행결과를 성과보고서로 작성한다.

성과계획서는 각 부처의 임무, 전략목표, 성과목표, 관리과제의 순으로 작성된다. 부처의 임무는 부처 고유의 사업과 역할을, 전략목표는 기관임무 수행을 위해 중장기적으로 추진하는 중점 정책방향을 의미한다. 임무와 전략목표를 분석하여 성과목표를 도출하는데, 이는 개별 재정사업(관리과제)을 통해 달성하고자 하는 구체적인 목표가 된다. 따라서 성과목표의 달성 여부를 판단하기 위해 성과목표와 관리과제에 대해 성과지표를 각각 설정한다. 이는 조직과 구성원이 성과목표를 달성하기 위해 무엇을 어떻게 해야 하는가에 대한 구체적인 방법을 알려준다고 할 수 있다.

성과보고서는 예산집행 후 성과계획서상의 목표를 실제로 달성했는가를 측정하여 보고하는 것이다. 성과목표의 달성뿐 아니라 각 관리과제의 성과목표 달성에 대한 기여도와 목표달성 요인, 목표 미달성 때 그 원인 등을 분석함으로써 다음 연도 성과계획서 작성에서 참고할 수 있도록 한다.

정부는 매년 예산안 국회 제출 때 다음 연도의 성과계획서(2008년부터)를 부속서류로 함께 제출한다. 그리고 매년 국가결산보고서를 국회에 제출할 때에는 전년도의 성과보고서(2009년부터)를 부속서류로 함께 제출한다. 국회는 예산과 성과평가 결과를 연계하여 심의한다.

(2) 재정사업 자율평가제도

재정사업 자율평가제도는 사업수행부처가 재정사업을 자율적으로 평가하고 기획재정부가 확인 · 점검하여 그 결과를 예산편성 등 재정운용에 활용하는 제도를 말한다. 현재는 기획재정부가 제시하는 평가항목 및 기준에 따라 각 부처가 소관 재정사업을 매년 1/3씩 스스로 평가하도록 하고 있다.

기획재정부가 평가지침을 사전에 제시하고, 각 부처가 재정사업에 대해 우선적으로 자체평가하고, 기획재정부가 이를 확인하고 점검하는 방식으로 수행한다. 평가항목은 계획–집행–성과로 구성되는데, 계획단계에서는 사업목적의 명확성과 다른 사업과의 유사성 · 중복성 등을 점검하고, 집행단계에서는 사업추진 실태의 정기적 모니터링 여부 및 계획에 따른 예산집행 등을 평가하며, 성과단계에서는 계획된 성과의 달성 여부와 평가결과에 대한 재정운용에의 환류 등을 평가한다.

각 부처는 예산과 기금이 투입되는 모든 재정사업을 자율평가의 대상으로 하되 매년 전체 재정사업의 1/3을 기획재정부와 협의하여 산정하고 평가해야 한다. 평가결과는 사업별로 5개 등급(매우 우수 · 우수 · 보통 · 미흡 · 매우 미흡)으로 분류하고, '우수' 이상인 사업은 원칙적으로 예산을 증액하고 '미흡' 이하인 사업은 예산을 삭감하거나 폐지하도록 하여 평가결과를 예산편성과 연계하고 있다. 평가결과는 국회에도 제출하여 국회의 예산결산 심의에 활용될 수 있도록 하고, 인터넷 등을 통해 공개함으로써 재정운용 과정의 투명성을 제고하는 동시에 부처로 하여금 재정사업에 대한 책임성을 높이도록 하고 있다.

재정사업 자율평가제도는 평가결과를 통해 세출예산의 구조조정 등 예산과의 연계를 강화하고, 지속적인 재정지원의 필요성이 없거나 유사 · 중복사업으로 평가받은 사업은 추진 여부를 재검토하여 예산을 편성하고, 사업별 평가별과를 제도개선 등에 적극 활용하기 위해 실시된다. 우리나라는 2005년부터 시행하고 있다.[26]

(3) 재정사업 심층평가제도

재정사업 심층평가제도는 자율평가 결과 추가적으로 평가가 필요하다고 판단되는 사

---

26 기획재정부의 '2016 재정사업자율평가지침'에 따르면, 재정사업 자율평가 결과 '미흡' 등급을 받은 사업에 대해서는 부처가 자율적으로 지출구조 조정안을 마련하고 구조조정 규모를 결정하되, 전체 구조조정 규모는 평가대상사업의 총예산의 1% 수준을 반드시 준수해야 한다. 그리고 재정사업자율평가에 대해 관대화 경향, 자율성 저하 등 일부 개선 필요사항이 제기됨에 따라 기획재정부는 통합재정사업평가제도의 도입, 부처 자체평가 강화 등의 개선방안을 담은 '2016 재정사업자율평가지침'을 발표(2016.1.1.)하였다.

업에 대해 사업방식 등 개선사항을 발굴하여 사업성과를 제고할 수 있도록 한층 전문적이고 심층적인 평가를 하는 제도다. 심층평가는 자율평가와 다음과 같은 점에서 차이가 있다. 첫째, 자율평가의 주체는 중앙관서의 장 또는 기금관리주체이지만, 심층평가의 주체는 기획재정부장관이다.

둘째, 자율평가는 매년 전체 성과목표 중 1/3에 해당하는 관리과제를 대상으로 하여 그 범위가 포괄적이지만, 심층평가는 자율평가 결과 추가평가가 필요하다고 판단되는 사업 등 그 범위가 제한적이다.

셋째, 자율평가는 정형화된 일련의 질문으로 구성된 체크리스트 점검을 통해 그 성과를 평가하지만, 심층평가는 계량분석 등 과학적인 기법을 활용하여 해당 사업의 추진내용과 성과의 인과관계를 분석하고 사업추진체계를 개선한다.[27]

심층평가는 평가의 객관성 · 중립성 · 전문성 확보를 위해 외부전문기관인 한국개발원(KDI)을 중심으로 이루어진다. 매년 자율평가 결과를 토대로 기획재정부가 1차로 평가대상사업을 선정하고, 외부전문가 등으로 구성된 재정사업평가자문회의에서 10개 내외 사업을 확정한다. 심층평가 결과와 제도개선 사항을 부처에 통보하고 사업을 폐지 · 축소 · 통합하는 등 차년도 예산에 반영하고, 제도개선에 대해서는 부처의 이행계획을 수립 · 점검한다.

5. 주민참여예산제

주민참여예산제는 주민이 예산편성과정에 직접 참여하는 제도를 말한다. 이는 재정민주주의의 실현, 지역의 재정건전성 확보 및 행정의 투명성 제고를 통한 재정자치 구현을 위한 수단으로 인식되고 있는데, 우리나라에서는 광주광역시 북구에서 처음으로 도입(2003년)한 후 2004년부터는 울산광역시 동구를 비롯해 여러 지방자치단체에서도 도입하였다.

정부가 2004년 정기국회에 주민참여예산제 도입을 강제규정으로 한 지방재정법 개정안을 제출했으나, 국회는 2005년 6월 강제규정을 임의규정으로 변경해 통과시켰다. 임의규정이지만 주민참여예산제 도입의 법적근거가 마련되었다는 점에서 의의가 있다.

그러나 지역사회 주민의 역량이 관건이다. 지방자치단체들이 사회단체의 추천을 받아

27 심층평가는 2005년 제도 도입 이후 2015년까지 총 89건의 과제를 선정하였고, 76건에 대한 재정사업 심층평가를 완료하였다.

예산편성과정에 참여할 시민을 모집하고 있으나 예산편성에 대한 전문적 지식이 미흡하고, 또 지방의회 의원들과의 역할 갈등이 초래될 우려가 있다.

6. 성인지예산제

성인지예산제(性認知豫算制)는 예산이 여성과 남성에게 미칠 영향을 미리 분석하여 이를 예산편성에 반영하고, 여성과 남성이 동등하게 예산의 수혜를 받고 예산이 성차별을 개선하는 방향으로 집행되었는지를 평가하여 다음 연도 예산편성에 반영하는 것을 말한다. 예산과정에서 예산이 여성과 남성에 미치는 효과를 고려하는 자원배분과정이라고 할 수 있다.[28]

우리나라 「국가재정법」은 성인지예산제 운영의 한 형태로 성인지예산서와 결산서의 작성 및 국회 제출을 의무화하고 있다. 「국가재정법」 제26조(성인지예산서의 작성), 제57조(성인지결산서의 작성), 제68조의 2(성인지기금운용계획서의 작성), 제73조의 2(성인지기금결산서의 작성)에 따라 정부는 성인지예산서와 결산서를 작성할 의무가 있다. 그리고 이 법 제34조(예산안의 첨부서류), 제71조(기금운용계획안 등의 첨부서류)에 따라 성인지결산서는 결산보고서의 부속서류로 국회에 제출한다.

우리나라의 성인지예산제는 「국가재정법」의 제정(2006년)을 계기로 도입되었다. 성인지예산서 · 결산서의 작성 및 국회 제출은 3년간의 준비기간을 거쳐 2009년 처음으로 29개 중앙부처 195개 사업의 '2010년도 성인지예산서'가 국회에 제출되었다. 기금사업은 '2011년도 성인지예산서'에 포함되었고, 성인지결산서는 2011년에 제출되었다. 지방자치단체도 「지방재정법」의 개정으로 2013년도 예산안부터 성인지예산서를 작성하여 지방의회에 제출하고 있다.[29]

성인지예산서 · 결산서에 포함되는 내용은 크게 세 부문(총괄부문, 각 부처부문, 개별사업부문)으로 구분할 수 있다.

---

28 성인지예산제는 1984년 호주에서 처음으로 Women's Budget이라는 이름으로 도입되었고, 1995년 세계여성대회(베이징)를 계기로 확산되었다. 그 명칭은 나라마다 다소 차이가 있다. 영국에서는 Gender Responsive Budget, EU에서는 Gender Budgeting이라고 하고, 그 밖에 Gender Budget, Gender Sensitive Budget, Gender Aware Budgeting 등으로 표현하고 있다.

29 우리나라 2016년도 성인지예산 사업의 수는 331개(회계 244, 기금 87)였다. 예산규모는 총 27조 9626억원(회계 18조 2110억원, 기금 9조 7516억원)이었다. 보건복지부 기초연금 지급, 고용노동부 모성보호육아지원 예산 등이 많이 증가하였다.

표 10-7 성인지예산서 · 결산서의 작성 내용

	성인지예산서	성인지결산서
총괄부문 (기획재정부)	• 의의 • 전체규모와 전년도 예산안과의 비교 • 주요 사업 • 해당 연도 예산안 작성의 특징 • 부처별 대상사업 수 및 예산규모	• 의의 • 성인지결산 규모 • 주요 유형별 사업 집행 현황 • 전전년도 성인지결산서의 특징 • 부처별 성인지결산 결과
각 부처부문	• 성평등 목표 • 성인지예산 사업 총괄표	• 성평등 목표 • 성평등 목표 추진 결과 • 성인지결산 사업 총괄표
개별사업 부문	• 사업명 • 전년도 예산안 • 사업목적 • 정책대상 • 사업내용 • 성평등 목표 • 성평등 기대효과 • 성별 수혜분석 • 해당 연도 성과목표	• 사업명 • 사업목적 • 정책대상 • 성평등 목표 • 집행실적 • 성평등 효과분석 • 성과목표 달성현황 • 자체평가

자료 : 2016년 성인지예산서 및 2014회계연도 성인지결산서 ; 국회예산정책처, 「대한민국 재정 2016」(2016. 3.14.).

성인지예산은 성인지예산서와 성인지결산서로 나눌 수 있다. 성인지예산서(性認知豫算書)는 예산이 각 성에 미칠 영향을 미리 분석하는 것으로, 예산안의 첨부서류로 제출되며 사업의 목적과 성 평등 목표, 기대효과, 성별수혜분석 등이 포함되어야 한다(국가재정법 시행령 제9조).

성인지결산서(性認知決算書)는 예산이 성 차별을 개선하는 방향으로 집행되었는지를 평가하는 것으로, 결산보고서의 부속서류로 제출되며, 결산 내용과 함께 성평등 효과의 분석 및 평가가 포함된다.

성인지예산서의 문제는 다음과 같다. 첫째, 성인지예산서의 작성절차와 대상사업 선정에 있어 합리성이 미흡하다. 대상사업을 기획재정부와 여성가족부가 일률적인 선정기준에 따라 선정하다 보니 부적절한 사업이 선정되기도 한다. 사업명에 여성이 들어가면 모두 성인지예산으로 분류하고 있는 실정이다.

둘째, 성인지예산서가 일률적인 기준에 따라 선정된 대상사업을 중심으로 작성되고 기관별 특성은 고려되지 않고 있다.

셋째, 국회의 심의과정에서 성인지적 접근에 한계가 있어 그 대상사업의 예산액이 변경된 경우가 전무하다.

따라서 다음과 같은 개선이 필요하다. 첫째 성인지예산서 작성에 있어 참고가 되는 작성 매뉴얼의 내용을 보강하고, 그 대상사업 선정을 각 부처 중심으로 운영해야 한다.

둘째, 기관별 특성을 고려한 성인지예산서 작성이 필요하다. 기획재정부는 총괄부서로서, 여성가족부는 지원부서로서 양성 평등의 의식과 문화의 사회적 확산, 성 평등 정책의 추진역량 강화에 노력할 필요가 있다.

셋째, 정부의 예산안 편성과정에서의 성인지적 예산편성의 필요성과 국회 상임위원회의 성인지예산서 검토의견이 예산결산특별위원회의 조정에 반영될 수 있도록 하는 방안이 필요하다(국회예산정책처, 2014년도 예산안 분석 종합, 2013.12.).

제7절 영기준예산제

1. 영기준예산제의 의의

영기준예산제(Zero Base Budgeting)는 예산의 감축기능에 적합한 예산제다(Levine, 1978: 321). 영기준예산제(零基準豫算制)는 모든 예산항목에 대하여 기득권을 인정하지 않고 매년 제로(0)를 출발점으로 정책의 우선순위를 정하여 예산을 편성하는 것을 말한다.

예산안을 편성할 때 현 연도 기준(established base)을 중심으로 하여 점증 또는 점감하여 예산액을 배정하는 폐단을 시정하기 위한 것이다. 모든 예산요구사업을 검토하여 예산지출의 타당성이 증명되어야 예산을 배정하는 것을 말한다.

예산안을 편성할 때 계속사업이라도 마치 신규사업처럼 새롭게 평가하기 때문에 어떤 기준(base)을 인정하지 않는다고 하여 이름이 그렇게 붙여진 것이다(Wholey, 1978: 3).

어떤 조직이 완전히 새로운 사업을 시작할 때에는 예산은 필연적으로 제로(0)로부터 시작된다. 그러나 공공부문은 처음부터 다시 시작하는 경우는 별로 없고, 기구 · 조직 · 인원 · 설비 · 사업 등은 계속되고 있으므로 ZBB의 의미는 예산을 전면적으로 재검토한다는 의미로 보는 것이 타당하다.

영기준예산제의 창시자인 파히르(Peter A. Pyhrr)는 그 개념을 1972년 5월 15일 뉴욕에서 개최되었던 The International Conference of the Planning Executives Institute의 연설(미간행)에서 다음과 같이 정의하였다. 즉 영기준예산제란 각 관리자로 하여금 출발점 또는 백지(from scratch *or* hence zero-base) 위에서 자신의 모든 예산요구사업을 구체적으로 정당화하도록 요구하며, 또한 예산지출의 타당성을 증명하도록 요구하는 실무적인 계획작성이며 예산편성과정이라고 하였다(Cheek, 1977: 12).

한편 홀레이는 영기준예산제를 기존 프로그램을 집행할 때 계속 현행수준의 재원을 배정할 것인가 아니면 이를 감축하거나 다른 프로그램에 배정할 것인가를 결정하기 위하여 모든 프로그램의 기준을 매년 재평가하는 예산제라고 정의하였다(Wholey, 1978: 3).

ZBB는 예산규모의 과다한 팽창과 경직화를 방지하기 위하여 기득권이나 관습에 얽매이지 않는다는 점에서 긍정적으로 평가받고 있다. 그러나 각종 정책의 우선순위 결정, 상호 연관성의 분석, 법률개정 등 많은 선행조건이 전제되어야 한다.

그리고 ZBB는 종래의 예산제와는 달리 사기업과 정부의 예산실무자들에 의하여 개발되었기 때문에 이론의 뒷받침이 빈약하였다. 이 예산제가 정식으로 탄생하기 전부터 윌다브스키와 같은 재무행정론자들로부터 PPB의 극단적인 변종(variant) 내지 후계자라는 낙인이 찍힌 바 있다. PPB와 ZBB는 목표와 개념이 동일할 뿐만 아니라 실패할 운명도 동일하다고 하였다(Wildavsky and Hammann, 1965: 278).

2. 영기준예산제의 발전

1) 미국 주정부의 영기준예산제

한정된 자원을 적절하게 배분하려면, 예산제는 다음의 물음에 해답을 줄 수 있어야 한다. 즉 자금을 어디에, 어떻게 가장 효과적으로 사용할 수 있는가? 그리고 얼마의 자금을 사용할 것인가? 이러한 물음에 대답하기 위하여 정부나 기업에서는 흔히 현 연도 기준의 활동과 지출수준을 근거로 삼게 된다. 즉 현 연도를 기준으로 하여 약간 증액 또는 감액하여 예산이 책정된다.

그러나 이와 같은 접근방법은 다음과 같은 두 가지 문제에 대하여 해답을 주지 못한다. 즉 "평가받지 않고 진행 중인 활동이 얼마나 능률적이고 효과적인가? 그리고 진행 중인 활동을 감축함으로써 그 자금으로 우선순위가 더 높은 새로운 프로그램을 착수할 수는 없는가?"라는 물음에 해답을 주지 못한다(Pyhrr, 1973: 9).

파히르는 1968년부터 미국의 전자회사(Texas Instruments)의 조사연구부에 근무할 때, 그 회사의 예산업무에 관여하면서 영기준예산제를 연구하기 시작하였다. 영기준예산제는 1970회계연도에 처음으로 이 회사의 조사연구부 예산에 적용되었고, 1971회계연도에는 이 회사의 전체에 적용하였다(Pyhrr, 1973: 11).

파히르는 *Harvard Business Review*(1970년 11~12월호)에 영기준예산제에 관한 논문을 게재하였는데, 새로 주지사로 당선된 카터가 그것을 읽고 조지아주에 영기준예산제를 도입하였다. 파히르는 Texas Instruments를 떠나 카터 지사를 도와주었다. 제1차 석유파동에 의한 불경기로 세입이 대폭 감소된 주정부들은 지출을 이에 상응하게 줄일 필요가 절실했던 것이다. 조지아주 정부는 1973회계연도(1972.7.1.~1973.6.30.)부터 영기준예산제를 적용하였다. 그 후 여러 정부기관과 기업들이 이 제도를 채택하게 되었다.

미국 상원의 정부활동위원회(Committee on Government Operations)는 1976년에 미국 주정부에서의 ZBB현황을 조사 · 연구한 후, 그 결과를 간행하였다.[30]

이 보고서에 의하면 1976년 다시 조지아 · 일리노이 · 미주리 · 텍사스 등 11개 주가 ZBB를 채택하였거나 채택에 착수하였다. 그중 대다수 주는 모든 예산에 ZBB를 도입하였으나, 알칸사스와 캘리포니아 등은 부분적으로, 그리고 몬타나는 도입을 위한 예비실험단계에 있었다는 것이다.[31]

홀레이는 지방정부들과 공기업에서 ZBB가 얼마나 유효한가를 연구하여 그 결과를 1978년에 저서로 발표하였다(Wholey, 1978). 버지니아주 알링톤군과 워싱턴 시 수도교통회사 등에 1977~1978회계연도 동안에 자신이 단순화시킨 ZBB를 적용하였던 경험과 사례를 들어, 모든 프로그램을 매년 백지 위에서 새롭게 그 타당성을 평가하더라도 업무량이 크게 증가하지 않음을 보여주려고 시도하였다. 홀레이의 저서는 ZBB가 예산을 삭감할 때 유용한 예산제라는 것을 보여주었다.

30 그 결과에 관하여는 다음을 참조하기 바람. Prepared by the Subcommittee of Intergovernmental Relations of the Committee on Government Operations, The United States Senate, *Compendium of Materials on Zero-Base Budgeting in the States*(Washington, D. C.: U. S. Government Printing Office, 1977).

31 미국 주정부에 있어서 가장 대표적인 ZBB예산편성 절차는 조지아주의 General Budget Preparation Procedures, Fiscal year 1978 Budget Development, State of Georgia, Office of Planning and Budget이다.

2) 미국 시정부의 영기준예산제

1978년에 인구 5만명 이상의 미국 도시 425개 중 35개 시가 ZBB를 채택하였다. 이들 시정부가 ZBB를 채택한 것은 1~3년간이었다.

ZBB가 이들 시정부에서 어느 정도 예산을 삭감하거나 예산증가율을 둔화시키는 데 공헌하였다고 무어는 그의 조사연구에서 밝혔다(Moore, 1980: 253). 여러 도시들이 ZBB에 의하여 우선순위가 낮은 사업으로부터 높은 사업으로 예산을 배정할 수 있게 되었고, 최고관리층은 국이나 과의 업무에 대한 구체적인 정보와 집행된 사업의 효과 또는 성과를 확인하는 정보를 제공받았다.

무어에 의하면 이들 35개 시 중에서 1개 시의 예산책임자만이 ZBB를 포기하기를 희망하였고, 2/3의 시는 ZBB의 절차 수정을 희망하였다고 한다. 즉 예산결정표의 수를 줄이고 매년 모든 프로그램을 평가하는 것을 강요하지 말기를 희망하였다.

ZBB는 예산삭감의 도구로 이용될 수 있어 인플레이션으로 팽창되는 지출수요와 조세저항 사이에 균형을 이루게 해 주는 역할을 하였다(Moore, 1980: 257).

3) 미국 연방정부의 영기준예산제

카터(Jimmy Carter)의 집권과 함께 연방정부에 영기준예산제가 등장하게 된 것은, 그가 선거공약으로 이 예산제를 내세웠기 때문이다(Wholey, 1978: 1).

제1차 석유파동은 대부분의 국가에 스태그플레이션(stagflation)을 몰고 왔으며, 장기적인 경기침체를 유발하였다. 당시 카터 후보는 그 이전의 정권들이 월남전이나 빗나간 정책목표들에 예산을 낭비하여 국민들의 불만이 높아졌음을 간파하고, 선거공약으로 ZBB를 내세웠다. 그는 집권(1976년)한 후 모든 성 · 청이 ZBB로 예산을 편성하도록 지시하였다(The Office of Management and Budget, 1977 참조).

카터 대통령은 1979회계연도 예산안(1978.10.1.~1979.9.30.)과 함께 의회에 제출(1978.1.20.)한 예산교서에서 영기준예산제에 의하여 처음 편성되었고 또 장기 예산예측에 바탕을 둔 다년도예산계획에 입각하여 편성되었음을 강조하였다(The Office of Management and Budget, 1977: 7).

미국의 ZBB는 예산의 계획기능과 감축기능을 조화시키려는 새로운 시도로 평가되기는 하나, 1981년 레이건(Ronald Wilson Reagan) 행정부의 출범과 동시에 퇴색하고 말았다. 그렇다고 ZBB가 전면적으로 사라진 것은 아니고 부분적으로 PPB와 마찬가지로 현재까지도 적용되고 있다.

3. 영기준예산편성의 절차

1) 예산결정단위의 설정

ZBB는 정부기관에서 적용하든지 사기업에서 적용하든지 그 적용절차는 기본적으로 동일하다. 다만 조직체의 특수한 성격과 수요에 따라 적용상 약간의 차이는 있을 수 있다. ZBB는 특히 여러 가지 이질적인 업무를 다양하게 취급하는 조직체에 적합하고, 반대로 단순하고 동질적인 업무를 처리하는 조직체에서는 절차만 복잡하게 할 뿐 그 효율성이 감소된다. 미국의 많은 관리자들이 영기준기획예산제(Zero-Base Planning and Budgeting)로 이름을 바꿀 것을 제안한 바 있는데, 그 이유는 이 예산제에 있어서도 적절한 계획을 전제로 하기 때문이다.

파히르는 영기준예산절차를 기획, 예산편성, 평가, 예산집행계획 등으로 구분한 바 있다(Pyhrr, 1973: 3). 따라서 ZBB의 핵심은 두 번째 절차인 영기준예산을 편성함에 있어 예산결정단위(decision units)를 설정하고, 그 단위별로 예산결정표(decision package)를 작성하여, 그 순위를 결정(ranking)하는 것이라고 할 수 있다(Pyhrr, 1977: 1~2).

예산결정단위(豫算決定單位)는 전통적인 예산절차에 있어서의 예산과목 또는 예산단위(budget units)에 해당되고, 의사결정에서는 의사결정단위가 된다. 미국의 OMB는 예산결정단위를 예산편성을 위한 프로그램별 또는 조직별 단위라고 정의하였고, 성 · 청이 이 단위를 설정함에 있어서 너무 낮은 조직을 단위로 하면 예산업무량이 증가할 것이라고 하였다(The Office of Management and Budget, 1977 참조).

구체적인 예산단위나 비용중심구조(cost center structure)를 갖고 있는 조직체들에 있어서는 예산단위가 곧 예산결정단위로 될 수 있다. 예산단위의 규모가 큰 경우에는 하나의 예산단위에 4~5개의 예산결정단위를 만들 수 있다. 만약 어떤 조직이 잘 발전된 프로그램체계를 갖추고 있다면 예산결정단위는 그 프로그램체계의 가장 하위수준의 업무가 될 것이다.

하나의 프로그램에 여러 부서들이 관련되면, 그 프로그램을 위한 예산결정단위는 부서별로 세분될 수 있다. 따라서 예산결정표도 서브프로그램(subprogram)단위로 작성되어야 한다.

예산결정표들은 영기준예산제와 프로그램 분석을 위한 건축블록이라고 할 수 있다. 이러한 건축블록들은 조직체별 또는 사업계획별로 분류될 수 있다.

예산결정단위는 또한 투자사업 · 특수사업 · 주요 사업 등으로 구분될 수도 있다.[32] 각 조직체들은 사업계획을 분류하기 위하여 무엇이 의미 있는가 하는 것을 반드시 결정하여야 한다. 실제로 여러 개의 예산결정단위들로 재분류하는 것은 중간관리층의 재량에 맡기는 것이 바람직하다.

2) 예산결정표의 작성

(1) 예산결정표의 의의

예산결정표(豫算決定表)는 영기준예산제에 있어서 건축블록에 해당되는 초석이다.[33] 예산결정표는 예산결정단위를 관리층이 평가하고, 자금획득을 위하여 경쟁하는 예산결정단위들의 순위를 정하고, 채택 여부를 결정하게 하는 서식(書式)이다(Pyhrr, 1973: 6).

예산결정표의 내용과 양식은 관리층으로 하여금 각 예산결정단위를 평가하는 데 필요한 정보가 담겨 있도록 만들어야 한다. 여기에서 말하는 정보란 목적 또는 목표, 업무의 내용, 비용과 편익, 사무량과 실행방법, 목표수행의 대안수단, 투입될 노력수준 등에 관한 정보를 말한다.

예산결정표를 작성하는 두 단계는 다음과 같다. 첫째, 목표달성을 위한 대안작성, 즉 관리자들은 의미 있는 대안들을 찾아내고 평가하여 최선의 대안 하나를 선택하여야 한다.

둘째, 작업수행노력의 수준결정, 즉 작업수행에 있어서 최선의 방법이 일단 선정되면 관리자는 반드시 그 작업을 수행하기 위한 노력과 자금의 투입수준을 설정해야 한다. 관리자는 현행 작업수준보다 낮은 최저수준(minimum)을 설정해야 하며, 수준을 한 단계 높일 때마다 별개의 예산결정표를 작성해야 한다(Pyhrr, 1977: 3).

수준의 차이[34]에 따라 사업의 효과를 밝혀내고 평가하는 것은 영기준분석에 있어서 가장 어려운 국면이기는 하나 그것은 이 예산과정의 기본요소가 된다. 만일 한 가지 노력수준만 제시된다면, 최고관리층은 그 예산요구에 대하여 가부(可否)의 선택만을 할 수 밖에 없다.

---

32 한국은 예산결정단위를 3개 유형으로 나누었다. 즉 단년도 사업, 다년도 사업 및 지원경비적 사업으로 구분하고 유형별로 예산결정표의 양식도 다르게 하였다(경제기획원, 1982: 11~25).

33 미국 주정부의 예산결정표에 관하여는 다음을 참조하기 바람. The Subcommittee of Intergovernmental Relations of the Committee on Government Operations, U. S. Senate, *Compendium of Materials on Zero-Base Budgeting in the States*(Washington, D. C.: U. S. Government Printing Office, 1977), pp.252~254.

34 수준의 차이는 minimum level부터 current, intermediate, enhancement 또는 maximum level로 올라간다.

따라서 예산결정표는 모든 예산결정단위의 점진적 매 수준이라고 할 수 있다. 즉 하나의 예산결정단위에 4~5개의 예산결정표가 붙게 마련이다. 이러한 점진적 수준에 따라 결정단위를 정하게 된다. 중간관리층은 최저수준으로부터 한 단계씩 점진적으로 노력의 수준을 높이면서 예산결정표를 작성함으로써, 최고관리층의 의사결정을 돕는 것이다.

여기에서 중요한 것은 노력수준(levels of effort)을 설정하는 일이다. 노력수준의 차는 ㉠ 폐기(예산결정표가 채택되지 않는 경우), ㉡ 감축된 수준(최저수준의 노력이 요구되는 경우), ㉢ 현수준, ㉣ 증가된 수준 등으로 구분된다(Pyhrr, 1973 : 38~39).

그런데 최저수준을 정한다는 것이 매우 어렵다. 최저수준은 분명히 현수준보다 낮아야 하며, 더 이상 낮아지면 작업이 이루어지지 않는 한계점을 의미한다고 볼 수 있다.

(2) 예산결정표의 서식

예산결정표의 모형(model format)은 일정하지 않다(Cheek, 1977 : 37). ZBB를 채택하려는 조직체의 성격과 규모에 따라, 그리고 동일한 조직체에 있어서도 업무의 성질에 따라 그 서식이 달라질 수 있다.

*Harvard Business Review*가 개발한 예산결정표는 크게 세 가지 부분으로 구성되었다. 즉 그것은 프로그램 명칭과 개요, 프로그램의 법률상 의무의 여부, 프로그램의 실현 가능성에 대한 평가부분이다.[35]

이러한 구성항목은 대부분 상 · 중 · 하로 구분하거나 금액으로 표시한다. 이러한 예산결정표에 나타나지 않는 예산결정표의 기본적인 구성요소는 사업수행의 대안과 노력수준이다.[36]

미국은 예산심의절차가 이원화(예산결의안 의결과 세출예산법 의결)되어 있기 때문에 예산요구액이 권한액(세출수권액)과 지출액(세출예산액)으로 구분되어 표시되어 있는데,[37] 예산심의절차가 한국과 같이 일원화되어 있는 때에는 예산요구액 하나로만 표시된다.

---

35 실현 가능성의 평가는 다시 집행기술성, 사업수행의 난이도, 경제적 편익 및 위험부담 등으로 구분된다. 경제적 편익의 산출에 있어서는 가시적(identifiable) 편익뿐만 아니라 불가시적(intangible) 편익까지 고려한다.

36 이러한 예산결정표의 서식은 기업체에서 활용할 수 있도록 구상된 것인데, 그 기본서식은 다음을 참조하기 바람. Logan M. Cheek, *Zero-Base Budgeting Comes of Age*(New York : AMACOM, 1977), pp. 38~40.

37 미국의 예산심의과정의 이원화에 관하여는 다음을 참조하기 바람. Dennis S. Ippolito, *The Budget and National Politics*(San Francisco : W.H. Freeman and Co., 1978), pp.90~91.

3) 예산결정표의 순위결정

(1) 순위결정의 개념

예산결정표의 순위결정(ranking)은 자금을 가장 효과적으로 사용할 수 있도록 예산결정표를 분석하여 그 순위를 건의하는 과정을 말한다. 이 과정에서 지출 여부가 결정된다. 이것은 얼마를 어디에 지출할 것인가에 관한 문제를 해결함에 있어서 관리층에게 한정된 재원을 배분하는 기술을 제공한다.

관리층은 예산결정표를 편익의 순위나 중요성이 체감하는 순서로 나열하게 함으로써 이 문제를 해결할 수 있다(Pyhrr, 1973: 15). 예컨대 예산결정표의 1~100까지는 자금을 지출하고 그 표의 101 이하는 지출하지 않는다는 결정을 하게 된다.

(2) 순위결정자

예산결정표의 순위결정자는 계층별 기관장이 될 수도 있고, 순위결정위원회를 별도로 구성하여 결정하게 할 수도 있다(Cheek, 1977: 58~60).

위원회를 구성하는 것은 일반적으로 사기업에서 볼 수 있는 현상이다. 그러나 행정기관에서는 처음에 예산결정표를 작성한 계(係) 또는 과(課)에서 순위를 결정하는 것이 바람직하다. 그래야만 그 관리자는 자기부서의 활동의 중요성을 평가하여 사업순위를 결정할 수 있기 때문이다.

다음 한 단계 상급자는 하부에서 올라온 순위결정표들을 종합하고 단일순위결정표를 작성하는데, 이런 과정을 3~4단계 거쳐 조직체의 최고관리자가 최종적으로 종합순위결정표를 작성하게 된다.

순위결정단계의 수는 조직체의 규모에 따라 결정된다. 즉 예산결정표의 수, 그것을 검토하고 순위를 결정하는 시간적 여유, 관리층의 능력과 순위결정을 위한 의욕 등에 의하여 결정된다.

(3) 순위결정표

순위결정표(ranking form)는 소관별로 예산결정표의 순위를 정하여 나열한 표이다. 첫 번째에 기록된 예산결정표가 가장 높은 순위이고 아래로 내려갈수록 순위가 낮아진다. 순위결정표는 사업순위를 보여주는 것 외에 몇 가지 내용을 더 담고 있다.

첫째, 자금지출 누계를 기록함으로써 일정한 순위의 사업을 승인했을 때 최고관리자로 하여금 예산상의 결과를 판단할 수 있게 한다.

둘째, 최고관리자가 순위표를 한 눈으로 볼 수 있게 함으로써 활동내용 · 예산 · 인원 등에 대한 감각을 얻을 수 있게 한다.

셋째, 전년도와 현 연도의 활동내용 및 예산의 증감을 보여줌으로써 조직체의 전반적 활동추세를 파악할 수 있게 한다(Pyhrr, 1973: 79~80).

순위결정표는 이러한 정보들을 충분히 수록해야 한다. 조직이 크면 예산결정표의 수도 많아지며 게다가 한 표에 4~5개의 노력수준이 있을 수도 있어, 사업순위를 결정하기란 극히 복잡하고 어렵다. 특히 최고관리층이 그 많은 순위들을 결정하는 것은 불가능한 것이다.

따라서 우선순위가 비교적 낮은 사업의 순위결정은 하위결정자들에게 위임해야 한다. 예컨대 순위결정의 최초단계에서 50% 미만의 순위에 있는 예산결정표들을 제외시키고, 다음 조정단계에서는 순위 60% 미만의 예산결정표들을 제외시키는 방법을 택할 수 있다.

단순화된 종합순위결정표의 사례를 예시하면 다음과 같다. 부(部)의 세출재원은 50억원이며 예산결정단위는 국(局)마다 A · B · C 3개가 있다고 가정한다. 예산결정단위별로 예산결정표가 각각 4개가 있다고 가정하면, 그 부의 예산결정표는 모두 12개가 된다.

예산결정단위 및 예산결정표 각각의 소요예산은 〈표 10-8〉과 같다고 가정하면, 최고관리층에 의하여 확정된 예산결정표의 순위가 〈표 10-9〉와 같을 때 50억원의 재원범위에 들어가는 예산결정표는 A_3, B_3, C_1까지다.

표 10-8 예산결정표별 소요예산 (단위 : 억원)

예산결정단위		A	B	C
예산결정표	4-1	5	10	20
	4-2	7(2)	13(3)	21(1)
	4-3	12(5)	18(5)	25(4)
	4-4	14(2)	20(2)	30(5)

자료 : ( ) 안은 증가분.

표 10-9 종합순위결정표 (단위 : 억원)

순위별 예산결정표		예산증가분	누 계
1	A_1	5	5
2	B_1	10	15
3	A_2	2	17
4	C_1	20	37
5	B_2	3	40
6	A_3	5	45
7	B_3	5	50
8	A_4	2	52
9	C_2	1	53
10	B_4	2	55
11	C_3	4	59
12	C_4	5	64

4. 한국의 영기준예산제

1) 영기준예산제의 도입

우리나라는 제2차 석유파동의 영향이 심각하게 나타나자 예산의 감축기능을 최대한으로 살릴 수 있는 새로운 예산제의 도입을 추진하였다.

1981년 11월 1일부터 국무총리를 위원장으로 하는 예산개혁추진위원회를 구성하여 예산개혁의 제1단계 작업을 시작하였고, 1982년 봄에 1983년도 예산안 편성부터 ZBB를 도입하기로 결정하였다.

그리고 1983년도 예산안편성지침에서, 중앙예산기관은 1983년도 예산안 편성에 있어서 전년도 답습방식을 지양하고 영기준방식을 활용할 것을 시달하였다(경제기획원, 1981: 7~17).

1982년 1월 10일에는 정부의 모든 부처에 걸쳐서 2600개의 단위사업(decision units)의 선정을 끝내고, 예산담당공무원에 대하여 예산개혁에 관한 교육을 실시한 바 있다(경제기획원, 1982: 6~9).

1983년도 예산안 편성 때부터 영기준예산제도를 도입하여 많은 예산절감을 가져왔다. 한국은 제1차 5개년계획을 시작한 1962년도부터 1970년대까지 일반회계 예산규모의 연평균 증가율이 30%를 상회하였으나, 1980년대부터 처음으로 그 증가율이 10% 수준으로 낮아졌다.

1990년도(26.7% 증가)와 1995년도(20.3% 증가)를 제외하고는 그러한 추세가 계속되었고, 2000년대 이후에는 한 자릿수로 증가하고 있다.

2) 영기준예산제의 장단점

영기준예산제의 장점은 다음과 같다.

첫째, 우선순위가 높은 사업과 낮은 사업을 구분함으로써 재원을 효율적으로 배분할 수 있고, 전년도답습주의로 인한 재정의 경직성을 완화할 수 있다.

둘째, 계선기관의 관리자들이 예산편성에 참여할 수 있는 기회를 넓힐 수 있고, 그에 따라 계선관리자들의 중앙예산기관에 대한 불만을 감소시킬 수 있다.

셋째, 최고관리자에게 각 기관의 업무수행에 관한 보다 상세한 정보를 제공할 수 있고, 중앙예산기관은 각 기관의 예산요구에 대한 보다 많은 정보와 자료를 입수할 수 있다.

넷째, 다른 예산제와 공존할 수 있다. ZBB의 의사결정단위가 조직단위일 수도 있고 기능이나 활동일 수도 있으므로 비교적 저항 없이 지방정부 등에도 확산시킬 수 있다.

한편 영기준예산제는 다음과 같은 단점이 있다.

첫째, 시간과 노력이 많이 든다. 이러한 단점을 보완하기 위하여 의사결정표의 수를 줄이는 방법과 ZBB절차를 매년 반복할 것이 아니라 2~3년마다 적용하는 방안 등이 제시되기도 한다.

둘째, 우선순위의 결정이 어렵다. 우선순위가 정치적으로 영향을 받을 수도 있고, 관리자에 따라 판단이 다를 수도 있다. 따라서 의사결정표와 우선순위의 검토를 하급자에게 위임하기도 하고, 최고관리자는 결정점(decision point) 근처에 있는 의사결정표만 검토하는 방안이 제시되기도 하는데, 이때 ZBB의 의미가 퇴색된다.

셋째, ZBB를 적용하였던 미국 연방정부나 조지아주에서는 효과가 별로 없었다. 물론 연방정부에서 예산의 삭감이나 예산규모의 팽창억제에 효과가 없었던 것은 법률상 지출의무가 있는 '통제 불가능한 항목'의 비중이 높았기 때문이기도 하다.

3) 일몰법과 영기준예산제

일몰법(sunset law)은 특정한 사업이나 기관이 일정기간이 지나면 자동적으로 폐지되도록 하는 법률을 말한다. 어떤 기관의 사업이나 조직에 관하여 이미 당초의 목적을 달성하여 필요 없게 되었거나, 당초의 목적달성에 실패한 때, 그리고 상황의 변화로 존재 이유가 없어진 것을 의회가 사업시행 후 일정기간이 경과한 시점에서 재검토하고 폐지하는 것을 말한다.

일몰법(日沒法)과 ZBB는 모두 이미 실시하겠다고 한 사항을 재검토하는 과정이라는 점에서는 비슷하지만 다음과 같은 차이가 있다.

첫째, ZBB는 행정과정인 데 비하여, 일몰법은 입법과정이다. ZBB는 예산안 편성과정에서 행정부에 의하여 수행되는 행정과정이고, 일몰법은 프로그램에 대한 법령상의 권한부여기간을 한정하려는 것으로서 해당 프로그램에 권한을 부여하려면 새로운 법률의 제정을 필요로 하는 입법과정인 것이다.

둘째, ZBB는 하층구조에서 더욱 효율성이 높은 관리도구인 데 비하여, 일몰법은 최고관리층과 관련이 있는 장치이다.

셋째, ZBB는 매년 반복해야 하는 과정인 데 비하여, 일몰법은 입법부의 예산심의와 관련이 없는 것은 아니나 예산과정에서 비교적 독립된 과정이다.

제11장 조세총론

제1절 조세의 개념과 기능

1. 조세의 개념

일반적으로 정부 지출은 재무행정의 영역으로, 수입은 재정학의 영역으로 이해되어 왔다. 이러한 구분은 두 분야에 종사하는 학자들의 학문적 배경이나 지향성을 고려할 때 타당성이 있는 분업이라고 생각된다. 여기에서는 국가 세입의 기본이 되는 조세의 기본적인 내용만을 고찰한다.

정부는 공공투자 · 교육 · 행정 · 국방 등을 위하여 필요한 재원을 조달해야 한다. 그 재원의 조달원은 조세 · 공공요금 · 수수료 · 차입금 등인데, 가장 중요한 수입원은 조세다.

조세(租稅)에 대한 정의는 매우 다양하지만, 일반적으로는 국가의 기능 수행에 필요한 경비를 조달하기 위하여 개별적 보상 없이 사경제로부터 일방적 · 강제적으로 징수하는 화폐 또는 재화라고 정의된다. 따라서 조세의 기본적인 성격은 강제성(强制性)과 무보상(無報償)이라고 할 수 있다.

정부가 제공하는 공공서비스에 대한 반대급부로서 국민은 조세를 납부한다는 견해가 있다. 이러한 주장이 전혀 타당성이 없는 것은 아니지만 조세는 그러한 서비스와 교환으로 징수되는 것은 아니다. 목적세를 제외하고는 모든 조세의 징수와 경비의 지출은 각각 독립된 재정현상이다(차병권, 1984: 216). 적어도 개별적 보상의 성격을 띠는 것은 아니다.

조세의 강제성은 국가가 재정수입을 위하여 화폐를 사경제로부터 강제적으로 취득함을 말한다. 이는 국가의 과세권이 재정권의 절대적 기초이기 때문이다. 그러나 재정권에 의한 조세의 강제적 징수는 국가권력의 행사인 까닭에 현대 민주주의 국가에서는 국민의 의사에 반해서는 안 된다는 점에서 한계가 있다. 종국적으로는 그 결정권이 국민에게 있기 때문이다.

2. 조세의 기능

조세는 국가나 지방자치단체의 존립과 활동을 위하여 자금을 조달하는 것이지만, 이 외에도 몇 가지 중요한 기능을 수행한다. 조세는 자원을 민간부문으로부터 공공부문으로 이전시키고, 물가안정 · 완전고용 · 경제성장 등의 정책목표를 달성하는 데 기여한다(Musgrave and Musgrave, 1984: 7~19).

조세의 기능을 여기에서는 자원배분기능(資源配分機能), 소득재분배기능(所得再分配機能), 경제안정기능(經濟安定機能)으로 구분한다.

1) 자원배분기능

자본주의 경제체제에서는 기본적으로 자원의 배분이 시장기구를 통하여 이루어진다. 그러나 어떤 공공재(국방 · 도로 · 항만 등)는 비수익성 · 공익성 · 불확실성 · 외부경제 또는 외부불경제 등의 성격을 지니고 있어 시장기구에 의존하기 어렵거나 의존하는 것이 비효율적일 수도 있다.

그리고 생산에서도 추가적인 비용이 필요할 뿐만 아니라 극히 비효율적으로 공급되기도 한다. 시장가격(market price)에는 외부경제(external economy)와 외부불경제(external diseconomy *or* external cost)가 반영되고 있지 않기 때문이다.

이러한 비효율적인 배분을 교정 · 규제하여 적절한 공공재의 생산을 확보하려는 것이 자원배분기능이다. 조세의 부과는 자원을 민간부문으로부터 공공부문으로 이전시키고 조세수입으로 공공재를 생산하여 공급하는 것이다.

2) 소득재분배기능

개인이나 기업은 능력, 상속재산, 개인적인 운수(運數) 등과 같은 여러 가지 차이 때문에 소득불균형은 자본주의 경제에서 필연적으로 발생하기 마련이고, 그것은 개인이나 민간경제에 의하여 완전히 해결될 성질의 것도 아니다. 따라서 정부의 개입이 불가피하게 되는데, 이때 조세가 유용한 정책수단으로 이용된다.

지출측면에서는 노령연금 · 사회보험 · 생활보호 등 이전지출(移轉支出)[1]에 의하여 실현할 수 있고, 수입측면에서는 조세의 누진율 체계(累進率 體系)에 의하여 실현할 수 있다.

조세의 누진세 구조와 이전지출은 부유층으로부터 빈곤층으로의 이전을 의미하는데, 이는 상대적 박탈감(relative deprivation)을 감소시킬 뿐만 아니라 한계효용(marginal utility)이 낮은 계층으로부터 한계효용이 높은 계층으로의 자원 이동을 의미하기 때문에 사회 전체의 후생의 증대를 가져오기도 한다.

3) 경제안정기능

국민경제는 경기침체와 경기과열을 종종 경험하게 된다. 이러한 문제는 민간경제의 '보이지 않는 손(invisible hand)'에 의하여 항상 효과적으로 해결될 성질의 것이 아니다. 국민경제 전체의 수급조절의 기능을 조세의 경제안정기능이라고 한다. 즉 조세는 유효수요와 통화량의 조절을 통하여 경제성장 및 안정에 기여한다. 증세나 감세를 통하여 경기변동에 따른 물가안정 및 완전고용의 수준을 유지하는 데 영향을 준다.

조세의 경기조절기능을 수행하기 위한 제도의 하나가 탄력세율(彈力稅率)이다. 이것은 정부가 법률로 정한 기본세율을 탄력적으로 변경하여 운영하는 세율을 말한다. 조세법률주의하에서는 세율과 세목은 입법사항으로서 국회의 의결을 거쳐 결정 또는 변경하는 것이 원칙이다. 그러나 국내외의 경제여건이 빠르게 변하고 그것이 국민경제에 미치는 영향이 빠르고 크게 작용하므로 이에 신속하고 신축성 있게 대처해 나가야 국내산업을 보호하고 국민경제를 안정시키며 국제수지의 악화를 막을 수 있다. 이를 위하여 입법과정을 거치지 않고 행정부의 권한으로 세율을 조정하는 방안이 각국의 경제정책수단으로 흔히 사용되고 있다. 탄력세율은 법률(지방세법, 개별소비세법, 증권거래세법 등)이 정한 일정한 범위(3%)에서 세율의 인상 또는 인하를 행정부가 할 수 있도록 위임함으로써 기본세율은 그대로 두고 그때그때의 경기조절을 위한 정책목적에 따라 조정하여 임시적으로 적용하는 세율을 말한다.[2]

이상에서 언급한 3대 기능 외에도 조세는 인구의 지방분산, 공해문제의 해결, 에너지 절약과 같은 사회적 중요 과제들을 해결하는 데 이용되기도 한다(김동건 외, 1986:

---

1 이전지출(transfer payment)은 실업수당 · 재해보상금 · 보조금 등과 같이 정부가 해당 시기의 생산활동과 무관한 사람에게 반대급부 없이 지급하는 것을 말한다.

2 지방세에서의 탄력세율은 경기조절기능보다는 지역 특성의 차이를 반영함으로써 자원배분의 효율성을 제고하는 데 목적이 있다.

183~184).

제2절 조세의 원칙

1. 머스그레이브의 조세원칙

조세가 갖추어야 할 요건은 특정 시대의 국가관 또는 그 시대를 지배하였던 이념이나 가치관과 밀접한 관계를 가진다. 따라서 여러 가지 원칙들이 가지는 역사적 의의를 고찰하는 것이 필요하지만 여기에서는 스미스(Adam Smith)와 머스그레이브(Richard A. Musgrave)의 조세원칙을 중심으로 고찰한다.

스미스는 자유방임주의를 기초로 하여 조세의 4대 원칙으로서 형평성(equality) 원칙, 적실성(certainty) 원칙, 편의성(convenience) 원칙, 경제성(economy) 원칙을 제시하였다. 스미스에 의하면 조세는 경제적 중립성을 보호하는, 다시 말하면 조세가 자유로운 경제활동을 저해하지 않는 범위에서 부과되어야 한다는 것이다. 현대국가가 수행하는 적극적 기능(사회복지 · 경제개발 등)의 중요성을 고려할 때 경제적 중립성만을 강조하는 이러한 견해는 한계가 있지만, 밀(John S. Mill)에 의하여 조세제도의 고전적 원칙으로 명명될 만큼 현대에도 타당하다고 할 수 있다.

머스그레이브는 현대의 혼합경제체제에서의 조세원칙으로 다음의 여섯 가지 원칙을 제시하였다(Musgrave and Musgrave, 1980: 235).

첫째, 조세부담의 배분은 공평(equity)해야 한다. 모든 납세자는 그 공정한 몫(fair share) 만큼 부담해야 한다.

둘째, 조세의 선택은 경제적 의사결정에 대한 간섭을 최소화하는 방향으로 이루어져야 한다. 즉 조세의 부과로 인한 자원배분의 왜곡에 따른 초과부담(excess burden)의 발생을 극소화해야 한다.

셋째, 조세가 민간부문의 비효율을 시정할 수 있는 적절한 수단이 될 수 있다면 그러한 기능도 활용해야 한다. 이는 조세에 의한 자원배분의 조정역할을 중시하는 것으로서 이러한 입장에서 과세되는 것으로는 공해세(公害稅)가 있다.

넷째, 조세구조는 경제성장과 안정을 목표로 하는 재정정책의 수단이 되어야 한다.

다섯째, 세제는 능률적이면서도 자의성(恣意性)이 없는 행정을 가능하게 해야 하고 납세자에게는 이해가 쉬워야 한다.

여섯째, 조세행정비용이 낮아야 한다.

2. 현대의 조세원칙

1) 공평의 원칙

공평의 원칙(equity principle)은 조세의 부담이 공평해야 한다는 것으로서, 예나 지금이나 가장 중요한 조세원칙이다. 그 뿌리에는 더 많은 부(富)를 향유한 사람은 상대적으로 정부 등의 지원을 더 많이 받았다는 것을 가정하고 있다. 따라서 소득세율은 소득에 정비례하는 것이 아니고 소득이 많을수록 세율이 높아지는 누진세율 구조로 되어 있다.

그렇다면 무엇이 공평(公平)하고 적절한가? 조세배분에 관한 이론은 이익설과 능력설로 양분되는데, 어느 입장을 취하느냐에 따라 공평의 정의가 달라진다.

2) 경제적 효율성의 원칙

경제적 효율성의 원칙(economic efficiency principle)은 조세구조가 자원의 최적배분과 최적이용에 간섭해서는 안 되고, 최적배분의 달성을 돕도록 구성되어야 한다는 것을 의미한다.

외부효과가 존재하지 않는 경우에는 자원배분이 시장경제원리에 따라 이루어지는 것이 가장 효율적이다. 따라서 국가는 자원배분의 시장기능을 최대한 보장해야 하므로 조세는 경제활동에 있어서 중립을 지켜야 한다는 것이다.[3]

그러나 외부효과가 존재하는 경우에는 그럴 수가 없다. 시장의 효율적 배분을 저해하는 요소가 존재하면 조세가 교정적(矯正的) 역할을 담당하여 시장기능의 회복을 도모하게 된다.

외부경제(external economy, external benefit)가 존재하는 경우 시장원리에 맡겨 두면 재화의 공급부족이 나타나기 때문에 정부가 보조금 지급과 같은 조치를 취하게 된다. 예컨

---

3 그러나 대부분의 조세부과의 효과는 중립적이라기보다는 상대적 가격의 변화를 초래하게 되어 초과부담을 발생시키게 된다(Haveman, 1976 참조).

대 교육 · 소방 · 공해방지 시설과 같은 공공재에 대한 보조금을 지급하게 된다.

외부불경제(external cost, external diseconomy)가 존재하는 경우 조세는 경제적 중립성을 유지하면서 재정수입을 확보하는 데 그치지 않고, 외부비용을 유발하는 재화의 생산에 조세를 부과하여 그러한 생산과 소비를 줄여 사회적으로 바람직한 수준으로 낮추는 적극적 기능도 수행한다. 예컨대 공해산업 · 주류 · 담배 등에 대한 과세를 들 수 있다.[4]

어떤 기업이 화학제품을 생산한다고 할 때, 그 기업이 고려하는 생산비용은 [그림 11-1]에서 공급곡선 S로 나타난다. 기업의 공급곡선은 한계비용곡선(marginal cost)과 동일하다.[5]

그림 11-1 외부효과와 조세의 교정적 역할

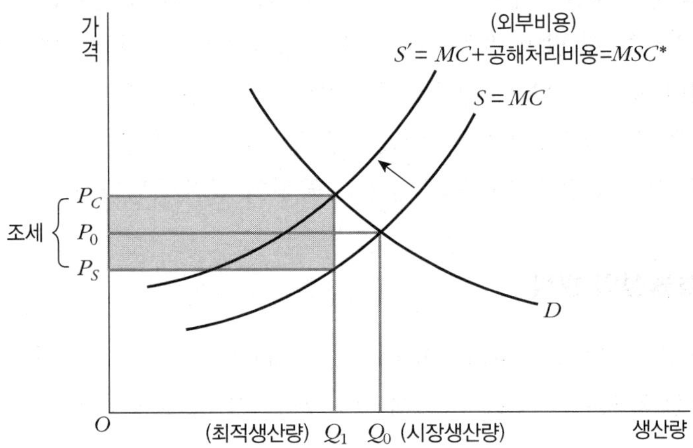

*MSC = marginal social cost(사회적 한계비용)

법적 규제 없이 시장원리에 맡겨 두면 이 비용에는 공해물질을 처리하는 비용이 포함되지 않는다. 이때 기업은 P_0의 가격에 Q_0만큼 공급하게 된다.

4 특히 담배나 주류에 대한 과세는 사회적으로 바람직하지 않은 소비행위라고 보기 때문에 높은 세율로 과세를 하게 되는데, 이를 sin tax라고 한다. 한편 개인의 소비행위의 억제를 위하여 지나치게 높은 세율로 과세하면, 개인의 기호에 따른 차별(discrimination)이 되어 경제적 효율성이라는 관점에서는 오히려 바람직하지 않을 수도 있다. 그러나 이러한 sin tax는 사회적 · 윤리적 이유에서 또는 비교적 조세저항이 적기 때문에 재정수입의 확보를 위하여 이용되기도 한다.

5 한계비용(限界費用)은 마지막 1단위 생산 또는 서비스 공급 증가에 들어가는 원가의 증가분을 의미한다. 이 개념은 각 서비스의 내용에 따라 달라지므로 측정에 어려움이 많고, 그 원가 시점을 장기 또는 단기로 보는가에 따라 달라진다. 공공요금의 결정은 한계비용이론만으로 되는 것이 아니고, 수익자부담원칙 등이 고려된다.

그러나 사회 전체적으로 보면 누군가가 공해폐기물을 처리해야 하기 때문에 공해물질의 처리비용을 비용에 포함시키지 않을 수 없다. 따라서 사회적 한계비용(*MSC*)은 S'(=*MC*+외부비용)으로 상승하게 된다. 이때 Q_1만큼 생산되고, 소비자는 인상된 P_C의 가격에 구입하게 되고, $P_C - P_S$는 세금으로 국가가 거두어들인다.

요컨대 경제적 효율성의 원칙은 조세가 사회 전체의 가장 적절한 수준(optimal level)으로 생산 · 공급되도록 하는 것이다.

3) 조세탄력성의 원칙

조세탄력성의 원칙(elasticity principle)은 조세가 사회적으로 받아들여질 만한 적절한 세율로 부과되면서 소요재원(meaningful revenue)을 확보할 수 있어야 한다는 것을 의미한다. 다시 말하면 조세탄력성(租稅彈力性)의 원칙은 세율인상이 낮더라도 충분한 수입의 확보가 가능해야 한다는 것이다.

래퍼(Laffer) 곡선은 세율(tax rate)의 인상이 일정한 수준(t^*)까지는 조세수입을 증가시키지만 그 수준을 넘어서면 조세수입이 감소한다는 것을 보여주고 있다. 다음의 [그림 11-2]에서 세율은 *X*축에 표시되어 있고 세율의 변화에 따른 조세수입의 크기는 *Y*축에 나타나 있다.

그림 11-2 세율변화와 조세수입

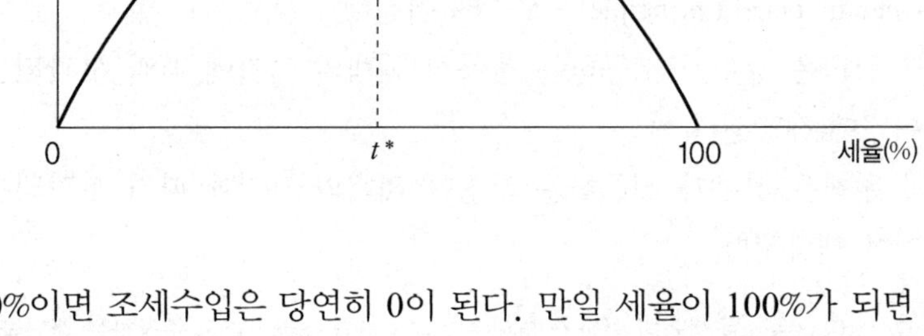

세율이 0%이면 조세수입은 당연히 0이 된다. 만일 세율이 100%가 되면 소득 전부를 세금으로 내야 하고 가처분소득(disposable income)이 0이 되기 때문에 아무도 일하지 않

게 될 것이다. 그러면 국가도 아무런 조세수입을 얻지 못하게 될 것이다. 이러한 관계를 나타낸 것이 래퍼곡선이다.[6]

t^*보다 높은 세율구조에서는 노동의욕이 감퇴되기 때문에 높은 세금을 납부하면서 일하기보다는 여가를 선택하게 되어 과세대상이 되는 소득이 줄어들게 된다는 것이다.

4) 최소징세비의 원칙

최소징세비의 원칙(minimum expenses principle)은 조세의 징수비용을 최소화해야 한다는 것이다.

조세행정 또는 징수가 용이한 조세(예: 소비세)는 불공평을 초래하기 쉽고, 공평한 조세(예: 소득세)는 조세저항이 크다. 따라서 최소징세비(最小徵稅費)의 원칙은 공평의 원칙을 충족시키는 범위에서 합리적으로 낮은 경비로 징수해야 한다는 것을 의미한다.

3. 부담배분의 근거와 공평성

공평한 조세부담과 그 근거에 관해서는 수혜(편익)의 원칙(benefit-received principle)과 부담능력의 원칙(ability-to-pay principle)이 있다. 수혜의 원칙은 응익과세(應益課稅)의 원칙 또는 이익설(利益說)이라고도 하고, 부담능력의 원칙은 응능과세(應能課稅)의 원칙 또는 능력설(能力說)이라고도 한다.

1) 수혜의 원칙

수혜의 원칙은 정부가 제공하는 공공서비스 또는 수혜(受惠)의 크기에 따라 조세가 부과되어야 한다는 것이다. 이것은 다시 일반수혜의 원칙(general benefit principle)과 특정수혜의 원칙(specific benefit principle)으로 나누어진다.

일반수혜의 원칙은 정부가 제공하는 불특정 혜택의 크기에 따라 부과되는 것으로서 일반조세가 여기에 해당된다.

특정수혜의 원칙은 정부가 제공하는 특정한 혜택의 크기에 따라 부과되는 것으로서 목적세가 여기에 해당된다.

---

6 래퍼(Arthur B. Laffer)는 소득세율의 인하가 조세수입의 증가를 초래한다고 주장하는 래퍼곡선으로 공급경제학(supply-side-economics)의 기초를 제공하였다. 그러나 래퍼곡선에서 t^*의 수준을 규명한다는 것이 매우 어려운 일이다(Barlett and Roth, 1983: 120~139).

일반적으로 수혜의 원칙에 의한 조세의 부과는 공공재나 공공서비스의 공급에 있어 보다 높은 경제적 효율성을 유지할 수 있다. 부캐넌(James M. Buchanan)의 주장에 의하면, 특히 특정수혜의 원칙에 의거할 때 국가로부터 받는 혜택의 크기와 이에 대한 반대급부로 지급하는 비용(세금)을 보다 정확히 평가할 수 있기 때문에 사회 전체적으로 공공재나 공공서비스의 과잉생산 또는 과소생산이 없는 적절한 생산(optimal production)이 이루어지게 된다는 것이다(Neenan, 1981: 63~65, 109, 115).

그러나 수혜의 원칙에 의한 과세는 그것이 일반수혜든 특정수혜든 간에 다음과 같은 문제가 있다.

첫째, 공공재나 공공서비스는 수혜의 크기를 측정하는 일이 매우 어렵다. 시장경제에 있어서는 가격기구를 통하여 개인의 선호(選好)가 나타나지만 공공부문에 있어서는 개인의 선호가 정치적 또는 사회적 과정을 통하여 반영되는 때가 많다.

또한 공공재의 비배제성(non-exclusivity)과 소비의 비경쟁성(non-rival consumption)의 문제와 결부될 때 수혜의 원칙을 현실에 적용하는 가능성은 제한적일 수밖에 없다.

둘째, 소득의 재분배는 현대복지국가의 주요 기능이다. 그런데 수혜의 원칙은 소득재분배기능에 역행한다. 혜택을 받는 만큼 납세한다면 정부로부터 혜택을 많이 받는 저소득층이 더 많은 조세를 부담해야 된다는 결론에 도달하게 된다.

2) 부담능력의 원칙

부담능력의 원칙은 개인의 조세 부담능력에 따라 과세되어야 한다는 것을 말한다. 이 원칙에 의하면 상대적으로 더 많은 부나 소득이 있는 사람은 더 많은 조세를 부담해야 한다.

현대 조세제도의 주류는 수혜의 원칙보다는 부담능력(負擔能力)의 원칙을 기본으로 하고 있다. 그 이유는 수혜의 원칙이 조세와 공공서비스에 직접적으로 연결되어 조세부과를 결정한다는 이론적 장점에도 불구하고 현대민주주의 정치과정에서 이러한 접근방법은 현실적으로 용이하지 않기 때문이다(김동건, 1984: 225).

부담능력이 많은 개인 · 가계 · 기업에게는 많은 세금을, 그렇지 못한 사람에게는 적은 세금을 부과하는 것이므로 계층 간의 소득재분배에 효과적인 역할을 할 수 있다는 장점이 있다.

수혜의 원칙은 조세의 효율성 요건에 충실한 데 비하여, 부담능력의 원칙은 조세의 공평성과 소득재분배의 요건에 충실하다.

그러나 부담능력의 원칙은 수혜의 원칙과는 달리 조세의 부과가 국가가 제공하는 서비스의 크기와 관계없이 결정되기 때문에 충분한 비용편익분석(cost-benefit consideration)의 고려 없이 서비스가 이루어진다는 한계가 있다(Musgrave and Musgrave, 1984: 232).

부담능력은 무엇을 기준으로 측정되는가? 경제적 능력이나 후생을 측정하는 기준으로 널리 이용되고 있는 것이 소득 · 지출 · 부 등이다.

소득(所得), 특히 종합소득(綜合所得)은 경제수준을 나타내고 조세부담능력을 반영하는 가장 적절한 지표이다. 그러나 소득세의 부과에서 부양가족수나 지출구성 등의 차이에 따라 생활수준이 달라진다.

지출(支出)을 부담능력의 척도로 하면 자산의 증가분인 저축이 조세부과의 대상에서 제외된다. 이것은 결과적으로 저축증대로 이어지기 때문에 개발도상국에서 많이 사용되고 있다(김동건 외, 1986: 189 각주).

부(富)는 축적된 부담능력으로서 현재의 경제적 후생(厚生, welfare *or* well-being)이나 지급능력에 영향을 미친다. 소득과는 별도로 자산 자체가 지급능력을 표시하고 있기 때문에 보유재산의 크기도 부담능력의 척도로 사용된다. 재산세 · 상속세 · 증여세 등은 이러한 취지에 바탕을 둔 조세이다.

제3절 조세의 부담과 효과

1. 조세부담의 성질

조세의 현대적 원칙 중 넓은 의미에서 볼 때 조세의 공평원칙을 제외한 나머지 세 가지 원칙(경제적 효율성의 원칙, 조세탄력성의 원칙, 최소징세비의 원칙)은 모두 조세의 효율성에 관한 내용이라고 할 수 있다.

조세의 효율성에서 가장 문제가 되는 것은 조세부과에 따르는 초과부담(excess burden)의 문제이다. 조세를 부과하면 부과된 세액만큼의 구매력이 민간경제에서 공공경제로 이전된다. 따라서 민간경제에서는 구매력이 감소되나 그것이 정부의 구매력의 증가로 나타나므로 국가 전체로 보면 구매력의 상실은 없는 셈이 된다.

그러나 실제로는 민간부문의 총부담은 징수된 세액을 초과하게 되는데, 이러한 사중손실(死重損失, deadweight loss)을 초과부담(超過負擔)이라고 한다. 사중손실은 재화나 서비스의 균형이 아닐 때 발생하는 경제적 상실을 의미한다.

따라서 조세를 회피하기 위하여 경제주체들은 조세가 부과되기 전에 선택(재화 간의 선택, 소득과 여가 간의 선택, 소비와 저축 간의 선택)을 조세부담을 감소시키는 방향으로 변경하게 된다. 특히 요소 간의 세율이 다른 때에는 가격효과(price effect)까지 나타나 조세는 소비자선택에 간섭하게 되며 자원배분의 왜곡현상을 초래하게 된다.

다음의 [그림 11-3]은 조세부과로 인한 효율성 상실을 나타낸 것이다. 조세가 부과되기 전의 상태에서 수요곡선은 한계효용을 나타내고 공급곡선은 한계비용을 표시하고 있으며, 균형가격과 균형거래량은 P_0와 Q_0이다. 즉 과세되기 전에는 S와 D가 만나는 B에서 균형가격(P_0)과 균형거래량(Q_0)이 결정된다.

그러나 조세(t)가 부과되면 S가 S'으로 이동되어 시장균형은 C에서 이루어지므로 가격은 P_C로 상승하고 거래량은 Q_1으로 감소하게 된다. 소비량의 감소에 따른 총효용의 감소분은 Q_1CBQ_0가 되고, 생산량의 감소에 따른 총비용의 감소분은 Q_1ABQ_0가 된다.

따라서 과세로 인한 사회적 효용의 순손실은 ΔABC가 된다. ΔABC의 윗부분은 소비자가격이 $P_0 \rightarrow P_C$로 상승함으로써 Q_1만큼만 소비하게 된 데 따른 소비자잉여(consumer surplus)의 감소분이고, ΔABC의 아랫부분은 생산자가격이 $P_0 \rightarrow P_S$로 인하된 데 따른 생산자잉여의 감소분이다.[7]

---

7 소비자잉여에 대한 기초지식이 부족하거나 도표의 이해에 어려움이 있는 독자나 대학의 하급 학년생은 이 부분을 생략하여도 다음 내용의 이해에는 지장이 없다. 소비자잉여란 소비자가 얻고 싶은 재화를 구입하기 위하여 기꺼이 지급하려는 가격과 그 상품을 구입하면서 실제 지급하는 가격의 차이를 말한다. 예컨대 TV를 200만원이라도 사려는 사람이 있다고 할 때, 실제 시장에서 그 가격이 150만원이라고 하면 200만원을 주고서라도 사려고 했던 사람은 50만원의 이익(실제로 실현된 것은 아니지만)을 얻게 되는 셈이고, 지급했을지도 모르는 그 50만원은 다른 곳에 사용할 수 있을 것이다. 그런데 기업이 시장에 대한 독점력을 바탕으로 가격차별을 할 때, 가격이 높게 책정된 상품의 소비자들은 가격차별이 없을 때보다 높은 가격을 지급하게 되기 때문에 소비자잉여는 줄어들게 된다. 여기에서 가격차별은 어떤 상품에 대한 기호(嗜好)의 정도가 다른 소비자들에게 각기 다른 가격으로 팔기도 하는 것을 말한다. 예컨대 항공사들이 비성수기 때 낮은 요금으로 여행자들을 보다 많이 유치하기 위한 가격차별 전략이다. 이로 인하여 항공사들의 수입만 늘어나는 것이 아니라 돈이 부족했던 소비자도 비성수기 때 여행을 갈 수 있게 된다. 기업이 가격차별을 통하여 더 많은 이익을 얻을 수 있는 것은 소비자가 누려야 하는 몫(소비자잉여)의 일부를 가져가는 것이 된다. 소비자를 차별할수록 기업의 이익은 늘어나게 된다.

그림 11-3 조세부과에 따른 효율성의 상실

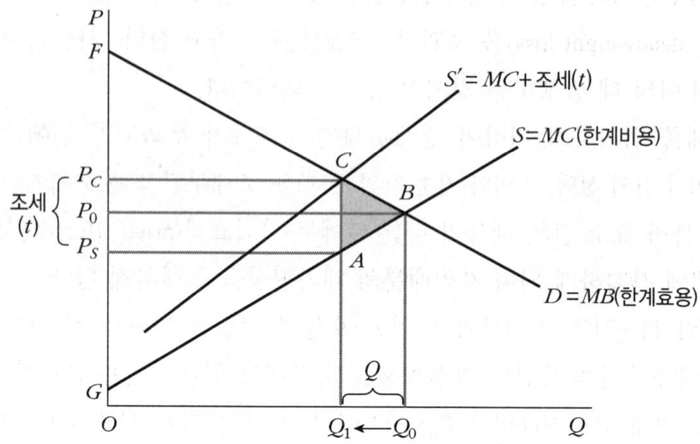

2. 조세의 초과부담

1) 재화 간의 선택

직접세는 경제적 중립성을 침해하거나 자원배분을 왜곡시키지 않는다. 그러나 간접세는 상품의 상대적 가격을 변화시켜 자원배분을 왜곡시켜 초과부담을 초래한다.[8]

[그림 11-4]에서 소비자가 소득의 모두를 X재와 Y재의 구입에 지출하고, WX를 가격선(價格線), I_1, I_2, I_3를 무차별곡선(無差別曲線)이라고 한다.[9] 과세 전 균형점은 A이고 개인이 느끼는 효용을 표시하는 무차별곡선(indifference curve)은 I_1이다.

과세하기 전에는 소득전액을 X재를 OX만큼 구입하거나, Y재를 OW만큼 구입할 수 있다. 그러나 X재에 대하여 부가가치세를 부과하면 Y재는 세금부과가 없으므로 여전히 OW 만큼 구입할 수 있으나 X재의 구입은 OY로 줄어들게 된다.

가격선은 WX에서 WY로 이동하고 무차별곡선은 I_3로 이동하여 B점에서 균형을 이루게 된다. 이것은 과세로 인하여 소비자의 효용수준이 감소되었음을 의미한다.

---

8 조세부담에 있어 전가(shifting)현상이 있는가의 여부에 따라 간접세(납세자≠담세자)와 직접세(납세자=담세자)로 구분할 수 있다. 현재 국세의 경우 부가가치세 · 주세 · 특별소비세 등이 간접세에 해당된다.

9 가격선(WX)은 주어진 가격하에서 일정한 소득으로 살 수 있는 두 재화의 수많은 배합들로 이루어진 선(=기회비용곡선)을 말한다. 무차별곡선(I_1, I_2, I_3)은 소비자의 만족도가 동일한 재화구성의 집합을 그래프로 나타낸 것으로서, 여기에서는 X재와 Y재의 여러 배합 중 소비자에게 동일한 만족을 주는 점들의 연결선을 말한다.

그림 11-4 직접세와 간접세의 비교

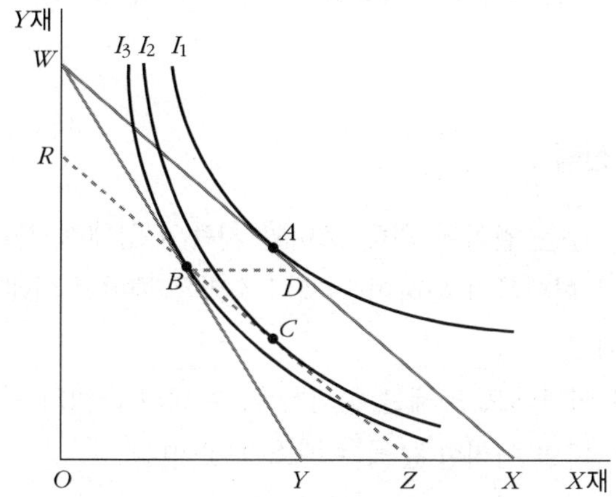

그러나 동일한 세수(稅收)를 보장하면서 X재와 Y재의 상대적 가격을 변화시키지 않는 조세를 부과한다면 가격선 WX는 아래로 평행이동하여 RZ가 된다. 가처분소득이 줄어 구매력이 감소되었으나 X재와 Y재의 상대적 가격에는 변동이 없기 때문이다.

그 결과 새로운 균형점이 C로 이동하고 무차별곡선은 I_2가 된다. 무차별곡선 I_2가 I_3보다 위에 위치하고 있기 때문에 소득세의 경우가 소비자의 효용을 크게 한다. 소비세를 부과하면 I_2와 I_3의 차이만큼 초과부담이 생긴다.

소득세가 선호되는 이유는 바로 소득세가 재화의 상대적 가격을 변화시키지 않음으로써 초과부담이 없다는 것 때문이다.

2) 소득과 여가의 선택

소득세 대신에 모든 품목의 판매나 소비에 일률적으로 부가가치세(value-added tax)를 부과할 수 있다. 부가가치세도 소득세와 마찬가지로 재화 간의 상대적 가격을 변화시키지 않기 때문에 소비자의 가격선만 하향이동되고 경제적 중립성은 침해되지 않는다.

그러나 이러한 개인소득세나 일반소비세의 효과도 절대적으로 중립적일 수만은 없다. 개인소득세가 부과되면 근로자들은 부분적으로나마 근로시간을 줄이고 여가(餘暇)를 늘리려고 할 것이다. 소득과 여가 간의 상대적 가격이 변화되기 때문이다.

여기에 소득세와 관련된 초과부담의 진정한 문제가 내포되어 있다. 그 원리를 이해하기 위해서는 앞에서 본 재화 간의 선택에서 X재를 소득으로, Y재를 여가로 바꾸어 놓고 생각하여 보면 이해할 수 있다.

따라서 소득세구조는 근로의욕의 상실을 최소화하는 방향으로 구성되어야 한다(김동건, 1984: 260).

3) 소비와 저축의 선택

소비세가 부과되면 같은 원리에 의해 소비와 저축의 상대적 가격에 변화가 오게 된다. 납세자들은 조세를 회피하기 위하여 현재의 소비를 줄이고 미래의 소비를 위하여 저축을 늘리게 될 것이다.

소득과 마찬가지로 여가에도 조세를 부과하고, 현재의 소비와 동일하게 미래의 소비에도 과세를 하기만 한다면 이러한 문제는 해소될 것이다.

3. 조세의 전가와 귀착

조세는 법률에 의하여 부과되고 그 납부가 강제된다. 그러나 대부분의 경우 법률상의 납세의무자는 자기가 납부해야 할 조세의 일부 또는 전부를 제3자에게 부담시키려고 하고 또 실제로 그렇게 하고 있다. 이러한 때 법률상의 부담자(statutory incidence, 납세자)와 경제적 부담자(economic incidence, 담세자)가 다르게 되는데, 이러한 조세부담의 이전현상을 조세의 전가(tax shifting)라고 하고, 조세부담의 최종적 귀속을 조세의 귀착(tax incidence)이라고 한다.

조세부담의 전가(轉嫁)는 일반적으로 전방전가(forward shifting)와 후방전가(backward shifting)로 나타난다.

전방전가(前方轉嫁) 또는 전전(前轉)은 생산자에게 조세가 부과되면 이를 가격인상을 통하여 소비자에게 전가하는 것을 말한다. 컴퓨터를 생산하는 업자에게 조세(법인세 · 소득세 등)가 부과되면 생산자는 컴퓨터의 가격을 인상하는 방법으로 적정이윤을 확보하려고 할 것이다. 대부분의 부가가치세가 그러하듯이 상품을 구입한 소비자에게 조세의 일부 또는 전부를 떠넘기게 된다.

후방전가(後方轉嫁) 또는 후전(後轉)은 생산자가 생산원가를 줄이기 위하여 임금을 낮추거나 근로시간을 연장하거나 원자재의 가격을 인하하는 것을 말한다. 이것은 주로 시장의 구조상 전방전가가 용이하지 않은 때에 이루어진다.

조세의 전가는 이러한 두 가지 형태가 동시에 일어날 수도 있고, 직접세의 일부에서

처럼 전가되지 않는 수도 있다. 그러나 대부분의 간접세에서는 정도의 차이는 있을지라도 항상 전가현상이 일어난다.[10]

4. 조세귀착의 결정요인

조세부과는 공정하고 효율적이어야 한다는 것은 조세가 경제안정기능 외에도 자원배분기능과 소득재분배기능을 수행하기 때문이다. 따라서 부과된 조세가 어떻게 전가되며 누가 최종적인 부담자가 되느냐 하는 분석 없이는 조세정책을 수립할 수 없다.

조세전가론은 경제학뿐만 아니라 재정학에서도 주요 관심사 중의 하나다. 조세의 전가와 귀착에 영향을 미치는 요인은 정치적 · 사회적 · 심리적 요인 등 다양한데, 여기에서는 경제적 요인만을 살펴본다.

생산물에 대하여 물품세(excise tax)를 부과할 때, 생산자와 소비자 간의 조세부담의 배분은 시장구조의 영향을 받는다.[11]

각각 상이한 시장구조의 영향력을 이해하기 위해서는 완전경쟁조건과 불완전경쟁조건으로 나누어 조세전가의 가능성을 단기와 장기로 구분하여 설명하는 것이 필요하다. 그러나 어느 것이든 조세가 어느 정도 생산자로부터 소비자들에게 전가되느냐를 결정짓는 가장 큰 영향력은 소비자들의 그 상품에 대한 수요와 공급의 탄력정도다.[12]

첫째, 수요의 가격탄력성이 작은 재화(생필품)라면 소비자들은 가격의 변화에 비교적 덜 민감하므로 가격인상이 용이하기 때문에 조세의 많은 부분이 소비자에게 전가된다.

---

10 우리나라 조세수입(국세+지방세) 중 간접세의 비중이 2008년부터 다시 높아지기 시작하여 43% 내외를 유지하고 있다. 정부는 '넓은 세원, 낮은 세율'이라는 조세원칙을 따르면서 생긴 부수적인 현상이라고 하지만, 선진국(직접세 : 간접세=7 : 3)에 비하면 서민들의 부담이 커질 수밖에 없다.

11 생산비조건에 따라 비용체감기업일수록 조세전가의 정도가 크다. 그리고 경쟁조건에 따라 경쟁기업의 생산물에 과세하면 한계생산비가 상승되어 조세가 전가되고, 독점기업의 생산물에 과세하면 한계비용의 증가가 독점이윤에 의해 상쇄되어 전가가 일어나지 않는다. 종량세(從量稅, specific duties, unit tax)는 수입상품의 물량을 기준으로 관세를 매기는 것을 말하고, 종가세(從價稅, ad valorem duties)는 수입상품의 가격을 기준으로 일정비율을 관세로 부과하는 것을 말한다. 우리나라는 대부분의 상품에 대하여 종가세 방식의 관세를 적용하고 있다.

12 탄력성(elasticity)은 다른 변수가 1단위 증가함에 따라 어어지는 어떤 변수의 단위당 변화정도를 나타내는 지표다. 수요의 가격탄력성(price elasticity of demand)은 가격이 1단위 증가함에 따라 변화되는 수요의 변화 정도를 말하며, 수요의 소득탄력성(income elasticity of demand)은 소득이 1단위 증가함에 따라 변화되는 수요의 변화 정도를 말한다.

수요의 가격탄력성은 어떤 상품의 가격 변화에 따라 수요량의 변화 정도를 나타내는 지수로, 명품이나 사치품처럼 가격 변화에 비해 수요량의 변화가 상대적으로 크면 탄력적(elastic)이라고 하고, 생활필수품처럼 가격 변화보다 수요량 변화가 상대적으로 작으면 비탄력적(inelastic)이라고 한다.

그림 11-5 조세부담의 귀착

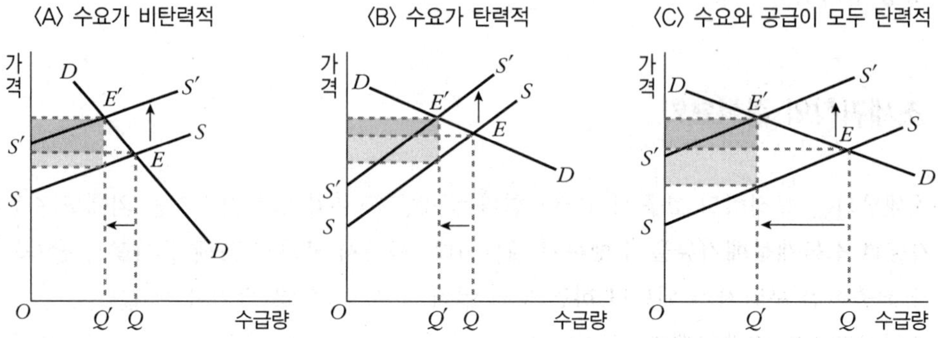

주 : ▇ 부분 = 소비자 귀착분, ▇ 부분 = 생산자 귀착분

가격에 대하여 수요가 비탄력적이고 공급이 탄력적일수록 소비자로의 조세전가가 크다. [그림 11−5]에서 A의 그림은 가격변화의 폭이 수요변화의 폭보다 크다. 따라서 소비자 귀착부분(歸着部分)이 생산자 귀착부분보다 크다.

둘째, 수요의 가격탄력성이 큰 재화(사치품)는 가격인상이 어려우므로 전가가 적다. B에서 보는 바와 같이 소비자들이 가격의 변화에 대하여 민감하다면 가격의 인상은 어렵게 되고, 생산자 또는 판매자가 조세의 많은 부분을 부담해야 하기 때문에 소비자 귀착부분이 생산자 귀착부분보다 작다.

셋째, 수요와 공급이 모두 가격탄력적인 재화는 조세부담을 양자가 비교적 비슷하게 분담한다. C는 과세되는 상품의 공급자와 수요자가 모두 가격의 변화에 대하여 동일한 반응을 보이는 때다. 그러나 조세부과는 거래량을 급격히 하락시키기 때문에 만일 그 재화가 국민경제에서 중요한 역할을 하고 있는 때에는 조세의 부과가 어렵게 된다.

조세귀착의 결정요인을 요약하면 다음과 같다.

첫째, 수요가 가격에 비탄력적이고 공급은 가격에 탄력적인 때 가격상승률은 높다. 즉 생산자로부터 소비자로의 조세부담의 전가가 쉽다.

둘째, 수요는 가격에 탄력적이고 공급은 가격에 비탄력적인 때에는 생산자로부터 소비자로의 조세부담의 전가가 어렵다.

셋째, 수요와 공급이 모두 가격에 탄력적일수록 산출량은 급격히 감소되는 경향이 있다.[13]

13 수요의 법칙(law of demand)은 가격과 수요량이 역의 관계를 나타내는 것을 말한다. 일반적으로 다른 조건

조세의 전가는 소득의 재분배측면에서 중요한 의미를 가진다. 조세를 최종적으로 부담하는 계층이 고소득층이냐 저소득층이냐에 따라 조세가 소득재분배에 긍정적인 효과 또는 부정적인 효과가 결정된다.

조세의 효과는 재화 가격이 조세부과로 변화한다는 가정에 기초하고 있으며, 또 이 가격의 변화는 분석의 대상이 되는 기간을 얼마나 길게 잡느냐에 따라 크기가 좌우된다. 대부분 단기간에 일어나는 가격변화보다는 장기간에 걸쳐 일어나는 가격변화의 폭이 크게 된다.

따라서 조세의 소득재분배 효과를 분석하기 위해서는 귀착의 반응기간 및 조정기간을 고려의 대상에 포함시킬 때 보다 정확하고 구체적인 분석이 가능하다(김동건 외, 1986: 203).

조세의 전가는 산업비용의 구성, 조세의 유형(직접세와 간접세, 종량세와 종가세), 과세지역의 크기 등에 의하여 영향을 받게 된다.

조세가 소득재분배에 미치는 또 하나의 요인으로는 정부가 거두어들인 조세수입을 어디에 어떻게 지출하느냐에 따라 조세의 실질부담자가 달라진다. 예를 들어 조세수입을 사회복지에 사용하는 때와 고소득층을 위한 위락시설의 건설에 사용하는 때 소득재분배 효과는 크게 달라진다.

요컨대 조세가 소득재분배에 미치는 영향을 분석하기 위해서는 부과된 조세의 최종 부담자가 누구인가 하는 귀착분석과 함께 징수된 조세가 누구를 위하여 어떻게 사용되는가에 대한 고려가 동시에 이루어져야 한다.

이 일정하다면 어떤 상품의 가격이 낮아지면 그 상품의 소비가 늘어나고 가격이 높아지면 수요가 줄어든다. 그러나 예외가 있다. 명품은 과시적 소비행태가 작용하여 가격이 오르면 소비가 더 많아지는데, 이러한 현상을 베블린 효과(Veblen Effect)라고 하고 이러한 상품을 위풍재(prestige goods)라고 한다. 반면에 보리값처럼 가격이 하락해도 소득증가로 쌀의 소비로 전환함으로써 오히려 보리의 소비가 줄어드는데, 이러한 재화를 기펜재(giffen goods)라고 한다.

제12장 조세각론

제1절 개인소득세

1. 개인소득세의 의의

소득세는 개인소득세와 법인소득세로 나눌 수 있다. 법인소득세는 「법인세법」에 따라 법인세로 부과되므로, 「소득세법」에 의한 소득세는 개인소득세만을 의미한다.

개인소득세(個人所得稅)란 개인의 소득에 대하여 부과하는 조세를 말한다. 흔히 소득세(income tax)라고 한다. 일정기간에 발생한 소득을 그 종류에 관계없이 합산하여 종합과세하는 것을 원칙으로 한다.

개인소득세(personal income tax)의 이해를 위해서는 우선 소득개념을 살펴볼 필요가 있다. 부담능력을 나타내는 척도로서의 소득은 여러 가지로 정의되고 있으나 그중 가장 널리 이용되고 있는 개념은 헤이그(R. Haig)와 사이먼(Henry C. Simon)의 종합소득(comprehensive income)이다.

- Y (종합소득) = C (일정기간 동안의 소비) + ΔW (부의 증가분)

소득세의 과세대상은 1월 1일부터 12월 31일까지 1년간의 소득금액으로 한다(소득세법 제5조). 연간소득(yearly income)은 소비액(consumption)과 자산(wealth)의 순증가분을 합한 것이다. 부(富)의 증가분은 인적 · 물적 부의 증가분을 모두 포함하며, 종합소득은 근로소득뿐만 아니라 자본소득(이자소득 · 배당소득 · 상속소득 · 임대소득)을 포함한다.

2. 세율구조

소득세가 부담능력의 원칙에 가장 적합한 조세라고 하는 이유는 소득의 크기가 증가함에 따라 적용되는 세율도 높아지는 누진율(累進率)이 적용되기 때문이다.

누진세(progressive tax)란 고소득자에게 적용되는 세율이 저소득자의 소득에 적용되는 세율보다 높아지는 세율구조를 말한다.

누진세는 평균세율(average tax rate)보다 한계세율(marginal tax rate)이 높은 세율구조다. 평균세율은 전체 소득 중 납부하는 총세액의 비율(=총납세액÷총소득×100)이고, 한계세율은 소득의 증가분에 따른 납세액의 증가분(=납세액의 증가분÷총소득의 증가분×100)으로 표시된다.

비례세(proportional tax)는 소비세와 같이 세원의 크기와 관계없이 일정한 세율을 적용하는 세율구조를 말한다. 그러나 소비세는 소비금액에 대하여 일정한 명목세율(nominal tax rate)이 적용된다는 것을 의미하기는 하지만 엄격히 말하면 역진세에 가깝다.

역진세(regressive tax)는 과표의 크기와 적용되는 세율 간에 부(負)의 관계가 있는 세율구조를 말한다. 명목세율의 측면에서 볼 때, 현실적으로 역진적인 조세는 없다. 그러나 소비가 소득에서 차지하는 비중은 소득이 올라갈수록 작아지기 때문에 소비세로 납부하는 금액이 총소득에서 차지하는 비중은 점차 감소하게 된다.[1] 즉 소비세의 명목세율은 비례적이지만 실효세율(effective tax rate)은 역진적이라고 할 수 있다.[2]

3. 한국의 소득세체계

우리나라의 소득세는 크게 종합소득세와 분류소득세로 나눌 수 있다. 종합소득세(綜合所得稅)는 모든 소득을 종합하여 과세하는 조세를 말한다. 소득이 발생하는 원천에 따라 소득을 종류별로 구분하여 과세하는 분류소득세(分類所得稅)와 대비된다.

소득세는 개인의 소득을 종합하여 개인의 담세력(擔稅力)에 일치하는 과세를 할 수 있

---

1 여기에서 말하는 비중은 한계소비성향(marginal propensity to consume) 또는 평균소비성향(average propensity to consume)을 의미한다.

2 실효세율(實效稅率) 또는 유효세율(有效稅率)은 납부한 세액을 세액공제를 하기 전의 과세표준이 되는 소득으로 나누어 나타내는 비율을 말한다. 간접세는 납세자의 실효세율이 조세감면 등 특수한 때를 제외하고는 동일하지만, 직접세는 소득이 높을수록 높게 산출된다.

실효세율=세액÷시장가치

다. 그러나 개인의 소득을 종합한다는 것이 사실상 어렵고, 납세의무자의 종합소득의 신고에 의존하면 번잡과 부정확을 초래하기 쉽다.

분류소득세는 원천별로 소득을 포착하므로 징세가 간편하며 탈세를 방지할 수 있다. 그러나 분류소득세는 개인의 사정이나 담세력을 고려하기 어렵고, 소득종별에 따라 차별적 과세가 되기도 한다.[3]

한국은 일제강점기 때(1934년) 분류소득세제를 취했으나, 1968년 일반소득에 대하여는 종합 소득세제가 도입되어 분류소득세제와 병행하다가 1959년 종합소득세제가 폐지되었다. 1967년 말 세제개혁으로 다시 종합소득세제가 병행 · 실시되고, 1975년부터 소득세제를 종합소득세제로 일원화하였다.

소득은 종합소득, 퇴직소득, 양도소득으로 구분하는데, 그중 종합소득은 해당 연도에 발생하는 이자소득 · 배당소득 · 사업소득 · 근로소득 · 연금소득과 그 밖의 소득을 합산한 것을 말한다(소득세법 제4조 제1항).

종합소득세는 종합소득에서 필요경비를 빼고, 인적공제로서 기본공제, 추가공제(65세 이상 · 장애인 · 6세 이하), 다자녀추가공제, 연금보험료공제, 주택담보노후연금이자비용공제, 특별공제(건강보험료 등) 등을 공제한 금액을 과세표준으로 하여 누진세율을 적용하며, 자진신고납부제도를 채택하고 있다.[4]

인적공제를 허용하는 이유는 소득이 같더라도 부양가족의 수와 구성에 따라 가계비용에 차이가 생겨 조세의 부담능력이 달라지기 때문이다. 이것은 최저한의 생활보장이라는 사회보장의 관점에서나 과세의 공평성이라는 측면에서 정당화된다.

종합소득의 과세표준이 확정되면 세법상의 세율을 적용하여 세액을 산출한다. 이렇게 산출된 세액에서 각종 세액공제를 차감하면 납세액이 된다.[5]

퇴직소득은 퇴직으로 발생하는 소득과 「국민연금법」 또는 「공무원연금법」 등에 따라 지급받는 일시금(부가금 · 수당 등 연금이 아닌 형태로 일시에 받는 것을 포함)을 말하고, 양도소득은 자산의 양도로 발행하는 소득을 말한다(소득세법 제4조).

2015년 12월 국회에서 의결된 세법 개정안 중 소득세 관련 주요 내용은 다음과 같다.

---

3 분류소득세의 대표적인 것은 영국의 보통소득세다. 영국에서는 1842년에 소득세제도를 마련하여 오늘날에 이르기까지 소득을 몇 가지 종목으로 분류하여 과세하고 있다. 그러나 누진적 성격의 보완이라는 이유에서 1910년 이후는 초과소득세(super tax), 1929년 이후에는 부가소득세(sur-tax)라고 하는 종합소득세가 병행하여 실시되고 있는데, 이러한 두 가지를 합한 것이 오늘날 영국의 소득세이다.

4 다자녀추가공제는 2015년 기준으로 자녀가 2명까지는 1명당 15만원, 2명 이상이면 '30만원+2명 초과 1명당 20만원'을 공제한다.

5 세액공제에는 근로소득공제, 재형저축공제, 주택차입금공제, 외국납부공제 등이 있다.

첫째, 2018년 1월부터 종교인이 기타소득과 근로소득 중 선택하여 소득세를 납부할 수 있도록 법률에 과세 근거를 마련하였고, 원천징수 대신 종교인 스스로 신고 · 납부할 수 있도록 하였다.

둘째, 기부금에 대한 세제지원을 강화하기 위해 고액기부금(高額寄附金)의 기준금액을 현행 3000만원에서 2000만원으로 하향조정하고, 고액기부금에 적용되는 세액공제율을 현행 25%에서 30%로 상향조정하였다.

셋째, 대기업 대주주와의 과세형평을 고려하여 중소기업의 대주주에게 적용되는 주식의 양도세율을 현행 10%에서 20%로 상향조정하였다.

넷째, 2016년부터 적용되는 파생상품 양도차액에 대한 양도소득세율(20%)을 대통령령으로 종전 50% 범위에서 인하할 수 있도록 했으나 이를 75% 범위로 인하할 수 있도록 조정(탄력세율 범위 조정)하였다.

다섯째, 개인종합자산관리계좌(ISA: Individual Savings Account)의 가입대상은 근로자 · 개인사업자 · 농어민이며, 5년간 의무적으로 가입하는 것을 원칙으로 하되 청년 또는 총급여 5000만원 이하 근로자(종합소득 3500만원 이하 사업자)의 경우 의무가입기간을 3년으로 할 수 있다. 세제지원은 이자와 배당소득 200만원까지 비과세하고, 200만원 초과분에 대해서는 9%로 분리과세한다.

여섯째, 조합의 출자금 및 예탁금에 대한 배당 · 이자소득에 대한 비과세 적용기한을 종전 2015년에서 2018년으로 연장하고, 2019년 5%, 2020년 이후 9%의 저율로 과세한다.[6]

4. 인플레이션과 누진세

통화량이 늘어나면 물가가 오르고 화폐소득도 높아진다.[7] 만일 물가(物價)와 화폐소득

6 2016년도 소득세의 과세표준 및 세율은 ㉠ 1200만원 이하 6%, ㉡ 1200만원 초과~4600만원 이하 15%, ㉢ 4600만원 초과~8800만원 이하 24%, ㉣ 8800만원 초과~1.5억원 이하 35%, ㉤ 1.5억원 초과 38%이다. 다른 나라의 최고세율(2014년 기준)을 보면 높은 나라는 네덜란드 52.0%, 오스트리아 · 벨기에 · 이스라엘 50.0%, 낮은 나라는 스위스 13.2%, 체코 15.0%, 헝가리 16.0%이다. OECD 평균 36.0%이다(국회예산정책처, 2016 경제 · 재정수첩, 2016.3.31.).

7 인플레이션하에서는 부동산이나 귀금속 등 실물자산의 수요가 급증하고 주식이나 채권 등 금융상품에 대한 수요는 감소한다. 그리고 이자율의 상승을 초래하며 임금노동자의 실질소득이 감소한다.

통화량(money supply)은 시중에 돌아다니는 돈의 유통량을 말하며, 이를 측정하는 지표를 통화지표라고 하는데, 한국의 통화지표에는 통화, 총통화, 총유동성이 있다. 통화(通貨)는 민간이 보유하고 있는 현금에다가 은행의 요구불예금을 합한 것을 말하고, 총통화(總通貨)는 통화에다가 저축성예금과 거주자 외화예금을 합한 것을 말하며, 총유동성(總流動性)은 총통화에 비통화금융기관 예수금, 금융채권 발행액, 상업어음 매

(貨幣所得)이 같은 비율로 상승한다면 실질소득(實質所得)에는 변화가 없다. 그러나 소득세에는 누진세율이 적용되기 때문에 화폐소득의 상승에 따라 소득구간이 높아지게 되어 실질적인 세금부담이 늘어난다. 즉 화폐소득의 상승이 실질소득의 감소를 초래한다.

예컨대 〈표 12-1〉에서 어떤 사람의 전년도 연간소득이 1000만원이었다면 13.71%의 평균세율이 적용되어 137만원의 세금을 납부하게 된다. 현 연도에 50%의 물가상승이 있었기 때문에 화폐소득도 50% 늘어나 연간소득이 1500만원이 되었다고 하면 1년 동안 그 사람의 소득수준에는 변화가 없다.

그러나 소득세율은 누진적이기 때문에 소득 1500만원에 대한 세금은 17.95%가 적용되어 269만원이 된다. 따라서 현 연도의 가처분소득은 1231만원이지만 소득이 높아짐에 따라 적용되는 세율이 높아져 실질적인 소득은 오히려 63만원이 감소한 셈이다. 구매력의 증가를 동반하지 않는 화폐소득의 상승이 실질소득의 감소를 가져온 것이다.

소득세의 이러한 효과는 물가안정을 위한 자동안정화의 역할을 담당한다는 긍정적인 측면이 없는 것은 아니다. 그러나 인플레이션이 국민의 조세부담을 늘려가면서 정부의 조세수입을 늘리는 수단으로 사용될 수도 있다.

표 12-1 인플레이션에서의 누진세율의 변화

	전년도	현 연도
연간소득	1000만원	1500만원
물가지수	100	150
적용세율	13.71%	17.95%
납세액	137만원	269만원[1)]
과세후 가처분소득	863만원	1231만원
2006년도 기준	863만원	800만원[2)]

주 : 1) 269만원=1500만원×17.95%
2) 800만원=1231만원−(863만원×50%)

물가상승과 관련하여 최근에는 근원인플레이션(core inflation) 또는 핵심물가상승률이라는 개념이 사용되고 있다. 이것은 학문적으로 정형화된 개념이라기보다는 거시경제정책 수립과 집행을 위한 기초자료로 활용하기 위하여 만든 것인데, 일반적으로 예상치 못한 일시적 외부충격에 의한 물가변동분을 제거한 후 산출되는 장기적인 물가상승률을 말한다.

출액, 양도성 예금증서 발행액, 환매채 매도액을 합한 것을 말한다.

경기위축 상황에서 외부 충격요인에 의해 물가가 상승할 때 통화정책을 긴축적으로 운용하는 것은 오히려 경제에 악영향을 줄 우려가 있기 때문에 인플레이션목표제도[8]의 운영 등 각국에서는 일반적인 소비자물가상승률 외에 근원인플레이션을 활용하고 있다.[9]

근원인플레이션은 일반적으로 소비자물가지수에서 곡물을 제외한 채소 · 과일 등과 같이 계절적 요인에 따라 작황이 영향을 받는 농산물과, 가격 급등락이 심한 석유류 등을 제외하고 산출한 물가지수를 말한다.

5. 소득세의 경제적 효과

소득세가 경제적 효율성의 측면에서 바람직하다는 것은 앞에서 살펴본 바와 같다. 물론 소득세의 부과는 근로의욕을 감퇴시켜 노동 대신 여가를 선호하게 하는 동시에 저축보다 소비를 조장한다는 측면이 있으나, 일반적으로 소득세는 다른 조세에 비하여 시장의 자원배분기능을 덜 왜곡시키고 경제적 중립성이 높은 조세라고 할 수 있다.

그리고 소득세는 공평원칙에 비추어 보면, 소득이 조세부담능력을 비교적 정확하게 표시하므로, 공평성을 달성하는 데 기여한다.

소득세는 국민의 소득수준과 소득계층분포에 상응하는 타당하고 적절한 과세최저한을 책정하면서 누진세율을 적용할 뿐만 아니라 동일한 소득을 가진 가계(家計)라도 가족의 수, 장애인 유무, 교육비 등의 차이에 따라 부담능력이 다를 수 있다는 사실에 착안하여 각종 인적공제 및 필요경비의 공제를 하고 있다.

소득세는 누진세율을 적용하기 때문에 경기가 활발할 때는 조세를 많이 징수하여 경기를 진정시키고, 경기가 침체되었을 때는 조세를 적게 징수하여 경기를 활성화시키는 재정의 자동안정화기능을 수행한다.

또한 소득세는 세율의 적정화를 통하여 정부활동의 소요재원을 조달하기가 쉽고, 이론적으로는 최적의 조세요건을 갖추었다고 할 수 있다.

8 인플레이션목표제도(inflation targeting)는 인플레이션을 일정수준으로 유지하는 것을 중앙은행 통화정책의 최종목표로 설정하고 공개시장조작 등 각종 수단을 통하여 이를 달성하고자 하는 정책운용방식이다.

9 미국 노동성에서도 소비자물가지수에서 에너지와 식료품을 제외한 지수를 근원인플레이션이라는 이름으로 소비자물가지수와 함께 매달 발표하고 있다. 한국은 2000년 이후 근원인플레이션을 중앙은행 물가안정목표제도의 대상지표로 사용 중이며, 소비자물가에서 곡물 이외의 농산물과 석유류의 가격변동분을 제외한 근원인플레이션을 측정하여 통계청에서 소비자물가와 더불어 매달 발표하고 있다.

6. 부의 소득세

부(負)의 소득세(negative income tax)는 1960년대 이후에 조세이전지출(tax-transfer plan)의 일환으로 등장한 개념으로서, 과세최저한(課稅最低限) 이하의 저소득자에 대하여 과세하지 않는 데 그치지 않고 오히려 소득보장급부를 증가시키는 제도다. 우리나라의 근로장려금제도와 비슷하다.[10]

부의 소득세의 공통요소는 ㉠ 최저보장 소득수준, ㉡ 소득의 수지균형점, ㉢ 과세 전 소득에 부과하는 부의 소득세율, ㉣ 소득 세 적용점 등이다.

소득세에서는 과세최저한 이하의 소득자에게 세제상 어떤 혜택이 없으나, 부의 소득세에서는 최저소득을 보장하게 된다. 공적부조제도는 개인소득이 과세최저한에 미달하면 그 미달분을 정부가 보조해 주기 때문에 근로의욕이 저하되기 쉽다. 그러나 부의 소득세에서는 과세최저한 이하의 소득자에게 그 미달분을 일정한 비율에 따라 지급하기 때문에 근로하면 소득이 증가하게 된다. 따라서 근로의욕이 저하되지 않는다.

〈표 12-2〉에서 과세최저한 이하의 소득자에게는 소득금액의 일정비율(50%)을 3000달러에서 공제한 나머지 금액을 지급한다. 즉 1000달러 소득자에게는 소득보장금액 3000달러에서 500달러(1000×0.5)를 제외한 2500달러를 지급한다. 그러면 과세 전 소득(A) 1000달러와 부의 소득세(B) 2500달러를 합하여 과세 후 소득(A+B)은 3500달러가 된다.

그림 12-1 부의 소득세

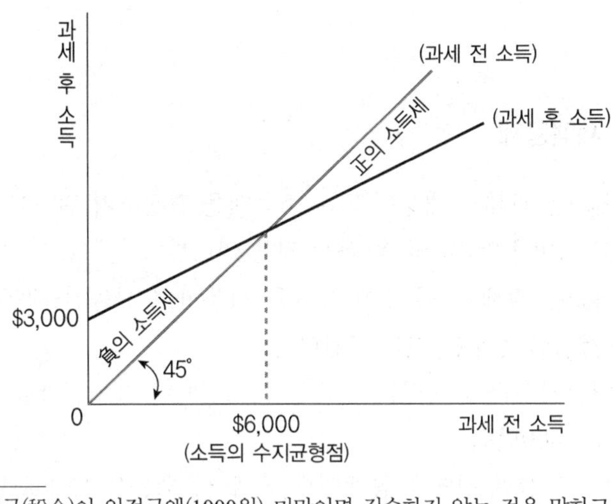

10 과세최저한은 세금(稅金)이 일정금액(1000원) 미만이면 징수하지 않는 것을 말하고, 면세점은 소득(所得)이 일정금액 미만이면 과세 자체를 하지 않는 것을 말한다.

표 12-2 부의 소득세 부과의 효과 (단위 : 달러)

과세 전 소득(A)	부의 소득세(B)	과세 후 소득(A+B)
0	3000	3000
1000	2500	3500
2000	2000	4000
3000	1500	4500
4000	1000	5000
5000	500	5500
6000	0	6000
7000	正의 소득세	7000－소득세액

주 : 수지균형점(Break-even point) 6000달러, 소득보장금액 3000달러, 부의 소득세율 50%.

2000달러 소득자에게는 소득보장금액 3000달러에서 1000달러(2000×0.5)를 제외한 2000달러를 지급한다. 그러면 과세 전 소득 2000달러와 부의 소득세 2000달러를 합하여 과세 후 소득은 4000달러가 된다.

근로소득이 6000달러인 때에는 부의 소득세(3000달러)와 정의 소득세(6000×0.5=3,000)가 상쇄되어 소득의 수지균형점이 된다.

이와 같이 부의 소득세는 통상의 소득세와 공적부조제도의 결함을 동시에 해결하고 양자의 기능을 수행하려는 것을 그 목적으로 한다. 그러나 문제는 방대한 예산이 필요하고 또 고도의 세무행정기술이 필요하다는 것이다.

7. 근로장려금

1) 소득공제와 세액공제

소득공제(所得控除)는 과세의 대상이 되는 소득액을 결정하기 위하여 총소득에서 법으로 정해진 공제액(교육비와 의료비 등)을 빼는 것을 의미한다.

세액공제(稅額控除)는 과세소득금액에 세율을 적용하여 산출된 세액에서 일정금액을 공제한 후 납부할 세금을 정하는 것을 말한다.

- 연금계좌 : 연금저축과 퇴직연금 전액을 공제했으나 세액공제율을 12%로 변경하고, 공제한도는 400만원
- 보장성보험료 : 보험료 전액을 공제했으나 세액공제율을 12%로 변경하고, 공제한도는 100만원

- 의료비 : 연간 총급여의 3% 초과분이었으나 세액공제율을 15%로 변경하고, 공제 한도는 700만원
- 교육비 : 본인의 전액을 공제하고 대학생은 900만원, 초중고생은 300만원이었으나 세액공제율을 15%로 변경
- 기부금 : 법정기부금 전액과 지정기부금은 소득금액의 30%였으나 세액공제율을 15%로 변경

세제개편(2014년)에 따라 연말정산방식이 소득공제에서 세액공제로 바뀌었다. 그 결과 중산층 이상의 세금은 올라갔지만, 그 이하 계층의 세금은 늘지 않았을 뿐만 아니라 세금을 한 푼도 내지 않는 계층이 대폭 늘어났다. 정부는 당시 세법 개정 취지에서 과세 사각지대를 해소하기 위함이라고 했지만, 모든 국민이 세금을 내야 한다는 국민 개세주의(皆稅主義) 원칙에서 더 멀어지고 말았다.[11]

2) 최저생계비

최저생계비(最低生計費)는 국민이 건강하고 문화적인 생활을 유지하기 위해 필요한 최소한의 비용으로(국민기초생활보장법 제2조), 현재 우리나라의 빈곤 기준이다. 물가인상분과 생활형태의 변화 등을 고려하여 정부(보건복지부 중앙생활보장위원회)가 매년 9월 1일까지 다음 해의 최저생계비를 정한다.

다만 3년에 한 번씩은 2만 2000가구를 대상으로 생활실태조사를 하는데, 각 품목에 대해 최소한의 합리적 소비를 할 때 얼마가 드는지를 계산하여 최저생계비를 정한다.[12]

이런 방식은 자의성이 개입될 수 있고, 결정된 액수는 건강하고 문화적인 최저생활비(最低生活費)가 아닌 최저생존비(最低生存費)에 불과하다는 비판을 받고 있다. 상대적 빈

---

11 국세청에 따르면 우리나라 2014년 기준 근로소득자(1619만명)의 48%(←2013년은 31%)가 근로소득세를 한 푼도 내지 않았다. 우리나라의 소득세 비율은 2013년 기준 GDP 대비 3.7%로 OECD 평균(8.6%)에 미치지 못하고 있다. 이에 대해 국회는 면세자 비율을 선진국 수준(20~30%)으로 낮추라고 정부에 요청한 일이 있다. 이에 대해 정부는 경기가 회복되어 소득이 늘어나게 하는 것이 면세자 비율을 낮추는 최선의 방법이라고 하였다.

12 최저생계비 계측의 비목별 품목수(372개)와 전체금액 대비 비율은 ㉠ 식료품비 97개(37.7%), ㉡ 주거비 6개(15.8%), ㉢ 광열수도 5개(7.4%), ㉣ 가구집기 79개(2.9%), ㉤ 피복신발 84개(4.1%), ㉥ 보건의료 5개(4.5%), ㉦ 교육 23개(4.7%), ㉧ 교양오락 20개(1.9%), ㉨ 교통통신 19개(10.2%), ㉩ 일상소모품 28개(5.9%), ㉪ 비소비 6개(4.8%) 등이다. 우리나라의 최저생계비는 4인 가족 기준 2014년 163만원 → 2015년 166만원 → 2016년 175만원이었다.

곤선을 도입하는 방안이 모색되고 있는 것으로 알려지고 있다.[13]

현재 최저생계비 계측은 절대적 빈곤선 방식(전물량방식)으로 하고 있는데, 생활필수품의 장을 보듯이 필요한 품목을 바구니에 골라 담아 각 품목의 가격을 더하는 계산방식이라고 하여 '마켓 바스켓(market basket)' 방식이라고 한다.

최저생계비는 기초생활보장 대상자의 선정 및 급여의 기준으로 활용된다. 현재 각종 복지사업의 대상이 되는 빈곤층은 기초생활수급자와 차상위계층이다.

보건복지부의 중앙생활보장위원회는 매년 가구형태별로 최저생계비를 결정한다. 이는 소득이 전혀 없는 수급자에게 현금으로 지급할 수 있는 최대상한액으로 최저생계비에서 현물로 지급되는 것(의료비 · 교육비 · TV수신료 등)을 뺀 금액이다. 현금급여 기준에서 해당 가구의 소득인정액을 차감한 금액을 매달 생계급여 및 주거급여로 지급한다.

기초생활보장 수급자격은 소득기준과 부양의무자기준을 동시에 충족해야 한다. 소득기준은 소득인정액(월소득 평가액+재산의 월소득 환산액)이 최저생계비 이하다. 부양의무자기준은 부양의무자(직계혈족과 그 배우자)가 없는 때 또는 부양의무자가 있더라도 부양능력이 없거나 미약하여 부양을 사실상 받을 수 없는 때다.

최근 수급자가 감소하기 시작한 것은 재산과 소득을 통합 관리하는 사회복지통합관리망(행복 e음)을 2010년부터 본격적으로 가동하면서 그동안 제대로 관리하지 못한 수급대상자의 소득과 재산 정보를 통합하여 관리하기 때문이다. 특히 소득을 제대로 파악하지 못한 일용직 근로자의 소득 자료를 국세청이 제공하면서 탈락자가 많이 나타났다.[14]

---

13 빈곤선(poverty line)은 적절한 생활수준을 유지하기 위해 필요한 최소한의 소득수준을 말하며, 계측방식에 따라 절대적 빈곤, 상대적 빈곤, 주관적 빈곤으로 나눌 수 있다.

절대적 빈곤은 사회 전체의 소득분포와 관계없이 최저라고 생각되는 어떤 수준을 정하고 경제력이 이 수준에 미달하면 빈곤을 정의한다. 절대적 빈곤의 측정방식은 생활필수품을 선정하여 각각의 가격을 화폐가치로 환산하여 종합하는 전물량방식(market basket)과, 최저식료품비를 산정하고 여기에 엥겔계수의 역수를 곱하여 산출하는 반물량방식(engel)으로 구분된다.

상대적 빈곤은 사회 전체의 소득분포를 대표하는 값의 일정비율을 빈곤선으로 정하고 이 수준에 미달하면 빈곤으로 정의한다. 빈곤 및 불평등 관련 국제비교에 활용되며, 선진 복지국가에서는 소득 양극화에 따른 사회문제 해결을 위해 빈곤대책의 기준으로 활용한다. OECD는 상대적 빈곤율을 1인 및 농가를 포함하여 전체 가구의 가처분소득 기준 중위 50% 이하로 정의한다.

주관적 빈곤은 측정자가 개별적으로 질문지를 돌리거나 본인의 판단에 기초하여 최저생계비를 추정한다. 사회의 지배적인 의견을 빈곤선 설정에 이용하는데, 적은 수의 표본을 이용하기 때문에, 그리고 질문지의 문항을 어떻게 해석하느냐에 따라 추정치의 표준오차가 크다.

우리나라는 매년 정부에서 빈곤율(2인 이상 전가구 기준)을 발표하는데, 2013년 기준 절대적 빈곤율(최저생계비 이하)은 5.9%, 상대적 빈곤율(중위소득의 50% 미만)은 11.7%였다. 글로벌 금융위기 이후 상류층(중위소득의 150% 이상)의 비율은 큰 변화 없이 20% 수준이고, 빈곤층(중위소득의 50% 미만)의 비율은 계속 높아지고 있다. 빈곤층이 늘면서 중산층(중위소득의 50~150%)은 줄어들고 있다.

14 최저생계비의 개념은 본래 '요람에서 무덤까지'로 상징되는 베버리지보고서(William Henry Beveridge)의

빈곤층의 증가는 외환위기 이후 비정규직 근로소득의 불안정성, 숙련 편향적인 기술변화, 고령화로 인한 노인가구의 증가, 편부모가구의 확대, 핵가족화 등으로 소득불평등이 확대되었기 때문이다. OECD의 한국경제보고서(2012.4.26.)에 따르면 한국경제가 당면한 두 가지는 불평등과 상대적 빈곤의 확대, 급격한 노령화로 인한 잠재성장률 둔화다.

영세 자영업자와 무직자 등 저소득층의 소득을 높이기 위해 직업훈련과 사회안전망 확대 등 정책적 뒷받침이 필요하다. 그리고 취약계층에 대해서는 대상별로 차등화되고 효과적인 대책을 지속적으로 재검토하고 수정해야 한다.

3) 근로장려금

근로장려금은 일하는 저소득층에게 근로소득에 따라 장려금을 지급하는 것으로, 일종의 마이너스 소득세제라고 할 수 있다.

근로장려세제(EITC : Earned Income Tax Credit)는 본래 1975년 포드(Gerald Rudolph Ford) 행정부가 사회보장의 일환으로 채택하였다. 즉 일을 하지만 소득이 낮은 일정요건을 갖춘 납세자에게 정부가 소득을 보조(work bonus)하기 위하여 시작하였다. 그 후 소득재분배의 목적과 근로의욕 감소를 해결하려는 목적으로 확대되었다.

미국의 EITC 자격요건은 ㉠ 저소득 근로자 또는 영세자영업자, ㉡ 근로소득이 일정수준 이하인 자, ㉢ 19세 미만의 자녀가 있는 자(전업 학생은 24세 미만, 장애인 자녀는 나이 불문), ㉣ 일정수준 미만의 자산소득자 등이다.

미국의 EITC는 긍정적 효과와 부정적 효과를 동시에 갖고 있는 것으로 평가되고 있다. 전반적으로 노동참가율이 높아졌고, 저소득층의 소득증대에도 기여한 것으로 알려지고 있다. 그러나 부정적 효과는 추가 노동공급시간을 늘리지 못했다는 것이다. 소득증가로 인해 현재의 근로자의 추가 노동공급의 의사결정은 소득효과와 대체효과가 각각의 상대적 크기에 의하여 결정되기 때문이다.

소득효과는 소득증가로 더 많은 여가를 즐기고, 노동공급을 줄이는 결과를 초래한 것을 의미하고, 대체효과는 감소된 노동공급의 보상을 위해 추가 노동공급시간을 늘리는

발표(1942년)에서 비롯되었다. 이것은 무상의료 서비스, 실업급여 제공, 자녀수에 따른 최저생계비 지원 등을 담고 있다. 제2차 대전 당시 궁핍한 국민을 구제하기 위한 방안으로 채택되었고, 노동당이 1945년부터 적극적으로 추진하면서 영국 노동당의 복지정책의 뿌리가 되었다. 그러나 노동당도 1970년대부터는 보편적 복지정책을 선별적 복지정책으로 전환하고, 1990년대부터는 생산적 복지를 강조하는 제3의 길을 모색하고 있다.

것을 의미한다.

우리나라가 근로장려금제도를 도입한 배경은 저소득층(차상위계층)이 빈곤층으로 전락하는 것을 막기 위함이다. 차상위계층은 사회보험료를 납부하기 어려운 형편이고, 기초생활보장을 받지 못하고 있는 계층으로, 이들이 빈곤층으로 전락하는 것을 예방하려는 것이다. 희망키움통장, 희망플러스통장, 내일키움통장 등도 일종의 근로장려금제도라고 할 수 있다.

그리고 2015년부터 시작된 자녀장려금제도(CTC : Child Tax Credit)는 결혼을 장려하고 여성 취업을 늘리기 위하여 운영하고 있다.[15]

4) 기초연금제도

(1) 기초연금제도의 의의

1988년부터 국민연금제도가 시행되고 있지만 이에 가입하지 않은 사람이 많고 가입했더라도 그 기간이 짧아 연금만으로는 생활을 유지하기 어렵다. 이에 따라 2014년 5월 20일 「기초연금법」이 제정되어 2014년 7월 1일부터 시행되고 있다. 기초연금제도의 목적은 정기적이고 안정적인 소득기반 제공을 통한 노후 소득보장이다. 기존의 「기초노령연금법」은 폐지되었다(basicpension.mohw.go.kr).

(2) 기초연금 수급대상자

기초연금 수급대상자는 만 65세 이상이고 우리나라 국적을 가지고 있으며 주민등록이 되어 있는 자 중 가구의 소득인정액(월소득 평가액+재산의 월소득 환산액)이 산정기준

---

15 희망키움통장은 기초생활보장 수급자가 근로하면서 매월 일정금액(5~10만원)을 저축하여 3년 안에 탈수급자가 되었을 때 저축액의 2배를 지급하는 것을 말한다.

희망플러스통장은 일하는 저소득층 가족이 월 5~20만원씩 3년 동안 저축하면 서울시와 민간기업 등의 후원자가 동일한 금액을 추가로 통장에 입금시켜 주는 방식이다.

내일키움통장은 기초생활보장 수급자 또는 차상위계층이 자활근로사업단에 3개월 이상 성실하게 참여하고 매월 일정금액을 적립하면서 3년 안에 취업하면 적립금(내일키움장려금과 내일키움수익금 등)을 지원하는 것을 말한다.

2015년 기준 근로장려금은 ㉠ 60세 이상 단독가구가 연 1300만원 미만 소득이면 최대 70만원, ㉡ 홑벌이 가구가 연 2100만원 미만 소득이면 최대 170만원, ㉢ 맞벌이 가구가 연 2500만원 미만 소득이면 최대 210만원을 지급한다. 세부조건으로 재산이 1억원 이상~1.4억원 미만이면 50%만 지급한다. 배우자 소득이 300만원 이상인 경우만 맞벌이로 인정한다.

자녀장려금은 부양자녀가 있는 가구로 총소득이 연 4000만원 미만(부부합산)이면 자녀 1인당 50만원을 지급한다. 부양자녀는 18세 미만, 연소득 100만원 이하로 제한된다.

국세청 자료(2015.4.30.)에 따르면 근로장려금과 자녀장려금 지급대상이 253만 가구, 총지급액은 2.2조원(추정)이었다.

액(소득 하위 70%) 이하인 자다.

직역연금(공무원 · 사학 · 군인 등)의 수급권자와 배우자는 기초연금 수급대상에서 제외된다. 다만 이러한 수급권자로서 기존에 기초노령연금을 받던 사람이 기초연금을 받게 되는 경우 기존에 받던 기초노령연금과 비슷한 수준(10만원)을 기초연금액으로 받는다.

(3) 기초연금 급여액

기초연금액은 국민연금이나 직역연금의 수급권이 없는 무연금자는 20만원으로 산정하고, 국민연금 수급권자는 월 연금액 등에 따라 10~20만원으로 산정한다.

기초연금 수급으로 인해 발생할 수 있는 불공평성 문제(소득 역전)를 해결하기 위해 소득인정액과 기초연금 산정액을 합한 금액이 산정기준액 이상인 경우 기초연금액의 일부를 감액한다. 이것은 만일 소득인정액이 85만원인 사람이 10만원의 기초연금을 받는다면, 기초연금을 받지 않는 소득인정액이 88만원인 사람보다 오히려 소득이 많아지게 되기 때문이다.

기초연금의 재원은 조세수입이다. 국가부담비율은 지방자치단체의 재정 자주도와 노인인구비율에 따라 다르다(기초연금법 시행령 제23조 제1항 관련).

5) 기초생활보장제도

기초생활보장제도(基礎生活保障制度)는 소득이 최저생계비 이하인 절대빈곤가구가 최소한의 인간다운 생활을 할 수 있도록 돕고 자립과 자활을 지원하는 제도로, 프리드먼이 제안한 저소득층 소득 보조를 위한 마이너스 소득세제(negative income tax system)에 근간을 두고 있다. 기초생활수급자에게는 네 가지 급여(생계 · 주거 · 의료 · 교육)가 지원된다. 기초생활수급자 선정기준과 지원내용은 매년 개편되고 있다.[16]

---

16 보건복지부 중앙생활보장위원회(2015.4.25.)는 기초생활수급자를 선정하는 소득기준을 최저생계비(2015년 4인 가구 기준 167만원)에서 중위소득으로 바꾸고, 중위소득 50% 이하 가구의 소득에 따라 생계 · 주거 · 의료 · 교육 급여를 별도로 지급하기로 하였다. 기존에는 가구당 소득이 최저생계비보다 1원이라도 많으면 모든 급여 지원이 끊겼다. 그래서 기초수급자가 일자리를 구해 소득을 얻기보다 차라리 기초수급자로 계속 남아 있으려 하는 등 자립을 기피하는 현상을 부추긴 측면도 있었다. 이러한 폐단을 줄이고 수급자의 소득에 맞춰 필요한 지원을 계속하겠다는 것이 제도 개편의 취지다.

중위소득은 전국 가구의 소득을 한 줄로 세웠을 때 맨 가운데에 해당하는 값으로, 보통 중위소득의 50~150%에 해당하는 가구를 중산층으로 본다. 통계청이 발표한 2014년 4인 가구 기준 중위소득은 404만원, 2015년은 422만원이었다. 2015년도 중위소득 기준은 1인 가구 156만 2337원, 2인 가구 266만 196원, 3인 가구 344만 1364원, 4인 가구 422만 2533원, 5인 가구 500만 3702원, 6인 가구 578만 4870원이었다.

2015년 7월부터 적용되는 기초생활수급자의 선정기준(월 소득)과 지원내용(4인 가족 기준)은 다음과 같다. ㉠ 생계급여 : 중위소득 28%인 자(118만원=422×0.28)에게 평균 36.8만원 현금 지급, ㉡ 주거급여 :

제2절 법인소득세

1. 법인소득세의 의의

법인소득세(法人所得稅)는 기업을 하나의 법인(legal person)으로 간주하고 기업의 소득에 대하여 부과하는 조세이다. 흔히 법인세라고 한다. 법인세의 납세의무는 내국법인과 국내원천소득이 있는 외국법인이다. 여기에서 내국법인은 국내에 본점이나 주 사무소 또는 사업의 실질적 관리장소를 둔 법인을, 외국법인은 외국에 본점 또는 주 사무소를 둔 법인을 말한다(법인세법 제1조).

법인소득세(corporation income tax)는 기업의 총수입에서 실질경비를 우선 차감하고, 감가상각 및 설비투자에 대한 특별공제 등을 하고 난 후의 기업의 순수익에 대하여 과세한다. 개인소득세에서 개인당 얼마씩을 공제하는 인적 공제는 법인세에서는 허용되지 않는다(김동건, 1984: 282).

법인의 소유주는 주식소유자임에도 불구하고 자연인 차원에서 소득세(개인소득세)가 부과되지 않고 법인 차원에서 소득세(법인소득세)가 부과되는 것은 다음과 같은 이유에서 정당화되고 있다(김동건 외 3인, 1986: 238; Pechman, 1977: 123~125).

첫째, 법인의 소유주는 결국 자연인으로 귀착되나 실정법상 대부분의 경우 법인은 소유와 경영이 분리되어 있어 자연인과는 별도로 독자적인 경제행위를 할 수 있다. 따라서 정부는 국민경제에 중대한 영향을 미치는 법인에 대하여 자연인과는 별개의 차원에서 조세를 부과하고 법인세 부과를 통하여 통제할 필요가 있기 때문이다.

둘째, 만일 법인세가 없다면 법인이 이윤배당을 하지 않고 사내이윤(社內利潤)의 형태로 남겨 두는 때에는 과세대상이 없게 된다. 이러한 법인소득도 결국은 주식소유주인 자연인의 실질적인 소득이므로 과세되어야 한다.

셋째, 법인세는 측정하기가 쉽고, 비법인의 수에 비하여 법인의 수가 적기 때문에 조세의 부과 · 징수 · 규제가 쉽다는 조세행정상의 이점이 있다.

중위소득 43%인 자(182만원=422×0.43)에게 평균 10.9만원 현금 지급(지역별 기준임대료에 따라 차등 지급), ㉢ 의료급여 : 중위소득 40%인 자(169만원=422×0.40)에게 본인 부담이 거의 없는 필수의료 서비스, ㉣ 교육급여 : 중위소득 50%인 자(211만원=422×0.50)에게 수업료와 교과서 비용 등 지원.

그러나 법인세는 다음과 같은 문제가 있다(김동건 외, 1986: 240~241).

첫째, 법인세는 법인이 생산 · 판매하는 재화나 용역의 가격인상의 형태로 그 대부분이 소비자에게 전가된다. 따라서 고소득층인 법인의 주식소유주가 부담하게 된다는 일반적인 인식과는 달리 저소득층에게 실질적 부담이 전가되는 역진적 조세다.

둘째, 법인세는 법인의 이윤을 감소시키게 되는데, 그것이 배당이윤의 감소나 주식가격의 하락으로 이어져 결국은 주식소유자들에게 조세부담이 귀착된다.

우리나라의 법인세율(2016년)은 과세표준에 따라 3단계로 되어 있다. 즉 ㉠ 1회계연도 동안의 법인소득 2억원 이하 10%, ㉡ 2억원 초과~200억원 이하 20%, ㉢ 200억원 초과 22%다.

우리나라의 법인세 최고세율(22%)은 OECD 회원국 가운데 비교적 낮은 수준이다. 더구나 기업의 고용과 투자를 촉진하기 위하여 정부가 각종 조세감면과 비과세 혜택을 제공하고 있어 대기업들의 법인세 실효세율(16%)은 더 낮아진다. 물론 해외사업장에서 먼저 납부한 세금을 공제해 주고 있기 때문에 국내에서 낸 것만 보면 실효세율이 낮게 보일 수도 있다. 기업 입장에는 국내외를 막론하고 모든 사업장에서 세금을 부담하고 있다.[17]

글로벌 금융위기 이후 법인세를 낮추는 나라가 많아졌다. 법인세를 낮추는 것은 세계경제가 침체에서 벗어나지 못하면서 각국 정부가 기업부담을 줄여 경기를 활성화하기 위함이고, 또 글로벌 기업들이 법인세가 낮은 나라로 본사를 옮기는 것을 예방하기 위함이다.[18]

---

17 각국의 법인세율 최고세율(2015년 기준)을 보면, 미국 35%, 일본 32.1%, 호주 30%, 독일 29.7%, 한국 22%, 영국 20%, 아일랜드 12.5%, EU 평균 22.2%, OECD 평균 24.8%, 아시아 평균 21.9%, 세계 평균 23.7%다.

우리나라의 1990년대 이후 최고 법인세율 변화 추이를 보면, 노태우 정부(1991년 34%), 김영삼 정부(1993년 32% → 1994년 30% → 1995년 28%), 김대중 정부(2002년 27%), 노무현 정부(2005년 25%), 이명박 정부(2009년 22%) → 박근혜 정부(22%).

우리나라 59만여 개 법인세 신고대상 법인(2014년 기준) 가운데 최소 10억원의 법인세를 낸 기업은 전체의 0.53%(3101개) 뿐이고 이 기업들이 전체 법인세의 78.4%를 냈다. 이익을 내지 못했다는 이유로 전체 법인의 47%는 법인세를 한 푼도 내지 않았다. 상위 10개 대기업이 내는 법인세가 전체의 17.1%를 차지할 정도로 부담이 편중되어 있다.

2016년도 법인세는 52조원에 달한다. GDP 대비 법인세 비중은 3.6%(OECD 평균 3.3%)였고, 전체 세수 대비 법인세 비중(2013년 기준)은 14.0%(OECD 평균 8.5%)였다.

18 OECD 회원국 중 글로벌 금융위기 이후 법인세를 더 낮춘 나라 18개국, 올린 나라 6개국, 그대로 유지하고 있는 나라 10개국이다. 법인세를 올린 6개국(멕시코, 헝가리, 칠레, 아이슬란드, 그리스, 슬로바키아)은 재정위기에 빠진 적이 있던 나라들이다.

2. 법인세의 경제적 효과

법인세 수입은 전체 국세수입에서 매우 높은 비중을 차지하고 있을 뿐만 아니라 법인의 경제행위의 선택에 광범위한 영향을 미친다.

첫째, 법인세 부과는 법인의 투자재원의 조달방법에 영향을 미친다. 즉 자기자본의 확대를 통하여 자금을 조달하기보다는 타인자본에 의존하게 한다. 법인세는 기업의 총수입에서 실질경비와 감가상각비 등을 공제한 순수익에 대하여 부과하는데, 타인자본의 이용에 대한 이자의 지급도 비용으로 공제되기 때문에 법인세를 줄이기 위하여 타인자본(부채)에 의한 자금조달을 선호하게 된다.

둘째, 법인세 부과는 법인의 투자수준과 그 종류를 결정하는 주요 요인으로 작용한다. 법인세는 기업의 순수익률을 저하시키기 때문에 투자의욕을 감소시키는 방향으로 영향을 미칠 수 있다.

제19대 국회 동안 야당(더불어민주당)은 법인세 인상을 추진했으나 의석수 부족으로 상임위원회(기획재정위원회) 문턱도 넘지 못했다. 야당은 과세표준 500억원 초과구간을 신설하여 최고법인세율을 25% 적용하자는 것이었다.

그러나 다시 20대 국회의원 선거에서 법인세 최고세율을 25%로 인상하는 것을 선거공약으로 제시하였다. 일자리 창출과 복지에 필요한 막대한 재원을 조달하려면 증세가 불가피한데, 이를 위해 법인세 인상이 필요하다는 것이다. 여소야대(與小野大)인 20대 국회에서는 현재 야당(더불어민주당과 국민의당)은 조세부담률을 높이고, 특히 대기업에서 세금을 더 걷어야 한다고 주장하고 있다. 더불어민주당은 법인세 과세구간을 나눠 최고과세구간의 세율이 올라도 중견 및 중소기업은 부담이 늘지 않게 하겠다는 것이다.

이에 대해 정부와 기업은 경기가 위축된다며 반대하고 있다. 세제(稅制)를 만드는 기획재정부는 기업의 세금 부담이 늘어나면 다른 비용을 줄이기 위해 신규 투자나 채용에 인색해질 수밖에 없다는 것이다. 그렇게 되면 세율을 올리더라도 세수가 늘어나지 않는다는 입장이다.

대체로 GDP 대비 수출비중이 높은 나라일수록 법인세율이 낮다. 수출비중이 높은 나라는 수출상품의 가격경쟁력을 높이고 기업들이 해외로 본사를 옮기지 않게 하기 위하여 법인세를 낮추는 경향이 있다. 수출비중이 52%인 우리나라의 법인세율(22%)은 경쟁국가들의 평균 법인세율(20.3%)보다 이미 높기 때문에 추가 세율을 올리면 기업부담이 커져 수출경쟁력이 떨어질 가능성이 있다는 것이다. 또 법인세가 기업에 부과하는 세금이지만 결국은 근로자와 소비자에게 전가하게 된다는 것이다.[19]

3. 법인세의 이중과세

법인의 순수익은 법인세의 과세대상이 되고, 주주가 법인으로부터 받는 배당 등의 소득은 개인의 총소득의 일부로서 개인소득세의 과세대상이 된다. 이와 같이 동일한 소득에 대하여 이중으로 과세하는 특징 때문에 법인세는 공평하지 못한 조세라고 일컬어지고 있다.

그러나 법인세의 이중과세(二重課稅)는 자본소득에는 높게 부과하고 근로소득에는 낮게 부과하는 것이 바람직하다는 측면에서 그 타당성이 유지되고 있다.

법인세의 이중과세 문제를 해결하는 방법으로는 다음과 같은 것을 생각할 수 있다. 첫째, 법인의 순수익(이윤)에 대하여 법인세를 부과할 때 배당으로 지급한 몫은 미리 공제하고 난 후의 순소득에 대하여 과세하는 것이다.

둘째, 법인의 순수익 전체에 법인세를 과세하고 그 대신 주주들의 배당소득(配當所得)에 대한 개인소득세에서 법인세액을 공제하는 것이다.

제3절 소비세

1. 소비세의 개념과 종류

소비세(消費稅)는 재화나 용역의 생산 · 판매 · 소비 과정에 부과되는 조세이다. 소비세는 소득세와는 다음과 같은 차이가 있다.

소득세는 거래요소(去來要素)의 판매자의 순소득에 부과되는 데 비하여, 소비세는 생산물거래(生産物去來)의 판매자의 조수입(租收入, 비용 공제 이전의 수입)에 부과된다. 또한 소비세는 가계의 소비지출에 과세된다.

소비세를 비롯한 간접세가 조세제항이 적은 이유는 재정환각(fiscal illusion) 때문이다.

19 국제조세연구소에 따르면 GDP에서 수출이 차지하는 비중이 15~30%인 나라들의 평균 법인세율은 26.1%, 수출비중이 45~60%인 나라들의 평균 법인세율은 20.3%, 수출비중이 60%를 초과하는 나라들의 평균 법인세율은 19.4%라고 한다.

사실상의 납세자가 자기가 부담하는 조세부담의 몫을 제대로 인식하지 못하는 때, 각종의 서비스의 비용과 편익을 비교 · 평가하는 능력을 상실하게 된다(김동건, 1984: 299).

소비세의 종류에는 ㉠ 특정 품목의 소비에 대해서만 과세되는 개별소비세(selective sales tax), ㉡ 모든 품목에 대하여 일률적으로 과세되는 일반소비세 (general sales tax), ㉢ 생산 및 분배과정의 각 단계에서 재화나 용역에 부가되는 가치에 과세되는 부가가치세(value added tax) 등이 있다.

2. 소비세의 장점과 단점

소비세는 다음과 같은 점에서 합리화될 수 있다. 첫째, 소비세는 재화의 가격에 포함되어 징수되므로 징수가 편리하고 조세제항이 적다. 따라서 국고수입의 확보에 용이한 수단으로 이용될 수 있다.

둘째, 소비세는 특정 재화의 소비 및 사치를 억제하는 동시에 저축과 자본형성을 촉진시킴으로써 경제성장에 이바지한다. 공해물질을 배출하는 재화의 생산과 소비를 억제한다.

셋째, 소비세는 부담능력보다는 수혜의 크기에 따라 부과된다(차병권, 1984: 574~576).

그러나 소비세는 다음과 같은 문제점이 있다.

첫째, 조세구조가 역진적이다. 부담능력에 직접적으로 연결되지 않고 각자가 소비한 금액에 대하여 부자나 가난한 자 모두에게 같은 세율을 적용하기 때문에 실효세율은 역진적이다. 그 이유는 저소득층의 한계소비성향이 고소득층의 한계소비성향보다 높기 때문이다.[20] 특히 생활필수품에 소비세가 부과되면 역진효과가 커서 소득재분배에 부정적 영향을 미친다.

둘째, 경제적 중립성이 상실된다. 일반소비세의 경우에는 큰 문제가 없으나 선별적 소비세가 부과되면 자원배분을 왜곡하여 초과부담을 초래하기 쉽다.

20 한계소비성향은 소득증가분에 대한 소비증가분의 비율, 한계저축성향은 소득증가분에 대한 저축증가분의 비율을 의미한다.

3. 부가가치세

부가가치세(附加價値稅)는 생산 및 분배과정의 각 단계에서 재화나 용역에 부가되는 가치에 한정하여 과세하는 조세다.[21]

부가가치세는 재화나 용역의 공급과 재화의 수입에 부과되는데, 여기에서 재화(財貨)란 재산가치가 있는 상품 · 제품 · 원료 · 건물 등의 유체물(有體物)과 동력 · 열 · 냉동 등과 같은 무체물(無體物)을 말한다(부가가치세법 제1조).

용역(用役)이란 물품 이외의 재산가치가 있는 모든 역무(役務) 및 그 밖의 행위로서, 건설업 · 음식업 · 숙박업 · 운수업 · 창고업 · 통신업 · 금융보험업 · 부동산업 · 사회서비스업 등이 포함된다. 자가소비, 사업상 증여, 용역의 무료제공, 담보제공 등은 과세대상에서 제외된다.

부가가치세는 매출액에 세율을 곱하여 산출한 매출세액에서 매입액에 세율을 곱하여 산출한 매입세액을 공제하여 납부세액을 결정하는 전단계 매입세액공제방법(前段階 買入稅額控除方法)을 채택하고 있다.

방법 1: 납부세액＝매출세액(매출액×세율)−매입세액(매입액×세율)
방법 2: 납부세액＝(매출액−매입액)×세율

일반과세자에게 적용되는 세율은 10%의 단일세율이지만 3%의 범위에서 대통령령으로 가감 · 조정하는 경기조절적 탄력세율을 적용하고 있다. 경제정책상 영세율(零稅率)을 적용하여 완전 감면하는 제도와 함께 소비자의 세부담을 경감하기 위하여 일반면세 조치도 취하고 있다.[22]

복지수요에 맞추려면 재원을 확보해야 하는데, 이를 위해서는 부가가치세 인상만큼 확실하고 간편한 수단이 없다. 그럼에도 불구하고 부가가치세 인상(현행 10% → 12%)에

---

21 부가가치세는 1977년에 영업세 · 물품세 · 유흥음식세 등 소비관련 세목을 통합한 것으로서 그 세수(稅收)의 비중이 가장 큰 중심세목이다.

22 영세율은 부가가치세법에서 사업자가 재화 및 서비스를 수출하거나 외국선박에 공급하는 경우에 과세표준에 영(0)의 세율을 적용하는 세율로서 면세와 구분된다.

부가가치세의 세액계산은 매출세액에서 매입세액을 차감하여 납부할 세액을 계산하게 되는데, 영세율의 경우에는 매출세액이 없게 되므로 이와 관련된 매입세액은 환급받게 된다. 그러나 면세의 경우에는 매출세액은 없는 대신 면세 재화나 서비스 공급에 사용된 재화와 서비스의 매입세액도 차감계산하지 않으므로 환급받지 못하게 된다.

그 대상은 ㉠ 기존 생필품 및 용역, ㉡ 문화관련 제품 및 용역, ㉢ 국민후생용역, ㉣ 생산요소용역, ㉤ 근로와 유사한 용역, ㉥ 그 밖에 특정한 물품 및 용역 등이다.

소극적인 이유는 다음과 같다.

- 부가가치세는 소득에 관계없이 모든 사람이 부담하고, 그래서 역진세(逆進稅)의 요소가 많기 때문에 정치적으로 부담이 되기 때문
- 부가가치세를 인상하면 공급자들은 자신의 부담으로 여기거나 판매 위축 등을 이유로 반대하고 있고, 또 인상분을 제품가격에 전가시킴으로써 물가인상으로 이어질 수 있기 때문
- 재정위기 상황도 아닌데 부가가치세를 인상하는 것은 그 당위성이 약하기 때문

따라서 정부는 부가가치세를 인상하지 않고 재원 확충을 위해 세원(稅源)을 넓히는 방안을 강구하고 있다. 예컨대 2011년 7월부터 성형수술과 애견진료 서비스에 대해 부가가치세를 부과하기 시작했고, 고가상품에 대한 개별소비세(과거의 특별소비세에 해당)를 새로 부과하는 방안도 검토하고 있다.

우리나라는 2010년부터 부가가치세의 5%를 지방소비세로 전환하였다. 지방소비세의 배분은 시 · 도별 최종소비지출 비중을 기준으로 하되, 지역 간 재정격차를 완화하기 위해 수도권은 100%, 비수도권 광역시는 200%, 비수도권 도는 300%의 가중치를 적용한다. 이러한 전환조치는 우리나라 지방세구조가 재산세 중심(약 15%)으로 되어 있고, 또 지방자치단체가 지역 활성화를 위해 노력해도 그 결과가 지방세 증가로 이어지지 못해 자주재원 확충에 한계가 있기 때문이다.[23]

2015년 12월 국회에서 의결된 세법 개정안 중 부가가치세 관련 주요 내용은 다음과 같다. 첫째, 법인사업자와의 과세형평성 제고를 위하여 직전 연도의 재화 또는 용역의 공급가액의 합계액이 대통령령으로 정한 일정 금액을 초과하는 개인사업자를 법인사업자와 동일하게 신용카드 등의 사용에 따른 세액공제 적용대상에서 제외하였다.

둘째, 수출 중소기업의 자금부담 완화를 위하여 일정 요건을 갖춘 중소사업자에 대해서는 재화를 수입할 때 세관장에게 납부하던 부가가치세의 납부를 유예하고, 이후 세무

23 지방소비세의 운영방식은 나라마다 다소 차이가 있다. 첫째, 독립세 방식으로 중앙정부와 지방정부가 각각 별개의 부가가치세를 운영하는 것이다. 브라질은 중앙정부는 부가가치세를, 주정부는 별도로 지방부가가치세(유통세)를 운영하고 있다.

둘째, 공동세 방식으로 지방소비세를 채택하고 있는 대부분의 나라가 부가가치세와 공동세 형태로 지방소비세를 운영하고 있다. 독일은 주정부가 부가가치세를 징수하여 중앙정부에 배분하고, 일본은 중앙정부가 부가가치세를 징수하여 지방정부에 지방소비세 형태로 배분한다.

셋째, 판매세 방식으로 미국은 주정부 차원에서 개별 품목별로 판매세를 부과하고 있다.

넷째, 일부 국가에서는 지방소비세 외에 특정한 품목(담배, 술, 유류, 레저 등)의 소비에 대해 별도의 지방특별소비세 형태의 제도를 운영하고 있다(기획재정부 예산실, 2011: 288).

서장에게 납부세액 등을 신고할 때 납부가 유예된 부가가치세를 납부할 수 있도록 하였다.[24]

제4절 자산세

1. 자산세의 개념

자산세(資産稅)는 자산의 소유(재산세 등) 또는 자산의 이동(상속 · 증여세와 양도소득세 등)에 부과되는 조세를 말한다. 자산세(wealth taxation)는 소득재분배기능을 수행하는 데 있어서나 정부수입을 조달하는 데 있어서 중요한 역할을 담당한다.

자산세의 부과 여부는 대체로 수혜 및 부담능력 원칙에 의거한다. 수혜원칙에 입각한 자산세는 유형자산에 대한 일종의 물적 관세를 의미하고, 부담능력원칙에 입각한 자산세는 순자산(net worth)에 대한 인적 과세를 의미한다. 수혜원칙에 입각한 자산세의 정당성은 토지나 가옥 등의 유형자산의 가치가 공공서비스 및 시설로 말미암아 증가하기 때문에 이에 대한 대가를 자산소유자들이 부담해야 된다는 것이다.

자산세가 수혜원칙으로 합리화되기 위해서는 모든 유형자산이 공공서비스의 혜택을 균등하게 받고 또 그러한 혜택의 가치가 세액과 동일하다는 조건이 충족되어야 한다. 그러나 현실적으로 두 가지 조건이 다 충족된다고 볼 수 없기 때문에 자산세를 수혜원칙으로 정당화시키기에는 다소 한계가 있다.

---

24 우리나라의 2016년 부가가치세는 공급가액의 10%다. 납세의무자는 재화 및 용역 공급자인데, 연간 매출액 4800만원 이하는 간이과세자에 해당된다. 간이과세자(簡易課稅者)는 부가가치세를 부과할 때 여러 가지 세금 혜택을 주는 사업자를 말한다. 개인사업자 중 연간 매출액이 4800만원이 되지 않는 사업자 중 지방이나 수도권 변두리 지역에서 영업을 하는 소매점, 음식점, 이·미용업소 등이 해당된다. 연 매출액이 4800만원을 넘지 않더라도 도시 중심가에서 영업을 하는 사업자나 업종이 제조업이나 부동산 매매업 등인 사업자는 제외된다. 간이과세자는 세금계산서 발행 의무가 면제되고, 부가가치세율도 업종별로 2~4%로 낮게 적용된다.

부가가치세율이 높은 나라(2015년 기준)는 헝가리(27.0%), 덴마크 · 노르웨이 · 스웨덴(25.0%) 등이고, 낮은 나라는 캐나다(5%), 일본 · 스위스(8%) 등이다.

부담능력원칙에 있어서도 한계가 있기는 마찬가지다.[25] 화폐형태로 이루어지는 소득에 비하여 자산은 측정하기가 더 어렵다. 그럼에도 불구하고 부(富)를 담세능력의 지표로서 사용한다는 것은 자산소득이 종합적인 소득세제에서 정확히 포착되지 않는다는 전제 위에서 출발한다.

한편 자산세의 존재는 근로소득과 불로소득의 분포에 대하여 사회 전체의 구성원이 바라는 재분배상태가 있다는 것에 근거한다. 근로소득의 분포에 비하여 불로소득의 분포가 더 불균등하기 때문에 소득분포의 일률적인 상태를 성취하려면 상이한 조치가 필요하다는 데서 비롯된다.

자산분포의 상태는 소득이나 소비지출의 분포와는 달리 사회적 규제, 신분, 재력과 밀접한 관계를 가지고 있기 때문에 자산 · 소득 및 소비지출에 각각 다른 재분배기준을 적용하려고 하는 것이다(김완순, 1987: 325).

2. 자산세의 종류

1) 재산세

재산세(taxation of property)는 납세의무자가 소유하고 있는 모든 유형 · 무형의 재산을 과세객체로 하여 그 총재산액을 기준으로 부과하는 물세(物稅)다.

재산세(財産稅)는 오랫동안 학자와 행정실무자 그리고 납세자들로부터 비판의 대상이 되어 왔다. 그 이유는 조세의 일반적 평가기준인 공평성, 경제적 효율성, 탄력성 등에 비추어 볼 때 부정적인 측면이 많고 또 조세행정상의 문제가 많기 때문이다. 재산세는 그 세원이 국지화(局地化)되어 있어 소득세의 보완수단으로서 지방세로 하고 있다.[26]

재산세의 세율은 그 개념상 명목세율(nominal tax rate)과 실효세율(effective tax rate)로 구별된다.[27] 동일한 재산에 부과된 서로 다른 실효세율은 지역 간 · 개인 간의 재산세부

25 재산 또는 부동산을 소유하고 있다는 그 자체가 바로 조세의 지급능력이라고 할 수는 없다. 저당이나 담보되어진 재산으로서 현재 어떠한 소득창출효과가 없는 경우도 있기 때문이다. 사실상 자산세의 지불능력은 현재의 화폐소득에 의존하며, 특히 현금의 저축, 증권투자와 같은 유동자산의 소득에 기초하고 있다(이필우, 1994: 426).

26 한국의 재산세, 대만의 토지세와 가옥세, 미국의 일반재산세, 일본의 고정자산세, 영국의 부동산세가 이에 속한다(유한성, 1996: 288).

27 명목세율(名目稅率)은 세법상의 세율로서 재산세액을 과세표준인 재산평가액(taxable assessed value of property)으로 나눈 값이고, 실효세율(實效稅率)은 재산의 시장가치(market value of property)로 나눈 값이다.

담의 불평등을 초래한다.

재산세는 소득세나 소비세와는 달리 과세표준을 확정하기 위한 재산평가(property assessment and appraisal)라는 어느 정도 주관적인 과정을 거치게 된다.

따라서 재산세를 논함에 있어, 재산세 평가행정을 어떻게 개선하느냐가 핵심과제이다. 재산세가 지방자치단체의 가장 중요한 수입원의 하나인 상황에서 바람직한 대체수입원이 존재하지 않는 한 더욱 그러하다.

2) 상속세 · 증여세

상속세(相續稅)는 상속 또는 유증(遺贈)에 의하여 이전되는 재산에 부과하는 세금을 말하고, 증여세(贈與稅)는 증여자가 생전에 자기의 재산을 무상으로 이전시키는 때에 그 재산을 취득하는 자에게 부과하는 세금을 말한다.

상속세와 증여세는 재산을 무상으로 이전하고 같은 세율이 적용된다는 점에서 유사하다. 그러나 상속세는 피상속인이 물려준 유산 총액을 기준으로 과세하는 데 비하여, 증여세는 수증자(受贈者)를 기준으로 증여자와 수증자 별로 세액을 계산하고 동일한 증여자로부터 증여받은 재산은 10년간 합산하여 과세한다는 점에서 서로 다르다.

① **상속세의 과세대상** : 첫째, 거주자(국내에 1년 이상 주소를 둔 사람)가 사망한 때 상속개시일 현재 피상속인(사망자)이 소유한 국내외 모든 재산(遺贈 및 특별연고자에 대한 상속재산의 分與 포함)에 대하여 상속세가 부과된다. 상속재산에는 경제적 가치가 있는 모든 물건과 재산적 가치가 있는 모든 권리가 포함되며, 또 상속개시 전 10년 이내에 상속인(상속 받는 사람)에게 증여한 재산과 상속개시 5년 이내에 상속인 외의 자에게 증여한 재산가액도 상속세 과세가액에 가산된다.

둘째, 비거주자가 사망한 경우 국내에 있는 모든 상속재산에 대하여 상속세를 부과한다(상속세 및 증여세법 제1조).

피상속인에게 지급될 퇴직금, 퇴직수당, 공로금, 연금 등도 상속재산에 포함된다. 그리고 피상속인이 보험계약자이거나 생전에 실질적으로 보험료를 납부한 때에 상속인이 받는 보험금은 상속재산에 포함된다. 상속인이 적법하게 상속을 포기한 때에도 피상속인의 상속재산에 보험금이 포함되어 있으면 상속을 포기한 상속인에게도 상속세 납세의무가 있다.

다만 업무상 사망으로 인하여 「산업재해보상보험법」에 의하여 지급되는 유족보상연금 · 유족보상일시금 · 유족특별급여, 「근로기준법」에 의하여 지급되는 유족보상금 · 재해보상금, 전사자의 가족에게 지급되는 위로금(또는 위자료) 등은 상속재산에 포함되지 않는다.

피상속인이 제사를 주재하고 있던 선조의 분묘에 속한 금양임야(禁養林野, 9900m² 이내)와 분묘에 속한 묘토(墓土, 1980m² 이내)가 포함되어 있는 농지를 제사를 주재하는 상속인이 상속받은 때에는 상속세(2억원 한도)가 비과세된다.

② **상속순위** : 우리나라 「민법」 제1000조에서 규정하고 있는 상속순위는 피상속인의 직계비속 · 직계존속 · 형제자매 · 4촌 이내의 방계혈족의 순이다. 순위가 같은 상속인이 여러 명인 때에는 최근친을 선순위로 하고, 동친(同親)의 상속인이 여러 명인 때에는 공동상속인이 되며, 태아는 이미 출생한 것으로 본다.

법정상속분은 같은 순위의 상속인이 여러 명인 때에는 그 상속분은 균분으로 하고, 피상속인의 배우자의 상속분은 직계비속과 공동으로 상속하는 때에는 직계비속 상속분의 5할을 가산하고 직계존속과 공동으로 상속하는 때에도 직계존속 상속분의 5할을 가산한다(민법 제1009조).

③ **상속세의 세율과 납부** : 상속인은 각자 받은 재산을 기준으로 계산한 비율에 따라 상속세를 납부할 의무가 있으며, 일부 상속인이 미납하여 전체 상속세가 납부되지 않는 때에는 연대하여 납부해야 하는데 이것을 상속세연대납부의무라고 한다.

세금을 현금으로 납부하기 곤란한 때 일정한 요건을 갖추어 세무서장의 승인을 받으면 상속 또는 증여받은 재산(부동산이나 유가증권, 부득이한 경우는 비상장주식)으로 납부할 수 있는데, 이를 물납제도라고 한다.

상속세 법정신고기한은 피상속인이 국내거주자였다면 사망한 달의 말일부터 6개월 이내고, 피상속인이나 상속인이 비거주자였다면 사망한 달의 말일부터 9개월 이내다.[28]

④ **가업상속공제** : 중소기업의 원활한 가업승계를 위하여 세제지원을 하고 있다. 가업승계(家業承繼)란 기업이 동일성을 유지하면서 상속이나 증여를 통하여 그 기업의 소유권 또는 경영권을 다음 세대에 무상으로 이전하는 것을 말한다. 여기에는 다음과 같은 제도가 있다.

- 가업상속세공제제도 : 가업상속재산가액의 70%를 과세가액에서 공제
- 가업승계주식 증여세 과세특례제도 : 증여재산가액(30억원 한도)에서 5억원을 공제

28 상속 · 증여세의 과세표준과 세율은 다음과 같다. ㉠ 1억원 이하 : 10%, ㉡ 1억원 초과~5억원 이하 : 0.1억원+1억원 초과금액의 20%, ㉢ 5억원 초과~10억원 이하 : 0.9억원+5억원 초과금액의 30%, ㉣ 10억원 초과~30억원 이하 : 2.4억원+10억원 초과금액의 40%, ㉤ 30억원 초과 : 10.4억원+30억원 초과금액의 50%.

한 후 10%의 특례세율을 적용

- 창업자금의 증여세 과세특례제도 : 창업자금을 증여받아 중소기업을 창업하면 증여재산가액(30억원 한도)에서 5억원을 공제한 후 10%의 특례세율을 적용하여 증여세 과세 후 부모 사망 때 상속재산으로 재 정산
- 중소기업주식 할증평가 배제 : 중소기업 주식을 2013년 말 이전에 상속 · 증여받은 경우 최대주주 주식이라도 재산평가에서 할증평가하지 않음
- 가업상속에 대한 상속세 연부연납제도 : 상속세액이 2000만원을 초과할 때 가업상속재산 해당 상속세액은 장기 분할납부 허용(3년 거치 후 12년간 최장 15년간 분할납부 또는 2년 거치 후 5년간 최장 7년간 분할납부)

⑤ **동거주택 상속공제제도** : 현행 「상속세 · 증여세법」 제23조의 동거주택 상속공제제도는 직계비속에만 한정되는 일종의 효자 감면제도라고 할 수 있다. 이 제도는 부모가 사망할 때까지 10년(동거주택 판정기간이라고 함) 이상 부모와 동거한 자녀에게만 적용되고, 같은 기간 부모 명의의 집이 1채이고, 자녀는 무주택자여야 한다. 자녀가 다른 지역으로 진학하거나 군입대하거나 근무지가 바뀐 때도 가능하지만, 그런 기간은 동거기간 10년에는 포함되지 않는다.

2015년 12월 국회에서 의결된 세법 개정안 중 상속증여세 관련 주요 내용은 다음과 같다. 첫째, 동거주택 상속공제는 상속주택 가액의 40%에서 80%로 인상하였고, 동거기간에 상속인이 미성년자인 기간은 제외하였다.

둘째, 자녀 및 연로자 공제는 3000만원에서 5000만원으로 인상하였고, 연로자 기준은 60세에서 65세로 상향조정하였다. 미성년자 및 장애인 공제는 연간 50만원에서 100만원으로 인상하고, 미성년자의 기준은 20세에서 19세로 하향조정하였다.

셋째, 부(富)의 집중을 방지하기 위하여 상속재산 또는 증여재산 20억원을 초과하여 미성년자에게 세대를 건너뛴 상속 또는 증여를 하는 때 할증과세율을 현행 30%에서 40%로 상향조정하었다.

넷째, 특수관계 법인으로부터 사업기회를 제공받은 수혜법인 지배주주의 재산가치 증가 이익에 대한 증여세 과세 근거를 마련하였다. 과세대상은 수혜법인의 지배주주와 그 친족(지배주주의 주식보유비율 기준 30%)이다.

3. 자산세의 경제적 효과

1) 재산세의 경제적 효과

부동산에 대한 재산세의 귀착에 관한 문제가 최근 논란의 대상이 되고 있다. 주요 논란은 재산세의 계층 간 부담배분이 역진적인가 아니면 누진적인가 하는 점이다.

전통적 견해에 의하면, 모든 부동산 관련 조세는 결과적으로 임차인(賃借人)이 부담하게 되며, 따라서 상대적으로 빈곤한 계층이 부담을 하게 된다는 것이다. 그리고 재산세를 부과하면 과세된 재산을 이용하여 생산되는 재화의 가격이 상승하여 결국 소비자들이 부담하게 된다는 것이다.[29]

한편 1970년대에 등장한 새로운 견해에 의하면, 전통적 견해는 이론적으로 타당하지도 않고 또 그에 대한 실증적 증거도 매우 빈약하다는 것이다. 토지나 건물의 공급도 전국적인 차원에서는 고정되어 있기 때문에, 즉 가격 비탄력적이기 때문에 건물에 대한 조세는 소유주에게 귀착된다는 것이다(Aaron, 1974: 212~221).

그러나 지역경제 차원에서 볼 때, 자본의 한 형태인 건물의 공급은 고정되어 있지 않고 상당한 가격탄력성을 가지고 있다. 이러한 자본의 유동성 때문에 지방세로서의 재산세는 역진세 요소도 내포하고 있다.

2) 상속 · 증여세의 경제적 효과

상속세 · 증여세는 소득세의 보완적 과세로서 의의가 있다. 부(富)의 대물림에서 비롯되는 빈부격차 해소에도 어느 정도 기여할 수 있다.

그러나 상속이나 증여의 금액이 크지 않을 때 각종 공제제도로 인하여 그 효과가 크지 않다.

상속세 · 증여세는 저축에 영향을 미칠 수도 있다. 상속이나 증여받은 재산은 불로소득에 해당되므로 상속세 · 증여세가 누진적이어야 하지만, 그 세율이 지나치게 높으면 피상속인들은 자산의 축적보다는 소비하는 방향으로 인식이 전환되기 때문이다.

---

29 건물은 크게 주거용 건물(자가주택 · 임대주택)과 비주거용 건물(상업용 · 사업용)로 나눌 수 있다. 자가주택에 대한 재산세 부과는 다른 사람에게 전가되지 않으나 임대주택에 대한 재산세는 임차인에게 전가된다. 비주거용 건물에 대한 재산세는 대부분 소비자에게 전가된다.

제5절 준조세

1. 준조세의 개념

1) 준조세의 개념과 대상

준조세(準租稅)는 특정한 공익사업이나 복리행정상의 목적을 위하여, 또는 일정한 물건의 효용을 확보하기 위하여 기업이나 개인에게 강제적으로 부과하는 금전지급 의무를 말한다. 세금은 아니지만 기업이나 가계에 부담이 강제되어 세금과 유사한 효과를 가진다고 하여 준조세라고 한다.

사회보장제도를 운영하기 위한 보험료나 부담금은 법률에 부과근거를 마련하고 있으므로 행정부가 자의적으로 부과하는 준조세와는 다르다.

2) 준조세 정비의 필요성

모든 부담금이 폐지되어야 하는 것은 아니다. 특별부담금은 대부분 반대급부가 명백하게 반영되어 있거나 사회비용 유발에 대한 책임과 제재라는 측면에서 그 타당성이 인정된다.

정비해야 할 준조세는 부과대상과 그 용도의 관계가 미흡한 조세성 부담금과 각종 기부금 및 성금이다. 다만 조세성 부담금 중 수도권 인구억제, 환경보호, 에너지 수급안정 등 주요 정책목표를 위하여 부과되는 것은 나름대로 그 타당성이 인정된다.

준조세의 정비는 김대중 정부 때도 100대 국정과제에 포함되어 있었으나 공언(空言)으로 끝났고, 오히려 더 늘어나 기업들의 부담을 가중시켰다. 그 이유는 무엇인가? 준조세는 징수하기 쉽고 세금에 비하여 저항이 적기 때문이다.

세금을 통하여 예산을 확보하려면 납세자들의 저항에 직면하기 때문에 준조세가 세금의 '우회통로'로 이용되고 있다.

준조세의 정비를 위하여 2001년 12월 31일에 「부담금관리기본법」을 제정하였다. 그것은 부담금 운용의 공정성과 투명성의 확보를 통하여 국민의 불편을 최소화하고 기업의 경제활동을 촉진하려는 데 그 목적이 있었다. 그러나 아직도 준조세 중에는 징수 실적이 전혀 없는 유명무실한 것도 상당수 있어 정비하려고만 하면 할 수 있다. 징수 근거

가 미약한 것도 있다.[30]

행정요금(수수료 · 면허료 · 사용료), 행정제재금(벌금과 과징금), 기부금 등은 크게 증가하지 않았으나 사회보험료가 대폭 증가하였다. 준조세는 국민의 저항이 적고 재원조달 수단으로 감독이 상대적으로 엄격하지 않아 늘어나기가 쉽다. 그러나 준조세가 늘어나면 결국 국민부담의 증가와 기업경영 여건의 악화로 이어진다.

2. 부담금

1) 부담금의 개념과 기능

부담금(負擔金)은 특정한 공익사업으로부터 특별한 이익을 받은 자 또는 이해관계자에 대하여 그 사업에 소요되는 경비의 전부 또는 일부를 부담시키기 위하여 부과하는 금전지급의무를 말한다.

「부담금관리기본법」(제2조)에서는 부담금을 중앙행정기관의 장, 지방자치단체장, 행정권한을 위탁받은 공공단체 또는 법인의 장 등 금전적 부담의 부과권한을 부여받은 자가 분담금 · 부과금 · 예치금 · 기여금 등을 재화 또는 용역의 제공과 관계없이 특정 공익사업과 관련하여 부과하는 조세 외의 금전지급의무라고 정의하고 있다.

부담금은 강제부담이라는 점에서는 조세와 같다. 그러나 부담금은 특정한 공익사업과 관련하여 특별한 관계에 있는 사람에게 경제정책적 · 조정적 목적으로 사업에 필요한 경비 마련을 위해 사업 소요경비 등을 기준으로 부과한다는 점에서 조세와 다르다. 그리고 부담금은 사회보험료, 수수료, 사용료, 행정제재금, 준조세와도 다음과 같은 차이가 있다.

사회보험료는 질병 · 노령 · 실업 · 사망 등으로 소득이 상실되었을 때 소득을 보장하기 위하여 보험원리에 따라 피보험자 간의 연대적 배분 및 차등적 조절을 감안하여 부과한다.

수수료는 국가나 지방자치단체가 제공하는 서비스에 대한 반대급부로서 징수하고, 사용료는 공공시설의 이용 또는 재산의 사용 대가로서 부과 · 징수한다.

30 예컨대 물이용부담금은 실제로 이용하는 기업 · 수익자 · 원인제공자 등에게 부담시켜야 하는데, 부담금의 용도와 별로 관련이 없는 쪽에 부담시키고 있다. 그리고 임금채권보장기금사업주부담금은 파산한 기업에서 퇴직한 근로자가 받지 못한 임금과 퇴직금을 정부가 대신 지급하기 위한 것인데, 그 재원은 파산하지 않은 정상기업이 부담하고 있다. 또한 국제교류기금은 국제교류재단과 별로 관계가 없는 여권을 발급받는 국민들에게 부담시키고 있다.

행정제재금은 행정상 의무이행 확보 또는 의무위반자에 대한 처벌을 목적으로 부과한다.

준조세는 조세 이외의 모든 비자발적 부담(부담금, 사회보험료, 행정제재금, 수수료, 기부금, 성금 등)을 통칭하는 개념으로 사용되고 있다. 이는 법률에 의거하여 부과되는 때와 자발적 의사에 의해 지급하는 때 등 서로 다양한 목표와 다의적인 개념을 내포하고 있다.

부담금의 기능은 다음과 같다. 첫째, 공적 목적을 위한 재정수입의 확보이다. 국민건강증진부담금과 석유수입판매 부과금 등과 같이 특정한 공익사업의 시행을 위하여 특정인에게 부과한다.

둘째, 장애인고용부담금, 임금채권보장기금사업주부담금 등과 같이 행정법상 의무이행을 확보하는 기능을 한다.

셋째, 과밀부담금, 폐기물부담금 등과 같이 가치 있는 행위를 유도하는 기능을 한다.

넷째, 혼잡통행료, 배출부과금 등과 같이 사회적 손실을 교정하여 경제적 효율성을 향상시키는 기능을 한다.

2) 부담금의 운용

부담금은 조세에 비하여 손쉬운 재원조달수단이라는 점 때문에 그 종류와 규모가 계속 증가하여 국민 부담을 가중시키고 재정운용의 효율성을 저해한다는 비판이 제기되어 왔다.

부담금은 설치목적을 달성하기 위하여 필요한 최소한의 범위에서 공정성 및 투명성이 확보되도록 부과되어야 하며, 특별한 사유가 없는 한 동일한 부과대상에 대하여 이중의 부담금이 부과되어서는 안 된다(부담금관리기본법 제4~5조).

중앙행정기관의 장이 소관사무와 관련하여 부담금을 신설(부과대상의 확대와 부과요율의 인상 포함)하고자 하는 때에는 기획재정부장관에게 부담금신설의 타당성에 관한 심사를 요청해야 하고, 부담금의 신설에 관한 계획서를 제출해야 한다. 기획재정부장관은 부담금운용심의위원회로 하여금 심의하도록 해야 한다.[31]

---

31 기획재정부장관 소속의 부담금운용심의위원회는 부담금의 신설 · 변경 및 폐지에 관한 사항, 부담금운용평가단의 부담금 평가결과 및 제도개선 요청사항, 위원장이 위원회의 심의가 필요하다고 인정하여 부의하는 사항, 그 밖에 대통령령이 정하는 사항을 심의한다. 부담금운용심의위원회는 기획재정부차관 중에서 기획재정부장관이 지명한 사람(위원장), 행정자치부 · 기획재정부 · 국무조정실 또는 그 밖에 부담금의 소관 중앙행정기관의 고위공무원단에 속하는 일반직 공무원 중에서 대통령령으로 정하는 자, 학식과 경험이 풍부

기획재정부장관은 매년 1월 말까지 부담금운용보고서의 작성지침을 수립하여 중앙행정기관의 장에게 통보해야 하고, 중앙행정기관의 장은 매년 3월 말까지 전년도 부담금의 부과실적 및 사용명세 등이 포함된 부담금운용보고서를 작성하여 기획재정부장관에게 제출해야 한다. 기획재정부장관은 이를 기초로 부담금운용종합보고서를 작성하여 매년 5월 31일까지 국회에 제출해야 한다(부담금관리기본법 제7조 ; 부담금관리기본법 시행령 제3조). 2002년부터 부담금운용종합보고서를 작성하여 국회에 제출하기 시작하였다.

기획재정부장관은 부담금 운용의 적정을 기하기 위하여 각 부담금의 부과목적, 부과실태 및 사용내용의 건전성을 부담금운용평가단으로 하여금 지속적으로 점검 · 평가하게 해야 한다.[32]

평가결과 부담금 운용이 적정하지 아니하였다고 인정하는 때에는 부담금의 소관 중앙행정기관의 장에게 해당 부담금의 폐지 등을 위한 제도개선을 요청할 수 있다. 이때 그 소관의 중앙행정기관의 장은 특별한 이유가 없는 한 부담금의 폐지 등을 위한 법령의 개정방안, 부담금을 대체할 수 있는 제도의 신설 등의 대책을 마련하여 기획재정부장관과 협의해야 한다(부담금관리기본법 제8조). 2003년부터 부담금운용평가단을 구성하여 평가를 실시하고 있다.

부담금은 국가나 지방자치단체에는 주요 재원이 되지만 국민과 기업의 입장에서는 경제적 부담으로 작용한다.[33]

한 자 중에서 기획재정부장관이 위촉하는 10인 이내의 민간위원으로 구성한다(부담금관리기본법 제9조).

32 기획재정부장관은 부담금운용평가단을 수시로 구성 · 운영할 수 있는데, 그 대상은 다음과 같다. 즉 재정분야에 관한 전문지식이 있는 조교수 이상의 대학교수, 연구기관에 소속된 박사학위 소지자로서 재정에 관한 전문지식이 있는 자, 5년 이상의 실무경험이 있는 공인회계사 · 변호사 및 조세 · 금융업무에 관한 전문가, 그 밖에 재정업무에 관한 전문지식과 경험이 풍부하다고 인정되는 자다. 평가단은 30인 이내로 구성한다(부담금관리기본법 시행령 제5조).

33 2014년 운용된 부담금 수는 95개, 징수실적은 17조 1797억원으로 명목 GDP의 약 1.2%였다. 환경부(23개), 국토교통부(18개), 산업통상자원부(9개), 금융위원회(8개), 농림축산식품부(7개), 문화체육관광부(7개), 해양수산부(7개) 등 18개 부처가 부담금을 운용하고 있다.

2014년 징수된 부담금은 중앙정부와 지방자치단체 및 공공기관 등의 수입으로 귀속되었다. 중앙정부에 86.8%(기금 67.5%, 특별회계 19.3%), 지방자치단체에 9.6%(광역 5.3%, 기초 4.3%), 공공기관에 3.6%로 나뉘어 귀속되었다. ㉠ 미래창조과학부, 농림축산식품부, 보건복지부, 고용노동부, 기획재정부의 부담금은 중앙정부의 기금으로, ㉡ 산림청의 부담금은 중앙정부의 특별회계로, ㉢ 교육부, 행정자치부의 부담금은 지방자치단체로, ㉣ 중소기업청, 원자력안전위원회의 부담금은 공공기관으로, ㉤ 환경부, 국토교통부의 부담금은 중앙정부와 지방자치단체 및 공공기관으로 나뉘어 귀속되었다(국회예산정책처, 「대한민국 재정 2016」).

3) 부담금의 정비

부담금은 조세에 비하여 부담원칙에 부합되고 공공사업을 위한 재정수입 확보에 기여하며, 사회적으로 바람직한 행위를 유도하는 기능을 한다. 그러나 그 규모가 커지거나 재정의 칸막이 역할을 한다고 비판받고 있다. 그동안 지속적으로 정비했음에도 불구하고 국민과 기업의 부담을 가중시키고 있다.

부담금의 무분별한 신설을 방지하기 위하여 부담금운용심의위원회의 심의제도를 도입하였고, 부담금 운용의 투명성을 확보하기 위하여 부담금 현황, 징수수입 및 사용내역 등에 관한 부담금운용종합보고서를 매년 작성하여 국민에게 공개하도록 하고 있다(부담금관리기본법 제7조).

부담금운용심의위원회가 마련한 부담금제도개선방안(2011.4.26.)의 내용은 매년 반복되는 것이지만 존치 실익이 미흡한 부담금 정비, 부담금 산정기준 및 용도 합리화, 납부자 권익보호 강화, 건설관련 부담금 통합징수 및 통폐합 방안 검토 등이다.

3. 기부금

1) 기부금의 개념

기부금(寄附金)은 업무와 직접 관련 없이 상대방으로부터 아무런 대가를 받지 않고 무상으로 공여(供與)하거나 증여(贈與)하는 금전, 그 밖의 자산가액을 말한다.

기부금은 법인이나 사업자의 입장에서 볼 때 순자산의 감소를 가져오므로 손금(損金)으로 처리하는 것이 바람직하다. 그러나 임의로 지출할 수 있을 뿐만 아니라 업무에 직접 관련 없이 지출되어 과세소득을 감소시킬 우려가 있기 때문에 손금산입여부 및 허용한도액(법정기부금은 기준소득금액의 50%)을 정하여 그 범위 초과액은 손금으로 산입하지 못하도록 하고 있다.

2) 기부금의 종류

첫째, 국가기부금은 국가나 지방자치단체 등에 무상으로 기증하는 금품의 가액, 국방헌금과 휼병금(恤兵金, 전쟁에 나간 병사에게 보내는 금품), 천재지변에 의한 이재민 구호금품의 가액 등 공공기관에 지출한 기부금을 말한다.[34]

---

34 국가기부금은 해당 사업연도 소득금액에서 이월결손금을 공제한 범위에서 손금(損金)으로 인정된다(법인

둘째, 지정기부금은 법인 등이 각 사업연도에 지출한 기부금 중 세법상 열거된 단체 및 용도에 지출한 기부금으로서, 사회복지 · 문화 · 예술 · 교육 · 종교 · 자선 등 공익성이 높은 분야에 지출한 기부금을 말한다. 지정기부금에는 정부로부터 허가 · 인가를 받은 학술연구단체 · 장학단체 · 기술진흥단체 등의 지정된 단체의 고유목적 사업비로 지급하기 위하여 기부한 금액, 학교의 교육비 · 연구비 · 장학금 등 특정 용도에 지출하는 기부금 등이 있다.[35]

셋째, 비지정기부금은 법인이 특수관계가 없는 자에게 사업과 직접 관계없이 무상으로 지출하는 재산적 증여나 특수관계가 없는 자에게 정상가격의 30% 이상 또는 이하로 매입 또는 매도하여 실질상 증여하는 것을 말한다.

3) 기부금의 관리

기부금품이란 환영금품 · 축하금품 · 찬조금품 등 명칭이 어떠하든 반대급부 없이 취득하는 금전 또는 물품을 말한다.[36] 기부금품을 모집하고자 하는 자는 허가권자(행정자치부장관 또는 특별시장 · 광역시장 · 도지사)의 허가를 받아야 한다.

기부금품의 모집허가는 ㉠ 국제적인 구제사업, ㉡ 천재 · 지변 그 밖에 이에 준하는 재난의 구휼사업, ㉢ 불우이웃돕기 등 자선사업, ㉣ 국민의 적극적인 참여가 필요하고 기부금품 모집의 필요성이 인정된 사업에 한하며, 미리 기부심사위원회[37]의 심의를 거쳐야 한다(기부금품모집규제법 제4조).

기업의 비자발적인 기부금 · 성금에 대한 부담을 덜어주고, 기부금품의 모집절차 및

세법 제24조). 문화예술진흥기금의 출연이나 사립학교 등에 지출한 금액은 「조세특별제한법」(제73조)에서 그 범위를 따로 정하고 있다.

35 지정기부금의 손금산입한도액은 해당 사업연도의 소득금액에서 국가기부금 등 손금산입액 및 이월결손금을 공제한 금액의 5/100다.

36 다만 ㉠ 법인 · 정당 · 사회단체 · 종친회 · 친목단체 등이 정관이나 규약 또는 회칙 등에 의하여 그 소속원으로부터 가입금 · 일시금 · 회비 또는 그 구성원의 공동이익을 위하여 갹출하는 금품, ㉡ 사찰 · 교회 · 향교 그 밖의 종교단체가 그 고유활동에 필요한 경비에 충당하기 위하여 신도로부터 갹출하는 금품, ㉢ 국가 · 지방자치단체 · 법인 · 정당 · 사회단체 또는 친목단체 등이 소속원 또는 제3자에게 기부할 목적으로 그 소속원으로부터 갹출하는 금품, ㉣ 학교기성회 · 후원회 · 장학회 · 동창회 등이 학교의 설립 또는 유지 등에 필요한 경비에 충당하기 위하여 그 구성원으로부터 갹출하는 금품은 제외한다(기부금품의 모집 및 사용에 관한 법률, 이하 기부금품모집규제법이라 함. 기부금품모집규제법 제2조).

37 기부심사위원회는 행정자치부장관 소속하에 두며, 위원장 1인(행정자치부장관), 부위원장 2인(행정자치부차관과 국회 행정자치위원회 위원 중에서 국회의장이 추천하는 자)을 포함하여 17인 이내의 의원으로 구성한다. 위원은 각 부처의 차관 · 차장, 국회의원 그 밖에 학식과 경험이 풍부한 자 중에서 행정자치부장관이 위촉한다. 공무원이 아닌 위원의 임기는 2년으로 하되 연임할 수 있다(기부금품모집규제법 시행령 제6조).

사용방법 등에 관하여 필요한 사항을 규정함으로써 기부금품의 무분별한 모집을 규제하고 모집된 기부금품이 적정하게 사용될 수 있게 하기 위하여 1951년 11월 17일「기부금품모집금지법」을 제정하였다. 이 법은 여러 차례 개정되었는데, 1995년 12월 30일 개정에서 그 명칭이「기부금품모집규제법(寄附金品募集規制法)」으로 바뀌었다.

개정된 이 법은「문화예술진흥법」,「한국국제교류재단법」,「결핵예방법」,「보훈기금법」 등「기부금품모집규제법」의 적용이 배제되어 온 개별법상의 기부금품 모집행위 근거조항을 폐지하고 모두「기부금품모집규제법」으로 일원화하여, 관변단체나 사회단체의 비자발적인 기부금품모집행위를 엄격하게 규제하였다.

그리고 공무원의 기부금품모집행위에 대한 처벌규정을 신설하고,[38] 현행법상 허용되어 있는 공무원의 기부금품의 단순한 접수 · 전달행위도 금지하였다.

기부문화의 확산은 바람직하지만 문제는 각종 사회단체가 그럴듯한 명분을 내세우면서 무분별하고 강압적으로 기부금을 모금하는 것은 규제되어야 한다.

---

38 첫째, ㉠ 등록을 하지 아니하였거나, 속임수나 그 밖의 부정한 방법으로 등록을 하고 기부금품을 모집한 자, ㉡ 기부금품을 낼 것을 강요한 자, ㉢ 반환명령에 따르지 아니한 자, ㉣ 승인을 받지 아니하고 기부금품을 등록한 모집목적과 유사한 용도로 처분하거나 승인을 받은 내용과 달리 기부금품을 처분한 자, ㉤ 기부금품을 모집목적 외의 용도로 사용하거나 등록청의 승인을 받지 아니하고 기부금품을 등록한 모집목적과 유사한 용도로 사용한 자, ㉥ 일정비율을 초과하여 모집금품을 모집비용에 충당한 자, ㉦ 공개의무를 이행하지 아니하거나 거짓으로 공개한 자, ㉡ 감사보고서와 모집상황이나 사용명세 등에 대한 보고서를 제출하지 아니한 자 등에게는 3년 이하의 징역이나 3000만원 이하의 벌금에 처한다.

둘째, ㉠ 제5조 제1항을 위반하여 기부금품을 모집한 자, ㉡ 장부에 기부금품의 접수사실을 거짓으로 적은 자, ㉢ 장부나 서류 등을 갖추어 두지 아니한 자 등에게는 1년 이하의 징역이나 1000만원 이하의 벌금에 처한다.

셋째, ㉠ 모집행위가 모집자를 위한 것임을 표시하지 아니한 모집종사자, ㉡ 공개된 장소가 아닌 장소에서 기부금품을 접수한 자, ㉢ 관계 서류 등의 제출명령에 따르지 아니하거나 관계공무원의 출입 · 검사를 거부 · 기피 또는 방해한 자 등에게는 500만원 이하의 과태료를 부과한다(기부금품모집규제법 제16, 18조).

PART

V

국민경제와 예산

제13장 경제발전의 변수

제1절 자유무역협정

1. 자유무역협정의 의미

자유무역협정(FTA: Free Trade Association)은 특정한 나라와의 교역에서 서로 관세와 반덤핑 규제 등 각종 무역장벽을 철폐하는 무역협정을 말한다. 즉 2개 이상의 국가가 서로의 국내시장을 개방하기로 협정을 맺는 것을 말한다. 모든 회원국들에게 유리한 대우(최혜국 대우)를 해 주는 세계무역기구(WTO)의 다자주의와 다르다.[1]

FTA는 이제 국가 간 경제협력 및 국제통상질서의 새로운 흐름으로 자리를 굳히고 있다. 특히 부존자원이 부족하고 내수시장이 작은 우리나라는 FTA가 주는 의미와 영향력

---

1 자유무역협정은 계약상대국과 관세의 철폐, 세율의 연차적인 인하 등 무역의 자유화를 내용으로 하여 체결한 「관세 및 무역에 관한 일반협정(1994년)」 제24조에 따른 국제협정과, 이에 준하는 관세의 철폐 또는 인하에 관한 조약 · 협정을 말한다(자유무역협정의 이행을 위한 관세법의 특례에 관한 법률 제2조 제1항 1호). FTA에서는 무역촉진권한, 빌트인방식, 무역규제 등이 자주 등장한다. 무역촉진권한(TPA: Trade Promotion Authority)은 국제협상을 보다 신속하고 효율적으로 하도록 하기 위하여 미국 의회가 행정부에 통상협상에 관한 전권을 위임한 제도다. 의회는 협상내용에 일일이 관여하지 않고 타결된 협상에 대하여 심의를 거쳐 찬반투표만 한다. 미국 행정부는 의회심의를 위하여 TPA 시한 90일 전까지 협상결과를 의회에 통보해야 한다. 그 시한을 넘기면 의원들이 각자 협상내용을 따지고 들 수 있다.

빌트인(built-in)방식은 개성공단제품의 원산지(한국산) 인정 문제 등 매우 민감한 사안이나 쟁점은 아예 협상대상에서 제외시키고 별도 의제로 미뤄 놓는 협상방식을 말한다.

무역규제는 특정 물품의 수입으로 국내산업이 피해를 입거나 피해 우려가 있을 때 해당 수입물품에 대하여 반덤핑, 상계관세, 세이프가드, 불공정무역행위조사제도 등의 구제조치를 취하여 자국의 산업을 보호하는 것을 말한다. 여기에서 덤핑(dumping)은 채산(採算)을 무시하고 싼 가격으로 상품을 투매(投賣)하는 것을 말하고, 반덤핑(anti-dimping)은 덤핑 상품에 높은 세금을 부과하는 무역규제조치를 말한다. 세이프가드(safeguard)는 관세의 철폐 또는 인하로 수입이 급증한 품목에 대하여 일시적으로 관세를 다시 높일 수 있는 긴급수입제한조치를 말한다.

이 매우 크다.

세계 각국이 FTA를 체결하고 있고, 세계무역의 50% 이상이 FTA를 중심으로 이루어지고 있다. 그것은 세계화 시대에 세계무역기구(WTO: World Trade Organization)와 도하아젠다(DDA: Doha Development Agenda)의 다자간 협상이 틀을 잡지 못하고 있기 때문이다.[2]

FTA는 1990년대 중반 이후 급격히 늘어났다. 그것은 1995년에 발족된 회원국이 모두 참여하는 다자간 협상이 계속되었지만 이해관계가 복잡하게 얽히면서 제대로 추진되지 못하였는 데 비하여 FTA는 양자간 협상이라서 쉽게 체결할 수 있었기 때문이다.

가장 오래된 FTA는 27개국(독일 · 프랑스 · 영국 등)으로 이뤄진 유럽연합(EU)이고, 규모가 큰 FTA는 3개국(미국 · 캐나다 · 멕시코)으로 이뤄진 북미자유무역협정(NAFTA)이고 그 다음이 10개국(싱가포르 · 말레이시아 · 태국 등)으로 이뤄진 동남아국가연합(ASEAN), 4개국(브라질 · 아르헨티나 · 우루과이 · 파라과이)으로 이뤄진 메르코수르(MERCOSUR)다.

FTA가 통상정책의 패러다임을 바꾸고 있다. 우리나라는 경쟁국가들과 FTA를 맺으면 피해를 볼 수 있다는 생각 때문에 FTA에 대해 소극적이었다. 그러나 대외의존도가 매우 높기 때문에 적극적으로 추진하고 있다.

무역의존도가 높은 우리나라가 수출시장을 넓히기 위하여 FTA 체결을 확대하는 것은 불가피하다고 할 수 있다. FTA 체결은 경제적 자원배분의 효율성 제고, 외국인의 투자 증대 및 기술이전, 경쟁력 제고 등과 같은 긍정적 효과가 있다. FTA 체결은 다음과 같은 효과가 있다.

첫째, 경제성장을 촉진하는 효과가 있다. 일반적으로 상품이나 서비스를 외국으로 수출할 때 수입하는 나라에 관세를 물어야 하는데,[3] FTA를 맺으면 이러한 관세를 내지 않

2 DDA는 카타르 도하에서 2001년 11월 14일 종료된 제4차 WTO 각료회의 결정에 따라 출범한 새로운 다자간 무역협상체제를 말한다. WTO는 제4차 회의에서 농업인 등의 시위와 입국을 막기 위하여 일부러 교통이 불편한 카타르 도하(Qatar Doha)를 선택하여 가까스로 DDA를 출범시켰다. 당시 WTO는 우루과이라운드 이후 새로운 다자간 무역협상을 명명하면서 이를 DDA라고 부르기로 합의하였다. 라운드가 과거 관세 및 무역에 관한 일반협정(GATT)체제의 용어로 폐쇄적이었다면, DDA는 WTO 체제에 걸맞는 전면적인 무역개방을 추구한다. DDA 각료회의에서 결론이 나면 이는 곧바로 농업 · 비농업 · 서비스업 등 모든 산업에 걸쳐 각 나라의 정책과 시장개방을 세계가 공동감시하는 체계가 된다. Uruguay Round는 1986년 9월 우루과이에서 개최된 GATT 각료회의를 시작으로 1993년 12월에 타결된 다자간 무역협상을 말한다. 각국의 무역보호를 완화하여 세계의 무역자유화를 도모한다는 목적으로 출범하였다.

3 관세(關稅)는 일반적으로 수입관세(import tax)를 말하는데, 외국상품을 국내로 수입할 때 부과하는 세금이다. 그 세율을 모든 국가에 동일하게 적용하기도 하고 특정 국가에 낮은 세율을 적용하기도 한다. 수입국을 차별하지 않고 동일한 대우를 하면 최혜국대우(MFN : most favored nation) 관세라고 한다. 가장 좋은 대우를 해 주는 나라에 적용하는 기준을 다른 나라에도 똑같이 적용한다는 의미다. 그런데 FTA가 발효되면 협정을 체결한 두 나라가 서로 다른 나라의 상품에 비해 낮은 관세를 부과하는 특혜를 주는데 이를 특혜관세

거나 낮게 내게 된다. 수입쿼터(import quota, 수입할당제)와 같은 비관세 장벽도 서로 없애 자유롭게 무역하기로 약속하기도 한다.

FTA를 맺게 되면 관세 장벽이 없어지므로 협정을 맺은 상대국 시장에서 상대국 상품이나 서비스와 동등하게 경쟁하게 된다. 무엇보다도 FTA를 통하여 시장이 확대될 경우 무역과 투자가 늘어나면서 고용과 소득도 늘어난다.

둘째, 생산성 향상 효과가 있다. 새로운 시장이 확대되면 고정비용이 줄어드는 규모효과(scale effect)와 경쟁에서 살아남기 위해 경영혁신과 기술개발이 가속화되는 혁신효과(innovation effect) 등 생산성 향상이 촉진된다. 생산요소를 양국이 공유함으로써 발생하는 공유효과(share effect)도 있다. 공유효과란 생산요소를 공유할 수 있는 범위가 확대될 때 기존에 생산성이 떨어졌던 부문에 투입되었던 생산요소가 생산성이 높은 부문으로 이동하면서 자원의 효율적 배분과 이용이 가능해지는 것을 말한다.

그러나 FTA가 모든 부문에 고루 도움이 되는 것은 아니다. 가장 우려되는 것은 소득분배의 악화이다. 생산성 효과는 부문별로, 또는 각 경제주체의 경쟁력에 따라 다르게 나타난다. 생산성이 낮은 기업들이 도태되면서 산업의 편중현상이 소득분배를 악화시킬 수 있다.

FTA가 성공을 거두려면 무엇보다 생산성 향상 효과를 극대화하고 이것을 우리나라 경제 전체로 확산시켜야 한다. 급격한 시장개방은 경쟁력이 낮은 산업과 중소기업에게는 구조조정과 같은 압력으로 작용되므로 국내산업의 대응력 제고를 위한 적절한 보완대책이 마련되어야 한다.

(preferential tariff)라고 한다.

관세는 자국의 산업을 보호하는 측면도 있지만 자유무역을 방해하는 측면도 있다. 만일 어느 나라에서든지 1만원으로 똑같은 품질의 상품 A를 수입하여 관세율 10%를 적용받으면 시장에서는 1만 1000원에 판매된다. 소비자는 같은 품질의 국산상품을 1만원에 살 수 있다면 수입상품보다는 국산상품에 대한 수요가 커져 국내산업을 보호하는 효과를 본다. 그러나 관세는 부정적인 효과도 있다. 같은 품질의 상품 B가 국내에서 1만 1000원에 생산되고, 다른 나라에서는 1만원에 생산되는 상품이 수입될 때 20%의 관세율을 적용하면 국내가격은 1만 2000원이 된다. 국내 소비자는 같은 상품을 국산보다 1000원 싸게 구입할 수 있는 기회를 잃게 되는 셈이다. 소비자 부담은 커지고 소비자 후생은 줄어들게 된다. 따라서 지나치게 높은 관세(흔히 보호무역조치라고 함)는 국내산업의 보호와 관세수입이라는 이득보다 소비자 후생의 감소에서 비롯되는 손실이 더 클 수 있다.

여기에서 소비자 후생이란 특정 상품에 대해 소비자가 최대한 지불해도 좋다고 생각하는 가격(지불의향가격, willingness to pay)과 실제로 지불하는 가격(시장가격, market price)의 차이를 말한다. 그 차이가 커질수록 소비자의 만족도인 소비자 후생도 커진다. 만일 어떤 소비자가 상품 A에 최고 1만원까지 지불하겠다고 생각하는데 이때 시장가격이 9000원이라면 소비자 후생은 1000원이 된다. 관세가 지나치게 높게 부과되어 시장가격이 높아지면 소비자 후생은 줄어든다.

산업의 장기 비전을 국민들에게 제시하고, 이 과정에서 쇠퇴하는 산업에 대한 지원의 객관적 기준을 설정해야 한다. 물론 산업조정 지원정책들은 한시적이어야 한다. 그렇지 않으면 해당 산업에 대한 특혜로 인식되기 때문이다.

2. 자유무역협정의 체결

1) 칠레와의 자유무역협정

칠레와의 FTA는 농민들의 반대로 협상의 개시부터 국회의 비준에 이르기까지 우여곡절을 겪은 후 2004년 4월 1일 처음으로 체결하였다. 그 후 칠레와의 교역량이 크게 늘어났는데, 주요 수입품목은 포도주 · 돼지고기 · 키위 · 광산물 등이고, 주요 수출품목은 휴대전화 · TV · 합성수지 · 자동차 등이다.

칠레와의 FTA 결과에 대한 평가는 찬반이 엇갈린다. 칠레산 농산물 수입에 따른 피해는 미미하고, 양국 모두에게 긍정적인 영향을 미친 것으로 보는 것이 일반적인 것 같다.

비농업계에서는 칠레산 포도의 수입이 다소 감소한 것을 놓고 농업부문에 대한 피해가 적다고 보는 반면에 농업계에서는 포도 외의 다른 품목의 수입이 크게 증가하여 피해가 크다고 보고 있다.

FTA 효과를 평가함에 있어서는 관세 철폐기간이 장기간(포도 · 키위 · 돼지고기는 10년, 포도주는 5년)으로 설정되어 있기 때문에 시간이 흐를수록 그 영향이 크게 나타날 수 있다. 한편 수출이 크게 증가한 품목은 FTA 효과가 초기에 나타났다. 우리나라 수출품목의 칠레시장 점유율이 급격하게 높아졌다.

2) 싱가포르와의 자유무역협정

싱가포르와의 FTA는 사실상 2004년 11월에 타결하고 2005년 8월 4일 합의서에 서명하였다. 양국은 개성공단에서 생산되는 제품을 '민족내부거래'로 인정하여 한국산과 같은 특혜관세를 주기로 하였다. 따라서 개성공단에서 생산된 제품이 해외에서 판매되는 돌파구가 마련되었고, 향후 남북경협을 국제화하는 계기가 마련된 셈이다.

한국무역협회의 성명(2004.11.29.)에 의하면, 싱가포르와의 FTA 체결은 정부조달과 투자확대 등 양국간 경제협력관계를 강화하고, 금융 · 운송 · 정보기술 등 국내 서비스산업의 경쟁력을 강화시킴은 물론 아세안 및 동남아시아로의 진출을 위한 발판을 공고히 할 수 있다.

그러나 다른 한편으로는 석유제품, 컴퓨터 부품, 기계류의 수입증가와 제3국산 상품의 우회수입(값싼 동남아 제품이 싱가포르 제품인 것처럼 원산지가 바뀌어 수입되는 것을 말함)이 늘어날 우려도 있다. 그리고 시장규모가 작은 데다 이미 대부분의 품목에 걸쳐 무관세를 실시하고 있기 때문에 FTA 체결로 인하여 한국은 수출이 늘지 않는 반면에 수입이 크게 증가할 수도 있다.

3) 에프타와의 자유무역협정

유럽자유무역연합(EFTA: European Free Trade Association)과의 FTA는 2005년 12월 15일에 공식 서명하였고 2006년 7월 1일부터 발효되었다.[4]

EFTA는 한국산 모든 제품에 대하여 발효 즉시 관세를 100% 철폐하고, 한국은 EFTA가 원산지인 제품 중 99.1%에 해당하는 제품의 관세를 최장 7년간에 걸쳐 철폐하기로 하였다. 민감한 일부 농산물은 제외시키거나 최장 10년에 걸쳐 관세를 없애기로 하였고, 개성공단제품에 대해서는 한국산 자재가 60% 이상이면 한국산으로 인정하기로 하였다.

EFTA는 한국의 제20위권 교역대상지역으로서, 주요 수출품은 자동차 · 선박 · 섬유류고, 주요 수입품은 원동기 · 의약품 · 정밀기계류 등이다.

EFTA와의 FTA는 유럽 선진국(强小國)과 처음으로 체결하는 것이고, 유럽시장 진출 확대의 교두보(橋頭堡)를 확보하였다는 데 그 의의가 있다.

4) 아세안과의 자유무역협정

동남아국가연합(ASEAN: Association of Southeast Asian Nation)과의 FTA는 2004년 12월 30일부터 협상을 개시하여 2005년 12월 13일 기본협정서에 조인하였고, 2007년 6월 1일부터 발효되었다.[5]

4 EFTA는 EU에 가입하지 않은 4개국(스위스 · 노르웨이 · 아이슬란드 · 리히텐슈타인)이 상호 공산품 교역장벽을 제거하기 위하여 1960년에 결성한 단체다. 비회원국에 대해서는 각 회원국이 독자적인 통상정책을 유지한다.

5 ASEAN은 10개국, 즉 인도네시아 · 말레이시아 · 필리핀 · 싱가포르 · 태국(이상은 1967년 창설국) · 브루나이(1984년 가입) · 베트남(1995년 가입) · 미얀마 · 라오스(1997년 가입) · 캄보디아(1999년 가입)로 구성되어 있다. ASEAN은 미국 · 일본 · 유럽연합 · 중국에 이어 우리나라의 제5위 교역대상지역(1992년 이후 한국의 대외교역량의 10% 이상 차지)이다. 특히 이 지역에는 우리나라 중소기업들의 진출이 집중되어 있어 FTA 체결에 따른 경제적 체감효과는 더욱 크게 나타날 수 있다.

ASEAN과 한국은 2010년까지 전체품목(1만 3048개)의 90%를 무역자유화 대상에 넣어 관세를 철폐하고, 나머지 7%(일반 민감품목 571개)는 2016년까지 관세를 부분감축(0~5%)하며, 나머지 3%(초민감 품목 또는 108개 품목)는 개방대상에서 제외시켰다. 당시 협상과정에서 전체품목을 일반품목과 민감품목으로 나누어 관세 폐지방식을 달리하였고, 다시 초민감 품목을 가려 개방하지 않는 방식으로 협상하였다.

그리고 양측은 개성공단을 역외가공지역으로 보고, 그곳에서 생산되는 물품 중 의류 · 신발 · 시계 · 전자부품 등 100여 개 품목에 대하여 한국산으로 인정하여 특혜관세를 부여하되 FTA 발효 5년 뒤 특혜관세 부여 여부를 재검토할 수 있도록 단서조항을 달았다.

세이프가드 발동기간을 3년(1년연장 가능)으로 하였다. 세이프가드는 관세가 철폐된 뒤 7년까지만 발동이 가능하고 재발동 제한기간도 없다.

이에 따라 2007년 6월 1일부터 동남아시아산 생커피 · 타이어 · 송어 · 연어 · 당근 등이 무관세로 한국시장에 들어오고 있는데, 초민감 품목으로 분류된 쌀 · 쇠고기 · 바나나 · 파인애플 등은 제외되었다.

5) 유럽연합과의 자유무역협정

유럽연합(EU: European Union)은 세계 최대시장[6]으로 한국과 EU의 교역량은 중국에 이어 두 번째로 크다.[7]

---

6 EU와의 10대 교역품목은, 한국은(크기순) 자동차, 무선통신기기, 선박해양구조물 및 부품, 평판디스플레이 및 센서, 반도체, 컴퓨터, 영상기기, 건설광산 기계, 자동차부품, 철강판 등이다. EU는 반도체제조용 장비, 자동차, 반도체, 농약 및 의약품, 자동차부품, 계측제어분석기, 원동기 및 펌프, 기계부속, 정밀화학 원료, 화학공업제품 등이다(무역협회).

7 유럽연합은 1993년 11월 1일 유럽연합조약(일명 마스트리히트조약)이 발효되면서 유럽공동체(EC: European Community)의 명칭이 1994년 1월 1일부터 바뀐 것이다. EC는 본래 1967년 7월 1일 유럽경제공동체(EEC: European Economic Community), 유럽석탄철강공동체(ECSC: European Coal and Steel Community), 유럽원자력공동체(EURATOM: European Atomic Energy Community)를 총합하여 설립된 기구로서, 당초 EC의 창립회원국은 6개국(벨기에 · 프랑스 · 서독 · 이탈리아 · 룩셈부르크 · 네덜란드)이었다. 그 후 유럽 여러 나라들이 가입하여 2007년 EU의 회원국은 28개국으로 늘어났다가 2016년 6월 23일 영국탈퇴(Brexit)로 27개국이 되었다. 스위스 · 노르웨이 · 아이슬란드 · 리히텐슈타인 등은 아직 EU가입을 거부하고 있다. EU가 공식명칭이 되었음에도 불구하고 아직도 EC라는 명칭이 사용되고 있고 일반인은 물론 전문가들도 EC와 혼동하고 있다. 그것은 EU의 정책결정에 대한 회원국 간의 권한 관계와 법인격 때문이다. 기존의 ECs(EC+ECSC+EURATOM의 경제공동체를 한때 ECs라고 불렀음)는 그 각각의 조약에 의거한 공동체로서 자체의 법인격을 가지고 있다.

EU는 통상정책, 관세동맹, 경쟁정책, 해양생물보존 부문에서는 회원국들로부터 모든 주권을 이양받아 초국가적 기구로서 정책을 펴고, 산업 · 교육 · 문화 · 국방 등에 대해서는 개별 회원국이 주권을 행사한다. 내

EU의 회원국 중 프랑스와 에스토니아를 제외하고는 모두 남북한 동시 수교국이라는 점은 개성공단 등 남북경제협력과 관련된 통상문제를 다루는 데 도움이 기대된다.

EU와의 FTA는 2007년 5월 6일 협상을 개시한 후 이명박 대통령과 EU 의장국인 스웨덴 라인펠트 총리(J. Fredrik Reinfeldt)가 2009년 7월 13일 정상회담에서 타결을 선언하였고, 2010년 10월 6일 벨기에 브뤼셀에서 정식으로 서명하였다. 우리나라 국회와 유럽의회의 비준동의를 거쳐 2011년 7월 1일부터 발효되었다.

국내기업들은 자동차 · TV · 섬유 · 신발 등의 분야에서 유리할 것으로 전망되고, 반면 정밀화학 · 기계 · 농축산물 · 서비스 등의 분야는 국내시장에서 경쟁이 더 격화될 전망이다.

6) 그 밖의 자유무역협정

① 인도와의 FTA : 2007년 협상을 시작하고 2010년 1월부터 발효되었다. 인도는 내부적 반발 때문에 무관세를 의미하는 FTA 용어를 사용하지 않고 포괄적 동반자협정(Comprehensive Economic Partnership Agreement)을 체결했는데, 이것은 무관세 대상품목이 FTA보다 다소 적을 뿐이고 실제로는 FTA와 동일한 성격을 갖는다. 우리나라는 주로 휴대폰과 자동차의 수출이 늘어나고, 인도는 정보기술 및 인력의 한국취업이 늘어날 전망이다.

② 뉴질랜드와의 FTA : 2014년 11월 15일 타결되고, 2015년 12월 20일 발효되었다. 우리나라가 뉴질랜드에 수출하는 모든 상품에 대한 관세가 FTA 발효 후 7년 안에 철폐되기 때문에 공산품(특히 전자제품과 기계류 등)의 수출이 늘어나고, 반면 뉴질랜드는 축산과 낙농 분야에서 세계적 경쟁력을 가지고 있기 때문에 국내 농축산업계의 타격이 불가피하게 되었다. 우리나라는 일부 농수산품(쌀 · 삼겹살 · 사과 · 천연꿀 · 오징어 · 고추 · 마늘 등)은 관세 철폐대상에서 제외시켰다.

뉴질랜드는 총인구는 450만명에 불과하지만, 1인당 GDP가 4만달러 이상으로 구매력이 높고 상당수 공산품을 수입에 의존하고 있다. 우리나라 전체 수출에서 뉴질랜드가 차지하는 비중은 약 0.2%(2015년 기준)였다.

③ 캐나다와의 FTA : 오랜 협상 끝에 2014년 12월 2일 발효되었다. 발효 후 10년 이내

무 · 사법, 농업 · 수산, 교통, 에너지, 사회정책, 지역개발, 환경, 소비자 보호, 공공보건, 거시경제협력 분야 등에 대해서는 EU와 회원국이 정책결정권을 공유한다.

EU는 중국에 이어 제2교역상대로 부상했고, 우리나라에 대한 투자도 미국과 일본을 제치고 1위를 차지하고 있다.

에 대부분의 품목(교역액의 약 98%)에 대한 관세가 철폐된다. 상품시장 외에도 서비스와 투자시장 개방 확대, 정부조달시장 추가 개방, 투자자국가소송제(ISD) 도입 등에도 합의하였다.

한국의 제조업과 캐나다의 천연자원 및 선진화된 서비스업 등 상호 보완적인 무역구조를 통해 교역확대가 기대된다. 주요 수출 품목은 자동차와 석유류제품이고, 주요 수입품목은 쇠고기와 광물이다. 캐나다와의 FTA가 경제성장에 미치는 직접적인 효과는 미미하지만, 환태평양 경제협력을 위한 기반 마련에 기여할 것으로 기대된다.

④ 호주와의 FTA : 2006년 12월 FTA 공동연구에 합의한 후 2014년 4월 8일 협정문에 공식 서명하였고, 의회의 비준이 2014년 12월 2일 통과되었다. 우리나라는 자동차와 석유제품 등 공산품을 수출하고, 호주는 원자재와 에너지자원을 수출하므로 상호 보완적인 교역구조를 지닌 만큼 가장 이상적인 FTA파트너라고 일컬어지고 있다. 호주는 내수시장이 탄탄하고 교역확대 잠재력이 큰 나라다. 물론 농축수산물시장 잠식에 대한 농민들의 우려가 큰 편이다.

⑤ 터키와의 FTA : 2014년 9월 18일 서비스 · 투자분야의 협상이 타결되고, 2015년 2월 26일 서명을 마쳤다. 터키에서는 주로 광물제품을 수입하고 있어 관세 철폐의 영향이 미미하지만, 우리나라의 주력 수출품인 공산품은 관세 철폐의 효과가 기대된다.

⑥ 콜롬비아와의 FTA : 아시아태평양경제협력체(APEC) 정상회담(2008.11.)에서 FTA 추진 필요성에 합의한 후 2012년 6월 25일 협상을 타결하였다. 우리나라에서는 2014년 4월 9일 국회 비준이 동의되었으나, 콜롬비아에서 비준이 늦어져 2016년 7월 15일 발효되었다. 콜롬비아는 중남미에서 유일하게 6·25 참전국으로 GDP는 한국의 1/3 수준이다. 우리나라의 수입품은 주로 1차 상품(커피 · 석유 · 광물 등)이고, 수출품은 기술 · 자본 집약품(자동차 · 전자제품 등)이어서 상호 보완적 경제구조라고 볼 수 있다.

⑦ 미국과의 FTA : 액션플랜 마련(2003년 8월) → 협상초안 마련(2006년 5월) → 5차례 협상(2006년 6월~12월) → 협상 타결 및 협정문 작성(2007년 4월) → 협정문에 공식서명(2007년 6월) → 국회 상임위원회의 비준 동의안 통과(2009년 4월) → 양국 정상회담에서 협상타결 실패(2010년 11월) → 재협상 타결(2010년 12월) → 국회 비준(2011년 11월) 등의 절차를 거쳐, 2012년 3월 15일부터 발효되었다.[8]

8 야당(당시 민주당)은 투자자국가소송제(ISD)의 폐지를 주장하였다. 미국의 민주당도 한동안 한 · 미 FTA에 대해 부정적이었으나 2011년 10월 12일 비준안을 통과시켰다. 한국의 민주당은 재협상으로 이익의 균형이 깨졌다고 하면서 재재협상을 주장하였으나 2011년 11월 22일 여당(당시 한나라당)이 민주당을 제외시키고 비준안을 강행 처리하였다.

ISD(Investo-State Dispute)는 외국에 투자한 기업이 그 국가의 정책이나 법 때문에 생긴 재산적 피해를 그러나 2016년 11월 8일 미국 대통령 당선자(Donald John Trump)가 한미 FTA의 재협상을 선거공약으로 제시하였고, 그로 인해 미국의 관세가 높아지면 우리나라 수출업체들의 타격이 우려된다.

⑧ **페루와의 FTA** : 2009년 3월 협상을 시작한 후 2010년 8월 31일 타결하고 2011년 8월 발효되었다. 우리나라가 체결한 FTA 중 처음으로 에너지와 자원협력을 명시적으로 포함시켰다는 점이 특징이다. 페루는 광물자원이 풍부(매장량 기준 세계 3위)하고 석유와 천연가스 매장량도 많은 나라다. 우리나라는 페루에 공산품(자동차와 전자제품 등)의 수출이 늘어나고, 페루는 우리나라에 농수산물(바나나와 오징어 등)의 수출이 늘어나게 된다.

⑨ **베트남과의 FTA** : 2014년 12월 타결되고, 2015년 12월 20일 발효되었다. 베트남은 우리나라 전체 수출에서 차지하는 비중이 5.3%(2015년 기준)로 4위 수출 대상국이다. 베트남과의 FTA에서는 한 · 아세안 FTA(2007년 발효)에 빠진 양국 간 공산품 수입 관세 철폐에 합의했기 때문에 자동차와 가전제품 등 한국 제품의 베트남 수출 길이 더 열리게 되었다. 베트남과의 FTA는 우리나라 수출이 가장 빠르게 늘고 있는 신흥시장 문호개방이라는 점에서 의미가 크다. 그리고 우리나라 기업의 현지투자 보호를 강화하는 효과도 크다. 베트남은 우리나라가 세 번째로 투자를 많이 한 국가다.

⑩ **중국과의 FTA** : 2014년 11월 10일 협상이 타결되고, 2015년 12월 20일 발효되었다. 한 · 중의 FTA는 미국 주도의 환태평양경제동반자협정(TPP), 역내포괄적경제동반자협정(RCEF), 한 · 중 · 일 FTA 등에서의 한국의 역할과 위상 제고를 기대할 수 있다. 한국은 미국 · 일본 · EU보다 먼저 중국과 FTA를 체결함으로써 세계 GDP의 12%를 차지하는 중국시장을 선점할 수 있게 되었다. 중국은 우리나라의 최대 교역국이다. 우리나라 전체 수출에서 중국이 차지하는 비중은 2015년 기준 26%(미국 11%, 일본 6%를 합친 것보다 큼)다.

우리나라는 농축어업 등을 민감품목으로 지정하여 관세 철폐 대상에서 제외시켰다. 한국이 경쟁 우위에 있는 상품 협상에서 무관세를 관철하지 못한 것은 중국의 저가 농산물로부터 국내 농업시장을 지키기 위해 양보했기 때문이다. 우리나라의 핵심 수출품목인 자동차, 화장품, 샴푸와 린스 등 생활용품, 선박용 엔진 같은 고부가가치 제품도 초민감품목으로 지정되어 무관세 혜택을 받을 수 없다. 중국은 제조업 중심(우리나라의 주

보호하기 위하여 국제기구의 중재로 분쟁을 해결하도록 한 제도를 말한다. 기업이 상대방 국가의 정책으로 이익을 침해당했을 때 그 국가를 세계은행 산하 국제상사분쟁재판소(ICSID)에 제소하는 제도다. ICSID의 중재부는 3명으로 구성되는데, 해당 국가에서 각각 1명씩 추천하고 나머지 1명은 협의를 통해 선정하되 합의가 이뤄지지 않으면 사무총장이 지명하는 자로 한다.

력 중국 수출품인 자동차 · 석유화학 등)으로 민감품목을 구성하여 현행 관세를 그대로 유지시켰다. 중국으로서는 한국의 농산물 시장을 포기하는 대신 자국 산업을 보호한 것이다.

한국은 중국이라는 큰 시장에 발판을 마련하겠다는 것이고, 중국은 세계경제의 주도권을 잡는 팍스 시니카(Pax Sinica, 중국에 의한 평화라는 뜻의 라틴어)를 도모하겠다는 것이다.

그러나 자칫 중국 내수시장을 차지하기 전에 우리나라 경제기반을 내줄 우려도 있다. 중국의 제조업 경쟁력(품질과 저임금에 따른 가격 등)이 우리나라를 추월하거나 대등하게 되면 국내 중소기업의 기반을 무너뜨릴 수 있다. 그렇다고 전통적 우방국인 미국과 연계하여 중국을 견제하는 전략으로 최대 교역국인 중국과 갈등을 유발해서도 안 될 상황이다. 모든 분야를 협상대상으로 하는 제로섬(zero sum) 게임보다는 이해관계에 따라 시너지효과를 가져오는 산업을 중심으로 하는 플러스섬(plus sum) 게임의 FTA가 되어야 한다. 즉 경제적으로는 중국과의 기술 격차를 유지하면서 서비스 산업의 수출 상품화를 모색하는 동시에, 정치적으로는 중국의 과도한 영향력을 견제하면서도 사안별로 공조하는 균형 잡힌 전략의 구사가 필요하다.

이 외에도 협상 중(한중일 · RCEF · 에콰도르)이거나, 협상재개 여건조성 중(인도네시아 · 일본 · 멕시코 · GCC)이거나, 협상준비 공동연구 중(MERCOSUR · 이스라엘 · 말레이시아)인 나라들이 있다.[9]

7) FTA의 시사점

FTA는 특정한 국가 간에 서로 무역특혜를 부여하는 협정으로서, 가장 느슨한 형태의 지역경제통합의 형태이며 지역무역협정(Regional Trade Agreement)의 주류를 이루고 있다. RTA는 한정된 품목에 대한 소폭의 관세 인하를 목표로 하는 특혜협정으로부터 완전한 경제통합에 이르기까지 광범위한 의미로 사용되고 있는데, 일반적으로는 관세동맹(Customs Union), 경제공동체(Economic Community), FTA 등을 의미한다.

---

9 RCEF(Regional Comprehensive Economic Partnership, 역내 포괄적 동반자협정)는 동남아국가연합(ASEAN, 10개국)이 주변 6개국(한국 · 중국 · 일본 · 호주 · 인도 · 뉴질랜드)을 상대로 추진하는 협정을 말한다. 지역 내 국가 간 포괄적이고 높은 수준의 FTA 체결을 목표로 추진되고 있다.

MERCOSUR(Mercado Commun Del Sur, 남미공동시장)는 남미 자유무역과 관세동맹을 목표로 결성된 경제공동체로 그 회원국은 5개국(아르헨티나, 브라질, 파라과이, 우루과이, 베네수엘라, 칠레와 볼리비아는 준회원국)이다. 최근 중남미에 대한 수출과 직접투자가 늘어나고 있어 2005년부터 무역자유화를 포함한 양자 간 협력증진방안을 논의하고, 2007년부터 공동연구 중이다.

GCC(Gulf Cooperation Council, 걸프협력기구)는 사우디아라비아 · 쿠웨이트 · 카타르 · 오만 · 아랍에미리트 · 바레인이 역사와 언어, 종교적 동질성을 배경으로 정치 · 경제 · 사회 부문의 통합을 목표로 1981년 5월 성립하였다. 6개국은 이미 회원국 간 관세동맹을 맺고 있고, 단일통화와 단일시장을 추진하고 있다.

FTA의 경제적 효과는 단기적 효과와 장기적 효과로 나눌 수 있다. 단기적으로는 관세 인하로 비교우위를 갖는 재화를 중심으로 상호 교역을 하게 되고 비싼 국산품을 값싼 역내산(域內產)으로 대체하게 된다. 따라서 생산요소들이 비교우위산업으로 이동하게 됨으로써 생산측면에서 자원배분의 효율성이 증가하고 소비측면에서는 보다 값싼 제품을 소비할 수 있게 된다.

장기적으로는 규모의 경제, 경쟁 촉진, 외국인 투자 활성화 등이 역내 경제활동의 효율성을 증대시키게 된다.

FTA 체결로 상대국가에 따라 차이가 있지만 대체로 시간이 지남에 따라 수출 증대효과가 있는 것으로 나타나고 있다. 우리나라는 수출이 경제의 주요한 변수이기 때문에 향후 다른 국가와의 FTA를 전략적으로 활용할 필요가 있다.

한 · 중 · 일 FTA는 3국 정상회담(베이징, 2009.10.10.)에서 FTA의 필요성에 대해서는 서로 공감을 했으나 역사문제, 영토분쟁, 주도권 다툼, 산업구조조정의 부담 등 다양한 정치적 · 경제적 갈등요인이 많아 쉽지는 않을 것으로 보인다. 특히 일본은 미국과 더불어 환태평양경제동반자협정(TPP)을 주도하면서 중국의 동아시아 경제통합을 견제하고 있다. TPP는 중국을 배제하고, FTA는 미국을 배제하는 형국이다.

8) 환태평양경제동반자협정

환태평양경제동반자협정(TPP: Trans-Pacific Partnership)은 아시아 · 태평양 12개국을 회원국으로 한 다자(多者)간 자유무역협정으로 2015년 10월 5일 타결되었다(발효는 2017년 말 예상).

TPP는 당초 싱가포르 · 뉴질랜드 · 칠레의 경제협력 논의에서 출발(2002년)했다가 브루나이의 합류(2005년)로 4개국 협정으로 발전했고, 이어 미국(2008년), 호주 · 베트남 · 페루 · 말레이시아(2010년), 캐나다 · 멕시코(2011년), 일본(2013년)이 합류했다. 앞으로 한국 · 대만 · 필리핀 등이 회원국으로 참여하는 것에 관심이 집중되고 있다.

최근 무역협상은 여러 국가가 협상에 참여하는 다자주의(多者主義)에서 두 국가만의 협상인 양자주의(兩者主義), 그리고 다시 다자주의로 바뀌고 있다. 세계무역기구(WTO: World Trade Organization)의 체제는 다자간 통상협정을 통한 일괄타결을 시도했으나 성공하지 못했고, 그 한계를 극복하기 위해 등장한 것이 양자간 FTA다. 그러나 두 국가 사이의 FTA를 동시다발적으로 진행하다 보니 협정별로 원산지기준이나 통관기준 등이 달라 교역비용이 오히려 증가하는 현상이 발생하였다. 이러한 문제를 극복하기 위해 나타난 다자간 협정이 TPP다.

TPP는 산업과 통상, 외교와 안보라는 다양한 변수가 작용하고 있다. 미국은 중국 견제수단이라는 측면이 있고, TPP를 단순한 자유무역협정이 아니라 아시아 · 태평양 지역에서 우방국들끼리의 정치경제 동맹 강화로 보는 시각이 많다. 일본은 그동안 한국에 뒤처져 있던 FTA 진척도를 만회할 기회로 보고 있다.

TPP 회원국들의 GDP는 세계경제의 37~40%, 무역규모는 세계 전체의 25%, 인구는 세계의 11% 수준으로 그 영향력이 매우 크다. 따라서 무역의존도가 높은 우리나라로서는 선택이 아니라 필수라는 지적도 나오고 있다.

우리나라가 TPP에 가입하려면 기존 회원국들과 가입협상을 해야 하고, 최종 가입결정은 회원국 전체의 동의를 얻어야 한다. 이 과정에서 회원국들이 과도한 개방 요구를 할 수 있다.

TPP에 가입하지 않으면 한국 상품이 다른 TPP 회원국 상품으로 대체되어 해외시장에서 경쟁력이 떨어진다. 특히 자동차 부품, 가전제품 등에서 일본에 시장을 뺏길 우려가 있다. 우리나라는 TPP 회원국 중 일본 · 멕시코를 제외한 나머지 10개국과 이미 개별 FTA를 타결했거나 발효한 상태다. TPP의 양허(상품관세를 일정수준 이상 올리지 않거나 특정 서비스 업종을 개방하기로 한 약속)수준이 개별 FTA와 별 차이가 없다면 관세효과도 크지 않다. 다만 TPP 회원국에서 생산한 원자재 · 부자재는 자국산으로 인정해 특혜관세를 부여하는 이른바 '누적 원산지' 문제를 해결한다는 점이다.[10]

TPP에 가입하면 새로운 수출시장을 개척하여 중국에 편중된 수출의존도를 낮추는 효과도 있다. 물론 가입하면 농산물 분야의 추가 개방이 있어야 한다.

우리나라 정부도 TPP 가입 의사를 굳힌 것으로 알려지고 있다. 그러나 트럼프 대통령 당선자가 TPP를 반대하고 있고, 오바마 대통령도 TPP 추진을 중단한다고 선언하였기 때문에 TPP가 빛을 잃을 것으로 전망된다.

---

10 누적 원산지는 다자간 자유무역협정을 맺을 때 회원국 간에 재료 거래나 공정 활용을 거치더라도 단일 원산지 개념으로 무관세 혜택을 주는 제도다. 예컨대 말레이시아의 원료로 일본의 공장을 거쳐 베트남에서 제조되어 미국으로 수출된다면 이를 베트남산으로 인정해 무관세를 적용하는 식이다. 누적 원산지는 우리나라처럼 동남아 등에 해외공장을 많이 두고 있는 국가에 절대적으로 긴요하다. 현행 FTA제도 아래에서는 전자제품 기업이 한국에서 만든 부품으로 베트남 현지 공장에서 완제품을 만들어 호주로 수출하면 호주는 베트남과 FTA를 맺고 있지만 외지(外地)의 부품을 많이 사용했으면 완제품을 베트남산으로 인정해 주지 않기 때문이다.

제2절 환율과 유가

1. 환 율

환율(換率, foreign exchange rate)은 두 나라 돈의 교환비율을 말한다. 환율은 외국통화 1단위와 교환할 수 있는 자국통화 단위로 나타낸다. 예컨대 원 · 달러 환율이 1,100이라면 미화 1달러를 사는 데 원화 1,100원을 내야 한다는 의미다. 환율이 1,000원으로 떨어진다면 같은 원화로 더 많은 달러를 살 수 있게 되므로 원화가치 상승(또는 원화 강세)이라고 한다.

상품가격이 시장의 수요와 공급에 따라 움직이듯 환율도 두 나라 통화에 대한 수요와 공급의 상대적 크기에 따라 움직인다.

과거에는 국가 간 거래가 적고 외국통화도 거의 통용되지 않아 환율을 일정 수준으로 유지시키는 고정환율제를 많이 채택하였으나, 국가 간 무역 및 금융 거래나 인적 · 물적 교류가 활발하게 이루어지면서 현재는 대다수의 나라가 변동환율제를 운용하고 있다. 우리나라도 1997년 12월부터 변동환율제를 운용하고 있다.

환율제도는 고정환율제, 변동환율제, 중간형태의 환율제로 나눌 수 있다.[11]

---

11 제2차 대전 전에는 금본위제(일종의 고정환율제)가 유지되다가, 각국이 미국 달러를 중심으로 각국 화폐의 환율을 고정시켰다. 이러한 국제통화체제를 브레턴우즈체제(Bretton Woods System)라고 한다. 미국 달러화와 다른 통화의 교환비율이 완전히 고정되어 있지는 않았지만 일정한 범위를 벗어나지 못하게 하였다.

그러다가 달러화의 실제가치가 계속 하락하면서 브레턴우즈체제는 더 이상 유지되지 못하고, 각국이 자유롭게 환율제도를 선택할 수 있게 되었다. 이러한 변동환율제는 1976년 킹스턴에서 열린 IMF에서 국제적으로 공식화하였다고 하여 변동환율제를 바탕으로 한 국제통화체제를 킹스턴체제(Kingston System)라고 한다.

금본위제(金本位制)는 금의 일정량의 가치를 기준으로 단위화폐의 가치를 평가하는 제도를 말한다. 금본위제의 연원은 18세기로 거슬러 올라간다. 당시 영국은 금과 은을 모두 통화표준으로 사용하는 이른바 복본위제(bimetallism)를 채택하고 있었다. 영국은 중국에서 차(茶)를 수입하기 시작하면서 무역적자가 매우 커지게 되었는데, 그것은 당시 중국이 은본위제를 채택하고 있었기 때문이다. 중국은 무역결제를 은으로 요구했고, 그에 따라 영국은 은의 유출이 심각한 수준에 이르게 되었다. 그래서 영국은 금본위제로 전환하지 않을 수 없게 되었다.

여기에 적용되는 경제원리가 그레셤의 법칙이다. 영국의 그레셤(Gresham)이 제창한 "악화가 양화를 구축한다(Bad money drives out good money)"는 것을 말한다. 여기서 악화(惡貨)는 화폐의 액면가치가 실제가치보다 높은 것을 말하고, 양화(良貨)는 화폐의 실제가치가 액면가치보다 높은 것을 말한다.

세계적으로 지난 6000년 동안 캐낸 황금은 총 14만톤이고, 그중 미국이 보유하고 있는 것은 8136톤이라고 한다. 금은 최고의 유동성을 지니고 있다. 증권과 부동산은 글로벌 금융에서 너무 취약하므로 외화보다 첫째, 고정환율제는 특정 통화에 환율을 고정하는 페그제(peg system)와, 홍콩처럼 외환이 유·출입된 만큼 국내통화공급을 증감시키면서 고정환율을 유지하는 통화위원회제가 있다.

둘째, 변동환율제는 환율이 외환시장에서 수요와 공급에 따라 수시로 바뀌는 제도를 말한다. 여기엔 환율이 시장에서 자유롭게 결정되는 자유변동환율제와, 정부가 때때로 외환시장에 개입해 환율의 급격한 변동을 완화하는 관리변동환율제가 있다.

셋째, 중간형태의 환율제는 환율이 시장에서 결정되도록 하되 큰 폭의 환율변동을 제도적으로 차단하는 것을 말한다. 여기에는 환율변동 허용 폭을 사전에 설정하는 밴드제(band system), 주요 교역 상대국의 통화가치 변동에 연동시키는 바스켓환율제(basket system), 환율이 아주 미세하게 움직이도록 허용하는 크롤링 페그제(crawling peg system) 등이 있다.

고정환율제의 장점은 급격한 환율변동에 따른 경제 부작용을 최소화할 수 있다는 것이다. 환율이 크게 오르내리면 기업의 수출입 계약이나 해외투자 결정이 어려워지기 때문에 무역과 투자가 위축된다. 또 환율이 상승하면 수입단가와 생산원가가 올라 물가가 상승한다.

고정환율제의 단점은 대내외 경제 상황이 수시로 변하는 상황에서는 환율이 고정되어 있어 경제를 운영하는 데 불리하다. 예컨대 경상수지가 적자이면 외환이 줄어들게 되는데, 변동환율제와는 달리 외환이 부족한데도 환율이 오르지 않아 수출부진으로 만성적인 적자가 지속된다. 따라서 부족한 외환을 해외에서 빌려와야 하고 외채도 늘어난다.

선진국들은 1970년대 이후, 그리고 일부 신흥국(멕시코, 태국, 아르헨티나 등)은 외환위기 전후에 변동환율제로 전환하였다. IMF에 따르면 전 세계의 35%가 변동환율제를, 13%는 고정환율제를, 나머지 52%는 중간형태의 환율제를 채택하고 있다.

우리나라는 고정환율제에서 변동환율제로 변경했다. 1980년대에 미국 달러화, 위안화, 엔화, 마르크화 등의 통화가치 변동에 따라 원화 환율이 움직이도록 하는 복수통화바스켓제를 도입했으나, 정부가 매일 환율을 고시하는 고정환율제에 가까운 형태였다. 그 후 1990년 3월 도입된 시장균형환율제(관리변동환율제)에서는 환율이 시장에서 결정되도록 하되 하루의 변동 허용 폭을 정하고 이를 점차 확대해 나갔다. 외환위기 직후인 1997년 12월에는 환율변동 허용 폭을 완전히 철폐하여 자유변동환율제로 전환했다.

변동환율제를 더 많이 사용하는 이유는 다음과 같다.

는 금과 은을 많이 가지고 있어야 한다는 말이 글로벌 금융위기 이후 설득력을 가지게 되었다.

- 고정환율제의 장점인 물가안정 효과가 그다지 나타나지 않았기 때문
- 금융 자유화와 개방화 등으로 국제적인 자본 이동이 늘어나면서 고정환율을 유지하기가 어려워졌기 때문
- 고정환율제가 경제위기에 취약한 제도로 인식되고 있기 때문

그렇다고 변동환율제가 모든 나라에서 항상 좋은 것은 아니다. 경제학자들은 모든 나라에 일률적으로 적용할 수 있는 바람직한 환율제도는 존재하지 않는다고 한다. 환율제도 선택은 각국의 경제발전단계, 경제구조 등 고유한 사정을 고려해 다른 거시경제정책과 조화 속에서 이루어져야 한다. 고도화된 경제구조, 발달한 금융시장, 충분한 위기대응능력이 있는 나라는 변동환율제의 장점이 잘 발휘될 수 있다.

어떤 환율제도라도 통화의 안정성, 국제 유동성(외화자산) 확보, 통화정책 자율성 등 세 가지 정책목표를 동시에 달성할 수 없다. 이것을 환율제도의 삼불원칙(impossible trinity)이라고 한다.

변동환율제는 원활한 자본 이동과 이에 따른 환율변동으로 국제 유동성 확보와 통화정책 자율성에는 유리하지만, 환율이 경제상황에 따라 오르내릴 수밖에 없기 때문에 통화의 안정성은 높지 못한 편이다.

고정환율제는 환율이 고정되어 있어 통화의 안정성과 통화정책 자율성은 높지만, 자본 유출입을 통제하기 때문에 국제 유동성 확보에는 불리하다.

일반적으로 외환시장에서 필요로 하는 외환보다 공급되는 외환이 더 많으면 환율이 떨어지고, 반대로 수요가 공급보다 크면 환율이 올라간다. 따라서 어떤 한 나라와 다른 나라의 모든 대외거래의 결과인 국제수지가 흑자이면 외환공급이 늘어 환율이 하락하고, 국제수지가 적자이면 환율이 상승하게 된다. 빅맥환율도 하나의 요인으로 작용한다.[12]

그러나 국제수지만으로 실제 환율의 움직임을 정확히 설명하기는 어렵다. 국제수지가 즉각 은행간 시장의 외환의 수요공급에 영향을 미치기 어렵고, 또 환율에 영향을 미치는 요인이 다양하기 때문이다.

---

12 빅맥환율(Big Mac Index)은 영국의 경제주간지 *The Economist*가 120개국에서 판매되고 있는 맥도날드의 빅맥 햄버거의 가격을 이용하여 만든 일종의 균형환율을 말한다. 빅맥 햄버거는 품질과 크기와 재료 등이 표준화되어 있기 때문에 달러로 환산한 빅맥의 가격은 어디서나 비슷하다고 볼 수 있다. 이때 달러로 환산한 빅맥의 가격을 같게 해 주는 환율을 빅맥지수 또는 빅맥환율이라고 한다. 이것은 실제 환율(시장환율)과 빅맥환율의 비교를 통하여 한 나라의 통화가 저평가 또는 고평가되고 있는지를 가늠해 볼 수 있는 하나의 잣대라고 할 수 있다.

첫째, 국제수지가 흑자라도 외환이 은행간 시장에 공급되는 데는 시차가 있을 수 있다. 예컨대 수출기업이 환율상승을 예상하고 있다면 이를 외화예금 형태로 보관하면서 은행에 외환을 파는 것을 미룰 수 있기 때문이다.

둘째, 수출의 경쟁관계에 있는 주변국의 환율로부터 영향을 받는다. 예컨대 엔화가 달러화에 대해 약세를 보이면 원화도 동반 약세를 보이는 때가 많다.

셋째, 환율에 대한 기대심리도 변수로 작용한다. 예컨대 환율상승을 예상하면 외환이 쌀 때 미리 매입하고자 하는 수요가 더욱 늘어 환율이 실제로 상승 압력을 받게 된다. 경제위기 때는 환율이 외환의 수요공급과 무관하게 비정상적으로 급등하였기 때문에 외환당국이 외환거래에 참여하여 환율을 안정시키기도 한다. 이것을 외환시장 개입이라고 한다.

환율의 변동은 무역에 영향을 준다. 환율이 상승(원화가치 하락)하면 수출이 늘어난다. 예컨대 수출업자가 1개에 3000원인 상품을 미국에 수출할 때 달러에 대한 원화 환율이 1000원에서 1500원으로 상승하면 미국 소비자들은 이 상품을 3달러에 사다가 2달러에 살 수 있기 때문에 수출상품의 가격 경쟁력이 그만큼 높아져 수출이 증가하게 된다. 수입은 1달러의 미국 상품을 수입하기 위해 1000원을 지불하다가 환율이 상승하여 1500원을 내야 하므로 수입이 감소하게 된다.

환율이 급변할 때에는 정부가 외환보유액을 풀거나 사들이는 방식으로 시장개입을 하게 된다. 1980년대에 미국(적자)과 독일 · 일본(흑자) 간에는 무역불균형이 심해지자 플라자 합의를 통해 환율에 개입하였다.[13]

최근의 글로벌 경제(세계경제) 상황은 플라자 합의 이전과 비슷하다. 경기회복을 위해 주요국들이 각자 돈을 풀어 자국의 화폐가치를 떨어뜨리는 양적완화정책을 확대 시행하고 있기 때문이다. 물론 플라자 합의 당시(1985년)에는 G5가 전 세계 GDP의 50% 이상을 차지하고 있었으나 지금은 신흥국의 성장으로 G7이 전 세계 GDP의 30%에 불과하고, 또 외환거래액이 대폭 증가했고, 특정 국가의 경제력에도 한계가 있기 때문에 일방적인 환율조작이 쉽지 않다. 그러나 주요국들이 소비와 수출 증대를 위한 양적완화가 지

---

13 플라자 합의(Plaza Accord)는 1985년 9월 22일 G5(프랑스, 독일, 일본, 미국, 영국)의 재무장관들이 뉴욕의 플라자 호텔에서 미국의 무역수지 개선을 위해 일본 엔화와 독일 마르크화의 평가절상을 유도하고, 이것이 순조롭지 못하면 정부의 개입을 통해 목적을 달성하는 내용에 합의한 것을 말한다. 플라자 합의가 채택되자 독일 마르크화는 1주일 만에 달러화 대비 약 7% 상승하고, 일본 엔화는 8.3% 상승하였다. 그 후 2년 동안 달러가치는 30% 급락했다. 그에 따라 미국 제조업체들은 달러 약세로 높아진 가격경쟁력 때문에 1990년대 들어 해외시장에서 활력을 찾고 미국경제가 회복세를 찾았다. 반면 일본은 엔고로 인해 지금까지 그 후유증을 앓고 있다.

속되는 한 환율분쟁 또는 환율전쟁(currency war)은 불가피한 측면이 있다.[14]

미국 재무성은 2016년 4월 29일 발간한 환율보고서(매년 4월과 7월 발간)를 통해 5개국(중국 · 독일 · 일본 · 한국 · 대만)을 '관찰대상국'으로 지정하였다. 이 보고서로 인하여 원화가 강세를 보일 가능성이 많고, 그렇게 되면 우리나라 상품의 수출경쟁력이 더 떨어질 수밖에 없다.[15]

미국 재무성은 '환율조작국'을 지정하여 제재하기도 한다. 중국을 환율조작국으로 지정(1994년)한 이후 한 번도 환율조작국을 지정한 적이 없는데, 이제는 의회가 나서서 환율조작국 지정요건을 법(교역촉진법)으로 정하였다. 환율조작국으로 지정된 나라는 미국 정부의 개발자금이나 공공입찰에서 배제하고, IMF의 감시를 받게 한다.[16]

따라서 정부의 환율정책의 방향은 첫째, 특정 수준의 환율 유지가 아니라 환율의 변동속도의 조정에 초점을 맞추는 편이 낫다.

둘째, 국내에 유입되는 투기자금을 규제하여 유입속도를 조절해야 한다.

셋째, 글로벌 경기침체가 장기화되면 신흥국들에 대한 직접적인 통화절상(환율하락) 압력이 예상되므로 이에 대비할 필요가 있다. 1980년대 미국의 재정적자 해소를 위해 당시 무역 흑자국이던 일본의 엔화를 급격하게 평가절상시킨 바 있고, 그로 인해 일본의 거품이 시작되었다.

수출을 늘리기 위해 인위적으로 고환율정책을 펴면 수출기업은 이득을 보지만 수입업체와 소비자들은 손해를 보게 된다. 수출실적은 좋은데 경제전망은 더 나빠지는 현상은

---

14 환율전쟁은 각국이 자기 나라 수출에 유리한 방향으로 환율이 움직일 수 있도록 통화정책 등을 이용해서 치열하게 경쟁하는 것을 말한다. 자국 통화 가치의 하락(통화약세)을 통해서 수출 상품의 가격 경쟁력을 높이고, 수출 확대를 도모한다. 최근의 환율전쟁은 글로벌 경기침체와 관련이 있다. 경기가 좋아 내수(內需)가 충분할 때는 굳이 수출이 아니더라도 기업들이 자국 시장에 물건을 팔아 돈을 벌고 고용을 창출할 수 있다. 그러나 지금은 경기가 부진하여 전 세계적으로 초과공급 현상이 나타나고 있어 한정된 수출시장을 놓고 각국이 치열한 가격경쟁을 벌이게 된 것이다.

15 관찰대상국은 미국 정부의 직접적인 제재를 받는 '심층분석대상국'보다는 한 단계 낮은 것으로, 특별한 제재는 없지만 앞으로 미국 재무성의 면밀한 감시대상이 된다. 환율보고서는 '환율의 슈퍼 301조'로 불리는 새로운 「교역촉진법」에 근거하고 있다. 글로벌 금융위기 이후 미국의 경기회복이 매우 더디고 중산층이 대거 일자리를 잃고 하류층으로 전락하는 사태가 발생하자 미국인들은 그 비난의 화살을 환율조작을 통해 불공정한 무역을 자행하고 일자리를 뺏어가는 국가들에게 돌렸다. 미국과의 무역에서 대규모 흑자를 내는 나라들(특히 중국)을 겨냥한 것이다.

16 환율조작국 지정요건은 ㉠ 현저한 대미(對美) 무역수지 흑자, ㉡ 상당한 경상수지 흑자, ㉢ 지속적인 환율시장 개입 등이다. 미국 재무성은 2016년 4월 환율보고서에서 세 가지 요건을 보다 구체화하였다. 즉 ㉠ 대미 흑자 200억달러 초과, ㉡ 경상흑자 GDP 대비 3% 초과, ㉢ 외화자산 순매수액 GDP 대비 2% 초과로 정하고, 이 중 두 가지 요건에 해당되면 관찰대상국, 세 가지 모두에 해당되면 심층분석 대상국으로 지정된다. 2015년 세 가지 요건에 모두 해당되는 나라는 없다. 우리나라는 ㉠ 283억달러 흑자, ㉡ 7.7% 흑자, ㉢ 0.2%로 두 가지 요건에 해당되어 관찰대상국으로 지정되었다.

어찌 보면 우리나라 경제가 수출 주도적 성장 패러다임을 벗어났다는 반증이기도 하다(원종현, 「이슈와 논점」, 제579호, 2012.12.12.).

과거 세 차례의 위기(오일쇼크, 외환위기, 금융위기) 때에는 환율 효과가 컸다. 그러나 지금은 환율이 과거와 반대로 하락세를 보이며 수출여건을 더 악화시키고 있다. 과거에는 세계경제가 불안할 때 투자자들이 한국경제를 더 불안하게 보면서 원화를 팔아 환율이 오르곤 했는데, 요즈음에는 한국의 국가신용등급이 오르고, 경상수지 흑자가 계속 유지되고 있어 오히려 환율이 하락하고 있다.

환율하락(원화가치 상승)은 수출기업의 가격경쟁력에 타격을 준다. 선진국들이 양적완화로 돈을 많이 풀고 그 돈이 아시아 신흥국 시장으로 들어오고 있어 환율하락은 앞으로도 지속될 것으로 보인다.

외환시장이란 외환(외화)을 사고파는 시장을 말하며, 여기에서 결정되는 외환의 가격을 환율이라고 한다. 외환을 파는 사람은 수출기업과 외국인 투자자들이다. 수출기업은 수출로 받은 달러를 은행에서 원화로 바꾸고 은행은 그 달러를 외환시장에서 판다. 우리나라의 주식이나 채권에 투자하는 외국인도 자기가 가지고 있는 외환을 원화로 바꿔야 투자할 수 있기 때문에 외환시장에서 외환을 판다.

외환을 사는 사람은 수입업체와 해외여행객이다. 수입을 하기 위해서는 외환이 필요하기 때문에 외환을 사서 수입대금 결제에 사용한다. 해외여행을 하거나 해외에 있는 자녀의 유학비용을 송금하는 개인들도 외환을 산다.

외환시장에는 대고객(對顧客) 시장과 은행간(銀行間) 시장이 있다. 대고객 시장은 은행의 입장에서 고객인 수출입기업, 개인, 외국인 등과 외환거래가 이루어지는 시장을 말한다.

은행간 시장은 외환이 은행 상호 간에 매매되는 시장을 말하며, 대고객시장을 소매시장이라고 한다면 은행간 시장은 도매시장이라고 할 수 있다. 우리나라에서는 은행간 외환거래의 최소단위를 100만달러로 하고 있다.

은행간 시장에서 외환을 대규모로 거래하는 이유는 첫째, 환위험을 방어(hedge)하기 위함이다. 예컨대 어느 은행이 외환을 많이 보유하고 있을 때 원화의 환율이 하락하면(원화강세, 달러화약세) 이 은행은 환차손(換差損)을 보기 때문에 외환이 부족한 다른 은행에 외환을 팔고자 한다. 환위험을 은행간 시장을 통해 줄이거나 없애려고 하는 것이다.

둘째, 은행이 외환거래를 수익사업으로 여기고 차익거래를 추구하기 위함이다. 은행들은 향후 환율변동의 방향을 예측하여 외환을 매매하는 것이다. 이러한 차익거래가 종종 환율을 변동시키기도 한다.

우리나라는 변동환율제를 채택하고 있지만 가끔은 외환시장에 개입하여 환율결정에 개입하고 있다. 정부가 어떤 경우에 외환시장에 개입하는가? 환율변동 폭이 너무 커지거나 시장의 불안심리가 지속하면서 외환시장에 대한 신뢰가 흔들릴 때 개입한다. 이때는 환율의 추세적 흐름을 바꾸기보다는 단기적으로 환율변동을 완화하기 위한 것이다. 이런 차원의 개입을 스무딩 오퍼레이션(smoothing operation)이라고 하며, 미세조정(fine tuning)이라고도 한다.

외환시장 개입은 외환당국(기획재정부와 한국은행)이 담당하는데, 실질적인 시장개입은 주로 한국은행이 맡는다. 외환시장 개입방법에는 구두개입과 매매개입이 있다.

구두개입(口頭介入)은 외환당국자가 말로 엄포를 놓는 것이다. 외환시장의 쏠림현상이 심하거나(환율의 과도한 하락 또는 과도한 상승), 투기세력의 외환시장 교란을 묵인하지 않겠다는 경고 메시지를 발표하는 방식을 말한다.

매매개입(賣買介入)은 구두개입으로 진정되지 않으면 외환당국이 직접 외환을 대량 매수하거나 매도하는 것을 말한다. 외환당국이 매매에 개입하는 방법은 특정 가격에 대규모 매수나 매도 주문을 쌓아 둠으로써 특정 가격을 사수하는 이른바 알박기 개입과, 투기세력과 정반대의 방향으로 배팅(batting)하는 개입이 있다. 이러한 외환당국의 외환시장 개입은 공개되는 경우가 거의 없다.

외환시장 개입은 부작용을 초래하기도 한다. 예컨대 환율을 올리기 위해 외환당국이 달러를 매수하면 이를 원화로 사는 것이기 때문에 같은 물량에 해당하는 원화가 시장에 더 풀리게 된다. 그러면 통화량이 늘어 물가인상과 같은 후유증이 초래될 수 있다.

그래서 대부분의 국가에서는 외환시장 개입에 따른 통화량 변동을 즉시 상쇄시키는 조치를 취하는데, 이를 '불태화 개입(sterillized intervention)'이라고 한다.

우리나라는 한국은행이 통화안정증권이라는 채권을 발행하여 시중에 매각함으로써 외환시장 개입으로 늘어난 통화량을 흡수하고 있다. 이때는 채권 발행에 대한 이자를 부담해야 한다.

외환시장 개입은 위험을 증가시킬 수 있는데, 그 이유는 다음과 같다. 첫째, 대외적으로 환율 조작국이라는 비난을 받기 쉽고, 무역보복 조치를 당할 수도 있다. 경상수지 적자가 큰 미국은 노골적으로 경상수지 흑자가 큰 중국을 비난하고 있다.

둘째, 단기적으로 환율하락을 막을 수 있으나 장기적으로는 더 큰 피해를 가져올 수 있다. 미국과 유럽 등에서 지속적으로 통화량을 늘리고 있는 상황에서 정부가 환율하락을 막으려면 지속적으로 달러를 매입해야 하는데, 그래도 환율이 하락한다면 그동안 매입했던 정부는 큰 손실을 보게 된다.

셋째, 외환을 매입하면 더 큰 자본이 유입되어 추가 환율하락으로 이어질 수 있다. 미국과 유럽에서 늘어난 유동성이 높은 수익률을 노리고 신흥시장국가로 유입되고 있다. 우리나라 경제의 체력이 약해지거나 글로벌 유동성에 문제가 생기면 들어왔던 외국자본이 갑자기 빠져 나갈 수 있다. 이때 환율은 급등하게 된다.

2. 유 가

우리나라는 만성적인 석유의 다소비·저효율(多消費·低效率) 구조를 벗어나지 못하고 있어 고유가(高油價) 쇼크에 취약할 수밖에 없다. 산업부문 에너지원 중에 석유가 차지하는 비중은 50%가 넘는다. 그렇다고 석유수출기구(OPEC)에 대항할 만한 수단도 없다.[17]

우리나라는 에너지효율이 상대적으로 떨어지고,[18] 에너지 자주율도 매우 낮은 수준이다. 에너지자주율이란 한 나라 기업들이 직접 개발한 석유·가스 생산량을 그 나라의 연간 석유·가스 수입량으로 나눈 수치를 말한다. 한 나라가 확보하고 있는 석유의 안정적인 공급기반을 측정하는 기준으로 사용된다.

우리나라는 매년 약 8억배럴의 원유를 수입하고 있다. 산업통상자원부는 에너지 가격 및 수급 안정을 명분으로 석유부담금(원유 1ℓ당 16원씩)을 떼어 석유관련 사업(신재생에너지 보급, 석유가스 안전 공급, 에너지사업 합리화 자금 등)에 사용하고 있다.[19]

원유는 생산지역과 품질에 따라 가격이 다르다. 세계 3대 원유는 미국 서부텍사스유(WTI), 아랍에미리트의 두바이유(DUBAI), 영국령 북해의 브렌트유(Brent)다. 우리나라는 주로 중동지역에서 원유를 수입(원유 수입의 약 80%)하기 때문에 두바이유 가격에 민감하다.[20]

---

17 석유수출기구(Organization of Petroleum Exporting Countries)는 1960년 9월 원유가격 하락을 방지하기 위하여 이라크 정부의 초청으로 개최된 바그다드회의에서 5대 석유생산·수출국(이라크·이란·사우디아라비아·쿠웨이트·베네수엘라)의 대표가 모여 결성한 협의체다. 2007년 현재 11개 회원국(기존 회원국 외에 아프리카의 알제리·나이지리아·리비아, 중동의 카타르·아랍에미리트, 아시아의 인도네시아)이다. 국제석유자본(석유메이저)에 대한 발언권을 강화하기 위하여 결성하였으며 약칭으로 오펙이라고 한다. 1950~1960년 중동 및 아프리카에서 대규모 유전이 발견되어 원유의 공급이 과잉되어 국제석유자본이 원유 공시가격을 인하하자 이에 대항하기 위하여 산유국들이 이 기구를 결성하고 공시가격의 회복 및 인상을 주도하였다. 거액의 자금을 보유하게 된 산유국들은 국제금융시장에 단기자금으로 공급하여 기존의 국제금융질서를 재정립할 만큼 큰 영향력을 행사하게 되었다.

18 GDP 100달러를 생산하는 데 드는 에너지 사용량의 비율(즉 에너지효율)이 원 단위로 환산할 때 일본은 0.11, 미국은 0.22, 한국은 0.35 수준이다.

19 배럴(barrel)은 액체의 부피를 재는 단위로 기호는 bbld다. 원유 1배럴은 158.9ℓ에 해당된다.

20 원유는 70여 국가에서 생산되고 있는데, WTI는 미국 내에서만 판매되고 있음에도 불구하고 국제유가를 선

그렇다고 원유가격이 지나치게 하락하는 것도 바람직하지 않다. 산유국의 경제침체가 우리나라의 수출에 영향을 미치기 때문이다. 2014년 6월 배럴당 110달러를 넘던 원유가격이 최근 급격히 하락하여 한때 20달러 수준으로 떨어졌다가 50달러대에 머물고 있다. 쌀 때 많이 사서 비축하는 것은 그럴만한 여유도 없거니와 비축비용이 많이 들기 때문에 쉬운 일이 아니다.

원유가격이 하락한 것은 최대 산유국인 사우디아라비아가 미국의 셰일오일 및 셰일가스 업체를 고사(枯死)시키기 위해 원유 생산량을 늘리고 있기 때문이다.[21] 중동 산유국들을 중심으로 구성된 OPEC과 미국이 가격경쟁을 벌이고 있는 것이다.

국제 원유가격이 낮은데, 우리나라의 휘발유 가격은 여전히 비싼 것은 유류세 비중이 높기 때문이다. 주유소에서 판매되는 휘발유의 가격구조는 정유사의 '공급가+유류세+유통비용+마진'으로 이루어져 있다. 이 중 유류세가 큰 비중을 차지하는데, 유류세는 교통에너지환경세 · 교육세 · 주행세 · 교통세 · 부가세 등으로 구성되어 있다. 이 외에도 원유를 수입할 때의 관세와 석유부담금 등이 있다. 이러한 유류세가 판매가의 51.5%를 차지하고 있어 휘발유 가격의 탄력성이 낮다. 휘발유 가격을 낮추려면 유류세 인하가 가장 빠른 길이지만, 유류세가 국세 수입에서 큰 비중(약 6.6%)을 차지하고 있어 국가재정을 고려하면 결코 쉽지 않은 일이다.

도하는 가격지표로 사용되고 있다. DUBAI는 중동산 원유가격의 기준이 되고 있고, Brent는 광범위한 지역으로 수출되고 있다.

국제유가는 2012년 최고(1배럴당 WTI는 94.15달러, DUBAI는 109.03달러, Brent는 111.68달러)를 정점으로 2016년 1월에는 각각 31.78달러, 26.86달러, 31.98달러까지 떨어졌다.

21 셰일오일(shale oil)은 전통적인 원유와 달리 원유가 생성되는 근원암(source rock)인 셰일층(유기물을 함유한 암석)에서 뽑아내는 원유를 말한다. 전통적 원유는 유기물을 포함한 퇴적암이 변해 지하의 입자가 큰 암석 등을 통과해 지표면 부근까지 이동한 원유로, 한곳에 모여 있기 때문에 수직 시추를 통해 채굴한다. 셰일오일은 원유가 생성된 뒤 지표면 부근으로 이동하지 못하고 셰일층 안에 갇혀 있는 원유로, 고도의 기술이 필요하기 때문에 생산단가가 전통적 원유보다 높다. 따라서 셰일오일을 활용하지 못했는데, 1990년대 이후 수압을 이용한 수평굴착 기술이 발달하면서 생산원가는 낮아지고 유가는 오르고 있어 새로운 에너지원으로 각광받게 되었다.

제3절 무 역

1. 수 출

수출이 우리나라 경제의 엔진 또는 견인차 역할을 하고 있다. 수출이 GDP에서 차지하는 비중이 높을수록 그만큼 수출이 경제 전체에 미치는 영향이 크다. 수출증가율이 높아지면 경제성장률도 높아지고, 수출증가율이 둔화되거나 감소하면 경제성장률도 낮아진다.

수출증가율이 높아진다는 것은 그만큼 우리나라 상품이나 서비스의 국제경쟁력이 높아지는 것을 의미한다. 세계의 경제성장률이 높아지면 세계의 무역량(수출+수입)도 늘어나게 되는데, 세계의 경제성장률이 높아진 것도 우리나라의 수출증가율이 높아진 이유라고 볼 수 있다.

우리나라의 주요 무역 대상국은 중국 · 미국 · 일본(2015년 기준 수출 대상국은 중국 · 미국 · 베트남 순, 수입 대상국은 일본 · 중국 · 미국 순)이다. 우리나라는 대외무역 의존도(GDP 대비)가 세계에서 가장 높다.[22]

그러나 최근 수출의 영향력이 점차 떨어지고 있다. 그 이유는 수출의 고용유발효과와 투자효과가 낮아지고 있기 때문이다. 수출이 늘어나도 고용과 투자는 예전처럼 늘어나지 않는다는 것이다. 다시 말하면 수출의 취업유발계수(실질수출액 10억원당 필요한 취업자 수)가 낮아진다는 것이다. 따라서 수출이 늘어나도 예전만큼의 고용과 투자가 늘어나지 않으면서 성장률도 역시 올라가지 않는다고 볼 수 있다.

경제성장전략은 크게 수출주도형과 내수주도형으로 나눌 수 있는데, 각국의 경제발전단계, 국가규모, 부존자원 등에 따라 경제에서의 수출과 내수의 역할이 달라진다. 수출(輸出)주도형 성장은 수출증대, 즉 국외수요 창출에 의해 경제성장이 주로 이루어지는 것으로 아시아의 신흥공업국(한국 · 대만 · 홍콩 · 싱가포르 등), 동유럽 국가들, 일부 선진국(스위스 · 네덜란드 · 아일랜드 · 벨기에 · 스웨덴 · 독일 등)이 이에 해당된다. 이는 내수규

22 우리나라의 2015년 기준 무역수지는 904억달러 흑자(수출 5269억달러, 수입 4365억달러)를 기록하였다. 그중 중국과의 무역수지는 469억달러 흑자(수출 1371억달러, 수입 902억달러)를 기록하였다.
2015년 기준 수출의 GDP 비중은 1위 한국(약 43%), 2위 독일, 3위 멕시코 순이었다. 수입의 GDP 비중은 1위 한국(약 39%), 2위 멕시코, 3위 독일의 순이었다(국회예산정책처, 2016 경제 · 재정수첩, 2016.3.31.).

모의 한계를 넘어 국외시장을 상대로 경제활동을 하므로 높은 성장을 달성할 수 있으나, 국제경제의 불확실성에 취약하다는 단점이 있다.

내수(內需)주도형 성장은 내수부문의 확대, 즉 국내수요 창출에 의해 주로 성장이 이루어지는 것으로 미국 · 호주 · 일본 · 이탈리아 · 영국 · 스페인 · 중국 등이 이에 해당된다. 이는 경제가 외부충격에 영향을 크게 받지 않을 수 있다는 장점이 있으나, 경제성장 속도가 느리다.

우리나라는 전형적인 수출주도형 성장을 추진해 왔다. 그러나 실제로 성장 기여율 측면에서 볼 때 1980년대까지는 내수의 성장 기여율이 더 높았고, 1990년대 이후에는 수출의 성장 기여율이 더 높았다. 2000년대에는 내수부진과 수출활황이라는 양극화를 경험하였는데, 특히 글로벌 금융위기로 대외환경이 급변함에 따라 내수부문의 활성화가 필요하다는 주장이 설득력이 있다.

내수부진의 유형은 하나는 내수가 안정적으로 성장하지만 수출증가가 매우 높아 상대적으로 내수가 수출에 비해 부진해 보이는 때이고, 다른 하나는 고용 없는 성장이나 불황 등으로 국내의 투자와 소비가 위축된 유형이다. 우리나라는 현재 두 번째 유형에 해당된다. 2000년대 초 신용카드 소비확대 등 단기적인 소비증대를 통해 내수성장을 도모했으나 가계부채를 심화시켜 장기적으로는 내수부진으로 이어졌다. 그리고 2004년 하반기의 금리인하 정책도 투자확대를 통해 내수를 성장시키려는 것이었으나 적절한 투자처가 없어 부동산 투자 등으로 흘러가 부동산 가격만 상승시키고 소비위축이라는 내수부진을 초래하였다. 2008년 이후 고환율정책도 수입가격을 높여 물가수준을 높이는 역할만 하였다.

연간 무역규모가 미국, 독일, 중국, 일본, 프랑스, 영국, 네덜란드, 이탈리아 다음으로 2011년 12월 5일에 1조달러(수출 5155.6억달러, 수입 4860.2억달러)를 넘었다. 이로써 우리나라는 세계에서 9번째(미국 1992년, 독일 1998년, 중국과 일본 2004년, 프랑스와 영국 2006년, 네덜란드와 이탈리아 2007년)로 무역 1조달러 국가가 되었다.

무역규모 증가속도 역시 상대적으로 빠르기는 하지만 무역규모 2조달러로 가기 위해서는 새로운 성장 동력을 발굴해야 한다. 그런데 수출이 특정 품목(선박류, 석유제품, 반도체, 자동차, LED, 핸드폰 등)에 치우쳐 있다. 경제규모로는 과도한 무역의존도가 우리나라 경제의 대외적 취약점이다. 그래서 우리나라 경제를 '천수답 경제(天水畓 經濟)'라고 비판하기도 한다.

우리나라 경제에서 수출은 마지막 버팀목이자 위기탈출의 견인차 역할을 하였다. 그런데 이제 상황이 달라지고 있다. 세계 각국의 경제가 동반 침체하면서 우리나라의 수출을 받아 줄 여력이 작아지고 있다. 유럽은 재정위기에 처해 있고, 미국은 경기회복이 지지부진하고, 중국도 성장세가 둔화되고 있다. 한 나라의 재정위기를 극복하는 데는 적어도 10년이 걸린다고 하는데, 재정위기가 여러 나라에서 발생되고 있어 세계경제는 상당한 기간 동안 저성장 국면을 벗어나기 어렵다. 세계경제 둔화 → 수출 감소 → 원화가치 하락(환율상승) → 수출경쟁력 회복 → 경기 회복으로 이어지던 우리나라 특유의 경기회복 공식이 흔들리고 있는 것이다.

다른 한편으로는 무역의존도가 매우 높아 우리나라 경제가 대외변수에 영향을 많이 받을 수밖에 없다. 지나친 수출의존은 우리나라 경제의 외화내빈(外華內貧), 즉 수출실적은 화려하지만 내수가 부실하게 된다. 수출의존도가 높을수록 남유럽의 재정 위기, 중국의 긴축정책, 국제유가와 원자재 값의 상승, 환율분쟁과 통상마찰 등과 같은 대외변수에 의해 우리나라 경제가 흔들릴 우려가 있다.

그리고 비관세장벽(non-tariff barriers)도 우려된다. 이것은 자국의 산업을 보호하기 위해 관세 이외의 방법으로 수입을 억제하려는 정책을 말한다. 그 방법은 수입에 대한 행정절차나 통관절차를 까다롭게 하여 통관을 미루거나, 공산품의 기술 및 표준이나 안전기준을 강화하는 것이다. 일본이나 미국은 우리나라 농산물 수출 때 그 생산지를 직접 방문하여 점검하기도 한다. 우리나라도 미국산 쇠고기의 수입과정에서 뼛조각이 발견되면 수입금지 조치를 내린 바 있다.

비관세장벽은 관세와는 달리 그 정도를 측정하기 어렵고, 나라마다 제도와 법률이 다르기 때문에 기업이 개별적으로 대처하기가 어렵다. 비관세장벽에 의한 수출 피해를 객관적으로 측정하는 것도, 이의를 제기하기도 어렵기 때문에 무역마찰이 생겨도 대상국 간의 협상이 쉽지 않다.

2. 국제수지

1) 경상수지

국제수지(國際收支)는 국가와 국가 사이에 이루어진 경제적 거래를 체계적으로 기록한 통계표로, 크게 경상수지와 자본수지로 나눌 수 있다. 경상수지는 재화와 서비스의 이동이라는 실물측면에서 본 개념이고, 자본수지는 자본거래의 결과를 화폐측면에서 본 개념이다.

경상수지(經常收支)는 다시 상품수지, 서비스수지, 본원소득수지(소득수지), 이전소득수지(경상이전수지)로 나눌 수 있다.

상품수지는 상품의 수입과 지출의 차이를 말하는데, 무역수지라고도 한다.

서비스수지는 서비스 수입에서 서비스 지급을 뺀 결과를 말한다. 서비스 수입은 우리나라 선박이나 항공기가 재화를 나르고 외국으로부터 받는 운임, 외국인 관광객이 쓰고 간 돈, 무역대리점의 수출입 알선료 등이, 서비스 지급은 우리나라가 외국에 지급한 선박과 항공기의 운임, 해외여행 경비, 특허권 사용료 등이 포함된다. 해외여행, 유학이나 연수 비용은 서비스 수지 안에 여행수지라는 항목을 따로 두고 있다.

본원소득수지는 한국인이 해외에 취업하여 얻는 소득이나 외국인이 국내에 취업한 근로자에게 지급하는 소득의 차이를 말한다.

이전소득수지는 무상원조가 대표적이다.[23]

2) 자본수지

자본수지(資本收支)는 투자수지와 기타자본수지로 구분한다. 투자수지(投資收支)는 다시 직접투자, 증권투자, 기타투자로 구성된다. 직접투자는 외국에 공장을 짓거나 외국기업을 인수합병(M&A : mergers and acquisitions)하는 투자를 말하고, 증권투자는 외국과의 주식이나 채권 거래를 말한다. 기타투자에는 대출과 차입, 외상수출입과 같은 무역관련 신용이 기록된다.

기타자본수지에는 특허권과 상표권 등을 사고파는 거래와 해외이주비 등이 기록된다.

경상수지와 자본수지는 밀접한 관계를 가지고 움직인다. 예컨대 경상수지가 흑자가 되면 남는 돈을 다른 나라에 빌려주거나 빚을 갚을 수 있는데, 이 경우 자본수지는 적자가 된다. 반대로 경상수지가 적자가 되면 부족한 자금을 외국으로부터 빌려와야 하는데, 이때에는 자본수지가 흑자가 된다. 일반적으로 경상수지와 자본수지는 반대방향으로 움직이는데, 최근 우리나라처럼 경상수지와 자본수지가 동시에 흑자를 보이는 때도 있다. 직접투자나 증권투자가 늘어나고 있기 때문이다.

경상수지와 자본수지의 흐름은 외환보유액 외에 경제 전체에도 영향을 크게 미친다. 수출이 늘어나면 고용과 소득이 늘어나고, 경상수지가 흑자가 되면 외국에 진 빚을 갚아

---

23 재정수지 적자는 정부의 살림살이에서 적자가 발생하는 것을 말하고, 경상수지 적자는 재화와 서비스의 수출보다 수입이 더 많은 것을 말한다. 쌍둥이 적자는 미국처럼 재정수지와 경상수지가 동시에 적자가 발생한 것을 말한다.

우리나라의 2015년 경상수지는 1083.2억달러인데, 그중 상품수지는 1207.2억달러, 서비스수지는 −160.1억달러, 소득수지는 80.7억달러, 이전소득수지는 −44.6억달러였다(국회예산정책처, 「대한민국 재정 2016」).

외채를 줄이거나 해외투자에 나설 수도 있다. 반대로 경상수지가 적자를 계속하면 소득은 줄고 실업이 늘어나는 가운데 외국 빚이 늘어나 이자부담이 증가하고 돈을 빌리기가 어렵게 된다.

경상수지가 흑자가 되면 모두에게 좋은 것만은 아니다. 흑자가 되면 기업이나 개인들이 벌어들인 달러를 원화로 바꾸게 되면서 국내통화량을 증가시켜 물가상승 압력으로 작용할 수도 있다. 그리고 우리나라가 흑자를 내고 있는 상대국이 수입규제를 가하는 등 무역마찰을 초래할 수도 있다. 따라서 경상수지는 흑자도 적정한 수준에서 유지하는 것이 바람직하다.

우리나라의 경상수지 흑자의 대부분은 상품수지 흑자다. 주요 수출품목은 전기 · 전자제품 · 승용차 · 화공품 · 기계류 · 정밀기기 · 석유제품 등이다. 지역적으로는 미국과 중국으로의 수출이 늘었으나 다른 지역(특히 경제 환경이 좋지 않았던 일본, 유로존, 동남아)으로의 수출은 줄었다.

경상수지 흑자로 벌어들인 돈의 대부분은 달러화의 형태로 국내에 들어와 해외투자 또는 외채 상환에 사용된다. 그래서 수출로 벌어들인 돈이 국내에서 사용되지 않아 경기 활성화에 기여하지 못하고 있는 것이다. 기업 입장에서도 향후 경기에 대한 전망이 불투명하면 수출로 벌어들인 돈을 미래에 사용하기 위해 내부에 유보시켜 놓는다.

3) 글로벌 불균형

글로벌 불균형(global imbalance)이란 수입국에는 대규모 경상수지 적자가 누적되고, 수출국에는 대규모 경상수지 흑자가 쌓이는 국제무역의 불균형 상태를 말한다. 주로 미국과 동아시아 간에 진행된 국가적 · 지역적 차원의 거대한 무역불균형을 의미한다.

미국이 대규모 경상수지 적자를 내면 미국의 달러화가 세계로 풀려나가면서 달러화 가치가 하락하는 것이 정상이다. 그러나 동아시아 등 신흥국들이 경상수지 흑자를 통해 축적한 외환보유고를 위기예방 차원에서 보수적이고 안정적으로 운용하기 위해 안정적인 투자처로 꼽히는 미국의 국채를 매입하였다. 결국 경상수지 적자로 나간 달러화가 다시 미국으로 되돌아가는 것이다.

그동안 미국은 지속적인 경상수지 적자에도 불구하고 낮은 금리와 높은 달러화 가치를 유지할 수 있었다. 그래서 미국은 수입과 소비를 늘리고, 또 다시 미국의 경상수지 적자가 심화되는 악순환을 반복해 왔고, 그 결과 글로벌 불균형을 심화시켰고, 글로벌 금융위기로 이어졌다.

개도국의 외환시장은 글로벌 금융위기와 같은 대외충격에 따라 달러가 유출되면서 변동성이 커지는데, 이러한 충격 때문에 외화 유동성(자금)이 부족해지는 것을 막기 위한 국제공조방안을 글로벌 금융안전망(global financial safety net)이라고 한다. 여기에는 선진국과 개도국의 중앙은행 사이에 통화 스와프(교환), IMF 긴급지원기금 등이 포함된다.

어떤 한 나라가 국제투자자들로부터 신뢰를 잃으면 유입되었던 금융자본이 빠져나가고 해외로부터 돈을 빌리기도 어렵게 되어 외환위기에 빠지게 된다. 이런 현상을 막기 위해서는 외환보유액을 충분히 쌓아 두어야 하는데, 그래도 환율이 급등하고 금융시장이 요동치는 때가 있으므로 글로벌 금융안전망을 구축해 놓아야 한다. 과거의 외환위기는 주로 경제상황이 나쁜 한 나라에 국한되었으나, 글로벌 금융위기 때에는 선진국에서도 발생하여 그 영향이 신흥시장국으로 파급되었다. 이런 측면에서 볼 때 충분한 외환보유액과 글로벌 금융안전망이 모두 필요하다.

4) 기축통화

최근 미국경제의 조기회복 가능성에 대해 회의적인 목소리가 커지고 BRICs 등 신흥국의 경제가 세계경제에서 차지하는 비중이 커지면서 달러화 중심의 국제금융체제에 대한 불만도 높아지고 있다.[24] 글로벌 금융위기 이후 미국의 위상이 약화되면서 과거 50년 이상 지속되어 온 달러화 중심의 기축통화체제를 개편해야 한다는 것이다.

기축통화(基軸通貨, key currency)란 국제거래에서 중심적인 위치를 차지하는 통화, 즉 국가 간 결제나 금융거래의 기본이 되는 통화를 말한다. 여기에서 거래는 수출입과 같은 실물거래뿐 아니라 금융투자 및 차입 등과 같은 금융거래까지 포함한다.

---

24 최근 자본시장 및 외교무대에서 새롭게 사용되고 있는 용어로는 다음과 같은 것들이 있다.

- 브릭스(BRICs) : 4개국(브라질, 러시아, 인도, 중국)을 지칭하며, 골드만 삭스의 자산운용회장인 Jim O'Neill이 2003년에 신흥시장을 대표하는 나라라고 처음 사용.
- 팀비스(TIMBIs) : 5개국(터키, 인도, 멕시코, 브라질, 인도네시아)을 지칭하며, Jack Coldstone 교수가 만든 용어.
- 마빈스(MAVINS) : 6개국(멕시코, 호주, 베트남, 인도네시아, 나이지리아, 남아프리카공화국)을 지칭하며, 2010년에 미국의 경제전문사이트(Businessinsider)가 앞으로 10년간 주목해야 할 나라로 지정.
- 믹트(MIKT) : 4개국(멕시코, 인도네시아, 한국, 터키)을 지칭하며, Jim O'Neill이 2011년 세계경제를 이끄는 나라로 지정.
- N-11 : 11개국(방글라데시, 이집트, 인도네시아, 이란, 한국, 멕시코, 나이지리아, 파키스탄, 필리핀, 터키, 베트남)을 지칭하며, 브릭스의 뒤를 이어 글로벌 주식시장에서 선전할 나라를 일컬음.
- 피그스(PIIGS) : 재정위기를 겪고 있는 유럽의 5개국(포르투갈, 이탈리아, 아일랜드, 그리스, 스페인)을 지칭하는데, 이 국가들은 유로존(유로화를 사용하는 17개국) 중 과도한 국가부채와 재정적자로 2009년 말부터 심각한 경제위기에 빠져 있음.

나라마다 사용하는 화폐가 서로 다르기 때문에 교역에서 여러 종류의 화폐를 사용해야겠지만, 실제로는 경제규모가 작거나 통화가치의 안정성이 떨어지는 나라의 통화는 국제적 통용성이 낮아서 거래수단으로 사용되지 못하고, 미국의 달러화와 같은 특정 통화만을 무역결제의 수단으로 사용하고 있다. 기축통화를 사용하면 교역을 할 때 동일한 통화로 하므로 환전비용을 줄일 수 있다.

일반적으로 기축통화가 되기 위해서는 해당 국가가 세계교역에서 차지하는 비중이 높아 국제교역의 결제수단으로 사용되어야 하고, 해당 통화로 표시된 금융시장과 금융상품이 발달되어 있어야 하며, 해당 통화의 가치가 안정적으로 유지되어야 한다.

제1차 세계대전 이전까지는 영국의 파운드화가 기축통화 역할을 하였다. 파운드화는 19세기 말 각국의 무역에서 결제통화의 60%를 차지하였고, 20세기 초에는 세계외환시장에서 차지하는 비중이 48%에 달하였다. 그러나 두 차례의 세계대전을 거치면서 영국경제가 급속도로 위축되고 파운드화 중심의 기축통화체제가 흔들리게 되었다. 미국은 군수물자를 공급하면서 경제가 급성장하였다.

제2차 세계대전 이후 이러한 문제를 해결하기 위해 탄생한 것이 브레턴우즈체제(Bretton Woods System)다. 그 내용은 달러화를 중심으로 각국의 통화가치를 일정하게 유지하고, 새로운 국제통화체제를 관장하는 기구로 IMF와 IBRD를 창설하는 것이었다. 이때 미국이 주도했는데, 미국은 제2차 세계대전을 거치는 동안 새로운 군사 및 경제대국으로 떠오르면서 미국의 달러화가 기축통화로 바뀌게 되었다. 달러 외의 화폐의 가치는 달러를 기준으로 결정되도록 한 것이다. 각국은 과거처럼 자국의 화폐를 금으로 바꿔줄 의무가 없으며, 미국만이 달러를 금으로 바꿔줄 의무를 지게 되었다. 이를 금태환(金兌換) 의무라고 한다. 이에 따라 미국은 각국이 요구할 때 달러를 금으로 바꿔주어야 하기 때문에 보유하고 있는 금의 양에 비례하여 달러를 발행하였다. 즉 달러를 마음대로 발행할 수 없었다. 그러나 1960년대 후반부터 미국은 경상수지 적자를 메우고, 베트남전쟁을 치르기 위해 달러를 많이 발행하였다. 결국 1971년 닉슨대통령은 달러를 금으로 바꿔주지 않겠다고 일방적으로 선언하였고, 그 후 달러가치가 폭락했다.[25]

달러화의 영향력이 계속 유지되고 있는 것은 미국이 아직도 세계 최대의 경제대국이고 교역국이기 때문이다.[26] 미국의 막강한 군사력, 미국의 발달된 금융시장도 달러화의

25 미국은 달러를 발행할 수 있다. 그래서 미국은 지난 30여 년간 줄곧 국제수지 적자를 기록했지만, 외환위기를 걱정할 필요가 없었다. 예컨대 1달러의 종이와 잉크로 10달러 지폐를 찍어내면 9달러의 이익(이것을 發券力에 기초한 주조차익이라고 함)을 보고 있는 것이다. 이것은 아주 후진적인 방법으로 장기적으로는 달러가치의 하락을 초래하고 만다.

26 한국은행 자료(2010.11.15.)에 따르면 명목상 세계 GDP 중 미국은 23.5%(2000년)에서 20.6%(2008년)로

지위를 뒷받침하고 있다.

그러나 미국은 글로벌 금융위기 이후 미국의 금융시장에 대한 신뢰도가 크게 저하되었고, 달러화가 지속적으로 약세를 보이면서 기축통화로서의 위상이 흔들리고 있다. 프랑스와 중국이 본격적으로 달러화 중심의 기축통화체제를 개편하자고 제기하였다. 특히 중국은 위안화를 국제통화로 만들겠다는 의지를 표명하였고,[27] 또 IMF가 발행하는 SDR 중심의 기축통화체제로 개편하자는 방안을 내놓은 바 있다.[28] 그리고 유로화와 엔화가 포함된 다극화된 기축통화체제로 개편하자는 주장도 있고, 극단적으로는 금본위제와 같은 고정환율제도로 회귀하자는 주장도 있다. 기축통화체제의 변경은 미국을 비롯한 세계 각국의 이해관계가 걸려 있어 단기간에 합의점을 찾기는 쉽지 않다. 미국은 아직 세계교역에서 큰 비중을 차지하고 있고, 미국의 금융시장이 절대적인 위치를 차지하고 있기 때문이다.

고정환율제도가 붕괴되면서 SDR은 국제적 통용이 적어 IMF 회원국들의 지분을 계산하는 단위로만 사용되었다. 실제 교역에서 사용되지 않고 다만 '가상통화'로만 존재하고 있어 국제자금결제에서는 SDR이 아닌 주요국의 화폐로 바꿔 사용한다.

SDR의 가치는 당초 금에 의해 표시되어 1달러와 같은 0.888671g의 순금과 등가(等價)로 정해졌으나, 그 후 주요 선진국 통화가 변동환율제로 이행됨에 따라 1974년 7월 이후 그 가치기준이 표준바스켓방식(standard basket system)으로 변경되었다.

SDR이 사용되는 것은 IMF와 회원국의 정부 및 중앙은행이 채권과 채무를 계산할 때다. 한국은행이 IMF에 출자하거나 대출을 받을 때는 원화, 달러, 금 등 다양한 결제수단이 쓰이지만, 원금과 이자를 계산할 때는 SDR로 계산한다. 즉 SDR은 채권 · 채무의 크기를 숫자로 표현하는 기능만 가지고 있다.

축소된 반면에 중국은 7.2%에서 11.4%로 높아졌고, 세계무역 비중도 미국은 21.9%에서 14.5%로 줄었고 EU는 2003년부터 최대 교역 주체가 되었다.

27 중국은 2010년부터 위안화 무역결제 프로그램을 운영하고 있다. 국제은행간통신협회(SWIFT: Society for Worldwide Interbank Financial Telecommunication)는 2015년 10월 7일 국제결제시장에서 위안화 거래 비중이 2.79%를 기록(미국 달러화 44.8%, 유로화 27.2%, 파운드화 8.5%, 엔화 2.76%)했다고 발표하였다. 위안화가 4대 국제결제통화(기축통화)가 된 것은 IMF의 SDR 통화바스켓(여러 나라의 화폐를 모아놓았다는 의미)에 진출하는 데도 도움이 된다. 중국이 세계 1위의 무역대국으로 성장했기 때문이다.

28 특별인출권(SDR: Special Drawing Right)은 IMF의 공적준비자산으로 IMF에 출자금을 낸 회원국은 국제수지가 악화되었을 때 담보 없이 외화를 인출할 수 있는 권리를 갖는다. 즉 IMF가 국제금융시장에서 미국 달러화의 부족사태를 막고 달러가치의 불안에 대비하기 위하여 주요국의 통화를 섞어 만든 가상의 통화다. IMF 창설(1945년) 당시에는 달러와 금으로만 국제거래를 했는데, 무역량이 빠르게 증가하면서 달러나 금의 공급이 부족하게 되었다. 그래서 새로운 준비자산의 하나로 IMF 회원국들이 IMF로부터 인출할 수 있는 권리인 SDR을 1968년 IMF이사회의 결의에 따라 1970년부터 도입하였다.

SDR은 IMF 회원국들이 합의(총투표권 중 85% 이상의 동의)만 하면 회원국별로 쿼터에 비례하여 배분 받을 수 있다. 그러나 마구잡이로 찍어낸다는 비난을 피하기 위해 SDR의 발행에 신중을 기하고 있다. 그 결과 지금까지 네 차례만 증액이 이뤄졌는데, 그때마다 IMF 지분(쿼터)에 비례하여 회원국들끼리 나눠가졌다. 그래서 SDR에는 발행(issue)이나 공급(supply)이라는 말 대신 배분(allocation)한다는 말을 사용한다. SDR의 가치는 IMF 회원국(188개국) 중 일부 주요 회원국의 화폐를 골라 가중평균해서 구한다. 1970년 이후 지금까지 배분된 규모는 총 2040억 SDR(약 2800억달러)에 불과하다. 그동안 SDR의 가치를 결정하는 회원국 화폐의 구성(통화바스켓)은 여러 차례 바뀌었다. SDR이 처음 등장한 때는 미국 달러만 이용되었으나 1974년 15개국 화폐 가치를 가중평균하는 방식으로 변경되었다. 1978년에는 덴마크와 남아공 화폐가 제외되고 이란과 사우디아라비아 화폐가 추가되었다. 그러다가 1981년에는 5개국, 2001년에는 4개국 화폐로 좁혀졌다.

최근 각국의 외환과 금융거래를 달러화가 아닌 SDR을 기준으로 하자는 움직임이 커지고 있다. 현재 통화바스켓은 미국 달러화(41.9%), 유로화(37.4%), 파운드화(11.3%), 엔화(9.4%)로 구성되어 있다. IMF는 여기에 중국 위안화를 2016년 10월부터 통화바스켓에 포함시켰다. 그 다음 SDR 구성통화 1순위는 수출순위(2010~2014년 세계 수출에서 차지하는 비중이 3.2%로 세계 6위)로만 본다면 한국의 원화일 수도 있다. 물론 금융 거래량 등 다른 조건까지 따진다면 원화가 SDR 구성통화 기준을 충족하기는 어려울 수 있다.

IMF는 1997년 외환위기를 맞은 우리나라에 부족한 외화를 메우라며 SDR(155억 SDR)을 빌려주었다. SDR은 가상의 화폐로 계산단위로만 사용하기 때문에 우리나라가 실제로 IMF에서 받은 것은 달러였다. IMF가 뉴욕연방준비은행에 개설된 한국은행 계좌에 SDR에 상당하는 달러를 입금해 주었고 그것을 외환보유액으로 삼았다. 우리나라는 1960년대부터 외환이 부족할 때마다 IMF와 협약을 체결하고 SDR을 인출하고 상환하기를 반복하였다.

5) 공적개발원조

공적개발원조(ODA : Official Development Assistance)는 공공기관(중앙정부와 지방정부 포함)이나 그 집행기관이 개도국 및 다자간 기구(유엔이나 세계은행 등 국제기구)에 제공한 자금을 말한다. ODA의 조건은 지원목적이 개발도상국의 경제개발과 복지증진에 관련되어야 하고, 지원 주체가 정부나 이의 대행기관이어야 한다. 따라서 군사나 종교적 목적의 지원, 학술 및 문화교류 차원의 지원, 민간단체의 자발적인 지원 등은 ODA에 해

당되지 않는다.[29]

ODA는 주체별로 크게 양자간 및 다자간 협력으로 구분된다. 양자간 협력은 국가 대 국가로 공여되는 원조로서 상환의무에 따라 무상원조와 비구속성원조로 구분된다.

다자간 협력은 1970년대 채택된 원조방식으로 개도국 원조 때 그 나라에 직접 자금을 제공하지 않고 국제기구 분담금 또는 출자를 통해 간접적으로 원조하는 방식이다. 다자간 협력은 양자간 협력에 비해 국제기구에 있는 고도의 전문지식과 경험을 이용할 수 있으며, 정부 주도로 원조가 불가능하거나 곤란한 국가에 대한 지원이 가능하다는 특징이 있다(기획재정부, 2011: 177).

DAC는 선진국 중 선진국으로 불리고, 그 가입조건이 까다롭다. 한 국가의 ODA 총액이 1억달러 이상이거나, 국민순소득(GNI) 대비 0.2%를 넘겨야 하는 등 전제조건이 있다. 1999년 그리스가 가입한 이후 10년 만에 한국이 신입회원이 되었다.

우리나라는 제2차 대전 후 독립한 국가 중에서 원조를 받는 나라(受惠國)에서 원조를 주는 나라(供與國)로 바뀐 유일한 국가다. 우리나라의 ODA는 1987년 대외경제협력기금과 1991년 한국국제협력단의 설치로 공식화되었고, 2009년 11월 25일 OECD 산하의 DAC(개발원조위원회, Development Assistance Committee)에 가입하였다.

DAC 가입은 여러 가지 측면에서 적지 않은 의미가 있다. 한국은 1995년 세계은행의 원조 대상국 명단에서 제외되면서 원조 수혜국에서 벗어났다. 그리고 DAC 가입은 선진 공여국으로 공식 인정받았다는 의미가 있다. 특히 우리나라는 DAC 회원국 중 개발도상국 경험을 가진 유일한 나라다. 제2차 대전 직후 원조 수혜국들은 대부분 내부 분열과 집권층 부패로 저개발 상태를 벗어나지 못하고 있으나, 우리나라는 선진국과 개도국 간의 연결고리 역할을 할 수 있다.

우리나라는 그동안 ODA를 전략적 차원에서 접근하는 것이 아니라 각 부처가 체면을 세우고 기관장의 해외방문을 돋보이게 하는 선심성 정책으로 이용하였다. ODA 규모에

---

29 ODA는 본래 미국이 1940년 2차 세계대전으로 폐허가 된 유럽 재건을 지원하기 위해 마련한 마셜플랜(Marshall Plan, 정식명칭은 유럽부흥계획, European Recovery Program)에서 비롯되었다. 1950년대에는 냉전이 시작되면서 안보차원, 즉 동서문제 해결 차원에서 다뤄졌고, 1960년대에는 경제성장과 근대화를 통한 빈곤과 불평등 해소 등 남북문제 해결에 초점이 맞춰졌다. 1970년대에는 빈곤해소 등 인간의 기본욕구를 충족시키는 원조가 강조되었고, 1980년대에는 신자유주의 노선에 따라 선진국 모델에 따른 구조조정과 개혁에 중점을 두었다. 1990년대에 들어 냉전이 종식되고 세계화 바람이 불면서 원조 피로현상이 나타나기도 했다. 환경문제 등 지속가능한 발전이 강조된 것도 이 시기의 특징이다.

2000년 9월에는 187개국 정상과 정부 대표들이 유엔본부에서 가진 천년정상회의에서 천년선언(Millenium Declaration)을 하고 세부실천계획으로 천년개발목표(MDGs : Millenium Development Goals)를 내놓으면서 빈곤감축과 원조규모 확대, 원조의 효과성 문제가 새천년시대의 새로운 이슈로 등장했다.

비하여 너무 많은 부처가 너무 많은 나라(베트남, 인도네시아, 몽골 등)에 사용하였다.

우리나라의 ODA는 2개의 주관기관(외교부, 기획재정부)과 약 30여 개 시행기관을 통해 추진되고 있다. 일부 기관에서는 ODA를 개별적인 사업개발과 예산확보 수단으로 인식해 온 경향이 있었고, 수혜국의 장기적 발전보다는 단기적 사업 또는 중복된 사업을 하는 경우도 있었다. 이를 극복하기 위해 2010년에 「국제개발협력기본법」을 제정하고, 국무총리 산하에 개발협력위원회를 신설하여 통합 관리하고 있다.

우리나라의 ODA 규모는 지속적으로 증가하고 있지만 선진국에 비하면 아직 미흡한 수준이다.[30]

제4절 국민소득

1. 경제개발계획과 경기순환

1) 경제개발계획

(1) 경제개발계획의 성과

개발도상국(developing countries)들은 선진국(developed countries)들을 따라잡기 위하여 경제개발계획을 수립하여 추진하는 경향이 많다. 강도 높은 경제개발방식은 경제에 대한 정부의 개입이 많다는 것을 의미한다. 현대국가들이 혼합경제체제(mixed economic system)를 취하고 있는 것도 정부의 역할이 많아졌기 때문이다.

우리나라는 1962년부터 7차례의 경제개발계획을 수립하여 추진하였는데, 그것이 우리나라 경제발전의 기틀을 마련하고 비약적으로 발전하는 계기가 되었다.

재정투융자도 우리나라 국민경제에 있어서 강력한 정책수단으로 작용하였다. 물론 재정투융자가 소득분배를 악화시켰다는 연구(윤건영, 1991: 515)도 있지만, 경제개발계획

30 우리나라는 순지출 규모로는 회원국(28개국) 중 14위(1위는 미국 약 300억달러), GNI 대비 비중으로는 23위(1위는 스웨덴 1.4%, 회원국 평균 0.3%)였다. 한국은 제2차 국제개발협력기본계획에 따라 ODA 규모를 GNI 대비 2020년까지 0.2%, 2030년까지 0.3%로 증대할 계획이다. 그리고 양자협력 중 무상원조의 비율(63.31%)도 DAC 평균(95.42%)에 비해 낮은데, 95% 수준으로 확대하기로 하였다.

의 성공적인 수행과 고도성장에 기여하였음은 사실이다(유훈, 2003: 431~432). 통계청이 발표(2006.8.14.)한 '8·15 광복 이후 경제사회 변화상'에 따르면, 경제부문의 발전이 가장 두드러진다. 1953년 명목 국내총생산(GDP)은 13억달러에서 2005년에는 7875억달러, 국민 1인당 국민소득(GNI)은 67달러에서 1만 6291달러로 높아졌다.

그러나 경제개발계획을 추진하는 동안 스태그플레이션(stagflation)의 증세와 석유파동을 겪기도 하였다. 1997년 말에는 외환위기를 겪기도 하였고, 그 충격으로 1998년에는 −6.9% 성장률을 기록하기도 하였다.

(2) 재정투융자

재정투융자(財政投融資)는 재정지출 중 자본적 지출과 금융적 투융자지출을 의미한다. 자본적 지출은 건물 · 설비 · 기계 · 도로 · 교량 등 정부자산을 증대시키는 지출을 말한다. 금융적 투융자지출은 정부가 재정자금 및 각종 기금을 민간산업이나 정부의 정책사업에 출자 또는 융자의 형태로 임차관계를 맺는 지출을 말한다. 즉 기간산업의 육성, 농업구조의 개선, 수출산업의 진흥, 중소기업의 육성 등을 위하여 민간기업의 자금부족을 보완하거나 민간자금에 의하여 행할 수 없는 부문에 자금을 공급하는 것을 일컫는다. 일반적으로 자본적 지출은 일반회계와 각종 특별회계 및 기금 등에 포함되어 지출되고 있다. 1996년까지 운영되던 재정투융자특별회계에서의 재정투융자는 자본적 지출을 제외한 정부출자, 출연 및 재정융자 등 금융적 투융자 활동만을 포함하는 개념이다. 재정투융자는 직접투자(直接投資)와 출자(出資)를 포함하는 재정투자(財政投資)와, 재정자금과 기금에 의한 재정융자(財政融資)로 나눌 수 있다.

투자(investment)는 어떤 수익을 얻기 위하여 자금을 대는 것을 의미하고, 출자(contribution, investment)는 어떤 사업을 위하여 자금을 대는 것으로서, 정부출자금이라고 하면 정부가 출자자로서 법인이 사업을 영위하는 데 필요한 자본에 대한 금전적 급부행위를 말한다. 정부가 공익사업 또는 민간경제 운용상 필요한 사업을 운용하는 민간법인의 주식이나 증권을 취득하기 위하여 재정에서 출자하는 것이 일반적이다. 정부는 출자지분에 따라 이자배당 등 출자수익을 얻는다. 정부의 출자는 일반적으로 특별법에 의하여 설립된 공기업 등에 대하여 법정 자본금의 범위에서 행해진다.

융자(loan)는 사전적으로는 자금을 융통하는 것(대출)을 의미한다. 출연(donation, contribution)은 금품을 내어 원조한다는 의미가 강하고, 재정상 원조목적으로 반대급부 없이 금전적으로 행해지는 것이다. 정부출연금이라고 하면 정부가 해야 할 사업이지만 여건상 직접 수행하기 어렵거나 민간에게 대행시키는 것이 더 효과적이라고 판단될 때 이러한 사업을 수행하는 자에게 국가가 재정상 원조를 할 목적으로 법령에 근거하여 반대급부 없이 금전적으로 행해지는 출연을 말한다.

정부출연기관(政府出捐機關)은 정부의 출연금 예산으로 그 기관의 운영비와 사업비를 지원하는 기관으로서, 편의상 다시 출연연구기관과 비연구출연기관으로 구분한다. 전자는 한국개발연구원과 한국교육개발원 등 주로 정책과 관련한 연구를 수행하는 연구기관을 말하고, 후자는 한국소비자보호원과 근로복지공단 등 연구 이외의 사업을 수행하는 기관을 말한다.[31]

재정융자사업은 민간금융기관이 수익성이 낮아 기피하는 사업에 정부가 재정을 빌려주는 것을 말한다.[32] 집행되지 않은 예산은 국고반납이 가능하지만, 수요조사를 잘못하면 긴요한 곳에 대한 예산배정이 어렵게 된다. 또 일정기간 후에 회수하여 다시 재투자해야 하는데 회수율이 낮아 재정에 추가 부담으로 작용한다. 그리고 재정융자사업은 매년 1/3이 자율평가를 받도록 하고 있기 때문에 계속사업의 경우 3년을 주기로 한 번씩은 평가를 해야 한다.

2) 경기순환

경기순환(景氣循環, business cycle)이란 한 나라의 경제활동이 확장 · 침체 · 수축 · 회복국면을 거치면서 순환적으로 변동하는 것을 말한다. 경제가 호경기와 불경기를 반복한다고 하여 경기변동(景氣變動, business fluctuation)이라고도 한다. 다시 말하면 1년 이상의 기간 동안 소득 · 생산 · 고용 · 물가 등의 경제현상이 어느 정도 규칙적으로 반복하는 파동적 변화를 말한다. 경기변동은 확장과 수축의 순환적 형태를 띠고 일반적 경향이 없다는 점에서 추세변동(趨勢變動)과 다르며, 그 기간이 1년 이상이고 규칙적인 주기수를 가지지 않는다는 점에서 계절변동(季節變動)과 다르다.

예컨대 전쟁이 나서 생산시설이 파괴되거나 자원이 고갈되어 생산비용이 높아지는 경우와 같이 장기적으로 경제에 나쁜 영향을 주는 요인들로 인하여 경기가 변동하는 것을 추세변동이라고 한다. 그리고 가을에는 농산물 수확이 늘어난다거나 추석에는 소비가 늘어나 생산이 증가하는 것과 같이 계절에 따라 경기가 변동하는 것을 계절변동이라고

31 위탁기관(委託機關)은 정부에서 예산을 통하여 기관의 소요경비를 지원하는 것은 아니지만, 정부의 업무를 위탁하여 수행하게 하거나 특정한 사업을 독점적으로 운영하도록 함으로써 일정한 수입을 보장해 주는 기관을 말한다. 한국문화예술진흥원, 한국마사회, 국민건강보험관리공단 등 180여 개가 있다.

32 국회예산정책처에 따르면(2010.6.9.) 2010년에 142개 사업에 총 25조 9442억원이 재정융자사업으로 배정되었다. 2006~2009년 재정융자사업의 집행률이 부진하였는데, 그 사유는 부정확한 수요조사(51.8%), 엄격한 융자절차(14.8%), 외부요인(13.6%), 행정절차 지연(9%)의 순이었다.

한다.

장기적인 추세나 계절적 변동 외에도 경기는 변동하게 되는데 이를 순환변동(循環變動)이라고 한다. 순환변동은 마치 물결처럼 경제가 침체기와 회복기를 되풀이하는 모습을 띠고 있기 때문에 이러한 변동을 경기순환이라고 한다. 예컨대 파업이 발생하여 일시적으로 생산에 차질이 생기거나 중앙은행이 금리를 올리거나 내리면 경기가 변동한다.

경제상황이 성장의 장기추세선(잠재성장률) 아래 있으면 불경기(불황), 그 위에 있으면 호경기(호황)라고 한다.

불경기(depression)에는 투자와 생산이 극도로 줄어들어 대량실업이 나타난다. 일반적으로 물가가 떨어지고 금리도 낮아지며 주식시장의 거래량도 줄어들고 주가가 하락한다.

회복기(recovery)는 침체기에서 서서히 벗어나는 단계로서, 기업의 재고가 감소하고 투자와 생산이 늘어나기 시작하며 주가와 금리는 오른다. 경제성장률은 잠재성장률 수준으로 회복된다.

호경기(boom)는 경제활동이 활발하게 이루어지는 단계로서, 투자가 활발해지고 생산과 소비도 크게 증가한다. 경제성장률은 잠재성장률을 넘어서게 된다.

후퇴기(recession)는 거시경제학에서는 1년 중 실질GDP가 2분기 이상 연속해서 전기대비 감소했을 때로 정의한다. 후퇴기에는 투자확대의 결과로 과잉생산이 나타나고 재고가 늘어나 기업의 자금조달이 어려워진다. 특히 경기 후퇴가 급격하고 과격하게 진행될 때 공황(panic)과 같은 경제위기도 나타난다.

경기가 변동하는 주요 원인은 투자의 변동성이다. 일반적으로 소비는 소득규모에 따라 안정적으로 움직이는 특성을 갖고 있지만 투자는 과잉(過剩)과 과소(過少) 사이에서 반복하는 특성이 있다. 이 외에도 상품을 생산하는 데 드는 시간(time-lag), 외부 충격으로 인한 소비심리의 위축, 임금이나 원자재의 가격의 급등과 같은 다양한 요인이 작용한다. 따라서 경기를 정확하게 예측하기가 어렵다.

공급이 수요를 창출한다고 하는 세이의 법칙(Say's law)은 고전학파 경제학의 이론으로 여전히 유효하게 작용한다. 즉 상품이 적게 생산되거나 많이 생산되거나 관계없이 가격이 오르내리는 과정을 통하여 모두 팔린다는 것이다.

경기순환을 설명하기 위하여 많은 경제이론들이 등장했으나, 최근에는 순환주기나 진폭에 일정한 규칙성은 없는 것으로 밝혀지고 있다. 따라서 향후 경기순환이 어떻게 될 것인가에 대한 예측이 불확실하고 상반된 견해들이 나오고 있다. 대체로 경제에도 관성(물체가 진행하려는 방향을 계속 유지하려는 속성)이라는 것이 작용하고 있다는 견해가 많다. 즉 무거운 물체일수록 관성의 힘도 커지는 것처럼 경제규모가 커지고 다양해질수록 경제의 침체기 또는 회복기도 기간이 길어진다는 것이다.

대공황(Great Depression)의 원인은 무엇인가? 거시경제학의 학파에 따라 그 원인을 보는 시각이 다르다. 케인스학파에서는 경제의 실물부문에서 그 원인을 찾고, 그 반대편인 통화주의자들은 통화정책의 실패 때문이라고 한다. 대공황의 원인을 둘러싸고 벌어진 논쟁을 테민(Temin)논쟁이라고 한다.[33]

테민은 대공황의 역사적 연원은 제1차 대전이며 그 후 각국이 금본위제의 틀 안에서 긴축재정을 폈기 때문이라는 것이다. 영국이 1931년에 금본위를 포기하고 파운드화를 평가절하한 일은 적절한 대응이었으나 미국이 1933년, 프랑스가 1936년, 독일이 제2차 대전까지 금본위를 고수한 것은 경직적 정책실패라고 강조하였다. 특히 미국은 달러위기와 함께 금융공황이 일어났는데, 그럼에도 긴축정책을 지속하여 세계대공황을 극심하게 만들었다는 것이다.

케인지언들은 대공황이 유효수요의 감소 때문이라고 보았다. 한 나라의 경제를 전체적으로 보면 재화 및 서비스의 총공급과 총수요가 균형을 이루어야 한다. 총공급은 한 나라에서 생산된 것(Y)과 수입된 것(M)으로 구성된다. 가계소비를 C, 기업의 생산적 투자를 I, 정부지출을 G, 수출을 X라고 하면 $Y+M=C+I+G+X$가 된다. 이것을 $Y=C+I+G+(X-M)$로 변형할 때 $X-M$을 순수출이라고 한다.

여기에서 Y는 GDP로 생각할 수 있으므로 GDP의 변화는 소비, 투자, 정부지출, 순수출과 같은 수요측면의 변동에 의하여 발생된다고 볼 수 있다는 것이다. 케인지언들은 대공황 때 큰 폭으로 Y가 추락한 것은 바로 수요의 감소에 의한 것이라고 하였다. 그렇다면 수요측면의 각 항목이 왜 갑자기 크게 줄어든 것인가? 첫째는 과소소비 때문이라고 보았다. 세계경제는 1920년대 제1차 대전의 피해를 극복하면서 상당한 붐을 이루었고, 특히 그 시기에 기술발전에 의한 노동생산성이 크게 향상되었다. 그러나 실질임금은 그만큼 늘어나지 못하여 결과적으로 생산은 크게 늘었지만 이를 구매할 소득은 증가하지 못한 상황이 되어 과소소비(underconsumption) 현상이 나타났다.

둘째는 농산물 가격의 하락으로 인한 농민들의 소득감소 때문이라고 보았다. 1930년의 밀의 가격이 1929년에 비하여 40% 정도 하락하여 농민들의 소비가 크게 줄었다.

셋째는 주가의 폭락으로 주주들의 자산이 큰 폭으로 줄었기 때문이라는 것이다. 주가폭락으로 인한 자산손실이 소비감소에 어느 정도 영향을 주었는지에 대해서는 논란

33 프리드먼(Milton Friedman)이 통화론자의 입장에서 전통적인 케인지언(Keynesian)들의 주장을 비판하자 테민(Peter Temin)이 케인지언의 입장에서 이를 반박함으로써 본격적인 논쟁이 시작되었다고 하여 테민논쟁이라는 이름이 붙었다.

이 있지만, 대공황 때 발생한 소비감소의 약 1/3 이상이 주식가격의 하락에 따른 자산 손실에 기인한다는 것이다.

양측의 견해에서 공통적인 것은 물가하락이 대공황을 심화시켰다는 것이다. 물가하락은 긍정적 효과와 부정적 효과를 가지고 있다. 긍정적 효과는 물가가 하락하면 돈의 가치가 상승하는 것이기 때문에 고정소득자들에게는 월급이 늘어나는 셈이 되어 소비가 증가하고 소비증가는 국민소득의 증가, 즉 경제성장으로 이어질 수 있다.

그러나 물가하락의 부정적 효과도 만만치 않다. 물가가 하락하여 돈의 가치가 높아지면 실질소득이 증가할 뿐만 아니라 실질부채도 증가한다. 실질부채의 증가는 소비감소를 초래하여 경제성장의 발목을 잡는다.

실질이자율은 명목이자율에서 예상물가상승률을 뺀 것을 말한다($r = i - x$). 대공황 초기에 물가가 하락하자 사람들은 당분간 물가하락이 지속될 것이라고 예상했는데, 위 공식에서 x가 음수가 되므로 실질이자율은 올라가게 된다. 실질이자율이 상승하면 당연히 투자는 줄게 된다. 케인스는 이러한 투자의 감소가 대공황의 가장 중요한 요인이라고 주장하였다.

통화론자들은 1920년대 말 증시의 활황이 거품의 조짐을 보이는 가운데 정부는 긴축정책을 시행했고 이것이 경기침체와 물가하락을 초래했다는 것이다.

3) 경기지수

경기(景氣)는 생산 · 소비 · 고용 · 수출입 등 실물경제활동의 종합적인 움직임을 의미한다. 경기는 체온과 마찬가지로 너무 과열되거나 침체되면 경제에 문제가 생긴다. 체온을 재는 체온계 역할을 하는 것이 경기지수다. 즉 경기지수(景氣指數)는 현재나 미래의 경기의 흐름을 보여주는 잣대로서, 만점이 없고 기준이 있을 뿐이다. 그 기준은 일반적으로 100으로 하고 있는데, 100을 넘으면 '기준보다 좋다', 100을 밑돌면 '기준보다 못하다'는 것을 의미한다.

가장 대표적인 경기지표는 국내총생산(GDP)이다. 그러나 GDP는 분기별로 작성되고 또 통계작성에 시차가 있어 현재 및 미래의 경기동향을 신속하게 파악하는 데는 한계가 있다. 예컨대 우리나라의 2분기 GDP는 잠정치마저도 9월 초순에야 발표된다.

경기지수에는 일정기간에 생산량과 판매량 등을 실제 조사하여 만든 개별지수가 있고, 이러한 개별지수를 모아 하나의 지수로 합성한 경기종합지수(CI: Composite Index)가 있다. 경기종합지수는 현재의 경기흐름을 반영하는 동행종합지수(coincident composite index), 미래의 경기흐름을 전망하는 선행종합지수(leading index), 경기변동을 사후적으로 확인하는 후행종합지수(lagging index)로 구분된다.

경기상황을 정확하게 진단하려면 다양한 경기지표를 종합적으로 활용해야 한다. 경기순환은 다양한 경제주체 간의 복잡한 상호작용에 의해 발생하기 때문에 특정 지표나 몇 개의 지표만 가지고 경기상황을 파악하거나 예측할 수 없기 때문이다. 경제주체들이 현재와 미래의 경기를 어떻게 인식하고 있느냐에 따라 실제 생산과 소비지출 등이 크게 영향을 받기 때문에 기업가를 대상으로 하는 기업(경기)실사지수(BSI: Business Survey Index)와 소비자를 대상으로 하는 소비자동향지수(CSI: Consumer Survey Index) 등 설문조사를 이용한 경제심리지표도 활용되고 있다.[34]

4) 경제성장률

경제성장률(經濟成長率)은 일정기간에 국민경제의 규모가 증가하는 정도를 나타내는 수치다. 경제성장률이 한 나라의 성장능력에 비추어 너무 낮으면 국민들의 소득이 감소하고 일자리도 줄어든다. 반대로 경제성장률이 너무 높아지면 물가상승과 같은 부작용이 나타나게 된다.

경제성장률과 실업률 사이의 상관관계를 오쿤의 법칙(Okun's Law)이라고 한다. 미국의 경제학자 오쿤(Arthur M. Okun)이 실증분석으로 밝혀낸 것으로서 경제성장률과 실업률 사이에는 부(負)의 상관관계가 있다는 것이다.[35]

최근 우리나라의 잠재성장률이 하락하고 있다는 우려의 소리가 높다. 잠재성장률(潛在成長率)이란 일반적으로 한 국가가 물가안정을 해치지 않는 범위에서 최대한 달성할 수 있는 성장능력을 말한다. 경제가 잠재성장률 수준의 성장을 계속하면 물가가 오르지 않으면서 꾸준히 안정적인 성장을 이어갈 수 있지만, 그 이상으로 빠르게 성장하면 얼마 지나지 않아 물가가 오르고 성장속도는 오히려 떨어지게 된다. 따라서 잠재성장률은 한

34 BSI는 기업실사지수라고도 하는데, 이는 투자와 생산의 전망을 나타낸다. CSI는 소비자기대지수라고도 하는데, 이는 가계가 느끼는 경기 및 소비상황에 대한 인식을 수치화한 것이다. CSI는 경기나 소비에 관한 질문에 아주 좋아질 것이라는 응답에 1.0, 약간 좋아질 것이라는 응답에 0.5의 가중치를 부여하고 반대의 대답에는 마이너스 가중치를 부여한다. 수치를 각각 더한 후 전체 응답자 수로 나눈 백분비로 산출한다. 이것은 한국은행이 매 분기마다 조사하여 발표하며, 그 값은 0~200의 수치로 나타내는데, 100을 넘으면 좋아질 것이라고 응답한 가구가 나빠질 것이라고 응답한 가구보다 많다는 것을 의미한다.

35 실업률이 1% 상승할 때 경제성장률의 변화정도를 오쿤의 계수(Okun's coefficient)라고 한다. 미국 경제의 경우 실업률이 1%p 높아지면 GDP가 2.5% 감소한다는 사실을 발견한 것이다. 한국개발연구원에 따르면 1971년부터 1998년까지의 우리나라는 실업률이 1%p 높아지면 GDP는 3.6% 감소하는 관계였다고 한다.

나라 경제의 적정한 성장속도라고 할 수 있다. 국가경제가 충분히 성장하지 않은 상태에서 조기에 잠재성장률이 떨어지면 경제가 활력을 잃어 실업률이 높아지고 소득이 감소하게 된다. 성장잠재력(成長潛在力)은 부존자원과 그 활용도, 수요 기반, 기술발전 등을 고려하여 얻어낼 수 있는 공급 측면의 능력을 의미한다.

경제성장률은 잠재성장률과 비슷한 수준에서 지속되는 것이 바람직하다. 만일 경제성장률이 잠재성장률보다 높거나 낮은 상태가 장기간 계속되면 인플레이션 또는 실업자 증가와 같은 문제가 발생하여 지속적인 경제성장을 저해할 수 있다. 잠재성장률은 지속가능한 경제성장률이기 때문에 경제를 안정적으로 유지해야 하는 정책당국은 잠재성장률이 어느 정도인지를 파악하고 있어야 한다. 통화정책 및 재정정책을 통하여 실제 경제성장률이 잠재성장률에서 크게 벗어나지 않도록 경제를 조절해야 한다. 그런데 문제는 잠재성장률을 정확히 계산하기가 어렵다는 것이다.[36]

잠재성장률은 경제구조나 경제환경의 변화에 따라 높아지거나 낮아진다. 예컨대 컴퓨터나 정보통신기술 등이 발달하면 같은 노동량이나 자본으로 더 좋은 제품을 생산할 수 있게 되므로 잠재성장률이 상승하고, 반대로 장기간의 노사분규 등으로 생산요소의 효율성이 저하되면 잠재성장률이 하락한다.

정책당국은 잠재성장률을 지표의 하나로 활용하여 금리인상 등을 결정한다. 정부는 잠재성장률에 비하여 실제 경제성장률이 너무 높으면 경기가 과열되어 조만간 물가상승을 초래한다고 보고 금리인상 등을 검토하게 된다.

우리나라의 경제성장률은 1980년대 연평균 8%로 고도성장하다가 점차 낮아져 2000년대 초반 4~5%, 최근에는 2%대 성장에 머물고 있다. 성장률이 낮아지는 것은 자연스러운 현상이지만, 지나치게 빠른 속도로 둔화하면 경제 · 사회가 역동성을 잃고 침체에 빠질 수 있다. 따라서 보육지원 강화 등 출산율 저하를 막기 위한 노력, 직장에서는 남녀차별 억제 등 여성의 경제활동 참여를 높이는 정책, 정년 연장 등 고령자의 경제활동 참여 제고, 연구개발 활동 지원 강화를 통한 생산성을 높이는 노력 등이 필요하다.

---

36 잠재성장률을 추정하기 위해서는 시계열분석법과 생산함수접근법을 사용하는데, 시계열분석법에서는 실제 경제성장률의 장기적인 추세나 평균 경제성장률이 잠재성장률 수준에 근접한다는 점을 이용한다. 즉 통계적 기법을 활용하여 실제 경제성장률의 장기적인 추세치나 평균치를 적절히 추정한다. 생산함수접근법에서는 실제 경제성장률과 이를 위해 투입되는 생산요소들의 관계를 나타내는 생산함수를 활용하여 추정한다. 생산함수에 생산요소(자본 · 노동 · 기술 등)별로 지속적으로 투입할 수 있는 최대 규모를 대입함으로써 잠재성장률을 도출한다.

2. 국민소득

1) 국민소득

국민소득은 한 나라 경제가 일정기간(1년) 생산한 부가가치(value added)의 합계로서, 경제수준이 어느 정도인지를 알아보는 좋은 방법이고, 중요한 거시경제지표의 하나다.[37]

국민 개인별로 얼마나 버는지를 알아내는 것은 대단히 많은 시간과 비용이 든다. 가장 흔히 사용하는 방법은 생산물의 최종가치를 더하는 것으로서, 최종생산물에 가격을 곱하여 산출한다. 이것이 바로 국내총생산(GDP: Gross Domestic Product)이고, 한 나라의 경제규모를 나타내는 대표적 지표이다. GDP는 1년동안 한 나라에서 생산된 모든 재화와 서비스의 시장가치를 의미한다.

국민소득은 생산 · 분배 · 지출 중 어느 쪽에서 파악해도 일치하게 되는데, GDP는 국민소득을 생산측면에서 집계한 것이다. 각 과정에서 계산한 국민소득을 생산국민소득 · 분배국민소득 · 지출국민소득이라고 하는데, 어느 과정에서 계산해도 그 크기가 같다고 하여 '국민소득 3면 등가의 법칙'이라고 한다.

GNP에서 GDP로 바꾼 이유는 1970년대 이후 경제의 국제화가 진전되면서 노동이나 자본의 국가 간 이동이 확대됨에 따라 GNP는 각국의 경기상황 및 고용사정을 제대로 반영하지 못했기 때문이다. 이에 따라 유럽국가들은 1970년대 중반부터, 미국과 일본은 1990년대 초반부터 GDP를 경제성장의 중심지표로 삼았다. 우리나라는 1995년부터 GDP로 변경하였다. 국민총생산(GNP: Gross National Product)은 한 나라의 국민이 생산한 최종생산물의 합을 말한다. GDP가 생산활동이 이루어지는 장소(국내)를 기준으로 국민소득을 파악한 것이라면, GNP는 생산활동을 하는 주체(국민)를 기준으로 한 것이다.[38]

---

37 거시경제지표란 국민소득, 경제성장률, 물가상승률, 실업률, 환율, 이자율 등 국민경제 전체를 대상으로 분석한 경제지표를 말한다. 2014년도 우리나라 경상국내총생산은 1485조원, 경상국민총소득은 1497조원, 1인당 국민총소득은 2968만원(2만 8180달러), 경상성장률은 3.9%, 실질성장률은 3.3%, GDP디플레이터(=경상GDP÷실질GDP)는 104.1(2010년=100 기준)이었다(국회예산정책처, 「대한민국 재정 2016」). 2015년 기준 우리나라의 GDP는 1조 3779억달러로 세계 11위였다.

38 GDP는 미국의 경제학자 쿠즈네츠(Simon Smith Kuznets)가 대공황 당시 경제가 얼마나 회복되고 있는지, 제2차 대전에 참전할 경제적 여력이 있는지를 알아보기 위해 개발한 지표이다. 국제기구(IMF, IBRD 등)를 통해 세계에 보급되었고, 1인당 GDP를 통해 각국의 발전수준을 비교하는 지표로 활용되고 있다.

그러나 GDP는 경제적 수량을 측정하는 지표에 불과하기 때문에 행복과 같은 질적인 부분을 나타내기에는 한계가 있다. 가사노동, 자선활동, 지하경제 등의 경제활동은 누락되어 실제 경제상황을 정확하게 측정

국내총소득(GDI: Gross Domestic Income)은 GDP에서 유가 · 환율 변동 등 교역조건의 변화에 따른 실질무역손익을 반영한 것으로서 국민들이 물건이나 서비스 등을 살 수 있는 실질구매력을 나타낸다.

국민총소득(GNI: Gross National Income)은 GDP처럼 경제주체의 국적을 기준으로 한 것이지만, GDP가 국민소득을 생산측면에서 파악한 것인 데 비하여 GNI는 소득측면에서 파악한 것이다. 즉 GNI는 한 나라의 국민이 그 나라에서 생산활동을 하든 외국에서 생산활동을 하든 관계없이 국내외에서 발생한 소득을 합한 것이다. GDP에서 외국인에게 지급한 것은 제외하고 우리나라 국민이 외국으로부터 받은 소득은 포함된다. GDP와 GNI에 물가상승분이 미친 영향을 제거하기 위하여 특정 기준연도 가격을 기준으로 계산한 것을 실질 GDP 및 실질 GNI라고 한다.

흔히 GDP와 GNI를 모두 국민소득이라고 하는데, 얼마나 많이 생산했는지(GDP)를 기준으로 하기보다는 얼마나 많이 벌었는지(GNI)를 기준으로 하는 것이 다른 나라와 비교하여 얼마나 잘 사는지를 알아보는 데 더 정확하다.

명목 GNI는 한 해의 생산물 수량에 그 해의 가격을 곱하여 산출한 국민소득을 말하는데, 이때 명목 GNI의 변동에는 수량의 변동과 가격의 변동이 혼합되어 나타나게 된다. 명목 GNI는 한 나라 경제구조의 변화 또는 국민소득을 구성하는 요소의 흐름을 한눈에 볼 수 있는 중요한 지표다.

실질 GNI는 가격의 상승이나 하락과 관계없이 실제 생산수량의 변화만 측정하는 것이다. 그러나 각 생산물마다 거래단위가 서로 달라 합산할 수가 없기 때문에 실제 계산에서는 그 해의 생산물 수량에다 특정 기준연도의 가격을 곱하여 산출하게 된다. 따라서 실질 GNI의 변동은 물가변동의 영향은 거의 받지 않고 생산물 수량의 변동만을 보여준다. 예컨대 수량은 늘어나지 않고 물가만 올라도 명목 GNI는 그만큼 증가하지만 실질 GNI는 물가상승분은 반영되지 않기 때문에 변화가 없게 된다. 따라서 실제로 생산이 얼마나 늘어났는가를 보려면 실질 GNI를 보아야 한다. 성장률도 실질 GNI를 기준으로 해야 하므로 실질성장률이라고 한다.

하지도 못한다.

그래서 그 대안의 하나로 개발된 지표가 국민총행복지수(Gross National Happiness)이다. 부탄(Kingdom of Bhutan)에서는 1972년부터 GDP 대신 건강 · 심리 · 문화를 기본요소로 하는 GNH가 보다 효과적이라고 하여 이를 향상시키는 것을 국정지표로 삼고 있다.

UN에서 개발한 인간개발지수(Human Development Index)는 인간의 발전을 건강하게 장수할 수 있는 삶, 지식, 삶의 수준으로 구분하고 그 평균적 성취도를 측정하여 지수로 만들고, 이것을 1990년부터 매년 발표하고 있다. 여기에는 GDP가 포함되지만 경제성장지표의 핵심은 아니다. 그러나 이러한 행복지수의 요소인 삶의 질이나 만족수준은 주관적이어서 신뢰성 확보가 매우 어렵다.

- 국내총생산(GDP: Gross Domestic Product)=GNP+해외로부터 수취되는 요소소득−해외에 지급하는 요소소득
- 국민총소득(GNI: Gross National Income)=GDP+무역부문 손익+임금 및 이자의 순유입액
- 국민순생산(NNP: Net National Product)=GNP−감가상각
- 국민소득(NI: National Income)=NNP−간접세+보조금
- 개인소득(PI: Personal Income)=NI−법인세−사내유보이윤+이전지출
- 가처분소득(DI: Disposable Income)=PI−개인소득세

가처분소득이란 가계소득에서 세금, 사회보험료, 다른 가구 송금 등 소비자 지출을 뺀 금액으로 소비나 저축에 자유롭게 사용할 수 있는 돈을 말한다. 가처분소득의 비중은 가계수지 통계작성이 전국으로 확대된 2003년 이후 계속 줄어들고 있다. 가처분소득 비중이 감소하는 것은 소득보다 비소비지출의 증가속도가 더 빠르기 때문이다.

한 나라 국민의 생활수준을 비교하는 데는 1인당 GNI가 더 적합하다. 국민총소득 규모는 같아도 인구수에 따라 한 사람에게 돌아가는 몫이 다르기 때문이다. 다만 1인당 GNI를 볼 때 주의해야 할 점은 우선 국제비교를 위하여 미국 달러화를 기준으로 계산하기 때문에 미국 달러화에 대한 원화환율이 하락하면 한국의 1인당 GNI도 자연히 높아진다는 것이다. 그리고 1인당 GNI는 명목지표이기 때문에 물가상승률이 높아져도 자연히 증가하게 된다는 것이다. 최빈개도국 지위를 결정하는 데는 1인당 GNI를 사용한다.[39]

나라마다 물가와 화폐의 가치가 다르기 때문에 구매력으로 평가한 국민소득이 필요하다. 각 나라의 통화로 계산된 GDP를 달러와의 환율로 전환하면 국제적으로 비교할 수 있겠으나, 그 환율이 외환시장에서 결정되거나 중국처럼 정부가 결정하는 경우가 있기 때문에 나라 간의 물가 차이를 제대로 반영해 주지 못한다.

그래서 유엔이나 세계은행과 같은 국제기구에서는 구매력평가(purchasing power

---

39 최빈개도국(LDC : Least Development Countries)은 소득기준의 경우 1인당 GNI의 3개년도 평균값을 사용하는데, 2009년 기준으로 905달러(약 100만원) 미만이었다. 인적자산의 경우 영양섭취 정도, 유아사망률, 2차 교육기관 등록률, 문맹률 등을 반영하는 지수로 선정한다. 경제적 취약정도의 경우 자연재해의 피해를 본 인구비중, 상품수출의 불안정성 지수, 경제규모 등으로 결정하는데, 이러한 세 가지 기준 중 두 가지 이상을 초월하거나, 1인당 GNI가 기준치의 2배 이상을 초과하면 최빈개도국에서 벗어나게 된다. 2009년 기준으로 최빈개도국은 총 49개국(아시아 15, 아프리카 33)이었다. 유엔총회에서 3년마다 소득, 인적자산, 경제적 취약성에 따라 지정한다.

parity)환율로 계산한 국민소득을 따로 작성하고 있다. 구매력평가환율을 PPP환율이라고 한다. 즉 미국의 달러를 기준으로 각국의 돈이 어느 정도 구매력을 가지고 있는가를 평가한 환율이라고 할 수 있다.

구매력 기준 1인당 GDP는 나라별로 다른 물가수준으로 고려해서 만든 수치를 말한다. IMF 등에서 발표하는 달러 표시 GDP와 그것을 국민수로 나눈 1인당 GDP로는 나라마다 물가수준이 달라 그 수치가 어느 정도 구매력이 있는지를 알기 어렵다. 구매력 기준(PPP : Purchasing Power Parity)의 소득은 환율이나 물가가 같다는 조건에서 상품을 구매할 수 있는 능력을 의미하는 수치다.[40]

2) 스태그플레이션, 인플레이션, 디플레이션

(1) 스태그플레이션

스태그플레이션(stagflation)은 경기침체를 의미하는 스태그네이션(stagnation)과 물가상승을 의미하는 인플레이션(inflation)의 합성어로, 경기침체에도 불구하고 물가가 상승하는 이른바 '저성장-고물가'의 경제현상을 말한다. 1970년대 초 사무엘슨(P. Samuelson)이 오일쇼크를 설명하면서 이 단어를 언급한 후 널리 사용되고 있다. 주요 선진국에서 이러한 현상이 나타났기 때문에 선진국병이라고도 한다.

스태그플레이션이 발생하는 원인은 일반적으로 원유와 원자재 가격이 급격히 상승할 때 나타난다. 원유나 원자재 가격이 급등하면 생산비용이 늘고 상품가격도 상승하게 된다. 그에 따라 소비가 줄고 결국 경기침체와 실업증가로 이어진다. 즉 물가가 상승하는 가운데 경기가 침체되는 상황이 발생하게 되는 것이다. 1973년과 1979년 두 차례에 걸

40 IMF에 따르면 2010년 우리나라의 1인당 GDP는 명목소득 2만 164달러(전망)이지만, PPP기준 1인당 GDP는 2만 9790달러였다. 이것은 물가가 선진국에 비하여 낮기 때문이다. 일본은 같은 해 1인당 GDP는 4만 2325달러, PPP기준 1인당 GDP는 3만 3828달러였다.

한편 한국은행(2011.1.26.)은 2010년 우리나라의 1인당 GDP는 2만 500달러이고 이를 토대로 산출한 PPP기준 1인당 GDP는 3만 286달러라고 발표했는데, 이는 같은 해 일본의 PPP기준 1인당 GDP 3만 3828달러보다 3542달러가 적은 수준이다.

세계은행의 전망보고서에 따르면 2012년 기준 구매력평가(PPP) 환율로 환산한 실질 GDP를 보면 미국은 16조 2446억달러(세계의 22.5%), 중국은 14조 8029억달러였다. PPP환율을 적용한 중국의 실질 GDP는 명목 GDP에 비해 거의 2배나 많다. 이에 대해 중국 통계국은 중국의 물가수준이 저평가된 탓이라고 반박하고 있다. 최대 경제대국이라는 칭호를 꺼리는 이유는 그에 합당한 책임, 즉 통상과 환율에 대한 국제사회의 압력, 공적개발원조, 기후변화와 환경문제에 대한 적극적 참여 요구 등이 커지기 때문이다.

아시아개발은행(ADB)도 기획재정부와의 공동세미나(2011.10.25.)에서 한국의 1인당 GDP는 2030년에 5.6만달러로 일본(5.3만달러)을 추월하고, 2050년에는 9만달러로 미국(9.4만달러)과 비슷한 수준이 될 것이라고 전망하였다.

쳐 석유가격이 급등하면서 많은 나라들이 스태그플레이션을 경험한 바 있는데, 이것을 오일쇼크(Oil Shock)라고 한다. 우리나라도 산업생산에서의 원유 의존도가 높아 1980년에 물가가 28.7%나 상승하였다.

글로벌 금융위기는 미국의 서브프라임 모기지(subprime mortgage, 비우량주택 담보대출)의 부실에서 시작되었다. 이것이 미국의 주택경기 둔화로 이어져 주가 폭락과 금융회사들의 도산과 달러화 약세를 초래하였다. 이에 미국은 FRB가 금리인하로 대응하였는데, 금리인하는 고유가, 주택경기 침체, 신용경색 등이 미국경제를 위축시키는 요인으로 작용하는 것을 미리 차단하기 위함이었다. 그러나 달러화 약세로 마땅한 투자처를 찾지 못한 국제투기금융이 원자재 시장에 몰려들어 원유 등 원자재 가격을 폭등시켰다.

한편 '세계의 공장' 역할을 하며 저가 수출품을 공급하여 글로벌 호황을 떠받치고 있던 중국경제가 이제는 소비자물가의 급등으로 거품경제의 붕괴가 우려되고 있다. 중국의 물가불안은 중국산 수출품의 가격상승과 세계의 물가상승으로 이어지면서 세계경제의 불안요인이 되고 있다.

오일쇼크 당시에는 유가급등으로 인한 경기위축을 상쇄하기 위하여 상당기간 동안 화폐를 발행했기 때문에 물가가 지속적으로 상승하였다. 돈이 많이 풀려 물가가 올라가고, 물가상승은 결국 임금인상으로 이어지고, 임금인상으로 통화량이 늘어 다시 물가가 상승하는 악순환을 불러일으키면서 스태그플레이션을 초래했다.

스태그플레이션은 난치병이라고 일컬어질 만큼 어려운 과제이므로 해결보다는 예방이 더 중요하다. 경기가 좋으면 금리를 올리거나 재정지출을 줄이고, 경기가 나쁘면 금리를 내리거나 재정지출을 늘리면 된다. 그러나 스태그플레이션에서는 해결할 수 있는 마땅한 수단이 없다. 물가를 억제하기 위해 금리를 올리거나 재정지출을 줄이면 경기가 더욱 침체되고, 침체된 경기를 살리기 위하여 금리를 내리거나 재정지출을 늘리면 물가가 더욱 상승하기 때문이다.

따라서 스태그플레이션은 일단 발생하면 해결하기가 어렵기 때문에 각국에서는 예방에 주력하고 있다. 신기술 개발 등을 통하여 경제의 효율성을 높이고 원유나 특정한 원자재를 대체할 만한 자원의 개발 및 확보에 노력하는 것이다.

(2) 인플레이션

인플레이션(inflation)은 '바람을 불어넣다' 또는 '팽창시키다'라는 의미의 inflate의 명사형으로, 일정기간 동안 재화나 서비스의 가격수준이 오르는 현상을 말하며 대체로 소비자물가지수의 상승률로 측정한다.

개별 상품이나 서비스의 가치를 화폐로 표시한 것을 가격이라고 하고, 서로 다른 여러 상품을 공통의 기준으로 종합하여 평균한 가격수준을 물가라고 한다. 일반적으로 물가의 움직임을 파악하기 위하여 물가지수(price index)를 작성하는데, 과거 어떤 시점의 물가지수를 100으로 놓고 현 시점에서의 물가수준을 이와 대비시킨다.

물가지수에는 한국은행이 작성하는 생산자물가지수와 수출입물가지수, 통계청이 작성하는 소비자물가지수가 있다. 그런데 시장상황을 완벽하게 반영하는 물가지수를 작성하는 것은 사실상 불가능하고, 그 결과 소비자물가와 국민들이 피부로 느끼는 체감물가(體感物價)가 다른 경우가 많다.[41]

어느 정도의 물가상승은 기업 활동을 자극하고 경제를 활성화시키는 데 도움을 주기도 한다. 그러나 물가상승이 장기에 걸쳐 빠르게 오르는 과정에서 경제가 적절하게 대응하지 못하면 부작용이 나타난다. 소득은 일정한데 물가가 오르면 실질소득이 줄어 소비를 줄일 수밖에 없고, 또 인플레이션이 지속될 것으로 인식되면(인플레이션 기대심리) 화폐가치가 떨어지게 되므로 저축을 하지 않고 사재기하거나 부동산에 투자하게 된다. 저축과 소비가 줄어들게 되면 기업의 투자도 위축되어 실업자가 늘고 경제가 활력을 잃게 된다.

물가상승의 원인이 주로 원자재나 원유 가격의 상승이라면 사실상 정부가 할 수 있는 일은 많지 않다. 다만 이 경우 개별품목의 물가관리보다는 산업구조의 개편이 더 중요하다.

통화주의자인 프리드만(Milton Friedman)은 인플레이션이란 시대와 장소를 막론하고 나타나는 화폐적 현상이라고 하였는데, 일반적으로 인플레이션의 근본원인은 화폐발행

41 소비자물가지수의 산정기준과 조사품목은 5년마다 개편(기획재정부와 통계청이 개편하고 국가통계위원회에서 확정)하는데, 가중치 산정 시 가계소비지출액 기준을 2005년에는 '2인 이상 도시가구'에서 '1인 이상 도시가구'로 개편하였고, 2011년에는 다시 이를 '1인 이상 전국가구'로 확대하였다. 통계청은 소비자물가지수의 2010년 기준연도 개편안을 발표(2011.11.29.)하였다. 이에 따라 2010년이 기준지수 100으로 변경되었다. 소비자의 기호 변화와 신제품 출현 등 소비행태 변화로 스마트폰이용료 · 떡볶이 · 애완동물미용료 등 43개 품목이 새로 추가되었고, 금반지 · 세탁비누 · 유선전화기 등 21개 품목이 제외되어 현재 481개 품목이다. 소비자물가는 통계청 직원들이 37개 도시의 백화점, 대형마트, 소매점포, 전통시장 등을 매달 지정된 날에 방문하여 판매가격을 조사하는데, 대상품목은 가계소비지출에서 1/1000 이상을 차지하는 상품 및 서비스 481개 품목이다. 이 조사를 기초로 월평균 소비지출에서 각 품목의 소비지출액이 차지하는 비중인 가중치(서비스품목 556.4, 공업제품 317.7, 채소와 과일 등 41.7)를 적용하여 도시 전체의 평균물가지수를 산출한다.

그런데 가중치에서 구매 빈도나 가구별 소득수준 등을 고려하지 않기 때문에 소비자들이 많이 구매하는 식품분야는 가격 민감도가 높음에도 가중치가 낮아 전체 물가에 반영되는 비중은 작다. 소득수준에 따라 가계지출에서 차지하는 품목별 비중이 다른데, 이를 반영하지 않기 때문에 체감도를 떨어뜨린다. 체감도를 높이는 방향으로 물가지수 산정을 개편하는 것이 과제다.

때문이다. 한편 심스(Christopher Sims)와 우드포드(Michael Woodford)는 최근의 물가수준은 금융정책이 아니라 재정정책에 의해 결정된다는 이른바 물가의 재정정책결정론(Fiscal Theory of Price)을 제기하였다. 한쪽은 금융정책이 원인이라고 하고, 다른 쪽은 재정정책이 중요하다고 한다. 상반되는 것 같지만, 화폐(유동성)가 물가수준에 영향을 미치는 것도 사실이고, 정부의 재정적자로 인한 유동성 증가도 영향을 미치기 때문에 내용은 사실상 같다.

인플레이션 그 자체가 나쁜 것은 아니다. 예측 가능한 인플레이션은 경제주체들이 그에 대응하여 거래를 하기 때문에 직접적인 폐해는 크지 않다. 그러나 역사적으로 인플레이션은 시간과 장소 및 품목에 따라 다른 패턴을 보이기 때문에 예측하기가 어렵다. 예상했던 것보다 물가상승률이 높으면 정해진 이자를 받고 돈을 빌려준 채권자는 손해를 보는 셈이고, 채무자는 그만큼 실질이자 부담이 줄어 이득을 보게 된다. 정부도 적자재정 상태라면 돈을 빌려쓴 입장이므로 인플레이션이 발생하면 실질 채무는 줄어든다.

디스인플레이션(disinflation)은 물가상승률이 둔화되는 현상으로, 주로 경기 후퇴기에 나타나며 판매량이 줄고 소매가격의 상승을 소비자에게 전가시킬 수 없는 현상이 나타나기도 한다.

(3) 디플레이션

디플레이션(deflation)은 물가가 광범위하고 지속적으로 떨어지는 현상으로, 인플레이션(inflation)의 반대 개념이다.[42] 물가가 하락하면 구매력이 증가하고 통화량이 감소한다. 물가가 떨어지면 소비자 입장에서는 좋겠지만, 어떤 소비자들은 지금 구매하지 않고 물가가 더 떨어지기를 기다릴 것이고, 그렇게 되면 기업들은 판매부진으로 생산하지 않게 되고 결국은 경기불황으로 이어진다. 디플레이션과 스태그플레이션은 모두 경기침체를 초래한다는 점에서는 비슷하지만, 디플레이션에서는 물가가 하락하는 데 비하여 스태그플레이션에서는 물가가 상승한다는 점이 다르다.

경제가 한번 디플레이션이 되면 악순환에서 벗어나기 어렵다. 그래서 중앙은행들은 물가하락보다는 2~3%의 인플레이션을 바람직한 수준으로 잡고 있다.

일반적으로 물가하락은 소비증가를 가져와 경제에 도움이 되지만, 광범위하고 지속적

42 1930년대 미국의 대공황과 1990년대 일본의 장기적인 경기침체 때 디플레이션이 발생하였다. 이 외에도 경기변동에 관한 용어로 리세션과 디프레션이 있다. 리세션(recession, 경기침체)은 경기가 몇 달 이상 전반적으로 위축되는 상황을 의미하고, 디프레션(depression, 불황)은 장기적 · 지속적인 경기하강을 의미하며 리세션보다 더 심각한 상황을 일컫는다. 인벤토리 리세션(inventory recession)은 호황기에 생산과잉으로 재고품이 남아돌 때 이것을 조정하는 동안 생산이 저하되어 경기가 악화된 상태를 말한다.

인 물가하락은 경제를 어렵게 한다. 그 이유는 첫째, 물가하락이 지속적일 것이라고 전망되면 소비자들은 소비를 미루게 되고, 이로 인해 물가하락이 가속화되고 수익성이 악화되는 기업들은 새로운 투자를 미루게 된다.

둘째, 경기가 부진하고 물가하락이 지속되면 기업들은 생산과 인원을 줄이고 이로 인해 가계소득은 줄어들고 이는 다시 소비위축으로 이어져 경기와 물가하락을 가속화시킨다.

셋째, 일반적으로 디플레이션 상황에서는 물가를 고려하면 실질적인 부채부담이 늘어나게 된다. 1930년대 대공황을 피셔(Fisher)는 부채디플레이션이라고 하였다.

1930년대의 대공황(great depression)은 대표적인 디플레이션이었고, 일본은 1990년대 이후 홍콩은 1997년부터 2004년까지 디플레이션을 경험하였다. 미국은 2000년까지만 해도 경기과열과 인플레이션을 걱정했으나, 2001년 IT버블[43]이 꺼지고 경기가 불황으로 진입하면서 디플레이션이 우려되고 있었는데, FRB 의장 그린스펀(Greenspan)은 공격적인 저금리정책으로 디플레이션 우려를 해소시켰다. 그러나 이로 인해 글로벌 자산버블이 더욱 커졌다.

OECD 등 국제기구들은 디플레이션 가능성이 높지 않다고 보고 있으나, 루비니(N. Roubini)는 최근 글로벌 경제가 디플레이션으로 가고 있는 징후로 네 가지를 들고 있다. ㉠ 미국의 경기가 경착륙(硬着陸) 여파로 주택 · 내구소비재 · 자동차 등의 수요가 급격히 줄고 있고, ㉡ 경기불황에 따른 실업증가로 명목임금 상승세가 둔화되고 있으며, ㉢ 미국의 불황이 세계 각국으로 확산되면서 전 세계적으로 인플레이션 압력을 떨어뜨리고 있고, ㉣ 미국의 불황 여파로 원자재 가격하락이 장기화되고 있기 때문이라는 것이다.

3) 차이나플레이션과 애그플레이션

(1) 차이나플레이션

차이나플레이션(Chinaflation)은 차이나(China)와 인플레이션(Inflation)의 합성어로, 중국의 물가상승을 의미한다. 2010년 폭설과 한파, 남부지역의 폭우 등 자연재해로 곡물가격을 중심으로 식료품 가격이 급등한 것이 주요 원인이다.[44] 중국은 한동안 낮은 임금

---

43 IT버블은 1990년대 IT산업이 발전하면서 주식시장이 급속히 상승했던 거품경제 현상으로, 인터넷 버블, 닷컴 버블(dot-com bubbl)이라고도 한다.

44 농산물 가격의 폭락과 폭등이 반복되는 현상을 거미집이론(cobweb theorem)이라고 한다. 농산물 수요량은 가격에 즉각 반응하는 데 비해, 공급량은 생산기간이 길어 이를 따라가지 못한다. 올해의 농산물이 풍년으로 그 가격이 폭락하면 그 다음 해는 농산물 생산이 크게 줄어 다시 농산물 가격이 폭등한다. 이와 같이 초

을 기반으로 세계에 저가상품을 공급하였으나 최근 임금, 부동산, 원자재 등의 값이 오르면서 중국의 수출제품 가격이 오르고 있어 그것이 중국산 수입 의존도가 높은 나라의 물가를 자극하고 있다. 우리나라도 중국으로부터 철강재 · 화공제품 · 정보통신기기 · 농산물 등을 많이 수입하고 있는데, 수입물가가 대체로 16개월의 시차를 두고 우리나라 소비자물가에 영향을 준다.

(2) 애그플레이션

애그플레이션(Agflation)은 농업(Agriculture)과 인플레이션(Inflation)의 합성어로, 곡물가격 급등이 식료품 가격 상승으로 이어지고 그 영향이 전반적인 물가상승으로 이어지는 현상을 의미한다. 2007년 국제곡물가격이 급등할 때 만들어진 용어인데, 2010년 국제 상품시장에서 옥수수 90%, 밀과 콩 30~60%가 오르면서 다시 관심 용어로 떠오르고 있다. 신흥국은 경제발전으로 생활수준이 향상되자 육류소비가 늘어났고, 가축을 키우기 위한 사료가 많이 필요하게 되었으며, 특히 옥수수는 대체에너지인 에탄올 연료로도 사용되면서 그 수요가 크게 늘었기 때문이다. 그리고 주요 곡물 생산지인 러시아 · 중국 · 미국 · 호주 · 브라질 · 아르헨티나 등에서 심각한 가뭄과 폭우 등 기상 이변이 일어나면서 곡물 생산이 크게 줄어든 것도 원인이다. 곡물 생산량이 줄자 주요 수출국들은 곡물수출을 규제하고 있어 곡물을 원료로 하는 각종 식료품 가격이 오르고 전체 물가상승으로 이어질 우려가 크고, 식량위기로 이어질 수도 있다.

우리나라의 경우 쌀 자급률은 96%로 다소 여유가 있지만, 곡물 전체로 보면 25.3%(OECD 회원국 중 26위)에 불과하다. 식량안보 차원에서 정부가 해외 식량기지를 건설하거나, 수입 곡물별로 3~4개국 정도로 수입처를 다변화할 필요가 있다.[45]

과공급과 초과수요가 반복되면서 가격의 폭락과 폭등이 주기적으로 나타난다는 것이 1934년 미국의 경제학자(Wassily Leontief)에 의해 정식화된 것이 거미집이론의 핵심이다. 농산물의 가격과 산출량이 시차를 두고 움직이는 과정을 수요공급선 그래프로 표시하면 거미집과 같은 모양을 나타낸다고 하여 그런 이름이 붙여진 것이다.

45 • 리세션(recession) : 경기후퇴를 의미한다. 미국의 국가경제연구소(MBER)에서는 리세션을 경기의 정점에서 경기의 저점까지의 수축국면으로 정의한다. 보통 2분기 연속 GDP 성장률이 감소할 경우 경기가 리세션에 진입했다고 평가한다. 물가는 포함하지 않는 개념이다. 경기가 후퇴하더라도 물가는 상승하거나 하락할 수 있다.

• 디프레션(depression) : 불황 또는 물가가 급격하게 떨어져 나타나는 불경기를 말한다. 경기상황을 판단하는 용어다. 리세션과 디프레션은 경기후퇴를 지칭한다는 점에서 같지만 디프레션은 마이너스 성장이 뚜렷할 정도로 골이 깊게 파인 상황을 가리킨다. NBER에서는 공식적으로 사용하지 않고, 학계나 언론계에서 과거 1930년대 대공황(great depression)처럼 경기침체 정도가 심하다고 보는 경우에 사용한다.

• 리플레이션(reflation) : 디스인플레이션과 반대되는 개념이다. 디플레이션에서 벗어나기 위해 통화량을

3. 소득분배의 불평등

1) 고용과 실업

빈부의 격차나 양극화를 해소하는 가장 좋은 방법은 누구나 원하기만 하면 일자리를 얻게 해 주는 것이다. 그러나 최근 일자리 구하기가 매우 어렵다. 정부가 발표하는 실업률은 3%대이지만 체감실업률은 그보다 훨씬 더 높다.

통계청에서는 매월 경제활동상태를 파악하고 있다. 즉 전국의 약 3만 3000가구를 표본으로 이들 가구에 살고 있는 만 15세 이상의 인구를 대상으로 경제활동상태를 파악하고 있다. 이때 현역군인, 공익근무요원, 형(刑)이 확정된 교도소 수감자, 전투경찰(의무경찰 포함), 외국인은 제외된다.

경제활동인구는 만 15세 이상의 인구를 경제적으로 노동이 가능한 인구로 보고 그중 수입이 있는 일에 종사하고 있거나 취업을 하기 위하여 구직활동 중에 있는 사람들을 말한다. 경제활동인구는 다시 취업상태에 있는가 아니면 실업상태에 있는가에 따라 취업자와 실업자로 구분한다.

취업자는 조사대상 주간(매월 15일이 포함된 주의 일요일부터 토요일 사이)에 수입을 목적으로 1시간 이상 일한 사람을 말한다. 여기에는 수입을 목적으로 하지 않더라도 같은 가구 구성원이 운영하는 사업체나 농장의 수입을 위하여 주당 18시간 이상 일한 무급(無給)의 가족종사자와, 직업 또는 사업체를 가지고 있으나 일시적인 질병 또는 사고 · 교육 · 휴가 또는 노사분규 등의 이유로 일하지 못한 일시적인 휴직자도 포함된다.

실업자는 조사대상 주간을 포함한 지난 4주 동안 적극적으로 일자리를 구하려고 노력했지만 수입 있는 일에 전혀 종사하지 못한 사람으로서 일이 있으면 즉시 일할 수 있는 사람을 말한다. 과거에는 구직기간을 1주간으로 하였으나 2006년 6월부터는 구직기간을 4주간으로 늘려 잡고 있다.

늘리고 재정지출을 증가시키는 정책을 추진하는 과정에서 물가변동률이 다시 양(+)의 값으로 전환되는 현상을 의미한다. 리플레이션은 물가변동률이 기존의 감소 추세에 증가 국면으로 전환은 되었으나 아직 큰 폭으로 상승하지 않은 상황이라는 점에서 인플레이션과 다르다.

- 슬럼프레이션(slumpflation) : 스태그플레이션과 비슷하지만 경기침체의 폭이 클 때를 말한다.
- 스크루플레이션(screwflation) : 스태그플레이션과 비슷하지만 중산층 임금은 오르지 않고 체감 물가는 급상승하여 일상생활이 어려워지는 현상을 말한다.
- 골디락스(goldilocks) : 경제가 큰 폭으로 성장하면서도 물가상승이 없는 상태를 말한다. *Financial Times*에서 영국의 전래동화인 '골디락스와 곰 세 마리'에 빗대어 표현한 것이다. 이 동화에 나오는 소녀 골디락스는 곰이 끓인 세 가지 수프(뜨거운 것, 차가운 것, 적당한 것) 중에서 적당한 것을 먹고 기뻐하는데, 이것을 경제 상태에 비유해 뜨겁지도 않고, 차갑지도 않은 호황을 의미하게 되었다.

경제활동참가율은 만 15세 이상의 인구 중 경제활동인구의 비율을, 실업률은 경제활동인구 중 실업자의 비율(실업자÷경제활동인구×100)을 말한다.

일자리가 없더라도 실업자로 분류될 조건을 모두 갖추지 않으면 비경제활동인구로 분류된다. 비경제활동인구는 일할 의사나 능력이 없는 사람들(육아 · 가사 · 고령 · 심신장애 등)이 대표적이고, 여기에는 취업준비자와 단순유휴자도 포함된다. 이러한 비경제활동인구는 통계상 실업자에 포함되지 않는다.

실업률을 계산할 때 사용되는 분모가 경제활동인구이므로 비경제활동인구가 늘어나면 실업률은 하락할 수도 있다. 실업자는 조사 기간에 돈 버는 일을 하지 않았고, 지난 4주간 구직활동을 했던 사람만 해당된다. 구직활동을 하지 않았다면 실업자가 아니라 비경제활동인구로 분류된다.

구직단념자, 단기간 근로하면서 새로운 일자리를 찾는 불완전취업자, 구직활동 없이 학원에 다니는 취업준비생 등 잠재실업자는 공식통계에서 제외된다. 그래서 공식통계수치가 국민체감수치보다 낮다.

우리나라 실업률은 완전고용수준(즉 실업률이 자연실업률 이하이고 비자발적 실업이 없는 상태로 3~4%)인데, 고용률이 60% 수준에 불과한 것은 취업자와 실업자의 분류기준 차이 때문이다.

청년실업률은 청년(15~29세)의 실업비율을 말하는데, 전체 실업률보다 크게 높다.[46]

근로자는 크게 정규직과 비정규직으로 나눌 수 있고, 비정규직은 한시적 근로자, 시간제 근로자, 비전형 근로자로 나눌 수 있다. 한시적 근로자는 고용의 지속성을 기준으로 분류한 비정규직으로, ㉠ 근로계약기간을 정한 자 또는 정하지 않았으나 계약의 반복갱신으로 계속 일할 수 있는 근로자, ㉡ 자발적 사유로 계속 근무를 기대할 수 없는 자로 나뉜다.

시간제 근로자는 근로시간을 기준으로 분류한 비정규직으로, 근로시간이 짧은 근로자(파트타임 근로자)를 말한다.

비전형 근로자는 근로제공방식을 기준으로 분류한 비정규직으로, 파견근로자, 용역근로자, 특수형태근로자, 가정 내 근로자(재택), 일일(호출)근로자로 분류된다.

청년층의 경제활동 참가율은 43% 정도로 OECD 평균 60% 내외보다 현저히 낮은 수

46 경제활동참가율=경제활동인구÷15세 이상 인구×100, 실업률=실업자÷경제활동인구×100, 고용률=취업자÷15세 이상 인구×100.

우리나라 실업률(2016년 5월 3.7%)이 낮게 나타나는 이유는 농업종사자의 비중(2016년 7.4%)이 높고(미국 1.4%, 일본 4.2%), 또 자영업자의 비중(31.3% 수준)도 높기(OECD 15.8%) 때문이다. 우리나라 청년실업률이 2016년 5월 기준 9.7%(체감 청년실업률은 10.8%)였다.

준이다. 청년실업의 이유는 경제적으로는 고학력 청년들을 흡수할 만한 양질의 일자리가 부족하고, 양질의 일자리를 창출할 만한 산업의 구조 변화가 더디다는 점 때문이다. 그리고 사회적으로는 이른바 3D직업(더럽고, 어렵고, 위험한 일) 기피현상 때문이기도 하다. 이런 원인들이 복합적으로 작용하여 캥거루족(부모와 동거하는 성인), 니트족(학생도 아니고 직업도 없으면서 직업교육을 받지 않는 성인, NEET : Not in Education, Employment or Training) 등이 크게 증가하면서 사회문제로 부각되고 있다.

정부는 2004년에 「청년실업해소특별법」, 2009년에 「청년고용촉진특별법」을 제정하고, 매년 2조원 정도를 일자리의 직접 창출, 직업훈련, 고용서비스, 고용장려금, 창업지원 등에 쓰고 있다. 그런데 이렇게 하여 생긴 일자리는 대부분 '질 나쁜 일자리'였다.[47]

통계청은 국제노동기구 고용보조지표를 2014년 11월부터 작성하여 발표하고 있다. 고용보조지표는 공식 실업률에 단시간 취업자 및 잠재경제활동인구를 포함하는 것이다. 이것은 구직단념자, 임시직 근로자의 증가로 통계청이 발표하는 공식 실업률과 시장이 체감하는 고용사정 사이에 괴리가 존재하기 때문이다.[48]

시간관련추가취업가능자란 취업자 중에서 실제 취업시간이 36시간 미만이면서 추가 취업을 희망하고 추가취업이 가능한 자(예컨대 단시간 아르바이트생 등)를 말한다.

잠재경제활동인구란 잠재취업가능자와 잠재구직자의 합계를 말한다. 잠재취업가능자는 비경제활동인구 중에서 지난 4주간 구직활동을 하였으나 조사대상주간에 취업이 가능하지 않은 자를 말한다. 잠재구직자는 비경제활동인구 중에서 지난 4주간 구직활동은 하지 않았지만 조사대상주간에 취업을 희망하고 취업이 가능한 자(예컨대 취업희망 주부, 학생, 노인 등)를 말한다(국회예산정책처, 2016 경제 · 재정수첩, 2016.3.31.). 미국처럼 공식 실업률과 체감실업률을 따로 집계할 필요가 있다.[49]

---

47 우리나라 2015년 8월 기준 전체 임금근로자는 약 1931만명인데, 그중 정규직은 67.5%, 비정규직은 32.5%다. 청년 임금근로자 중 시간제 근로자 비율은 2015년 16.2%(←2012년 12%)로 높아졌고, 청년 정규직 비중은 2015년 65%(←2012년 68.4%)로 낮아졌다.

48 고용보조지표상으로 보면 2015년 말 우리나라의 실업률은 3.7%인데, 고용보조지표 1로는 4.9%, 고용보조지표 2로는 9.1%, 고용보조지표 3으로는 10.7%가 된다.

고용보조지표 1 : (실업자+시간관련추가취업가능자) ÷ 경제활동인구 × 100

고용보조지표 2 : (실업자+잠재경제활동인구) ÷ (경제활동인구+잠재경제활동인구) × 100

고용보조지표 3 : (실업자+시간관련추가취업가능자+잠재경제활동인구) ÷ (경제활동인구+잠재경제활동인구) × 100.

49 미국은 매달 초에 노동통계국이 실업률을 발표하는데, 6개 지표로 나누어 발표한다. U1은 15주 이상 장기 실업자, U2는 해고된 실업자, U3는 4주 동안 구직활동을 했고 일자리가 있으면 즉시 취업하려는 자(한국의 현재 방식), U4는 U3+취업의사는 있지만 구직활동을 하지 않는 사람, U5는 U4+가사 · 육아 · 학업 등의 이유로 구직활동을 못한 사람, U6는 U5+1주에 35시간 미만 일하는 취업자 중 추가 취업을 원하는 사람.

2) 소득격차

최근 우리나라에는 국민 간 · 지역 간 · 기업 간의 양극화가 심화되고 있다고 지적되고 있다. 우량기업과 부실기업, 대기업과 중소기업, 수출기업과 내수기업, IT기업과 비IT 기업 사이에 매출이나 수익에서 큰 차이가 나고 있다. 대도시와 중소도시, 도시와 농촌 사이에서도 해당 지역에 살고 있는 주민들의 소득격차가 커지고 있다.

양극화는 소득분배의 불평등으로 빈익빈 부익부 현상이 심해지는 것을 말한다. 경제학에서는 양극화라는 말보다 소득분배의 불평등(inequality in the distribution of income) 또는 자산분배의 불평등이라는 말을 더 많이 쓰고 있다. 통상적으로는 소득 또는 자산분배에서 격차(불평등)가 커지는 것을 양극화로 보고 있다. 자산은 파악하기가 매우 어려워 주로 소득을 기준으로 양극화의 정도를 파악하는데, 이때 로렌츠곡선, 지니계수, 엥겔계수 등을 이용한다.

로렌츠곡선(Lorenz curve)은 미국의 통계학자 맥스 로렌츠(Max. O. Lorenz)가 소득분포를 나타내기 위하여 개발(1905년)한 도표다. 인구의 누적률(전체인구)과 소득의 누적률(총소득) 간의 관계를 보여준다. *X*축을 인구 누적률, *Y*축을 소득 누적률이라고 한다. *A*는 하위소득인구 40%가 총소득의 20%를 차지하고, *B*는 하위소득인구 80%가 총소득의 60%를 차지한다고 할 때, *OABP*를 연결한 선을 로렌츠곡선이라고 한다.

그림 13-1 로렌츠곡선

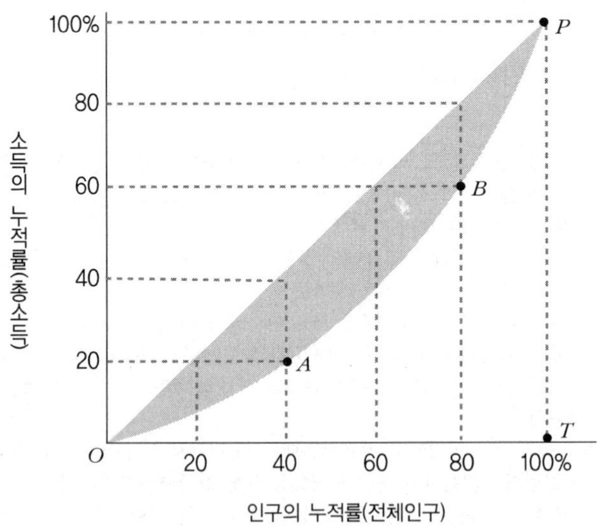

소득분배(income distribution)가 불평등할수록 로렌츠곡선이 대각선 *OP*(소득분포가 완전히 평등한 상태)와 벌어지는 형태(음영부분의 면적이 넓어짐)를 지니게 된다. 로렌츠곡선은 그리기가 쉽고 소득분배의 불평등 정도를 쉽게 알 수 있지만, 연도별 또는 국가별 비교를 위해서는 일일이 그려야 하고 또 중간부분에서 곡선이 들쭉날쭉할 경우 비교가 어렵게 된다. 이러한 단 점을 보완하면서 단순히 수치로 나타내는 것이 지니계수다.

지니계수(Gini coefficient)는 로렌츠곡선과 대각선 사이의 면적 *OABP*를 직각삼각형 *OTP*의 면적으로 나눈 값으로서 지니집중계수(Gini coefficient of concentration)라고도 한다. 이 지수를 개발한 이탈리아의 통계학자 코라도 지니(Corrado Gini)의 이름을 붙인 것이다.

지니계수는 소득분배의 불평등 정도를 나타내기 위하여 사용되는 수치로서 다른 나라와 비교가 가능하다. 0과 1 사이의 값을 가지는데 그 값이 1에 가까울수록 불평등이 크다는 것을 의미한다. 즉 소득분배가 완전히 평등하게 되면 로렌츠곡선은 대각선 *OP*가 되므로 지니계수는 0이 되고, 소득분배가 완전히 불평등하게 되면 로렌츠곡선은 *OTP*가 되므로 1이 된다. 0.4를 넘으면 상당히 불평등한 소득분배 상태에 놓여 있다고 할 수 있다. 소득분배의 불평등을 나타내는 대표적인 지표인 지니계수는 0에서 1 사이의 값을 갖는데, 1에 가까울수록 불평등한 것을 의미한다. 지니계수가 0.4를 넘으면 소득 불평등이 사회 불안을 초래하는 수준으로 본다.[50]

우리나라는 지니계수로 보면 크게 높은 것은 아닌데, 중산층이 점점 줄어들고 있다. 정부는 소득계층을 상류층 · 중산층 · 중하층 · 빈곤층으로 분류하고 있는데, 과거에 중산층에 속하던 계층이 대부분 중하층으로 추락하고 있다.[51]

---

50 소득불평등 정도를 나타내는 지니계수가 0.5를 넘는 나라는 전 세계적으로 20여 개 국가에 불과하다. 2014년 우리나라의 지니계수는 평균 0.341로 지난 10년간의 추세를 볼 때 다소 높아지고 있다. 2014년 가처분 소득 기준으로는 전체가구(1인 및 농가 포함)는 0.302, 전국가구(2인 이상 비농가)는 0.278이었다(국회예산정책처, 「대한민국 재정 2016」).

2016년 1/4분기 기준 우리나라 10분위별 평균소득(전국, 2인 이상 비농가)은 1분위 931,567원, 2분위 1,889,941원, 3분위 2,571,479원, 4분위 3,169,205원, 5분위 3,749,536원, 6분위 4,324,560원, 7분위 4,974,711원, 8분위 5,793,591원, 9분위 7,063,564원, 10분위 11,071,757원이었고, 전체 평균은 4,555,219원이었다(통계청, 국가통계포털).

51 중산층이란 OECD에 따르면 전체가구 중에서 중위소득(전체 가구별 소득을 일렬로 나열했을 때 중간에 해당하는 가구의 소득)의 50~150%에 해당하는 가구라고 한다. 소득수준이 최저생계비의 2~2.5배인 계층을 중산층이라고도 하고, 주관적으로 분류하기도 한다. 즉 미국의 워싱턴포스트는 먹고 살아갈 만한 충분한 소득이 있으면서 퇴근길에 피자 한판, 영화 관람 등에 아무런 부담 없이 소비할 수 있는 사람이라고 정의한 바 있다. 우리나라에서도 가족의 생계를 꾸려나가는 데 지장이 없는 소득이 있는 경우 또는 소득 3~7분위에 속하면서 전문대 이상 학력과 30평대 주택을 보유한 계층이라고 하기도 한다.

저소득층은 중위소득의 50% 미만 가구를 말한다. 이런 기준에 의하면 2인 이상 도시가구의 중산층 비중

엥겔계수(Ernst Engel)는 가계의 총 소비지출에서 식료품비가 차지하는 비율을 말하는데, 이 지수는 소득수준이 낮을수록 높아지는 경향이 있다. 엥겔계수가 높다는 것은 가계의 생활형편이 그만큼 좋지 않다는 의미다. 저소득층은 소비지출 규모가 작아 생활물품의 가격이 조금만 올라도 엥겔계수는 큰 폭으로 높아진다.

우리나라의 엥겔계수는 최고치를 기록하며 상승하고 있는데, 이러한 상승은 식료품 물가의 상승 때문이지만, 소득 양극화가 더 심해졌다는 반증이기도 하다.[52]

20세기 초 자유방임의 고전자본주의를 자본주의 1.0시대, 1930년대 대공황 이후 케인스가 내세운 수정자본주의를 자본주의 2.0시대, 1970년대 자유시장자본주의를 신자유주의 또는 자본주의 3.0시대라고 하는 데 비하여 최근에는 자본주의 4.0시대라는 용어가 등장하였다. 자본주의 4.0은 다 같이 행복한 성장을 추구하는 개념으로, 기업과 국가의 일방적인 성장을 위해서 중산층만 희생시켜서는 안 된다는 것이다. 경제의 중추적 역할을 하는 중산층이 빈곤층으로 추락할 걱정을 하지 않고 일을 하면서 소비 여력을 제공하고 양질의 노동력을 공급해 주어야만 지속가능한 사회가 되기 때문이다.

3) 가계부채

가계부채는 개인 또는 가계 전체가 금융회사들로부터 빌린 빚을 말한다. 가계부채의 증가는 소비 감소로 이어져 경제의 위험요인이 될 수 있다.

우리나라 가계부채가 GDP의 90%에 달했고, 그 증가속도가 빨라지고 있다.[53]

금융기관은 주택담보대출을 받는 사람이 원리금을 갚을 능력이 있는지를 결정하기 위

은 1990년 75.4%, 1995년 75.3%, 2000년 71.7% 2005년 69.2%, 2008년 66.3%, 2011년 67.7%로 나타났다.

52 한국은행 국민계정 통계(2012.3.12.)에 따르면 2011년 엥겔계수는 14.18%로 2005년(14.61%) 이래 최고치를 기록했다. 1분위 가구(소득 하위 20%)는 20.70%, 2분위 가구는 15.76%, 3분위 가구는 14.40%, 4분위 가구는 13.16%, 5분위 가구(소득 상위 20%)는 11.83%였다.

엥겔계수가 20% 이하이면 상류층, 20~30%이면 중류층, 30~50%이면 하류층, 50% 이상이면 최하류층으로 분류한다. 소득분위는 통계청이 소득수준에 따라 10%씩 10단계로 나눈 지표로서, 1분위가 최저 소득 수준이다.

53 한국은행에 따르면 2016년 2분기 말 기준 가계신용(1435조 350억원)이 GDP(1594조 4099억원)의 90%에 달했다. 가계신용은 가계가 금융회사에서 빌린 돈이나 신용카드 사용대금 등 외상으로 물건을 구입하고 진 빚을 모두 합한 것이다. 가계신용비율이 70%에서 80%에 도달할 때까지는 6년(2006년 4분기~2012년 4분기)이 걸렸고, 80%에서 90%에 도달하는 데는 3.5년(2012년 4분기~2016년 2분기) 밖에 걸리지 않았다. 소득보다 지출이 많은 적자가구의 비율도 계속 늘어 30%였고, 그중 과다채무가구(원리금 상환액 비중이 가처분소득 대비 40% 이상인 고위험군 가구)가 10% 정도다. 고위험군 가구 중 가장 큰 비중을 차지하는 가구는 자영업자들인데, 그들 상당수는 고령자로서 다중채무자(금융회사 3곳 이상에서 돈을 빌린 사람)라는 점에서 문제가 더 심각하다.

하여 흔히 DTI(Debt to Income)를 이용한다. DTI(총부채상환비율)는 대출 신청자의 연간 소득에서 금융기관에 갚아야 할 부채의 연간 원리금이 차지하는 비율인데, 이에 따라 대출 금액이 정해진다.

금융감독원은 부채를 갚을 능력보다 더 많은 돈을 빌리는 것을 방지하기 위해 2006년부터 투기지역 여부에 따라 40~60%로 제한하고 있다. 대출금액이 1억원 이하인 경우에는 지역에 상관없이 DTI를 적용하지 않는다.

담보대출비율(LTV : Loan to Value Ratio)은 대출에서 담보된 재산의 평가가치(감정가)에 대한 대출금의 비율을 말하며, 흔히 주택담보인정비율이라고도 한다. 일반적으로 80% 정도를 적정수준으로 평가하는데, 지역과 은행에 따라 다소 차이가 있다.

주택담보대출은 거치기간에는 이자만 갚다가 만기에 원금을 일시에 갚는 방식의 변동금리대출이 대부분이다.[54]

변동금리대출은 금리가 오르면 대출금리가 자동으로 인상되므로 저금리에서 고금리로 변동되면 대출자에게 불리하다. 집값이 계속 오르면 다행이지만 집값이 떨어지면 미국의 서브프라임 모기지(subprime mortgage, 비우량주택 담보대출) 사태처럼 집을 팔아도 원금을 갚지 못하는 상황이 발생할 수도 있다.

금융위원회가 발표(2016.8.12.)한 '가계부채의 안정적 관리를 위한 정부정책의 효과 및 향후 계획'에서는 은행대출 심사 강화 등 정부의 가계부채 대책이 효과를 나타내고 있다고 하였다. 그러나 저축은행 등 제2금융권으로 대출이 옮아가는 풍선효과가 나타나고 있다. 서민들은 은행대출보다 이자가 비싼(평균 2.5배) 제2금융권(비은행권)을 이용할 수밖에 없어 서민의 부채 부담은 갈수록 커지고 있다. 하우스 푸어(house poor)도 늘어나고 있다. 하우스 푸어는 소득에 비하여 과도한 대출을 받아 주택을 구입한 후 대출 원리금을 갚느라고 지출할 돈이 거의 없게 된 가구를 말한다.

그러자 정부는 이자율이 낮은 안심대출제도를 2015년에 신설하였다. 국민행복기금을 만들어 빚을 일정수준 탕감해 주는 저금리장기상환대출로 전환해 주는 장치도 만들었다. 보유주택 지분매각제도, 즉 공공금융기관이 하우스 푸어의 주택지분 일부를 매입한 후 이를 담보로 자산담보부증권(ABS)을 발행하여 자금을 마련하는 제도를 만들었다.

가계부채가 소득보다 빠르게 증가한다는 것이 우려된다. 실업으로 가계부채 상환능력

---

54 은행별로 변동금리대출의 기준이 되는 CD 금리(3.5% 내외)에 개인의 신용도에 따라 가산금리(2~3%)를 붙여 변동금리를 적용하고 있다. CD(양도성예금증서, Certificate of Deposit)는 은행이 단기자금을 조달하기 위하여 발행하는 정기예금증서를 말한다. CD는 다른 은행, 개인, 법인을 상대로 발행하는데 만기는 최소 30일 이상이다. 이것이 우리나라에서 주목 받고 있는 이유는 은행의 대출금리가 대부분 CD금리에 연동되어 있기 때문이다.

이 떨어지거나, 주택가격이 담보가치를 위협하는 수준으로 떨어지면 결국은 금융위기를 초래할 수 있다.

S&P가 우리나라의 국가신용등급을 사상 최고(AA)로 올렸지만, 우리나라의 가계부채가 통화정책의 제약요인이라고 지적(2016.8.8.)하였다. 한국은행이 경기부양을 위해 기준금리를 내리면 가계부채 증가를 부채질하고, 기준금리를 올리면 대출자들의 이자부담으로 이어져 소비침체와 금융회사들의 건전성이 위협 받게 된다.

가계부채의 해결은 물가안정, 경상수지 및 재정수지의 흑자 등에서 실마리를 찾아야 한다. 가계부채 문제는 지금 우리나라 경제의 아킬레스건이기 때문에 중앙은행의 금리정책과 재정당국의 재정정책이 각각의 명분과 공식에만 집착할 때가 아니다. 가계별 채무상환능력을 전면 재점검하고 그에 따라 대출기간 연장 등 채무재조정을 검토해야 한다.

4. 지하경제

1) 지하경제

지하경제(underground economy)는 공식적인 경제통계에 잡히지 않는 경제활동을 의미한다. 지하경제는 세금이 징수되지 않는 분야에서의 합법적인 활동에서도 나타나고 불법적인 활동에서도 나타난다. 그래서 그림자경제, 흑색경제, 은닉경제라고도 한다. 지하경제는 거래내용이 포착되지 않아 과세대상에서 빠지고 공식적인 통계에도 잡히지 않는다.[55]

공식적인 GDP에 포함되지 않는 경제활동에는 밀수와 마약 거래 등 행위 자체가 불법적인 활동, 시장거래를 통하지 않고 본인이 직접 집수리 등을 하는 활동, 합법적인 경제활동이지만 조세를 피하기 위해 소득을 탈루하거나 허위계약서를 통해 거래금액을 축소신고하는 것 등이 있다.

지하경제의 대표적인 것은 매출을 은닉하려고 현금을 받으며 할인해 주는 행위이다. 그래서 지하경제를 Cash Economy라고도 한다.

---

55 탈세(tax evasion)는 소득 누락, 비용의 과잉 청구, 허위계약서 작성 등으로 세금을 회피하는 불법적인 활동을 말한다.

조세회피(tax avoidance)는 조세제도의 애매한 부분이나 사각지대를 이용하여 조세부담을 줄이는 것을 말하는데, 합법적이지만 부당한 것으로 '합법적 탈세'라고도 한다.

절세(tax saving)는 각종 소득공제나 세액공제 등의 제도를 활용하여 합법적으로 세금을 최소화하는 것을 말한다.

지하경제에는 복잡하고 까다로운 인허가 절차를 피하기 위해 무허가 영업을 하거나, 최저임금제를 피하기 위해 불법 노동자를 고용하는 것도 포함된다.

지하경제의 비중은 경제발전 수준이 높은 나라일수록 낮아지는 경향이 있다. 지하경제는 은닉된 경제활동이므로 그 규모를 정확히 파악하기가 매우 어렵다. 그래서 추정방법에 따라 그 규모가 다르다.

세계 각국의 지하경제를 연구하는 오스트리아의 슈나이더(Friderich Schneider) 교수에 의하면 우리나라의 2010년 지하경제 규모는 GDP의 25%라고 했다.[56]

우리나라에서는 현재 GDP의 30% 정도로 추정하고 있다. 그동안 금융실명제, 부동산실명제, 신용카드 활성화, 현금영수증제도 등에 따라 소득파악률이 다소 높아지고 있으나 지하경제의 비중이 높은 수준이다.

우리나라의 지하경제 규모가 큰 이유는 자영업자의 비중이 높고, 특히 고소득 자영업자의 소득탈루가 많기 때문이다.[57]

소득탈루(所得脫漏)는 소득이 면세점 미만(과세 미달)이라고 허위로 신고하여 세금을 면제받거나 줄이는 경우를 말한다. 자영업자의 소득탈루를 막는 것은 모든 나라의 고민거리이다. 우리나라는 신용카드 사용을 장려하고, 현금영수증 발행을 의무화하였으며, 고액의 현금거래가 많은 전문직 자영업에 대해서는 '현금영수증 의무발행 가맹점'이라는 스티커 부착도 의무화하였고, 현금영수증 시민감시단을 결성하였다.

2) 조세피난처

조세피난처(tax haven)란 법인의 실제 발생소득의 전부 또는 상당부분에 대하여 조세를 부과하지 않거나 그 법인의 부담세액이 실제 발생소득의 15/100 이하인 국가를 말한다. 조세피난처는 세제상의 우대, 금융거래의 익명성 보장 등으로 인하여 탈세와 돈세탁의 온상이 되고 있다.

우리나라는 많은 나라와 양자간 조세조약 및 다자간 조세행정공조협약을 맺고 조세정보를 교환하고 있다. 조세피난처 중에서는 아직 조세조약을 체결하지 않은 곳이 많다.[58]

---

56 당시 OECD 회원국 평균은 18%, 스위스 8%, 미국 9%, 일본 11%, 그리스 25%, 이탈리아 27%와 비교할 때 우리나라의 지하경제 규모는 매우 높은 나라에 속하였다.

57 국세청 자료(2013.5.15.)에 따르면 자영업자의 소득파악률은 59.7%, 소득탈루율은 40.3%였다. 근로소득자의 소득파악률은 78.3%, 소득탈루율은 21.7%였다.

58 조세조약(tax treaty)은 국가 간 이중과세와 탈세를 방지할 목적으로 맺은 협약을 말한다. 조세조약을 맺지 않으면 무역과 자본거래에서 발생하는 소득에 대해 양국이 모두 과세를 하게 되어 상품과 자본거래를 위축시키고 개인이나 기업은 많은 세금을 부담하게 된다. 조세조약은 낮은 세율로 과세하거나 한 나라에서 낸

OECD는 2000년에 세금이 없거나 아주 적고, 자금흐름이 불투명한 30개국(2013년에는 38개국, 50~60개 지역)을 공개하면서 조세피난처를 네 가지로 분류하였다. 즉 ㉠ 바하마 · 버뮤다 등처럼 세금이 전혀 없는 완전회피국(tax paradise), ㉡ 마카오 · 버진아일랜드 등처럼 세금이 낮은 저세율국(low tax haven), ㉢ 홍콩 · 말레이시아 등처럼 해외에서 벌어들인 소득에 대해 세금이 없는 국외소득면세국(tax shelter), ㉣ 네덜란드 · 룩셈부르크 등처럼 특정한 형태의 회사나 사업 활동에 대해서는 세제상 우대조치를 하는 사업소득면세국(tax resort) 등으로 분류하였다.

조세피난처 중에는 정치적 불안으로 협정을 맺기 어려운 경우도 있고, 맺더라도 유용한 정보를 받을 수 있을지는 미지수인 지역도 많다. 따라서 국세청, 관세청, 금융정보분석원이 보다 더 치밀한 정보 공유를 해야 한다. 유령회사(paper company)에 대해서는 법인격을 인정하지 않는 방안도 검토해야 한다.

미국은「해외계좌조세준수법(FAYCA)」을 제정하여 모든 해외 금융기관에 미국 고객의 정보를 공개하라고 요구하고 있고, 유럽 각국도 이에 협력하고 있다. 그 결과 스위스은행도 비밀주의가 약해지고 부유한 고객들이 이탈하고 있다.

조세피난처는 검은 돈의 은닉처로 알려졌으나 요즘에는 다국적기업들이 공공연하게 이용하고 있다. 이익은 세율이 낮은 국가로, 비용은 세율이 높은 국가로 돌려 세금을 빼돌리는 것이다. 이때 조세피난처에 유령회사를 만들고 불법적으로 세금을 피하면 역외탈세(offshore tax evasion)가 된다.

역외탈세는 한 나라의 노력만으로는 막을 수 없다. EU도 다자간 정보교환기구의 설립을 준비하고 있다. 미국은 스위스와 역외탈세 및 불법금융거래를 차단하는「국외금융자산신고법」을 이행하기 위한 협정에 서명하였다.

우리나라 국세청은 역외탈세를 막기 위해 해외금융계좌신고제를 도입(2011년)하였다. 국내의 거주자와 법인이 가지고 있는 해외금융계좌의 잔액 합계가 하루라도 10억원이 넘으면 계좌내용을 다음 해 6월까지 관할세무소에 신고해야 한다.

세금을 환급해 주기도 한다.

아직 조세조약을 체결하지 않은 주요 조세피난처는 중남미(도미니카공화국 · 벨리즈 · 파나마 · 아루바 · 그레나다), 유럽(맨섬 · 룩셈부르크 · 스위스 · 리히텐슈타인), 아프리카(리비아), 아시아(필리핀 · 말레이시아) 등에도 있다. 해외 도피자산이 많은 것으로 추정되는 국가들(1970~2010년 누계)은 중국, 러시아, 한국, 브라질, 쿠웨이트 순이었다. 2014년 말 기준으로 우리나라 61개 대기업 그룹 중 33개 그룹이 237개 법인을 조세피난처에 세웠다(보스턴 컨설팅그룹 참조).

3) 은행세(금융거래세)

은행세는 금융회사에 부과되는 세금으로, 오바마세라고도 한다. 오바마 대통령이 금융위기를 초래한 금융회사들도 책임을 져야 한다는 의미에서 2010년 금융위기 책임비용으로 0.15%의 세금을 부과하는 방안을 제시했기 때문이다.

또 토빈세(Tobin's tax)라고도 하는데, 경제학자인 토빈(James Tobin)이 1981년에 제안했다고 하여 그렇게 이름이 붙여진 것이다. 토빈세는 국제투기자본(hot money)이 급격한 환율변동 등 자본시장을 왜곡시키는 것을 막기 위하여 외환거래에 부과하는 세금을 말한다. 세금이란 일반적으로 재화나 용역에 부과하지만 금융거래에도 부과하자고 한 것인데, 정부는 막대한 재정수입도 거둘 수 있다.

그러나 자본의 유출입이 자유로운 현재의 금융시스템에서 어떤 나라가 토빈세를 부과하면 국제자본은 다른 나라로 이전할 것이다. 그래서 토빈세에 대해 오랫동안 찬반론만 지속되고 있다. 세계 모든 나라가 동시에 도입하면 되겠지만 그럴 가능성은 없다.

많은 나라들에서 검토하고 있는 은행세는 금융위기 손실이 나라마다 다르고 시각에 차이가 있어 약간씩 다른 모습(은행세, 오바마세, 토빈세, 금융거래세, 부담금 등)을 하고 있다.

스웨덴은 1984년 토빈세(주식을 사고팔 때의 금융거래세)를 도입하자 주식거래의 상당량이 영국으로 옮겨갔다. 금융거래가 급감하고 세수 증대에도 기여하지 못하고 주가도 내려서 폐지하였다.

브라질은 해외에서 들어오는 투기자금을 막기 위해 외국인의 채권거래에 대해 2009년부터 금융거래세를 부과했다가 글로벌 금융위기로 외화(미국달러)가 부족해지자 10개월 만에 중지했고, 다시 경제상황이 좋아지면서 해외자금이 밀려들자 2010년 다시 금융거래세를 도입하였다.

미국은 1960년대까지 주식거래에 거래세를 부과하다가 폐지하였다.

토빈세가 다시 주목받게 된 것은 2008년 글로벌 금융위기 때문이다. 유럽을 중심으로 금융부채에 대한 규제를 강화해야 한다는 주장이 많았다.

EU는 금융위기의 책임이 있는 금융업계가 구제금융의 비용을 지불해야 한다고 보고, 주식 · 채권의 거래에 과세할 것을 주장하였다. 이에 독일과 프랑스 등은 지지하였으나 전통적인 금융 강국인 영국(세계 외환거래 중 35% 내외)과 토빈세의 실패경험이 있는 스웨덴 등이 반대하고 있다. 결국 EU 전체에 도입이 어려워지면서 2012년 독일과 프랑스 등 11개 국가가 우선적으로 토빈세를 도입하기로 합의했는데, 그것도 회원국 간의 의견 차이로 시행 시기를 늦추고 있다. 프랑스와 이탈리아는 최근 일부 주식과 금융거래에 대해 토빈세를 도입하였다.

우리나라는 토빈세 도입에 신중한 입장이다. 우리나라만 도입하면 국제자본이 다른 나라로 이동할 것이 분명하기 때문이다. 최근 정부의 관심은 단기적 자본 이동을 통제하는 수단이다. 은행의 무분별한 외화차입에 대한 부담금 부과 등 간접적인 방법으로 규제하는 것이다. 은행의 외채 보유액에 대해 외환건전성부담금(은행세의 일종)을 2010년부터 부과하고 있다. 이것은 유럽이나 미국에서 논의했던 은행세와는 다소 차이가 있다.

결국 토빈세의 도입 여부는 국제적 논의상황과 국내 금융시장의 특수성을 고려하여 장기적으로 검토해야 할 것으로 보인다.

5. 국유재산

넓은 의미의 국유재산은 국가가 소유하는 일체의 동산과 부동산 및 권리를 말하고, 좁은 의미의 국유재산은 「국유재산법」에 열거하고 있는 것을 말한다.[59]

국가는 국유재산을 관리 · 처분할 때는 「국유재산법」에 의하여 국가 전체의 이익에 부합되도록 하고, 취득과 처분이 균형을 이루어야 하며, 공공가치와 활용가치를 고려하고, 경제적 비용을 고려해야 하며, 투명하고 효율적인 절차를 따라야 한다(국유재산법 제3조). 그 밖의 국유재산의 관리처분은 「물품관리법」에 의한다.

국유재산은 그 용도에 따라 행정재산과 일반재산으로 구분하고, 행정재산은 다시 공용재산 · 공공용재산 · 기업용재산 · 보존용재산으로 나눌 수 있다. 국유재산의 분류체계를 「국유재산법」 개정(2009.1.30.)에서 보존재산은 보존용재산으로, 잡종재산은 일반재산으로 각각 그 명칭을 변경하였다.

- 공용재산 : 국가가 직접 사무용 · 사업용 또는 공무원의 주거용으로 사용하거나 5년 이내에 사용하기로 결정한 재산(청사 · 관사 · 학교 등)
- 공공용재산 : 일반 공중의 사용을 위하여 제공하는 재산 또는 5년 이내에 사용하기로 결정한 재산(도로 · 하천 · 항만 · 공항 · 공유수면 등)
- 기업용재산 : 정부기업의 사무용 · 사업용, 해당 기업에 종사하는 직원의 주거용으

59 국유재산의 범위는 국가의 부담이나 기부의 채납 또는 법령이나 조약의 규정에 의하여 국유로 된 ㉠ 부동산과 그 종물(從物), ㉡ 선박 · 부표(浮漂) · 부잔교(浮棧橋) · 부선거(浮船渠) 및 항공기와 그 종물, ㉢ 정부기업이나 정부시설에서 사용하는 기계와 기구 중 대통령령으로 정한 것, ㉣ 지상권 · 지역권 · 전세권 · 광업권과 그 밖에 이에 준하는 권리, ㉤ 증권, ㉥ 특허권 · 저작권 · 상표권 · 디자인권 · 실용신안권과 그 밖에 이에 준하는 권리 등이다(국유재산법 제5조).

로 사용하거나 5년 이내에 사용하기로 결정한 재산

- 보존용재산 : 법령이나 그 밖의 필요에 따라 국가가 보존하는 재산(문화재 · 사적지 · 국유림 등)
- 일반재산 : 행정재산 이외의 모든 국유재산

이 외에도 지방자치단체의 부담, 기부채납이나 법령에 따라 지방자치단체 소유로 된 공유재산이 있다.[60]

국유재산 사무의 총괄청(기획재정부)은 국유재산에 관한 사무를 총괄하고 그 국유재산(중앙관서의 장이 관리 · 처분하는 국유재산은 제외)을 관리 · 처분하고, 일반재산을 보존용재산으로 전환하여 관리할 수 있다.[61]

중앙관서의 장(관리청)은 특별회계 및 기금에 속하는 국유재산과 용도 폐지된 재산을 관리 · 처분할 수 있고, 그 외의 국유재산을 행정재산으로 사용하려면 총괄청의 승인을 받아야 한다.

총괄청은 다음 연도의 국유재산의 관리 · 처분에 관한 계획의 작성을 위한 지침을 매년 4월 30일까지 중앙관서의 장에게 통보해야 하고, 중앙관서의 장은 이 지침에 따라 국유재산의 관리 · 처분에 관한 다음 연도의 계획을 작성하여 매년 6월 30일까지 총괄청에 제출해야 한다. 총괄청은 제출받은 계획을 종합 조정하여 수립한 국유재산종합계획을

---

60 즉 공유재산의 범위는 ㉠ 부동산과 그 종물(從物), ㉡ 선박 · 부잔교(浮棧橋) · 부선거(浮船渠) 및 항공기와 그 종물, ㉢ 공영사업 또는 공영시설에 사용하는 중요한 기계와 기구, ㉣ 지상권 · 지역권 · 전세권 · 광업권과 그 밖에 이에 준하는 권리, ㉤ 저작권 · 특허권 · 디자인권 · 상표권 · 실용신안권과 그 밖에 이에 준하는 권리, ㉥ 주식, 출자로 인한 권리, 사채권 · 지방채증권 · 국채증권과 그 밖에 이에 준하는 유가증권, ㉦ 부동산신탁의 수익권, ㉧ ㉠ 및 ㉡의 재산으로 건설 중인 재산 등이다(공유재산 및 물품관리법 제4조 제1항).

기부채납(寄附採納)이란 지방자치단체 외의 자가 「공유재산 및 물품관리법」 제4조 제1항 각 호에 해당하는 재산의 소유권을 무상으로 지방자치단체에 이전하여 지방자치단체가 이를 취득하는 것을 말한다. 물품은 지방자치단체가 소유하는 동산(動産)과 지방자치단체가 사용하기 위하여 보관하는 동산 중 현금과 유가증권, 제4조의 공유재산을 제외한 동산을 말한다(공유재산 및 물품관리법 제2조). 기부채납은 재정력이 열악한 지방자치단체가 부족한 공공시설을 확충할 수 있는 유용한 수단이 되고 있으나, 현행법은 행정재산에 대한 기부자의 무상사용 · 수익 권한을 일정기간 인정하는 데 그치고 있어 기부자에 대한 충분한 인센티브 기반이 마련되지 못한 실정이다. 기부채납제도의 활성화를 도모하기 위하여 기부자에 대해서는 기부채납된 재산의 가액을 고려하여 사용 · 수익허가를 10년 범위에서 1회 연장할 수 있도록 하고 있다.

61 국유재산의 관리처분에 관한 사항을 심의하기 위하여 총괄청에 국유재산정책심의위원회를 둔다. 이 위원회는 위원장(기획재정부장관)을 포함한 20명 이내의 위원으로 구성한다. 위원은 관계 중앙행정기관의 소속 공무원과 국유재산 분야에 학식과 경험이 풍부한 사람 중에서 기획재정부장관이 임명 또는 위촉하며, 공무원이 아닌 위원의 정수는 전체 위원 정수의 과반수가 되어야 한다. 위원회에는 분야별 분과위원회(부동산분과위원회, 증권분과위원회)를 둘 수 있는데, 분과위원회의 심의는 위원회의 심의로 본다(국유재산법 제26조).

국무회의의 심의를 거쳐 대통령의 승인을 받아 확정하고 회계연도 개시 120일 전까지 국회에 제출해야 한다. 중앙관서의 장은 확정된 국유재산종합계획의 반기별 집행계획을 수립하여 해당 연도 1월 31일까지 총괄청에 제출해야 한다(국유재산법 제9조).

국가는 국유재산의 매각대금과 비축 필요성 등을 고려하여 국유재산의 취득을 위한 재원을 확보하도록 노력하고, 중앙관서의 장이 공용재산 용도의 토지나 건물을 매입하려면 총괄청과 협의해야 한다. 사권(私權)이 설정된 재산은 그 사권이 소멸된 후가 아니면 국유재산으로 취득할 수 없고, 국유재산에는 사권을 설정할 수 없다. 그리고 총괄청이나 중앙관서의 장은 소유자 없는 부동산을 국유재산으로 취득하는데, 이때 6개월 이상의 기간을 정하여 그 기간에 정당한 권리자나 그 밖의 이해관계인이 이의를 제기할 수 있다는 뜻을 공고해야 한다. 이렇게 취득한 국유재산은 그 취득일로부터 10년간은 처분을 할 수 없다. 총괄청이나 중앙관서의 장은 기부채납을 받을 수 있는데, 이때 국가에 기부하려는 재산이 국가가 관리하기 곤란하거나 필요하지 아니하거나 또는 기부에 조건이 붙으면 받아서는 아니된다(국유재산법 제10~13조).

총괄청이나 중앙관서의 장은 국유재산을 취득하면 지체 없이 등기 · 등록, 명의개서(名義改書), 그 밖의 권리보전에 필요한 조치를 해야 하고, 증권이면 한국은행 등으로 하여금 보관 · 취급하게 해야 한다(국유재산법 제14~15조).

국유재산의 원활한 수급과 개발 등을 통한 국유재산의 효용을 높이기 위하여 국유재산관리기금을 설치할 수 있는데(총괄청이 관리 · 운용하되, 한국자산관리공사에 위탁 가능), 이 기금의 재원은 ㉠ 정부의 출연금 또는 출연재산, ㉡ 다른 회계 또는 다른 기금으로부터의 전입금, ㉢ 금융회사나 다른 회계 또는 기금으로부터의 차입금, ㉣ 총괄청 소관 일반재산과 관련된 수입금(대부료 · 변상금 · 매각이나 교환 등 처분에 따른 수입금), ㉤ 총괄청 소관 일반재산의 개발(건축 · 대수선 · 리모델링)에 따른 관리 · 처분 수입금, ㉥ 그 밖에 국유재산관리기금의 관리운용에 따른 수입금 등으로 조성한다(국유재산법 제26조의 2, 3).

행정재산은 처분할 수 없는데, 다만 공유 또는 사유재산과 교환하여 그 교환받는 재산을 행정재산으로 관리하거나, 행정재산을 직접 공용이나 공공용으로 사용하기 위하여 필요로 하는 지방자치단체에 양여(讓與)할 수 있다. 중앙관서의 장은 공용 · 공공용 · 기업용 재산은 그 용도나 목적에 장애가 되지 아니하는 범위에서, 보존용재산은 보존목적의 수행에 필요한 범위에서 행정재산의 사용허가(사용료 징수)를 할 수 있다(국유재산법 제27, 30조).

일반재산은 대부 또는 처분할 수 있다. 일반재산의 대부기간은 조림을 목적으로 하는 토지와 그 정착물은 10년, 조림목적 외의 토지와 정착물은 5년, 그 밖의 재산은 1년으로 한다. 다만 영구시설물을 축조하려면 10년 이내로 한다(국유재산법 제41, 46조). 처분이란 공유재산 및 물품의 매각 · 교환 · 양여 · 신탁 · 현물출자 등의 방법으로 공유재산 및 물품의 소유권이 해당 지방자치단체 외의 자에게 이전되는 것을 말한다(공유재산 및 물품관리법 제2조).

중앙관서의 장은 그 소관에 속하는 국유재산에 관하여 국유재산관리운용보고서를 작성하여 다음 연도 2월 말까지 총괄청에 제출해야 하고, 총괄청은 이를 통합하여 국유재산관리운용총보고서를 작성하여 다음 연도 4월 10일까지 감사원에 제출하여 검사를 받아야 한다. 총괄청은 감사원의 검사를 받은 국유재산관리운용총보고서와 감사원의 검사보고서를 다음 연도 5월 31일까지 국회에 제출해야 한다(국유재산법 제69조).

그동안 국유지(2008년 말 기준으로 2만 3705km^{2}로 전 국토의 23.7%)의 관리정책은 유지 · 보전에 중점을 두고 있어 개발 · 매각 · 임대 등 경제적 활용이 미흡하였다. 이에 정부는 국유재산 활용에 대한 제도개선을 추진하고 있다.

첫째, 국유재산의 무분별한 보유 및 사용을 억제하고 시장경제적 활용이 가능한 국유지를 확보하기 위해 행정재산 사용실태의 조사를 거쳐 적정 보유기간을 마련한다.

둘째, 행정재산도 도시계획과 도시미관을 고려한 민관복합건물을 신축함으로써 저활용 국유지의 방치로 인한 민원 등의 문제를 해결하고 국유지 활용도를 높인다. 토지 특성에 따른 임대요율 다양화, 탄력적 임대기간 설정으로 민간의 국유지 활용기회를 확대하고 토지별 용도를 고려하여 매각대상 확대, 토지의 특성을 반영한 매각기준 및 계약방식 개선 등을 통해 임대 · 매각을 활성화한다.

셋째, 현재 중앙관서, 지방자치단체, 한국자산관리공사(KAMCO) 등으로 분산된 관리체계를 정비하여 국유지관리의 전문성과 효율성을 높여 나간다.

제 14 장 재정정책과 예산정책

제 1 절 재정정책

1. 재정정책의 의의

1) 통화정책과 재정정책의 개념

(1) 통화정책

경기조절정책(景氣調節政策)은 경기순환의 파동이 국민경제에 미치는 불안정적 영향을 완화시키려는 정책으로, 통화정책과 재정정책으로 나누어진다. 고전학파는 금융정책이, 케인스학파는 재정정책이 더 유용하다고 한다.

통화정책(通貨政策)은 통화당국(중앙은행)이 통화량이나 이자율을 조절하여 경제의 안정적 성장을 실현하고자 하는 정책으로, 통화신용정책 또는 통화금융정책이라고도 한다.[1]

금융정책(金融政策)은 금융당국(정부와 중앙은행)이 자금의 이용가능성과 자금비용에 영향을 미치게 하여 경기변동을 조절하는 정책을 말한다. 금융정책에는 공개시장조작, 지급준비율 조정, 재할인 금리의 조정 등의 양적 통제수단과, 신용통제정책, 이자율 제

1 통화정책 운영방식이 기존의 통화목표제에서 물가안정목표제로 전환되었다. 물가안정을 중요시한 것으로 초기에는 근원인플레이션을 지표로 삼았다가 2007년부터는 소비자물가지수로 교체하였다.

물가안정목표제는 통화량이나 환율의 중간목표를 정하고 이에 영향을 미쳐 최종 목표인 물가안정을 달성하는 것이 아니라 물가 자체에 목표치를 정하고 물가를 조절하는 통화정책 운영방식을 말한다. 즉 중앙은행이 최종 물가관리 목표를 공표한 후 기준금리 등 통화정책 수단을 동원하여 이를 달성하는 방식이다.

한국은행은 물가안정을 도모해야 한다는 규정(한국은행법 제1조 제1항)에 따라 기획재정부와 협의하여 물가안정목표제를 운영(소비자물가 상승률을 2.5~3.5%)하고 있는데, 2012년 5월(2.5%) 이후 물가상승률이 이 목표치를 밑돌고 있다.

한정책 등의 질적 통제수단이 있다.

경기를 부양시키는 정책으로는 공공사업 등을 통해 정부지출을 늘려 시중에 돈을 푸는 재정확장정책과, 금리인하 등의 방법으로 시중에서 자금의 유통을 활발하게 하는 금융완화정책이 있다.

그런데 선진국에서는 경기부양을 위해 금리를 계속 낮추다보니 이제는 거의 제로금리에 도달하게 되었고, 또 정부지출을 늘리다보니 재정적자가 악화되어 재정긴축이 필요하게 되었다. 재정확장은 한계에 부딪쳤고 금리도 더 이상 내리기 어려운 상황에 처하자 선진국들은 경기를 부양시키기 위해 다른 차원의 통화정책을 펴고 있는데, 이것이 바로 양적완화정책이다.[2]

금리가 제로가 되어 돈이 넘쳐나도 은행들이 대출을 늘리지 않거나 대출받은 사람들이 투자에 나서지 않을 수도 있다. 이때 사용하는 양적완화는 중앙은행이 정책대상인 은행들의 단기자금 시장뿐만 아니라 장기자금 시장에서도 채권을 사들여 현금을 직접 공급하고 또 국채만 사는 것이 아니라 주택대출을 근거로 발행된 주택저당증권이나 회사채까지 사들여 돈을 공급해 준다.

경제 회복이 부진한 유럽과 일본 등은 양적완화정책에 더해 최근엔 마이너스금리정책까지 시도하고 있다. 현재 마이너스금리는 은행들이 여윳돈을 중앙은행에 맡길 때 주로 적용되고 있다. 금리가 마이너스이면 예금을 할 때 이자를 받는 것이 아니라 오히려 보관료를 내야 한다. 금리가 마이너스이면 은행은 중앙은행에 맡겨두기보다는 기업이나

---

2 양적완화(QE : Quantitative Easing)는 중앙은행이 금리 대신 통화량 자체를 늘려 경기를 부양하는 정책을 말한다. 즉 중앙은행이 국채 등을 매입하면서 직접 자금을 공급하는 통화정책이다. 이것은 금리가 제로(0)로 내려가서 더 이상 금리를 낮출 수 없게 되었을 때 돈의 양에 개입하는 것을 말한다.

양적완화라는 말은 1995년 영국의 베르너(Richard A. Werner) 교수가 중앙은행이 시중은행에서 부실 채권을 사주고 정부와 기업에 직접 대출하는 방식으로 신용을 창출(양적 금융완화)해 주어야 한다는 말에서 유래되었다. 이것을 벤 버냉키(Ben Shalom Bernanke)는 신용완화, 폴 크루그먼(Paul Robin Krugman)은 질적완화라고 하였다.

일본은행은 2001년에 장기국채를 한 달에 4000억엔씩 매입하는 통화완화정책을 도입했고, 이것을 양적완화라고 표현하였다. 그러나 경기부양 효과는 크지 않았고, 명목 경제성장률은 마이너스 수준에 머물렀다. 2016년 2월부터는 마이너스금리정책을 시행하고 있다.

일본의 양적완화는 통화 공급을 증가시키는 것을 목표로 한 데 비해 FRB는 장기 금리하락을 유도하기 위한 수단으로 장기국채와 주택담보증권 매입에 초점을 맞췄다.

전통적 통화정책에서는 중앙은행이 은행 간 단기자금 시장에만 개입하고, 그 밖에 어떤 부문에 얼마나 돈이 공급될지는 시장에서 자율적으로 결정되도록 한다. 그러나 비전통적 방식에서는 중앙은행이 다양한 부문에 직접 개입한다. 양적완화는 금리가 0%대로 낮아져 중앙은행이 더 이상 전통적 수단(금리정책)을 쓸 수 없는 상태에서 경기부양을 위해 꺼낸 카드이기 때문에 비전통적 정책으로 묘사된다. 금리가 높은 상황에서 중앙은행이 채권을 사들이는 것은 엄밀하게 말하면 양적완화라고 볼 수 없다.

소비자에게 대출해 줄 가능성도 있으나 돈을 그냥 현찰로 금고 속에 넣어 둘 수도 있다. 그러나 마이너스 몇 %까지 금리가 내려가면 어떻게 될지 알 수 없다.

마이너스금리정책은 은행(금융회사)들이 돈을 쌓아놓지 말고 개인과 기업에 적극적으로 빌려주라는 취지다. 그러나 은행들은 돈을 시장에 푸는 대신 보관료를 피하기 위해 중앙은행에서 돈을 찾아 따로 보관할 궁리를 하고 있다. 은행들이 돈을 금고에 쌓아두면 중앙은행이 아무리 금리를 내리더라도 정책 효과는 기대하기 어려워진다.[3]

ECB는 주요국 중앙은행 중 처음으로 2014년 마이너스 금리(−0.4%)정책을 도입하였다. 그래도 경제회복이 더디자 2015년 3월부터 2016년 9월까지만 실시하려고 했던 매월 600억유로 규모의 양적완화프로그램을 2017년 3월까지 연장하였다. 이에 따라 총 양적완화 규모는 1.5조유로(약 1850조원)로 늘어나게 된다. 스위스 중앙은행도 현재 마이너스 금리(−0.75%)정책을 시횅하고 있다.

우리나라도 한국식 양적완화를 검토하고 있는데, 한국은행과의 의견차가 있는 것으로 알려지고 있다. 한국식 양적완화는 한국은행이 산업금융채권과 주택담보부증권을 사들이는 방식으로 돈을 풀어 가계부채 문제와 기업 구조조정을 지원하는 것을 말한다. 이것을 박근혜 대통령은 선별적 양적완화라는 표현으로 바꿔서 거론(2016.4.26.)하였다. 일부 국가들처럼 무차별적 돈 풀기가 아니라 꼭 필요한 부분에 지원이 되는 선별적 양적완화 방식을 검토할 필요가 있다는 것이다.

정부는 한국은행에 국책은행(산업은행, 수출입은행)의 자본 확충(한국은행의 지분을 늘리는 방식)을 요청하고 있고, 한국은행은 정부에 돈을 빌려줄 테니 그 돈으로 국책은행을 도우라고 한다. 국채발행이나 추가경정예산 편성은 여소야대(與小野大) 상황에서 야당이 반대하면 기대하기 어렵다.[4]

통화정책이 생산과 물가 등 실물경제에 미치는 경로는 크게 4가지(금리경로, 자산가격경로, 환율경로, 신용경로)로 나눌 수 있다.

---

3 미국은 금융위기 이후 기준금리를 제로금리로 낮췄고, 그래도 경기가 살아날 기미가 보지지 않자 FRB가 직접 시장에서 장기국채와 주택저당증권 등을 매입해서 돈을 풀기 시작하였다. 2008년 말 기준금리를 0~0.25%인 '제로 금리'로 내린 후 더 이상 금리를 내리지 못하고 양적완화정책을 폈다. 2008~2014년 동안 양적완화로 쏟아 부은 돈만 4.5조달러에 달한다.

2015년 12월 16일 기준금리를 0.25~0.50%로 올렸다. 미국은 4차례 양적완화정책을 추진하고, 경제가 회복기미를 보이자 2014년 1월부터 양적완화를 점진적으로 축소하는 조치, 즉 테이퍼링(tapering)한 후 2014년 10월에 양적완화가 종료되었다. 1차(2009.3.~2010.3.), 2차(2010.11.~2011.6.), 3차(2012.9.~2012.12.), 3차 확대(2013.1.~2013.12.), 테이퍼링(2014.1.~2014.10.) 등이 시행되었다.

4 2016년 1월 기준 각국 중앙은행의 정책금리(연 %)는 ECB −0.3%, 스웨덴중앙은행 −0.35%, 덴마크국립은행 −0.65%, 스위스국립은행 −0.75%, 일본은행 −0.1%, FRB 0.25~0.5%, 영국잉글랜드은행 0.5%, 캐나다중앙은행 0.5%, 호주중앙은행 2.0%(한국은행 자료 참조).

① 금리경로 : 중앙은행이 기준금리(base rate)를 변경하여 시장금리에 영향을 미치는 것을 말한다. 예컨대 중앙은행이 기준금리를 낮추면 단기금리는 즉시 하락하고, 장기금리와 은행의 예금 · 대출 금리도 하락 압박을 받게 된다. 시장금리가 변하면 그에 따라 소비와 투자도 변하면서 경제성장이나 물가수준에 영향을 미치게 된다.

그러나 기업의 미래 사업전망이 불투명하거나 개인들의 고용상황이 불안하다면 아무리 금리를 내려도 투자나 소비가 늘어나지 않을 수 있다.

각국의 중앙은행들은 이자율을 통화정책수단으로 활용하고 있다. 정책금리인 기준금리를 제로금리까지 내려도 시중에는 돈이 돌지 않고, 기업의 투자도 나타나지 않고, 경기가 계속 하강하면 정부는 정책금리를 더 낮출 수도 없어 이자율 조정은 불가능하게 된다. 이런 상황에서의 정책수단은 양적완화정책이다.

② 자산가격경로 : 통화정책이 자산(주로 주식이나 부동산)의 가치를 변동시켜 실물경제에 영향을 주는 것을 말한다. 예컨대 중앙은행이 기준금리를 내리면 금융시장에 여유자금이 늘어나고 자산에 대한 수요도 늘어나 자산가격이 상승하게 된다. 이렇게 되면 가계는 소비를 늘리고 기업은 자금조달이 쉬워져 투자를 늘리게 된다.

그러나 소규모 개방경제에서는 주식가격이 국내 통화정책의 변화보다는 선진국의 주가 변동이나 외국인의 투자 동향 등에 더 민감하게 반응하기도 한다.

③ 환율경로 : 환율의 변동을 통해 실물경제에 영향을 주는 것을 말한다. 예컨대 중앙은행이 기준금리를 내리면 원화로 표시된 금융자산의 수익률이 하락하면서 상대적으로 수익률이 높아진 달러화 금융자산에 대한 수요가 증가한다. 이때 달러화에 대한 수요가 늘면서 원화가치가 하락(환율상승)하게 된다. 환율이 상승하면 달러로 표시된 수출품 가격이 낮아지면서 수출이 늘어나고 생산도 증가하게 된다.

그러나 환율도 다양한 요인에 의해 영향을 많이 받기 때문에 한국은행이 기준금리를 조정해도 단기적으로는 환율이 기대하는 방향으로 움직이지 않을 수 있다.

④ 신용경로 : 통화정책이 은행의 대출에 영향을 미쳐 실물경제에 파급되는 것을 말한다. 기준금리가 인하되면 금융시장에 자금이 많아져 은행들의 대출 여력이 커지게 된다. 이에 따라 은행의 대출이 확대되어 소비와 투자가 늘어나는 신용경로가 작동하게 된다.

통화정책은 현재로서는 가장 실현 가능성이 있어 보이는 경기부양책이다. 구조개혁은 경제성장을 촉진하는 근본적인 방법이지만, 시간이 오래 걸리고, 또 개혁에 뒤따를 경제적 혼란 때문에 정치권이 주저하게 된다. 재정지출을 확대하는 방법은 정부부채 때문에 쉽지 않다.

노벨 경제학상을 받은 자유주의 경제학자 프리드먼(Milton Friedman)이 1969년에 제안했던 '헬리콥터 머니'라는 아이디어가 다시 등장하고 있다. 그는 하늘에서 1000달러짜리 지폐를 뿌리듯 중앙은행이 발권력을 동원해 시중에 돈을 풀어야 한다고 주장하였다. 가계에 돈을 공급해 주어야 수요를 늘리고 물가를 자극할 수 있다는 것이다.

그러나 중앙은행이 재정적자를 메우거나 국채를 매입하는 방식으로 돈을 풀면 중앙은행의 건전성도 해칠 수 있고, 중앙은행에 대한 신뢰도 하락할 수 있다. 헬리콥터 머니는 정부의 재정건전성에 대한 부담을 중앙은행에 떠넘기는 셈이다.

(2) 재정정책

재정정책(財政政策)은 정부가 평소보다 지출을 늘리거나 세금을 낮추어 소비와 투자를 부양하거나 소득분배를 개선하는 정책을 말한다.

재정정책에는 3가지 유형이 있다. 즉 ㉠ 일정한 기간을 정해 놓고 수입 이상으로 지출하는 적자지출(deficit spending), ㉡ 세금감면, ㉢ 생활보조금처럼 정부를 통해 지급하는 이전지급(transfer payment) 등이다.

재정을 경기조절수단으로 운영하려면 정책수단의 대상이 경제부문에서 큰 비중을 차지하고 있고 승수가 커야 하며,[5] 시차가 짧은 정책수단을 선택해야 하고, 조세제도나 사회보장제도를 바꿀 때 효율성이나 형평성이 떨어지지 않도록 해야 한다(기획재정부 예산실 편, 2011 : 28~29).

우리나라 재정운용의 역사는 크게 세 가지 특징을 나타낸다. 첫째, 국가발전 과정에서 재정이 적극적인 뒷받침 역할을 하였고, 재원배분의 중점이 국방 → 경제 → 복지의 순으로 변해 왔다.

둘째, 1997년 IMF 외환위기와 2008년 글로벌 금융위기를 제외하면 재정건전성을 지켜 왔다. 세출을 증가시켜야 할 상황에서도 국공채 발행보다는 주로 목적세(방위세 · 교육세 · 농어촌특별세 등)를 도입하여 충당했다.

셋째, 재정규모가 커지면서 성과관리의 강화, 예산운용의 효율성 증진, 투명성과 책임성 제고 등을 위한 재정제도 개혁을 지속해 왔다.

2) 재정정책과 경기부양

경기가 나빠졌을 때 흔히 두 가지 정책을 편다. 그것은 세금을 적게 걷고 정부지출을

5 승수(乘數)란 일정한 경제순환의 과정에서 어떤 부문에 새롭게 투자하면 유효수요가 증가하고 파급효과가 잇따라 처음 투자 증가분 이상으로 소득이 증가하는데, 이 배율을 말한다.

늘려 시중에 돈이 많이 유통되게 하는 재정정책과, 기준금리(금리체계의 기준이 되는 중심금리)를 낮춰 시중에 돈을 푸는 통화정책이다.

재정확장정책으로 가계에 돈이 더 많아지면 소비가 늘어나고 경기가 좋아질 수 있으나 반드시 그런 것인가? 정부가 경기부양을 위하여 세금을 적게 걷으면서 정부지출을 줄이지 않으면 돈이 모자라게 되고 그 결과 정부는 국채를 발행하여 필요한 자금을 조달하게 된다. 일정한 기간 후 정부는 다시 국채를 상환하기 위하여 세금을 더 많이 걷을 수밖에 없다. 따라서 납세자는 감세로 인하여 생긴 돈을 쓰기보다는 국채를 사 놓았다가 나중에 정부가 세금을 더 걷을 때 사용하고자 할 것이다. 이런 때 감세로 인한 경기부양 효과는 없게 된다.

물론 감세가 경기부양 효과를 가져올 수도 있다. 예컨대 값비싼 가전제품 등에 부과되는 개별소비세를 일시적으로 낮추면 소비자들은 나중에 살 것을 미리 사게 되어 그 기간 동안 소비가 늘어날 수 있다.[6]

이와 같이 감세정책이 경기부양 효과가 있는지 이론적으로 확실하지 않고, 또 통계자료 분석을 통한 연구결과도 다르다. 어떤 재정정책이 효과를 나타내는 데는 통화정책에 비하여 시간이 더 걸린다. 통화정책은 한국은행 금융통화위원회의 결정에 따라 즉각 기준금리를 변경할 수 있지만, 재정정책은 국회와 협의해야 하는 등 상대적으로 그 결정과정이 복잡하고 오래 걸린다.

일반적으로 재정지출을 통한 경기활성화는 그 효과보다는 부작용이 더 크다. 재정확대는 단기적이고 일시적으로는 경기에 영향을 주지만 경기침체의 원인을 해결해 주지는 못한다. 현재 우리나라의 경기침체의 원인은 기업투자의 부진에 있다. 물론 기업투자의 부진은 제조업에서 서비스업으로 산업구조가 전환되는 과정에서 발생하는 문제이기도 하지만, 그보다도 기업의 투자환경이 열악하기 때문이다.

통화정책도 마찬가지다. 보통 중앙은행이 기준금리를 낮추면 소비나 투자가 살아나지만, 물가불안(인플레이션)이 심화된다. 또 금리가 낮아지면 은행에서 돈을 빌려 주식이나 부동산에 투자하는 사람들이 많아지고, 그 결과 주식이나 부동산 가격이 급등하는 현상, 즉 자산가격의 버블(bubble)이 형성될 수 있다. 여윳돈을 은행에 맡겨 두고 이자로 생활하는 사람들의 소득도 줄어든다.

---

6 개별소비세(기존의 특별소비세)는 특정한 물품, 특정한 장소 입장, 유흥음식점 영업 등에 부과한다. 특정한 물품은 오락용 사행기구, 녹용, 로열제리, 화장품, 보석, 고급사진기, 고급시계, 고급모피, 고급가구, 승용차, 오토바이, 휘발유, 대형냉장고, 대형세탁기, 대형TV 등을 말한다. 특정한 장소는 경마장, 골프장, 카지노, 경륜장, 경정장 등을 말한다.

재정정책은 정부가 나서는 경기부양책인 데 비하여 통화정책은 중앙은행이 나서는 방법이다. 중앙은행이 시중에 돈을 푸는 방법은 금리를 낮추는 것이다. 금리가 낮아지면 기업들은 은행에서 대출을 받아 투자하게 되고, 개인들도 돈이 여유로워져 소비를 늘린다. 그 결과 총수요의 증가로 경기를 회복시킨다.

그러나 경기부양으로 경기가 과열되어 나타나는 일반적 부작용 중의 하나가 물가불안이다. 소비가 늘면 물가가 높아지고, 반대로 경기가 침체되면 실업이 증가한다. 물가와 실업은 서로 상충관계에 있기 때문에 이 둘을 동시에 잡는 것은 쉽지 않다. 실제로 정부가 재정확대와 통화완화를 통해 경기를 부양하면 실업자는 줄지만 총수요가 증가하여 물가가 오르게 된다. 반대로 재정 및 통화긴축을 통하여 돈 줄을 조이면 총수요가 줄어 물가는 떨어지지만 경기가 침체되어 실업자는 늘어나게 된다. 이러한 역 관계를 보여주는 것이 필립스곡선(Phillips Curve)이다.[7]

재정정책과 통화정책 외에도 각종 규제완화를 통하여 경기부양을 시도하기도 하는데, 이 경우 부작용이 잘 나타난다. 예컨대 2003년 이후 경기침체의 원인은 신용카드 버블 때문이었다. 정부는 외환위기 이후 내수경기가 부진하자 신용카드 발급에 대한 각종 규제를 완화하였고, 그에 따라 신용카드 회사들은 마구잡이로 카드발급을 늘렸다. 신용카드 남발로 인한 가계부채 문제가 나타나기 시작하면서 2003년 이후 2년 연속 마이너스 성장을 기록하였다.

1980년대에는 수입과 지출이 균형을 이루는 건전재정을 많이 강조한 반면, 1990년대부터는 건전재정 원칙을 유지하면서도 재정의 적극적인 역할을 강조하는 경향이 많았다. 특히 1987년 이전에는 경기가 나쁠 때는 재정지출 규모를 늘리고, 경기가 좋을 때는 지출규모를 축소하는 식으로 재정정책이 경기변화에 대칭적으로 대응하였다. 그러나 1987년 이후에는 이러한 관계가 약화되었다.

2006년 정부(당시 재정경제부장관)는 경기부양이라는 표현 대신 미세조정(fine tuning) 또는 재조정(re-balancing)이라는 용어를 사용하기도 하였다.[8] 경기가 성장잠재력 이하로

---

7 필립스곡선은 실업률 또는 실업의 증가율과 명목임금의 상승률 사이의 경제적 관계를 그래프로 나타낸 것으로서, 1958년 뉴질랜드 출신의 영국 경제학자인 필립스(A. W. Phillips)의 이름을 딴 것이다. 이것은 실업률이 낮을 때 임금이 보다 빠르게 상승하는 경향이 있음을 보여준다. 필립스는 자신의 논문에서 1861~1957년 영국의 실업률과 명목임금의 상승률을 그래프로 작성하였다. 즉 실업률이 낮은 해에는 물가가 높고, 실업률이 높은 해에는 물가가 낮다는 사실을 증명하였다. 이러한 사실은 1960년 미국에서도 1970년과 1987년에 각각 노벨경제학상을 받은 미국의 경제학자 폴 새뮤얼슨(Paul Samuelson)과 로버트 솔로(Robert Solow)에 의하여 확인되었다. 그러나 최근에는 실업률과 물가상승률 사이의 관계가 너무 불안정하여 필립스곡선 개념이 이용될 수 없다는 주장도 대두되고 있다.

8 미세조정(smoothing operation)은 환율의 변동성 정도를 조절하는 것을 말한다. 한국은 변동환율제를 채택

하락할 때 거시경제정책 수단(재정정책과 금융정책)을 동원하여 성장률을 끌어올리겠다는 것을 경기관리라고 표현하기도 하였다. 정부는 경기부양에 나서더라도 신용카드 남발 등 무리한 부양책을 쓰지 않을 것임을 밝혔다. 경기가 잠재성장률 이하로 크게 떨어지지 않도록 하는 정도의 경기관리만 하겠다는 것이다. 한편 당시 한국은행 총재는 2006년 7월의 한 조찬강연에서 경기부양의 필요성에 대하여 정부와 다소 다른 견해를 피력한 일이 있다. 단기적인 경기부양책보다는 중장기적으로 성장잠재력을 끌어올리는 정책이 더 필요하다는 것이다.

최근 우리나라 경제는 저성장 · 저물가의 늪이 깊어지면서 돈이 돌지 않는 유동성 함정의 조짐이 나타나고 있다. 돈이 돌지 않으니 경기회복도 어렵다.[9]

이럴 때일수록 한국은행은 돈이 도는 새로운 유통 통로를 개발해야 한다. 「한국은행법」 제68조를 적극적으로 활용하여 펀드를 만들어 부실채권을 매입할 수 있게 하거나, 또는 펀드가 발행하는 유동화 증권을 한국은행이 사는 방법 등으로 한국은행의 기능을 확대하는 것이다.

글로벌 금융위기(2008년) 이후 각국은 경기부양을 위해 금리를 제로수준으로 낮추고 일부 국가는 마이너스금리정책까지 사용하였고, 그것도 모자라 양적완화를 통해 돈을 풀고 있다. 그러나 세계경제는 좀처럼 나아지지 않고 있다. 경제를 살리기 위해서는 돈을 푸는 것이 아니라 민간이 실질적인 부를 창출할 수 있는 환경을 만들어 주어야 한다. 투자가 생산적인 곳에서 사용되도록 하는 것이다.[10]

하고 있고 경제의 기초체력과 시장 수급을 반영하여 시장에서 결정되고 있다. 다만 환율이 급격히 변동하거나 투기적 움직임이 있을 경우 제한적으로 미세조정을 시행하고 있다.

9 시중의 부동자금(浮動資金) 규모는 한국은행에 따르면 약 931조원(2015년 말 기준)으로 추정되고 있다. 저금리와 경기침체로 투자처가 마땅치 않기 때문이다. 단기 부동자금(=대기성 자금)은 ㉠ 현금통화, ㉡ 만기 6개월 미만과 수시입출금이 가능한 저축성예금, ㉢ 정기예금 · 요구불예금 · 머니마켓펀드(MMF) · 양도성예금증서(CD) · 종합자산관리계좌(CMA) · 환매조건부 채권 매도매출 발행어음 등을 말한다.

10 정부가 재정지출을 늘려야 한다는 주장, 즉 재정이 좀 더 적극적으로 경기부양 역할을 수행하여 경기침체에서 벗어나야 한다는 주장(Krugman, Summers 등)이 있다. 풀린 돈이 돌지 않는 상황에서는 통화정책의 효과가 없기 때문에 재정정책을 써야 한다는 것이다.

반면에 세계적으로 경기침체가 장기화되면서 무작정 정부지출을 계속 늘릴 수는 없기 때문에 재정 건전성을 지켜야 한다는 주장(Rogoff, Alesina 등)이 있다. 계속되는 적자재정으로 정부부채가 늘어나면 결국 경제가 성장할 수 없다는 것이다.

핵심은 경제성장을 견인할 수 있도록 재정을 효과적으로 지출하여 경기침체에서 벗어나게 한 후, 경제성장을 통해 국가부채를 관리 가능한 수준으로 만들 수 있다면 적자재정이나 국가부채 수치 자체는 문제가 아닐 수 있다는 것이다. 반면 경기부양에 직결되는 효과적인 지출이 아니고 단순히 지출만 늘어나 국가부채가 누적된다면 경제성장을 방해할 수 있기 때문에 국가부채 수치와 건전성을 좀 더 적극적으로 관리하는 것이 좋다는 것이다.

서머스(Lawrence Summers) 교수는 가계부채와 소득분배 악화로 인한 소비수요 감소, 기술변화와 기업집중도 증가로 인한 투자수요 감소가 신진국 경제를 장기침체의 늪에 빠뜨리고 있다고 하였다.

우리나라 경제도 수요 부족에 의한 내수침체에다가 수출침체까지 가세하고 있어 수요 창출을 위한 양적완화로는 응급조치에 불과하다. 통화정책은 사실 저금리로 민간부채 증가를 유도하여 소비와 투자를 자극하는 정책이다. 민간부채가 이미 위험한 수준이라면 저금리보다는 정부지출을 늘리는 재정정책이 더 안전할 수 있다.

3) 유동성 함정

유동성 함정(liquidity trap)이란 1930년대 대공황 당시 케인스(Keynes)가 처음 사용한 개념으로, 중앙은행이 화폐를 발행하거나 금리를 낮추어 돈을 풀어도 투자나 소비 등 실물경제 활동으로 이어지지 않는 상황을 말한다. 여기서 유동성(流動性)은 중앙은행이 발행한 화폐를 의미한다. 화폐가 발행되면 그것이 경제활동의 매개체로 여러 곳으로 이동되므로 유동성 또는 통화라고 부른다.

중앙은행이 통화를 공급하면 금융회사들이 이를 가계나 기업에 대출하고, 가계나 기업은 이 돈으로 소비하거나 투자를 하기 때문에 경기가 활성화된다. 그런데 경제가 유동성 함정에 빠지면 중앙은행이 금리인하나 통화공급 확대 등으로 통화를 늘려도 소비와 투자가 증가하지 않고 그 결과 실물경제에 영향을 미칠 수 없게 된다.

유동성 함정의 원인은 극심한 경제 침체, 경제 불안, 디플레이션, 저금리 등을 들 수 있다. 경제가 침체에 빠지면 가계나 기업들은 미래에 대한 불안으로 소비나 투자를 하지 않는다. 화폐를 단순히 보유하고 있기만 하면 물가 하락으로 구매력이 높아져 화폐가치가 상승하기 때문이다.

경제가 유동성 함정에 빠지면 중앙은행은 경기조절기능을 상실한다. 따라서 통화정책만으로는 경기를 부양시키기 어렵고 재정정책이 뒷받침되어야 한다. 미국은 대공황 당시 경기회복을 위해 대규모 토목사업을 주요 내용으로 하는 뉴딜정책을, 일본은 민간소비를 촉진시키기 위해 상품권 지급 등의 정책을 사용하였다.

유동성 함정에서 벗어나는 일은 쉽지 않다. 유동성 함정의 우려가 있을 때는 경제가 침체되어 있더라도 부실기업이나 부실금융회사의 구조조정을 통해 경제의 불확실성을 해소하여 경제의 불안요인을 해소해야 한다.

최근 세계경제는 유동성 함정에 빠지거나 아니면 인플레이션의 갈림길에 서 있다. 선진국이 유동성 함정에 빠지면 신흥국으로 들어오는 자금이 주식과 채권을 오가면서 금융시장의 급등락을 초래할 수 있다.

글로벌 유동성 공급에 있어 미국 중앙은행의 역할이 중요한데, 미국이 양적완화정책 등으로 달러를 공급해도 그것이 대부분 신흥국으로 들어가 미국의 경제회복에는 영향이 별로 없는 실정이다. 글로벌 금융위기 이후 미국의 투자은행 등의 신용이 추락하였기 때문이다.[11]

2. 재정정책과 경제성장

경제성장(經濟成長)을 위한 재정정책은 안정적 물가수준하에서 장기적으로 가능한 잠재적인 생산능력을 현실화시키려는 것이다. 재정정책이 경제에 미치는 영향은 크게 두 가지로 나누어 생각할 수 있다.

첫째는 구성 변화 효과로서, 이것은 재정활동의 구성 변화가 재화의 상대가격을 변화시켜 민간의 경제행위에 차별적인 영향을 주는 것이다.

둘째는 총수요조절 효과로서, 이것은 재정활동의 구성이 변화하지 않더라도 재정규모가 변화하여 국민경제의 총수요를 변화시키는 것이다. 이에 관한 척도로서 전통적으로 사용하는 것이 재정적자의 규모다.

좁은 의미에서의 재정정책의 목표는 총수요의 과부족을 조정하기 위한 것이라고 할 수 있으나, 넓은 의미에서의 재정정책의 목표는 완전고용, 경제안정, 경제의 지속적 성장, 소득과 부의 균등분배 등을 포함한다.

이러한 여러 가지 정책목표를 동시에 달성한다는 것은 쉬운 일이 아니다. 하나의 정책목표는 다른 정책목표와 상호 보완적일 수도 있으나 때로는 상충될 수도 있기 때문이다.

예컨대 인플레이션을 억제하기 위한 정책과 고용증대를 위한 정책을 동시에 추진할 때 두 목표는 서로 배타적이다. 따라서 두 목표 간의 충돌을 완화시킬 수 있는 절충적 방법을 선택해야 한다. 즉 정책목표의 우선순위를 검토하고, 감당할 정도의 물가상승률에서 고용정책을 위한 지출은 보류해야 한다.

11 글로벌 유동성은 미국의 달러 발행량과 각국이 보유하고 있는 외환보유액의 합계로 측정하는데, 그 증가율은 등락(2009년 1분기 9.2%, 2009년 2분기 15.3%, 2010년 2분기 12.7%)을 지속하고 있다. 우리나라에서도 유동성 증가율이 금융위기 전에는 11~13%를 유지하다가 2010년에는 7~9%로 하락하였다.

3. 재정정책과 소득재분배

1) 정부지출에 의한 소득재분배

소득재분배를 위한 공공정책은 크게 재정적 수단에 의한 정책과, 규제완화 등 비재정적 수단에 의한 정책으로 나눌 수 있다. 그중 재정적 수단에 의한 정책은 다시 정부지출에 의한 재분배정책과 과세에 의한 재분배정책으로 나눌 수 있다.

정부는 지출규모 또는 지출구조를 변화시킴으로써 소득재분배를 달성할 수 있다. 사회보험은 일반적으로 그 재원을 근로자 · 사업주 · 국가에 의하여 공동조달하고 있는데, 그 부담비율 및 재원조달방법에 따라 그것이 소득재분배에 미치는 양상이 달라진다.

사회보험을 수직적 재분배의 도구로 이용하고자 한다면 국고의 부담비율을 높게 하고 정부는 그 재원을 누진적인 세율구조 속에서 조세수입으로 조달하면 된다.

공적부조는 수익자에게 부담을 주지 않는 상태에서 일정한 조건에 부합되기만 하면 정부가 일방적으로 지출하는 것이다. 이러한 공적부조는 낮은 소득계층에게 지급되어 수직적 재분배의 효과를 보다 직접적으로 달성할 수 있다. 물론 이때 그 재원조달을 간접세에 의존하는 정도가 크게 되면 공적부조를 받는 저소득층도 간접세를 부담하게 되므로 소득재분배 효과는 그만큼 저하된다.

결국 사회보장지출에 의한 최종적 재분배효과는 정부의 사회보장지출을 위한 재원조달방법에 의존한다고 할 수 있다(유한성, 1996: 410).

순수공공재(Musgrave의 사회재)에 대한 투자도 소득재분배에 기여한다. 즉 공공재는 모든 사람들에게 균등한 혜택을 제공하는 것이지만 그 재원조달에 있어서 저소득층이 고소득층보다 상대적으로 낮은 비율로 부담하기만 하면 공공재의 공급은 저소득층에게 유리하게 작용할 수 있다. 그 재원조달이 누진소득세에 의존할수록 재분배효과는 커진다.

2) 과세에 의한 소득재분배

개인소득세는 일정 소득수준 이하의 저소득층에 대한 감·면세와 공제제도, 일정 소득수준 이상의 고소득층에 대한 누진제를 통하여 납세 후 소득의 분포를 조정한다.

법인소득세의 재분배효과는 세부담의 전가의 정도에 달려 있다. 전가가 안 된다면 법인이 조세를 납부함으로써 배당이 감소하여 법인세는 주로 고소득층이 부담하게 되지만, 전가가 된다면 그로 인한 가격상승으로 결국 소비성향(소비÷소득)이 높은 저소득층의 부담이 커지게 된다.

일반소비세는 그 부담이 역진적이어서 소득재분배에 악영향을 주게 된다. 그러나 저소득층의 주요 구매대상품인 생필품에 대해서는 감·면세제도를, 고소득층이 주로 구매하는 사치품에 대해서는 중과하게 되면 계층 간의 소비수준의 격차를 완화시킬 수 있다.

자산세(특히 고소득층 중심의 상속증여세)는 소득재분배 효과가 크다.

4. 재정적자의 의미

재정적자(budget deficit)는 일정한 기간 동안에 정부수입을 초과하여 이루어진 지출을 의미한다. 국가채무(debt)는 어떤 일정시점을 기준으로 하여 그때까지 발생한 재정적자의 총합을 의미한다. 따라서 재정적자(財政赤字)가 발생하게 되면 국가채무의 규모가 늘어나게 되고, 반대로 재정흑자(財政黑字)가 발생하게 되면 국가채무는 줄어들게 된다(하연섭, 2002: 432).

일반적으로 정부의 일반회계에 있어서 세입이 세출에 미치지 못하는 상태를 적자재정(赤字財政)이라고도 한다.

재정에서 적자가 나면 정부는 모자라는 돈을 어딘가에서 빌려와야 한다. 가장 흔한 방식은 채권을 발행하는 것이다. 나라가 발행하는 채권이라고 하여 국채라고 부르며, 특히 재정적자를 메우기 위한 것일 때 적자국채(赤字國債)라고 한다.

5. 재정적자의 경제적 효과

1) 신고전파 이론

신고전파 이론(neoclassical theory)은 재정적자의 경제적 효과에 대한 지배적인 견해인 동시에 1980년대 미국 연방정부 재정적자에 대한 정치적 대응의 이론적 기반이었다.

신고전파 이론에 의하면 정부지출의 재원을 조세가 아니라 차입에 의해 조달하면 조세부담을 미래세대에게 전가시키고 현재의 민간소비수준을 증가시킴으로써 결국 저축의 규모를 감소시킨다는 것이다. 조세는 민간소비를 감소시키지만 차입은 민간저축을 감소시킨다고 본다.

정부의 차입이 경상지출을 위하여 사용되면 미래세대는 감소된 자본형성으로 말미암아 실질소비수준의 감소를 감수할 수밖에 없다. 따라서 자본형성의 감소로 인하여 미래세대가 국채를 부담하게 된다는 것이다.

신고전파 이론의 기본적인 전제는 정부의 차입은 민간투자를 감소시킨다는 구축효과(crowding-out effect)라고 할 수 있다.[12]

그런데 이자율의 상승에 따른 민간투자의 감소는 폐쇄경제를 가정한 때에만 나타나는 현상이다. 개방경제에서는 국내저축의 감소와 그에 따른 이자율의 상승이 곧바로 투자의 감소를 초래하지는 않는다. 높은 이자율에 따라 외국자본의 유입이 국내저축의 감소분을 상쇄하기 때문이다.

그렇지만 정부차입의 증가가 투자의 감소를 초래하지는 않는다고 하더라도 변동환율제에서의 외국자본의 유입은 곧 달러화의 평가절상을 가져올 수밖에 없고, 이는 수입의 증가 및 수출의 감소로 이어져 무역적자의 증가를 초래하게 된다.

요컨대 신고전파적 해석에 의하면 개방경제에서 재정적자는 국내투자를 감소시키는 것이 아니라 순수출(net exports)을 감소시킴으로써 무역적자를 증가시키게 된다. 그리고 이에 따른 정부부채의 증가와 함께 발생한 대외부채의 증가는 미래세대에게 상환을 위한 부담을 전가시키게 된다는 것이다.

2) 리카도 등가정리

국가채무는 미래세대에게로 전가된다. 국채의 상환을 위하여 미래세대로부터 더 많은 세금을 거두어야 하므로 소비수준은 세금이 증가한 만큼 감소하게 된다.

그러나 반드시 그런 것은 아니다. 정부가 국채의 상환시점에서 세금을 더 거두어 원금과 이자를 상환하면 미래세대의 채권자들의 소득은 그만큼 증가하게 되어 그들의 소비수준은 증가하게 된다. 물론 이러한 논리는 채권자들이 내국인일 때에 해당된다.

정부가 외국인으로부터 차입하는 때에는 외국의 채권자에게 원리금을 상환하기 위하여 미래세대의 세금부담이 늘어나고 실질소비수준이 감소할 수밖에 없다. 즉 내채(internal debt)라면 세대 간에 전가되지 않지만, 외채(external debt)라면 그 부담이 미래세

12 정부가 차입을 하면 민간의 저축이 상대적으로 줄어들게 되어 민간의 이자율이 상승하게 되고, 이자율의 상승은 민간투자의 위축으로 이어지며, 민간투자의 위축은 곧 미래세대에게 넘겨줄 고정자본이 줄어들게 됨을 의미한다. 여기에서 구축(驅逐)이란 정부가 재정지출을 늘려 재정적자가 발생하면 이를 보전하기 위해 국채를 발행하므로 국채공급이 늘어나고 이에 따라 이자율이 상승하게 되는 것을 의미한다. 즉 시중의 자금이 한정된 상태에서 정부가 재정지출을 늘리기 위해 국채를 발행하면 상대적으로 가계나 기업이 사용할 수 있는 자금이 부족하게 되어 이자율이 상승하는 것이다. 이러한 이자율 상승은 가계나 기업의 차입비용을 상승시켜 민간소비나 투자를 감소시킨다.

대에게로 전가된다고 할 수 있다(Lerner, 1948 참조 ; 하연섭, 2002: 439).

그러나 조세가 초과부담(excess burden)을 발생시키기 때문에 내채도 원금을 상환하기 위하여 정부가 세수입을 증가시키게 되면 그만큼 초과부담이 증가할 수밖에 없고, 그에 따라 어느 정도는 전가된다.

한편 외채도 자본지출을 위한 재원으로 활용되어 그 결과 미래의 국민소득이 외채의 원리금을 상환하고도 남을 만큼 증가한다면 미래세대의 실질소비수준은 오히려 증가하게 된다(Musgrave and Musgrave, 1989: 550~551).

국채부담의 전가 논리는 현세대가 차입에 따른 미래세대의 부담증가를 고려하지 않고 경제적 행위를 하는 때에만 타당성을 갖는다.

만일 정부가 차입을 통하여 재원을 조달할 때, 정부지출에 따라 현세대의 소비수준이 증가하는 반면 더 많은 유산을 남기기 위하여 현세대가 자신의 소비수준을 감소(저축을 증대)시키기 때문에 실질적인 소비수준에는 변화가 없다.

또 미래세대들도 조세부담이 증가하여 소비가 줄어드는 대신에 더 많은 유산을 받아서 소비를 증가시킬 수 있기 때문에 실질적인 소비수준에서는 전혀 변화를 경험하지 않게 된다. 이것을 리카도 등가정리(Ricardian Equivalence Theorem)라고 한다(Barro, 1989: 37~54).

신고전파 이론에 의하면 정부지출을 위한 재원이 조세가 아니라 차입에 의하여 조달된다면 민간소비가 증가한다는 것이다.

그러나 리카도 등가정리에 의하면 조세수입이나 차입에 의한 재원조달방식은 경제적인 효과측면에서 동일하다는 것이다.

만일 리카도 동등가설이 성립한다면 정부는 재정적자에 신경을 쓸 필요가 없다는 것을 의미한다. 이러한 리카도 등가정리에 대하여 다수의 반론이 있으나 현실의 근사치라는 점을 완벽하게 반박하지는 못하고 있다.[13]

재정적자는 단기적으로는 케인스 모형에 따라 총수요를 증가시킴으로써 국민소득을 증대시키지만 장기적으로는 고전학파 모형을 따라 자본을 감축시킨다.

따라서 경제의 일시적 불균형을 조정하는 때에만 적자재정을 운용하는 것이 바람직하다. 경제의 구조적 불균형을 재정적자로 조정할 때 재정적자의 장기적 효과가 발생하여 인플레이션과 자본구축 등 부정적 측면이 커지기 때문이다.

13 부가 증가한 세대와 조세를 부담하는 세대가 달라 등가정리가 성립하지 않는다는 주장이 있으나 개인이 생존하는 기간은 상당히 장기적이다. 그리고 가계의 유동성 제약, 정보부족 등은 동등가설이 완벽히 성립하지 못한다는 것을 의미할 뿐 현실의 근사치라는 것을 반박하는 데는 부족하다.

재정적자의 경제적 효과를 어떻게 해석하는가 하는 것은 신고전파, 케인스학파, 리카도학파의 견해 중 어떤 것을 취하는가에 따라 달라진다고 할 수 있다.

신고전파가 주장하는 재정적자의 부정적 영향은 통화정책 및 민간의 저축행태가 불변이고 적자의 투자재원으로의 활용가능성을 무시하는 동시에 경제가 완전고용상태에 도달하고 있다는 전제하에서만 그 유효성을 가질 수 있다.

그럼에도 불구하고 신고전파 이론에 의하면 재정적자는 궁극적으로 무역적자의 증가를 초래함으로써 경제의 장기적 성장기반을 저해하는 것으로 해석되고 있다.

물론 1980년대 이후 미국이 경험한 무역적자의 급속한 증가가 전적으로 재정적자에 의하여 비롯된 것이라고는 할 수 없다. 특히 1980년대 중반 이후에는 인플레이션의 하락과 그에 따른 팽창적 통화정책으로의 선회, 이자율의 하락, 달러화의 평가절하에도 불구하고 무역적자는 지속적으로 증가하였다.

이러한 특징적 현상이 의미하는 것은 비록 재정적자의 누적과 그 경제적 효과를 무시할 수는 없다고 할지라도 이러한 요인들만이 무역적자 증가를 모두 설명할 수는 없다는 점이다. 다시 말하면 재정적자 이외에 장기간에 걸친 제조업부문의 경쟁력 하락과 세계경제에서의 미국경제의 상대적 지위 변화가 1980년대의 국제수지 문제를 증폭시킨 중요한 요인이라고 할 수 있다.

제2절 미국의 재정적자 관리

1. 미국의 재정적자 원인

미국의 재정적자 비율은 1970년까지는 세계적 경기호황에 따라 GDP 대비 0.8% 수준을 유지하였으나, 지금은 통제가 불가능한 수준(GDP의 3%)에 이르렀다.

재정적자와 직접적으로 연결되는 국가채무는 제2차 대전 후 GDP의 40%를 넘었다가 1960~1970년대에는 20~40% 수준을 유지하였다. 그러나 1993년에는 50%, 2000년에는 60%를 넘었다.

미국의 재정적자 원인은 첫째, 경제성장이 둔화되면서 조세수입이 크게 감소했기 때문이다.

둘째, 재정지출이 증가했기 때문이다. 당시 의회와 행정부는 의료보호(medical care), 의료부조(medicaid), 식품쿠폰(food stamp), 대학생 대출보장, 사회보장 프로그램 등을 위한 법률들을 제정하였다. 월남전 종전(1975년) 이후 연방정부 지출이 GDP 대비 22% 수준으로 고정되어 있는 상태에서 방위비 삭감에 따라 이전적 지출이 크게 증가하였다. 1970년대 말의 인플레이션으로 편익의 실질적 감소를 방지하기 위하여 거의 모든 사회보장 프로그램에 물가연동제(indexation)를 적용함으로써 지출수준이 자연히 증가되었다.[14]

셋째, 국가부채에 대한 이자의 부담증가(GDP 대비 1977년 1.5% → 1984년 3%) 때문이다. 인플레이션 완화를 위한 긴축정책이 이자율을 더욱 상승시켰다.

연방정부의 재정적자가 심각한 국가적 현안으로 등장한 것은 1980년대 초 레이건(Ronald Wilson Reagan) 대통령(1981~1989년) 때부터다. 조세감면이 경제성장을 촉진시킨다는 공급경제학 이론을 도입했는데, 그것이 재정적자를 더 가중시켰다. 레이건은 그 동안의 적자재정을 흑자로 돌려놓겠다는 선거공약으로 당선되었으나, 집권 8년 동안 재정적자 총액은 미국 독립 이후 200년 동안의 적자 총액을 넘었다. 그가 집권하면서 조세는 대폭 삭감하고 소련과는 군비경쟁을 하면서 군사비를 크게 증액하였다.

클린턴(Bill Clinton) 행정부(1993~1997년)는 취임 후 강력한 행정개혁(정부재창조작업)과 적자감축을 단행하였다. 군사비와 병력을 40% 감축하고, 연방정부의 조직과 인원도 같은 비율로 감축하였다. 당시 IT산업이 부상하면서 경제도 유례없는 호황기에 들어섰고, 주식시장도 활성화되었다. 감축된 인력은 민간부문에서 흡수되었으므로 조세수입도 자연히 증가하였다.

재선에 성공한 클린턴(1997~2001년)은 더욱 과감한 적자감축을 하여 지속되던 재정적자가 1998년에는 30년 만에 처음으로 흑자가 되었다. 또한 대부분의 사회보장지출은 수입내지출(pay-as-you-go)을 적용함에 따라 그 증가율이 둔화되었다.

그러나 연방재정이 다시 적자로 반전된 것은 부시(George Walker Bush) 행정부(2001~2005년)의 무리한 감세정책과 9·11 테러 때문이었다. 2000년대에 들어오면서 쌍둥이적자(경상수지와 재정수지의 적자)가 눈덩이처럼 불어났다. 그는 경기둔화를 이유로 대규모 감세정책을 추진했다. 그리고 미국의 IT산업이 쇠퇴하면서 경기가 하강국면에

14 여기에서의 이전적 지출(transfer spending)은 구매력을 이전시키거나 또는 국가에 대한 개인의 청구권에 따라 지출되는 경비로서 공채이자, 연금, 보조금, 사회보험금, 사회보장급부, 공채원금상환 등을 위한 지출로 구성된다.

들어선 것도 그 원인이 되었다. 특히 테러와의 전쟁을 선포하고 국토안보부(Department of Homeland Security)를 신설하는 등 정부조직과 인원, 군사비와 병력을 다시 늘리고 노인의 의료보험과 퇴직연금 급여도 확대하였다.

재정적자를 줄이려면 세금을 늘리고 지출을 축소해야 하는데, 정치권이 이를 기피하였다. CBO는 이러한 조치를 취하지 않으면 연방정부 채무가 감당할 수 없는 수준에 이르고, 외국인 투자자의 이탈, 달러화 가치 폭락, 금리와 물가의 급등, 증권시장 붕괴 등으로 이어지는 경제위기를 초래할 수 있다고 경고하였다.

현재 미국은 글로벌 금융위기로 침체에 빠진 경제를 회복시키기 위해 양적완화정책을 통해 경제를 다소 회복시켰다고 하나 재정적자 증가세는 지속되고 있다. 미국은 오래 전부터 재정적자를 통제하기 위하여 각종 법률을 제정했으나 재정적자를 줄이는 데는 한계가 있다.

2. 미국의 재정건전화 관련법률

① **예산회계법** : 미국은 전통적으로 의회가 예산절차를 강력하게 통제할 수 있었기 때문에 입법을 통한 재정개혁은 시급하지 않았다. 행정부의 각 기관이 의회의 해당 위원회와 직접 예산을 협의하였다. 그러나 「예산회계법」(Budget and Accounting Act)이 제정(1921년)되면서 예산에 관한 한 행정부의 권한이 상대적으로 더 커졌다. BAA에 따라 행정부에 예산국(Bureau of Budget, 현재의 OMB 전신)을 설치하고 전문가들의 지원을 받았기 때문이다.

② **의회조직개혁법** : 1946년에 제정된 「의회조직개혁법」(Legislative Reorganization Act)에 의하여 의회 소속의 회계검사원(General Accounting Office)이 행정부 각 성 · 청의 지출을 분석하는 권한을 부여받았다. 이를 통해 의회는 공공자금이 능률적으로 사용되었는지를 확인할 수 있게 되었고, 향후의 예산법안 심의에 반영시킬 수 있게 되었다. LRA에 의하여 세입세출을 전망하여 흑자가 예상되면 국채상환, 적자가 예상되면 국채발행을 권고할 수 있도록 하였다. 이 법은 균형재정을 달성하는 데 의회도 책임의 일부가 있다는 것을 나타내는 것이었다.

③ **의회예산 및 지출거부통제법** : 1974년에 제정된 「의회예산 및 지출거부통제법」(Congressional Budget and Impoundment Control Act)은 대통령의 예산관련 권한을 제한하고 의회의 예산절차를 강화하기 위한 것이었다. 당시 예산규모는 크게 증가하고 복잡해

졌는데 의회의 예산절차는 여전히 여러 개로 분산되어 심의됨으로써 예산조정이 어려웠다.

CBICA는 가장 종합적이고 포괄적인 의회예산절차의 개혁이라고 할 수 있다. 의회에서 성립된 예산프로그램에 대하여 대통령이 예산절약이나 비용절감의 명분으로 실행하지 않는 예산동결권(지출거부권)을 제한하는 것이었다. 그러나 CBICA는 의회예산절차를 강화하고 대통령의 지출거부를 통제하는 데 중점을 둠으로써 재정적자 규모를 감축하는 데는 여전히 역부족이었다. 이 법의 주요 내용은 다음과 같다.

- 대통령의 지출거부 때 사전 통보 의무화, 예산지출 연기 제한
- 양원에 각각 예산위원회 설치
- 의회예산처(Congressional Budget Office) 설치
- 회계연도 변경(7월 1일 → 10월 1일)

④ **균형예산 및 긴급적자통제법** : 1985년에 제정된 「균형예산 및 긴급적자통제법」(Balanced Budget and Emergency Deficit Control Act)은 연방정부의 예산적자를 줄이기 위해 국방비 등에 대한 일종의 압류조치를 위한 것이었다. 그램, 루드먼, 홀링스 의원이 발의했다고 하여 GRH(Gramm-Rudman-Hollings Act)라고도 한다.

BBEDCA는 1986~1990년까지 적자를 강제로 삭감하여 1991년도에는 균형예산을 이룩한다는 것이었다. 연도별로 적자 추계치와 적자 목표액을 설정해 놓고 그 차이를 방위예산과 비방위예산 항목에서 각각 50%씩 자동적으로 삭감하는 것이었다. 가장 구체적이고 명확하기는 하였으나 지출의 자동삭감(sequester)은 매우 가혹한 것으로 인식되었다.

그래서 그 후속으로 제정(1987년)된 것이 「균형예산 및 긴급적자통제수정법」(Balanced Budget and Emergency Deficit Control Reaffirmation Act)이다. 이 법은 GRH−2라고 불리는데, 균형예산의 달성연도를 1991년에서 1993년으로 변경시킨 것 외에는 GRH의 기본 틀을 그대로 유지시켰다.

그러나 1990년 경기침체로 엄청난 예산 삭감이 없이는 목표를 달성할 수 없게 되자 결국 폐지되고 말았다. GRH의 문제점을 요약하면 다음과 같다.

- 자동삭감을 목표로 했다기보다는 자동삭감이라는 위협적 수단을 통하여 의회 스스로 재정적자 삭감을 달성하도록 유도하기 위한 방편이었음(Leloup *et al.*, 1987: 83~103).
- 자동삭감 대상에서 사회보장적 지출과 이자부담 등의 의무적 지출(전체 지출의 70% 이상 차지)을 제외시켰다는 점

- 자동삭감은 해당 회계연도의 예산에 적용한 것이 아니라 다음 회계연도의 예산에 적용하였다는 점(경제적 변수들을 조작하여 적자 추계치를 하향조정함으로써 그에 따라 자동삭감의 적용을 불가능하게 만듦)
- 자동삭감을 회피하기 위하여 적자규모를 과소 예측하는 유인이 상존하여 대부분의 예산이 GRH의 적용을 받지 않았음(국채이자, 사회보장, 제대군인 연금 등 약 70%의 예산항목이 적용을 받지 않아 자동삭감 대상 지출에 대한 삭감이 과도하게 이루어짐)
- 단기적인 적자감축이라는 목표달성에 집착하게 함으로써 임시방편적인 예산편성을 보편화시켰고, 재정적자가 감소되고 있다는 환상을 심어주어 재정적자를 실질적으로 감소시키려는 정치적 노력을 지연시켰음(Thelwell, 1990: 190~198).

⑤ **예산강제집행법(예산통제법)** : GRH가 폐지되고 그 대안으로 제정(1990년)된 것이 「예산강제집행법」(Budget Enforcement Act)이다. BEA는 적자발생의 원인을 재량적 요인과 비재량적 요인으로 구분한 후 적자발생 원인에 따라 자동삭감의 적용 여부를 결정하는 것을 주요 내용으로 하였다. 즉 인플레이션이나 인구구조의 변화 등과 같은 사회적·경제적 변화에 의한 이전지출의 불가피한 증가는 자동삭감의 대상에서 제외시켰다. 사회적 프로그램의 신설이나 조세삭감 등의 정책변화에 의한 적자 증가는 그만큼 다른 이전적 지출의 삭감이나 세입증대를 통하여 상쇄하도록 규정하였다.

BEA는 재정적자 규모도 현실적으로 설정하였다. 재정적자 목표액 달성을 위한 자동삭감 방식이 아니라 예산의 편성과정과 지출방식의 통제에 중점을 두었다.

⑥ **총괄적 예산조정법** : 1990년에 제정된 「총괄적 예산조정법」(Omnibus Budget Reconciliation Act)은 적자목표액을 강제로 조정할 수 있도록 규정하였다. 1990회계연도의 예산적자가 당초 목표보다 초과했기 때문이다. OBRA는 1990~1995년간 '지출삭감-세수증대'의 복합패키지를 이용하여 적자감축 목표를 달성한다는 것으로, 그 주요 내용은 다음과 같다.

첫째, BEA에 포함된 재량적 지출(discretionary spending)의 지출상한선(spending caps)을 마련하였다. 재량적 지출은 다시 국내지출, 방위지출, 국제관계지출로 나누어 설정하고, 1991~1993년까지 적용하되, 이 기간 중 어느 항목의 지출규모가 그 상한선을 초과하면 그 지출항목 내의 지출프로그램을 조정하여 지출삭감이 자동적으로 이루어지게 하였다.[15]

---

15 연방세출예산(federal outlays)은 재량적 지출과 의무적 지출로 구분되는데, 재량적 지출만 의회의 심의대상이 된다. 사회보장이나 의료보험 등 의무적 지출은 관련 법률의 개정이나 제정을 통하여 지출항목과 금액이 결정된다.

둘째, 비재량적 지출프로그램, 즉 의무적 지출(mandatory spending)에 대해서는 세입·세출 양면을 고려하여 순리적으로 처리한다는 이른바 수입내지출(pay-as-you-go) 방식을 도입하였다. 이 방식은 의회가 새로운 예산법안을 마련할 때 재원이나 세출 절감안을 동시에 제출하도록 하는 것을 말한다.

셋째, 적자목표액을 조정할 수 있도록 하였다. 그동안은 적자목표액을 고정시켜 놓고 그 목표액을 넘지 않도록 강제로 지출규모를 삭감하도록 하였는데, 사실상 정부의 강제적 지출삭감은 이루어지지 않았고 적자규모만 증가시켰다. 그래서 대통령이 예산안을 제출할 때 경제상황을 고려하여 적자목표액을 수정할 수 있도록 하였다. 그리고 국가적 위기상황에서는 지출상한선에 제약을 받지 않고 지출할 수 있는 권한을 대통령에게 부여하였다.

그러나「OBRA 90」에도 불구하고 1991~1993년의 적자는 유례가 없는 규모로 증가하였고, 그래서 클린턴 행정부는「OBRA 93」을 제정하였다. 이 법은 1998회계연도까지 고령자와 저소득자에 대한 의료비 지원 등을 축소하고 재량적 지출을 동결한다는 것이었다. 그리고 재정지출이나 조세수입에 영향을 미치는 법을 제정할 때 5년간 적자수준이 확대되지 않도록 하는 것을 의무화하였다. 그리하여 1994~1998년에 걸쳐 누적적자가 대폭 줄었는데, 그중 60%는 증세에 의한 것이었다. 이 법은 연방정부의 재정적자를 감축하는 데 결정적인 역할을 하였다(Cook and Mcneil, 1995).

그러나 문제는 통제장치가 재정적자 누적에 미치는 영향이 미미한 재량적 지출에 한정되었고, 재정적자 누적의 주요 원인이었던 이전적 지출에 대해서는 정책변화만을 통제하는 방식이 적용되었다는 것이다. 결국 경제성장으로 가용재원의 규모를 증가시키지 않고, 예산과정의 변화만으로 재정적자를 해소시키기는 어렵다는 것을 입증한 셈이다.

⑦ **예산균형법** : 1997년에 제정된「예산균형법」(Balanced Budget Act)은 감세정책을 주요 내용으로 하였다. 즉 경직성 지출 삭감규모가 감세규모보다 크게 하여 재정적자를 축소시켜 2002년까지 균형예산을 달성한다는 것이었다.

1998년에 일시적으로 재정수지 흑자를 기록하였다. 여기에는 유례없는 경기호황도 작용하였다. 그러나 부시 행정부 1기(2001~2005년)에서는 경기를 낙관적으로 전망하고 세입규모를 과다하게 전망함으로써 재정수지를 급속히 악화시켰다.

⑧ **지출통제법** : 2004년에 제정된「지출통제법」(Spending Control Act)의 주요 내용은 재량적 지출에 대한 지출한도 제시, 비재량적 지출에 대한 수입내지출원칙 적용 등이다.

SCA는 부문별로 재량적 지출에 대한 2004~2009년 지출한도를 정해 놓고, 그 한도를 초과하는 지출은 상원의원 3/5 이상의 찬성을 얻도록 하고, 지출한도를 초과하면

OMB로 하여금 재량적 지출에 대한 일률적 삭감(across the board cut)을 하도록 하였다. 비재량적 지출(의무적 지출)에 대해서도 수입내지출원칙을 적용하되, 이에 위배되는 법안은 상원의원 3/5 이상의 찬성이 있어야 가능하도록 하였다. 의무적 지출의 총규모가 증가하면 OMB로 하여금 의무적 지출 전반에 대해 일률적으로 삭감하도록 하였다.

SCA가 BBA와 다른 점은 의무적 지출 증가를 조세수입의 증가를 통하여 충당하지 못하도록 함으로써 의무적 지출 증가를 철저하게 차단했다는 것이다.

미국이 재정적자 감축을 위해 제정한 다양한 법률의 성과는 미미하지만, 다음과 같은 시사점을 얻을 수 있다.

- 재정적자를 줄이기 위해서는 적자목표액 설정이나 자동삭감과 같은 제도적 장치보다는 신축적인 예산관리가 더 바람직하다는 것
- 경직성 지출은 재정수지를 중립적인 방향으로 지출과 수입을 연계시켜야 적자의 증가를 억제할 수 있다는 것
- 재정적자를 감축하기 위해서는 지출의 삭감뿐만 아니라 조세수입의 증가도 필요하다는 것

3. 미국의 재정적자 전망

글로벌 금융위기와 최근의 세계경제 침체는 서브프라임 모기지(subprime mortgage)에서 비롯되었다. 서브프라임 모기지 사태는 돈이 많이 풀리면서 발생하였다. FRB는 1990년대 말 닷컴버블(dot-com bubble)이 커지면서 불황이 오자 금리를 1%까지 낮추며 돈을 풀기 시작하였다. 이는 과잉 유동성 문제를 초래하였다. 지나치게 많아진 돈은 미국 정부의 서브프라임 모기지 정책을 타고 주택시장으로 몰려 주택가격을 폭등시켰다. 그러다가 FRB가 금리를 올리자 주택대출이 줄면서 주택가격이 폭락하여 서브프라임 모기지 사태가 발생하였다.

서브프라임 모기지 대출 부실로 세계 5대 투자은행(Lehman Brothers, Merrill Lynch, Goldman Sachs, Morgan Stanley, Bear Stearns)이 모두 파산하거나 FRB의 공적자금을 받고 상업은행(또는 은행지주회사)으로 전환되었다.[16]

---

16 닷컴버블은 인터넷 관련분야가 성장하면서 주가가 급속 상승한 1995~2000년에 걸친 거품경제 현상을 말한다. IT버블, 인터넷버블이라고도 한다.

서브프라임 모기지는 비우량주택의 담보대출을 의미한다. 신용점수가 낮고(620점 이하) 수입 증명이 안 되고 부채가 많은 사람을 대상으로 한 대출을 말한다. 대출금리는 기준금리보다 2~3% 정도 높아 매우 위

미국은 아직 세계 제일의 경제대국이지만 경제적 위상과 영향력은 점점 줄어들고 있다. 세계경제의 패권(霸權) 중심지는 대체로 100년 주기로 바뀐다. 즉 15세기(이탈리아 도시국가) → 16세기(포르투갈) → 17세기(네덜란드) → 18세기(프랑스) → 19세기(영국) → 20세기(미국)에서, 이제는 신흥경제대국(중국, 브라질, 러시아 등)으로 바뀌고 있다. 특히 중국은 경제력 측면에서 세계경제에 큰 영향을 미치고 있다.[17]

미국 경제는 재정절벽(fiscal cliff)으로 내몰리고 있다.[18] 재정절벽이 현실화되면 증세와 재정지출 삭감이 불가피하게 되었다.

오바마(Barack Hussein Obama) 행정부(2009.1.20.~2017.1.19.)가 그동안 추진해 온 대규모 재정지출과 감세를 통한 경기부양정책에 걸림돌이 되고 있다.

재정절벽으로 발생하는 또 하나의 문제는 불확실성이다. 기업과 투자자들이 가장 싫어하는 것이 바로 불확실성이다. 증세를 하든 재정지출을 삭감하든 재정적자를 줄이는 방안에 대해 양당이 합의하지 않는 한 이러한 불확실성은 없어지기 어렵다.

미국은 정책금리가 이미 제로수준(0~0.25%)이므로 추가 금리인하는 불가능하다. 따라서 국채 매입을 통해 시중에 돈을 공급하는 양적완화정책(quantitative easing)에 의존할

험한 시장이면서 수익률은 높은 편이다.

상업은행(CB : commercial bank)은 예금과 대출 업무를 하고 수표나 어음을 발행하여 결제수단을 제공하는 일반적인 은행의 하나로 그 이익금을 수익기반으로 한다. 투자은행(IB : investment bank)은 주식과 채권을 인수하여 판매하면서 기업에 자금을 제공하고, 예금은 받지 않고 차입이나 증권발행 등으로 자금을 조달한다. 최근에는 두 형태를 섞은 '상업은행 기반 투자은행(CIB)'이 주목을 받고 있는데, 이것은 상업은행이 투자은행을 자회사로 거느린 형태의 금융지주회사다. 대표적인 예는 미국의 JP모건, 한국의 KDB산업은행이다.

17 IMF에 의하면 2010년 기준으로 세계 GDP는 70조달러(2016년 80조달러)인데, 그중 미국이 차지하는 비중은 점점 줄고(21.8%), 중국의 비중은 점점 늘고(8.5%) 있다. 미국의 달러도 기축통화로서의 위상이 약화되고 있다. 중국의 외환보유액은 2010년 기준으로 2조달러를 넘어, 당시 외환보유액 순위 2~4위(일본, 러시아, 인도)의 합계와 맞먹는 수준이다.

Chimerica(China와 America의 합성어)는 중국과 미국의 새로운 공생관계를 의미한다. 즉 중국은 미국에 수출하여 달러를 들여오고, 미국은 중국으로부터 낮은 금리로 달러를 빌려 소비를 하던 양국의 독특한 경제관계를 말한다. 본래 이 단어는 사자 · 염소 · 뱀이 뒤섞인 그리스 신화의 괴물인 키메라(chimera)에서 부분적으로 따온 것이다. 한동안 중국은 수출로 10%대 성장을 하고, 미국은 경기침체로 10%대의 실업률을 겪는 이른바 '10:10 거래'로 되어 있었다.

18 재정절벽은 세금 인상과 정부지출 삭감 정책이 동시에 실시되면서 경기가 절벽처럼 급격히 위축되는 현상을 말한다. 이 말은 골드만 삭스의 이코노미스트 필립스(Wondell Phillips)가 2011년에 쓴 '슈퍼위원회와 재정절벽'이라는 보고서에서 처음 사용되었고, Fed 의장(버냉키)도 하원 금융서비스위원회에 참석(2012.2.20.)하여 사용하면서 주목을 받게 되었다. 즉 2013년에 각종 세금 감면 혜택이 종료되고 정부지출의 삭감 정책이 발효되면서 나타날 경제적 충격(recession)을 경고하는 의미다. 2014년 10월에도 재정절벽으로 16일간 잠정폐쇄되었다.

수밖에 없다.[19]

미국의 연방정부와 의회는 부채상한선 문제를 놓고 갈등을 빚고 있다. 미국은 부채상한선(debt limit *or* debt ceiling)을 여러 차례 상향조정하며 디폴트(default)를 면하고 있다. 미국은 1917년 부채한도를 법률로 정한 이래 수없이 상향조정하였다.

미국은 지출 중 약 40%를 국채발행 등에 의한 부채로 충당하고 있는데, 부채한도액을 늘리지 못하면 정부는 무차별적으로 지출을 줄일 수밖에 없다. 이러한 상황이 되면 달러가치가 하락하고 대외적으로 미국의 부채상환능력에 대한 신뢰를 떨어뜨린다. 물론 미국은 기축통화인 달러를 찍어낼 수 있는 나라이므로 최악의 경우 달러가치의 하락을 각오하고 달러를 찍어내면 돈이 없어 부도가 나지는 않는다.

재무성은 매월 재정수지통계를 발표하는데, 월별로는 흑자 또는 적자가 있으므로 연간통계를 보아야 한다. 2014년 2~3분기에 깜짝 성장했던 경제 회복세가 다시 둔화되었다. 뉴욕의 타임스 스퀘어(Times Square)에 설치되어 있는 국가부채 시계에서는 계속 그 규모가 증가하고 있다.[20]

미국 연방예산은 지난 45년 동안(1970~2014년) 4년(1998~2001년)을 제외하고는 적자행진을 계속하고 있다. 2013년 10월에는 재정절벽(fiscal cliff)에 직면하기도 하였다.[21]

2013년 12월 18일에는 상원에서 예산안을 가결시켜 Shut-down(부분적 업무 정지)을 모면하였다. 그 예산안에는 지출한도를 2014회계연도에 1조 1200억달러, 2015회계연도에 1조 1400억달러로 제한하되 예산의 자동삭감(Sequester) 규모를 630억달러 줄이는

19 1차 QE(2008.1.~2010.3.)에서 1.7조달러, 2차 QE(2010.11.~2011.6.)에서 6000억달러, 3차 QE(2012.9.~2012.12.)에서 1400억달러를 장기국채 매입 등으로 풀었다.

그리고 1차 오퍼레이션 트위스트(2011.9.~2012.6.)와 2차 오퍼레이션 트위스트(2012.6.~2012.12.)에서는 단기국채(각각 4500억달러와 2670억달러)를 팔고 장기국채를 매수하였다. 오퍼레이션 트위스트(operation twist)는 중앙은행이 장기금리를 낮추기 위해 시장에서 단기채권을 팔고 대신 그 돈으로 장기채권을 사들이는 공개시장조작의 하나이다.

20 CBO의 연방예산적자 장기전망보고서(2015.6.16.)에 따르면 미국의 단기재정적자는 2014년 GDP의 2.7%, 2015년 3.8%였다. 인구노령화와 의료비 증가 등으로 계속 늘어나 2040년에는 GDP의 6.6%에 달하고, 국가채무는 GDP의 107%로 전망하였다(Xinhua, English News, 2015.6.17.).

21 당시 미국의 GDP는 16.8조달러(세계 GDP는 75.8조달러)였는데 연방정부 예산규모는 3.6조달러, 단기예산적자는 6800억달러, 그리고 연방정부의 단기부채는 17.2조달러, 장기부채는 60조달러를 넘었다(Dent, Jr., 2012: 290~295). 10월 1일 새 회계연도가 시작되었으나 예산법안이 통과되지 못해 연방정부가 16일간 잠정폐쇄(1970년대 중반 이후 17회)되었는데, 그 이유는 오바마 대통령의 건강보험개혁법을 공화당이 적자를 늘린다는 이유로 반대했기 때문이다.

예산적자를 통제하기 위하여 부채상한법으로 설정한 부채상한액(16.7조달로)이 10월 16일에 도달하자 불가피하게 잠정예산법(2013.10.1.~2014.1.15.)과 부채한도액을 늘리지 않고 2014년 2월 7일까지 연장하는 미봉책을 만들어 합의하여 재정절벽의 위기를 넘겼다. 이러한 땜질처방은 2011년 8월 1일(1차 위기) 이후 세 번째다.

내용을 담고 있었다.[22]

2014년도 통합세출예산법은 회계연도 개시 3개월이 지난 후(2014.1.17.)에 통과되었다. 미국 의회는 2014년 2월 12일에 부채상한액 적용을 2015년 3월 15일까지 다시 연장하는 법안을 통과(상원은 그 다음 날 통과)시켰다(Washington Post, 2014.2.12.). 야당(공화당)이 연방정부 부도라는 위기에 직면하자 오바마 대통령에게 굴복한 셈이다. 의회는 2014년 9월 18일에는 2015년도 잠정예산법안(2014.10.1.~2014.12.11.)을 통과시켰는데, 이것은 11월의 중간선거 후에 새로 의회가 구성될 때까지 쓸 수 있는 임시변통예산이다(New York Times, 2014.9.18.). 2015년 3월 15일에 18.1조달러로 부채상한액에 도달했는데, 재무성이 불요불급한 지출을 최대한 억제하는 비상대책을 세워놓았기 때문에 2015년 10월까지 연방정부의 부도는 피할 수 있었다(Liven, 2015: 24).

2015회계연도의 연방예산 결산 결과 4390억달의 단기적자(세입 3249조달러, 세출 3688조달러)로 GDP 대비 2.5%(최근 8년간 최저치)를 기록하였다.

2016회계연도의 연방예산은 전년도 수준의 잠정예산법(2015.10.1.~2015.12.11.)만 의결했는데, 민주당은 부자 증세, 공화당은 사회보장비 감축으로 적자를 줄이자고 대립하고 있기 때문이었다.

의회는 2015년 10월 30일에는 독립 이후 처음으로 2년간(FY2016~FY2017)의 총괄예산법안(Omnibus Bill)을 의결(대통령은 11월 2일 서명)하였고, 동시에 부채상한액(18.1조달러)도 2017년 3월까지 연장하였다. 이 법안은 2년 동안 세출을 800억달러 증액(군사비와 민간예산에 반분)하는 것으로, 주요 세출예산 항목의 총액(top-line spending numbers)만을 의결한 것이다(Washington Post, 2015.10.31.). 대통령과 양원이 2년간의 총괄예산을 통과시킨 배경은 부채상한 시한(2015.11.2.)과 1년 후의 선거 때문이다. 의회는 2015년 12월 11일 다시 5일간의 잠정예산법안을 통과(2015.12.12.~12.16.)시켰고(Washington Post, 2015.12.11.), 2015년 12월 16일에는 12월 22일까지의 제3차 잠정예산법안을 통과시켰다(Obama Signs Funding Bill to Avert Gov't Shutdown, China. org. cn., 2015.12.17.). 의회는 2015년 12월 18일 2016회계연도 예산법안(2015.10.1.~2016.9.30.)을 통과시켰는데, 세 차례의 잠정예산을 사용한 후 양당이 타협한 결과였다.

미국 2016회계연도 연방예산 규모는 3.7조달러, 단기예산적자는 6160억달러, 단기부채는 2016년 말에 19조달러로 추정된다. 부채상한액 적용기한도 더 연기해 주었다. 미

22 Sequester는 「예산통제법」(The Budget Control Act of 2011)에 의거하여 2013~2021년 사이에 예산지출을 강제로 1.2조달러 삭감하여 그 만큼의 적자액을 줄이는 조치로 2013년 3월 1일부터 발효되었다. 매년 평균 1200억달러를 대통령 재량으로 삭감해야 한다는 것이다.

국 재무성 발표(연합뉴스, 2016.5.11.)에 따르면, 2016년 2월 말 기준 연방정부 공공부채(단기부채)는 19조 1255억달러인데, 이 중 미국이 12조 8893억달러(67.4%), 외국이 6조 2362억달러(32.6%)를 보유하고 있다. 미국 보유 부채 중 사회보장연금 등 신탁기관이 41.1%, 주정부와 개인이 39.5%, 연방준비제도가 19.4%를 보유하고 있다. 외국 보유 부채 중 중국이 20.1%, 일본이 18.2%, 한국은 1.3%(세계 18위)를 보유하고 있다.[23]

제3절 한국의 채권 · 채무관리

1. 한국의 채권관리

1) 채권관리의 의의

채권(債卷, bond)은 정부, 공공기관, 주식회사 등이 일반인으로부터 비교적 거액의 자금을 일시에 조달하기 위하여 발행하는 유가증권이다. 채권은 상환기간이 정해져 있는 기한부증권이며, 이자가 확정되어 있는 확정이자부증권이다.

채권은 대규모 자금조달수단이라는 점에서 주식(株式)과 유사하다. 그러나 채권은 타인자본이며, 증권소유자가 채권자로서 이익이 발생하지 않아도 이자청구권을 갖고, 의결권 행사를 통한 경영참가권은 없으며, 그 상환이 일시적인 증권이다. 이에 비하여 주식은 자기자본이며, 증권소유자가 주주로서 이익이 발생해야 배당청구권을 갖고, 의결권 행사에 의한 경영참가권이 있으며, 장차 그 상환이 예정되어 있지 않은 영구적인 증권이다.

일반적으로 채권은 ㉠ 발행주체에 따라 국고채, 지방채, 특수채, 금융채, 회사채, ㉡ 이자의 지급방법에 따라 이표채(利票債), 할인채(割引債), 복리채(複利債), ㉢ 상환기간에 따라 단기채, 중기채, 장기채, ㉣ 모집방법에 따라 사모채(私幕債), 공모채(公幕債), ㉤ 보증유무에 따라 보증사채(保證社債), 무보증사채(無保證社債) 등으로 구분된다.

---

23 미국의 2017회계연도 총수입은 3조 6440억달러, 총지출은 4조 1470억달러(재량지출 1조 2330억달러, 의무지출 2조 6060억달러, 기타 순이자지출 등 3090억달러)로 재정수지는 적자(5030억달러)가 전망된다. 국가채무는 14조 7630억달러(GDP 대비 76.5%), 실질성장률은 2.6%로 전망된다.

채권관리란 국가채권에 관하여 채권자로서 행할 채권의 보전 · 행사 · 내용변경 · 소멸에 관한 업무를 관리하는 것을 말한다(유훈, 2003 : 576).

정부의 자산은 국가채권, 국유재산, 물품으로 구분된다. 국가채권은 「국가채권관리법」, 국유재산은 「국유재산법」, 물품은 「물품관리법」에 의하여 관리된다.

국가의 채권에 대한 관리기관 · 관리절차 · 채권의 내용변경 및 면제 등에 관한 기준을 정함으로써 채권의 적정한 관리를 기하기 위하여 1970년 12월 31일에 「국가채권관리법」이 제정되었고, 그 후 여러 차례 개정되었다.

국가채권이란 금전의 지급을 목적으로 하는 국가의 권리를 말한다(국가채권관리법 제2조 제1항). 여기에서의 채권은 금전채권을 의미한다. 금전 이외의 물품의 인도나 작위 · 부작위의 급부를 목적으로 하는 채권은 제외된다. 즉 증권으로 되어 있는 채권, 한국은행에 대한 국가의 예금 및 예탁금, 보관금, 기부금 등은 국가채권에서 제외된다.[24]

2) 채권의 관리기관

(1) 채권관리사무의 총괄

기획재정부장관은 각 부처의 채권관리에 관한 사무를 총괄한다. 기획재정부장관은 채권관리의 적정을 기하기 위하여 채권관리에 관한 제도를 정비하고, 채권관리사무에 관한 통일적 기준을 정하며, 채권관리사무의 처리에 대하여 필요한 조정을 한다.

그리고 각 중앙관서의 장에 대하여 그 소관에 속하는 채권의 내용과 관리상황에 관하여 보고를 요구할 수 있으며 소속 직원으로 하여금 지도나 조사를 하게 하며, 그 밖에 필요한 조치를 할 수 있다(국가채권관리법 제5조 제1~3항).

각 중앙관서의 장은 그 소관에 속하는 채권을 관리하고 채권관리관의 사무를 감독한다. 즉 그 소관에 속하는 채권의 관리에 관하여 권한과 책임을 진다. 그러나 현실적으로 그러한 사무를 구체적으로 직접 수행하기 어렵기 때문에 그 소속 공무원(채권관리관)으로 하여금 관리하게 한다.

그리고 각 중앙관서의 장은 매 회계연도 말의 채권현재액보고서를 작성하여 다음 연도 2월 말까지 기획재정부장관에게 제출해야 하고, 기획재정부장관은 그 보고서에 의하

---

24 좀 더 구체적으로 살펴보면 ㉠ 벌금 · 과료 · 형사추징금 · 과태료, ㉡ 증권으로 되어 있는 채권, ㉢ 국가의 예금 및 예탁금에 관한 채권, ㉣ 보관금이 될 금전의 지급을 목적으로 하는 채권, ㉤ 기부금에 관한 채권, ㉥ 국세 및 관세와 이의 징수에 관한 채권에 대하여는 이 법을 적용하지 않는다. 그리고 외국 또는 국제기구를 채무자로 하는 채권, 즉시 소멸하는 채권 기타 대통령령으로 정하는 채권에 대하여는 이 법의 일부를 적용하지 아니할 수 있다(국가채권관리법 제3조).

여 채권현재액총계산서를 작성하여 다음 연도 4월 10일까지 감사원에 제출하여 그 검사를 받아야 한다. 정부는 감사원의 검사를 받은 채권현재액총계산서를 감사원의 검사보고서와 함께 다음 연도 5월 31일까지 국회에 보고해야 한다(국가채권관리법 제36~37조).

(2) 채권관리관

채권관리관은 채권관리에 관한 사무를 담당하는 자로서(국가채권관리법 제2조 제4항), 중앙관서의 장의 위임에 의하여 채권의 발생에서 소멸에 이르는 일체의 관리업무를 담당하는 공무원을 말한다.

채권관리관은 그 소속 공무원 중에서 임명하는 것이 원칙이나, 각 중앙관서의 장은 그 소관에 속하는 채권의 관리사무를 다른 중앙관서의 소속 공무원, 지방자치단체장이나 그 소속 공무원에게 위임할 수 있다.

각 중앙관서의 장은 채권관리관의 사무를 대리할 공무원을 지정할 수 있고, 그 사무의 일부를 분장할 공무원을 둘 수 있다(국가채권관리법 제6조). 채권관리관은 현금출납직무를 겸할 수 없다(국가채권관리법 제10조).

(3) 총괄채권관리관

각 중앙관서의 장은 해당 관서의 채권관리관 중에서 채권의 관리에 관한 사무를 총괄하는 채권관리관(총괄채권관리관)을 임명해야 한다.

총괄채권관리관은 채권현재액보고서의 작성에 관한 사무의 처리, 소관에 속하는 채권관리 절차의 정비, 채권관리사무의 처리에 관한 조정, 채권관리사무에 대한 성과관리 및 감독을 한다(국가채권관리법 제5조의 2).

3) 채권관리의 기준

첫째, 채권관리에 관한 사무[25]는 법령의 규정과 채권의 발생원인 및 내용에 따라 재정상 국가의 이익에 적합하도록 처리해야 한다. 이것을 채권관리의 기준이라고 한다(국가채권관리법 제11조).

채권을 발생하게 하거나 이를 국가에 귀속하게 하는 원인이 되는 계약을 한 때, 지출원인행위나 지급원인행위를 한 결과 반납금에 관한 채권이 발생한 것을 안 때, 현금이나 물품 등 국가의 재산을 출납 · 보관 또는 관리함에 있어서 채권이 발생한 것을 안 때에는

25 여기에서 채권관리에 관한 사무란 국가채권에 대하여 채권자로서 행할 채권의 보전 · 행사 · 내용변경 및 소멸에 관한 사무를 말한다. 다만 법무부장관의 권한에 속하는 사무, 체납처분을 집행하는 자가 행하는 사무, 변제(辨濟)의 수령에 관한 사무, 동산의 보관에 관한 사무는 제외된다(국가채권관리법 제2조).

지체 없이 채권관리관에게 채권이 발생하였음을 통지해야 한다(국가채권관리법 제11조의 2).

둘째, 채권관리관은 채권의 관리사항을 기재할 장부(채권관리부라 함)를 비치하고, 채권발생의 통지를 받은 때 또는 채권의 인계를 받은 때에는 그에 관한 사항을 지체 없이 조사 · 확인하여 기재해야 한다.

셋째, 채권관리관은 채권의 행사를 위하여 세입징수관에게 채무자에 대한 납입고지를 할 것을 요청해야 한다. 그리고 채권의 전부 또는 일부가 고지된 납입기한(납입고지를 필요로 하지 아니하는 채권은 이행기한)을 경과해도 이행되지 아니한 때에는 세입징수관에게 이행의 독촉(督促)을 요청해야 한다.[26]

각 중앙관서의 장은 채권의 전부 또는 일부가 독촉을 한 후 그 독촉기한을 경과해도 이행되지 아니한 때에는 일정한 조치를 해야 한다.[27]

넷째, 채권관리관은 그 소관에 속하는 채권에 관한 배당을 요구하거나 채권신고를 해야 한다.[28]

채권관리관은 채권의 보전을 위하여 채무자에게 담보의 제공이나 보증인을 세울 것을 요구해야 하며 필요한 때에는 담보의 보충이나 보증인의 변경, 그 밖에 담보의 변경을 요구해야 한다.

채권관리관은 채권에 대하여 국가가 채권자로서 점유해야 할 담보물이나 채권 또는 채권의 담보에 속하는 사항의 입증에 필요한 서류 그 밖의 물건을 선량한 관리자의 주의로써 다루고 보존해야 한다.

다섯째, 각 중앙관서의 장은 채권의 보전을 위하여 법무부장관에게 가압류(假押留) 또는 가처분(假處分) 절차를 밟을 것을 요청해야 한다.[29]

---

26 독촉장은 납입기한이 경과한 날로부터 7일 이내에 발부하고 독촉에 의한 납입기한(독촉기한)은 독촉장 발부일로부터 15일 이내로 정해야 한다(국가채권관리법 제14조).

27 일정한 조치란 ㉠ 담보가 있는 채권에 대하여는 채권의 내용에 따라 보증인에 대하여 이행을 청구하는 일, ㉡ 집행권원이 있는 채권에 대하여는 법무부장관에게 강제집행절차를 요청하는 일, ㉢ 그 밖에 채권에 대하여는 법무부장관에게 소송절차에 의한 이행청구를 요청하는 일 및 공정증서 작성 등 집행권원 취득절차를 요청하는 일을 말한다(국가채권관리법 제15조). 집행권원(執行權原)은 사법상 이행청구권의 존재 및 범위를 표시하고 그 청구권에 집행력(강제집행)을 인정한 문서를 말한다.

28 채권을 신고해야 하는 때는 다음과 같다. ㉠ 채무자가 강제집행을 당한 때, ㉡ 채무자가 조세나 그 밖의 공과금에 관한 체납처분을 받은 때, ㉢ 채무자의 재산에 관한 경매가 개시된 때, ㉣ 채무자가 파산선고를 받은 때, ㉤ 채무자인 법인이 해산한 때, ㉥ 채무자의 상속인이 한정승인을 한 때, ㉦ 그 밖에 채무자의 총재산에 대하여 청산이 개시된 때(국가채권관리법 제17조).

29 가압류란 채무자의 재산을 임시로 압류(개인의 처분을 금지)하는 법원의 처분으로서, 금전채권 또는 금전채권으로 환산할 수 있는 채권에 대하여 동산 또는 부동산에 대한 정식의 강제집행에 착수하기까지 가압류

채권관리관은 채권의 보전을 위하여 채권자대위권(債權者代位權)을 행사하기 위한 조치를 해야 한다.[30] 중앙관서의 장은 채권에 대하여 채무자가 국가의 이익을 해하는 행위를 한 것을 안 때에는 지체 없이 법무부장관에게 그 취소를 법원에 청구할 것을 요청해야 한다. 이것은 채무자가 고의로 자기의 재산을 감소시키는 행위로 인한 손해를 방지하기 위한 것이다.

여섯째, 채권관리관은 채권이 시효로 소멸할 우려가 있을 때에는 재판상의 청구를 법무부장관에게 요청하는 등 지체 없이 시효중단(時效中斷)을 위한 조치를 해야 한다.[31] 세입징수관, 변제를 수령하는 자, 채권발생의 통지를 하는 자 등은 그 직무상 채권이 소멸한 것을 안 때에는 그 사실을 채권관리관에게 통지해야 한다.

일곱째, 채권관리관은 소속 중앙관서의 장의 승인을 얻어 독촉을 해도 완전이행이 되지 아니하는 채권이 있을 때에는 그 채권의 보전이나 추심(推尋)에 관한 사무를 정지(담보 또는 증거물건 등의 보전에 관한 사무는 제외)할 수 있다.[32] 이를 채권의 관리정지라고 한다. 그 후 사정변경이나 그 밖의 사유로 인하여 그 조치를 유지할 필요가 없거나 부적당하다고 인정할 때에는 지체 없이 이를 취소해야 한다.

하지 않으면 판결의 집행이 불가능하거나 현저하게 곤란할 우려가 있는 때에 강제집행을 보전하기 위하여 법원의 판결 또는 결정으로 행해진다.

가처분에는 계쟁물(係爭物)에 관한 가처분과 임시의 지위를 정하기 위한 가처분이 있다. 전자는 금전채권 이외의 특정물의 인도 등의 급부를 목적으로 하는 청구권의 집행보전을 위하여 물체의 현상이 변경됨으로써 집행이 불가능해지거나 현저하게 곤란해질 우려가 있는 때에 법원의 명령으로 행해지는 처분이다. 후자는 쟁의 있는 계속적 권리관계에 관하여 현저한 손해를 피하거나 급박한 강폭을 방지하기 위하여 또는 그 밖의 필요한 이유에 의하여 법원의 명령으로서 행하는 처분이다. 가압류와 가처분은 시효중단 사유가 된다(유훈, 2003 : 587).

30 채권자대위는 채무자가 스스로 자기의 권리를 행사하지 않는 때에 채권자가 자기의 채권을 보전하기 위하여 채무자가 보유하는 권리를 대신 행사하는 권리다.

31 채권의 소멸사유에는 변제의 수령, 공탁, 상계, 경개(更改), 혼동 및 면제와 소멸시효의 완성, 해제조건의 성취, 계약의 해제, 행정처분의 취소 등이 있다. 「국가채권관리법」에서는 채권의 소멸사유 중 면제에 관하여 일부 규정하고 있을 뿐 공탁이나 상계 등에 대하여는 특별히 규정하고 있지 않으므로 해당 민법조항을 준용하게 된다.

32 채권의 관리정지를 할 수 있는 사유는 ㉠ 법인의 채무자가 그 사업을 중단하여 재개할 가망이 없고 또 압류할 수 있는 재산의 가격이 강제집행에 소요되는 비용을 초과하지 않을 때, ㉡ 채무자의 소재가 불명하고 압류할 수 있는 재산의 가격이 강제집행 비용을 초과하는 경우로서 그 초과금액이 우선채권에 미달할 때, ㉢ 채권금액이 추심비용보다 적은 금액일 때 등이다(국가채권관리법 제24조).

추심은 어음이나 수표를 가진 사람이 거래하는 은행에 어음이나 수표의 대금 회수를 위임하고, 그 거래은행은 어음이나 수표를 발행한 은행 앞으로 대금 지급을 요청하는 절차다.

4) 채권의 내용변경 및 면제

첫째, 채권의 이행기한은 일정한 기한으로 명시되어야 한다. 채권금액을 분할하여 이행기한을 정할 수도 있다.

채권관리관은 소속 중앙관서의 장의 승인을 얻어 그 이행기한을 연장하는 특약이나 처분을 할 수 있다. 이행기한 후에도 이행연기특약(履行延期特約)을 할 수 있다. 이때 이미 발생한 연체금(延滯金, 이행지체로 인한 손해배상금이나 이에 준하는 징수금을 말함)은 그 특약 전에 미리 징수해야 한다.

채권관리관이 이행기한을 연장하고자 할 때에는 그 이행기한으로부터 5년을 초과할 수 없다. 채권관리관은 이행연기특약을 하는 때 채무자에 대하여 담보를 제공하게 하고, 그 채권에 대하여 이자를 붙여야 한다.

각 중앙관서의 장은 이행연기특약에 갈음하여 화해(和解)를 하는 것이 적당하다고 인정될 때에는 법무부장관에게 그 절차를 밟을 것을 요청해야 한다.

둘째, 채권관리관은 이행연기특약을 한 채권에 대하여 당초의 이행기한으로부터 10년을 경과해도 채무자가 자력(資力)을 회복하지 못하고 장래 변제할 가능성이 없을 때에는 소속 중앙관서의 장의 승인을 얻어 해당 채권의 연체금 및 이자를 면제(免除)할 수 있다.

셋째, 채권관리관은 이행기한 내에 변제되지 아니한 채권의 금액이 1만원 미만일 때에는 연체금을 붙이지 아니할 수 있다. 국립학교의 수업료나 대통령령이 정하는 채권에 대하여는 원금의 전부에 상당한 금액이 변제된 때에는 그때까지 붙은 연체금의 전부 또는 일부를 면제할 수 있다.[33]

5) 국가채권의 종류와 관리

국가채권의 종류에는 ㉠ 세입금에 속하는 채권 9종(융자회수금채권, 경상이전수입채권 등), ㉡ 비세입금 채권 3종(세출회수금, 전도자금반납금, 자금반납금), ㉢ 보고에 관한 규정을 적용하는 채권(내국세 등 조세채권)이 있다.[34]

---

33 연체금을 면제할 수 있는 채권은 ㉠ 국가가 설치한 교육시설에서 징수하는 수업료 또는 기숙사 사용료, ㉡ 국가가 설치한 의료시설에서 환자로부터 징수하는 여러 비용, ㉢ 채무자의 고의 또는 중대한 과실에 의하지 아니한 부당이득반환금이다(국가채권관리법 시행령 제32조).

34 우리나라의 대외채권은 2014년 6836억달러, 2015년 3분기 기준 7220억달러다.

국가채권 중 융자회수금이 가장 큰 비중을 차지하고 있고, 그 다음이 조세채권(대부분 미회수채권), 경상이전수입(부담금 · 가산금 · 위탁금 · 변상금 등), 예금, 그 밖의 채권(임대료 · 이자수입 · 재화 판매수입 · 부동산 매각대)의 순이다.

국가채권 관리사무는 채권의 발생에서부터 소멸까지 채권의 보전, 행사, 내용변경 및 소멸에 관한 일련의 사무를 총칭한다. 여기에서 채권의 발생이란 계약, 불법행위, 사무관리, 법률의 규정, 예산의 지출 등을 말하고, 채권의 보전이란 채무이행을 확보하기 위하여 강제집행 전에 취하는 시효중단 조치 등을 말한다.

정부는 국가채권에 대한 자료를 국민에게 제공하고, 재정운용의 투명성과 신뢰를 높이기 위하여 「국가채권법」 시행(1971년) 이후 2006년에 처음으로 「국가채권관리백서」를 발간하였다. 여기에는 채권이 신규로 발생하거나 소멸된 관서현황 등을 일반회계, 특별회계, 기금 등으로 구분하고 있다.

국가채권의 관리업무를 강화하기 위하여 각 중앙관서별 국가채권관리사무 성과평가제도를 강화하였다. 이러한 평가제도는 2003년 「국가채권관리법」의 개정에서 도입되었다.

연체채권의 대부분을 차지하고 있는 조세채권에 대한 관리를 강화해야 하는데, 이를 위해서는 은닉재산의 조사 강화, 고액체납자 명단의 공개 등이 필요하다.

2. 한국의 국가채무관리

1) 국가채무의 의의

국가채무는 재정적자가 누적되어 발행한 국가의 부채를 말한다. 일반적 의미의 채무(debt)는 다른 사람에게 빚진 금액을 말하고, 회계적 의미의 부채(liability)는 화폐단위로 표시된 법적 의무를 말한다. 우리나라 「국가재정법」에서는 국가채무로 표기하고 있다.[35]

그동안 우리나라 국가회계는 현금주의 · 단식부기 회계방식을 적용하다가 재정정보의 종합성과 체계성이 미흡하다는 지적에 따라 발생주의 · 복식부기 회계방식을 도입한 「국가회계법」을 제정(2007년)하고 이 회계원칙을 적용한 국가재무제표를 2011회계연도 결산부터 적용하고 있다.

---

35 우리나라는 국가채무에 ㉠ 국가의 회계 또는 기금의 발행채권, ㉡ 차입금 및 국고채무부담행위, ㉢ 정부의 대지급(代支給) 이행이 확정된 국가보증채무는 포함시키고 있다. 그러나 ㉠ 중앙관서의 장이 관리 · 운용하지 않는 회계 또는 기금, ㉡ 재정증권 또는 한국은행으로부터의 일시차입금, ㉢ 채권 또는 차입금 중 국가의 다른 회계 또는 기금이 보유하고 있는 때는 국가채무에서 제외시키고 있다.

표 14-1 발생주의와 현금주의, 복식부기와 단식부기 비교

발생주의	현금주의
• 거래 또는 사건 발생시점에 기록 –현금 출납 없어도 거래발생 때 기록 –경제적 실질 가치로 자산과 부채 표시	• 현금의 유출입 시점에만 회계처리 –현금 출납이 있어야 기록 –취득원가로 기록 후 가액 불변
복식부기	**단식부기**
• 수입과 지출을 자산 · 부채 · 수익 · 비용과 연계 –자산 · 부채의 변동을 동시 기록 –대차평균원리에 따라 자동 검증 –재무제표(명세서) 간 연계 정보의 일치	• 수입과 지출 사실만을 기록 –자산 · 부채는 별도 기록 –연계 정보 불일치 가능성 존재

주 : 발생주의와 복식부기는 별개의 개념인데 발생주의 회계를 적용하기 위해서는 복식부기가 필요하다.

공무원연금이나 군인연금 등 정부가 고용주로서 일반정부에 포함되는 직역연금의 충당부채는 우리나라의 공식적인 국가채무에는 포함시키지 않고 있다.[36]

OECD 회원국(34개국) 중 직역연금의 충당부채를 공식적인 국가부채에 포함시키는 나라는 3개국(호주, 뉴질랜드, 아이슬란드)에 불과하다. 발생주의 회계를 도입한 대부분의 나라는 연금 충당부채를 재무제표상에는 반영하지만 공식적인 국가부채로는 계상하지 않는다는 것이다. 국가채무의 규모가 다른 나라와 비교되어 국가신인도에 미치는 영향을 고려할 때 우리나라 정부가 충당부채를 국가채무에서 제외시키는 것은 의미가 있다.

2) 국가채무의 종류

(1) 국채

국채(國債) 또는 공채(公債)는 재정수지상의 세입부족액을 보전(補塡)하고 수지균형을 도모하기 위해 국가가 발행하는 채권이다. 통화안정채권(정식 명칭은 통화안정증권, 약칭은 통안채)은 한국은행이 통화량을 조절하기 위하여, 특수채는 공기업이 발행한다. 국공채(國公債)라고 하면 국채, 정부가 그 원리금의 상환을 보증한 채권, 지방자치단체가 발

36 국가회계기준이 2011년 결산부터 IMF의 정부재정통계기준(Government Finance Statistics)인 'GFS 1986'에서 'GFS 2001'로 전환되었다. 'GFS 2001'은 UN의 국민계정통계기준(System of National Account)에 따라 'GFS 1986'을 보완한 것이다. 기존에는 중앙정부와 지방자치단체의 채무만을 국가부채로 하였으나, 'GFS 2001'에 따라 공공기관의 부채도 국가부채에 포함된다.

GFS는 한 나라의 지속가능한 재정운영 상황을 모니터링할 수 있는 체계로서 국제기구에서도 중요시 하고 있다. GFS는 세 차례 개정되었다. GFS 1986(현금주의 기준) → GFS 2001(발생주의 기준) → GFS 2014(발생주의 기준의 구체화)로 개정되었다.

행한 채권을 통틀어 말한다. 적자재정 상태가 되어 필요한 재원을 마련하기 위해 발행하는 국채를 적자국채(赤字國債)라고 한다.

이미 발행된 국채의 원리금을 갚기 위해 발행하기도 하는데, 이런 국채를 차환국채(借換國債)라고 한다. 이것은 빚을 갚기 위해 발행하는 것이므로 이로 인해 부채가 늘어나는 것은 아니다.

적자국채를 발행하면 국가부채가 늘어난다. 국가부채가 늘어난다고 반드시 문제가 되는 것은 아니지만 국채발행 규모가 지나치게 많으면 채권값 하락을 초래하고 이는 곧 시중금리 상승으로 이어진다. 금리가 오르면 대출이자 부담이 커져 가계와 기업에 부담을 준다. 남부유럽 일부 국가들이 재정위기를 겪고 있는 이유는 오랫동안 누적된 재정적자와 대규모 국채발행으로 국가부채가 과도해졌기 때문이다.

따라서 국채발행을 통제해야 한다. 국채는 공공자금관리기금의 부담으로 기획재정부장관이 발행한다. 국채를 발행할 때에는 국회의 의결을 받아야 하고, 공개시장에서 발행하는 것을 원칙으로 한다(국채법 제3조).

국가의 회계(일반회계와 특별회계)나 기금 또는 특별계정을 관리하는 중앙관서의 장은 국채를 발행할 필요가 있다고 인정되는 때에는 발행한도액, 발행요청액, 액면금액의 종류, 소화계획, 원리금상환계획 등을 명시하여 기획재정부장관에게 그 발행을 요청해야 한다(국채법 시행령 제2조).

우리나라에서 현재 발행되고 있는 국채는 국고채권, 국민주택채권(제1종과 제2종), 외화표시 외국환평형채권으로 구분된다.

국고채권(국고채)은 정부가 정책수행에 필요한 자금을 마련하기 위해 발행하는 채권으로, 만기는 5종(3년, 5년, 10년, 20년, 30년)이고, 금리는 1.79%(2015년 평균, 3년 만기)로 시장금리(2.08%)보다 약간 낮은 수준이다.

국고채는 국채 중 가장 비중이 크고, 안전한 채권으로 인식되어 가장 활발하게 거래되고 있다. 국고채가 투자자들에게 인수되는 시장을 국고채발행시장이라고 하는데, 장외시장과 장내시장이 있다. 장외시장은 모든 금융회사가 참여할 수 있고 투자자들 사이에 직접 매매가 이루어진다. 장내시장(국채전문유통시장)은 국고채 딜러회사인 은행과 증권사만 참여할 수 있고, 다른 금융회사나 개인 투자자들은 딜러회사를 통한 위탁매매로 참여할 수 있다. 국채전문유통회사는 국고채 거래의 투명성을 높이고 거래를 활성화시키기 위해 한국거래소가 만든 것이고, 전자거래시장은 국채 딜러가 인터넷을 통해 직접 채권을 거래하는 시장을 말한다.

국민주택채권은 임대주택을 짓고, 전세자금 대출을 지원하는 등 서민의 주거생활 안

정을 목적으로 국민주택기금의 부담으로 발행한다.[37]

외국환평형채권(외평채)은 원화표시 외국환평형채권과 외화표시 외국환평형채권이 있다. 만기가 10~20년이고 시장금리를 적용한다. 원화표시 외평채는 환율하락 때 외환을 사들여 환율상승을 도모하기 위해 발행되는 것으로, 국채시장의 활성화를 위해 국고채로 통합되면서 2003년부터 일시적으로 중단되었다.

외화표시 외평채는 외국환평형기금의 부담으로 발행되며 외환위기 이후 외환보유액을 확충하기 위해 발행되기 시작하였다. 현재는 민간기업이 국제금융시장에서 발행하는 채권의 기준금리 역할을 하고, 외국인 투자자의 확대를 위해 발행하고 있다.

(2) 차입금

차입금(借入金)은 정부가 채권발행 이외의 방법으로 민간이나 해외로부터 빌려오는 자금으로, 차입대상에 따라 국내차입금과 해외차입금으로 구분된다.

국내차입금은 정부가 한국은행 등 국내 금융기관이나 민간기금에서 차입하는 자금이고, 해외차입금(차관)은 IBRD(International Bank for Reconstruction and Development), ADB(Asian Development Bank), 외국정부, 외국법인 등으로부터 차입하는 자금이다.[38] 국내차입금은 다시 한국은행차입금(장기차입금, 일시차입금)과 기타차입금(사립학교교원연금차입금, 수출보험기금차입금, 한국산업은행차입금, 국민체육진흥기금차입금)으로 세분할 수 있다. 일시차입금(一時借入金)은 일사적으로 세출이 세입을 초과하여 자금이 부족할 때 한국은행으로부터 자금을 빌려 사용하고 그 해의 수입으로 상환해야 하는 것을 말한다.

해외차입금(海外借入金)은 공공차관(公共借款)을 말한다. 공공차관은 정부나 법인(지방자치단체 포함)이 외국정부, 경제협력기구, 외국법인으로부터 도입하는 차관을 말한다. 공공차관은 정부가 직접 도입하는 재정차관(財政借款)과 정부의 지급보증하에 법인이 도입하는 보증차관(保證借款)으로 구분된다. 해외차입금은 일반적으로 재정차관을 의미하

---

37 국민주택채권 제1종은 부동산 등기나 건축허가 신청자가 의무적으로 매입해야 하는 채권(만기 5년)으로 2004년에 시작되었다. 제2종은 면적 85㎡ 이상의 주택을 분양받을 때 매입하는 채권(만기 20년)으로 1989년에 시작되었다.

38 IBRD(국제부흥개발은행, 일명 세계은행)는 UN 산하기관으로 본래 제2차 대전 이후 황폐화된 국가들의 재건비용을 조달해 주어 경제부흥과 개발촉진을 목적으로 미국을 중심으로 연합국들이 1945년 12월 27일 설립하였다. 그 재원은 회원국(188개국)들이 내는 자금이다. 현재는 주로 개발도상국의 공업화를 위하여 융자를 해 주고 있다. 왜 미국 대통령이 세계은행 총재를 계속 임명하는가? 설립 당시 미국의 영향력이 압도적이었고, 미국의 지분율이 가장 높고(약 16%), 미국만이 거부권(최종 결정권)을 가지고 있기 때문이다. 국제기구의 장을 미국이 독점하는 것에 대해 유럽 국가들이 반발하자 미국은 IMF 총재는 유럽 국가에서 추천하는 유럽인이 맡을 수 있도록 양보하였다.

ADB(아시아개발은행)는 1966년에 아시아와 태평양 인근의 개발도상국의 경제발전과 협력을 촉진한다는 목적으로 UN의 아시아태평양 경제사회이사회(ESCAP)의 지원을 받아 창립되었다.

고 보증차관은 보증채무로 분류된다.

역외금융(域外金融)은 국내은행들이 외국에서 돈을 빌려 국내에 들여오지 않고 제3국의 자본시장에서 운용하는 자금을 말하는데, IMF는 통상 역외금융도 외채에 포함시키고 있다.

대외채무(對外債務)는 흔히 외채(外債)라고도 하는데, 통상적으로는 정부나 금융기관 또는 기업이 외국으로부터 차입한 돈을 말한다. 외국인들이 국내에서 주식투자를 위해 가지고 온 자금과 외국인들의 직접투자자금은 포함되지 않는다.

외채와 관련하여 흔히 문제가 되는 현지금융(現地金融)은 IMF 기준의 외채에도 포함되지 않는다. 현지금융은 국내기업의 외국현지법인이 현지에서 돈을 빌려 그곳에서 사용하는 것이다. 현지법인은 그 나라의 법에 따라 설립된 기업이므로 외국기업이나 마찬가지로 보는 것이다. 만일 현지법인이 빌린 돈을 갚지 못하면 국내 모기업이 대신 갚아야 하므로 국내기업의 빚으로 볼 수 있다.

(3) 국고채무부담행위

국고채무부담행위(國庫債務負擔行爲)는 국가가 법률에 따른 것과 세출예산금액 또는 계속비의 총액의 범위 밖의 채무를 부담하는 행위를 말한다. 이때 미리 예산으로써 국회의 의결을 얻어야 한다. 또 재해복구를 위해 필요한 때에도 회계연도마다 국회의 의결을 얻은 범위에서 채무를 부담하는 행위를 할 수 있다(국가재정법 제25조).

국고채무부담행위는 재정사업의 계약은 해당 연도에 체결하지만 지출은 다음 연도에 이뤄지게 하는 행위다. 국가가 예산의 확보 없이 채무를 지는 것이므로 국회의 의결을 얻어야 한다.

(4) 보증채무

보증채무(保證債務)는 정부가 주채무자의 채무이행을 보증한 채무를 말한다. 국가가 보증채무를 부담하고자 하는 때에는 미리 국회의 동의를 얻어야 한다(국가재정법 제92조).

보증채무는 일반적으로 채권발행에 대한 지급보증(보증채권), 차관에 대한 지급보증(보증차관), 일반보증채무로 나누어진다.

보증채권(구조조정채권이 대부분)은 금융 구조조정을 위하여 정부의 지급보증하에 예금보험공사와 한국자산관리공사가 발행한다. 보증차관은 국내 법인이 도입하고 정부가 지급을 보증하는 차관이다. 일반보증채무는 차관 외의 일반적인 차입에 대한 채무보증을 의미한다.

(5) 통화안정증권

통화안정증권(通貨安定證券)은 한국은행이 통화량을 조절하기 위하여 금융기관이나 일반인을 대상으로 발행하는 증권이다. 경상수지 흑자나 외국인 투자자금의 유입 등으로 시중에 유동성(현금)이 늘어나면 이 증권을 발행하여 유동성을 흡수하고, 반대로 유동성이 부족하면 이 증권을 상환함으로써 유동성을 공급한다(한국은행법 및 한국은행통화안정증권법).

통화안정증권(통안채)은 한국은행이 자신의 신용으로 발행하기 때문에 정부가 발행하는 국채와 다르고, 국가부채에도 포함되지 않는다. 그것은 국가부채는 직접적인 정부의 부채로 한다는 IMF 기준 때문이다. 다른 나라에는 통화안정증권이라는 개념 자체가 없다.

통화안정증권의 발행규모가 적을 때는 문제가 부각되지 않았으나 그 규모가 외환위기 극복과정에서 급격히 늘어났고, 그 이자 부담도 계속 커지고 있다. 이에 따라 학계에서는 통화안정증권 발행분도 국채에 포함시켜 관리해야 한다고 지적해 왔다. 이 증권도 한국은행의 자체 상환이 어렵게 되면 결국 국가부채가 된다. 공적자금 중 회수가 불가능한 일부는 국채로 전환되어 세금으로 갚아나가고 있는 것과 마찬가지다. 그래서 통화안정증권은 흔히 '잠재적 국가부채' 또는 '은폐된 국가부채'라고 한다.

(6) 지방정부 순채무

지방정부 순채무는 지방정부의 지방채 및 지방교육채 잔액에서 중앙정부에 대한 채무잔액을 차감한 것이다. 「국가재정법」에 따른 국가채무의 범위에 속하지는 않지만, 국제비교 등을 위해 우리나라에서는 국가채무관리계획에서 1997년 이후 매년 지방자치단체 순채무를 국가채무에 포함시키고 있다.

3) 국가채무 현황

우리나라의 국가채무 비중은 OECD 국가들에 비하면 상대적으로 낮은 편이다.[39] 그러나 국가채무 증가속도가 매우 높아 향후 재정건전성에 대하여 더 많은 관심을 기울일 필요가 있다. 그리고 대외채무 중 단기채무의 비중(외환보유액 대비 단기채무 비중 32% 내외)이 높은 것도 우려된다.

---

39 2015년 기준 우리나라의 국가채무(general government gross financial liabilities)는 GDP 대비 38.5%로, 이는 일본(233.8%), 미국(110.1%), OECD 국가 평균(112.7%) 등에 비하여 낮은 수준이다. 그러나 국가채무 증가속도(2000~2014년)는 OECD 국가 중 여섯 번째로 높은 증가율(12.0%)을 보였다. 국가채무 증가율이 재정위기를 겪고 있는 스페인(7.5%), 그리스(6.0%), 이탈리아(3.6%) 등 남유럽 국가보다도 높았다(OECD, *Economic Outlook*, No. 98, November 2015).

우리나라는 급격한 인구고령화와 복지수요 확대를 고려할 때 국가채무가 급격히 증가할 수 있다. 국가채무가 증가한다고 반드시 나쁜 것만은 아니다. 소비와 투자 위축으로 경기가 침체되면 정부는 부채가 일시적으로 늘어나더라도 재정지출을 늘려 경기를 회복시켜야 한다. 물론 그럼에도 불구하고 성과가 나타나지 않으면 재정적자만 늘어나고 결국 국가부채만 증가시킨다.

국가채무 중 향후 조세 등 실질적인 국민의 부담으로 상환해야 하는 적자성 채무(일반회계 적자보전, 공적자금 국채전환 등)의 비중이 대응재산으로 상환할 수 있는 금융성 채무(외평기금채권, 국민주택기금채권 등)의 비중보다 크다는 것도 문제다.[40]

현재 우리나라의 국가채무 통계는 IMF의 GFS 2001을 기본적인 기준으로 하는 '발생주의 일반정부 부채' 통계를 2011회계연도부터 적용하고 있다. 이것은 회계기준을 현금주의에서 발생주의로 전환하여 미지급금과 예수금 등의 발생주의 부채항목도 포함하며, 정부 기능을 수행하는 비영리공공기관의 부채도 포함한다. 아울러 지방재정도 중앙정부와 동일한 기준으로 비영리공공기관을 포함한다.[41]

정부는 GFS 2001을 기본적인 기준으로 하는 발생주의 일반정부 부채 통계와 함께 기존의 GFS 1986에 따른 현금주의 국가채무 통계도 계속 작성하여 국가재정운용계획이나 국가채무관리계획 등에 활용하고 있고, 결산 때 작성되는 재무제표상 부채는 적극적인 재정위험관리 판단자료로 활용하고 있다.[42]

국가채무, 일반정부 부채, 공공부문 부채는 각각 그 포괄범위가 달라 국가채무 규모에 큰 차이가 있다. 공공부문은 일반정부(중앙정부+지방정부)와 비금융공기업이 포함된다.[43]

---

40 2016년 예산 국가채무는 644.9조원(GDP 대비 40.1%)로 전망되는데, 그중 적자성 채무는 373.6조원(일반회계 적자보전 284.5조원, 공적자금 국채전환 49.4조원, 기타 34.4조원)으로 국가채무의 57.9%, 금융성 채무는 271.3조원(외평기금채권 210.2조원, 국민주택기금채권 62.7조원, 기타 1.6조원)으로 국가채무의 42.1%를 차지하였다.

일반회계 적자국채가 크게 증가하고 있고(2010~2016년 연평균 증가율 15.5%), 금융성 채무는 외국환평형기금의 채무(2010~2016년 연평균 증가율 9.7%)가 크게 증가하고 있다.

41 종전에는 국가채무 통계를 IMF의 GFS 1986을 기준으로 작성하였다. 그러나 이 방식은 현금주의를 따르기 때문에 상환시기와 금액이 확정된 채무(debt)만을 인식하여 포괄범위 및 작성방식이 다른 국가들과의 국제비교를 어렵게 해왔고, 특히 국가 간 비교에 널리 활용되는 OECD의 '일반정부 부채' 통계와의 차이를 초래하였다. 그리고 국가채무에 일반회계 · 특별회계 및 중앙관서의 장이 관리하는 기금의 확정채무만 포함하고 있어 포괄범위가 지나치게 협소하다는 지적이 계속되어 왔다. IMF의 GFS 1986을 기준으로 하면 보증채무(保證債務)는 이행청구를 받기 전까지는 국가채무에 포함되지 않으며, 사회보장제도의 암묵적 채무(준비금 부족)도 국가채무에서 제외된다.

42 이와 함께 UN의 SNA 2008(국민계정체계, System of National Accounts), EU의 ESA 1995(European System of Accounts)도 보조기분으로 활용하고 있다.

43 2014회계연도 결산 기준으로 발생주의 회계에 따른 우리나라의 공공부문 부채는 957.3조원(GDP의

표 14-2 국가채무, 일반정부 부채, 공공부문 부채

구분		국가채무	일반정부 부채	공공부문 부채
산출근거		국가재정법 (1986 GFS)	국제기준 (2001 GFS, PSDS)	국제기준 (PSDS)
회계기준		현금주의	발생주의	발생주의
포괄범위	중앙정부	일반회계 특별회계 정부관리기금	일반회계 특별회계 정부관리기금 공공기관관리기금 비영리공공기관	일반회계 특별회계 정부관리기금 공공기관관리기금 비영리공공기관
	지방· 교육자치단체	일반회계 특별회계 기금 교육비특별회계	일반회계 특별회계 기금 교육비특별회계 비영리공공기관	일반회계 특별회계 기금 교육비특별회계 비영리공공기관
	비금융공기업	제외	제외	포함
부채항목	국채	포함	포함	포함
	차입금	포함	포함	포함
	공채	제외	포함	포함
	공적연금의 충당부채	제외	제외(별도 부기)	제외(별도 부기)
	그 밖에 발생주의 부채항목	제외	포함	포함
	연기금의 보유국공채	포함	제외	제외

주 : 1) PSDS는 IMF 등 국제기구의 공공부문 부채 작성지침(Public Sector Debt Statistics).
2) 정부관리기금(42개) : 고용보험기금, 공공자금관리기금, 공적자금상환기금, 과학기술진흥기금, 관광진흥개발기금, 국민건강증진기금, 국민연금기금, 국민주택기금, 국유재산관리기금, 군인복지기금,

---

64.5%)이었다. 공공부문 부채는 ㉠ 일반정부 부채+㉡ 비금융공기업 부채+㉢ 일반정부와 비금융공기업 간 내부거래로 계산한다.

㉠ 일반정부 부채(중앙정부 부채+지방정부 부채+중앙과 지방 간 내부거래)는 620.6조원(GDP 대비 41.8%)이었다.

㉡ 비금융공기업 부채는 408.5조원(중앙정부 123개 366.3조원+지방정부 50개 49.4조원+내부거래 △7.3조원)이었다.

㉢ 일반정부와 비금융공기업 간 내부거래는 △71.7조원이었다.

중앙정부 부채는 569.3조원(회계와 기금 525.8조원+비영리공공기관 165개 54.4조원+내부거래 △10.9조원)이었다. 지방정부 부채는 58.6조원(지방자치단체 45.9조원+지방교육자치단체 12.2조원+비영리공공기관 87개 1.2조원−내부거래 0.8조원)이었다. 2014회계연도 결산 기준으로 국가재정법상 현금주의에 따른 국가채무는 533.2조원(GDP 대비 35.9%)과는 차이가 크다(국회예산정책처, 2016 경제재정수첩, 2016.3.31.).

군인연금기금, 남북협력기금, 농산물가격안정기금, 농어가목돈마련저축장려기금, 농어업재해재보험기금, 농지관리기금, 대외경제협력기금, 문화재보호기금, 방사성폐기물관리기금, 방송통신발전기금, 범죄피해자보호기금, 보훈기금, 복권기금, 사법서비스진흥기금, 산업기술진흥 및 사업화촉진기금, 석면피해구제기금, 수산발전기금, 순국선열 · 애국지사사업기금, 쌀소득보전변동직불기금, 양곡증권정리기금, 여성발전기금, 외국환평형기금, 원자력연구개발기금, 응급의료기금, 임금채권보장기금, 자유무역협정이행지원기금, 장애인고용촉진 및 직업재활기금, 전력산업기반기금, 정보통신진흥기금, 지역신문발전기금, 청소년육성기금, 축산발전기금.

3) 공공기관관리기금(공기업, 준정부기관, 기타공공기관)(22개) : 공무원연금기금, 국민체육진흥기금, 국제교류기금, 근로복지진흥기금, 금강수계관리기금, 기술보증기금, 낙동강수계관리기금, 농림수산업자신용보증기금, 무역진흥기금, 문화예술진흥기금, 사립학교교직원연금기금, 사학진흥기금, 산업기반신용보증기금, 소상공인시장진흥기금, 신용보증기금, 언론진흥기금, 영산강 · 섬진강수계관리기금, 영화발전기금, 예금보험기금채권상환기금, 주택금융신용보증기금, 중소기업창업 및 진흥기금, 한강수계관리기금.

자료 : 국회예산정책처,「대한민국 재정 2016」(2016.3.14.).

4) 국가채무관리

(1) 외채관리

IMF는 외채의 적정수준으로 GDP의 35~40%를 권고하고 있다. 그러나 금융계에서는 핫머니(hot money, 금리나 환율 변동을 노리고 이동하는 투기성 국제적 단기금융자금)에 의하여 좌우된 현상을 고려하면 지속적인 경제성장을 위해서는 GDP의 20~25%가 적정하다고 한다.

외채상환 능력은 대체로 수출 대비 외채비율을 주요 지표로 측정한다. 외채상환 부담이 가중되어 경제성장이 위협 받게 되면 자본축적이 이루어지지 않아 외채를 갚을 능력이 위축된다. 따라서 장기적인 관점에서 경제성장 전략과 외채상환 문제를 함께 고려해야 한다.

채무상환 능력이 없어지면 디폴트를 당하게 된다. 디폴트(default)는 은행융자 등에 있어서 계약상 원금의 변제시기, 이자의 지불시기 등이 확정되어 있는데 채무자가 원리금을 계약대로 이행할 수 없는 상태를 말한다.

디폴트가 예상되면 정부가 나서서 대외적으로 모라토리엄(moratorium)을 선언하고 채무를 일시적으로 재조정하게 된다. 이것은 경제가 극도로 불리할 때 채무자를 보호함으로써 전반적 파산을 방지하기 위하여 취하는 비정상적인 조치다.[44]

---

44 디폴트(채무불이행)는 채무자가 민간기업이라면 경영부진이나 도산 등이 원인이며, 국가라면 전쟁이나 혁명 또는 외환준비 고갈에 의한 지급불능이 원인이 된다. 채권자가 디폴트 상황이 발생했다고 판단하여 채무자나 제3자에게 알려주는 것을 '디폴트 선언'이라고 한다. 미국 상업은행은 1979년 이란에 대해 디폴트 선언을 하였다. 디폴트는 국가부도를 의미한다.

모라토리엄(채무지급유예)은 국가 또는 지방정부가 외부로부터 빌려온 차관 또는 자금에 대해 일시적으

(2) 국가채무관리

정부는 건전재정을 유지하고 국가채권을 효율적으로 관리하며 국가채무를 적정수준으로 유지하도록 노력해야 한다(국가재정법 제86조). 이를 위하여 기획재정부장관은 매년 국가채무관리계획을 수립하고, 국회가 예산안을 심의할 때 참고할 수 있도록 국가재정운용계획과 함께 국회에 제출하도록 하고 있다(국가재정법 제91조).

그리고 국가결산보고서에 국가채무관리보고서를 첨부하도록 규정(국가회계법 제15조의2 제4항)하여 결산심의 때도 국가채무 현황 및 관리 실태를 점검할 수 있도록 하고 있다.

국가채무를 적정수준으로 관리하기 위해서는 체계적인 관리계획이 수립되어야 한다. 국가채무관리는 크게 총량관리와 부문별관리로 나눌 수 있다.

총량관리는 정부가 재정수지 균형 달성과 국가채무의 점진적 축소를 위해 세입기반 확충, 세출구조 조정 등을 추진하는 것이다. 예컨대 재정수지 균형 달성 시기와 국가채무비율 40% 이내 유지 등을 정해 놓고 관리하는 것이다. 세입기반 확충을 위해서는 일자리 창출과 성장잠재력 제고를 통한 경제성장이 세수증대로 이어지는 선순환 구조가 정착되도록 관리하는 것이다. 그리고 세출구조조정은 재정사업 재검토, 투자우선순위 재조정으로 재원을 전략적으로 재배분하는 것이다.

부문별관리는 정부가 국가채무를 일반정부, 공공기관 등으로 구분하여 적정규모를 관리하는 것을 말한다. 기획재정부장관은 국가채무관리계획을 매년 수립해야 한다는 규정(국가재정법 제91조)에 따라 외평채 발행, 국채 발행 등의 규모를 계획하여 관리하고 있다.

그리고 국가채무는 금융성 채무와 적자성 채무로 구분된다. 금융성 채무는 융자금이나 외화자산처럼 채무에 대응하는 자산이 있기 때문에 상환을 위한 재원조성이 따로 필요하지 않지만, 적자성 채무는 채무에 대응하는 자산이 없어 세금으로 갚아야 하기 때문에 이는 곧 미래세대의 빚이 된다.

문제는 국가채무가 빠르게 증가하고 있다는 것이다. 국가채무비율이 경제성장률보다 높은 수준(매년 10% 정도)으로 높아지고 있다.

우리나라도 재정건전성 확보를 위해 재정준칙을 법제화해야 된다는 주장이 제기되고

로 채무상환을 연기하는 것을 말한다. 전쟁 · 천재 · 경제공황 등 국가 전체 또는 어느 특정 지역에서 긴급사태가 생겼을 때 국가권력을 발동하여 일정기간 동안 금전적인 채무이행을 연장하는 것이다. 라틴어로 지체한다는 의미의 'morai'에서 파생된 말로, 원래 프랑스에서 비롯된 제도인데, 현재 각국에서 채용하고 있다. 모라토리엄을 선언하면 국가신인도 및 금융회사들의 신용도가 하락하여 대외적으로 정상적인 거래가 마비된다. 이에 따라 수출이 어렵게 되고 물가는 치솟으며, 화폐가치는 급락한다. 모라토리엄의 예는 1931년 대공황에 대처하기 위한 후버 모라토리엄, 1933년 독일의 배상금 지급과 관련한 트랜스퍼 모라토리엄, 1982년 중남미국가들(멕시코 · 브라질 · 아르헨티나 · 베네수엘라), 1998년 러시아, 2009년 아랍에미리트의 두바이 등이다.

있다. 내부적으로는 균형재정에 도달할 때까지 지출증가율을 수입증가율보다 3%p 이상 낮게 유지한다는 준칙을 두고 있지만 법적 구속력이 없다. 이미 70여 개국에서 국가채무를 억제하기 위한 준칙을 운용하고 있고, 독일은 정치권이 법률로 쉽게 바꾸지 못하도록 헌법에 국가부채 제한규정을 두고 있다. 포퓰리즘에 물든 정치인들에게 나라살림을 맡겨두면 재정건전성이 급속히 악화될 우려가 있다는 의미로 보인다.

국회예산정책처의 장기 재정전망을 보면 2060년이면 국가채무가 GDP 대비 218%로 높아진다. 따라서 「국가재정법」에 국가채무를 규제할 수 있는 규정을 만들어야 한다.

(3) 국가보증채무관리

국가보증채무(國家保證債務)는 정부가 주채무자의 채무이행을 보증한 채무를 말하며, 대지급(代支給) 이행이 확정되기 전까지는 국가채무에 포함되지 않는다. 정부가 채무를 보증하기 위해서는 「헌법」 제58조와 「국가재정법」 제92조에 따라 미리 국회의 동의를 얻어야 한다. 기획재정부장관은 국가보증채무의 부담 및 관리에 관한 국가보증채무관리계획을 작성해야 한다.[45]

국가보증채무관리계획은 해당 회계연도부터 5회계연도 이상의 기간에 대한 보증채무의 전망과 산출 근거 및 관리계획 등을 포함하여 작성해야 한다. 채무의 이행에 대한 국가의 보증을 받고자 하는 채무자 또는 채권자는 채무의 범위, 채권자명, 채무자명, 상환 또는 회수계획 등을 미리 소관 중앙관서의 장의 의견을 받아 채무보증신청서를 기획재정부장관에게 제출해야 한다. 기획재정부장관은 그 주채무(보증을 받고자 하는 채무)를 국가가 보증할 필요가 있다고 인정할 때에는 국무회의의 심의를 거쳐 대통령의 승인을 얻은 후 국회의 동의를 얻기 위하여 필요한 절차를 이행해야 한다(국가재정법 시행령 제44조).

보증채무는 우발적으로 나타나므로 미래의 보증채무를 전망하기는 매우 어렵다. 그래서 재정위험요소를 체계적으로 관리하기 위하여 국가보증채무관리계획을 수립하도록 하였다.

(4) 국가채무 위험관리

국가채무 위험관리는 정부가 부담하는 재무위험(시장위험과 차환위험)을 최소화하기 위하여 국가채무 포트폴리오(portfolio)를 적정하게 구성하고, 국채시장을 선진화하는 것

45 2016년 우리나라 보증채무는 26.5조원(GDP 대비 1.6%)이었다. 이 중 예금보험기금채권상환기금채권의 보증잔액 13.6조원, 한국장학재단채권의 보증잔액 12.9조원, 수리자금 0.03조원이었다(기획재정부, 2015~2019년 국가보증채무관리계획).

을 목적으로 한다. 시장위험은 이자율이나 인플레이션 변동이 채무비용에 미치는 영향이고, 차환위험은 차환국채나 높은 금리로 발행되거나 차환 자체가 이루어지지 않게 되는 위험을 말한다.

예산정책처 홈페이지에 게시되어 있는 국가채무시계(2013년 9월부터 게시)는 지금도 1초당 약 160만원씩 늘어나고 있다. 국가채무비율은 2001년 GDP 대비 16.4%였다가 2016년 40%를 넘었다.

EU가 권고하는 국가채무 위험수준은 GDP 대비 60%이다. OECD 회원국 평균은 114.6%(2015년 기준)이다. 그러나 우리나라 국가채무에 공공기관 부채, 지방공기업 부채 등을 포함시키면 위험수준을 넘는다. 또 지금처럼 저성장이 지속되는 가운데 복지 지출을 늘려 가면 국가채무는 급격히 팽창할 수밖에 없다.

정부는 재정준칙을 도입하겠다고 하였다. 재정준칙(fiscal rules)은 총량적 재정지표(재정수입, 재정지출, 재정수지, 국가채무 등)를 이용하여 재정정책을 통제하는 것을 말한다. 그리고 페이고 준칙(pay-as-you-go rule)도 법제화할 필요가 있다. 페이고 준칙은 새로운 지출의무의 증가(세입 감소)는 다른 지출의무의 감축(세입 증가)을 통해 상쇄되어야 한다는 것으로, 돈 쓸 일(의무지출)을 계획할 때 재원조달방안도 함께 마련하도록 하는 것을 말한다.[46]

우리나라는 국가채무의 96% 정도가 국채이고, 국채의 78% 정도가 국고채이므로 국가채무 위험관리는 국고채가 그 중심이다. 국가채무 위험관리 전략은 다음과 같다.

첫째, 국고채 만기(滿期)를 장기화하고 만기가 일시에 도래(到來)하는 것을 완화시키는 것이다.

둘째, 국고채 투자 상품을 다양화하는 것이다.

셋째, 국고채 시장의 유동성 및 효율성을 높이는 것이다. 정부는 재정자금을 안정적으로 조달하고 비용을 절감하기 위하여 국고채 통합발행제도와 국고채 전문딜러제도를 운영하고 있다.[47]

---

46 fiscal rules은 그 목표에 따라 수입준칙, 지출준칙, 재정수지준칙, 채무준칙 등으로 구분할 수 있다. 스웨덴 · OECD · 미국 · 영국 · 독일 · 일본 등 많은 나라에서 도입하고 있다. Pay-go 준칙은 의무지출에 변화를 주는 법률안이 재정수지에 중립적이어야 한다는 것을 말한다. 미국은 페이고 준칙을 「예산강제집행법」(Budget Enforcement Act of 1990)을 통해 도입하여 한시적(1991~1995년)으로 적용한다고 했다가 1998년까지, 다시 2002년까지 연장하여 시행하였고, 2019년에 법률로 부활하였다.

47 국고채 통합발행제도는 국고채 시장의 유동성을 높이기 위해 일정기간 발행된 국고채의 발행일, 만기 및 표면금리를 동일하게 하여 종목당 발행물량을 확대하는 제도이다. 국고채 전문딜러(primary dealer)는 국고채 발행시장에서 입찰 참여 등 혜택을 받는 대신 국고채 유통시장에서 시장조성 의무가 있다.

(5) 외환보유액 관리

외환보유액(外換保有額)은 외화 유동성 부족에 대비하여 정부가 보유하고 있는 외화자산(금, 달러, 엔, 유로 등)을 말한다.

한국은행 정의에 따르면 '외환보유액은 중앙은행이나 정부가 국제수지 불균형을 보전하거나 외환시장 안정을 위해 언제든지 사용할 수 있도록 보유하고 있는 대외지급준비자산'이다. 외환보유액은 한 나라의 대외지급능력을 보여주는 대표적 지표로서 국민경제의 안전판인 동시에 국가신인도를 높이는 역할을 한다.

국제수지 적자가 계속되어 달러가 부족하게 되고 그래서 원자재 등을 구입할 수 없을 때 중앙은행이나 정부가 보유하고 있는 외환보유액으로 결제할 수 있고, 또 환율이 급격하게 변동할 때 달러를 사들이거나 파는 등 외환시장 안정을 위해서도 사용할 수 있다.

외환보유액은 무역수지(trade balance)의 흑자와 적자에 따라 늘어나기도 하고 줄기도 한다. 우리나라 경제는 무역의존도가 90% 내외이기 때문에 무역수지의 변동에 따라 영향을 많이 받는다.

우리나라는 외환 부족사태에 대비하여 중국 · UAE · 말레이시아 · 호주 · 인도네시아와 통화를 서로 교환할 수 있는 통화 스와프(swap)를 체결하고 있다. 통화 스와프는 일종의 마이너스 통장이다. 한국은행은 달러가 긴급하게 필요하면 스와프 협정 범위에서 FRB에 원화를 맡기고 달러를 빌려온 뒤 이것을 국내 금융기관에 대출해 주고 만기가 되면 상환을 받아 FRB에 되돌려 준다. 일본과의 통화 스와프는 2001년 20억달러(→2011년 700억달러) 규모로 시작된 후 양국이 외교적 갈등을 빚으면서 규모가 계속 축소되다가 한 번도 사용하지 않고 종료(2015.2.23.)되었다. 일본은 1997년에도 외교적 불화로 한국의 외채 만기 연장 요청을 거부한 일이 있었는데, 그것이 우리나라가 외환위기에 빠져드는 계기가 되었다.

외환보유액은 그 관리비용을 고려하면 많다고 좋기만 한 것은 아니다. 외환보유액을 늘리기 위해서는 한국은행이 달러를 사들이는 대가로 원화를 팔아야 한다. 이때 시중에 원화가 너무 많이 풀리면 인플레이션 우려가 있기 때문에 한국은행은 채권(통화안정증권)을 발행하여 달러를 사들인다. 이를 위해 지급하는 이자를 관리비용이라고 한다. 즉 통화안정증권을 발행하면서 지급해야 하는 조달금리(비용)가 외환보유액을 굴리는 운용금리(수익)보다 낮기 때문에 외환보유에는 비용이 든다. 수익성보다는 유동성과 안정성을 우선시할 수밖에 없기 때문이다.

미국은 필요하면 달러를 찍어내면 되므로 많은 외환을 보유할 이유가 없다. 유로화를 공동으로 사용하는 독일 · 프랑스 · 이탈리아 등은 유로화가 국제적으로 통용되고 있어 필요하면 어느 정도 찍어낼 수 있고 어느 한 회원국의 외환이 부족하면 서로 도와줄 수 있으므로 많은 외환을 보유할 필요가 없다. 반면에 국제결제 통화가 아닌 자국 고유의 통화를 사용하고 있는 나라들은 많은 외환을 보유하고 있다.[48]

IMF는 세계 각국이 외환을 과다하게 축적하지 않도록 외환위기 때 달러를 공급할 수 있는 방안(탄력대출제도, 예방대출제도)을 채택하였고, G20 재무장관부총재 회의(2011. 7.9~10.)에서 미국은 각국의 외환보유액 상한을 설정하자고 제안하였다.

탄력대출제도(Flexible Line)는 5개 분야(대외부문 안정성, 재정건전성, 통화부문 안정성, 금융부문 안정성, 감독체제 효과성, 통계부문 충분성)에서 적격판정을 받은 나라가 IMF에 대출을 신청하면 이행조건 없이 자금을 지원한다는 것으로 2009년에 채택하였다.

예방대출제도(Precautionary Credit)는 탄력대출제도의 5개 분야 중 3개 분야에서 적격판정을 받은 나라가 IMF에 대출을 신청하면 지원한다는 것으로 2010년에 채택하였다.

---

48 외환보유액의 적정수준은 보유목적, 현재의 경제상황, 미래의 환경변화 등에 따라 다르기 때문에 공통된 이론은 없다. 대체로 외환보유액의 적정수준을 산정하는 기준으로는 3가지가 있다. ㉠ IMF 방식은 3개월분 수입액, ㉡ Greenspan · Guidotti rule은 3개월분 수입액과 유동외채(1년 내에 갚아야 할 단기외채), ㉢ BIS 방식은 3개월분 수입액, 단기외채, 외국인 주식 및 채권투자금의 1/3을 합한 것을 산정기준으로 삼고 있다.

우리나라는 IMF 방식을 따르고 있다. 외환보유액 규모로 볼 때 2014년 기준 우리나라는 3636억달러로 7위(중국 · 일본 · 사우디 · 스위스 · 대만 · 러시아 · 한국 · 브라질 · 홍콩 · 인도 순)였다. 2016년 2월 말 기준으로는 3657억달러(중국은 3조 2308억달러)였다. 여기에는 금, 특별인출권, IMF포지션이 포함되어 있다.

IMF 포지션(IMF Position) 또는 IMF 리저브 포지션(IMF Reserve Position)은 IMF 가맹국이 IMF에 의무적으로 납입한 출자금의 일정 부분으로 출자한 국가가 필요하면 언제든 인출할 수 있는 수시 인출권을 말한다. 준비자산의 성격을 지니며, 리저브 트랑쉐(Reserve Tranche)라고도 한다. IMF 가맹국들은 IMF 쿼터의 25%를 금으로, 75%는 자국 통화로 납입한 뒤 금으로 출자한 몫에 해당하는 외화를 인출할 수 있었다. 이를 각각 '골드 트랑쉐', '슈퍼골드 트랑쉐'라고 한다. 이 둘을 합쳐 IMF 가맹국은 IMF가 보유하는 자국 통화가 쿼터의 100%가 될 때까지 자유롭게 인출할 수 있다. 1976년 1월 IMF 협정이 개정되면서 25%의 금납입이 폐지되고 원칙적으로 그 부분을 특별인출권(SDR: Special Drawing Rights)으로 납입하게 되었다. 그러나 종래 '골드 트랑쉐'와 '슈퍼골드 트랑쉐'의 자유인출제도는 그대로 유지되었고, '슈퍼골드 트랑쉐' 부분도 '리저브 트랑쉐'로 부르게 되었다. SDR과 IMF 포지션은 모두 IMF에 출자금을 낸 가맹국이 수시로 통화를 인출할 수 있는 권리를 말한다. 그러나 SDR은 IMF가 달러의 유동성 부족에 대비하기 위해 만든 국제준비통화로, 실제 거래에서 결제통화로 사용되지는 않는 반면, IMF 포지션은 실제 거래에 사용되는 통화로 인출할 수 있는 권리를 말한다.

한국경제연구원(2016.1.11.)은 '한국 경제의 위기 가능성 평가와 시사점'이라는 보고서에서 BIS기준에 따라 우리나라는 4433억달러의 외환을 보유하고 있어야 한다고 하였다.

그러나 정부는 중국, 인도네시아, 호주 등과 계약한 통화 스와프(swap)도 있으므로 현재의 외환보유액은 충분하다고 보고 있다.

제4절 예산정책

1. 예산정책의 의의

예산정책(budget policy)은 경제의 안정과 성장을 촉진하기 위하여 조세수입 및 지출수준을 확대 또는 축소시킴으로써 정부예산을 조정하는 것을 말한다(Shafritz, 1985: 211).

혼합경제체제(mixed economy)에서 정부가 국민경제에 영향을 미치기 위하여 사용하는 경제정책수단에는 예산정책 · 금융정책 · 규제정책 · 공기업정책 등이 있는데, 그중에서 예산정책(豫算政策)이 가장 광범위하고 효과가 크다. 특히 국내자본의 축적이 부족한 개발도상국에 있어서, 예산정책과 경제개발전략은 밀접한 관계가 있다.

경제발전을 위한 초기 투자재원은 주로 정부예산에 의하여 조달되어야 하나 개발도상국은 조세수입이 저조하기 때문에 자연히 적자재원에 의존하게 된다. 더구나 경제발전의 속도를 높이려면 중장기 경제개발계획을 수립하고 이를 국가가 강력하게 추진하는 것도 예산정책과 경제개발전략을 긴밀히 연결시키는 요인이 된다.

한국은 예산정책을 효과적으로 사용하여 경제개발을 촉진시킨 대표적인 나라다. 1960년대 초부터 시작된 경제개발계획에서, 사회간접자본과 기간산업의 건설 재원을 공공부문에서 조달하는 등 정부예산이 결정적인 역할을 담당하였다. 민간주도가 아니라 정부주도의 경제개발전략을 사용한 것이다.

초기 산업화과정에서 부족한 투자재원을 적자예산으로 충당하는 적자예산정책은 개발도상국의 입장에서는 불가피한 조치라고 할 수 있다.

적자예산정책(赤字豫算政策)은 1930년대 이래 세계적인 현상으로 굳어져 왔고, 현재에도 많은 나라에서 그러한 정책을 채택하고 있다.

정부의 예산도 가계나 기업의 예산과 마찬가지로 균형을 유지하는 것이 바람직하다. 그러나 정부는 국민경제의 안정과 성장을 책임지고 있는 만큼 불경기에는 적자예산을 통해서라도 경기를 회복시켜야 한다.

케인스는 그의 수정자본주의적 일반이론에서 적자예산정책이 경제에서 불황을 타개하는 만병통치약(panacea)인 것처럼 주장하였고, 그 이론은 오랫동안 지지를 받았다(Keynes, 1936).

적자예산정책은 단기간으로 볼 때 자본조달과 수요창출로 경기를 활성화시키는 효과를 갖고 있으나, 반면에 고질적인 인플레이션을 유발한다. 한국도 팽창예산정책(膨脹豫算政策)으로 경제는 고도성장을 이룩하였으나 국가채무가 크게 증가하였다.

경제가 불황에 접어들 때마다 정치계와 기업계는 정부에게 돈을 풀라고 주장하였고, 그때마다 정부는 이에 따름으로써 경기부진을 타개할 수 있었으나 급격한 인플레이션을 초래하였다. 그 결과 땅값이나 임금 등 생산요소의 가격이 계속 급등하여 마침내 노동집약형 산업의 국제경쟁력은 중국 등 후발국들에게 넘겨주고 말았다.

중진국에서 선진국의 문턱을 넘으려면 노동집약형 산업에서 자본집약형 산업으로 바뀌어야 하는데, 한국은 높은 인플레이션으로 인하여 발목이 잡혀 있는 상태가 되었다.

1980년대 말까지 한국과 대만 등 동아시아지역에서 적자에 의한 팽창예산정책을 지속하여 고도성장을 이룩한 나라일수록 거품경제가 부풀었는데, 그 거품이 1990년대에 들어오면서 급속히 꺼졌다.

제3공화국 이래 고도의 경제성장과 고도의 인플레이션에 견인차 역할을 한 것은 민간부문이 아니라 정부의 경제개발계획이었고, 이러한 계획의 핵심적인 정책수단은 정부의 예산정책이었다(안해균 외, 1994: 344).

현대국가들이 활용하는 예산정책상의 재량적 기본도구(basic tools)들은 예산지출 · 조세 · 차입금 등인데(Staplefork and Figura, 1983: 571), 그동안 여러 나라에서 잘 사용한 도구는 주로 차입금이었다.

여기에서는 우선 예산정책이론을 살펴보고 우리나라의 제5공화국 이후의 예산정책을 비교하고 예산정책이 국민경제발전에 어떠한 영향을 주었는가를 분석한다.

2. 예산정책이론

1) 스미스의 고전이론

국가예산은 고대국가가 처음 형성되었을 때부터 존재하였으나, 예산정책은 20세기에 들어와서야 비로소 사회과학의 본격적인 연구대상이 되었다.

아담 스미스(Adam Smith)의 「국부론(國富論)」(*The Wealth of Nations*)이 처음 발행된 때는 근대적 예산제도의 발아기(發芽期)였다. 국부론 제5권(재정편)의 경비론 · 수입론 · 공채론은 근대국가의 초기 재정이론에 관한 것이었다.

스미스는 그 당시 중상주의 정책에 따라 정부의 규제가 심했던 영국경제를 자유로운 시장경제로 전환해야 한다고 주장하였다. 정부는 오로지 국방 · 사법 · 공공시설 유지만을 수행하고, 조세를 거두어 이러한 경비로 충당해야 하며, 전쟁과 같은 비상시에만 공채를 발행하는 적자재정을 정당한 것으로 보았다. 평상시에는 경비를 절약하여 감채기금(減債基金)을 조성하고 공채의 발행을 최소화해야 한다는 것이다.

이러한 주장은 근본적으로 자본주의경제의 자율적 시장원리에 맡기는 이른바 '최소의 정부가 최선의 정부'라는 논리에 해당된다.

그리고 스미스는 국가채무는 중세(重稅)와 인플레이션을 가져오고, 강대국도 적자살림을 오랫동안 지속하면 멸망할 수 있음을 경고하였다. 한편 정부는 가계와는 달리 화폐의 명목가치를 높임으로써, 즉 인플레이션을 통하여 채무를 상환하려고 함으로써 파산을 어물쩍 덮어버릴 수 있음도 경고하였다.

스미스 이후에도 많은 교과서나 논문들은 공공예산은 균형을 유지해야 한다는 논리에 견해를 같이 하고 있었다. 19세기 말부터 20세기 초에 걸쳐 재정학분야 권위자의 한 사람이었던 바스터블(C.F. Bastable)도 정상적인 상황에서 재정활동의 경비와 수입의 두 측면은 반드시 균형을 유지해야 한다고 하였다. 그는 지출은 결코 수입을 초과해서는 안 되며, 조세수입은 경비를 충당하는 데 필요한 만큼으로 제한되어야 한다고 하였다. 그리고 비상시에 발행하는 공채의 부담은 후세대에 전가된다는 생각이 확고하였다.

그래서 영국은 1795년에 이미 「공채상환기금법」(Sinking Fund Act)을 제정하였는데, 이 법은 이자와 원금은 기간 내에 갚아야 하고, 일정한 수입을 기금으로 적립해야 하며, 감채기금은 채무를 모두 상환할 때까지 지속시켜야 한다고 규정하였다(Kearny, 1987: 43~44).

영국 · 미국 · 프랑스 등 선진국들은 대체로 고전이론에 따라 전쟁 때에만 공채를 발행하여 적자예산을 썼고, 평화 때에는 흑자예산을 집행하여 적자를 상환하는 예산정책을 20세기 초까지 사용하였다.

19세기 말까지 서구 선진국들은 서너 번의 크고 작은 경제공황을 경험하였으나 스미스의 고전이론대로 정부의 개입 없이 그럭저럭 공황을 극복하였다.

2) 케인스의 적자예산이론

1930년대의 경제공황이 없었다면 케인스의 수정자본주의이론(修正資本主義理論)은 나타나지 않았을 것이다.[49]

49 케인스 경제학파(Keynesian Economics)에 의하면 공공수입 및 지출과 관련하여 저소비로 인한 수요부족,

1929년 10월 뉴욕 월가(Wall Street)에서 대공황이 시작되어 세계가 한 번도 경험해 보지 못한 경제침체에 빠졌으나, 시장의 자율조정기능에 맡겨야 한다고 믿었던 각국 정부들은 처음에는 속수무책이었다.

그러나 1933년 초 거의 동시에 집권한 두 정치지도자들은 공황을 극복하고자 경제학 교과서에도 없던 수정자본주의 정책을 펴기 시작하였다. 즉 미국의 루스벨트(Franklin D. Roosevelt) 대통령은 뉴딜(New Deal)정책을, 독일의 히틀러(Adolf Hitler)는 국가사회주의 정책을 실험하기 시작하였다.

루스벨트는 'creeping socialism(잠행적 사회주의)'이라는 거센 비난을 무릅쓰고 공채를 발행(적자예산을 편성)하여 쓰러져 가는 은행들과 기업들에 구제자금을 공급하였다. 이와 동시에 대규모 공공사업을 추진하고 공기업을 설립하여 실업자들에게 일자리를 마련하여 줌으로써 유효수요(有效需要)를 창출하였다.

히틀러도 이와 비슷한 정책을 폈다. 미국은 TVA(테네시강유역개발공사, Tennessee Valley Authority)를 그 대상으로 하였는 데 비하여, 독일은 고속도로망을 건설하였다는 점이 다를 뿐이다.

자본주의에 사회주의 요소를 가미한 혼합경제정책을 추진함으로써 경기(景氣)는 서서히 회복되기 시작하였다. 케인스는 이러한 실험을 유심히 관찰하였다.

어느 정도 성공을 거둔 뉴딜정책을 이론화한 것이 1936년에 나온 케인스의 일반이론이다. 즉 고용수준은 유효수요의 원리와 한계소비성향의 안정성에 기초하여 결정되는

즉 구매력의 부족으로 인한 민간부문의 경제시장 시스템의 실패는 공공부문의 투자에 의하여 수요를 증가시킴으로써 고용증대, 경제안정과 성장을 도모해야 한다는 것이다. 이러한 시각은 1930년대 공황으로부터 경제를 구출하기 위한 여러 정책의 이론적 근거가 되었다. 개발도상국가에서는 자원의 집약과 투자분배 등의 확대가 필수적이다. 우리나라도 1980년 이전까지는 공공부문이 경제개발의 선도적 역할을 하였는데, 이를 위하여 공공투자의 확대에 치중하였다. 그러나 공공부문의 수요증진을 위한 투자확대이론은 그 후 실업이나 물가 및 경제성장 등의 모든 치료제가 될 수 없었기 때문에 공급부문 경제학파로부터 다른 주장이 대두되었다. 즉 통화론(通貨論)은 통화량이 경제의 움직임을 좌우한다는 이론이고, 공공선택이론(公共選擇理論)은 시장메커니즘과 관련이 없는 정치적 의사결정체제나 기구에 관한 재정학적 연구로서 개인이 경제행위를 할 때는 이기적으로, 정치행위를 할 때는 이타적으로 행동한다고 가정한다. 따라서 민주정치 과정에서 경제적 비능률을 제거하고 상호 간에 이익을 얻기 위해 경제정책 수립과정의 경기규칙(rule of game)을 헌법에 명시해야 한다고 주장한다. 그는 케인스적 사고가 낳은 유산인 현대국가의 재정적자에 대해 강력히 비판, 이를 '시장의 실패'에 비견되는 '정부의 실패'라 부르고 있다. 적자예산의 운용은 공공재의 상대가격을 하락시키고 선거득표를 극대화하여 집권을 유지하려는 정치가에게 유리하게 작용한다는 것이다. 레이건 행정부가 들어서면서 그의 반(反)케인스주의는 정계에서 커다란 주목을 받았다.

공급경제학(供給經濟學)은 경제활동 가운데 수요측면보다 공급측면을 중시하는 사고방식을 말한다. 특히 생산성 저하에 따른 인플레이션과 국제경쟁력 저하에 고전하는 미국에서 1930년대 뉴딜정책 이래의 수요중시정책이 한계에 봉착하여 1980년대에 각광을 받게 되었다.

국민소득수준에 따라 조정된다는 메커니즘을 제시하였다. 그리고 시장의 자율조절 기능을 부정하고, 정부예산의 수지를 조작변수로 하여 경제를 자유자재로 운영할 수 있다는 그럴듯한 논리를 제시하였다.

이로써 균형예산원리에서 적자예산원리로, 금융정책우월론에서 예산정책우월론으로 정책주도권이 넘어오는 이론적 변화를 가져오게 되었다(Hansen, 1968 참조). 이 이론은 제1차 석유파동 때까지 절대적으로 신봉되었다.

3) 케인스 이후의 이론

1973년의 제1차 석유파동으로 석유값이 갑자기 4배나 상승하면서 세계경제는 스태그플레이션(stagflation)의 증세가 나타났다. 이러한 현상은 정부예산의 누적적자 때문이었다.

그때까지 실업률과 인플레이션은 직접적인 상쇄관계에 있다는 필립스곡선(Phillips Curve)이 유효하였으나, 높은 실업률과 높은 인플레이션이 공존하는 현상이 장기화하자 케인스 이론에 대한 반론이 일어났다.

첫째, 프리드먼으로 대표되는 통화론자들은 예산정책보다는 금융정책을 강조하면서, 금리조절로 경기를 회복시킬 수 있다는 논리를 주장하였다(Friedman and Friedman, 1984: 11~34). 적자예산은 자금시장에서 이자율을 상승시키고 구축현상(crowding out)을 가져와서 민간의 자금조달을 어렵게 하고 설비투자를 감소시킴으로써 경제성장을 저해한다는 것이다(貝塚啓明 外, 1990: 258~262).

둘째, 부캐넌으로 대표되는 공공선택론자들은 민주주의가 케인스 이론과 접목되면서 적자예산이 민주국가의 유산이 되어버렸다고 비판하였다. 국민의 표를 모아야 하는 정치인들은 심지어 호황기에도 증세반대, 감세실행, 복지정책 강화, 공공투자 확대 등을 공약으로 제시하였기 때문에 적자예산은 숙명적이었다는 것이다. 따라서 적자예산을 금지하는 조항을 헌법에 신설하자고 주장하였다(Buchanan and Wagner, 1977 참조).

셋째, 래퍼(Arthur B. Laffer)로 대표되는 공급경제학자들은 자본주의국가들이 겪는 경제적 곤경은 수요부족에서 오는 것이 아니라 공급부족에서 온다고 하면서 케인스의 수정자본주의 이론을 비판하였다. 경기가 부진할 때 감세(減稅)를 하면 경기가 되살아나서 세금은 증수(增收)되고 적자는 자연히 감소된다는 것이다. 그러나 레이건 대통령이 이를 채택하였다가 정반대의 결과를 얻고 말았다.

이상에서 스미스의 고전이론으로부터 케인스의 적자예산이론 및 그 후의 여러 예산이론을 살펴보았다. 20세기에 들어와서 가장 각광을 받던 케인스 이론은 누적되는 국가채무와 인플레이션을 해결할 수 없었다는 것이 분명하게 드러났다. 그러나 케인스 이론을 대신할 수 있는 효과적인 예산정책이론은 아직 나오지 못하고 있다(Hall, 1966: 259~283).

4) 예산정책과 경제발전의 관계

한국을 비롯하여 많은 나라에서는 아직도 케인스의 적자예산이론을 적용하고 있기 때문에 여기에서도 케인스 이론을 중심으로 경제발전과의 관계를 살펴본다. 케인스 학파의 대표적인 예산정책이론가인 오트 부부(夫婦)의 주장은 다음과 같이 두 가지로 요약할 수 있다(Ott and Ott, 1977: 74~98).

첫째, 정부예산이 국민경제에 미치는 영향은 주로 지출에 의한 효과에서 나타난다. 즉 가계 · 기업 · 정부의 지출은 한 나라의 생산 · 고용 · 물가 및 무역수지를 결정한다. 중앙정부는 조세정책과 지출정책을 활용하여 국민경제 전체의 지출구조를 변화시킨다.

이때의 정부지출을 계획적 지출(planned spending)이라고 한다. 한 나라의 GNP는 무역을 제외하면 가계(소비자) · 기업 · 정부의 지출을 합친 총액에 해당된다. 만약 정부가 지출을 종전보다 계획적으로 늘리면 지출은 생산을 초과하게 되어 투자도 그만큼 늘어나고, 반대로 지출을 계획적으로 줄이면 그 반대의 결과가 나타난다.

정부의 계획적 지출은 고용수준과 물가에도 영향을 미친다. 물가를 잡거나 실업률을 조절하려면 정부의 계획적 지출을 적절하게 늘리거나 줄이면 된다. 즉 물가상승률과 실업률이 상쇄관계를 이룬다고 하는 필립스곡선이 정상적일 때 정부의 계획적 지출과 GNP의 관계는 더욱 밀접하게 된다.

둘째, 정부예산은 수입과 지출을 조절하여 경기변동의 폭을 줄여주는 자동안정장치(automatic fiscal stabilizers) 역할을 한다. 사회보장제도가 잘 되어 있는 선진국일수록 이전지출(移轉支出)의 규모가 커서 이러한 자동안정장치가 잘 작동된다.

경기가 상승하면 조세수입은 증가하나 사회보장지출이 감소하므로 정부예산은 자동적으로 경기를 부양시키는 효과를 나타내며, 반대로 조세수입은 감소하나 사회보장지출이 증가하여 소비지출을 늘려줌으로써 역시 경기를 부양시킨다.

이러한 안정장치는 행정부나 입법부의 특별한 조치가 없어도 GNP의 증감에 따라 자동적으로 작동되며, 여기에 계획적 지출을 적절히 가미하면 정부는 예산정책을 통하여 국민경제를 자유자재로 운영할 수 있다는 것이다.[50]

그러나 이와 같이 그럴듯한 계획적 지출과 자동안정장치가 스태그플레이션을 경험하면서 문제가 있었다는 것은 앞에서 지적한 바와 같다. 케인스 이론을 신봉하였던 나라들은 계획적 지출을 계속 적자재원으로 충당하여 경기활성화정책을 활용하였기 때문에 경제체질이 모두 인플레이션 중독에 걸려 적자에서 헤어나지 못하였다.

현재의 세계경제는 대공황 당시의 상황과 비슷하다. 민간부문의 위축이 심각해져 자생적 회복을 기대할 수 없게 되자 정부가 인위적으로 수요를 창출하고 있다. 그러나 글로벌 금융위기 이후 미국의 투자은행들이 파산하고 재정확대를 통한 적극적인 경기부양책에 대한 비판이 많이 제기되고 있다. 정부는 기본적으로 민간부문의 부족한 유효 수요를 보완하여 경제를 회복시키는 펌프(마중물) 역할은 하되, 지속적으로 주도적인 역할을 하는 것은 바람직하지 않다.

3. 역대 정부의 예산정책

1) 제5공화국의 예산정책

10·26 사태 이후 제5공화국이 출범한 1980년대 초의 국내 정치상황은 격동하고 있었고, 세계경제도 제2차 석유파동으로 극심한 스태그플레이션의 조짐을 보이고 있었다.

전두환 정부(1980~1988년)는 이러한 문제를 해결하기 위하여 적자에 의한 팽창예산정책(적자예산정책)을 역대정권과 마찬가지로 취하였다. 적자재원으로 팽창예산을 편성하여 방대한 수요를 창출하였다. 적자재원은 주로 외채를 이용하였다.[51]

이러한 팽창예산정책으로 제5공화국은 1980년대 초의 경제위기를 넘길 수 있었으나 인플레중독증은 더 깊어졌다. 그러나 마침 1982년 후반부터 석유값이 폭락하면서 이른바 3저현상(원유 · 원자재 · 이자의 하락)이라는 절호의 기회가 왔다.

---

50 오트 부부는 정부지출이 증가하거나 또는 감소할 때, 그것이 GNP의 성장에 얼마나 기여하는지를 계산하였다. 경제가 안정되어 있고 정부예산도 균형을 이루고 있을 때, 그리고 가계나 기업이 추가로 얻은 가처분소득의 65%를 지출하고(그중 5%는 수입품에 지출) 추가소득에 대한 세율이 20%라고 할 때, 정부지출을 1조원 늘리면 GNP는 1.92배 증가하고 수입은 GNP 증가분의 5%만큼 증가한다는 것이다.

51 적자규모는 1981년에 2조 1109억원, 1982년에 2조 2221억원이었는데, 그 당시 2조원이면 88고속도로를 10개나 건설할 수 있는 규모였다. 그리고 경부고속철도 사업의 경우 당초 예산은 5조 8400억원이었으나 그 후 설계 변경과 원자재 값의 상승 등으로 2003년까지만 해도 이미 12조 6615억원이나 들었다.

오트 교수의 적자예산이론에 의하면 1981년도 적자예산 2조 1109억원은 GNP를 4조원(9%) 성장시키는 효과를 가져오는 것이었다. 1981년 5.9% 성장했으므로 만일 적자예산을 쓰지 않았다면 1981년도 경제는 마이너스 성장을 했을 것이다.

제5공화국은 이러한 호기(好機)를 맞아 인플레이션을 잡고 성장잠재력을 높이기 위하여 1982년부터 영기준예산제를 도입하면서 긴축정책을 펴기 시작하였다. 긴축정책이란 모든 경제주체들에게 고통을 분담시키는 인기 없는 정책이므로 어떤 정권도 단행하기 어려운 예산정책이다.[52]

1983년도의 GNP 경상증가율은 18.3%였으나 중앙정부 재정증가율은 8.2%로 대폭 억제되었다. 과거 수십년 동안 예산증가율이 GNP 경상증가율을 상회한 것을 고려하면 이것은 획기적인 것이었다.

1983~1987년의 5년간(이하 5년간으로 나누어 비교)에 경상 GNP규모는 109.2% 증가하였으나 재정증가율(기금 제외)은 66.3%에 불과하였다. 이것은 정부수립 이후 처음 실현된 장기간의 긴축예산이었던 것이다.

중앙재정 중에서 일반회계예산의 증가율(72.1%)이 특별회계예산의 증가율(43.7%)보다 크게 웃돌았다. 이것은 이후의 정부들이 일반회계의 증가율을 낮추고 특별회계와 기금의 증가율을 대폭 높인 것과는 대조적이다.

긴축의 결과, 중앙정부의 살림은 재정사상 처음으로 1987년도와 1988년도에 각각 2597억원과 1조 6427억원의 흑자를 기록하였고, 무역수지에서도 1986년도에 흑자를 기록하였다.

중앙재정의 비중이 1983년에 GNP 대비 20.3%까지 높아졌다가 1984년부터 20% 이하로 낮아진 것은 예산긴축 때문이었다. 물론 같은 기간 중 전매사업, 전기통신 사업 및 일부 국립대부속병원 등을 공사화(公社化)함으로써 통합예산의 포괄범위에서 벗어나게 했기 때문이기도 하다.

2) 제6공화국의 예산정책

제6공화국의 예산정책은 제5공화국의 긴축정책과는 반대로 팽창정책으로 일관하였다. 제5공화국의 장기간에 걸친 긴축정책의 결과로 얻은 흑자재정도 2년간(1987~1988년)으로 마감하고 1989년부터 다시 적자로 반전되었다.

노태우 정부(1988~1993년)가 초기에 예산을 이렇게 팽창시켰던 논리적 근거는 88서울올림픽 이후 국내경기가 급속히 냉각되는 것을 반전시키기 위한 것이었다.

한국의 예산정책 사상, 정상적인 경제여건하에서 1989년은 높은 팽창예산정책을 쓰

---

52 당시 긴축정책을 강력히 추진한 사람은 김재익(金在益) 청와대 경제수석비서관이었다. 그는 대통령을 비롯한 경제 관료들을 설득하여 당시로서는 상상하기도 어려운 예산동결정책을 관철하는 데 성공하였다.

고서도 GNP 성장률이 전년도보다 대폭 떨어진 첫 해였다. 이는 팽창예산정책으로 인하여 감염된 한국경제의 인플레중독증이 일시적인 엠풀주사(ampule)로는 치유될 수 없는 단계에 이르렀다는 신호였던 것이다.

임금과 부동산가격 등 생산요소의 가격폭등으로 수출품의 가격이 올라서 1986년부터 4년 동안 지속되던 대폭적인 무역흑자 기조가 무너지고 다시 적자로 되돌아섰다.

1988~1992년간에 경상 GNP는 117.5% 증가하였는데, 중앙재정은 128.9%나 팽창하여 GNP 성장률을 크게 능가하였다. 이는 제5공화국 때 재정증가율이 GNP 성장률보다 낮았던 것에 대비되는 수치다.

중앙재정 중에서 일반회계예산의 증가율은 111.2%로 낮아진 반면에 특별회계예산은 211.7%로 대폭 높아졌다. 일반회계예산의 증가율을 낮춘 것은 중앙재정을 긴축하고 있다는 거짓 제스처였는데, 이런 행태는 김영삼 정부에서도 이어졌다.

토지가격과 임금은 급격한 상승세를 타고 있었고 초과수요가 발생하여 수입도 폭발적으로 증가하였다. 그리하여 감소하기 시작했던 외채규모도 1987년부터 다시 증가하였다. 노태우 정부의 예산증가율이 전두환 정부 때보다 대폭 높아졌는데도 경제성장률이 오히려 떨어진 것은, 선진국에서의 장기간의 적자예산에 따른 구조적인 문제 때문이었다.

3) 김영삼 정부의 예산정책

김영삼 정부(1993~1998년)의 정책기조도 팽창예산정책이었다. 1994~1995년간의 재정증가율은 GNP 경상증가율을 약간 밑도는 수준이어서 긴축재정을 실현하는 듯하였으나, 1996년부터 다시 팽창예산정책으로 전환하였다가 1997년 11월에 결국 외환위기(外換危機)를 초래하였다.

김영삼 정부 5년 동안에 경상 GNP는 89.9% 증가하였는데 중앙재정은 110.9% 증가하였다. 1993~1997년간에 일반회계는 91.7% 증가한 데 비하여 특별회계는 172.0% 증가하였다.

GNP 중 중앙재정(기금 제외)의 비중이 1993년에 17.6%이던 것이 1997년에는 18.8%로 높아졌고, 통합예산의 범위에 들어가는 예산 수가 1997년에는 55개로 늘어났다. 한국은 큰 정부에서 작은 정부로 가는 것이 아니라 거꾸로 간 셈이다.

경제개발계획을 착수한 이래 약 30년 동안, 한국 정부가 취한 적자에 기초한 팽창예산정책이 한국경제를 후진국에서 중진국으로 발전시킨 주된 원인이었다면, 그 후 지속된 팽창예산정책은 1997년 말 외환위기의 주된 원인이었다고 할 수 있다.

4) 김대중 정부의 예산정책

IMF의 구제금융 지원을 받던 위기국면[53]에서 출범한 김대중 정부(1998~2003년)는 '민주주의와 시장경제'라는 명패를 달고 4대 부문의 개혁을 단행하였다. 그것은 전면적 시장개방, 정부기능의 축소, 민영화와 규제완화, 노동시장의 유연화 등이었다.

외환위기 극복과 국가경쟁력 제고를 위하여 '작지만 효율적으로 봉사하는 정부'를 목표로 삼고 공공개혁을 추진하였다. 공무원 수를 10년 전 수준으로 감축하고,[54] 포항제철과 한국통신 등 8개 공기업을 민영화하였다.[55]

특히 김대중 정부는 외환위기 극복에 전념하였다. 실업대책 및 사회안전망 확충과 건설경기 활성화, 그리고 금융시스템 정상화를 위한 공적자금의 투입 등에 의하여 외환위기를 조기에 극복하였다.

외환위기의 직접적인 원인이었던 외환보유고가 1997년 말 39억달러에서 2002년에는 1000억달러를 넘어섰고, IMF자금 195억달러도 2001년 8월 23일에 상환하였다.

김대중 정부는 적자재정을 통하여 외환위기를 단기간에 극복할 수 있었으나, 1998~2002년까지 일반회계 적자국채가 28조원 발행되고 국가채무도 1996년 말 60.3조원에서 2001년 122.1조원으로 증가하였다.

비과세 · 감면의 축소 등 세입확충 노력과 세출의 구조조정으로 2000년부터 재정이 다시 흑자로 전환되었다. 균형재정을 당초 계획(2006년)보다 3년 앞당겨 달성하였다.

1998년부터 2002년까지 5년 동안 경상수지 흑자를 냈는데, 대규모 무역수지 흑자가 서비스수지의 적자를 메우고도 남았다. 2002년의 경우 무역수지에서 142억 달러의 흑자를 냈지만 서비스수지에서는 75억 달러의 적자를 기록하였다. 국민정부 5년 동안 경상 GNP는 31.6% 증가하였고, 중앙정부재정은 57.9% 증가하였다.

---

53 국제통화기금(IMF: International Monetary Fund)은 국제금융에 있어서 각국이 협조적으로 행동할 수 있도록 지도하고 각국의 통화당국에 국제유동성을 제공하는 것을 목적으로 1947년에 브레턴우즈협약에 의하여 설립(회원국 188개국)되었다. 국제통화기금의 가장 중요한 기능은 자금제공자로서의 기능인데, 이를 위한 자금원은 각국에 배정된 납입 자본금에 의한다.

54 매년 평균 2.5%씩 증가해 오던 공무원 수를 7.2% 감축하였다. 그 결과 인구 100명당 공무원 수는 1.8명으로 OECD 국가들보다 매우 낮은 수준(일본 3.5명, 미국 7.5명, 영국 6.5명)이 되었다. 공기업 및 산하기업을 포함하면 공공부문 전체의 인력감축규모는 총 14만여 명이었다(기획예산처, 2002.12.).

55 김대중 정부는 2002년 말까지 8개 공기업을 민영화하였다. 즉 국정교과서(1998.11.), 종합기술금융(1999.1.), 대한송유관(2000.4.), 포항제철(2000.10.), 한국종합화학(2000.11.), 한국중공업(2000.12.), 한국통신(2002.5.), 담배인삼공사(2002.10.)를 민영화하였다.

5) 노무현 정부의 예산정책

노무현 정부(2003~2008년)에 들어오면서 내수경기는 침체되는 가운데 물가가 급등하였다. 물가가 오르면 경기가 상승국면으로 가는 것이 일반적인데, 물가상승이 내수와 기업투자를 위축시켜 경제성장률의 하락을 부추기는 고물가 · 저성장 상황으로 이어졌다.

노무현 정부는 정부지출을 늘리는 동시에 재정적자를 보전하기 위하여 세금을 높이는 정책을 써 왔다. 이러한 정책은 소득재분배 효과가 있는 것 같지만 이는 경기가 호황일 때나 가능하며 침체기에는 경기를 더 침체시키는 역기능으로 작용하기 쉽다. 또 복지지출을 늘리면 소비가 활성화되고 투자가 늘어나서 경기가 회복된다고 주장하기도 하지만, 실제로 복지지출 증가가 투자를 증대시키는 효과는 미약하다. 오히려 복지지출을 늘리기보다는 기업투자를 활성화하여 일자리를 만들어 서민들의 소득을 보전해 주는 것이 서민복지 향상에 더 효율적이다.

경제를 지탱하고 있는 수출호황도 상대국들의 경기회복과 중국 특수(特需)에 힘입어 나타난 외관상의 현상일 뿐이다. 반도체, 자동차, 통신기기 등 일부품목에 치중되어 있다. 그나마도 미국 달러화에 대한 원화의 환율(원 · 달러 환율)이 하락되고 유가의 급등으로 어려움을 겪었다.

가장 큰 문제는 설비투자 부진으로 유형자산 증가율이 외환위기 직후 크게 감소하였다는 점이다. 그것은 우리나라 기업들의 사업전망이나 투자성향이 악화되어 투자증가율이 기업성장 속도에 미치지 못하고 있다는 뜻이다.

투자와 소비의 구조적 부진에 따른 만성적 경제활력 둔화라는 새로운 위기상황에 직면하였다. 특히 부동산 버블 붕괴와 이에 따른 자본이탈로 투자와 소비부진이 장기화되고 만성적인 경기침체로 대외경쟁력이 약화되며 국가신인도[56] 역시 하락하는 상황이 되

56 국가신인도(國家信認度) 또는 국가신용등급은 돈을 빌려줄 때 상대방이 돈을 되갚을 능력이 어느 정도인지를 평가한 것으로서, 한 나라의 신뢰성과 장래성 등을 나타내는 지표다. 국가신용등급은 신용평가회사별로 등급 체계가 다소 다르다. S&P와 Moody's는 21등급, Pitch는 24등급으로 하고 있다. 10등급까지는 투자적격으로, 11등급인 BB+(Moody's는 Ba1) 이하는 투자 부적격(투기등급)으로 분류한다.

국제신용평가기관들이 국가위험도, 국가신용도, 국가경쟁력, 국가부패지수, 경제자유도, 정치권자유도 등의 평가를 통하여 특정 국가의 신인도를 주기적으로 측정하여 발표하고 있다.

국가위험도는 PERC(홍콩)와 EU, 국가신용도는 무디스와 S&P 및 피치-IBCA, 국가경쟁력은 WEP와 IMD, 국가부패지수는 TI와 PERC, 경제자유도는 해리티지재단, 인간개발지수는 UNDP, 정치권자유도는 Freedom House에서 평가한다.

국가신용등급을 매기는 3대 회사는 미국의 무디스(Moody's), 스탠더드 앤 푸어스(Standard & Poor's), 영국의 피치 앤 IBCA(International Bank Credit Analysis)이며 이들이 전체 신용평가 시장의 90%를 차지하고 있다. 국가신용등급은 한 국가를 파산직전까지 몰고갈 수 있을 정도로 파급력이 크기 때문에 그 나라의 정치 · 경제 · 사회 · 문화를 모두 심층 분석하여 결정한다. 구체적으로는 정치체제의 안정성과 정통성,

었다.

6) 이명박 정부의 예산정책

이명박 정부(2008~2013년)의 집권 초기의 747공약(7% 성장, 4만달러 소득, 7대 강국 도약)은 하나도 달성하지 못했다. 당초 목표 자체가 실현가능성이 낮았고 또 글로벌 금융위기와 물가불안이 심각해졌기 때문이다.

국가채무비율은 2010년 기준 34.2%(2010년의 GDP는 약 1150조원, 국가채무는 394.4조원)로 상대적으로 낮은 편이었지만, 이것은 공기업채무나 보증채무를 제외하는 등 국가채무 통계의 차이 때문이기도 하다. 저출산과 고령화의 속도가 빠르고, 복지지출이 급격히 늘어나고 있어 국가채무비율도 크게 높아지고 있었다.

당시 외환당국(기획재정부와 한국은행)이 물가를 안정시키기 위해 환율하락(원화가치 상승)을 묵인하면서 3.2% 수준을 유지하였다. 금리도 비교적 안정되어 있었고, 경제성장률도 2010년 6.2%로 경제회복을 실감할 수 있었다.

그럼에도 불구하고 체감경기는 악화되었다. 더구나 3고현상(원자재 가격 상승, 원화 강세, 금리 상승)이 다시 나타나면서 경제성장률이 하락하고 물가가 올라 소비는 위축되고 원화가치가 오르면서 수출기업의 해외 경쟁력이 떨어져 수출과 생산도 줄어들었다. 특히 서민층의 생활이 타격을 받았다.[57]

어느 정부든 집권 마지막 해에는 정권 재창출을 위해 팽창예산정책을 통해 경제성장률을 최대한 높이려고 한다. 그런데 이명박 정부는 세계경제의 여건이 어려운 상황에서 국내 경기흐름만 인위적으로 대폭 개선하는 것은 가능하지도 않고 자칫 부작용을 초래할 염려가 있다고 보았다. 정책여력 비축과 재정건전성 강화라는 용어를 강조하고, 경기부양이라는 단어 대신 미세조정(fine tuning)이라는 단어를 사용하였다(재정경제부, 경제전망과 정책 대응방향, 2012.5.1.).

안보상의 위험요인, GDP, 외환보유액, 인플레이션, 외채규모 등이 모두 고려된다.

일반적으로 국가신용등급이 한 단계 오르면 해외에서 돈 빌리는 금리가 0.35%p 정도 낮아진다. 만일 투자부적격 판정을 받으면 높은 이자를 주고도 돈을 빌릴 수 없게 되고, 기존의 채무에 대한 조기상환 압력, 만기단축, 만기연장 거부 등의 압력을 받게 된다.

국가신용등급을 높이려면 기본적으로는 우리나라 경제가 꾸준히 성장하고 정치·사회적으로 안정되어야 하며, 정부가 신용평가기관들의 관심사항에 대한 대응논리를 개발해야 한다. 물론 우리의 의지와 상관없이 등급이 낮아질 수도 있다. 이웃나라의 경제를 참고하여 지역별로 가산점을 매기기도 한다. 예컨대 일본 경제가 침체에 빠지면 우리나라에도 영향을 받을 것으로 보고 이를 등급조정에 반영하기도 한다.

57 당시 금융연구원에 따르면 대출금리가 1% 오르면 고소득층의 소비는 2.4%p 감소하는 데 비해 저소득층의 소비는 5.0%p 감소한다고 하였다.

이러한 기조는 물가상승 억제를 최대과제로 삼고 있었기 때문이다. 이명박 정부의 경제업적지수가 김대중 · 노무현 정부보다 낮은 것은 물가 때문이라고 본 것이다.[58]

7) 박근혜 정부의 예산정책

박근혜 정부(2013~2018년)는 취임 초기에는 각종 규제의 개혁에 중점을 두고 경제혁신 3대과제를 발표하였다. 즉 '경제혁신 3개년 계획'을 통해 2017년에 잠재성장률을 4%대로 끌어올리고, 고용률 70%를 달성하고, 1인당 국민소득을 4만달러 시대로 가는 초석을 다져놓겠다고 하였다. 경제혁신 3개년 계획의 목표는 대한민국 대도약을 통한 '국민행복시대' 구현이고, 그런 목표를 위한 3대 추진전략과 9개 과제는 다음과 같다.

- 기초가 튼튼한 경제 : 공공부문 개혁, 원칙이 바로 선 시장경제, 사회안전망 확충
- 역동적인 혁신경제 : 창조경제 구현,[59] 미래 대비 투자, 해외진출 촉진
- 내수 · 수출 균형경제 : 투자여건 확충, 소비기반 확대, 청년 · 여성 고용률 제고.

박근혜 정부는 출범 첫해 세운 '2013~2017년 국가재정운용계획'에서 2017년 관리재정수지를 GDP 대비 −0.4%로 줄여 사실상 균형재정을 이루겠다고 하였다. 관리대상수지는 통합재정수지에서 국민연금 등 사회보장성 기금흑자를 뺀 실질적인 재정건전성 지표다. 그러나 2014년 계획에서는 2017년 재정적자비율을 −1.3%로 수정했고, 2015년 계획에서는 −2.0%로 수정했다. 세금으로 갚아야 하는 중앙정부의 적자성 채무 비중도

58 경제업적지수는 국민경제 전체의 경제활동 성과를 표시한 지수로서, (실업률+소비자물가상승률)÷경제성장률로 산출한다. 이 지수는 분모(경제성장률)가 높거나 분자(실업률과 소비자물가상승률)가 낮을수록 높아진다. 재임기간 중 평균 경제업적지수는 김대중 정부 82.0, 노무현 정부 68.7, 이명박 정부 44.1 순이었다. 재임기간 중 평균 경제성장률과 소비자물가상승률은 김대중 정부 5%와 3.5%, 노무현 정부 4.3%와 2.9%, 이명박 정부 3.1%와 3.6%였다.

김대중 정부는 외환위기 극복과정에서 높은 경제성장을 위해 민간소비를 과도하게 자극하면서 신용카드 남발을 초래하였다. 노무현 정부는 경제위기가 없어 상대적으로 실업률과 물가상승률 모두 안정적이었다. 이명박 정부는 글로벌 금융위기(2008년)와 남유럽의 재정위기(2011년)라는 외부 쇼크로 저성장과 고물가를 극복하지 못했고, 그로 인해 경제업적지표를 구성하는 3대 요소(경제성장률, 실업률, 물가상승률)의 어느 하나도 목표를 달성하지 못했다.

59 창조경제(creative economy)의 개념은 호킨스(John Howkins)가 2001년에 출간한 *The Creative Economy*에서 처음 사용하였는데, 그는 창조경제의 핵심으로 일자리 창출을 들었다. 이스라엘이 창조경제의 선두에 있고, 새로운 시대의 경제체제로 주목받는 개념이다.

우리나라에서도 창조경제의 개념에 대하여 한동안 논란이 많았는데, 박근혜 대통령이 기획재정부와 금융위원회의 업무보고(2013.4.3.)에서 창조경제는 창의성을 경제의 핵심가치로 두고 과학기술과 정보통신기술의 융합을 통해 산업과 산업이 융합하고 산업과 문화가 융합하여 새로운 부가가치를 창출하고 그래서 일자리를 만들어 내는 것이라고 하였다. 창조경제의 요소는 창의적 발상, 융합, 경제적 가치 창출이다.

높아졌다.

정부는 재정건전성 악화와 국가부채 증가의 부담을 안고서라도 재정을 확대하여 경제 활성화 → 세수증가 → 재정건전성 개선이라는 선순환 구조를 만들겠다는 것이다.

표 14-3 **국가재정운용계획의 주요 재정지표**

	2015	2016	2017	2018	2019
국가채무비율	38.5	40.1	41.0	41.1	40.5
관리대상수지	△2.1	△2.3	△2.0	△1.4	△0.9
조세부담률	18.1	18.0	18.0	17.9	17.8
국민부담률	24.7	24.9	24.9	24.7	24.6

주 : GDP 대비 %
자료 : 기획재정부, 2015~2019년 국가재정운용계획.

표 14-4 **역대 정부의 평균 경제성장률**

- 이승만(1948~1959년) : 3.7%
- 윤보선(1960~1961년) : 3.6%
- 국가재건최고회의(1962~1963년) : 5.6%
- 박정희(1964~1979년) : 10.0%, 2차 오일쇼크(1980년 △1.9%)
- 국가보위비상대책회의(1980년) : △1.9%
- 전두환(1981~1987년) : 10.0%
- 노태우(1988~1992년) : 8.7%
- 김영삼(1993~1997년) : 7.4%, IMF 외환위기(1998년 △5.7%)
- 김대중(1998~2002년) : 5.0%
- 노무현(2003~2007년) : 4.3%, 카드대란(2003년 2.8%)
- 이명박(2008~2012년) : 3.2%, 글로벌 금융위기(2008년 2.3%, 2009년 0.3%)

주 : 경제성장률 통계는 1953년부터 작성하기 시작하였고, 이승만 정부는 1953~1959년 성장률 평균임.
자료 : 한국은행, 「조선경제」(2012.6.29.).

정부는 GDP 대비 국가채무비율이 2016년에 40.1%로 높지만, OECD 평균 114.6%와 비교하면 크게 걱정할 상황이 아니라는 입장이다. 선진국들이 금리인하와 양적완화 등 확장재정으로 자국의 경기를 지탱하고 있음을 고려한다면 우리나라만 재정건전성을 주장할 수도 없다. 그러나 저성장과 고령화로 재정건전성이 급속히 악화될 수 있다. 경기부양과 재정건전성이라는 두 목표 중 어느 것에 중점을 둘 것인지는 정책당국의 몫이다.

제5절 공적자금과 세계경제 동향

1. 외환위기 극복과정

우리나라 경제가 국가부도 직전까지 몰렸던 1997년 11월 21일, IMF에 자금 지원을 요청하였다. 우리나라는 IMF가 주도하는 구조조정의 소용돌이 속에서 기업과 금융기관이 줄줄이 파산하고 실업자가 속출하였다. 당시 정부는 성장보다 개혁을 앞세웠고, 부동산값과 임금이 상승하여 '고비용–저성장'의 고질병에 걸려 있었다.

그러나 경제성장률은 외환위기 직후인 1998년 △6.9%에서 2006년에는 5.0%로 높아졌다. 그 당시 외환보유액도 대폭 증가하여 중국 · 일본 · 러시아 · 타이완에 이어 5위 수준이 되었다. 외환위기를 극복하는 데 크게 기여한 것은 수출이다. 무역수지(상품)가 1998년 이후 흑자를 기록하였다.

글로벌 금융위기 때에도 재정지출 확대를 통한 선제적이고 충분한 수준으로 대응했기 때문에 상대적으로 빨리 회복하였다.

그 당시 우리나라 경제침체는 글로벌 금융위기가 디레버리징(deleveraging, 차입축소)을 유발하면서 국제 금융기관들이 국내에 투자한 증권을 매도해 자본을 회수해 가는 과정에서 시작되었다. 한국거래소 통계에 의하면 2007년 중반 외국인의 한국주식시장 점유율은 37%였으나 2008년 중반에는 28%로 낮아졌고, 1년 사이에 60조원이 주식시장에서 빠져나감으로 인해 주가가 폭락하고 외환시장은 불안하게 되었다. 미국 등 선진국 시장이 위축되면서 수출도 급감하여 성장률 하락과 고용감소로 이어졌다.

이에 우리나라 정부는 2009년부터 확장적 재정정책을 중심으로 기준금리 인하, 외화 유동성 확대 등 과감한 시장안정조치를 취하였다.

- 재정지출 확대 : 글로벌 금융위기로 실물경제의 위축이 심각한 상황으로 전개되자 정부는 2008년 11월에 30여 년 만에 처음으로 10조원 규모의 수정예산안을 편성했다. 이는 경기침체를 방지하고 지역경제를 활성화시키기 위해 일자리 유지 및 내수 진작효과가 큰 SOC분야에 중점적으로 재원을 배분하기 위함이었다.
- 재정 조기집행 : 2009년 3월 역대 최대 규모의 추가경정예산을 편성하여 민생안정과 일자리 창출에 사용하였고, 재정의 60% 이상을 상반기에 집행하도록 하였다.
- 감세와 세제지원 : 법인세와 소득세의 세율을 인하하고, 사회안전망 확대와 일자리

나누기 등에 세제지원을 강화하였다. 물가안정을 위해 수입가격이 급등한 품목에 대해서는 관세를 면제하였다.

- 기준금리 인하 : 2008년 10월부터 2009년 2월까지 기준금리를 6차례 인하하여 금융기관들의 유동성 압박 및 가계와 기업의 이자부담을 완화하였다. 2012년 7월과 10월에도 기준금리를 내려 시장에 돈을 풀었다. 한국자산관리공사에 구조조정기금을 설치하여 금융권의 부실자산을 매입하였다.

우리나라는 '20-50 클럽'에 7번째로 진입하였다. 이것은 1인당 국민소득 2만달러와 인구 5000만명을 동시에 충족시키는 나라를 의미하며, 선진국 대열에 진입했다는 신호이기도 하다. 이 클럽에 진입한 나라(진입시기)는 일본(1987년), 미국(1988년), 프랑스(1990년), 이탈리아(1990년), 독일(1991년), 영국(1996년), 한국(2012년) 등이다. 30-80 클럽에는 미국 · 독일 · 일본뿐인데, 우리나라도 통일이라는 지렛대를 활용하면 여기에 진입할 잠재력이 있다.

무역규모도 8번째로 1조달러를 넘긴 경제대국의 대열에 합류했다. 세계경제포럼(WEF)이 발표한 '2012년 국가경쟁력 순위'에서 한국은 142개 국가 중 24위였다.

그럼에도 불구하고 우리나라에는 많은 과제들이 남아 있다. 과도한 무역의존도, 저출산과 고령화, 가계부채, 사회적 양극화 추세 등 중장기 재정위험 요인에 대비해야 한다. 재정 여력을 확보하고 중장기적으로 국가채무를 관리하고 성장잠재력을 높이는 데 주력해야 한다. 우리나라는 소규모의 개방경제 국가다. 그만큼 세계경제 상황에 취약하다.

2. 공적자금

1) 공적자금의 의의

공적자금(公的資金)은 정부가 기업이나 금융회사 등의 구조조정에 지원하는 자금을 말한다.[60]

공적자금의 조성배경은 외환위기 때 발생한 대기업의 연쇄부도로 금융기관의 부실채

60 「공적자금관리 특별법」 제2조에서는 공적자금을 구체적으로 정의하고 있다. 즉 공적자금은 ㉠ 예금보험기금채권상환기금과 예금보험기금, ㉡ 부실채권정리기금 및 구조조정기금, ㉢ 공공자금관리기금, ㉣ 국유재산, ㉤ 한국은행이 금융회사 등에 출자한 자금, ㉥ 공공차관, ㉦ 금융안정기금 등이다. 금융회사 등이란 금융기관, 부보금융회사를 말한다. 부보금융회사는 예금보험 적용대상 금융회사로 은행 · 보험회사 · 투자매매업자 · 투자중개업자 · 종합금융회사 · 상호저축은행 등(2016.6. 기준 293개)을 말한다.

권비율이 급격히 늘어났고, 이것이 금융기관들의 기능 마비로 이어져 실물경제의 침체가 상호 악순환되는 구조적인 국가위기 상황을 초래했기 때문이다.

이러한 상황에서는 기존의 대응방안처럼 유동성 공급의 확대나 부분적인 금융제도 개선만으로는 경제위기 극복이 불가능하였다. 이에 정부는 종합적인 금융구조개혁 프로그램을 마련하였고, 이 프로그램하에 공적자금을 조성하여 금융구조조정을 추진하였다(공적자금관리위원회 홈페이지).

공적자금은 편의상 공적자금 I (기존 공적자금)과 공적자금 II (2009년 이후 조성된 공적자금)로 나눌 수 있다. 공적자금 I 은 외환위기 이후 금융기관 부실 정리를 위해 정부보증채권 등을 재원으로 공적자금을 조성(1997~2002년)하여 지원함으로써 대외신인도를 제고하고 경제위기를 극복하는 기반을 마련하기 위한 것이다. 그 재원은 예금보험기금채권상환기금(예금보험공사), 부실채권정리기금(자산관리공사), 공공자금관리기금(정부), 국유재산, 한국은행의 금융기관 출자금, 공공차관 등이다.

공적자금 II 는 글로벌 금융위기에 따른 금융시장 불안 해소를 위해 금융회사의 부실채권 및 구조조정기업의 자산 인수를 통해 금융기관 및 기업의 건전성을 제고하기 위하여 조성(2009~2011년)한 것이다. 그 재원은 구조조정기금(자산관리공사)이다.

공적자금은 부실채권 매입, 금융기관 출자, 예금대지급 등에 사용되었다. 즉 한국자산관리공사와 예금보험공사가 부실채권정리기금, 예금보험기금, 공공자금관리기금, 국유재산 등에서 자금을 조달하여 채권을 발행하고 정부가 이에 대한 지급을 보증해 주는 방식으로 관리 · 운용되었다.

구조조정기금은 중소기업이 신규로 발행하는 유가증권에 투자하고 운용하는 기금이다. 이 기금은 외환위기 이후 성장가능성은 있으나 일시적으로 자금부족을 겪는 기업을 지원하고 기업의 구조조정을 촉진하기 위하여 마련되었다. 부도, 화의, 법정관리 상태에 있는 기업은 투자대상에서 제외되었다.[61]

구조조정기금은 국내금융기관이나 외국투자은행으로부터 차입하여 마련한다. 기업에 대한 직접 투자자금으로 사용되지는 않고, 직접 지원자금은 이 기금이 발행하는 채권을 외국 투자자들에게 팔아서 마련한다. 구조조정기금은 크게 부채구조조정기금과 주식투자기금으로 나누어진다. 부채구조조정기금은 기업에 장기자금을 대출하여 주어 단기채

61 부도(不渡)는 수표나 어음을 가진 사람이 기한이 되어도 지급인으로부터 그 수표나 어음에 대한 지급을 받을 수 없게 되는 것을 말한다. 화의(和議)는 파산을 방지하기 위하여 채무자와 채권자 사이에 합의에 의하여 맺어지는 계약을 말한다. 법정관리(法定管理)는 기업이 현재는 재정적으로 어려움에 처해 경영이 침체상태에 있지만 장래 회생가능성이 있다고 인정되는 때 법원에서 지정한 제3자가 자금을 비롯한 기업활동 전반을 대신 관리하는 것을 말한다.

무를 장기채무로 전환해 주는 것이고, 주식투자기금은 기업 주식을 기금으로 사들여 신규자금의 공급을 원활하게 하는 역할을 한다.[62]

공적자금의 운용 등에 관한 사항을 종합적으로 심의 · 조정하기 위하여 금융위원회에 공적자금관리위원회를 두고, 이 위원회의 기능을 효율적으로 수행하기 위하여 소위원회(현재 자금지원심사소위원회, 매각심사소위원회)를 둘 수 있다.[63]

공적자금 관리체계는 그동안 다섯 차례 변천해 왔다. 첫째, 1997년 외환위기 직후부터 대우그룹 부도(1999년 중반)로 인해 2단계 금융구조조정을 위한 자금이 투입되기 직전인 1999년까지다. 이 시기에는 1차로 조성된 64조원의 채권발행자금을 통해 금융구조조정을 추진하였다.

둘째, 2000년부터 2001년까지 대우사태로 인해 다시 부실화된 금융기관의 정상화를 위해 2차로 40조원을 조성하고 금융구조조정을 추진하였다.

셋째, 공적자금 상환대책이 마련된 2002년 이후의 시기다. 두 차례의 공적자금 투입으로 금융기관이 정상화됨에 따라 은행을 중심으로 민영화가 본격적으로 추진되었다. 이때 보유주식의 매각가격 상승으로 공적자금 회수가 크게 많아졌고, 본격적인 상환이 진행되었다.

넷째, 2008년 공적자금의 관리 · 운용을 담당하던 공적자금관리위원회가 폐지되고 그 업무가 금융위원회로 이관되었다.

다섯째, 2009년 공적자금관리위원회가 다시 출범하였다. 글로벌 금융위기를 극복하기 위하여 금융구조조정 추진과 공적자금 지원 및 회수 등에 관한 사항을 종합적으로 심의 · 조정하기 위함이었다.

---

62 부채구조조정기금(負債構造調整基金)은 일시적으로 자금난을 겪고 있지만 지원하면 높은 수익을 낼 수 있는 중소기업을 대상으로 운전자금(1~3년 만기)과 시설자금(3~7년 만기)을 빌려준다. 이러한 기업이 발행하는 전환사채(convertible bond)를 매입함으로써 실질적인 장기대출과 같은 효과를 얻기도 한다. 주식투자기금(株式投資基金)은 회생가능성이 있는 기업의 주식을 매입하여 배당과 투자 수익을 얻는다. 주식매입을 통해 기업을 인수 합병하기도 하는데, 이때는 기업을 일정기간 소유하면서 자금지원 등을 통하여 회생시킨 후 높은 가격으로 매각하기도 한다. 전환사채(轉換社債)는 사채로 발행했지만 일정기간이 지난 후 소유자의 청구에 의하여 주식으로 전환할 수 있는 사채를 말한다.

63 공적자금관리위원회는 금융위원회 위원장, 기획재정부차관, 국회 소관 상임위원회에서 추천하는 경제전문가로서 금융위원회 위원장이 위촉하는 사람 2명, 법원행정처장이 추천하는 법률전문가로서 금융위원회 위원장이 위촉하는 사람 1명, 한국공인회계사회 회장이 추천하는 회계전문가로서 금융위원회 위원장이 위촉하는 사람 1명, 전국은행연합회 회장이 추천하는 금융전문가로서 금융위원회 위원장이 위촉하는 사람 1명, 대한상공회의소 회장이 추천하는 경제전문가로서 금융위원회 위원장이 위촉하는 사람 1명으로 구성한다. 위원장은 금융위원회 위원장과, 위원 중에서 호선하는 사람 1명이 공동으로 한다(공적자금관리 특별법 제4~5조).

2) 공적자금의 지원현황

공적자금은 정부예산에서 직접 지원하는 것이 아니라 한국자산관리공사와 예금보험공사가 채권을 발행하여 조성한다. 이때 정부가 국회 동의를 받아 채권의 원리금 상환에 대하여 지급보증을 하고 있기 때문에 만일 두 공사가 만기 도래하는 채무를 상환하지 못하면 최종적으로 재정의 손실로 이어진다. 따라서 공적자금을 투입하더라도 공적자금 지원결정단계에서 최소비용의 원칙과 손실분담의 원칙이 적정하게 준수되는지를 철저하게 점검해야 한다.

공적자금을 투입(지원)하는 방법에는 세 가지가 있다. 첫째, 금융기관의 부실채권을 매입하는 데 사용한다. 부도난 기업의 담보부동산 등 부실채권을 한국자산관리공사가 싼값에 사줌으로써 자금 흐름을 개선해 준다.

둘째, 예금보험공사가 직접 증자하여 지원한다. 신용도가 낮아 외국에서 돈을 빌리기 어려울 때 예금보험공사가 증자에 참여하여 자기자본비율을 높여준다.

셋째, 금융기관이 도산하여 반환할 자금이 없을 때 예금보험공사가 고객예금을 대신 지불하는 예금대지급금 자금 지원에 사용된다.[64]

공적자금Ⅰ의 지원(1997~2015년)은 총 168.7조원이었다. ㉠ 금융기관 정상화를 위한 출자 63.5조원, ㉡ 폐쇄금융기관 예금대지급 및 출연 48.9조원, ㉢ 후순위채 매입을 포함한 자산매입 등 17.8조원, ㉣ 자산관리공사를 통한 부식채권 매입 38.5조원이었다.

공적자금Ⅱ의 지원(2009~2015년)은 총 6.2조원이었다. ㉠ 금융기관 부실채권 매입 5.6조원, ㉡ 선박 매입 0.5조원, ㉢ 미분양 아파트 매입 0.05조원이었다.[65]

---

64 한국자산관리공사는 과거의 성업공사를 명칭 변경한 것으로, 금융기관이 보유하고 있는 부실자산의 정리와 부실징후기업의 경영정상화 지원을 주된 업무로 한다. 부실채권정리기금의 관리 및 운용, 금융기관 부실자산 정리, 부실징후기업 정상화 지원, 정부대행업무 등을 담당한다.

예금보험공사는 금융기관으로부터 보험료(예금보험료)를 받아 기금(예금보험기금)을 적립한 후 금융기관이 예금을 지급할 수 없게 되면 금융기관을 대신하여 지급(1인당 최고 5000만원까지)한다. 예금보험료를 납부하는 금융기관(부모금융기관 또는 예금보험가입금융기관이라고 함)은 현재 은행, 증권회사, 보험회사, 종합금융회사, 상호신용금고, 신용협동조합이다. 금융기관이 납부한 예금보험료만으로 예금을 대신 지급할 재원이 부족할 때에는 예금보험공사가 직접 채권(예금보험기금채권)을 발행한다.

자기자본비율은 은행이 대출해 주었으나 받지 못할 수도 있는 위험가중자산에 대한 자기자본의 비율(자기자본÷위험가중자산×100)을 말한다. 국제결제은행(BIS: Bank for International Settlement)이 1992년 말부터 각국에 권고하고 있는 기준은 8%인데, 우리나라는 외환위기 때 IMF로부터 550억달러를 빌리는 대신 이 기준을 도입하기로 했고, 그에 따라 BIS 비율이 8%에 이르지 못한 은행들을 퇴출시키기로 하여 당시 동화은행, 경기은행, 충청은행, 동남은행, 대동은행이 퇴출되었다.

65 공적자금Ⅰ(예금보험공사, 자산관리공사, 정부, 한국은행)의 지원현황을 기관별로 보면 예금보험공사 110.9조원, 자산관리공사 38.5조원, 정부 18.4조원, 한국은행 0.9조원이었다. 금융권별로 보면 은행 86.9조원, 제2금융권 79.4조원(종합금융회사 22.8조원, 증권 · 투신사 21.9조원, 보험사 21.2조원, 신용협동조

3) 공적자금 회수

(1) 예금보험공사가 지원한 공적자금의 회수

예금보험공사가 출자방식으로 지원한 공적자금은 해당 금융기관의 보유 지분을 매각하여 회수한다.

출연 · 예금대지급으로 지원한 공적자금은 해당 금융기관의 파산절차에 참여하여 파산배당금을 수령함으로써 회수한다.

부실금융기관으로부터 자산을 매입하는 방식으로 지원한 공적자금은 매입한 자산을 매각함으로써 회수한다.

(2) 자산관리공사가 지원한 공적자금의 회수

자산관리공사의 공적자금 회수는 금융기관으로부터 매입한 부실채권을 다양한 방법으로 매각함으로써 이루어지고 있다. 즉 부실채권을 일반채권, 특별채권, 대우채권 및 워크아웃채권으로 구분하여 매각한다.

일반채권 중 담보부채권은 경매나 공매, 자산유동화증권(ABS) 발행, 국제입찰 등의 방식으로 정리하고, 부담보채권은 채무조정을 통한 자진변제 유도, 은닉재산 발견을 통한 강제집행 등의 방식으로 정리하고 있다.

특별채권 중 미인가채권은 회사정리절차 진행 상태에 맞는 매각계획을 수립하여 관리하고, 인가채권은 환매권 유무에 따라 각각 ABS 발행 및 국제입찰 방식에 따라 정리하고 있다.

공적자금 I (1997~2015년)은 지원된 168.7조원 중 111.6조원이 회수되어 회수율은 66.2% 수준이다. ㉠ 금융기관 출자금(주식매각, 우선주 상환 등) 28.7조원, ㉡ 예금대지급 및 출연(폐쇄금융기관 파산배당 등) 20.5조원, ㉢ 자산매각 등(인수자산 매각, 후순위채권 회수 등) 15.9조원, ㉣ 부실채권 매각 등(국내외 매각, 자산유동화 등) 46.4조원이었다.

공적자금 II (2009~2015년)는 6.2조원을 지원하여 6.6조원을 회수하였다. ㉠ 부실채권 매각 등(자산유동화증권 매각 등) 5.9조원, ㉡ 출자금 회수(선박투자회사 배당금 회수 등) 0.7조원이었다. 구조조정기금은 2015년 3월 잔여재산을 국고로 귀속시키고 그 운용을 종

합 5.0조원, 저축은행 8.5조원), 해외금융기관 등 2.4조원이었다.

공적자금 II (자산관리공사)의 지원현황을 지원대상별로 보면 PF대출채권 4.4조원, 일반담보부채권 0.8조원, 기업개선채권 등 0.4조원, 해운사 보유선박 0.5조원, 미분양 주택 0.05조원이었다. 권역별로 보면 금융권 5.6조원(은행 1.2조원, 제2금융권 4.4조원), 비금융권 0.5조원(해운사 0.4조원, 건설사 0.05조원)이었다(금융위원회 보도자료, 2016.5.24.).

료하였다.[66]

4) 공적자금 상환

정부는 공적자금 상환과 관련한 불확실성을 해소하기 위하여 공적자금 상환대책을 수립(2002년)하였고, 이에 따라 2003년부터 공적자금 채무를 상환하고 있다.

2002년 말 상환부담이 있는 공적자금 부채 97조원 중 28조원은 회수자금으로 상환하고, 나머지 69조원은 25년 이내에 상환하기로 하였다. 69조원 중 20조원은 금융기관으로부터 특별기여금을 징수하여 충당하고, 49조원은 국채를 발행한 후 일반회계에서 매년 2조원씩 출연하여 상환하도록 하였다.

그리고 세계잉여금의 30% 이상을 공적자금 상환에 사용하도록 하였다.[67]

우리나라는 외환위기 때 많은 기업이 도산하고 금융기관의 부실이 심화되면서 예금자 보호와 금융시장 안정을 위하여 많은 공적자금을 조성하였다. 이를 통하여 세계에서 유례없이 IMF 외환위기를 빠르게 극복하였다.

그러나 공적자금 회수가 부진하면서 투입한 자금의 이자가 크게 증가하였다. 정부는 공적자금 원리금 상환을 위해 세금과 출연자산 매각 등으로 재원을 마련하고 있으나 그것만으로 충분치 않아 국채발행으로 충당하고 있다.

공적자금의 상환은 기본적으로 원인을 제공한 부실기업과 부실금융기관이 책임을 져야 하는데, 투입된 공적자금의 손실분 중 일부는 국가재정에서 부담할 수밖에 없다.

한국자산관리공사와 예금보험공사가 금융구조조정을 위하여 부담한 채무의 원활한

---

66 공적자금 I 의 회수현황을 기관별로 보면 예금보험공사 55.0조원, 자산관리공사 46.1조원, 정부 10.4조원이었다.

공적자금 II 의 회수현황을 지원대상별로 보면 PF대출채권 4.5조원, 일반담보부채권 0.9조원, 기업개선채권 등 0.5조원, 해운사 보유선박 0.6조원, 미분양 부동산 0.05조원이었다. 권역별로 보면 금융권 5.9조원(은행 1.3조원, 제2금융권 4.6조원), 비금융권 0.7조원(해운사 0.6조원, 건설사 0.05조원)이었다.

67 공적자금 관련 기금별 상환구조를 살펴보면 ㉠ 예금보험기금채권상환기금이 상환해야 할 총부채는 82.4조원(2002년 말 기준)인데, 이 중 16.7조원은 회수자금으로 상환하고, 20조원은 금융기관 특별기여금으로, 나머지 45.7조원은 재정으로부터 출연 받아 상환하기로 하였다.

㉡ 부실채권정리기금이 상환해야 할 총부채는 14.8조원인데, 이 중 11.5조원은 회수자금으로 상환하고, 나머지 3.3조원은 재정으로부터 출연 받아 상환하기로 하였다.

㉢ 재정에서는 상기 두 기금에 출연하기 위해 별도로 공적자금상환기금을 설치하였다. 이 기금은 공공자금관리기금으로부터 국채발행자금을 예탁 받아 2006년까지 만기 도래하는 공적자금 중 49조원을 상환(예금보험기금채권상환기금과 부실채권정리기금에 출연)하고, 매년 일반회계로부터의 출연금(2조원)과 우체국예금특별회계와 우체국보험특별회계의 출연금(예금 평잔의 0.1%)으로 재원을 조달하여 25년 이내에 공공자금관리기금으로부터 예탁 받은 국채 원리금을 상환하기로 하였다.

상환을 위하여 「공적자금상환기금법」이 제정(2002.12.26.)되었다. 공적자금상환기금은 금융위원회가 운용 · 관리(한국은행 총재에게 위탁 가능)하는데, 이 기금은 예금보험기금채권상환기금과 부실채권정리기금채권에 대한 출연, 기금의 부채 상환, 기금의 운용 · 관리에 필요한 비용 등에 사용한다(공적자금상환기금법 제4조).[68]

3. 세계경제 동향

1) 세계경제 전망

주요 국제기구들은 세계경제가 완만한 회복세(2015년 3.0~3.1%에서 2016년 3.0~3.4%)를 보이고 있는 한편 중국의 성장 둔화, 신흥시장의 금융 취약성 등 경기 하방요인 또한 존재한다고 전망하였다.[69]

IMF는 중국의 점진적 성장 둔화 및 경기조정, 에너지 및 그 밖의 상품의 가격 하락, 주요 선진국의 통화정책 등이 세계경제에 영향을 미칠 것으로 전망하였다. 개도국에 나타날 수 있는 하방위험요인으로는 ㉠ 중국의 성장 둔화가 무역 · 상품가격 · 신뢰도 등에 미치는 영향, ㉡ 잠재적인 달러가치 상승과 미국의 점진적 금리인상이 미치는 영향, ㉢ 국제적으로 위험기피(risk aversion)의 정도가 높아져 개도국 시장의 재정적 부담이 높아질 가능성, ㉣ 신뢰도 및 국제무역, 금융, 관광 등에 영향을 미치는 지정학적 긴장의 고조 등을 들었다.

OECD는 2016년 세계 경제성장률을 당초 3.3%에서 3.0%로 하향 조정하였다. ㉠ 세계무역 성장 부진, ㉡ 중국경제 부진의 영향, ㉢ 외환금융시장에서의 신흥시장 취약성 등을 주요 하방 리스크로 지적하였다.

EU는 유럽연합 및 유로지역 경제는 하방 리스크가 증대되는 가운데 완만한 성장세를 보일 것으로 전망하였다. 그러나 ㉠ 중국 및 신흥시장 성장 둔화에 따른 세계경제 및 금융시장의 불확실성 증가, ㉡ 중국경제의 연착륙 불확실성, ㉢ 미국의 기준금리 인상, ㉣ 유가와 원자재 가격이 하방 리스크로 작용할 것으로 전망하였다.

68 공적자금의 회수율은 2016년 3월 기준 66.2%이지만, 투입 재원을 마련하기 위해 발행한 채권과 차관의 이자비용을 포함시키면 회수율은 훨씬 낮아진다. 손실금 69조원 중 재정부담은 49조원이다.

69 세계 경제성장률(전년 대비 GDP성장률)을 IMF는 2016년 3.4%, 2017년 3.6%, OECD는 2016년 3.0%, 2017년 3.3%, EU는 2016년 3.3%, 2017년 3.5%로 전망하였다(IMF, *World Economic Outlook Update*, January 2016 ; OECD, *Interim Economic Outlook*, February 2016 ; EU, *European Economic Forecast*, Winter 2016).

2) 세계재정 전망

IMF는 세계 종합수지적자는 2016년에 다소 개선되어 2.9%를 기록할 것으로 전망하였다. 재정기조는 리스크를 완화하고 중기 재정건전성을 확보하고 동시에 경기진작을 위해 재정정책이 중요한 역할을 할 것이다.

그러나 재정건전화의 위험요인으로 ㉠ 유로존 및 일본의 저성장과 0%대의 정책금리로 인해 소진된 통화정책적 여력이 향후 재정을 위협할 가능성, ㉡ 중동 및 아프리카 지역의 지정학적 위협과 정책 불투명이 세계무역 및 금융거래 등에 방해요소로 작용, ㉢ 금융시장의 변동 심화로 인한 신흥시장의 자본유출 가능성 등을 들었다.

OECD는 공공부채가 과거보다 높은 수준이고 다수 국가들이 여전히 대규모 재정적자를 나타내고 있으나 점차 개선될 것으로 전망하였다. EU는 GDP 대비 일반정부 재정적자는 속도가 다소 둔화되나 감소세를 유지하고, GDP 대비 일반정부 채무도 다소 감소할 것으로 전망하였다.[70]

3) 세계 경제 및 재정정책

(1) 통화정책

IMF에 따르면 선진국은 확장적 통화정책을 유지하기 위한 노력이 필요하고, 신흥국은 위험요인을 완화시킬 수 있는 정책이 필요하다. 선진국은 완화적 통화정책(대규모 자산매입정책 포함) 기조를 유지하여 실질금리 상승을 방지하고, 신흥국은 성장 둔화와 대외경제 여건 악화 등의 위험요인을 완화시킬 수 있는 정책 시행과 시의적절(時宜適切)한 구조개혁 추진이 필요하다(*Fiscal Monitor*, 2015.4. ; 2015.10.).

OECD에 따르면 국가 간 기대성장률 및 인플레이션의 차이로 인해 국가별 경제상황에 맞는 통화정책 기조가 필요한 상황이다. 대다수의 신흥국들은 경기부양책을 실시할 여력이 부족하고, 한국은 낮은 수준의 인플레이션 상황이므로 추가 금리인하가 효과가 있을 것으로 보았다(*Economic Outlook*, 2015.11.).

(2) 재정정책

IMF에 따르면 선진국과 신흥국 모두 재정여력의 확충이 중요하다. 선진국은 국제 불

70 2016년 OECD 국가들의 GDP 대비 평균 재정수지(general government financial balance)는 −2.8%, 2017년은 −2.3%로 전망하였고, 2016년 OECD 국가들의 GDP 대비 일반정부 채무(general government gross debt) 비율은 2016년 115.4%, 2017년 114.8%로 전망하였다. 한국은 2018년까지 적자를 유지할 것으로 전망하였다.

균형 개선과 수요중심의 구조개혁을 위해 재정여력을 확충하고 재정정책을 보완적으로 시행하고, 신흥국은 유휴생산능력(economic slack)을 고려하여 거시경제정책을 시행해야 하고 달러화 강세에 따른 추가적인 통화가치 하락에 대비하여 거시건전성 체제를 강화하고 규제 및 감독관리 체제를 정비할 필요가 있다(*Fiscal Monitor*, 2015.4. ; 2015.10.).

OECD에 따르면 주요 선진국은 잠재성장률 하락 및 불확실성의 증가로 공공채무 감축을 위한 재정조치가 필요하고, 신흥국의 경기부양정책은 현재의 경제 불균형 및 취약성을 반영하여 국가별로 다양해야 한다. 한국은 확장적 재정정책을 지속하고 광범위한 구조개혁이 필요하다(*Economic Outlook*, 2015.11.).

4) 각국의 대응방안

세계경제가 출구를 찾지 못하고 있다. 글로벌 금융위기(2008년)와 유럽 재정위기(2010년)가 일어나면서 세계경제는 침체에서 벗어나지 못하고 있다. 2011년 7월까지만 해도 세계경제가 금융위기로부터 벗어나고 있다는 분석이 지배적이었다. 자본주의 경제는 불황과 호황의 사이클을 반복한다고 하지만, 그러한 패턴이 나타나지 않고 있다. 선진국은 더블딥(double dip) 우려가 감소하고 금융시장 개선 등으로 회복세를 보이고 있고, 신흥개도국은 견고한 수요증가를 바탕으로 성장세를 유지하고 있다고 하지만 여전히 리스크가 잠재하고 있다. 더블딥은 경기가 회복하다가 다시 불황에 빠지는 현상으로, W자형 불황(W-shaped recession)이라고도 한다.

글로벌 금융위기 이후 경기부양 조치, 경기둔화에 따른 세수 감소, 금융기관 지원 등으로 각국의 재정이 급격히 악화되었다. 유럽연합(EU)은 지속가능한 국가채무비율을 GDP의 60%를 제시하고 있고, 도이치뱅크 등 국제투자기관들은 선진국은 60%, 신흥국은 40%를 기준으로 재정위험성을 평가하고 있다. 많은 나라들이 이러한 기준을 넘고 있다.[71]

---

71 맥킨지(Mckinsey & Company, 세계적인 컨설팅 회사)는 부채가 많았던 나라의 32건을 조사한 결과를 발표(2010.1.)한 일이 있는데, 부채문제를 해결하려면 평균 67년이 걸린다고 하면서 네 가지 해결방법을 제시하였다. 첫째는 긴축이다. 정치적으로 어려운 결정이지만 부채를 줄이는 가장 기본적인 방법이다. 저성장을 감내해야 한다. 영국은 1947년 국가채무비율이 255%였으나 긴축으로 1980년에 45%까지 낮아졌다. 그러나 경제성장률이 연평균 2.6%로 떨어졌다.

둘째는 경제성장이다. 경제성장률을 높여 경제규모의 크기를 키우면 상대적으로 부채비율이 낮아진다. 경제는 성장하면서 부채를 줄일 수 있어 이상적인 방법이다. 그러나 부채감축과 경제성장이라는 두 마리 토끼를 잡기 힘들기 때문에 성공하기는 어렵다. 미국은 세계공황(1938~1942년) 때 경제성장으로 부채를 해결하였다.

셋째는 인플레이션이다. 돈을 풀어 인플레이션을 일으키면 돈 가치가 떨어지고 결국 채무의 실질적인 규

주요 선진국들은 위기 극복을 위해 제로금리 외에 양적완화, 재정확대정책 등의 정책을 동원했지만 경제가 좋아진 것이 별로 없다.

유럽중앙은행(ECB)과 일본은행은 공격적인 양적완화정책과 마이너스금리정책을 시행했지만, 유로존과 일본의 물가상승률은 신통치 않다.[72]

정부의 개입 강도에 따라 주장이 각각 다르다. 첫째, 재정 · 통화 정책을 망라한 모든 정책을 동원하여 총력전을 펼쳐야 한다는 주장이다. 전 FRB 의장 버냉키(Ben Shalom Bernanke), 현 FRB 의장 옐런(Janet Louise Yellen), 예일대 교수 하다마 고이치(浜田宏一), 프린스턴대 교수 폴 크루그먼(Paul Robin Krugman) 등은 제로금리와 대규모 양적완화(국채를 사들이는 등의 방식으로 시중에 돈을 푸는 것) 등 통화정책을 기반으로 하고 재정정책도 추가해야 한다고 주장한다. 이들의 주장은 신케인스주의(재정정책을 중요시한 케인스주의의 주장을 좀 더 장기적인 경제현실에 맞게 발전시킨 이론)에 가깝다. 이런 총력전 정책을 채택한 나라는 미국, 일본, 유로존(Mario Draghi가 ECB 총재로 취임 이후) 등이다.

둘째, 재정정책으로 경기를 풀어야 한다는 주장이다. 글로벌 금융위기 이후 경제가 장기침체에 접어들었기 때문에 양적완화 등 통화정책은 더 이상 유효한 수단이 아니라는 주장이다. 전 미국 재무장관 서머스(Lawrence Summers)는 현재의 금리수준에서 투자수요를 진작하기 위해 민간투자 활성화를 위한 세제 개편, 공공인프라 투자 확대 등 적극적인 재정정책을 제안한다.

셋째, 국가부채비율이 GDP 대비 90%를 넘으면 위험하기 때문에 재정정책은 긴축적으로, 통화정책은 적극적으로 해야 한다는 주장이다. 하버드대 교수 로고프(Kenneth Rogoff)와 라인하트(Carmen M. Reinhart)는 2010년 "부채시대의 성장"이라는 논문에서 국가부채가 일정수준(90%)을 넘어서면 경제성장이 뒷걸음(평균 −0.1%)친다고 했는데, 이를 '로고프−라인하트 절벽'이라고 한다. 재정긴축이 필요하며, 특히 단기부채 감축이 필수적이라고 주장한다.

모가 줄어들게 된다. 그러나 부채를 줄이기 위한 인플레이션 정책으로 물가가 급격하게 오르면 화폐가 휴지가 될 위험이 있다.

넷째는 국가부도 선언이다. 부채문제를 일시에 해결할 수 있지만 국제금융시장에서 외톨이가 된다. 아르헨티나는 2001년 국가부도를 선언하여 국가채무비율이 2002년 142%에서 2008년 45%로 낮아졌지만 국제금융시장에서 외면당하였다.

72 한동안 브릭스(BRICS)가 세계경제 성장을 이끌어내는 새로운 엔진이 될 것이라고 예상되었으나 이제는 상황이 달라졌다. 과거 사례를 보면 경제성장률이 둔화되는 시점은 1인당 GDP가 1.5만~2만달러(미국의 1/3 수준)에 이르는 때였다. 이런 중진국 함정(middle income trap)에서 빠져나와 계속 성장한 나라는 한국 · 대만 · 싱가포르 정도밖에 없다.

한때 시장의 자율기능을 강조한 신자유주의가 풍미한 적도 있었지만 글로벌 금융위기 이후에는 정부의 적극적인 개입을 주장하는 쪽이 더 힘을 받고 있다.

넷째, 통화정책은 적당하게 하고 재정정책은 긴축적으로 해서 국가부채를 줄여야 한다는 주장이다. 정부의 역할은 시장 질서를 관리하고 유지해 시장이 자유롭게 작동되도록 만드는 것이다. 독일 재무장관 볼프강 쇼이블레(Wolfgang Schauble)는 나치식의 계획경제에 반대하고, 또 순수한 자유방임주의와 케인스주의자들이 주장하는 수요관리정책도 모두 배격한다.

다섯째, 신자유주의(청산주의)는 각국의 초저금리와 양적완화, 재정정책이 새로운 버블을 형성했을 뿐 근본적인 해결책이 아니라는 주장이다. 완화적 통화정책이 필요한 개혁과 구조조정을 늦추는 빌미로 작용하기 때문에 시장 자율기능에 맡겨야 한다고 주장한다. 글로벌 금융위기 이후 정부 개입이 강조되면서 신자유주의는 세력이 크게 약화되었지만, 국제결제은행(BIS, 1930년에 설립된 국제금융기구로 60개국 중앙은행이 회원) 등은 여전히 이러한 견해를 유지하고 있다.

실질금리(금리에서 물가상승률을 뺀 것)가 마이너스 시대를 지나 명목금리 자체가 마이너스인 시대로 접어들었다. 각국 중앙은행들이 돈을 풀었는데 투자할 곳이 마땅치 않기 때문이다. 투자자들은 마이너스금리라도 그나마 안전해 보이는 선진국 국채로 몰리고 있다. 주요 선진국들이 통화정책에 치중하는 이유는 의회 동의를 받고 세금을 더 거둬야 하는 재정정책에 비하여 실행하기가 쉽기 때문이다.

과거 세계경제는 함께 움직였다. 경제대국인 미국 경기가 좋아지면 미국에 수출하는 유럽이나 일본 등 세계경기가 함께 좋아졌고, 미국이 경기를 조절하기 위해 금리를 올리거나 내리면 다른 나라들도 함께 올리거나 내렸다. 이러한 현상을 동조화(coupling)라고 한다.

미국은 재정적자의 부담이 많은 정부 대신 중앙은행인 연방준비제도이사회가 여러 차례 양적완화를 시행하였다. 그러다가 2015년 12월 16일 기준금리를 0~0.25%에서 0.25~0.5%로 올렸다. 2008년 금리를 제로 수준으로 낮춘 지 7년 만에 올린 것이다. 미국 경기가 회복세에 들어섰다고 판단했기 때문이다.

그러나 글로벌 금융위기(2008년) 이후 저성장 늪에 빠진 선진국들은 다양한 방법으로 탈출을 모색해 왔다. 미국 경제가 침체에 빠져 있을 때 중국 경제가 빠르게 성장하면서 아시아 경제도 약진하는 상황이 있었다. 그러다가 중국 경제의 성장속도가 둔화되면서 세계에 '차이나 쇼크(China shock)'를 일으키고 있다.

과거처럼 동조화, 즉 미국이 금리를 올리는 상황에서 실물경기가 어려운 다른 국가들이 같이 금리인상에 나서는 것이 좋은지, 아니면 미국의 통화정책과 다른 방향으로 가는 탈동조화(decoupling)가 좋은지에 대해 관심이 높아지고 있다. 그것은 나라에 따라 상황이 다르다.

디커플링은 한 나라의 경제가 특정 국가에 의존하지 않고 성장하는 현상을 말하는데, 이 외에도 주가나 금리가 다른 나라와 다른 방향으로 움직이는 것을 의미하기도 한다. 과거와 달리 중국과 인도 등이 성장하면서 이제는 미국 경기가 둔화되더라도 다른 경제권은 큰 영향을 받지 않는다. 그러나 신흥국은 상황은 다르다. 미국이 금리를 올리는 상황에서 저금리를 유지하면 투자자금이 급속히 미국으로 빨려 들어갈 수 있고, 그렇다고 주요 수출국인 중국 경제가 둔화되는 상황에서 미국을 따라 금리를 올리면 경제회복이 어려워진다.

따라서 신흥국에서는 미국이 금리를 인상하면 같이 금리인상을 해야 한다는 동조화 주장이 많다. 1994년, 1999년, 2004년 미국이 금리를 올릴 때마다 경제기반이 취약한 신흥국은 급격한 환율변동과 자금 유출로 크게 흔들렸다. 달러 빚이 많은 나라와 원유수출 의존도가 높은 러시아에게도 큰 부담이 되었다. Moody's는 취약 4개국으로 브라질 · 러시아 · 터키 · 남아프리카공화국을 꼽았다. 멕시코 · 콜롬비아 · 터키 등 페그제(peg system, 특정국의 통화에 자국통화의 환율을 고정시키는 제도)인 나라들은 미국을 따라 금리를 올리고 그에 따르는 경기침체 위험을 이겨내야 하는 짐을 지게 되었다. 경기침체에 빠져 있어도 자금 유출을 막으려고 금리를 올릴 수밖에 없다.

중국은 외환시장이 통제되고 자본의 유출입이 자유롭지 않기 때문에 미국에 동조하는 정책을 선택할 필요성이 상대적으로 적다. 중국의 중앙은행인 런민은행(人民銀行) 화폐정책위원회는 2014년 지급준비율은 내린데 이어 2015년 세 차례에 걸쳐 위안화 가치를 4.65% 평가절하하였다. 그에 따라 세계증시가 급락하는 등 상황이 심각해지자 곧바로 위안화를 조금씩 평가절상하였다.

글로벌 금융위기 이후 낮은 성장률이 계속될 것이라는 개념을 서구에서는 뉴 노멀(New Normal)이라고 하는데, 이를 중국에서는 신창타이(新常態)라고 한다. 중국의 시진핑(習近平) 주석이 2014년 5월 신창타이에 접어들었다고 하였다. 중국 경제의 성장 동력이 떨어진 것은 과잉투자와 부동산 거품으로 소비와 생산 모두 부진을 면치 못하고 있기 때문이다. 중국 경제의 부진은 세계경제에 원자재 가격 하락, 글로벌 성장률 하락으로 이어진다. 특히 중국을 주요 수출대상으로 하는 아시아 경제의 부진으로 이어지고 세계경제 회복의 장애가 될 수도 있다.

ECB는 금리를 더 내렸을 뿐만 아니라 2016년 9월까지 계속 양적완화정책을 실시하겠다고 하였다. EU는 글로벌 금융위기 이후 한동안 부채감축(deleveraging)에 주력했으나 남유럽 재정위기로 유로존(Eurozone) 결속이 흔들리자 다시 양적완화에 들어갔다. 유

로존은 아예 저성장에서 벗어날 조짐조차 보이지 않고 있다.[73]

이제는 각국이 경제 체력에 따라 각자의 길을 걷고 있는 셈이다. 그동안 돈 풀기에 동조했던 각국이 이제는 금리를 인상 · 인하 · 동결하는 세 갈래 길로 나뉘어 그레이트 다이버전스(great divergence, 대분기)의 시대로 접어들었다.

글로벌 경기침체, 특히 중국의 경기 둔화는 수출 의존도가 높은 우리나라(중국 수출 비중이 26%)가 가장 큰 타격을 받을 수밖에 없다. 투자와 수출의 둔화는 저성장으로 이어진다. 한국은행은 가계부채와 해외 자본유출을 우려하여 추가 금리인하에 주춤하고 있다. 선진국과 신흥국들이 금리인하와 환율절하로 달려가고 있다. 한 가지 확실한 것은 경제성장 없이는 증세도 복지도 없고, 금리인하 없이는 환율절하도 없다는 것이다.

5) 남유럽의 재정위기

남유럽의 재정위기는 과도한 복지정책과 그에 따른 정부부채의 누적 때문이지만, 본질적인 원인은 유로화(€) 도입 이후 국제경쟁력의 저하 때문이다. 단일통화인 유로화 출범 후 남유럽 국가들은 북유럽 국가들에 비해 상대적으로 임금과 물가 상승이 높아 가격경쟁력을 상실하였고, 그 결과 만성적 무역적자를 이어갔다. 특히 독일에 비해 금리수준이 높았기 때문에 금리 차익을 노린 막대한 자금이 남유럽에 유입되었고, 그러한 자금 유입이 버블(bubble)을 발생시켰다. 이런 상태에서 글로벌 금융위기로 자금 유입이 축소되면서 재정위기로 이어졌다.[74]

---

73 덴마크와 스위스에 이어 스웨덴도 금리를 2014년에 마이너스로 낮추었다. 일본보다 먼저 마이너스금리정책을 시행한 ECB도 경기부양과 물가상승 효과가 뚜렷하게 나타나지 않고 있다. 2016년 3월 ECB 통화정책위원회는 0.05%인 기준금리를 0.00%로 낮추고 유로존 은행들이 ECB에 돈을 맡길 때 적용하는 예금금리도 −0.3%에서 −0.4%로 낮추었다. 그럼에도 다시 추가 금리인하를 시사하고 있다.

일본은 상대적으로 자국 통화(엔화)로 표시된 부채비중이 크기 때문에 금리를 인상할 유인이 크지 않다. 그러나 일본 경제는 잠시 활기를 찾다가 다시 주춤하고 있다. 아베(安倍晋三) 정부는 장기불황에서 벗어나기 위해 공격적인 돈 풀기 정책(양적완화정책)을 시행하였다. 아베노믹스(abenomics, 일본 총리 아베 신조의 통화공급 확대와 엔화 평가절하 등을 통한 경기부양책)의 호황은 엔저(¥低) 속에 가능하였다. 그러나 엔화가치가 상승세로 돌아서면서 돈 풀기가 본격 시행된(2014년 10월 2차 양적완화) 이전 수준으로 되돌아갔다. 저유가와 중국 경제 불안 등으로 국제금융시장에서 안전자산으로 분류되는 엔화 수요가 급증했기 때문이다. 또 미국이 추가 금리인상을 미루는 바람(기준금리 인상 속도 조절)에 달러가 약세로 돌아서면서 상대적으로 엔화는 강세가 될 수밖에 없다.

74 재정위기는 그 강도와 지속성을 기준으로 재정압박 → 재정고통 → 재정파산의 과정을 거친다. 재정압박(fiscal stress)은 현금흐름의 건전성이 일시적으로 나빠진 상태를, 재정고통(fiscal destress)은 좀 더 구조적이고 장기적인 위험에 노출된 상태를, 재정파산(bankruptcy)은 채무상환 능력을 상실하고 본래의 기능을 스스로 해결할 수 없는 상태를 의미한다. 한편 불황(recession)은 IMF의 정의에 의하면 적어도 2분기 연속으로 성장률이 3% 아래로 떨어진 경우를 말한다.

이럴 때는 수출경쟁력을 높여 경상수지를 개선해야 하는데, 남유럽 국가들은 유로화를 사용하고 있기 때문에 독자적으로 환율을 평가절하할 수 없었다. 유로존 자체는 미국에 맞서기 위한 것이었지만 결과적으로는 독일은 점점 강해지고 나머지 회원국들은 독일에 의존하며 점점 쇠약해지고 있는 것이다.

PIIGS(Portugal, Italy, Ireland, Greece, Spain을 지칭)는 유로존(유로화 사용 19개국) 가운데 과도한 국가부채와 재정적자로 2009년 말부터 심각한 재정위기에 빠졌다. 그중 아일랜드와 포르투갈은 구제금융 후 다소 회복세를 보이고 있다.

① **그리스** : 그리스는 심각한 재정적자 때문에 구제금융 지원을 받고 있다. 2010년과 2012년에 국제채권단 트로이카(EU · ECB · IMF)로부터 2400억유로 규모(1차 1100억유로 +2차 1300억유로)의 구제금융 지원을 받았다. 구제금융의 조건은 1차 때는 2014년까지 재정적자 수준을 GDP 대비 3% 이내로 감축(최저임금 삭감, 연금 삭감, 공무원 감축 등)하라는 것이었고, 2차 때는 2020년까지 GDP 대비 부채비율을 120%까지 감축(2014년 188.7%)하라는 것이었다.

그러나 이러한 조건은 그리스 국민들에게는 가혹한 것이었다. 그러자 그리스는 2015년 7월 5일 국제채권단의 구제금융 지원을 위한 긴축방안의 수용 여부에 대해 국민투표를 실시하였는데, 긴축 수용 반대(유권자의 61.5%)로 나타나 그렉시트(Grexit) 가능성과 유로존 붕괴에 대해 국제사회의 관심이 높아졌다.[75]

그리스의 디폴트 위기는 정치 · 경제 · 사회적 요인들이 복합적으로 작용한 것인데, 경제적 측면에서 살펴보면 첫째, 유로존 가입과 경상수지 적자가 누적되었기 때문이다. 2001년 유로존에 가입하면서 자국통화인 드라크마(drachma) 대신 유로화(euro)를 사용하였다. 국가 간 경쟁력 격차에도 불구하고 단일통화를 사용하면서 그리스의 실질통화가치가 상승하게 되었고, 이로 인해 산업경쟁력이 높은 국가(독일 · 프랑스 등)의 제품들이 상대적으로 낮은 가격으로 수입되었다. 그리스의 대외경쟁력은 떨어졌고, 그 결과 경상수지 적자가 확대되었다.

둘째, 제조업 비중이 낮고, 대부분 서비스업에 집중하고 있어 유로화 강세, 물가상승

75 유로존 탈퇴를 의미하는 Grexit는 Greece와 Exit의 합성어로, 그렉시트가 현실화되면 EU와 ECB 등이 2010년 이후 그리스에 빌려준 돈은 돌려받기 어려워지고, 유럽의 금융시장이 불안해진다. 그리스 입장에서도 유로존을 떠나면 추가 도움을 받지 못할 뿐만 아니라 자국통화였던 드라크마(drachma)로 회귀하면 그 가치가 폭락하여 경제상황이 최악으로 치달을 수 있다. 그리스는 2015년 1월 급진좌파 정당인 시리자(SYRIZA) 출신의 치프라스(Alexis Tsipras)가 총리로 당선된 후 국제채권단에 경제개혁안을 제출하고 협상하여 구제 금융을 연장시켰다. 그리스 부채규모는 GDP의 약 175%이고 이 중 85% 정도가 유럽재정안정기금(EFSF), 유럽중앙은행(ECB), 국제통화기금(IMF)이 빌려준 것이고, EFSF와 ECB에 자금을 가장 많이 대는 국가가 독일이다. 그래서 독일은 그리스에게 계속 긴축을 요구하고 있다.

등의 경기변동에 취약할 수밖에 없다.

셋째, 유로존에 가입하지 않았다면 환율조정을 통해 무역적자를 감소시키거나 정부가 화폐발행을 늘리고 금리를 인하하는 등의 정책수단을 활용하여 이를 조정할 수 있었다. 그러나 유로존은 이자율이나 화폐공급 등의 통화정책을 ECB에서 관장하고 있다.

넷째, 그리스의 정책수단은 물가와 임금상승을 억제하여 수출경쟁력을 높이거나 긴축정책으로 재정적자를 줄이는 것뿐이다. 그리스 경제는 긴축재정, 경기침체, 구제금융 지원의 악순환을 되풀이하고 있다.[76]

② **포르투갈** : 쌍둥이 적자(경상수지 적자와 재정수지 적자)에 시달리고 있고, 경제성장률도 지속적으로 낮아지고 있다. 포르투갈 경제는 '카네이션혁명'을 계기로 공기업 중심으로 바뀌었는데, 공기업들의 적자가 확대됨에 따라 재정적자와 정부부채가 늘어났다.[77]

1980년대에는 부가가치세 도입 등 세제개혁으로 높은 성장률을 기록하기도 했고 1990년대 후반에는 유로화 가입을 위해 긴축재정을 추진하는 중에도 물가가 안정되고 실업률도 안정되면서 경기가 호조를 보였다.

그러나 2000년대 들어서면서 내수와 투자 위축, 그로 인한 실업 급증, 공기업의 비효율성 등으로 경제가 침체에 빠져들었고, 글로벌 금융위기 이후 쌍둥이 적자와 과다한 대외채무가 표면으로 나타나기 시작하였다. 그 결과 신용등급이 대폭 강등되고 국채발행에 의한 자금조달이 어렵게 되면서 구제금융을 받았다.[78]

포르투갈은 긴축이행 목표를 성실히 이행하고 있다. 노동개혁(해고금지 요건 완화), 행정개혁(공무원 감축), 의료보험개혁(환자의 의료부담 증액), 공기업 민영화 등 대대적인 구조개혁을 함으로써 국제채권단도 재정긴축의 시한을 당초 2013년에서 2014년까지로 연장해 주었고, 재정적자비율 목표치도 당초 4.5%에서 5.0%로 완화해 주었다.

③ **스페인** : 재정적자가 심각한 유로존의 PIIGS 국가 중 하나다. 이들 국가들은 국가채무와 외채 문제를 동시에 안고 있다. 유로화 도입 이후 국채 수익률이 하락했고, 그것이 신용팽창과 과도한 소비로 이어졌다. 그러다가 저임금을 앞세운 아시아 국가들에게

76 우리나라와 그리스의 무역규모는 14억달러 정도(2014년 기준)로 우리나라 전체 무역의 0.13%(우리나라 수출의 0.18%, 수입의 0.07%)에 불과하므로 직접적인 영향은 크지 않다. 다만 유로존의 불안정이 커지고 유로화 가치가 절하될 때에는 우리나라의 유럽지역 수출에 부정적 영향을 줄 수 있다.

77 카네이션혁명은 1974년 4월 25일 좌파 청년장교들이 주도하여 40년간의 독재정권(살라자르 정권)을 무너뜨린 혁명으로, 시민들이 혁명군에게 카네이션을 달아주며 지지했다고 하여 붙여진 이름이다.

78 남유럽 재정위기 국가들은 국가신용등급이 정크등급(투자부적격 등급)을 오르내리고 있어 국채발행이 쉽지 않고 발행하더라도 국채금리가 매우 높다. 2012년 6월 13일 기준으로 각국의 국채 10년물 금리는 한국 3.64%, 미국 1.59%, 일본 0.85%, 영국 1.75%, 독일 1.48%, 프랑스 2.73%, 이탈리아 6.21%, 중국 3.37%, 스페인 6.73%, 포르투갈 10.82%, 그리스 29.06%였다.

수출시장도 내주었다. 임금 상승률이 높아지면서 가격경쟁력을 잃고 막대한 경상수지 적자를 보고 있다. 무엇보다 더 큰 문제는 부채 축소, 긴축재정, 물가상승 등으로 GDP의 75%를 차지하는 내수(內需)가 극도로 부진해졌다.

스페인은 유로존 내 4대 경제대국이었지만, PIIGS로 묶여 골칫거리 취급을 받는 처지가 되었다. 그 원인은 산업구조 때문이다. 금융위기 이전에는 건설업이 연간 3% 이상의 경제성장을 주도했는데, 그것은 유로화를 도입한 이후 저금리가 유지되면서 외국에서 스페인 부동산시장으로 자금이 대거 유입되었기 때문이다. 그러나 부동산 경기가 침체되면서 건설업은 마이너스 성장을 하게 되었다.

부동산 경기의 급락은 저축은행 등 금융권을 붕괴시켰다. 정부가 은행구조조정을 위해 막대한 재정을 투입하자 이번에는 국가채무가 폭증하였다. 지방정부도 무상의료와 무상교육, 선심성 사회간접자본 건설 등으로 공무원이 급증하였다.

스페인은 은행자본 확충을 위해 EFSF(유럽재정안정기금)에 자금을 요청하였다. 그리고 재정적자를 GDP 대비 6% 수준으로 낮추기 위해 공공부문 임금동결, 정부부처 예산 감축, 담배세와 법인세 인상 등을 단행하였다. 2012년에는 재정적자 목표 달성 시한을 1년 연장하고 은행 구제금융 지원을 받는 대가로 추가 긴축안을 마련하였다.

스페인은 부실은행에 직접 돈을 빌려주라는 것이므로 구제금융은 아니라고 하고 있다. 물론 ECB와 독일은 은행에 직접 지원을 반대하고 있다.

④ 이탈리아 : 국가채무비율은 높은 편이지만 국채의 상당부분(약 75%)을 이탈리아 국민들이 보유하고 있어 채무상환 압박도 크지 않았다.

그런데도 남유럽 재정위기가 이탈리아로 번진 이유는 국제투자자들이 재정위험 국가로 분류한 5개 나라(그리스 · 아일랜드 · 포르투갈 · 스페인 · 이탈리아)에 포함되어 있기 때문이다. 국가채무비율이 OECD 34개국 중 3위(일본, 그리스 다음)로 연간 이자비용만도 GDP의 4~5%에 이르고, 정치 리더십도 긴축과 개혁을 추진하는 데 미흡한 상황이었다. 2000년대에 임금상승률이 생산성 증가율보다 높아 수출산업의 가격경쟁력이 약화되고 경제도 계속 마이너스 성장을 하고 있다.

⑤ 아일랜드 : 글로벌 금융위기 직전 연도에 1인당 국민소득이 4만달러를 넘는 '켈트(Celt) 호랑이'라고 했는데, 부동산 버블 붕괴로 구제금융을 받으며 긴축정책을 펴는 처지가 되었다.

아일랜드는 구제금융을 받은 나라 중 가장 긴축프로그램(재정적자비율을 GDP 대비 3% 이하로 낮추기 위한 긴축)을 성공적으로 이행하고 있다. 트로이카도 아일랜드의 위기 극복을 위해 지원을 확대하고 있다. ECM(유럽안정화기구)도 아일랜드은행에 직접 지원을 검토하고 있다.

그리스를 제외한 남유럽 국가들의 재정위기의 본질은 재정건전성 문제가 아니라 자본의 유출입 문제라고 보는 시각도 있다. 유로존 통합 이후 북유럽 국가들은 규제를 받지 않고 스페인과 아일랜드 등에 과다한 유동성을 공급하여 자산 버블을 만들었고, 글로벌 금융위기 이후 유동성을 회수하는 과정에서 벌어진 후유증이 바로 재정위기의 본질이라는 것이다.

WP(워싱턴 포스트)는 '유로존 유지를 위한 5가지 새로운 길'을 제안(2012.5.8.)했는데, 그것은 ㉠ ECB의 확장적 통화정책, ㉡ 사회기반시설 투자 확대, ㉢ 큰 나라(스페인 등)에도 구제금융 제공, ㉣ 유로본드 발행, ㉤ 고강도의 재정통합 등이다.[79]

현재 유럽의 긴축재정은 2012년 초 메르켈(Angela Dorothea Merkel) 독일 총리의 주도로 체결된 신재정협약에 기반을 두고 있다. 이 협약은 재정적자와 누적 공공부채의 상한선을 정하고 이를 위반할 때는 EU 차원에서 제재를 가한다는 것으로, 긴축재정을 골자로 한다. 유럽의 재정위기는 남유럽 국가들의 방만한 재정운용에서 비롯된 것으로 본 것이다.

이러한 긴축재정으로 일자리가 줄어들고 연금도 삭감되자 각국에서 국민의 저항이 잇달아 일어났다. 이런 상황이 선거와 겹치면서 좌파와 우파를 막론하고 긴축재정을 실시하는 정권은 대부분 교체되거나 지방선거에서 패배하였다. 그러나 성장을 위한 재정투입에는 한계가 있어 경기부양을 위한 상징적 조치만 하고 결국에는 긴축의 길로 갈 수밖에 없다.

79 유로본드는 유로화를 사용하는 나라들이 공동 발행하는 채권을 말한다. 신용도가 각각 다른 유로존 국가들이 함께 지급을 보증하기 때문에 신용도가 낮은 나라도 낮은 금리로 자금을 조달할 수 있다. 프랑스가 주장했으나 실패하고, 결국 독일과 프랑스는 유로본드의 전 단계 성격인 프로젝트본드 발행(EIB를 통해 2.3억 유로)에 합의하였다. 이것은 인프라스트럭처(도로, 통신, 에너지 등)의 구축비용을 마련하기 위해 발행하는 채권으로 EU가 공동으로 채권을 발행한다는 점에서 유로본드의 시험단계 성격을 지닌다.

제15장 조달행정

제1절 조달행정의 의의

1. 조달행정의 개념

조달행정(調達行政)은 정부의 업무수행과 공공서비스 제공에 필요한 물품 · 공사 · 용역을 구매 · 공급하고 관리하는 활동을 말한다. 정부조달의 규모는 대체로 GDP의 10~15%를 차지하고 있을 정도로 방대하기 때문에 조달행정은 국가재정의 운용에 있어서는 물론이고 국민경제적으로도 중요한 영역이다.

조달행정은 정부 및 공공기관의 효율성에 영향을 미치는 중요한 요소인 동시에 구매방식이나 형태에 따라 특정 산업의 보호 · 육성, 중소기업의 경영활동 등에도 크게 영향을 미친다. 따라서 정부의 조달행정은 국가의 다양한 정책목표를 달성하기 위한 수단으로 활용된다.

조달행정체계는 일반적으로 중앙조달제도와 분산조달제도로 구분한다. 중앙조달제도는 특정한 조달기관에서 조달행정의 모든 과정을 집중적으로 수행하는 것을 말하고, 분산조달제도는 조달에 필요한 모든 과정을 각 수요기관에서 자체적으로 수행하는 것을 말한다. 대체로 중앙집권적 정치구조를 갖고 있거나 구매예산의 효율적 집행을 강조하는 나라에서는 중앙조달제도를 채택하고 있고, 지방정부의 자율권이 강한 나라에서는 분산조달제도를 채택하고 있다.

최근에는 집중구매제도의 장점을 살리기 위하여 중앙조달제도로 전환하는 나라가 늘고 있다. 영국은 1980년대에 대처(Margaret Hilda Thatcher) 정부의 자율화 영향으로 분산조달체계로 전환되었으나 비효율적이라는 문제가 제기되면서 다시 중앙조달행정기관

(OGC: Office of Government Commerce)으로 통합되었다.

우리나라의 공공부문 조달행정체계는 기본적으로 중앙조달제도를 채택하고 있으나 지방자치단체와 공공기관에 대해서는 일정한 기준에 따라 자체조달을 인정하고 있다.

2. 구매와 조달

1) 구매의 개념

정부지출을 크게 둘로 나누면 재화와 용역에 대한 지출과 이전지출(transfer payments)로 구분된다(Long, 1981: 251). 재화와 용역을 획득하는 활동을 구매(purchasing *or* procurement)라고 한다(Lynch, 1979: 290).

재화와 용역에 대한 지출 중 공무원의 인건비를 제외한 나머지 부분은 주로 구매예산(購買豫算)으로 사용된다. 따라서 현대국가는 각기 국내 최대의 생산자인 동시에 구매자이므로 정부구매를 효율적으로 수행하는 것이 예산을 절약하는 지름길이라고 할 수 있다. 행정기능의 확대와 예산규모의 증가에 따라 정부구매의 양이 많아지고, 또 그러한 정부구매가 국민경제에 미치는 영향도 증대되었다.

조달청의 「물품분류지침」에서는 비소모품과 소모품을 다음과 같이 명시하고 있다. 즉 비소모품은 일반적으로 1년 이상 사용할 수 있는 물품으로서 계획적인 수급관리가 필요한 물품을 말한다. 1년 이상 사용할 수 없는 물품이라도 취득단가가 일정금액(예: 100만원) 이상인 물품은 비소모품으로 분류한다.

소모품은 한번 사용하면 원래의 목적에서 다시 사용할 수 없는 물품(약품이나 유류 등)이거나, 내용연수가 1년 미만으로서 사용에 따라 소모되거나 파손되기 쉬운 물품(시험용기, 사무용 소모품, 공구 등), 다른 물품을 수리 · 조립 · 제작하는 데 사용되거나 시설공사에 투입 · 사용됨으로써 그 본성을 상실하는 물품(수리용 부속품, 생산원료, 재료, 건축자재 등)을 말한다. 다만 1년 이상 사용할 수 있는 물품이라도 취득단가가 일정 금액(예: 2만원) 미만인 소액의 물품은 소모품으로 본다.

2) 구매 와 조달

조달은 구매보다 넓은 개념이다. 조달(調達)이란 물품을 구매하고 그 물품을 인수 · 저장하여 이를 수요기관에 인도하는 일련의 과정을 의미한다(Lynch, 1979: 291).

구매에는 일정한 반대급부가 있어야 하는 데 비하여, 조달에는 무상취득이나 원시취득도 있으므로 반드시 그런 것은 아니다. 구매의 대상은 물품과 용역에 한정되지만, 조달의 대상은 그 외에 자금도 포함된다.

이러한 차이에도 불구하고 동일시하는 이유는 조달의 대부분이 구매에 의하여 이루어지기 때문이다.

한국의 「조달사업에 관한 법률」(제3조)은 조달사업의 범위를 조달청장이 하는 조달물자의 구매, 물류관리 · 공급, 수요기관의 시설공사의 계약, 수요기관의 시설물의 관리 · 운영 등으로 규정하고 있다.

3. 집중구매제도

1) 집중구매와 분산구매

집중구매(central purchasing)는 정부가 필요로 하는 재화와 용역을 중앙구매기관으로 하여금 일괄하여 구매하게 한 다음, 수요기관(需要機關)에 공급해 주는 구매제도를 말한다.[1] 분산구매는 수요기관이 필요한 재화를 개별적으로 직접 구입하는 것을 말한다.

과거에는 정부가 구매하는 재화나 용역의 양이 적었기 때문에 분산구매제도를 채택하였으나, 오늘날에는 정부의 구매량과 구매예산이 급증함에 따라 많은 나라에서 집중구매제도를 채택하고 있다.

한국의 「조달사업에 관한 법률」에는 집중구매에 관한 조항이 없으나, 조달청장을 조달사업의 수행자로 규정하고 있다. 따라서 조달청이 각 수요기관에서 공통적으로 필요로 하는 수요물자와 비축물자를 집중구매(集中購買)하여 공급한다고 볼 수 있다.

2) 집중구매의 장단점

(1) 집중구매의 장점

첫째, 집중구매는 다량구매로 단가를 낮추어 예산을 절약할 수 있다. 그리고 물품의

1 여기에서 수요기관이란 조달물자, 시설공사계약의 체결 또는 시설물의 관리가 필요한 국가기관, 지방자치단체 및 대통령령이 정하는 기관을 말한다(조달사업에 관한 법률 제2조). 대통령령이 정하는 기관이란 국가 또는 지방자치단체가 투자 · 출자한 기관이나 그 밖의 기관으로서 수요물자의 구매 · 공급 또는 시설공사 계약의 체결을 요청하여 조달청장이 수요기관으로 인정하는 기관을 말한다(조달사업에 관한 법률 시행령 제4조).

보관 및 조작과정에서 나오는 불용품이나 폐품을 적절한 가격으로 처분함으로써 부차적인 수입도 올릴 수 있다(유훈, 2003: 519~522).

둘째, 집중구매를 담당하는 조달행정기관은 구매에 관한 업무의 전문성을 살릴 수 있다. 구매품에 관한 정보, 기업의 관행 및 적절한 구매시기 등을 파악함으로써 필요로 하는 물자를 저렴하고도 적절한 시기에 구입하는 데 도움을 준다.

셋째, 여러 기관에서 공통적으로 사용하는 물자의 규격을 표준화(標準化)할 수 있다.[2] 규격을 표준화하고 통일시키면 입찰업무의 능률화, 일정한 품질의 보장, 물품검사의 신속화 등이 가능하게 된다.

넷째, 집중구매는 집중보관을 통하여 긴급수요나 예상 외의 수요에 대응하기 쉽고, 잉여물품을 부처 간에 신축적으로 활용할 수 있어 구매물량을 최소화할 수 있다.

다섯째, 집중구매는 공급자에게도 편의(便宜)를 제공할 수 있다. 공급자는 하나의 구매기관(중앙구매기관)을 상대로 하여 판매활동을 할 수 있고, 구매정보의 탐지 및 납품에 필요한 경비와 노력을 줄일 수 있다.

여섯째, 집중구매는 종합적인 구매정책을 수립하는 데 도움을 준다. 수요기관으로부터 연초에 1년간 필요한 물자의 목록을 제출받아 구매할 품목과 수량, 구매품의 규격, 구매예산을 미리 파악하여 구매정책을 수립할 수 있다.

(2) 집중구매의 단점

첫째, 특정한 부처가 사용하는 특수 품목은 해당 부처가 판단하고 구매하는 것이 바람직하다. 만일 이러한 물품을 집중구매하면 중앙구매기관과 수요기관 사이에 품목이나 품질에 관하여 갈등을 초래할 수도 있기 때문이다. 그래서 우리나라 조달청은 원칙적으로 공통품목의 구매만을 담당하고 있다.

둘째, 정부에 물품을 납품하는 중소기업은 수량이나 가격에서 대기업과 경쟁하기가 어렵다. 집중구매는 대기업에 유리하게 작용할 가능성이 많다. 그리고 구매예산이 커지므로 구매과정에서 정치적 압력을 받아 특정 기업 또는 특정 제품을 구매할 가능성이 있다(Lynch, 1979: 291).

---

2 정부 각 기관에서 공통적으로 사용하는 주요 물품의 표준을 정부규격(政府規格)이라고 하는데, 이것은 조달청장이 정한다. 어느 기관에서만 사용하는 물품의 표준은 부처규격(部處規格)이라고 하는데, 이것은 각 중앙관서의 장이 정한다(물품관리법 제6조 제1항).

각 중앙관서의 장과 조달청장은 부처규격 또는 정부규격을 정할 수 없는 주요 물품의 취득 · 사용에 있어서 필요하다고 인정할 때에는 이러한 물품에 관한 표준규격을 정할 수 있다(물품관리법 시행령 제5조 제3항).

셋째, 집중구매는 많은 시간과 절차가 필요하게 되므로 물품을 적기(適期)에 공급하기가 어렵다.

넷째, 집중구매는 중앙구매기관의 구매담당자와 납품업체 사이에 부정이 개입되기 쉽고, 구매행정에 있어 형식적 절차(red tape)에 얽매이기 쉽다.[3]

제2절 조달행정기관

1. 조달행정기관의 연혁

우리나라의 조달행정기관은 한미경제원조협정(1949.1.17.)에 따른 외국원조물자 전담기관으로 국무총리 직속의 임시외자총국에서 출발하였다.[4] 그 후 임시외자총국은 정부보유 외환과 원조자금에 의한 외자구매업무를 담당하는 외자구매처가 대통령 직속기관으로 설립(1949.12.15.)되면서 외자구매업무는 외자구매처로 이관되고, 원조물자에 관한 관리 · 배당 · 경리는 국무총리 소속의 임시외자관리청으로 개편(1949.12.19.)되었다.

1955년 2월 17일에는 임시외자관리청과 외자구매처를 통합하여 당시 건설부장관 소속의 외자청으로 개편하였다. 동일 또는 유사기능의 중복으로 종합적 계획의 실천에 지장을 초래하였기 때문이다.

1961년 10월 2일에는 경제개발의 착수에 따른 물자의 안정적 공급을 위하여 외자청을 당시 경제기획원장관 소속의 조달청으로 확대 개편하였다. 조달청은 외자청의 기능과 조직을 계승하면서 내자조달과 시설공사계약 업무를 추가로 담당하게 되었다.[5]

---

3 Red Tape란 과거 영국에서 정부의 모든 공식문서에 빨간색 리본을 매달았던 것에서 유래한 것이다. 어떤 일의 진행을 지나치게 지체시키는 공식적인 규정 · 절차 · 형식 · 규제 등의 의미로 사용되고 있다. 문맥에 따라 불필요한 절차, 관료적 절차, 까다로운 형식, 해묵은 관행 등을 의미하기도 한다.

4 임시외자총국은 미국의 경제원조물자의 취득, 청구 및 구매에 관하여 미국의 대외경제원조에 관한 업무를 담당하던 ECA(Economic Corporation Administration)의 국내 창구역할 및 ECA와 각 부처 간 조정역할을 수행하였고, 도입된 원조물자의 원활한 배분, 관리 및 대금징수 등을 통해 건국 초기 경제재건과 산업부흥을 촉진하는 역할을 하였다.

5 내자(內資)는 국내에서 생산 · 공급되거나 국내자본으로 구매하는 물품 및 용역을 말하고, 외자(外資)는 국내에서 생산 · 공급되지 않거나 차관자금으로 구매하는 물자(외국산 제품)를 말한다.

그 후 조달청은 주요 물자비축 업무(1967년), 정부물품관리 총괄업무(1971년), 물가조사 업무(1978년), 시설공사감리 업무(1978년) 등으로 그 업무영역이 확대되면서 현재의 조달행정체계가 구축되었다.

조달청은 「정부조직법」의 개정에 따라 그 소속이 여러 차례 바뀌었다. 즉 경제기획원(1961년) → 재무부(1963년) → 경제기획원(1976년) → 재정경제원(1994년) → 재정경제부(1998년) → 기획재정부(2008년)의 외청으로 바뀌었다.

2. 조달청의 기능

1) 조달청의 기능

조달청은 우리나라 조달행정기관으로서 대량구매에 따른 중앙조달의 장점과 경쟁을 확대하고, 가격을 조사 · 통제함으로써 정부예산을 절감하는 역할을 하고 있다(조달청 홈페이지).

- 물품의 구매 · 공급 및 공사계약 관리 : 공공기관이 필요로 하는 물품(용역 포함) 및 공공시설물을 국내외에서 조달 · 공급, 고객이 원하는 시설공사 Total Service 제공 및 대형공사 총사업비 검토 등 조달지원 사업 수행
- 주요 원자재의 비축사업 운영 : 원자재의 국내 수급 안정을 위해 알루미늄 등 주요 원자재를 비축 · 방출
- 정부물품 및 국유재산 관리 : 정부보유의 물품 관리, 국유재산의 활용도 제고를 위한 국유재산 관리(공공용 토지 비축, 공공기관의 국유재산 관리 상황 점검 및 감사 등)
- 나라장터(국가종합전자조달시스템)의 운영 · 관리 : 공공기관 입찰정보를 통합 공고하는 등 공공전자조달 단일창구 역할을 수행

2) 비축제도

비축제도는 자원의 유한성, 지역적 편재, 산업의 고도화에 따른 수요확대 등으로 인한 수급의 불균형과, 국제원자재 시장이 불안정하고 가격도 등락이 심하기 때문에 이에 소요자원의 안정적 확보를 위하여 채택하고 있는 방법이다. 비축사업의 목적은 원자재와 생활필수품 등의 가격이 안정되었을 때 정부가 직접 구매 · 비축하여 공급함으로써 장단기 물자수급의 원활과 물가안정을 도모하려는 데 있다.

비축품목의 선정은 기획재정부장관이 관계중앙관의 장과 협의하여 고시하는 물자로서 해외의존도가 높은 물자, 국민생활 안정에 긴요한 물자, 그 밖에 물가안정과 수급 조절을 위하여 긴급히 대처할 필요가 있다고 인정하는 물자 등이다.[6] 비축사업의 유형은 다음과 같다.

① **직접비축** : 가격 안정기에 구매 · 비축하였다가 시중가격의 상승 및 수급 애로기에 기업에 외상 또는 현금으로 방출하는 비축사업이다.

② **공동구매 비축** : 공동구매제도는 조달청이 대량구매의 장점을 살려 원자재 구매를 대행하고 공급해 주는 제도를 말한다. 업계요청 비축 · 공급제도는 다수의 중소기업체 또는 수요단체로부터 구매 희망물량을 요청받아 비축자금으로 일괄구매한 후 수요자에게 현금 또는 외상으로 공급하는 비축사업이다.

③ **환매조건부 비축** : 경기침체 또는 비수기(非需期)로 인하여 재고가 누적되고 생산시설의 가동이 저하되는 산업부문의 재고물자를 그 생산업체와 약정기간 후 다시 사가는 조건으로 비축하는 사업이다.

④ **대여방출** : 직접 비축하고 있는 원자재를 수요업체에 일정기간 대여하였다가 현물로 상환을 받는 직접 비축사업의 일종이다.

⑤ **재활용원자재 비축** : 자원의 재활용을 촉진하고 수입대체에 의한 외화절감을 위하여 국내에서 발생되는 고철, 알루미늄, 구리 스크랩(scrap) 등 원자재로 재활용이 가능한 자원을 수요자인수확정부 및 환매조건부 등으로 비축하고 공급하는 제도를 말한다.

비축물자의 방출대상은 실수요자 또는 실수요자단체에 한하며, 비축원가와 시장가격 동향, 국내 수급상황 등을 종합적으로 고려하여 조달청장이 결정한다.

비축물자의 판매가격은 구매원가(물품대금이나 물류관리비 등 관리에 직접 드는 경비 포함), 해당 물자의 수급 및 가격의 동향 등을 고려하여 조달청장이 정한다. 비축물자의 판매가격이 구매원가를 넘는 경우에는 그 초과분은 조달특별회계의 세입으로 한다. 그리고 조달청장은 비축사업을 원활화하기 위하여 민간과 협력하여 민관공동비축사업을 할 수 있는데, 이에 참여하는 민간사업자가 비축하는 물자에 대하여 비축시설의 사용료 감면 등 지원을 할 수 있다. 이때 조달청장은 민간사업자에 대하여 해당 비축물자를 조달

---

6 비축(備蓄)은 전시 · 사변 또는 자원 수출국의 수출 중지나 수송로의 폐쇄 등으로 자원 공급이 두절되었을 때 주요 물자의 수급을 원활히 하고 가격 안정과 경제 · 사회적 혼란 예방을 위한 조치를 말한다. 그 대상물자는 기획재정부장관이 국무총리의 승인을 얻어 정한다. 즉 ① 식량 · 식료품, ② 피복류 · 피혁류 · 고무류 · 화공류 그 밖에 공산품류, ③ 전기 · 연료 및 그 기기 · 소방기기, ④ 의약품 · 의료기기 · 의료기구 그 밖에 위생용 물자, ⑤ 철도차량 · 하역장비 그 밖에 수송용 장비, ⑥ 토목건축용 물자, 공작물 및 그 부속물자, ⑦ 통신설비 · 통신용품 그 밖에 통신용 물자, ⑧ 홍보용 물자 등이다.

청에 우선적으로 매각하도록 요청할 수 있다(조달사업에 관한 법률 제11, 12조). 비축시설은 현재 9개 지역(부산 · 인천 · 군산 · 광주 · 대구 · 대전 · 경남 · 충북 · 강원)에 위치하고 있고, 필요하면 생산자의 창고 등을 활용하기도 한다.

3) 조달시장의 개방

정부조달은 전통적으로 다자간 무역규칙의 범주에서 제외되었던 부문이다. 즉 정부조달에 대한 GATT(관세 및 무역에 관한 일반협정)의 적용을 명시적으로 배제하였다. 그러나 1970년대에 걸쳐 차별적이고 불투명한 정부조달정책이 무역 규제로 인식되자 GATT체제하의 동경라운드(1973~1979년)에서 정부조달에 관한 복수국 간 협정(GPA : Government Procurement Agreement)이 체결(발표는 1981년)되었다. GPA는 GATT 회원국 모두가 준수하는 다자협정이 아니라 협정을 체결한 일부 회원국(13개국)들만 준수하는 복수협정이었다.

그러나 정부조달이 우루과이라운드(Uruguay Round)를 거치면서 그 중요성이 부각되자 그 내용이 1994년에 대폭 수정되었다. 즉 종래에는 중앙정부의 상품구매로 국한되었던 것이 건설공사를 포함한 각종 서비스 조달과 지방자치단체 및 공기업의 조달로 확대되었다. 우리나라도 1994년에 정부조달협정(GPA)에 가입하였고, 1997년부터 발효되었다. 당시 우리나라 조달시장의 개방범위는 중앙정부 42개 기관, 지방자치단체 15개 기관, 공기업 19개 기관이었다.

제3절 구매절차와 계약

1. 구매절차

1) 수요판단

수요판단(需要判斷)은 수요기관의 청구에 의하거나 구매기관이 자체적으로 판단한다. 각 수요기관은 회계연도마다 1월 31일까지 해당 연도 수요계획을 작성하여 조달청장에게 제출해야 한다.

구매기관이 자체적으로 수요판단을 하는 때 수요기관의 전년도의 소비량과 기구 및 인원을 기준으로 하여 산출한다.

조달청장은 각 수요기관이 제출한 수요계획에 근거하여 정부 수요물자의 수급계획을 작성해야 한다.

2) 구 매

수요기관은 조달청장에게 조달물자의 구매와 공급을 요청해야 한다. 외자구매(外資購買)를 제외하고 천재 · 지변 등 필요한 때에 한하여 수요기관이 직접 구매할 수 있다.

조달청의 구매대상은 내자이면 7000만원 이상의 물품 및 용역(임차와 대여 포함)이다. 다만 음식료품류, 동식물품류, 농수산물, 무기 등 총포, 화약류와 그 구성품, 차량용 유류는 제외된다.

수요기관이 직접 구매할 수 있는 대상은 ㉠ 7000만원 미만의 물품, ㉡ 긴급한 구매물자, ㉢ 지방자치단체장이 관할 소재업체로부터 구매하는 것이 유리한 때, ㉣ 물자의 특성, 수요시기, 시장여건 등 조달청장이 위임한 때 등이다.

각 부처는 사업수행을 위하여 구매기관에 필요한 재화의 구매청구서를 제출한다. 구매기관은 그 물품의 재고가 있으면 출고증을 발행하여 창고에서 물품을 인도하고, 재고가 없으면 구매지시를 하여 구매하도록 한다.

구매방법은 원칙적으로 일반경쟁입찰(一般競爭入札)에 의해야 한다(국가계약법 제7조). 일반경쟁계약 외에 법령이 정하는 바에 의하여 지명경쟁계약(指名競爭契約) 또는 수의계약(隨意契約)을 체결하여 구매할 수도 있다.

3) 수납과 검사

물품의 공급자가 물품을 구매기관이나 수요기관에 납품을 하려면 먼저 검사를 받아야 한다. 구매기관은 구매중개자로서의 역할을 하는 것이므로 인도된 물품이 물품 청구자의 요구조건을 충족시키는지 확인해야 한다.

구매기관은 물품공급자로부터 포장완료 통지를 받으면 검사전문 직원을 직접 보내어 포장을 개봉하고 검사하거나, 물품의 생산과정에 직원을 파견하여 검사할 수도 있다. 그러나 일반적으로는 물품이 구매기관이나 수요기관에 도착한 후에 검사한다.

물품검사가 끝나면 수요기관의 청구에 의하여 구매한 물품과 비저장품은 수요기관에 인도하고, 구매기관의 자체판단에 의하여 구매한 물품과 저장품목은 보관창고에 저장한다.

4) 대금의 지급

조달청이 수요기관에 판매한 물자의 대금은 조달청장이 기획재정부장관의 승인을 얻어 결정한다. 이때 해당 물자의 구매원가에 보관이나 조작 등의 관리에 직접 소요된 경비와 일반관리비를 가산한다.

물품의 인도가 끝나면 대금(代金)을 지급해야 하는데, 여기에는 수요기관이 직접 지급하는 방법과 구매기관이 지급하는 방법이 있다. 전자를 분산지급제도, 후자를 집중지급제도라고 한다.

우리나라에서는 저장품목이나 비저장품목 모두 집중지급제도를 채택하고 있다. 조달청이 대금을 물품공급자에게 지급하고 나중에 수요기관으로부터 대금을 징수한다.

수요기관은 매월 수령한 수요물자의 대금을 납입고지를 한 날로부터 30일 이내에 조달청장에게 납입해야 한다. 납일기일의 초과 때에는 그 대금의 1/100에 상당하는 금액을 연체료로서 대금에 가산하여 납입해야 한다. 다만 비축물자의 판매대금과 조달청장이 필요하다고 인정할 때에는 물자의 인도 전에 대금의 납입이 있어야 한다.

2. 정부계약

1) 정부계약의 의의

계약(contract)은 일정한 법률효과의 발생을 목적으로 당사자의 합의에 따라 체결하는 법률행위를 말한다. 여기에서 말하는 계약(契約)은 정부가 체결하는 사법상의 계약으로서, 사용허가 등과 같이 정부가 그 권력에 의거하여 행하는 공법상의 행정처분은 포함되지 않는다.

계약은 상대방의 이익을 부당하게 제한하는 특약이나 조건을 정하지 말아야 한다. 계약담당 공무원이 「국가계약법」에 반하는 계약을 체결하였더라도 그것이 대외적 효력에는 영향을 미칠 수 없고, 다만 회계법규를 위반한 데 대한 대내적인 책임을 지게 될 뿐이다.

정부의 구매활동은 물론 각종 서비스나 시설공사는 모두 계약에 의하여 이루어진다. 정부가 체결하는 계약은 통치권의 주체로서 행사하는 권력적인 행위가 아니라 사인(私

人)과 대등한 위치에서 체결하는 것이다.[7]

2) 정부계약의 종류

(1) 경쟁유형에 따른 구분

① 일반경쟁계약(一般競爭契約) : 계약의 목적과 조건을 신문 · 관보 · 게시 등의 방법으로 공고한 후 자격을 갖춘 불특정 다수인으로 하여금 경쟁하여 입찰하게 하고 그중 가장 유리한 조건을 제시한 자를 낙찰자로 결정하는 것을 말한다.

정부계약에 있어서는 일반경쟁계약을 원칙으로 하고 예외적으로 제한경쟁계약 · 지명경쟁계약 · 수의계약을 인정하고 있다.[8] 일반경쟁계약은 기회균등을 실현하고 계약절차를 공개하여 계약의 민주성 · 공정성 · 경제성을 확보할 수 있다는 장점이 있다. 그러나 그 절차가 복잡하고 소액의 경우 행정비용이 많이 들며, 부실업체가 참여할 수도 있다.

② 제한경쟁계약(制限競爭契約) : 입찰참가자격을 공사금액 · 실적 · 기술보유 상황 등의 기준에 의하여 제한하는 것을 말한다. 이 방법은 능력 있는 자를 입찰에 참가시키려는 것으로서, 일반경쟁계약 및 지명경쟁계약의 단점을 보완하기 위한 제도다.

③ 지명경쟁계약(指名競爭契約) : 특정한 설비나 기술 등을 갖추어 계약목적물의 확보에 적당하다고 인정되는 다수인(5명 이상)을 지명하고, 지명된 자들로 하여금 경쟁을 시켜 계약당사자를 결정하는 방법이다. 참가자를 제한한다는 점에서는 제한경쟁계약과 같으나, 입찰참가 대상자를 일정 수로 제한한다는 점에서 다르다. 지명경쟁계약은 일반경쟁계약이나 수의계약의 장점을 취하고자 하는 것이지만 지명된 자들의 담합(談合)을 초래하기 쉽다.

지명경쟁계약에 의하여 계약을 체결한 때에는 그 내용을 소속 중앙관서의 장에게 보고해야 하고, 각 중앙관서의 장은 이를 감사원에 통지해야 한다. 지명경쟁입찰에 부치고자 할 때에는 5인 이상의 입찰대상자를 지명하여 2인 이상의 입찰참가 신청이 있어야 한다. 지명대상자가 5인 미만인 때에는 대상자를 모두 지명해야 한다(국가계약법 시행령 제24조).

④ 수의계약(隨意契約) : 계약기관이 임의로 적당하다고 인정하는 상대자와 계약하는

---

7 계약은 상호 대등한 입장에서 당사자의 합의에 따라 체결해야 하며 당사자는 계약의 내용에 따라 신의성실의 원칙에 입각하여 이를 이행해야 한다(국가계약법 5조 제1항).

8 계약방법별 물품구매(내자)는 중소기업조합과의 단체수의계약이 2007년 1월 1일부터 폐지되면서 2007년부터 수의계약 비중이 크게 감소하여 지금은 20% 수준이다. 일반경쟁계약과 제한경쟁계약은 각각 40% 내외, 지명경쟁계약은 0.2% 수준을 차지하고 있다.

방법이다. 이것은 계약체결에 소요되는 경비를 절약할 수 있고, 신용이 있고 경험이 많은 상대자를 선정할 수 있다는 장점이 있으나, 부정을 초래하기 쉽다.

경쟁입찰에 있어서 낙찰자가 없어 재공고입찰을 부쳤으나 입찰자 또는 낙찰자가 없을 때, 경쟁입찰을 실시하였으나 입찰자가 1인뿐이고 재공고입찰을 해도 1인밖에 없음이 명백히 인정되는 때에도 수의계약을 할 수 있다. 그리고 낙찰자가 계약을 체결하지 아니할 때, 계약체결 후 소정의 기일 내에 계약이행을 착수하지 않았을 때, 계약불이행으로 계약의 해제(解除) 또는 해지(解止)를 한 때에도 수의계약을 할 수 있다(국가계약법 시행령 제27~29조).

그리고 국제표준화기구(ISO: International Standardization Organization)가 인증한 제품도 지명경쟁계약 또는 수의계약의 사유가 된다.[9]

⑤ **분할수의계약(分割隨意契約)** : 방위산업물자를 방위산업체로부터 제조·구매하는 때, 낙찰자가 계약을 체결하지 않아 수의계약하는 때, 예정가격 또는 낙찰금액을 분할하여 계산할 수 있는 때에 한하여 그 가격 또는 금액보다 불리하지 않은 금액의 범위에서 다수인에게 분할하여 수의계약을 하는 것을 말한다(국가계약법 시행령 제29조).

(2) 계약금액의 확정유무에 따른 구분

① **개산계약(槪算契約)** : 계약금액을 확정하기가 곤란한 경우 계약종료 때까지 계약금액을 확정하는 조건으로 개산(어림셈)하여 체결하는 계약을 말한다.[10] 개산계약은 계약금액이 확정되어 있지 않기 때문에 예산의 낭비를 초래할 우려가 있다.

개산계약은 계약목적물 전체에 대하여 사전에 가격확정이 곤란할 때 적용되는 데 비하여, 사후원가검토조건부계약은 입찰 전에 예정가격을 미리 정할 수 없는 일부 비목을 계약 이행 후 원가를 검토하여 정산하려고 할 때 적용된다.[11]

그 대상물품은 수요빈도가 많고, 정형화된 규격에 의하여 제조·공급되는 물품, 즉

9 「품질경영법」, 「공산품품질관리법」 등에 의하여 제품이나 용역을 생산·제공하는 기업의 품질관리시스템을 국제표준화기구(ISO)에서 제정한 규격에 의하여 독립적인 인증기관이 평가·인증한 제품에 적용된다.

10 각 중앙관서의 장 또는 계약담당공무원은 개발 시제품의 제조계약, 시험·조사·연구용역계약, 공공기관의 위탁 또는 대행계약, 시간적 여유가 없는 긴급한 재해복구를 위한 계약으로서 미리 가격을 정할 수 없을 때에는 개산계약을 체결할 수 있다(국가계약법 제23조).

11 예정가격은 입찰 또는 계약체결 전에 낙찰자 및 계약금액의 결정기준으로 삼기 위하여 미리 작성·비치하여 두는 가액으로, 각 중앙관서의 장 또는 계약담당공무원이 경쟁입찰을 하는 때 공고하거나 통지한다.
추정가격은 물품·공사용역 등의 조달계약을 체결함에 있어서 국제입찰 대상 여부를 판단하는 기준으로 삼기 위하여 예정가격이 결정되기 전에 산정된 가격을 말한다. 고시금액은 기획재정부장관이 고시한 금액을 말한다(국가계약법 시행령 제2조).

철근, 시멘트, 레미콘, 아스콘 등 계약물량을 조정 · 통제할 필요가 있는 물품이다.

② **확정계약(確定契約)** : 계약의 내용(계약금액 · 이행기한 등)이나 금액을 확정하여 계약하는 것을 말한다. 이것은 해당 계약의 체결에 앞서 예정가격을 미리 정하고 이를 기초로 낙찰자를 결정하여 계약을 체결하는 것으로서, 「국가계약법」에서는 확정계약이라는 용어를 사용하지 않고 있으나 개산계약 외에는 원칙적으로 확정계약에 해당된다.

③ **단가계약(單價契約)** : 역무(役務)의 제공이나 물품의 공급 등 계약을 체결함에 있어 단위당 가격만을 약정하는 계약을 말한다. 각 수요기관에서 공통적으로 사용하는 물자의 제조 · 구매 · 가공 등의 계약에 관하여 각 중앙관서의 장 또는 계약담당공무원은 미리 단가만을 정하고 해당 물품의 납품시기 및 그 대금지급은 각 수요기관에서 직접 처리하게 할 수 있다(국가계약법 제22조). 단가계약의 대상은 광범위하고 일정기간 동안 계약목적물의 안정적 공급을 가능하게 한다는 면에서 편리하다.

일반적인 단가계약 외에 제3자단가계약과 다수공급자계약이 있다. 제3자단가계약은 각 수요기관에서 공통적으로 사용하는 물품을 수요기관이 직접 계약업체에 납품을 요청하는 계약을 말한다.

다수공급자계약은 품질이나 성능이 같거나 유사한 제품을 공급하는 다수의 공급자와 체결하는 계약을 말한다. 이것은 최저가 1인 낙찰자 선정방식으로는 다양성 부족과 품질 저하의 문제가 지속적으로 지적됨에 따라 다수의 공급자를 선정하여 가격과 품질 경쟁을 유도하는 동시에 수요기관의 선택권을 제고하기 위한 것이다. 정보통신기술의 발전과 인터넷 확산에 따른 전자상거래 시대에 적합하며, 이미 미국이나 캐나다 등에서 널리 활용되고 있다.

④ **총액계약(總額契約)** : 단가와 수량이 확정되어 있고, 그래서 계약의 총액을 산정할 수 있어 계약목적물 전체에 대해 총액으로 체결하는 계약을 말한다. 「국가계약법」에서는 총액계약이라는 용어를 사용하지 않고 있으나 단가계약이나 개산계약을 제외하고는 총액계약에 해당된다고 할 수 있다. 총액계약의 대상물품은 수요빈도가 적고, 제시된 규격에 의하여 제조 · 납품하는 물품이다.

(3) 계약기간에 따른 구분

① **장기계속계약(長期繼續契約)** : 이행에 1년 이상 걸리는 계약에 있어 총사업의 범위는 확정되었으나 예산이 확보되지 않은 때 총이행금액을 부기(附記)하여 계약을 체결하되, 각 회계연도 예산의 범위에서 계약을 이행하게 하는 계약을 말한다. 각 중앙관서의 장 또는 계약담당공무원은 임차 · 운송 · 보관 · 전기 · 가스 · 수도의 공급, 그 밖에 그 성질

상 수년간 계속하여 존속할 필요가 있거나 이행에 수년을 요하는 계약에 있어서는 장기계속계약을 체결할 수 있다. 이때 각 회계연도 예산의 범위에서 해당 계약을 이행하게 해야 한다(국가계약법 제21조). 장기계속계약을 체결하는 때에는 각 소속 중앙관서의 장의 승인을 얻어 단가에 대한 계약으로 체결할 수 있다.[12]

② 계속비계약(繼續費契約) : 계속비 예산에 의하여 체결하는 계약을 말한다. 사업내용의 확정이라는 면에서는 장기계속계약과 동일하나, 계속비는 총예산이 확보(장기계속계약은 미확보)되었다는 점에서 다르다. 또 장기계속계약은 총공사금액으로 입찰하고 각 회계연도 예산의 범위에서 계약하는 데 비하여, 계속비계약은 총공사금액으로 계약한다.

③ 단년도계약(單年度契約) : 「국가계약법」에서는 사용하지 않는 용어인데, 그해 세출예산을 재원으로 하는 통상적 계약을 의미하며 해당연도계약이라고도 한다.

(4) 계약대상에 따른 구분

① 단독계약(單獨契約) : 계약상대자를 1인으로 하는 것을 말한다. 통상의 계약은 단독계약이지만 특별한 때 공동계약을 허용하고 있다.

② 공동계약(共同契約) : 공사 · 제조의 계약에 있어 필요하다고 인정할 때 계약상 대자를 2인 이상으로 하는 계약을 말한다(국가계약법 제25조). 공동계약은 면허나 실적 등을 상호 보완하고 기술교류 및 위험을 분산하며 중소업체의 참여기회를 높이기 위하여 마련된 제도다. 각 중앙관서의 장 또는 계약담당공무원은 공동계약이 부적절한 때를 제외하고는 가능한 한 공동계약에 의해야 하며, 공동계약의 체결방법 등은 기획재정부장관이 정한다(국가계약법 시행령 제72조).

③ 종합계약(綜合契約) : 각 중앙관서의 장 또는 계약담당공무원이 동일한 장소에서 다른 관서, 지방자치단체 또는 공공기관이 관련되는 공사 등에 대하여 관련기관과 공동으로 체결하는 계약을 말한다(국가계약법 제24조). 종합계약의 체결방법 등은 기획재정부장관이 정한다(국가계약법 시행령 제71조).

이 외에도 리스계약, 단체수의계약, 특정조달계약 등이 있다. 리스계약은 리스(lease) 이용자가 선정한 특정 물건을 리스회사가 취득하거나 대여받아 리스이용자에게 일정기간 사용하게 하고, 그 기간 동안 정기적으로 일정대가를 분할하여 지급받는 제도로서

12 장기계속계약을 체결할 수 있는 계약은 ㉠ 운송 · 보관 · 시험 · 조사 · 연구 · 측량 · 시설관리 등의 용역계약 또는 임차계약, ㉡ 전기 · 가스 · 수도 등의 공급계약, ㉢ 장비의 유지보수계약 등이다(국가계약법 시행령 제69조)

물품구매를 위한 예산확보가 불가능한 때에 활용된다.

단체수의계약은 중소기업의 판로지원 및 육성을 목적으로 정부 등 공공기관이 중소기업협동조합과 수의계약을 통하여 물품을 구매하는 계약을 말한다(중소기업 진흥 및 제품구매 촉진에 관한 법률 제9조). 단체수의계약에 의하여 해당 연도 우선 구매할 물품은 중소기업청장이 물품분류번호, 물품명, 계약대상지역, 해당 조합명을 명시하여 매년 지정 · 공고한다. 이 제도는 1964년 중소기업종합육성시책의 일환으로 도입되었으나, 그 운영과정에서 다양한 형태의 비리가 지속적으로 발생하여 감사원의 특별감사의 대상이 되기도 하였고 공정거래위원회로부터 폐지의 필요성이 제기되었다. 그 결과 2005년부터 단계적으로 축소되었고, 2007년에 완전히 폐지되었다.

특정조달계약(국제입찰)은 정부조달협정 및 이에 근거한 국제규범에 따라 기획재정부장관 또는 행정자치부장관이 고시하는 금액 이상의 물품 · 공사 · 용역계약으로서, 정부조달협정 가입국적의 외국인과 내국인을 대상으로 국제입찰에 의하여 계약한다.

3) 계약기관

(1) 계약관리기관

계약사무의 관리기관은 중앙관서의 장이다. 중앙관서란 「헌법」 또는 「정부조직법」 그 밖의 법률에 의하여 설치된 중앙행정기관을 말한다. 독립기관인 국회의 사무총장, 법원행정처장, 헌법재판소의 사무처장 및 중앙선거관리위원회의 사무총장은 「국가재정법」의 적용에 있어 중앙관서의 장으로 본다(국가재정법 제6조).

각 중앙관서의 장은 그 소관에 속하는 계약사무를 처리하기 위하여 필요하다고 인정될 때에는 그 소속 공무원 중에서 계약에 관한 사무를 담당하는 공무원(이를 계약관이라고 함)을 임명하여 그 사무를 위임할 수 있다(국가계약법 제6조 제1항).

(2) 계약담당공무원

계약담당공무원이란 세입의 원인이 되는 계약에 관한 사무를 각 중앙관서의 장으로부터 위임받은 공무원, 계약관, 재무관, 관서운영경비출납공무원 등을 말한다(국가계약법 시행규칙 제2조).

① 계약관(契約官) : 중앙관서의 장으로부터 계약에 관한 사무를 위임받은 공무원을 말한다. 지출원인행위는 재무관의 소관이므로, 계약관이 담당하는 계약은 지출원인행위가 아닌 계약에 한정된다(유훈, 2003: 533).

중앙관서의 장이 계약사무를 위임하는 때 개개의 공무원을 특정하여 그 사무를 위임하는 개별위임(個別委任)이 있으나 특정한 관직을 지정함으로써 그 관직에 취임하는 공무원에게 자동적으로 위임이 이루어지는 관직위임(官職委任)도 있다. 계약관의 사무를 위임·위탁·대리·일부분장은 각 중앙관서 소속기관에 설치된 관직을 지정함으로써 이에 갈음할 수 있다(국가계약법 제6조 제4항).

계약관의 사무의 전부를 대리하는 공무원을 대리계약관, 그 일부를 분장하는 공무원을 분임계약관, 분임계약관의 사무를 대리하는 공무원을 대리분임계약관이라고 한다(국가계약법 시행령 제5조 제2항).

② **재무관(財務官)** : 지출원인행위를 담당하는 공무원을 말한다. 대부분의 계약은 지출원인행위에 해당된다. 지출원인행위가 아닌 계약은 양적으로나 질적으로 중요하지 않은 것이 일반적이다.

③ **계약담당공무원(契約擔當公務員)** : 계약관이나 재무관 외에 ㉠ 세입의 원인이 되는 계약에 관한 사무를 중앙관서의 장으로부터 위임받은 공무원, ㉡ 지출관으로부터 일상경비를 받아 지출원인행위를 하는 일상경비출납공무원, ㉢ 법령에 의하여 세입세출 외의 자금 또는 기금의 출납의 원인이 되는 계약을 담당하는 공무원을 말한다.

4) 계약의 체결

(1) 입찰공고

입찰(入札)이란 공공부문에 대한 계약의 상대방이 될 것을 희망하는 자가 그 희망하는 조건을 공공부문에 제시하는 것을 의미한다.

입찰공고는 청약의 유인,[13] 입찰은 청약으로 볼 수 있다. 제한적 입찰과 같이 특수한 계약에서는 입찰공고는 청약이고 입찰은 승낙으로 보는 때도 있다.[14]

각 중앙관서의 장 또는 계약담당공무원은 경쟁입찰에 의하여 계약하고자 하는 때 입찰에 관한 사항을 공고 또는 통지해야 한다. 입찰공고는 계약에 관한 제반 조건을 일반인에게 널리 주지시킴으로써 다수인으로 하여금 경쟁에 참가하도록 하기 위한 것으로, 청약의 유인에 해당하고 입찰공고한 내용은 사후계약의 일부가 된다.

우리나라 조달청은 최저가낙찰제의 확대와 입찰금액적정심사제를 도입(2003.12.29.)

---

13 청약(offer)은 의사표시의 합치과정에서 먼저 당사자 일방이 원안을 제시하는 것을 말한다. 청약은 확정적 의사표시라는 점에서 단순히 계약체결의 희망표시나 준비와 같이 상대방에게 청약을 시키려는 행위, 즉 청약의 유인(invitation of offer)과 다르다. 청약의 유인은 사실행위에 불과하고 구속력이 없다.

14 입찰은 경매와 다르다. 입찰(入札)은 다른 경쟁자의 표시내용을 볼 수 없는 데 비하여, 경매(競賣)는 다른 경쟁자의 표시내용을 보고 다시 그보다 더 유리한 내용을 표시할 수 있는 기회가 있다.

하면서 그 세부기준을 마련하였다.[15]

(2) 입찰보증금의 납부

입찰보증금(入札保證金)은 입찰 또는 낙찰(落札)된 때로부터 계약체결까지의 예정적 손해배상액을 보증하기 위한 물적 담보로 받는 금액을 말한다.

각 중앙관서의 장 또는 계약담당공무원은 경쟁입찰에 참가하고자 하는 자로 하여금 입찰보증금을 납부하게 해야 한다. 만일 낙찰자가 계약을 체결하지 아니한 때에는 해당 입찰보증금을 국고에 귀속시켜야 한다(국가계약법 제9조). 낙찰자가 자격미달 등의 사유로 원인무효가 된 때에는 낙찰도 무효이므로 입찰보증금은 국고에 귀속시킬 수 없다.

입찰보증금은 해당 입찰이 끝난 후 보증금의 보증목적이 달성된 때에는 계약상대자의 요청에 의하여 즉시 반환해야 한다.

(3) 낙찰자 결정

① **적격심사제** : 입찰자의 계약이행능력을 심사하여 일정수준 이상의 평점(85점, 중소기업 간의 경쟁은 88점)을 받은 우량업체를 낙찰자로 결정하는 제도로, 1995년에 도입되었다. 이것은 이행능력이 없거나 부족한 업체가 덤핑입찰에 의해 낙찰되는 것을 예방하고 계약이행의 신뢰성을 확보하기 위한 것이다.

② **최저가낙찰제** : 세입의 원인이 되는 경쟁 입찰에서는 최고가격의 입찰자를 낙찰자로 한다. 그러나 국고의 부담이 되는 경쟁 입찰에서는 최저가격으로 입찰한 자나 국가에 가장 유리하게 입찰한 자를 낙찰자로 한다(국가계약법 제10조).

현행 공공공사 발주제도는 공사 난이도에 따라 설계와 시공을 별도로 분리하여 발주(發注)하는 분리발주, 그리고 설계와 시공을 통합하여 발주하는 일괄발주(턴키, 대안 및 기술제안 입찰 등)로 구분된다. 이는 다시 공사금액 및 특성에 따라 세분된다. 설계 · 시공 분리발주방식은 300억원 이상의 대형공사는 최저가낙찰제를 적용하고, 300억원 미만의 공사는 적격심사제로 발주한다.

최저가낙찰제는 공사의 비용 절감과 기간 단축을 통하여 국가예산을 절감할 수 있다는 장점이 있다. 반면에 공사를 따내기 위한 과도한 가격경쟁으로 인해 부실시공, 건설

---

15 그 세부기준에 의하면 1000억원 이상의 입찰참가자격사전심사(Pre-Qualification) 공사에서 적용하던 최저가 낙찰제를 500억원 이상의 PQ공사로 확대하고 최저가 입찰자부터 입찰금액의 적정성을 심사하여 최종적으로 낙찰자를 결정하게 된다. 심사기준은 2단계로 나누어, 우선 입찰총액을 따져 최저가 입찰자의 입찰가가 전체 입찰자의 평균보다 20% 이상 낮은 때에는 부적정한 것으로 보고 낙찰대상에서 제외시킨다. 그리고 입찰금액 부적정업체가 전체의 10% 이하일 때에만 최종낙찰한다. 이와 함께 공사의 PQ통과점수를 90점으로 조정하고 70% 미만 저가낙찰자에 대한 신인도감점제를 폐지하였다.

업체의 수익성 악화, 비용절감을 위한 편법행위 증가 등 부정적인 문제가 발생한다.

③ **종합심사낙찰제** : 입찰자격 외에 품질 · 성능 · 효율 등을 종합적으로 고려하여 가장 경제성 있는 가격으로 입찰한 자(입찰가격에 소모비를 합한 금액이 가장 낮은 자)를 낙찰자로 결정하는 제도다(국가계약법 시행령 제44조).

그동안 국회와 건설업계 등이 최저가낙찰제에 대한 문제점을 제기해 왔고, 그에 따라 최저가낙찰제의 단점을 보완하기 위하여 종합심사낙찰제(종합심사제)를 도입하였다.[16]

종합심사제와 적격심사제는 공사수행능력과 입찰금액을 모두 평가한다. 하지만 종합심사제는 평가항목이 늘어나고, 평가항목에 대한 정량적 · 객관적 평가를 통하여 다수의 업체가 만점을 받는 적격심사제보다 변별력을 강화하였다. 이와 더불어 사회적 책임에 대한 평가가 추가되며, 예정가격을 운 좋게 예측한 업체가 낙찰되는 이른바 운찰제(運札制)라는 비난을 방지하였다.

물품조달계약에서는 이미 종합심사제를 적용하고 있다. 즉 품질향상 및 에너지절약제품 개발을 유도하기 위하여 조달청에서 지정한 품목(6종 : 펌프, 냉동기, 공기압축기, 송풍기, 엘리베이터, 에스컬레이터)에 한하여 적용하고 있다. 업체별로 가격 · 성능 · 환경의 환산점수를 합산하여 종합평가점수가 가장 높은 자를 낙찰자로 선정하는 품목은 4종(에어컨, 세탁기, LCD모니터, 데스크탑컴퓨터)이다.

④ **2단계입찰, 규격 · 가격분리입찰** : 2단계입찰(1995년 7월 6일부터 시행)은 물품의 제조 · 구매에 있어서 미리 적절한 규격서 작성이 어려운 때 1단계에서 규격입찰서를 제출받아 적격자를 판정하고, 2단계에서 적격자로부터 가격입찰서를 제출받아 낙찰자를 결정하는 방식이다.

규격 · 가격분리입찰(1977년 4월 1일부터 시행)은 규격입찰서와 가격입찰서, 또는 기술입찰서와 가격입찰서를 동시에 제출받아 평가하여 적격자를 선정한 후 가격입찰서를 개찰하여 낙찰자를 결정하는 방식이다(국가계약법 시행령 제18조).

⑤ **희망수량경쟁입찰** : 계약자가 단독으로 수행하기 어려운 다량물품을 예정가격 이하의 최저가격으로 입찰한 자 순으로 수요물량에 도달할 때까지의 입찰자를 낙찰자로 선정하는 방식이다. 다량의 물품을 매각할 때의 일반경쟁입찰은 그 매각수량의 범위에서 수요자의 매수 희망수량과 그 단가를 입찰하게 할 수 있고, 또 다량의 수요물품을 제조

16 정부는 종합심사제 도입을 골자로 하는 '공공공사 발주제도 개선방안'을 확정(2013년 12월 26일 경제장관회의)하였고, 이에 따라 2014년부터 2015년까지 공공기관(LH, 철도시설공단, 수자원공사)의 300억원 이상 발주공사 중 일부에서 최저가낙찰제 대신 종합심사제를 시범적으로 실시하였다. 종합심사제 시범사업에서는 낙찰금액(50~60점)과 더불어 공사수행능력(40~50점)과 사회적 책임(가점 1점)을 고려하여 낙찰자를 선정한다.

또는 구매할 때의 일반경쟁입찰은 그 수요량의 범위에서 공급자가 공급할 희망수량과 그 단가를 입찰하게 할 수 있다(국가계약법 시행령 제17조).

⑥ **협상에 의한 계약** : 계약이행의 전문성 · 기술성 · 긴급성 · 안전성 및 국가안보 목적 등을 위하여 다수의 공급자들로부터 제안서를 제출받아 평가한 후 우선협상대상자를 선정하고 협상절차를 거쳐 국가에 가장 유리하다고 인정되는 자를 낙찰자로 결정하는 방식이다(국가계약법 시행령 제43조). 우선협상대상자는 기술점수(80%)와 가격점수(20%)를 합산하여 최고득점자를 선정한다.

(4) 계약서의 작성 및 계약보증금 납부

각 중앙관서의 장 또는 계약담당공무원은 계약을 체결하고자 할 때에는 계약목적, 계약금액, 이행기간, 계약보증금, 위험부담, 지체상금, 그 밖에 필요한 사항을 명백히 기재한 계약서(契約書)를 작성해야 한다.

계약의 성립시기의 기준이 되는 의사표시의 합치는 낙찰자가 입찰서를 제출한 때, 계약담당공무원이 낙찰자를 결정한 때, 계약서를 작성한 때 등 어느 시점으로 보느냐 하는데 대하여는 논란이 있다. 대체로 계약서에 기명 · 날인 또는 서명함으로써 확정된다(국가계약법 제11조).

각 중앙관서의 장 또는 계약담당공무원은 국가와 계약을 체결하고자 하는 자로 하여금 계약금액의 10/100 이상의 계약보증금(契約保證金)을 납부하게 해야 한다(국가계약법 제12조).

(5) 계약의 효력과 소멸

계약의 효력은 의사표시가 상대방에게 도달하였을 때부터 발생한다. 계약의 소멸(消滅)은 계약에 상응하는 채무의 이행으로 그 목적을 달성하였을 때 또는 당사자의 합의에 의하여 소멸시켰을 때 성립한다. 당사자 일방이 그 계약을 위반하여 상대방에게 해제권을 발생시켜 그 해제권의 행사로서 소멸될 수도 있다.

계약의 해소(解消)에는 계약의 효력을 소급하여 소멸시키는 계약의 해제(解除)와 그 효력을 장래에 소멸시키는 계약의 해지(解止)가 있다.

5) 계약의 집행

(1) 감 독

감독(監督)은 해당 계약의 이행 도중에 입회하거나 지시하는 것을 말한다. 각 중앙관서의 장 또는 계약담당공무원은 공사 · 제조 · 용역 등의 계약을 체결한 때에 그 계약의 적정한 이행을 확보하기 위하여 계약서 · 설계서, 그 밖의 관계서류에 의하여 스스로 이를 감독하거나 소속 공무원에게 그 사무를 위임하여 필요한 감독을 하게 해야 한다(국가계약법 제13조 제1항).

감독은 검사의 보완적 성격을 띠고 있으며, 매매계약에서보다는 공사나 제조계약에서 그 필요성이 크다. 감독의 방법에는 입회, 공정의 관리, 사용재료의 검사 등이 있다.

감독자는 감독의 결과 그 급부가 계약내용에 적합하지 아니할 때에는 그 사실 및 조치에 관한 의견을 계약담당공무원에게 제출해야 한다.

(2) 검 사

검사(檢查)는 계약에 의하여 이루어지는 급부의 완료에 관하여 해당 급부의 내용이 계약내용과 합치되는가를 확인하는 것을 말한다. 중간검사는 감독에 포함시킬 수 있다. 감독의 직무와 검사의 직무는 겸할 수 없다(국가계약법 시행령 제57조). 검사는 감독과는 달리 거의 모든 계약에 관하여 실시된다.

각 중앙관서의 장 또는 계약담당공무원은 계약상대자가 계약의 전부 또는 일부의 이행을 완료한 때에는 이를 확인하기 위하여 계약서, 설계서, 그 밖의 관계서류에 의하여 이를 검사하거나 소속 공무원에게 그 사무를 위임하여 필요한 검사를 하게 해야 한다(국가계약법 제14조 제1항). 검사는 계약상대자로부터 해당 계약의 이행을 완료한 사실을 통보받은 날부터 14일 이내에 완료해야 한다(국가계약법 시행령 제55조 제1항).

(3) 대가의 지급

① **완성급(完成給)** : 계약의 이행이 완료되면 검사를 실시하고 검사조서에 의하여 대가를 지급한다. 각 중앙관서의 장 또는 계약담당공무원은 공사, 제조, 구매, 용역, 그 밖에 국고의 부담이 되는 계약에 있어서는 검사 또는 검사조서를 작성한 후에 그 대가를 지급해야 한다(국가계약법 제15조 제1항). 대가는 검사를 완료한 날로부터 5일 이내에 지급해야 하나, 계약당사자의 합의에 의하여 5일을 초과하지 아니하는 범위에서 대가의 지급기간을 연장할 수 있다(국가계약법 시행령 제58조 제1항).

② **부분급(部分給)** : 계약의 부분적 이행에 대하여 대가의 일부를 지급하는 것을 말한다. 기성부분(旣成部分) 또는 기납부분(旣納部分)에 대한 대가를 지급(30일마다)하는 때에는 검사를 완료하는 날 이전까지 계약상대자로 하여금 대가지급청구를 하게 할 수 있는데, 이때 검사완료일부터 5일 이내에 검사된 내용에 따라 대가를 확정하여 지급해야 한다(국가계약법 시행령 제58조 제3항).

③ 선급(先給) : 계약상대자의 의무이행 후에 지급하는 것이 원칙이나 지출의 특례의 하나로서 금액이 확정된 채무에 대하여 계약의 이행 이전 또는 지급시기의 도래 이전에 지급하는 것을 인정하고 있는데, 이것을 선급이라고 한다(국고금관리법 제26조).

선급은 그 성질상 미리 지급하지 않으면 사무 또는 사업에 지장을 가져올 우려가 있는 때 지출의 특례로서 미리 지급하는 것인 데 비하여, 부분급은 계약의 일부 이행이 이루어진 때에 일정비율의 대가를 지급하는 것이다. 부분급은 미리 계약에 특약이 있는 때에만 인정된다.

3. 조달행정의 자율화

1) 물품 · 용역 발주의 물품

국가기관은 추정가격 1억원 이상의 물품(외국산 물품은 미화 20만달러)은 조달청에 구매를 위탁한다. 지방자치단체(교육기관 포함)는 2008년부터 완전 자율화되었다. 다만 제3자를 위한 단가계약, 다수공급자계약, 단가계약이 체결된 수요물자는 조달청에 구매를 요청해야 한다.

공기업 · 준정부기관이 「중소기업제품 구매촉진 및 판로지원에 관한 법률」 제6조에 따른 중소기업자 간 경쟁제품은 「국가계약법」 제4조 제1항에 따라 기획재정부장관이 고시한 금액(2.5억원) 이상 구매 때 조달청장에게 위탁해야 한다.

2) 시설공사

국가기관은 30억원 이상 공사(전기 · 통신 등은 3억원)에 대해 조달청 발주를 의무화하고, 지방자치단체(교육기관 포함)는 점진적으로 자율구매 범위를 확대하다가 2010년부터 완전 자율화되었다(조달사업법 시행령 제9조의 3).

3) 조달행정 혁신방안

조달청의 조달행정 혁신방안은 체감형 규제 개혁, 내실 있는 조달서비스 제공에 역점을 두고 있다. 이를 위해 정부조달시장의 불공정 거래 관행을 근절하고, 조달 관련 규제를 개선하여 기업의 불편을 해소하고 있다.

비정상적인 조달 관행 · 규제를 개혁하기 위해 하도급지킴이(정부계약 하도급 관리시스템)를 구축하여 운영하고 있다. '하도급지킴이'는 하도급 계약 체결부터 대금 지급까지 하도급 계약의 모든 과정을 실시간으로 관리하는 시스템이다.

공공기관과 원도급사 사이의 계약에 국한되었던 '나라장터' 업무가 이제는 공공기관, 원도급사, 하도급사로 확대되었다.

이제 중요한 것은 시설공사에 사용되는 자재의 가격 및 시공 가격을 정기적으로 조사하고, 건축공사의 설계내용을 조사 · 분석하여 유형별로 단위면적당 공사비의 산출자료를 공개하는 일이다.

4) 지방계약업무의 자율성 확대

2005년부터 지방자치단체가 공사입찰을 하거나 물품구매를 할 때 자율권을 대폭 확대시켰다.

종전에는 지방자치단체가 100억원 이상의 PQ공사를 발주할 때 모두 조달청에 맡기도록 하였으나, 2005년부터는 200억원 미만의 PQ(Pre-Qualification)공사는 지방자치단체가 자율적으로 입찰을 진행할 수 있도록 하였다.[17] 물론 자체적으로 할 수도 있고, 조달청에 의뢰할 수도 있다. 그리고 2006년부터는 500억원 미만, 2007년부터는 500억원 이상으로 확대하였다. 사실상 모든 PQ공사는 지방자치단체가 자율적으로 입찰을 진행하게 된 셈이다.

그러나 설계(設計)와 시공(施工)을 함께 입찰에 부치는 턴키방식(turn key, 일괄입찰방식)과 업체에서 대안을 제시하는 대안입찰방식은 2010년까지만 현행대로 조달청에서 맡기로 하였다.

물품구입은 건당 7000만원 이상의 국내물품이나 10만 달러 이상의 외국물품일 때는 조달청에 의뢰하도록 한 규정도 2008년부터 완전히 자율화되었다.

---

17 PQ공사란 입찰 전에 미리 업체의 시공경험, 기술능력, 재무상태 등을 심사하여 통과된 업체만 입찰에 참가하도록 하는 제도(입찰자격 사전심사)로서, 난이도가 높은 교량공사나 댐공사 등 100억원 이상의 공사가 이에 해당된다.

4. 전자조달

1) 국가종합전자조달시스템(나라장터)

전자조달은 정부 또는 공공기관이 조달활동에 전자상거래방식을 도입한 것으로, 거래의 여러 과정 중 최소한 하나 이상의 절차가 정보통신네트워크에서 이루어지는 것을 말한다. 즉 전자조달행정은 구매 요청, 입찰, 계약, 대금지급 중 어느 하나 이상의 절차가 전자적으로 이루어지는 것이라고 할 수 있다.

국가종합전자조달시스템이 구축되기 전에는 기관별로 분산된 전자조달시스템을 구축하고 각 공공기관은 소액물품의 구매를 위하여 e-mail을 구축하여 운영하였다.

이러한 분산된 전자조달시스템은 조달행정의 효율성 제고와 기업의 편의 확대에는 한계가 있었다. 그리고 공공기관의 내부 행정정보시스템(전자결재와 재정정보 공개 등)과 연결되지 않아 수작업과 재입력 등의 절차로 행정비용이 많이 발생하였다. 조달행정관련 단일창구가 마련되어 있지 않아 기관별로 입찰정보 수집, 업체등록 등을 위한 관리비용도 발생하였다. 공공기관과 조달관련 협회의 정보공유가 이루어지지 않아 조달업체가 서류를 발급받아 제출해야 하는 불편이 있었고, 시스템의 분산구축으로 표준화되지 않아 공공기관의 중복투자가 발생하기도 하였다.

이러한 문제점을 모든 공공기관 차원에서 해결하기 위하여 2002년부터 조달업체와 모든 공공기관이 사용할 수 있는 국가종합전자조달시스템(G2B)을 구축하여 2002년 9월 30일부터 본격적인 전자조달서비스를 시작하였다.[18]

조달업체는 단일창구인 G2B포털(www.g2b.go.kr)을 통하여 모든 공공기관의 입찰공고를 확인하고 구매요청에서부터 입찰과 대금지급까지 모든 절차를 온라인으로 처리할 수 있게 되었다.

조달처리 상황이 G2B포털을 통하여 실시간으로 공개됨으로써 투명성이 제고되고, 모든 조달업무가 단일창구로 통하여 처리됨으로써 관련비용도 줄게 되었다.

그럼에도 최근 전자입찰 브로커(broker)들이 관급공사의 입찰에서 부정을 하고 있는 것으로 나타났다. 건설업체의 전자입찰용 공인인증서를 빌려(공사금액의 5~7%를 주고 빌림) PC방 등에서 수십대의 컴퓨터를 전세내어 관급공사 전자입찰시스템에 집중응찰하

18 조달청장은 조달사업을 하려면 전자조달방식(전자거래기본법에 따른 전자문서로 처리하는 거래방식)을 이용할 수 있다. 이를 위하여 조달청장은 국가종합전자조달시스템을 구축하여 운용할 수 있는데, 수요기관의 장은 이 시스템을 이용하여 조달물자의 구매와 공급 또는 시설공사계약을 요청해야 한다(조달사업에 관한 법률 제8조).

는 이른바 '몰이식 응찰'로 공사를 부정하게 따냈다가 적발되기도 하였다. 대리입찰 및 입찰담합을 막기 위하여 도입된 현행 '1PC 1응찰제'의 허점을 이용한 것이다. 입찰 브로커들이 이러한 식으로 공사를 따내면 대부분 시공능력이 없는 업체에 의한 부실공사로 이어질 우려가 크다.

나라장터의 주요 기능은 다음과 같다.

- 전자입찰 : 모든 공공기관의 입찰 건을 통합 공고, 업체는 온라인으로 전자입찰서 제출, 사업자 등록, 과거 실적, 신용도 등 업체평가에 필요한 정보를 외부시스템 연계를 통해 자동 입수, 입찰서 조건 및 업체 적격 여부를 전자적으로 평가, 낙찰정보는 인터넷을 통해 자동 공고
- 전자계약 : 전자계약서 작성 및 계약 체결, 계약 관련 정보의 통합 관리
- 전자결제 : dBrain(디지털예산회계시스템) 및 시중은행과 데이터 연계, 전자 대금이체를 통해 계약대금을 지불
- 종합쇼핑몰 : 조달청이 단가계약을 체결하고 단가계약이 체결된 제품을 종합쇼핑몰에 등록하면 수요기관이 별도의 계약절차 없이 온라인으로 납품 요구

현재 나라장터 거래규모는 공공조달 총규모의 70%를 넘고 있다. 이제는 세계적 규모의 전자조달시장으로 성장하였고, 국제투명성기구 및 세계반부패포럼 등에서 투명성 우수사례로 소개되었다.

나라장터 시스템은 국제사회에서 '전자조달 Best Practice Model'로 평가됨으로써 조달분야를 비롯한 IT강국으로서의 위상을 제고하였다. 이미 베트남 · 코스타리카 · 몽골 등에 나라장터에 기초한 전자조달시스템을 수출하였다. 페루 · 이탈리아 등 16개국과는 업무협조약정을 체결 중이며, 튀니지 등 8개국을 대상으로 전자조달시스템 구축을 위한 타당성 조사를 실시하고 있다.

2) 전자청구지급시스템

전자청구지급시스템(electronic bill presentation and payment)은 청구서 · 내역서 · 송장(送狀) · 통지서 및 관련 공고문을 특정 온라인 고객이나 기업에게 안전하고 확실하게 배달하고, 지급 · 송금지시 및 관련정보를 청구서 발행자나 지급자에게 제공하는 인터넷에 기반을 둔 청구서 전자고지 및 지급 서비스를 의미한다.

EBPP는 최근 부상하고 있는 온라인 빌링서비스(online billing service)에 결재기능을

결합한 서비스로서, 인터넷을 기반으로 점차 그 보급이 확대되고 있다.[19]

EBPP시스템은 요금청구서의 인쇄, 통지 및 요금결제의 모든 과정을 컴퓨터 네트워크상에서 처리하기 때문에 대량의 지급청구서를 우편으로 보낼 때에 비하여 비용을 절감할 수 있고, 고객도 은행에 가지 않고 대금결제를 할 수 있다.

19 온라인 빌링 서비스는 우편으로 발송하던 사용내역서와 청구용지 등을 전자문서 형식의 메일로 제작하여 이용자에게 전송해 주는 서비스를 말한다. 이용자들은 전자우편을 통해 사용내역과 금액 등을 확인하고 홈뱅킹(home banking)이나 자동이체를 통해 요금을 지급하며 온라인 빌링 서비스를 통하여 상세한 사용내역을 보다 신속하게 알 수 있고 절감되는 비용만큼 할인혜택을 받을 수도 있다.

참고문헌

한국문헌(단행본)

강신태, 「재무행정론」, 서울: 박영사, 1993 · 2000.
강인재 · 민진 · 윤영진 편역, 「예산이론」, 서울: 대왕사, 1985.
강인재 · 허훈 외, 「지방재정론」, 서울: 대영문화사, 1994.
고영선, 「우리나라의 재정통계」, 서울: 한국개발연구원, 2002.
김동건, 「현대재정학」, 서울: 박영사, 1984.
김동건 · 이필우 외, 「주요국의 재정정책」, 서울: 대영문화사, 1992.
김완순, 「재정학원론」, 서울: 다산출판사, 1987.
김종훈, 「지방재정학」, 서울: 삼영사, 1997.
김종희, 「행정학원론」, 서울: 범론사, 1996.
———, 「신행정학」, 서울: 범론사, 2005.
———, 「지방재정론」, 서울: 범론사, 1996 · 2002 · 2006.
박문옥, 「재무행정론」, 서울: 박영사, 1992.
박영희, 「북한재정연구」, 서울: 건국대출판부, 1974.
———, 「재무행정론」, 서울: 다산출판사, 1983 · 1989 · 1995 · 1999 · 2002.
박영희 외, 「북한학개론」, 서울: 문우사, 1990.
박영희 · 이계만, 「한국의 통합예산과 예산정책」, 광주: 조선대출판부, 1999.
배득종, 「신재무행정론」, 서울: 박영사, 2001.
백상기 · 김정욱, 「감사제도론」, 서울: 교보문고, 1988.
백완기, 「한국의 행정문화」, 서울: 고려대출판부, 1982.
신무섭, 「재무행정학(제3판)」, 서울: 대영문화사, 2007.
안해균, 「현대행정학」, 서울: 다산출판사, 1982.
안해균 외, 「한국관료제와 정책과정」, 서울: 다산출판사, 1994.
오연천, 「한국지방재정론」, 서울: 박영사, 1987.
유한성, 「재정학개론」, 서울: 삼영사, 1996.
유　훈, 「공기업론」, 서울: 법문사, 1990 · 1993 · 2000.
———, 「재무행정론」, 서울: 법문사, 1990 · 1997 · 2003.

유훈 · 김동건 외, 「새 정부의 재정정책」, 서울: 장원출판사, 1993.
윤성식, 「예산론」, 서울: 나남출판, 2003.
윤성채, 「정부와 예산」, 서울: 대영문화사, 2001.
윤영진, 「새 재무행정학(제3판)」, 서울: 대영문화사, 2007.
이계만, 「국가통합예산제도론」, 광주: 조선대출판부, 1998.
이목훈 · 박종관 외, 「재무행정론」, 과천: 범신사, 2003.
이문영 · 윤성식, 「공공재무관리」, 서울: 범문사, 2002.
이종익, 「재무행정론」, 서울: 박영사, 1981.
이종익 · 강창구, 「재무행정론」, 서울: 박영사, 2000.
이필우, 「재정학개론」, 서울: 법문사, 1981 · 1994.
조창현, 「재무행정론」, 서울: 법지사, 1986.
차병권, 「재정학개론」, 서울: 박영사, 1984 · 1990.
최창호, 「새행정학」, 서울: 삼영사, 1999.
하연섭, 「재정학의 기초」, 서울: 다산출판사. 2002.
현성수 외 역(Allen Shick), 「미국의 연방예산론」, 서울: 도서출판 한울, 2005.
황윤원, 「재무행정론」, 서울: 법문사, 1996.
국회사무처 입법조사국, 「미국 의회운영 현황」, 1994.
국회예산정책처, 「2010년 수정경제전망 및 재정분석」, 2010.
————————, 「2010~2014년 경제전망 및 재정분석」, 2010.
————————, 「경제 및 재정 통계」, 2016.
————————, 「대한민국 재정」, 2016.
기획예산처, 「한국의 재정」, 2001.
————, 「2007년도 주요업무보고」, 제267회 국회(임시회) 국회운영위원회 보고자료, 2007a.
————, 「주요업무보고」, 제269회 국회(정기회) 국회운영위원회 보고자료, 2007b.
기획재정부, 「한국의 재정, 어제 오늘 그리고 내일」, 2007.
————, 「2009회계연도 한국통합재정수지」, 2010.
————, 「2010회계연도 국가결산 보도자료」, 2011.
————, 「2010 한국의 재정」, 2011.
————, 「2011 나라살림(예산개요)」, 2011.
————, 「2011 나라살림(예산개요참고자료)」, 2011.
기획재정부 민관합동작업반, 「재정통계 개편안」, 재정통계 개편을 위한 공청회 자료, 2011.
대한민국정부, 「2009회계연도 국가결산보고서」, 2010.
————————, 「2010회계연도 국가결산보고서」, 2011.
————————, 「2010회계연도 기금결산보고서」, 2011.
재정경제부 경제홍보기획단 · KDI경제정보센터, 「경제정책용어해설」, 2001.
재정금융 30년사 편찬위원회, 「재정금융30년사」, 1978.
한국행정학회 재무행정연구회, 「현대재무행정이론」, 서울: 대영문화사, 2007.

한국문헌(논문)

강신태, "한국 국회의 예산심의과정,"「행정논총」, 제12권 제1호, 서울대학교 행정대학원, 1974.

강인재, "지방자치단체 통합재정정보시스템 구축에 대한 평가,"「한국지방재정논집」, 제10권 제2호, 한국지방재정학회, 2005.

———, "정부회계 혁신을 위한 통합재정정보시스템의 운영체계에 관한 연구,"「한국정부회계학회 추계학술대회 발표논문집」, 2006.

권광호, "정부부문의 발생주의 · 복식부기회계 도입방안,"「한국행정학회 동계학술대회 발표논문집」, 2004.

———, "정부부문의 발생주의 · 회계 복식부기제도 도입 및 추진방안,"「회계저널 8-1」, 2004.

권오성, "우리나라의 예산개혁,"「한국행정학회 · 재무행정연구회 · 한국행정연구원 공동학술세미나 발표논문집」, 2007.

김영옥 외, "성인지예산 분석기법 개발 및 제도적 인프라 구축방안 연구," 한국여성정책연구원, 2007.

김종희, "재정적자의 현황과 그 관리정책의 개선방향,"「한국정책과학학회보」, 제9권 제1호, 2005.

김충렬, "예산제도와 정부회계의 상관성에 관한 연구," 건국대학교 박사학위논문, 1980.

김태승, "통합예산의 구조와 경제효과 분석," 최광 편,「국가예산과 정책목표」, 서울: 한국개발연구원, 1982.

문광민 · 임동완, "성인지예산의 제도화에 대한 영향요인 분석,"「한국행정연구」, 17-1, 2008.

박영희, "미국에 있어서 예산개혁의 전개과정,"「연구논총」, 제7집, 건국대학교 행정대학원, 1979.

———, "국가예산과 국민경제,"「연구논총」, 제9집, 건국대학교 행정대학원, 1981.

Park Yeung-Hee, "The Congressional Budget and Impoundment Control Act and Reconciliation Process of the United States,"「연구논총」, 제10집, 건국대학교 행정대학원, 1982.

박영희 외, "PPBS와 그 적용에 관한 연구,"「학술지」, 제11집, 건국대학교, 1970.

박종기, "국가예산과 재정," 최광 편,「국가예산과 정책목표」, 서울: 한국개발연구원, 1981.

옥동석, "재정적자의 평가와 공공부문의 범위," 고영선 · 문형표 편,「재정적자와 국민경제」, 한국개발연구원, 2000.

유 훈, "예산결산특별위원회에 관한 연구,"「행정논총」, 제10권 제1호, 서울대학교 행정대학원, 1972.

윤건영, "재정투융자,"「한국재정40년사」, 제7권, 한국재정40년사편찬위원회, 2001.

이남국, "한국 정부회계제도개혁과정에 대한 분석,"「한국행정학보」, 37-4, 2003.

———, "해방 이후 60년간 정부 재무관리의 변화: 정부회계제도와 재정정보화를 중심으로,"「한국행정학회 · 재무행정연구회 · 한국행정연구원 · 공동학술세미나 발표논문집」, 2007.

이재은, "분권화를 위한 지방세제 개혁,"「한국지방재정논집」, 제7권 제1호, 2002.6.

최병선, "신제도경제학에서 본 규제이론과 정책: 이견과 확장,"「행정논총」, 44-2, 2006.

하연섭, "예산위기의 정치경제,"「한국행정학보」, 제28권 제2호, 1994년 여름.

홍정화 · 윤태화, "우리나라 회계기준의 변천과정에 관한 역사적 고찰,"「세무와 회계저널」, 1-1, 2000.

일본문헌

加藤睦夫 · 池上 惇 編, 「財政學概論」, 東京: 有斐閣, 1978.

高橋誠 · 柴田德衛 編, 「財政學」, 東京: 有斐閣, 1988.

宮本保孝, 「世界の財政制度」, 東京: 金融財政事情調査會, 1974.

林 榮夫 外 共編, 「現代財政學」, 東京: 有斐閣, 1978.

杉村章三郎, 「財政法」, 東京: 有斐閣, 1982.

石井 薫 · 茅根聰, 「政府會計論」, 東京: 新世社, 1993.

小島和夫, 「豫算が成立するまご」, 東京: ぎようせい, 1990.

小村 武, 「豫算と 財政法」, 東京: 新日本法規, 1992.

紫田德衛 外 共編, 「現代國際財政論」, 東京: 有斐閣, 1976.

田島四郎, 「監査論」, 東京: 稅務經理協會, 1961.

貝塚啓明 外 共著, 「變貌する公共部門」, 東京: 有斐閣, 1990.

花野昭男 外 2人 編著, 「財政投融資」, 東京: 東洋經濟新聞社, 1991.

河野一之, 「豫算制度」, 東京: 學陽書房, 1961.

서양문헌(단행본)

Adonis, Andrew, *Parliament Today*, Manchester: Manchester University Press, 1990.

Anthony, Robert N., *Management Control in Nonprofit Organization*, rev. ed., Homewood, Illinois: Irwin, 1980.

Barrett, Susan and Colin Fudge, *Policy and Action*, London: Methuen, 1981.

Bennett, James T. and Manuel H. Johnson, *The Political Economy of Federal Government* Growth: 1959~1978, College Station, Texas: Texas A&M University, 1980.

Berne, Robert and Richard Schramm, *The Financial Analysis of Governments*, Englewood Cliffs, New Jersey: Prentice-Hall, 1986.

Bone, Robert C., *American Government*, New York: Barnes and Noble Books, 1977.

Borcherding, Thomas E., ed., *Budget and Bureaucrats: The Sources of Government Grow*, Durham, North Carolina: Duke University Press, 1977.

Boulding, Kenneth E., *The Structure of a Modern Economy*, New York: Macmillan, 1993.

Bradshaw, Kenneth and David Pring, *Parliament and Congress*, London: Constable, 1972.

Break, George F., *Financing Government in a Federal System*, Washington, D. C.: Macmillan, 1993.

Brittain, Sir Herbert, *The British Budgetary System*, London: George Allen and Unwin, 1959.

Brown, C.V. and P.M. Jackson, *Public Sector Economics*, Oxford: Blackwell, 1993.

Brown, Richard E., *et al.*, *Auditing Performance in Government: Concepts and Cases*, New York: John Wiley and Sons, 1982.

Browne, Vincent J., *The Control of the Public Budget*, Washington, D. C.: Public Affairs Press, 1949.

Brundage, Percival F., *The Bureau of the Budget*, New York: Praeger Publishers, 1970.

Buchanan, James M. and Richard E. Wagner, *Democracy in Deficit: The Political Legacy of Lord Keynes*, New York: Harcourt, Brace, 1977.

Bundler, Debbie, Diane Elson, Guy Hewitt, and Tanni Mukhopadhyay, *Gender Budgets Make Cents: Understanding Gender Responsive Budgets*, Commonwealth Secretariat, 2001.

Burkhead, Jesse, *Government Budgeting*, New York: John Wiley, 1956 · 1977.

Byrne, Tony, *Local Government in Britain*, London: Penguin Books, 1994.

Cabinet Office, *The Civil Service Year Book 1990*, London: Her Majesty's Stationery Office, 1990.

Caiden, Naomi and Aaron Wildavsky, *Planning and Budgeting in Poor Countries*, New York: John Wiley and Sons, 1974.

Campbell, John C., *Contemporary Japanese Budget Politics*, Berkeley: University of California Press, 1977.

Capros, Pantelis and Daniele Meulders, ed., *Budgetary Policy Modelling*, London: Routledge, 1997.

Carroll, Stephen J., Jr. and Henry L. Tosi, Jr., *Management by Objectives: Application and Research*, New York: Macmillan, 1973.

Carter, Gwendolen M., *The Government of the United Kingdom*, New York: Harcourt Brace Jovanovich, Inc., 1972.

CBO, *The Congressional Budget Office: Responsibilities and Organization*, Washington, D. C.: Government Printing Office, 1979.

——, *The Economic and Budget Outlook: Fiscal Years 1994-1998*, Washington, D. C.: Government Printing Office, 1993.

Cheek, Logan M., *Zero-Base Budgeting Comes of Age*, New York: AMACOM, 1977.

Collender, Stanley, E., *The Guide to the Federal Budget: Fiscal 1987*, Washington, D. C.: The Urban Institute Press, 1986.

Commonwealth Secretariat, *Gender Responsive Budgets in the Commonwealth-Progress and Challenges: an Overview*, Provisional Agenda Item 8 FMM(05)17 at Commonwealth Finance Ministers Meeting, 2005.

————————, *Gender-Responsive Budgets in the Commonwealth-Progress Report : 2005-2007*, Provisional Agenda Item 7 FMM(07)17 at Commonwealth Finance Ministers Meeting, 2007.

Conway, M.M. and F.B. Feigert, *Political Analysis: An Introduction*, Boston: Allyn and Bacon, Inc., 1972.

Corsi, Jerome R., *America for Sale: Fighting the New World Order*, Surviving a Global Depression and Preserving U.S.A. Sovereignty, New York : Threshold Editions, 2009.

Curwen, Peter J., *Public Enterprise: A Modern Approach,* Brighton, Sussex: Wheatsheaf Books

Ltd., 1986.

Cyert, Richard M. and James G. March, *A Behavioral Theory of the Firm*, Englewood Cliffs, New Jersey: Prentice-Hall, 1963.

Davis, R.W., *The Development of the Soviet Budgeting System*, Cambridge: The University Press, 1958.

Davis, James W., Jr., ed., *Politics, Programs and Budgets*, Englewood Cliffs, New Jersey: Prentice-Hall, 1969.

Dawes, Charles G., *The First Years of the Budget of the United States*, New York: Harper and Brothers, 1923.

Dent, Jr., Harry S., *The Great Crash Ahead*, New York: Free Press, 2012.

Dimock, Marshall E. and Glays O. Dimock, *Public Administration*, New York: Holt, Rinehart and Winston, Inc., 1969.

Dodd, Lawrence C. and Bruce I. Oppenheimer, eds., *Congress Reconsidered*, New York: Praeger, 1977.

Dorfman, Robert, ed., *Measuring Benefits of Government Investments*, Washington, D. C.: The Brookings Institution, 1965.

Downs, Anthony, *Inside Bureaucracy*, Boston: Little, Brown and Co., 1967.

Dror, Yehezkel, *Public Policy Making Reexamined*, San Francisco: Chandler, 1967.

Eckstein, Otto, *Public Finance*, Englewood Cliffs, New Jersey: Prentice-Hall, 1964.

Einzig, Paul, *The Control of the Purse*, London: Secker and Warborg, 1959.

Fenno, Richard F., Jr., *The Power of the Purse: Appropriations Politics in Congress*, Boston: Little, Brown and Co. 1966.

Fink, Richard H. and Jack C. High, eds., *A Nation in Debt: Economics Debate the Federal Budget Deficit*, Frederick, Maryland: University Publications of America, 1987.

Fisher, Lousis, *Presidential Spending Power*, Princeton: Princeton University Press, 1975.

Friedman, Milton and Rose Friedman, *Tyranny of the Status Quo*, New York: Harcourt Brace Jovanovich, 1984.

Gardner, Wayland D., *Government Finance: National*, State and Local, Englewood Cliffs, New Jersey: Prentice-Hall, Inc., 1978.

General Accounting Office, *Accounting: Principles and Standards for Federal Agencies*, Washington, D. C.: Government Printing Office, 1978.

Glym, John J., *Public Sector Financial Control and Accounting*, Oxford: Blackwell Publishers, 1993.

Golembiewski, Robert T. and Jack Rabin, eds., *Public Budgeting and Finance*, Itasca, Illinois: F. E. Peacock Publishers, Inc., 1975.

——————————, eds., *Public Budgeting and Finance*, New York: Marcel Dekker, Inc., 1983 · 1997.

Goodhart, David, *The Reshaping of the German Social Market*, London: IPPR, 1994.

Gordon, George J., *Public Administration in America*, New York: St. Martin's Press, 1978.

Gore, Al, *Creating A Government That Works Better and Cost Less: Report of the National Performance Review*, Washington: Government Printing Office, 1993.

Greer, Patricia, *Transforming Central Government*, Buckingham, Philadelphia: Open University Press, 1994.

Hall, Peter, *Governing the Economy*, Cambridge: Policy Press, 1986.

Hansen, Alvin H., *Fiscal Policy and Business Cycles*, New York: W.W. Norton and Co., Inc., 1968.

Heald, David, *Public Expenditure: Its Defence and Reform*, Oxford: Martin Robertson, 1983.

Heibroner, Robert and Peter Bernstein, *The Debt and the Deficit: False Alarms, Real Possibilities*, New York: W.W. Norton and Co., 1989.

Heinritz, Stuart F. and Paul V. Farrell, *Purchasing: Principles and Application*, Englewood Cliffs: Prentice-Hall, 1981.

Hinrichs, Harley H. and Graeme M. Taylor, eds., *Program Budgeting and Benefit-Cost Analysis*, Pacific Palisades, Cal.: Goodyear, 1969.

HM Treasury, *Financial Statement and Budget Report*, 1994~1995, London: 1993.

Hyde, Albert C. and Jay M. Shafritz, eds., *Government Budgeting: Theory, Process, Politics*, Oak Park, Illinois: Moore Publishing Co., 1978.

IMF, *A Manual on Government Finance Statistics*, 1986.

——, *Government Finance Statistics Manual*, 2001.

IMF, Fiscal Affairs Department, *Report on the Observance of Standards and Codes(ROSC): Fiscal Transparency Module*, Washington, D.C. : IMF, 2001.

Ippolito, Dennis S., *The Budget and National Politics*, San Francisco: W.H. Freeman and Co., 1978.

——————, *Congressional Spendings*, Ithaca: Cornell University Press, 1981.

Jackson, Peter M. and Catherine M. Price, eds., *Privatization and Regulation*, London: Longman, 1994.

Jantsch, Erich, ed., *Perspectives of Planning*, Bellagio, Italy: OECD, 1968.

Jennings, Ivor, *Cabinet Government*, Cambridge: Cambridge University Press, 1959.

Jones, Leroy P., *Public Enterprise and Economic Development: The Korean Case*, Seoul: The Korea Development Institute, 1975.

Kearny, Sohn W., *Sketch of American Finance*, 1789~1935, New York: Greenwood Press, 1987.

Kettl, Donald F., *Deficit Politics: Public Budgeting in Its Institutional and Historical Context*, New York: Macmillan, 1992.

Keynes, John M., *The General Theory of Employment*, Interest and Money, New York: Harcourt, Brace, 1936.

Kotlikoff, Laurence J., *Generational Accounting*, New York: Free Press, 1993.

Kwang Choi and Dong-Kun Kim, *et al.*, eds., *Public Finance in Korea*, Seoul: Seoul National University Press, 1992.

Layard, Richard, ed., *Cost-Benefit Analysis*, New York: Penguin Books, 1977.

Lee, Robert D., Jr. and Ronald W. Johnson, *Public Budgeting System*, Gaithersbury, M. D.: Aspen Publishers, Inc., 1973 · 1983 · 1989.

Leloup, Lance T., *The Fiscal Congress: Legislative Control of the Budget*, Westport: Greenwood Press, 1980.

Levin, Mark R., *Plunder and Deceit : Big Government Exploitation of Young People and the Future*, New York: Threshold Edition, 2015.

Lyden, Fremont J. and Ernest G. Miller, eds., *Planning Programming Budgeting: A System Approach to Management*, Chicago: Rand McNally College Publishing Co., 1972.

____________________, eds., *Public Budgeting: Program Budgeting and Implementation*, Englewood Cliffs, New Jersey: Prentice-Hall, Inc., 1982.

Lynch, Thomas D., *Policy Analysis in Public Policy Making*, Lexington, Massachusetts: D. C. Heath and Co., 1975.

__________, *Public Budgeting in America*, Englewood Cliffs, New Jersey: Prentice-Hall, 1979.

Lynch, Thomas D. and Lawrence L. Martin, *Handbook of Comparative Public Budgeting and Financial Management*, New York: Marcel Dekker, Inc., 1993.

Manley, John F., *The Politics of Finance: The House Committee on Ways and Means*, Boston: Little, Brown and Co., 1970.

Mansfield , Harvey C., *Allen Schick and Thomas E. Cronin, Papers on the Institutionalized, Presidency*, Washington, D. C.: The Brookings Institution, 1971.

Mckenna, Christopher K., *Quantitative Methods for Public Decision Making*, New York: McGraw-Hill Book Co., 1980.

Merewitz, Leonard and Stephen H. Sosnick, *The Budget's New Clothes*, Chicago: Markham Publishers Co., 1971.

Miewald, Robert D., *Public Administration: A Critical Perspective*, New York: McGraw-Hill, 1978.

Mikesell, John L., *Fiscal Administration: Analysis and Application for the Public Sector*, Homewood, Illinois: The Dorsey Press, 1982.

__________, *Fiscal Administration: Analysis and Application for the Public Sector*, 4th ed., Belmont: Wadsworth, 1995.

Miller, Jim, *Fix the U. S. Budget*, Stanford: Hoover Institution Press, 1994.

Montgomery, Robert, *Auditing Theory and Practice*, 4th ed., New York: John Wiley, 1940.

Mosher, Frederick C., *Program Budgeting: Theory and Practice*, Chicago: Public Administration Service, 1954.

Mowitz, Robert J., *The Design and Implementation of Pennsylvania's Planning, Programming, Budgeting System*, Harrisburg: Commonwealth of Pennsylvania, 1970.

Musgrave, Richard A. and Peggy B. Musgrave, *Public Finance in Theory and Practice*, 3rd ed., New York: McGraw-Hill, 1989.

Nachmias, David, *Public Policy Evaluation: Approaches and Methods*, New York: St. Martin's

Press, 1979.

National Bureau of Economics Research, *Public Finance: Needs, Sources, and Utilization*, Princeton New Jersey: Princeton University Press, 1961.

Novick, David, ed., *Program Budgeting: Program Analysis and Federal Government*, Cambridge: Harvard University Press, 1965.

Odiorne, George S., *Management by Objectives*, New York: Wiley and Sons, 1972.

Office of the Federal Register, *The United States Government Manual 2000-2001*, Washington, D. C.: Government Printing Office, 2000.

OECD, *Fiscal Transparency Overview*, Paris: Organization for Economic Cooperation and Development, 2000.

OECD Working Party of Senior Budget Officials, *Restoring Public Finance*, 2011. 4.

OMB, *The Office of Management and Budget: Functions and Organizations*, Washington, D. C.: Government Printing Office, 1970.

———, *The Budget of the United States*, FY 1978, Washington, D. C.: Government Printing Office, 1977.

———, *The United States 1984 Budget*, Washington, D. C.: Government Printing Office, 1983.

———, *Historical Tables: Budget of the U. S. Government, FY 1988*, Washington, D. C.: Government Printing Office, 1987.

———, *Historical Tables: Budget of the U.S. Government, FY 2001*, Washington, D. C.: Government Printing Office, 2000.

———, *Budget of the U. S. Government: Historical Tables, FY 2002*, Washington, D. C.: Government Printing Office, 2001.

———, *A Citizen's Guide to the Federal Budget, FY 2002*, Washington, D. C.: Government Printing Office, 2002.

Ornstein, Norman, Thomas Mann and Michael Malbin, *Vital Statistics on Congress*, Washington, D. C.: The AEI Press, 2000.

Osborne, David and Ted Gaebler, *Reinventing Government*, Reading: Addison-Wesley, 1992.

Ott, David J. and Attiat F. Ott, *Federal Budget Policy*, Washington, D. C.: The Brookings Institution, 1977.

Oxford Reference, *A Dictionary of Finance*, Oxford: Oxford University Press, 1993.

Pass, Christopher and Bryan Lowes, *Collins Dictionary of Economics*, Glasgow: Harper Collins Publisher, 1993.

Pfiffner, John M., *Public Administration*, 2nd ed., New York: Ronald Press, 1964.

Pious, Richard M., ed., *The Power to Govern*, New York: The Academy of Political Sciences, 1981.

Pliatzky, Leo, *The Treasury under Mrs. Thatcher*, Oxford: Basil Blackwell, 1989.

Pryke, Richard, *Public Enterprise in Practice: The British Experience of Nationalization over two Decades*, London: MacGibbon and Kee, 1971.

Pryor, Frederic L., *Public Expenditures in Communist and Capitalist Countries*, London:

George Allen and Unwin Ltd., 1968.

Pyhrr, Peter A., *Zero-Base Budgeting: A Practical Management Tool for Evaluating Expense*, New York: John Wiley and Sons, 1973.

Quade, E.S., *System Analysis Techniques for PPBS, Report*, Santa Monica: The RAND Corporation, 1966.

Rabin, Jack and Thomas D. Lynch, eds., *Handbook on Public Budgeting and Financial Management*, New York: Marcel Dekker, 1983.

Reck, Dickson, *Government Purchasing and Competition*, Berkeley: University of California Press, 1954.

Reed, B. J. and John W. Swain, *Public Finance Administration*, Englewood Cliffs, New Jersey: Prentice-Hall, 1990.

Samuelson, Paul A., *Economics*, 10th ed., New York: McGraw-Hill, 1976.

Schick, Allen, *Budget Innovation in the States*, Washington, D. C.: The Brookings Institution, 1971.

──────, *Reconciliation and the Congressional Budget Process*, Washington, D. C.: American Enterprise Institute for Public Policy Research, 1981.

──────, *The Federal Budget: Politics, Policy, Process,* Washington, D. C.: The Brookings Institution, 1995 · 2000.

Schick, Allen, ed., *Perspectives on Budgeting*, Washington, D. C.: The American Society for Public Administration, 1980.

Schultze, Charles L., *The Politics and Economics of Public Spending*, Washington, D. C.: The Brookings Institution, 1968.

Schumacher, B.G., *Computer Dynamics in Public Administration*, Washington, D. C.: Spartan Books, 1967.

Schwab, Larry M., *Changing Patterns of Congressional Politics*, New York: D. Van Nostrand Co., 1980.

Seiber, Marilyn J., *International Borrowing by Developing Countries*, New York: Pergamon Press, 1982.

Shafritz, Jay M., *Dictionary of Public Administration*, New York: Facts of File Publication, 1985.

Shapley, Willis H., Don I. Phillips and Herbert Roback, *Research and Development in the Federal Budget: FY 1978*, Washington, D. C.: American Association for the Advancement of Science, 1977.

Sharkansky, Ira, *Wither the States? Politics and Public Enterprise in Three Countries*, Chatham, New Jersey: Chatham House Publishers, Inc., 1979.

Shirras, G. Findlay, *Science of Public Finance*, 3rd ed., London: Macmillan Co., 1936.

Smith, Adam, *The Wealth of Nations*, New York: Modern Library, 1937.

Smith, Harold D., *The Management of Your Government*, New York: McGraw-Hill, Book Co., 1945.

Smithies, Authur, *Budgetary Process in the United States*, New York: McGraw-Hill, 1955.

Snyder, James C., *Fiscal Management and Planning in Local Government*, Lexington, Massachusetts: D. C. Heath and Co., 1977.

Sommers, Albert T., ed., *Reconstructing the Federal Budget*, New York: Praeger, Publishers, 1984.

Starling, Grover, *Managing the Public Sector*, Homewood, Illinois: The Dorsey Press, 1977.

Steiss, Alan W., *Public Budgeting and Management*, Lexington, Massachusetts: D. C. Heath and Co., 1972.

Stockman, David A., *The Triumph of Politics: How the Reagan Revolution Failed*, New York: Harper and Row Publishers, 1986.

Swerdlaw, Irving, *The Public Administration of Economic Development*, New York: Praeger Publishers, 1975.

Thompson, Fred and Mark T. Green, ed., *Handbook of Public Finance*, New York: Marcel Dekker, 1998.

Treasury Committee, The 2003 *Pre-Budget Report: Third Report of Session 2003-04*, The House of Commons, UK, 2003.

UN, *System of National Accounts*, 2008.

United Nations, *Budgetary Structure and Classifications of Government Accounts*, New York: U. S., 1951.

U. S. Commission on Organization of the Executive Branch of the Government, *Budgeting and Accounting*, Washington, D. C.: Government Printing Office, 1949.

U. S. President's Committee on Administrative Management, *Report with Special Studies*, Washington, D. C.: Government Printing Office, 1937.

Waldo, Dwight, *The Enterprise of Public Administration*, Novato, California: Chandler and Sharp Publisher, Inc., 1980.

Walinsky, Louis J., *The Planning and Executive of Economic Development*, New York: McGraw-Hill, 1963.

Wander, W. Thomas, F., Ted Herbert and Gary W. Copeland, *Congressional Budgeting: Politics, Process, and Power*, Baltimore: The Johns Hopkins University Press, 1984.

White, Fidelma and Kathryn Hollingsworth, *Audit Accountability and Government*, Oxford: Clarendon Press, 1999.

White, Leonard D., *Introduction to the Study of Public Administration*, 4th ed., New York: Macmillan, 1955.

——————, *The Jeffersonians: A Study in Administrative History*, 1801~1829, New York: Macmillan, 1956.

Wholey, Joseph S., *Zero-Base Budgeting and Program Evaluation*, Lexington, Massachusetts: D.C. Heath and Co., 1978.

Wiener, Norbert, *The Human Use of Human Beings*, *Garden City*, New York: Doubleday, 1956.

Wildavsky, Aaron, *The Politics of the Budgetary Process*, Boston: Little, Brown and Co.,

1964 · 1979.

———, *How to Limit Government Spending*, Berkeley: University of California Press, 1980.

———, *Budgeting: A Comparative Theory of Budgetary Processes*, Boston: Little, Brown and Co., 1984.

———, *The New Politics of the Budgetary Process*, New York: Harper and Row Publisher, 1992.

Winfrey, John C., *Public Finance*, New York: Harper and Row Publishers, 1973.

서양문헌(논문)

Aaron, Henry, "A New View of Property Tax Incidence," *American Economic Review*, 64-2, 1974.

Alessina, A. R. Hausmann, R. Hommes and E. Stein, "Budget Institution and Fiscal Performance in Latin America," *Journal of Development Economics*, 59-2, 1999.

Bailey, John J. and Robert J. O'Connor, "Operationalizing Incrementalism: Measuring the Muddles," *Public Administration Review*, January/February, 1975.

Barber, James D., "Complexity, Synopticism, Incrementalism and Real Questions," reprinted in Robert Golembiewski and Jack Rabin, eds., *Public Budgeting and Finance*, Itasca: Peacock, 1975.

Barrp, Robert J., "The Ricardian Approach to Budget Defects," *Journal of Economic Perspectives*, 3, 1989.

Beard, Charles A., "Prefatory Note," in Arnold W. Lahee, *The New York City Budget, Municipal Research*, 88, 1917.

Bramley, Glen and Murray Stewart, "Implementing Public Expenditure Cuts," in Susan Barrett and Colin Fudge, *Policy and Action*, London: Methuen, 1981.

Caiden, Naomi, "The Boundaries of Public Budgeting: Issues for Education in Tumultuous Times," *Public Administration Review*, July/August, 1985.

Capron, William M., "The Impact of Analysis on Bargaining in Government," in James W. Davis, Jr., ed., *Politics Programs and Budgets*, Englewood Cliffs, New Jersey: Prentice-Hall, Inc., 1969.

Cleveland, Frederick A., "Evolution of the Budget Idea in the United States," *Annals of the American Academy of Political and Social Science*, 62, 1915.

Cook, Leonard J. and J. Mcneil, "The Role of Budget and Financial Reform in Making Government Work Better and Cost Less," *Public Budgeting and Finance*, Spring, 1995.

Curro, Michael J. and Carolyn L. Yocom, "Federal Budget Practices in the 1990s," in Fred Thompson and Mark T. Green, ed., *Handbook of Public Finance*, New York: Marcel Dekker, 1998.

Downs, Anthony, "Why the Government Budget is too Small in a Democracy," in James W. Davis, Jr., ed., *Politics, Programs and Budgets*, Englewood Cliffs, New Jersey: Prentice-Hall, Inc, 1969.

Doyle, Richard and Jerry McCaffery, "The Budget Enforcement Act in 1992: Necessary But Not Sufficient," *Public Budgeting and Finance*, 13, 1992.

Draper, Frank D. and Bernard T. Pisvada, "ZBB-Looking Back after Ten Years," *Public Administration Review*, 1, 1981.

Dror, Yehezkel, "The Planning Process: A Facet Design," *International Review of Administration Science*, 24-1, 1963.

Eghtedari, Ali and Frank Sherwood, "Performance Budgeting in Los Angeles," *Public Administration Review*, Spring, 1960.

Eisner, Robert, "Budget Deficits: Rhetoric and Reality," *Journal of Economic Perspectives*, 3, 1989.

Enthoven, Alain C., "The Systems Approach," in Harley H. Hinrichs and Graeme M. Taylor, eds., *Program Budgeting and Benefit-Cost Analysis*, Pacific Palisades, California: Goodyear, 1969.

————————, "The Planning, Programming and Budgeting System in the Department of Defense: Some Lessons from Experience," in U. S. Congress, Joint Economic Committee, Subcommittee on Economy in Government, *The Analysis and Evaluation of Public Expenditures: The PPB System*, 91st Congress, 1st Session, Washington: U. S. Government Printing Office, 1969.

Elwood, John W. and James A. Thurber, "The New Congressional Budget Process: The Hows and Whys of House Senate Differences," in Lawrence C. Dodd and Bruce I. Oppenheimer, eds., *Congress Reconsidered*, New York: Praeger, 1977.

Eribes, Richard A. and John S. Hall, "Revolt of Affluent: Fiscal Controls in Three States," *Public Administration Review*, 41, 1981.

Etzioni, Amitai, "Mixed Scanning: A Third Approach to Decision Making," *Public Administration Review*, 27, 1967.

Fisher, Louis, "Developing Fiscal Responsibility," Richard M. Pious, ed., *The Power to Govern*, New York: The Academy of Political Sciences, 1981.

————————, "Congress, The Executive and the Budget," *Annals of the America Academy of Political and Social Science*, 411, 1974.

Florestano, Patricia S., "Revenue Raising Limitations on Local Government: A Focus on Alternative Responses," *Public Administration Review*, 41, 1981.

Gulick, Luther, "Notes on the Theory of Organization," in Luther Gulick and Lyndall Urwick, eds., *Papers on the Science of Administration*, New York: Institute of Public Administration, 1937.

Hartman, Robert W., "Congress and Budget Making," *Political Science Quarterly*, 3, 1982.

Hatry, Harry P., "Overview of Modern Program Analysis Characteristics and Techniques,"

Urban Institute Reprint, Washington, D. C.: Urban Institute, 1970.

Heald, David A., "Will the Privatization of Public Enterprise Solve the Problem of Control?," *Public Administration*, Spring, 1985.

Henry, Nicholas, "Paradigms of Public Administration," *Public Administration Review*, July/August, 1975.

Howard, Christophe, "Tax Expenditure," in Lester M. Salamon, ed., *The Tools of Government: A Guide to the New Government*, New York: Oxford Uninversity Press, 2002.

Ippolito, Dennis S., "The Budget Process and Budget Policy: Resolving the Mismatch," *Public Administration Review*, 53, 1993.

Joyce, Philip G., "Using Performance Measures for Federal Budgeting: Proposals and Prospects," *Public Budgeting and Finance*, Winter, 1993.

Key, Jr., V.O., "The Lack of a Budgetary Theory," *The American Political Science Review*, 34, 1940.

Kim, Jong-Soon, "Property Tax Assessment Administration in Georgia: Determinants of Assessment Accuracy," The University of Georgia, Athens, Georgia, 1987.

Lehan, Edward A., "Public Budgeting," Robert T. Golembiewski and Jack Rabin, eds., *Public Budgeting and Finance*, New York: Marcel Dekker, 1983.

LeLoup, Lance T., Barbara Luck Graham, and Stacey Barwick, "Deficit Politics and Constitutional Government: The Impact of Gramm-Rudman-Hollings," *Public Budgeting and Finance*, 7, 1987.

Lerner, A.P., "The Burden of the National Debt," in L.A. Metzier *et al.* eds., *Income, Employment and Public Policy*, New York: W.W. Norton, 1948.

Levine, Charles H., "Organizational Decline and Cutback Management," *Public Administration Review*, 4, 1978.

Lewis, Verne B., "Toward A Theory of Budgeting," *Public Administration Review*, 12, 1952.

Lindblom, Charles E., "The Science of Muddling Through," *Public Administration Review*, 19, 1959.

――――――――, "Decision Making in Taxation and Expenditures," in National Bureau of Economic Research, *Public Finances: Needs, Sources and Utilization*, Princeton, New Jersey: Princeton University Press, 1961.

Marx, Fritz M., "The Bureau of the Budget: Its Evolution and Present Role," *American Political Science Review*, 39, 1945.

McCaffery, Jerry, "Budgeting in an Era of Resource Scarcity," *Public Administration Review*, 6, 1978.

――――――――, "Urban Finance: Dollars, Decisions, and Dilemmas," *Public Administration Review*, 41, 1981.

――――――――, "Revenue Budgeting: Dade County Tries a Decremental Approach," *Public Administration Review*, 41, 1981.

McKean, Roland N. and Melvin Anshen, "Limitations, Risks and Problems," in Fremont J.

Lyden and Ernest G. Miller, eds., *Planning Programming Budgeting: A Systems Approach to Management*, Chicago: Markham, 1968.

Moore, Perry, "Zero-Base Budgeting in American Cities," *Public Administration Review*, 3, 1980.

Novick, David, "The Origin and History of Program Budgeting," in David Novick, ed., *Program Budgeting*, Cambridge: Harvard University Press, 1965.

OMB, "The Budget System of U. S. Government," Robert T. Golembiewski and Jack Rabin, ed., *Public Budgeting and Finance*, New York: Marcel Dekker, 1997.

Ouchi, William G., "A Short History of the Development of Computer Hardware," in Thomas L. Wisher, *Information Technology and Organizational Change*, Belmont, California: Wadsworth, 1970.

Pearson, Norman, "The Budget Bureau: From Routine Business to General Staff," *Public Administration Review*, 3, 1943.

Polis, Joseph, "Independence of State Audit," in B. Geist, ed., *State Audit: Development in Accountability*, London: Macmillan, 1981.

Premchand, A., "A Cross National Analysis of Financial Management Practice," Thomas D. Lynch and Lawrence L., Martin ed., *Handbook of Comparative Public Budget and Financial Management*, New York: Marcel Dekker, 1993.

———, "Government Budgeting and Expenditure Control Theory and Practice," *International Monetary Fund*, Washington, D. C.: IMF, 1984.

Prest, A.R. and R. Turvey, "Cost-Benefit Analysis: A Survey," *Economic Journal*, 75, 1965.

———, "Cost-Benefit Analysis: A Survey," in Richard Layard, ed., *Cost-Benefit Analysis*, New York: Penguin Books, 1977.

———, "Cost-Benefit Analysis," in Robert Dorfman, ed., *Measuring Benefits of Government Investments*, Washington, D. C.: Brookings Institutions, 1965.

Pyhrr, Peter A., "The Zero-Base Approach to Government Budgeting," *Public Administration Review*, 1, 1977.

Ronayne, Maurice F., "Operations Research Can Help Public Administrations in Decision Making," *International Review of Administration Science*, 29, 1963.

Roubini, N. and J. D. Sachs, "Political and Economic Determinants of Budget Deficit in the Industrial Democracies," *European Economic Review*, 33-5, 1989.

Sayre, Wallace, "The Triumph of Techniques over Purpose," *Public Administration Review*, 8, 1948.

Schick, Allen, "The Road to PPB: The Stage of Budget Reform," *Public Administration Review*, 26, 1966.

———, "The Budget Bureau That Was: Thoughts on the Rise, Decline and Future of a Presidential Agency," in Harvey C. Mansfield, Allen Schick and Thomas E. Cronin, *Papers on the Institutionalized Presidency*, Washington, D. C.: The Brookings Institution, 1971.

———, "A Death in the Bureaucracy: The Demise of Federal PPB," *Public Administration*

Review, 33, 1973.

――――――, "The Road from ZBB," *Public Administration Review*, 2, 1978.

――――――, "Can National Legislatures Regain and Effective Voic in Budget Policy," *OECD Journal on Budgeting*, 1-3, 2002.

Steel, David R. and David A. Heald, "Privitising Public Enterprise: An Analysis of the Government's Case," *Political Quarterly*, July/September, 1982.

Stever, James A., "The General Accounting Office: It's Origin, Expanson, and Dilemma," in Robert T. Golembiewski and Jack Rabin, ed., *Public Budgeting and Finance*, New York: Marcel Dekker, 1997.

Straussman, Jaffrey D., "More Bang and Fewer Bucks? or How Local Governments Can Rediscover the Potentials of the Market," *Public Administration Review*, 41, 1981.

Sundelson, Wilner, "Budgetary Principles," *Political Science Quarterly*, June, 1935.

Swiss, James E., "Establishing a Management System: The Interaction of Power Shifts and Personality Under Federal MBO," *Public Administration Review*, 3, 1983.

Taylor, John B., "Reassessing Discretionary Fiscal Policy," *Journal of Economic Perspectives*, 14-3, 2000.

Thain, Colin and Maurice Wright, "Planning and Controlling Public Expenditure in the UK, Part 1: The Treasury's Public Expenditure Survey," *Public Administration*, Spring, 1992.

Thelwell, Raphael, "Gramm-Rudman-Hollings Four Years Later: A Dangerous Illusion," *Public Administration Review*, 50, 1990.

Thurber, James A., "Congressional Budget Reform and New Demands for Policy Analysis," *Policy Analysis,* Spring, 1976.

U. S. Office of Management and Budget, "Circular No. A-11," *Transmittal Memorandom*, 38, 1971.

Velasco, A., "Debts and Deficits with Fragmented Fiscal Policy-making," *Journal of Public Economics*, 76, 2000.

Von Hagen, J. and I. J. Harden, "Budget Processes and Commitment to Fiscal Discipline," *European Economic Review*, 39, 1995.

Walsh, John, "Office of Management and Budget: New Accent on the 'M' in OMB," Robert T. Golembiewski and Jack Rabin, eds., *Public Budgeting and Finance*, Itasca, Illinois: F. E. Peacock Publishers Inc., 1975.

Wehner, J., "Assessing the Power of the Purse: an Index of Legislative-budget Institutions," *Political Studies*, 54, 2006.

White, Joseph, "Nothing New Under the Sun: Why the Work of Budgeting Remains Incremental," in Naomi Caiden and Joseph White, eds., *Budgeting, Policy, Politics: An Appreciation of Aaron Wildavsky*, New Brunswick: Transaction Publishers, 1995.

Wildavsky, Aaron, "The Budgetary Process," Frederick S. Lane, ed., *Current Issues in Public Administration*, New York: St. Martin's Press, 1978.

――――――, "Norms and Rules to Facilitate Convergency on Budget Balance," *Public*

Administration Review, January/February, 1993.

Wildavsky, Aaron and Arthur Hammann, Comprehensive Versus Incremental Budgeting in the Department of Agriculture, *Administrative Science Quarterly*, 10, 1965.

Willoughby, Katherine G. and Julia E. Melkers, "Implementing PBB: Conflicting View of Success," *Public Budgeting and Finance*, Spring, 2000.

Zerbe Jr., Richard O. and Howard E. McCurdy, "The Failure of Market Failure," *Journal of Policy and Management*, 18-4, 1999.

찾아보기

ㄱ

ㅂ

ㅇ

ㅌ

ㅍ

ㅎ

저 자 소 개

■ **박영희(朴英熙)**

[약력]
서울대학교 행정대학원 행정학석사
건국대학교 대학원 정치학박사
Claremont University Post Doctoral Fellow
행정고시 출제위원 역임
경제기획원 정책자문위원 역임
내무부 정책자문위원 역임
건국대학교 행정대학원장 역임
한국행정학회 회장 역임
교육부 중앙교육심의회 위원 역임
현, 건국대학교 행정학과 명예교수

[저서 및 논문]
재무행정론
공기업론(공저)
북한재정연구
한국정치행정의 체계(공저)
행정학사전(공저)
북한학개론(공저)
조직과 민주주의(공저)
전환기의 정책과 정책과정(공저)
한국관료제와 정책과정(공저)
한국의 통합예산과 예산정책(공저)
"예산배정의 결정이론에 관한 연구"
"공기업의 민영화에 관한 연구"
"중앙정부의 관리기금에 관한 연구"
"한국정부의 예산정책에 관한 연구"
"국가예산과 국민경제" 외 다수

■ **김종희(金鍾熙)**

[약력]
건국대학교 대학원 행정학박사
한국행정학회 감사 역임
한국지방재정학회 이사 역임
민주평화통일자문회의 자문위원 역임
한국정책과학학회 부회장 역임
한국지방공기업학회 회장 역임
국민훈장 동백장 수상
근정포장 수상
행정자치부 정책자문위원회 위원 역임
선문대 사회과학대 학장, 학생처장
행정대학원장, 사회복지대학원장, 기획처장 역임
현, 선문대학교 행정학과 명예교수

[저서 및 논문]
행정학원론
사회복지행정론
지방재정론
지방재정학(공저)
공기업론(공저)
신행정학
지방정부기능론(공저)
한국의 예산과 정책(공저)
재무행정론(공저)
"도비보조금의 재정조정효과에 관한 연구"
"징수교부금의 수평적 재정조정효과"
"조정교부금의 재정형평화 효과" 외 다수

[제6판] **新재무행정론**

2004년 8월 30일 제1판 1쇄 발행
2006년 2월 20일 제2판 1쇄 발행
2008년 8월 25일 제3판 1쇄 발행
2012년 1월 10일 제4판 1쇄 발행
2014년 9월 15일 제5판 1쇄 발행
2017년 1월 10일 제6판 1쇄 발행
2019년 8월 20일 제6판 2쇄 발행

저 자 朴 英 熙 · 金 鍾 熙
발행인 姜 熙 一 · 朴 銀 子
발행처 **다 산 출 판 사**
서울특별시 마포구 용강동 494-85
등 록 1979년 6월 5일 제3-86호(윤)
전 화 (717)3661~2, (718)1751~2
F A X (716)9945
조 판 민 하 디 지 탈 아 트

정가 29,000원 파본은 바꾸어 드립니다

http://www.dasanbooks.co.kr
ISBN 978-89-7110-538-2 93350